Niedermair, Kassenbrock
Abiturwissen Mathe & Physik

Elke Niedermair
Michael Niedermair
Werner Kassenbrock

Abiturwissen

Mathe & Physik

**Der komplette Abiturstoff
leicht verständlich**

$$x = \frac{-b \pm \sqrt{b^2 - 4ac}}{2a}$$

$$ax^2 + bx + c = 0$$

$$b) = a^2 - b^2$$

309 Abbildungen

FRANZIS ... macht fit fürs Abitur

Bibliografische Information der Deutschen Bibliothek
Die Deutsche Bibliothek verzeichnet diese Publikation in der Deutschen Nationalbibliografie;
detaillierte Daten sind im Internet über **http://dnb.ddb.de** abrufbar.

Layout & DTP: Michael Niedermair
art & design: www.ideehoch2.de
Druck: Bercker, 47623 Kevelaer
Printed in Germany

ISBN 978-3-7723-**5130-3**

Inhaltsverzeichnis

Teil I

Mathematik

Vorwort

Für viele ist das Fach Mathematik ein notwendiges Übel auf dem Weg zum Abitur. Manche haben sogar eine abgrundtiefe Abneigung gegen alles, was mit Mathematik zu tun hat. Diejenigen, die Mathematik mögen und sogar als ihr Lieblingsfach bezeichnen, sind leider in der Minderheit.

Wir wollen mit diesem Buch beiden Gruppen gerecht werden. Der notwendige Abiturstoff ist kurz und kompakt zusammengefasst. Jedes Thema wird mit einem vollständig durchgerechneten Beispiel abgerundet, so dass man die Anwendung der erläuterten Formeln und Regeln Schritt für Schritt nachvollziehen kann. Zudem bieten zahlreiche Abbildungen eine gute Ergänzung zum Text.

Wir möchten das Buch als Ergänzung Ihrer Unterrichtsmitschriften und Lehrbücher verstanden wissen. Am Ende finden Sie auch zahlreiche Übungsaufgaben mit Lösungen, die Ihnen beim Vertiefen des Stoffes helfen sollen.

Das Buch befasst sich zu Beginn mit einigen Grundlagen zum richtigen Lernen, damit sich hoffentlich bei allen der gewünschte Erfolg einstellt.

Danach werden die drei Bereiche angesprochen, in die auch die Abiturprüfung unterteilt ist.

- Analysis
- Lineare Algebra und analytische Geometrie
- Wahrscheinlichkeitsrechnung

Wir haben uns bei den Inhalten nach den im Dezember 2003 von der Kultusministerkonferenz verabschiedeten bundesweiten Bildungsstandards gerichtet.

Damit bleibt uns nur noch, allen Lesern viel Spaß beim Lesen, Lernen und Üben zu wünschen. Wir hoffen, dass wir mit unserem Buch einen kleinen Beitrag zu einer bestandenen Abiturprüfung leisten können.

Haimhausen, April 2008

Elke und Michael Niedermair

1 Lernstrategien und Lerntipps

Nur wer weiß, wie man richtig und effektiv lernt, erntet am Ende den gewünschten Erfolg. Deshalb bietet dieses Kapitel einige grundlegende Strategien und Tipps zum Lernen.

1.1 Die richtige Lernumgebung

Um richtig lernen zu können, sollte man sich eine Umgebung schaffen, die angenehm ist. Dazu gehören folgende Punkte:

1.1.1 Die richtige Beleuchtung

Idealerweise stellen Sie Ihren Schreibtisch in die Nähe eines Fensters, denn Tageslicht ist die beste Lichtquelle zum Lernen und Arbeiten. Falls nicht genügend Tageslicht zur Verfügung steht, können Sie sogenannte Tageslichtlampen oder Vollspektrumlampen einsetzen. Diese Lampen gibt es als Leuchtstoffröhren oder als typische Energiesparlampen. Man sollte sich so setzen, dass die Schreibhand keinen Schatten auf die Arbeitsunterlagen wirft. Für Rechtshänder ist es also optimal, wenn das Licht über die linke Schulter kommt. Für Linkshänder natürlich umgekehrt.

1.1.2 Die richtige Körperhaltung

Die richtige Körperhaltung ist sehr wichtig für einen guten Lernerfolg. Durch falsches Sitzen können Rückenschmerzen oder Kopfschmerzen verursacht werden. Um eine aufrechte Körperhaltung zu unterstützen, sollte der Schreibtisch eine Höhe von 73-81 cm haben. Die Sitzoberfläche ist ungefähr 20 cm tiefer. So bilden die Ellbogen in etwa einen rechten Winkel (vgl. Abbildung 1.1).

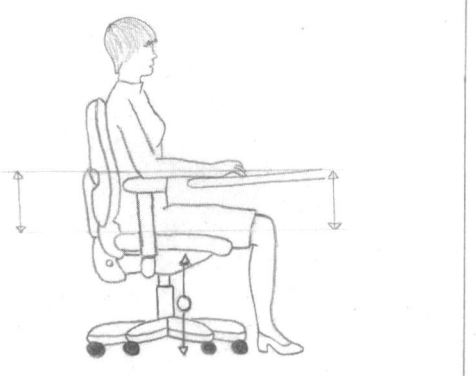 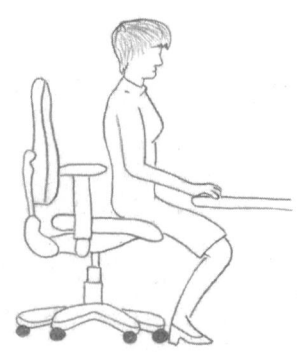

Abb. 1.1: Die richtige Arbeitshaltung (links) und die falsche (rechts)

Ein Schreibtisch mit einer leicht neigbaren Schreibplatte kann die Augen entlasten. Da die verschiedenen Unterlagen auf dem Tisch nicht mehr so unterschiedlich weit vom Auge entfernt liegen, entfällt das häufige Umfokussieren, die Augen werden weniger beansprucht. Außerdem liegen die Unterlagen in einem besseren Winkel zum Auge. Die Sitzfläche darf nicht zu weich, muss aber auch nicht hart sein. Bewährt haben sich auch Keilkissen, die den Rücken entlasten und zu einer aufrechten Haltung zwingen.

1.1.3 Viel frische Luft

Das Gehirn benötigt beim Lernen und Denken viel Sauerstoff. Gerade in Räumen mit vielen Personen, wie etwa Klassenzimmern, ist die Versorgung mit Sauerstoff sehr schlecht. Die Folge ist Schläfrigkeit und Konzentrationsverlust.

Um eine optimale Versorgung des Gehirns mit Sauerstoff zu gewährleisten, sollten geschlossene Räume oft gelüftet werden. Stoßweises Lüften ist hierbei –besonders im Winter– energiesparender als Dauerlüften, aber genauso wirksam. Bevor man mit dem Lernen beginnt, sollte mindestens 5 Minuten gelüftet werden.

1.1.4 Ruhe

Nur wenn man Ruhe hat, kann man sich optimal konzentrieren. Sagen Sie Ihrer Familie oder Ihren Mitbewohnern, dass Sie lernen und absolut nicht gestört werden wollen. Hilfreich ist auch ein Türschild mit der Aufschrift: „Bitte Ruhe, ich lerne!". Schalten Sie das Handy und das Telefon auf Mailbox bzw. Anrufbeantworter um.

Sollte es dann immer noch zu laut sein, etwa wenn der Nachbar Rasen mäht oder der Baulärm von gegenüber hereindringt, greifen Sie auf Ohrstöpsel aus der Apotheke oder Drogerie zurück. Es ist zwar etwas gewöhnungsbedürftig, damit zu lernen, weil man z. B. das eigene Herz schlagen hört, aber nach einiger Zeit bemerkt man das nicht mehr.

1.1.5 Ordnung und Übersicht

„Nur ein Genie beherrscht das Chaos." Das normalbegabte Gehirn liebt Übersicht und Klarheit, auch und vor allem am Arbeitsplatz.

Stellen Sie sicher, dass wirklich nur die Sachen auf dem Schreibtisch liegen, die Sie auch wirklich brauchen. Legen Sie sich, bevor Sie beginnen, alle benötigten Sachen in Griffweite bereit. Für Mathematik wären dies also Taschenrechner, Formelsammlung, Geodreieck, Zirkel, Bleistift, Radiergummi, Papier, Schreibgerät und Aufgabenstellung. Wenn Sie beim Lernen ständig aufstehen müssen, um etwas zu holen oder gar zu suchen, können Sie sich nicht konzentrieren. Damit der Schreibtisch dann nicht gleich wieder überfüllt ist, ist ein Regal neben dem Schreibtisch sehr zu empfehlen. Dort können Sie leicht und übersichtlich Schreibgeräte, Lineale, Taschenrechner, Formelsammlung, Notizzettel, Seitenmarkierschildchen und Bücher einsortieren.

1.1.6 Musik

Auch leise Musik kann beim Lernen unterstützen, allerdings ist nicht jede Art von Musik geeignet. Melancholische oder sehr basshaltige Musik, z. B. Hardrock, sollten Sie vermeiden (zumindest beim Lernen). Außerdem sollten Sie auf keinen Fall das Radio einschalten, da Sie dadurch durch Werbung und Nachrichten abgelenkt werden. Am besten geeignet ist klassische Musik mit ca. einem Taktschlag pro Sekunde. Dies entspricht in etwa dem Herzschlag des Menschen bei Ruhe und wirkt deshalb entspannend. Sehr gut eignen sich Stücke von Mozart, Bach und Vivaldi.

1.1.7 Gerüche

Auch bestimmte Gerüche und Duftstoffe erhöhen die Lernerfolge. Dies sind vor allem ätherische Öle, wie man sie als Duftöle für Duftlampen kaufen kann. Wenn Sie beim Lernen immer den gleichen Duftstoff riechen, wird Ihr Gehirn sich darauf einstellen. Allein durch das Vorhandensein dieses Duftstoffes wird Ihr Gehirn später auf Lernen programmiert. Bestimmten ätherischen Ölen wird darüberhinaus noch eine lernstimulierende Wirkung nachgesagt. Dies sind z. B. :

- Lemongras (wirkt anregend, konzentrationsfördernd)
- Rosenholz (wirkt euphorisierend)
- Zitrone (wirkt inspirierend)

1.1.8 Die richtige Raumtemperatur

In dem Zimmer, in dem Sie lernen und geistig arbeiten, sollte es nicht zu warm sein. Ideal sind Raumtemperaturen um die 20 Grad. Sie sollten sich auf alle Fälle wohlfühlen, aber nicht schwitzen.

1.2 Lerntipps

Lernen ist ein Pozess, der sehr komplex ist und mehr umfasst als nur alles Notwendige „irgendwie in den Kopf zu bekommen". Viele Leute meinen, dass sie einen Stoff gelernt haben, wenn sie ihn gelesen haben. Das ist ein Irrtum. Leider ist unser Gehirn nicht so konstruiert.

- Irrtum 1: „Ich habe doch alles verstanden!"
  Verstehen ist zwar notwendig, jedoch erst das Ziel der Vorphase des Lernens.

- Irrtum 2: „Ich habe doch alles gewusst!"
  Wissen ist zwar notwendig, jedoch erst die Voraussetzung für die Hauptphase des Lernens in Mathematik.

- Irrtum 3: „Ich habe doch alles geübt!" ... aber vermutlich zu früh aufgehört. Geübt werden muss bis zum Können!

Erfolgreich Lernen ist ein Prozess, den Sie aktiv und zielgerichtet gestalten sollten. Die richtige Vorbereitung und Nachbereitung sind ebenso wichtig wie die Lernsession selbst.

Mit sehr einfachen Tipps kann man sich das Lernen vereinfachen:

- Sorgen Sie für die optimale Lernumgebung (siehe Abbildung 1.1 auf Seite 20). Motivieren Sie sich selbst, indem Sie sich etwas Gutes gönnen, nachdem ein Zwischenziel erreicht ist.

- Für effektives Lernen ist es hilfreich, möglichst viele Sinnesorgane am Lernprozess zu beteiligen. Jeweils nur Hören, nur Lesen oder nur Schreiben ist nicht effektiv. Leise, ruhige Musik und Duftlampen können zusätzlich stimulierend wirken.

- Die Einteilung des gesamten Lernstoffes in „Lernportionen" hilft die Übersicht zu bewahren und macht Erfolge sichtbar. Wenn Erfolge sichtbar sind, steigt die Motivation und damit fällt das weitere Lernen leichter. Beginnen Sie mit leichten und interessanten Aufgaben, um dem Gehirn Zeit zum Aufwärmen zu lassen.

- Sie sollten immer im Unterricht mitdenken. Das spart Lernzeit am Nachmittag. Lernen Sie zeitnah, nachdem Sie neuen Stoff gehört haben. Wiederholen Sie das Neue am Nachmittag. Einfaches kurzes Durchlesen hilft wirklich Wunder. Auch sollten Sie die Hausaufgaben gleich am Nachmittag erledigen, an dem Sie den Stoff behandelt haben. Sie sollten niemals zu viel an einem Tag lernen, lieber jeden Tag 2 Stunden als am Tag vor dem Test 8 Stunden lernen. Auch sollten Sie niemals ganz kurz vor Prüfungen lernen. Es empfiehlt sich, die Schulsachen am Abend für den nächsten Tag einzupacken, dadurch kann man Morgens 5 Minuten länger schlafen. Wenn Sie vor dem Schlafen kurz den Stoff durchlesen, mit dem es am nächsten Tag weiter geht, kann ihn das Gehirn im Schlaf besser abspeichern.

- Nach 45 Minuten vollster Konzentration ist eine kurze Pause (5-10 min) notwendig. Ein wenig Bewegung an frischer Luft (es genügt auch ein geöffnetes Fenster) ist ein optimales Pausenprogramm. In den Pausen nur kleine Portionen essen. Als kleiner Snack empfielt sich besonders Obst und Gemüse. Dies versorgt den Körper mit Kohlenhydraten (Energie fürs Gehirn) und wichtigen Vitaminen. Auch ein Stück Schokolade zwischendurch wirkt sich sehr gut auf die Stimmung aus. Aber zuviel ist auch nicht gut. Vermeiden sie Unterbrechungen während des Lernens. Bei langer Computerarbeit zwischendurch mal aus dem Fenster zu schauen gibt den Augen die Möglichkeit kurz zu verschnaufen und hält Sie länger fit.

- Vor dem Lernen sollten Sie nicht zu viel Essen. schon die alten Römer wussten: „Ein voller Bauch studiert nicht gern." Bei leichten Kopfschmerzen sollte man nicht gleich mit Schmerztabletten dagegen ankämpfen. Ein kleines Mittagsschläfchen oder ein guter grüner Tee helfen oft genauso gut und sind außerdem gesund.

- Möglichst keine ähnlichen Stoffgebiete (Mathematik und Physik) nacheinander lernen. Sorgen Sie für Abwechslung.

- Sorgen, Stress und emotionaler Druck verhindern ein effektives Lernen. Für ausreichend Schlaf sorgen. Bei überwiegend geistiger Arbeit benötigt der Körper mehr Schlaf.

Sorgen Sie für ausreichend Getränke in der Nähe des Arbeitsplatzes, denn ein Flüssigkeitsmangel wirkt sich negativ auf die Gehirnarbeit aus. Zu empfehlen ist grüner Tee, dieser wirkt bei 2 Minuten Ziehzeit anregend und muntermachend. Am Abend ist Roiboschtee besser, da er reich an Mineralien und ohne Koffein

(Teein) ist und dadurch einen guten Schlaf ermöglicht. Abzuraten ist von süßen Limonaden oder Cola.

- Planen Sie feste Lernzeiten ein und halten Sie sich daran, wie bei einem Stundenplan.
z. B. Freitags:
kurzes geistiges Aufwärmen (10-15 Minuten)
15.00 Uhr- 15:45 Uhr Lerneinheit 1
16.00 Uhr-16:45 Uhr Lerneinheit 2
nochmal kurz Wiederholen

Auch im größten Prüfungsstress sollte man einen freien Tag einlegen. In dieser Zeit kann das Gehirn wieder auftanken und neue Kraft sammeln. Auch Hochleistungssportler trainieren nicht jeden Tag mit vollster Kraftanstrengung. Solche freien Tage in der Prüfungsvorbereitung kann man dazu nutzen, Lernmaterialien zu ordnen und vorzubereiten. Sehr hilfreich sind z. B. kleine, bunte Klebezettel als Index in Formelsammlungen. Die beste Formelsammlung ist nutzlos, wenn man sich in ihr nicht auskennt.

- Auch die Gestaltung der Aufzeichnungen hat einen großen Einfluss auf den Lernerfolg. Als wichtigste Grundregeln sollte man beachten:

  - viel Platz für Bemerkungen und Notizen lassen
  - Überschriften, Fachbegriffe und Merksätze farbig markieren. Aber nicht zulange Herummalen!
  - im Mathematikheft Haupt- und Nebenrechnung trennen und kennzeichnen

1.3 Eselsbrücken

Manchmal ist es hilfreich, sich Eselsbrücken zu bauen, damit man sich Sachverhalte besser merken kann.

Hier einige Beispiele:

- Differenzen und Summen kürzen nur die Dummen! (Bruchrechnen)
- 6x6 ist 36, ist der Lehrer noch so fleißig.
- Aus dem Buch Mathe macchiato: das Phantasietier Klapopustri für Klammer vor Potenz vor Punkt vor Strich

- GAGA
  HHAG
  Wenn diese beiden Wörter wie beschrieben untereinander stehen, lassen sich problemlos alle Funktionen der Trigonometrie in der Reihenfolge: Sinus, Kosinus, Tangens, Kotangens ablesen. Beispiel: Sinus? Sinus steht an erster Stelle, d. h. G über H! ⇒ Gegenkathete geteilt durch Hypotenuse. Möchte man den Tangens, dieser steht an dritter Stelle, also G über A! ⇒ Gegenkathete geteilt durch Ankathete usw.

- Durch Null teil nie, dies bricht Dir das Knie.

- Vom Vektor einen Gruß: Spitze minus Fuß!

Dies sind nur einige Anregungen, die besten Eselsbrücken sind immer noch die, die man sich selbst ausgedacht hat.

1.4 Prüfungsangst

Eine gewisse Anspannung vor einer Prüfung ist vollkommen normal, sie ist sogar hilfreich, um die Sinne zu schärfen und die Konzentration auf die Prüfung zu fördern. Es gibt allerdings auch viele Menschen, die in solchen Situationen echte Panik verspüren. Unter Umständen kann es zu einem Blackout kommen und alles, was man vorher gewusst hat, ist plötzlich wie weggeblasen. Aber es gibt ein paar gute Tricks, wie man seine Prüfungsangst unter Kontrolle bekommen kann.

Eine wichtige Hilfe ist es, sich einfache Entspannungstechniken anzugewöhnen, die auch in schwierigen Situationen funktionieren.

- Atmen Sie ruhig und versuchen Sie sich zu beruhigen!

- Sammeln Sie Ihre Gedanken. Am Vortag konnten Sie die Aufgaben noch, warum sollte das nicht heute genauso gut klappen?

- Versuchen Sie es mit Selbsthypnose. Reden sie sich ein: „Ich kann es! Ich kann es! Ich kann es!". Das stärkt das Selbstbewusstsein.

- Machen Sie Ihrer Angst Luft! Bevor Sie in die Prüfung gehen, haben Sie noch Zeit für einen kurzen Toilettengang. Dort stellen Sie sich vor den Spiegel und schneiden die fieseste Grimasse, die Sie sich vorstellen könen. Kommt die Panikattacke während der Prüfung, stellen Sie sich vor, dem Lehrer/Prüfer die Zunge herauszustrecken, oder stellen Sie ihn sich in Unterhosen vor. Das klingt zwar etwas merkwürdig, sorgt aber tatsächlich für innere Entspannung.

- Tiefenmuskelentspannung nach Jacobson:
  Zuerst jede Muskelgruppe des Körpers anspannen (bis 5 zählen) und dann entspannen (bis 10 zählen). Dabei sollten Sie immer auf den Unterschied zwischen dem Gefühl der Anspannung und dem Gefühl der Entspannung achten. Am besten beginnen Sie mit den Händen, indem Sie die dominante Hand zur Faust machen und dann wieder entspannen. Verfahren Sie mit allen Muskeln des Körpers ebenso.

Bei mündlichen Prüfungen hat man niemals lange Zeit zum Nachdenken. Deshalb sind sie meistens noch mehr gefürchtet als die schriftlichen. Doch die Angst ist eigentlich wirklich unbegründet. Auch für die mündliche Prüfung kann man sich mit kleinen Tricks behelfen:

- Die wenigsten Prüfer sind Sadisten und wollen deshalb eigentlich genau wie der Prüfling, dass die Prüfung so gut wie möglich verläuft. Das sollte man im Hinterkopf behalten.

- Fragen Sie nach, wenn Sie eine Frage nicht verstanden haben. Das ist besser, als gar nichts zu sagen und Panik zu bekommen. Gut sind Sätze wie: „Ich kenne mich mit diesem Thema eigentlich sehr gut aus, komme aber trotzdem mit ihrer Frage momentan nicht so ganz zurecht. Könnten Sie sie vielleicht noch einmal mit anderen Worten formulieren?". Diese Technik vollbringt manchmal wahre Wunder!

- Auch in der mündlichen Prüfung hilft es, sich den Prüfer in Unterhosen vorzustellen.

- Versuchen Sie sich vorzustellen, dass Sie Ihre beste Freundin/Ihr bester Freund abfragt. Das sollte helfen, etwas entspannter an die Prüfung heranzugehen.

- Wenn Sie wissen, dass das verlangte Thema schon vorher nicht Ihre Paradedisziplin war, dann ist es völlig klar, dass auch die Prüfung nicht hervorragend ausgehen kann. Machen Sie sich also nicht noch mehr Stress und versuchen Sie entspannter zu sein und sich mit einer mittelmäßigen Note zufrieden zu geben.

- Geben Sie dem Prüfer gegenüber ruhig zu, dass Sie aufgeregt sind. Dann geht er vielleicht etwas vorsichtiger mit Ihnen um.

2 Analysis

Die Analysis gehört zu den wichtigsten und ältesten Gebieten der Mathematik.

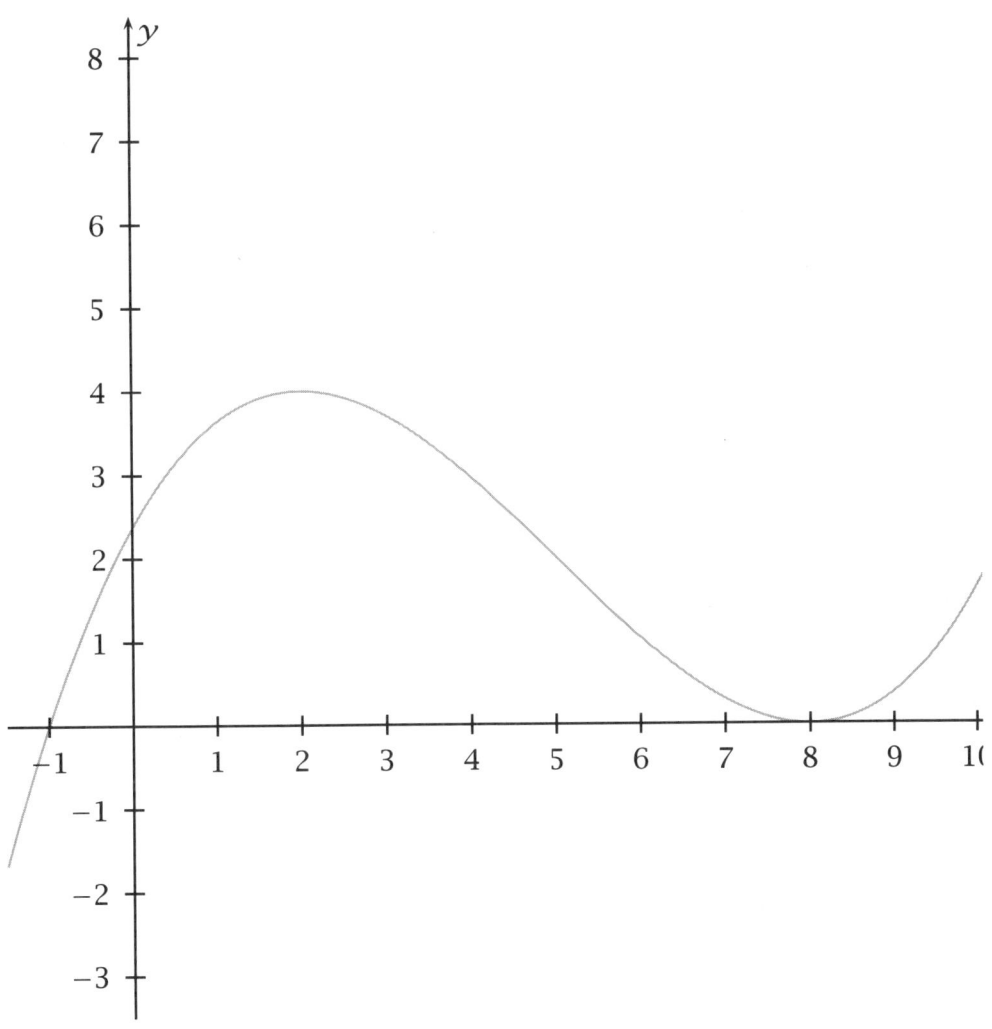

2.1 Funktionen

Eine Funktion ist eine eindeutige Zuordnung. Jedem Element der Definitionsmenge D wird genau ein Element der Bildmenge B zugeordnet.

Ordnet eine Funktion f dem Argument $x_0 \in \mathbb{D}$ das Bild $y_0 = f(x_0)$ zu, so bezeichnet man dieses als Funktionswert von f an der Stelle x_0.

Die Menge $\{f(x_0)\} | x_0 \in \mathbb{D}$ heißt Wertemenge W der Funktion f.

Eine Funktion heißt reelle Funktion, wenn ihre Definitions- und ihre Bildmenge Teilmengen der Menge der reellen Zahlen sind: $D \subset \mathbb{R}, B \subset \mathbb{R}$

Die ausführliche Schreibweise einer Funktion lautet:

$$f : D \to B, x \mapsto y = f(x)$$

$f(x)$ heißt Funktionsterm der Funktion f, $y = f(x)$ heißt ihre Funktionsgleichung.

Der Graph G_f einer Funktion f ist in der Koordinaten-Ebene die Menge aller Punkte $P(x|y)$ mit $x \in D$ und $y \in W$.

2.1.1 Gleichheit von Funktionen

Zwei Funktionen f und g heißen gleich, wenn gilt:

$$D_f = D_g \text{ und } f(x) = g(x) \text{ für alle } x \in D_f$$

Eine Funktion g heißt Einschränkung einer Funktion f, wenn $D_g \subset D_f$. Umgekehrt heißt f dann eine Fortsetzung von g.

2.1.2 Beschränktheit von Funktionen

Eine Funktion f heißt *nach unten beschränkt*, wenn es eine reelle Zahl s gibt, so dass für alle $x \in D_f$ gilt: $f(x) \geq s$. s heißt dann untere Schranke. Die größte untere Schranke heißt Infimum.

Eine Funktion f heißt *nach oben beschränkt*, wenn es eine reelle Zahl S gibt, so dass für alle $x \in D_f$ gilt: $f(x) \leq S$. S heißt dann obere Schranke. Die kleinste untere Schranke heißt Supremum.

f heißt beschränkt schlechthin, wenn es eine positive reelle Zahl σ gibt, sodass für alle $x \in D_f$ gilt: $|f(x)| \leq \sigma$

Ein Beispiel dafür ist die Funktion $f(x) = 3 - 0,5x^2$ mit $\sigma = 3$. Vgl. Abbildung 2.1.

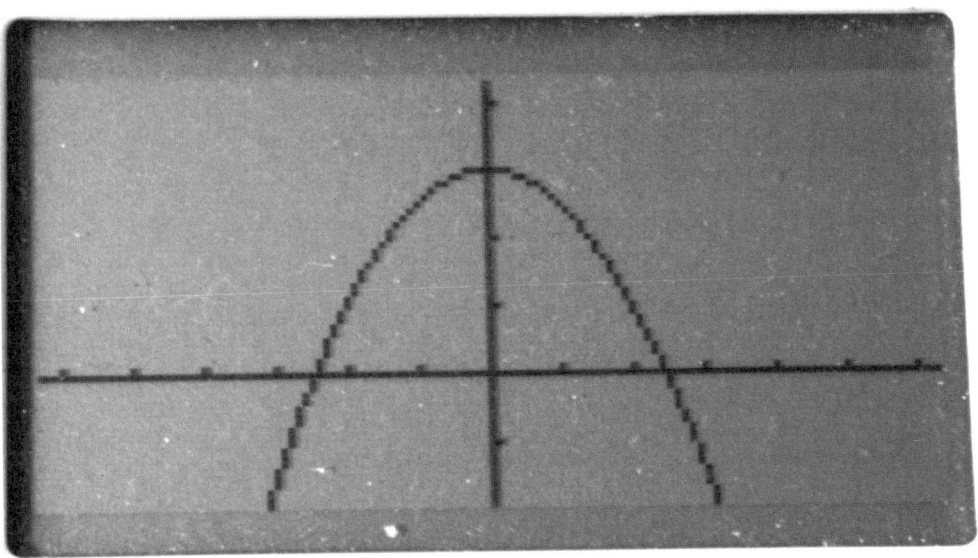

Abb. 2.1: Graph der beschränkten Funktion auf dem Display des Taschenrechners

2.2 Umkehrfunktion

Eine Funktion $f : D_f \rightarrow \mathbb{R}, x \mapsto y = f(x)$ heißt umkehrbar, wenn auch die umgekehrte Zuordnung $y \mapsto x$ eindeutig ist. Es muss also für alle $x_1, x_2 \in D_f$ gelten:

$$x_1 \neq x_2 \Rightarrow f(x_1) \neq f(x_2)$$

Die Umkehrbarkeit lässt sich auch einfach am Graphen der Funktion ablesen: Jede Parallele zur x-Achse schneidet den Graphen in höchstens einem Punkt. Dies ist dann gegeben, wenn die Funktion streng monoton ist. Mehr zur Monotonie erfahren Sie in Abschnitt 2.5.7 auf Seite 56.

Ist $f : D_f \to \mathbb{R}, x \mapsto y = f(x)$ umkehrbar, so wird durch die Zuordnung $y \mapsto x$ die Umkehrfunktion f^{-1} von f festgelegt. Für Definitions- und Wertemenge gilt dann folgender Zusammenhang:

$$D_{f^{-1}} = W_f; W_{f^{-1}} = D_f$$

Wenn sich die Funktionsgleichung $y = f(x)$ eindeutig nach x auflösen und in die Form $x = f^{-1}(y)$ bringen lässt, entsteht eine Umkehrfunktion f^{-1} mit y als Funktionsvariable:

$$f^{-1} := W_f \to \mathbb{R}, x \mapsto y = f^{-1}(x)$$

Der Graph der Umkehrfunktion entsteht aus dem ursprünglichen Graphen, indem man ihn an der Winkelhalbierenden des I. und III. Quadranten des Koordinatensystems spiegelt.

Beispiel:

Gegeben ist die Funktion $y = 2x + 3$. Dies ist eine streng monoton steigende lineare Funktion (Mehr zu linearen Funktionen im nächsten Abschnitt). Also muss es auch eine Umkehrfunktion geben.

$y = 2x + 3$
$2x = y - 3$
$x = \frac{1}{2}y - 1,5$

Die Umkehrfunktion f^{-1} lautet durch Austausch der Variablen:

$x \mapsto y = \frac{1}{2}x - 1,5$

Abbildung 2.2 auf der nächsten Seite zeigt den Graphen dieser Funktion und ihrer Umkehrfunktion.

2.3 Lineare Funktionen

Die allgemeine lineare Funktion lautet:

$$f : \mathbb{R} \to \mathbb{R}, x \mapsto y = mx + t \quad m, t \in \mathbb{R}$$

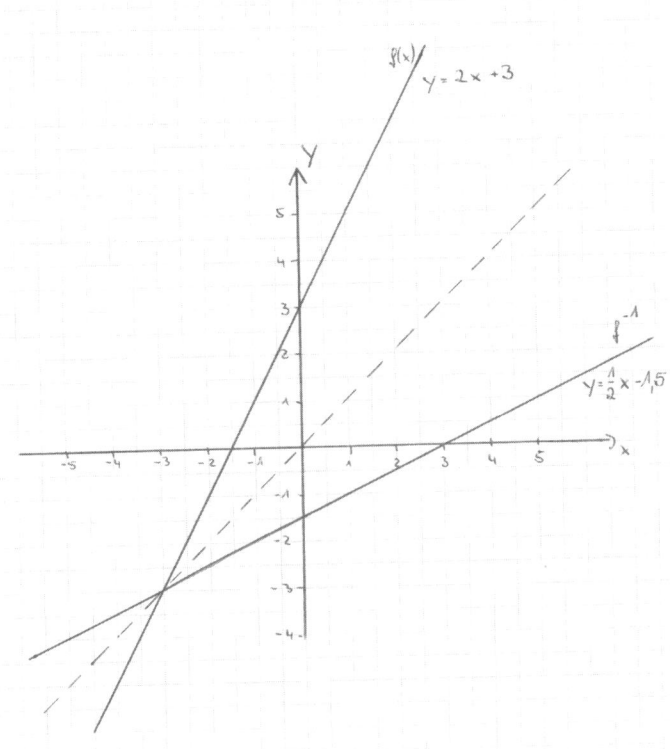

Abb. 2.2: Graph der Funktion und der Umkehrfunktion

Der Graph dieser Funktion ist eine Gerade mit der Steigung m, die die y-Achse im Punkt $T(0|t)$ schneidet. Deshalb heißt t auch y-Achsenabschnitt. Ist $t = 0$ ist der Graph eine Ursprungsgerade mit der Gleichung $y = mx$.

Für die Steigung m gilt:

- $m > 0$: Die Gerade steigt.

- $m = 0$: Die Gerade verläuft parallel zur x-Achse im Abstand t.

- $m < 0$: Die Gerade fällt.

Die Steigung einer Geraden lässt sich aus zwei gegebenen Punkten über den sogenannten Differenzenquotienten berechnen:

$$m = \frac{\Delta y}{\Delta x} = \frac{y_2 - y_1}{x_2 - x_1} = \tan \alpha$$

33

Wie aus der Formel zu sehen, lässt sich über die Steigung auch der Winkel bestimmen, den eine Gerade mit der x-Achse einschließt.

Beispiel:

Der Punkt P (x|-4) liegt auf der Geraden durch die Punkte A (-2|4) und B (5|-6). Bestimme die fehlende Koordinate des Punktes P.

Lösung:
Zunächst wird die Geradengleichung durch A und B aufgestellt:

$$m = \frac{y_2 - y_1}{x_2 - x_1} = \frac{-6-4}{5-(-2)} = -\frac{10}{7} = -1\frac{3}{7}$$
$$g(x) = -1\frac{3}{7}x + t$$
Einsetzen des Punktes A:
$$4 = -1\frac{3}{7} \cdot (-2) + t \Rightarrow t = 1\frac{1}{7}$$
$$g(x) = -1\frac{3}{7}x + 1\frac{1}{7}$$

Bestimmung der x-Koordinate des Punktes P:
$$-4 = -1\frac{3}{7}x + 1\frac{1}{7} \Rightarrow x = 3\frac{3}{5}$$

P hat also die Koordinaten $P(3\frac{3}{5}| -4)$

2.3.1 Schnittpunkte und Schnittwinkel der Graphen linearer Funktionen

Die Graphen zweier linearer Funktionen schneiden sich in einem Punkt, wenn sie unterschiedliche Steigungen besitzen. Stimmen sie in der Steigung überein, so liegen sie parallel zueinander.

Beispiel:

$$f : x \mapsto y = 3x - 4$$
$$g : x \mapsto y = -2x + 1$$

Um den Schnittpunkt $S(x_S|y_S)$ zu bestimmen, werden beide Geradengleichungen gleichgesetzt, um zunächst die x-Koordinate zu berechnen:

$$3x_S - 4 = -2x_S + 1$$
$$5x_S = 5$$
$$x_S = 1$$

Setzt man dieses Ergebnis in eine der beiden Geradengleichungen ein, ergibt sich:

$$y_S = 3 \cdot 1 - 4$$
$$y_S = -1$$

der Schnittpunkt hat also die Koordinaten $S(1|-1)$.

Für die Berechnung des Schnittwinkels φ (der spitze Winkel zwischen G_f und G_g) ist eine Fallunterscheidung notwendig. Die Formel

$$\tan \varphi = |\frac{m_f - m_g}{1 + m_f \cdot m_g}|$$

kann nur angewendet werden, wenn $m_f \cdot m_g \neq -1$ gilt.

Dies ist genau dann der Fall, wenn die beiden Graphen nicht aufeinander senkrecht stehen. Stehen die beiden Geraden aufeinander senkrecht gilt:

$$m_f = \frac{1}{m_g} \text{ bzw. } m_f \cdot m_g = -1$$

Für die beiden gegebenen Geraden ergibt sich, da sie nicht aufeinander senkrecht stehen:

$$\tan \varphi = |\frac{3 - (-2)}{1 + 3 \cdot -2}| = |-1| \qquad \Rightarrow \varphi = 45°$$

2.3.2 Abschnittsweise lineare Funktionen

Die wichtigsten Funktionen dieser Art sind die Betrags- und die Vorzeichenfunktion. Deren Graphen setzen sich aus Geradenstücken zusammen.

- die Betragsfunktion abs (siehe Abbildung 2.3)

$$x \mapsto \text{abs}(x) = |x| = \begin{cases} x & \text{für } x \geq 0 \\ -x & \text{für } x \leq 0 \end{cases}$$

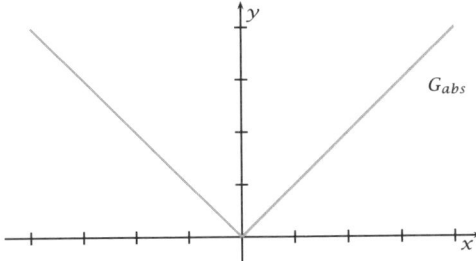

Abb. 2.3: Graph der Betragsfunktion

• die Vorzeichenfunktion sgn (siehe Abbildung 2.4)

$$x \mapsto \text{sgn}(x) = |x| = \begin{cases} +1 & \text{für } x > 0 \\ 0 & \text{für } x = 0 \\ -1 & \text{für } x < 0 \end{cases}$$

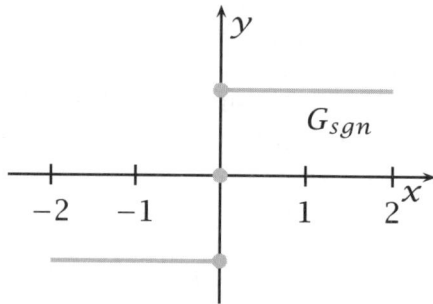

Abb. 2.4: Graph der Vorzeichenfunktion

2.4 Kurvendiskussion

Eines der wichtigsten Themen im Bereich der Infinitesimalrechnung ist die Kurvendiskussion. Sie untersucht die grundlegenden Eigenschaften von Funktionen. Die wichtigsten Punkte der Kurvendiskussion sind:

1. Definitionsmenge
2. Symmetrie-Eigenschaften
3. Verhalten im Unendlichen
4. Verhalten an den Definitionslücken
5. Ableitung
6. Nullstellenberechnung
7. Monotonieverhalten, Extremwerte
8. Krümmungsverhalten, Wendepunkt
9. Wertemenge und Graph

Aufgrund dieser Untersuchungen lässt sich der Verlauf einer beliebigen Funktion sehr genau bestimmen und angeben.

2.5 Grundlagen zur Kurvendiskussion

Um die Kurvendiskussion durchführen zu können, muss man die Vorgehensweisen kennen, die zur Abarbeitung der einzelnen Punkte notwendig sind.

2.5.1 Definitionsmenge

Die **maximale** Definitionsmenge ist die Menge aller Zahlen, für die der Funktionsterm berechenbar ist. Bei ganzrationalen Funktionen ist dies natürlich immer $\mathbb{R}$, bei gebrochenrationalen Funktionen dagegen muss der Definitionsbereich auf die Werte von x beschränkt werden, für die der Nenner nicht Null wird. Bei der Wurzelfunktion darf das Argument unter der Wurzel nicht negativ werden und bei der Logarithmusfunktion muss das Argument des Logarithmus größer Null sein.

Beispiele

1. ganzrationale Funktion:
   $$f(x) = 3x^4 + 2x^3 - \frac{3}{5}x^2 + 0,78x - \frac{3}{7}$$
   $$\mathbb{D} = \mathbb{R}$$
   hier gibt es keine Einschränkung

2. gebrochenrationale Funktion:
   $$f(x) = \frac{x-1}{x^3 - x^2} \quad \text{für den Nenner muss gelten: } x^3 - x^2 \neq 0$$

   $$\begin{aligned} x^3 - x^2 &= 0 \\ x^2(x-1) &= 0 \\ x = 0 \quad &\vee x = 1 \\ \mathbb{D} &= \mathbb{R}\backslash\{0;1\} \end{aligned}$$

3. Wurzelfunktion:
   $$f(x) = \sqrt{5x - 3}$$
   Es muss gelten:

   $$\begin{aligned} 5x - 3 &\geq 0 \\ x &\geq \tfrac{3}{5} \\ \mathbb{D} &= [\tfrac{3}{5}; \infty] \end{aligned}$$

4. Logarithmusfunktion:
    $$f(x) = x \cdot \ln(x + 1)$$
    Es muss gelten:

$$
\begin{aligned}
x + 1 &> 0 \\
x &> -1 \\
\mathbb{D} &= [-1; \infty]
\end{aligned}
$$

2.5.2 Symmetrie-Eigenschaften

Manche Funktionen weisen eine Symmetrie auf und vereinfachen somit die Diskussion der Funktion. Man unterscheidet zwei Arten der Symmetrie, bezüglich eines Punktes oder einer Achse.

Symmetrie bezüglich einer Achse

1. **Symmetrie zur y-Achse:**
    Gilt $f(-x) = f(x)$ für alle $x \in \mathbb{D}_f$, so ist der Graph G_f symmetrisch zur y-Achse.

    Beispiel

$$
\begin{aligned}
f(x) &= x^2 + 3 \\
f(-x) &= (-x)^2 + 3 \qquad = x^2 + 3 \\
\Longrightarrow \quad & \quad f(x) = f(-x)
\end{aligned}
$$

    Funktionen, in denen nur gerade Hochzahlen vorkommen sind symmetrisch zur y-Achse.

2. **Symmetrie bezüglich der Achse** $x = a$
    Hier muss gelten : $f(a + h) = f(a - h)$

Beispiel

$f(x) = 2x^2 + 4x - 5$ Symmetrieachse: $a = -1$

$$
\begin{aligned}
f(-1+h) &= 2(-1+h)^2 + 4(-1+h) - 5 && = 2(1 - 2h + h^2) - 4 + 4h - 5 \\
&= 2 - 4h + 2h^2 - 4 + 4h - 5 && = 2h^2 - 7 \\
f(-1-h) &= 2(-1-h)^2 + 4(-1-h) - 5 && = 2(1 + 2h + h^2) - 4 - 4h - 5 \\
&= 2 + 4h + 2h^2 - 4 - 4h - 5 && = 2h^2 - 7 \\
\Longrightarrow & \quad\quad f(-1+h) = f(-1-h)
\end{aligned}
$$

Symmetrie bezüglich eines Punktes

1. **Symmetrie zum Ursprung:**
   Gilt $f(-x) = -f(x)$ für alle $x \in \mathbb{D}_f$, so ist der Graph punktsymmetrisch zum Ursprung.

Beispiel

$f(x) = -3x^3 + 2x$

Funktionen mit ausschließlich ungeraden Hochzahlen sind symmetrisch zum Ursprung.

$$
\begin{aligned}
f(-x) &= -3(-x)^3 + 2(-x) && = 3x^3 - 2x \\
-f(x) &= -(-3x^3 + 2x) && = 3x^3 - 2x \\
\Longrightarrow & \quad\quad f(-x) = -f(x)
\end{aligned}
$$

2. **Symmetrie bezüglich eines Punktes** $P(a|b)$ liegt vor, wenn gilt:

$$
\frac{f(a+h) + f(a-h)}{2} = b
$$

Beispiel

$f(x) = x^3 - 3x^2$ symmetrisch zum Punkt $P(1|-2)$

$$
\frac{[(1+h)^3 - 3(1+h)^2] + [(1-h)^3 - 3(1-h)^2]}{2}
$$

$$
= \frac{1 + 3h + 3h^2 + h^3 - 3(1 + 2h + h^2) + 1 - 3h + 3h^2 - h^3 - 3(1 - 2h + h^2)}{2}
$$

$$= \frac{1 + 3h + 3h^2 + h^3 - 3 - 6h - 3h^2 + 1 - 3h - 3h^2 - h^3 - 3 + 6h - 3h^2}{2}$$

$$= \frac{-4}{2} = -2 \quad \text{q. e. d}$$

2.5.3 Grenzwerte

Um die Funktion skizzieren zu können ist es wichtig, dass man weiß, wie sie an den Grenzen der Definitionsmenge verläuft. Dazu bildet man einmal den Grenzwert an den Unendlichkeitsstellen mit

$$\lim_{x \to \pm\infty} f(x)$$

und einmal an den Definitionslücken mit

$$\lim_{x \to x_0} f(x).$$

Grenzwert für $x \to \pm\infty$

- **Polynomfunktion**
  Der Grenzwert ganzrationaler Funktionen richtet sich nach der höchsten Potenz und übernimmt das Vorzeichen des dazugehörigen Koeffizienten.

  Beispiel

$$\lim_{x \to +\infty} (3x^3 - 20x + 5) = +\infty$$

$$\lim_{x \to +\infty} (-5x^6 + 3x - 19) = -\infty$$

- **Gebrochenrationale Funktion**
  Den Grenzwert für gebrochenrationale Funktionen berechnet man, indem man die Grenzwertregel II (siehe Kasten) anwendet und Zähler und Nenner durch die höchste Potenz von x im Nenner teilt.

  Beispiel

$$\lim_{x \to \infty} \frac{x^2 - 2x + 3}{5x^3 - 2x^2 + 7} = \lim_{x \to \infty} \frac{\frac{x^2}{x^3} - \frac{2x}{x^3} + \frac{3}{x^3}}{\frac{5x^3}{x^3} - \frac{2x^2}{x^3} + \frac{7}{x^3}} = \lim_{x \to \infty} \frac{\frac{1}{x} - \frac{2}{x^2} + \frac{3}{x^3}}{5 - \frac{2}{x} + \frac{7}{x^3}} = 0$$

Grenzwertregeln

I. Wenn die Grenzwerte

$$\lim_{x \to \infty} f(x) \text{ und } \lim_{x \to \infty} g(x)$$

existieren, dann gilt:

(1)

$$\lim_{x \to \infty} (f(x) \pm g(x)) = \lim_{x \to \infty} f(x) \pm \lim_{x \to \infty} g(x)$$

(2)

$$\lim_{x \to \infty} (f(x) \cdot g(x)) = \lim_{x \to \infty} f(x) \cdot \lim_{x \to \infty} g(x)$$

(3)

$$\lim_{x \to \infty} \frac{f(x)}{g(x)} = \frac{\lim_{x \to \infty} f(x)}{\lim_{x \to \infty} g(x)},$$

für

$$\lim_{x \to \infty} g(x) \neq 0$$

II. Aus $f(x) \to \infty$ für $x \to \infty$ folgt:

$$\lim_{x \to \infty} \frac{1}{f(x)} = 0$$

Entsprechendes gilt für $x \to -\infty$ und $x \to x_0$.

- **Waagrechte Asymptote:**
  Der Grenzwert der gebrochenrationalen Funktion mit $x \to \infty$ bildet eine waagrechte Asymptote an die Funktion, d. h. die Funktion nähert sich dieser Geraden beliebig an.

  Ist der Grenzwert gleich Null, ist die x-Achse waagrechte Asymptote an den Graphen. Das ist immer der Fall, wenn der Grad des Zählerpolynoms kleiner ist als der Grad des Nennerpolynoms.

  Ist der Grenzwert ungleich Null ist die Asymptote eine durch diesen Wert verschobene Parallele zur x-Achse. Hier ist der Grad des Zählerpolynoms gleich dem Nennerpolynom.

- **Schräge Asymptote:**
  Ist der Zählergrad um 1 größer als der Nennergrad, erhält man eine schräge Asymptote, deren Gleichung man durch Polynomdivision ermitteln kann.

Beispiel

$$f(x) = \frac{3x^3 + 2x - 1}{x^2 - 2}$$

Polynomdivision:

1. Teilen: $3x^3$ durch x^2. Daraus ergibt sich der erste Term der Lösung: $3x$
2. Multiplizieren: Ergebnis mal Divisor: $3x \cdot (x^2 - 2)$
3. Abziehen: Dividend - Produktwert: $(3x^3 + 2x - 1) - (3x^3 - 6x)$ Dieser Term wird jetzt von dem Dividenden abgezogen. Der verbleibende Term enthält nur noch x, also eine niedrigere Potenz als der Divisor. Damit ist hier die Division beendet. Hat die Variable des verbleibenden Terms immer noch eine höhere Potenz als die Variable des Divisors, führt man mit diesem Restterm noch einmal die gleichen Schritte durch und so weiter, bis keine Teilung mehr möglich ist. Der ganzzahlige Term ergibt die Gleichung der Asymptote.

Die Gleichung der schrägen Asymptote lautet in diesem Beispiel also: $y = 3x$

- **Asymptotische Kurve**
  Ist der Zählergrad um 2 größer als der Nennergrad, so erhält man eine Parabel als Asymptote und so weiter.

- **Senkrechte Asymptoten**
  An den Nullstellen des Nenners sind Definitionslücken. Bildet man an diesen Stellen den links- und rechtseitigen Grenzwert und ist mindestens einer davon $+\infty$ oder $-\infty$, so erhält man ein senkrechte Asymptote an dieser Stelle.

- **ln und e-Funktion**

$$\lim_{x \to +\infty} lnx = +\infty$$

$$\lim_{x \to -\infty} e^x = 0$$

$$\lim_{x \to +\infty} e^x = +\infty$$

Grenzwert für $x \to x_0$

Will man den Grenzwert an einer Definitionslücke bestimmen, muss man den rechtsseitigen Grenzwert und den linksseitigen Grenzwert berechnen.

Beispiel

$$f(x) = \frac{2x}{x^2 - 1} \quad \mathbb{D} = \mathbb{R} \setminus \{-1; 1\}$$

rechtsseitiger Grenzwert für $x_0 = 1$:

$$\lim_{\substack{x \to 1 \\ x > 1}} \frac{2x}{x^2 - 1} = \frac{2}{0^+} = +\infty$$

linksseitiger Grenzwert für $x_0 = 1$:

$$\lim_{\substack{x \to 1 \\ x < 1}} \frac{2x}{x^2 - 1} = \frac{2}{0^-} = -\infty$$

rechtsseitiger Grenzwert für $x_0 = -1$:

$$\lim_{\substack{x \to -1 \\ x > -1}} \frac{2x}{x^2 - 1} = \frac{-2}{0^-} = +\infty$$

linksseitiger Grenzwert für $x_0 = -1$:

$$\lim_{\substack{x \to -1 \\ x < -1}} \frac{2x}{x^2 - 1} = \frac{-2}{0^+} = -\infty$$

Sind die beiden Grenzwerte nicht unendlich, sondern endlich und gleich, hat man an dieser Stelle der Funktion eine behebbare Lücke.

Bei manchen Funktionen erhält man durch das Einsetzen des angestrebten Wertes eine unbestimmte Aussage.

Beispiel

$$f(x) = \frac{\sqrt{16x} - 4}{2x - 2} \quad \mathbb{D} = \mathbb{R} \setminus \{1\}$$

$$\lim_{x \to 1} \frac{\sqrt{16x} - 4}{2x - 2} = \frac{0}{0}$$

Hier kann man den Grenzwert nicht bestimmen. Wendet man allerdings die L'Hospitalsche Regel an, führt dies gelegentlich zu einem endlichen Grenzwert (mehr zu L'Hospital finden Sie im Abschnitt 2.5.5 auf Seite 51).

Regel: L'Hospital

Sind die Funktionen f und g differenzierbar bei x_0 mit $f(x_0) = g(x_0) = 0$ und $g'(x_0) \neq 0$, so ist

$$\lim_{x \to x_0} \frac{f(x)}{g(x)} = \frac{f'(x_0)}{g'(x_0)}$$

Wendet man diese Formel auf die obige Funktion an, so ergibt sich:

$$\lim_{x \to 1} \frac{\sqrt{16x} - 4}{2x - 2} = \lim_{x \to 1} \frac{\frac{4}{2\sqrt{x}}}{2} = 1$$

Damit wäre der Grenzwert hier 1.

2.5.4 Ableitung

Da die Ableitung einer Funktion für alle weiteren Betrachtungen wichtig ist, soll sie hier zunächst ausführlich behandelt werden. Die Ableitung ist die Funktion der Steigungen in jedem Punkt an die Funktion. Um die Steigung im Punkt $P(x_0|f(x_0))$ zu bestimmen, verwendet man, wie bereits bei der linearen Funktion (vgl. Abschnitt 2.3 auf Seite 32), den Differenzenquotienten, indem man die Steigung der Sekante im Punkt P und eines weiteren Punktes $Q(x|f(x))$ auf dem Graphen bestimmt.

$$f'(x) = \lim_{\triangle x \to 0} \frac{\triangle y}{\triangle x}$$

oder

$$f'(x_0) = \lim_{x \to x_0} \frac{f(x) - f(x_0)}{x - x_0}$$

Nähert man nun den Punkt Q immer weiter dem Punkt P an (von rechts für $x > x_0$ und $h > 0$, von links für $x < x_0$ und $h < 0$), so heißt f an der Stelle x_0 *differenzierbar*, wenn der Differenzenquotient für $x \to x_0$ einen Grenzwert besitzt.

$$f'(x_0) = \lim_{x \to x_0} \frac{f(x) - f(x_0)}{x - x_0} = \lim_{h \to 0} \frac{f(x_0 + h) - f(x_0)}{h}$$

heißt dann *Ableitung* von f an der Stelle x_0.

Üblicherweise schreibt man anstelle von $f'(x_0) = \lim_{x \to x_0} \frac{\Delta y}{\Delta x}$ auch $\frac{dy}{dx}$ und bezeichnet den Grenzwert des Differenzenquotienten als *Differenzialquotient*.

Geometrische Deutung:
$f'(x_0)$ gibt die Steigung des Graphen im Punkt $P(x_0 | f(x_0))$ an. Die Tangente an den Graphen in diesem Punkt ist die Gerade durch P mit der Steigung $m = f'(x_0)$.

Beispiel:

Für die an allen Stellen differenzierbare Funktion $f : x \mapsto y = x^2$ lautet der Differenzialquotient an der Stelle $x_0 = 2$:

$f'(2) = \lim_{x \to 2} \frac{f(x) - f(2)}{x - 2} = \lim_{h \to 0} \frac{f(2+h) - f(2)}{h} =$

$\lim_{h \to 0} \frac{(2+h)^2 - 2^2}{h} = \lim_{h \to 0} \frac{4 + 4h + h^2 - 4}{h} =$

$\lim_{h \to 0} \frac{h(4+h)}{h} = \lim_{h \to 0} (4 + h) = 4$

Gleichung der Tangente im Punkt $P(2|4)$: $y = 4x + t$, da $m = f'(x_0) = 4$
Durch Einsetzten des Punktes P ergibt sich für t: $4 = 4 \cdot 2 + t \to t = -4$
Die Tangentengleichung lautet also: $y = 4x - 4$

Allerdings möchte man in den meisten Fällen die Steigung nicht nur in einem Punkt, sondern an einer beliebigen Stelle x bestimmen. Hierzu benötigt man die Ableitungsfunktion:

$$f' : x \mapsto f'(x) = \lim_{h \to 0} \frac{f(x_0 + h) - f(x_0)}{h}$$

Für $f'(x)$ gibt es verschiedene Schreibweisen:

$f'(x) = y' = \frac{dy}{dx} = \frac{df(x)}{dx} = \frac{d}{dx} f(x)$

Kapitel 2

Beispiel

Die Ableitungsfunktion für die an allen Stellen differenzierbare Funktion
$f : x \mapsto y = x^2$ lautet:

$f'(x) = \lim_{h \to 0} \frac{f(x+h)-f(x)}{h} = \lim_{h \to 0} \frac{(x+h)^2-x^2}{h} = \lim_{h \to 0} \frac{x^2+2xh+h^2-x^2}{h} =$
$\lim_{h \to 0} \frac{h(2x+h)}{h} = \lim_{h \to 0}(2x + h) = 2x$

Daraus ergibt sich wie im vorangegangenen Beispiel $f'(2) = 2 \cdot 2 = 4$ (siehe
Abbildung 2.5)

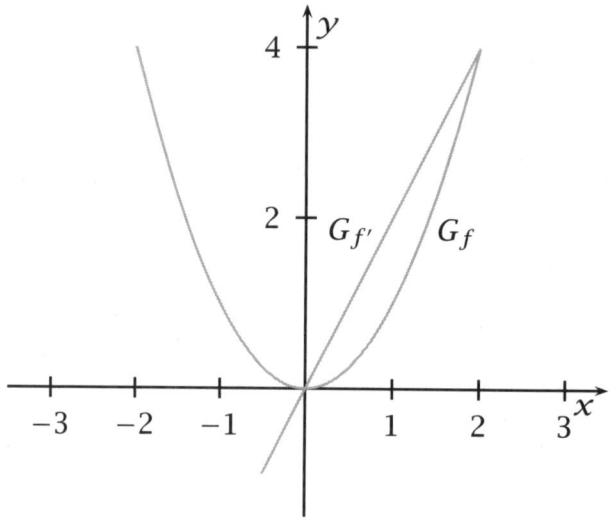

Abb. 2.5: Graph der Funktion
und deren Ableitung

Aus dem Graphen und der Ableitung lässt sich für die Steigung ablesen:

- für $x < 0 : f'(x) < 0 \Rightarrow G_f$ ist streng monoton fallend;

- für $x > 0 : f'(x) > 0 \Rightarrow G_f$ ist streng monoton steigend;

- für $x = 0 : f'(0) = 0 \Rightarrow G_f$ hat im Ursprung, d. h. im Scheitelpunkt, eine
horizontale Tangente.

Zusammenhang zwischen Differenzierbarkeit und Stetigkeit
Ist eine Funktion f an der Stelle x_0 differenzierbar, so ist f an dieser Stelle
auch stetig. Die Umkehrung gilt jedoch nicht. Als Beispiel hierfür dient die
Betragsfunktion (vgl. Seite 35), die an der Stelle $x_0 = 0$ zwar stetig, aber nicht
differenzierbar ist.

Aufgrund der Defintion der Ableitungsfunktion ergeben sich folgende Ableitungsregeln:

Ableitungsregeln 1

$$f(x) = c \quad \Rightarrow \quad f'(x) = 0$$
$$f(x) = x \quad \Rightarrow \quad f'(x) = 1$$
$$f(x) = x^2 \quad \Rightarrow \quad f'(x) = 2x$$
$$f(x) = x^n \quad \Rightarrow \quad f'(x) = n \cdot x^{(n-1)}$$
$$f(x) = \sqrt{x} \quad \Rightarrow \quad f'(x) = \frac{1}{2\sqrt{x}} = \frac{1}{2} \cdot x^{-\frac{1}{2}}$$

Für bestimmte Funktionen, wie die trigonometrischen Funktionen, die Exponential- und Logarithmusfunktion, muss man sich die Ableitungen einfach merken:

Ableitungsregeln 2

$$f(x) = \sin x \quad \Rightarrow \quad f'(x) = \cos x$$
$$f(x) = \cos x \quad \Rightarrow \quad f'(x) = -\sin x$$
$$f(x) = \tan x \quad \Rightarrow \quad f'(x) = \frac{1}{\cos^2 x}$$
$$f(x) = \cot x \quad \Rightarrow \quad f'(x) = -\frac{1}{\sin^2 x}$$
$$f(x) = \ln x \quad \Rightarrow \quad f'(x) = \frac{1}{x}$$
$$f(x) = e^x \quad \Rightarrow \quad f'(x) = e^x$$

Leider ist es bei einer Kurvendiskussion jedoch selten der Fall, dass man eine einfache Funktion untersuchen muss. Meistens handelt es sich um kombinierte Funktionen. Auch hierfür gibt es bestimmte Regeln.

Ableitungsregeln 3

$$f(x) = g(x) \pm h(x) \quad \Rightarrow \quad f'(x) = g'(x) \pm h'(x)$$
$$f(x) = c \cdot g(x) \quad \Rightarrow \quad f'(x) = c \cdot g'(x)$$

Noch etwas komplizierter wird es, wenn Funktionen durch Multiplikation oder Division miteinander verbunden sind.

- Produktregel:

$$f(x) = g(x) \cdot h(x) \Rightarrow f'(x) = g'(x) \cdot h(x) + g(x) \cdot h'(x)$$

- Quotientenregel:

$$f(x) = \frac{g(x)}{h(x)} \Rightarrow f'(x) = \frac{g'(x) \cdot h(x) - g(x) \cdot h'(x)}{(h(x))^2} \text{ für } h(x) \neq 0$$

- Kettenregel:

$$f(x) = (g \circ h)(x) \Rightarrow f'(x) = g'(h(x)) \cdot h'(x)$$

Oft kommen diese Regeln auch in Kombination vor. Dabei ist die Reihenfolge der Bearbeitung gleichgültig.

Beispiel aus der Abiturprüfung 1998 für den Leistungskurs in Bayern:

Gegeben ist die Schar der Funktionen

$$f_k : x \mapsto \frac{kx}{x^2 - k^2} \text{ mit } k \in \mathbb{R}^+$$

Bestätigen Sie, dass gilt:

$$f_k'(x) = \frac{-k \cdot (x^2 + k^2)}{(x^2 - k^2)^2}$$

Lösung

$$f_k'(x) = \frac{k(x^2 - k^2) - kx \cdot 2x}{(x^2 - k^2)^2}$$

$$= \frac{kx^2 - k^3 - 2kx^2}{(x^2 - k^2)^2}$$

$$= \frac{-kx^2 - k^3}{(x^2 - k^2)^2}$$

$$= \frac{-k \cdot (x^2 + k^2)}{(x^2 - k^2)^2}$$

2.5.5 Sätze über differenzierbare Funktionen

Für differenzierbare Funktionen gelten verschiedene Gesetzmäßigkeiten.

Monotoniekriterium

Ist die Funktion f in einem zusammenhängenden Intervall $I \subset D_f$ differenzierbar, gilt für die Umkehrbarkeit der Funktion das Monotoniekriterium.

> **Monotoniekriterium**
> Ist $f'(x) > 0$ für alle $x \in I$ oder $f'(x) < 0$ für alle $x \in I$, so ist f in I umkehrbar.

Satz von Rolle

Ist f im Intervall $[a; b]$ stetig und im Intervall $]a; b[$ differenzierbar, so existiert mindestens eine Stelle $x_0 \in]a; b[$, für die gilt:

$$f'(x_0) = 0$$

Mittelwertsatz

Der Mittelwertsatz ist eine Verallgemeinerung des Satzes von Rolle.

Ist f im Intervall $[a; b]$ stetig und im Intervall $]a; b[$ differenzierbar, und gilt zudem $f(a) = f(b) = 0$, so existiert mindestens eine Stelle $x_0 \in]a; b[$, für die gilt:

$$f'(x_0) = \frac{f(b) - f(a)}{b - a}$$

oder

$$f(b) = f(a) + (b - a) \cdot f'(x_0)$$

Das bedeutet, dass die Tangente an den Graphen im Punkt $(x_0 | f(x_0))$ parallel zur Sekante PQ ist (vgl. Abbildung 2.6 auf der nächsten Seite).

Kapitel 2

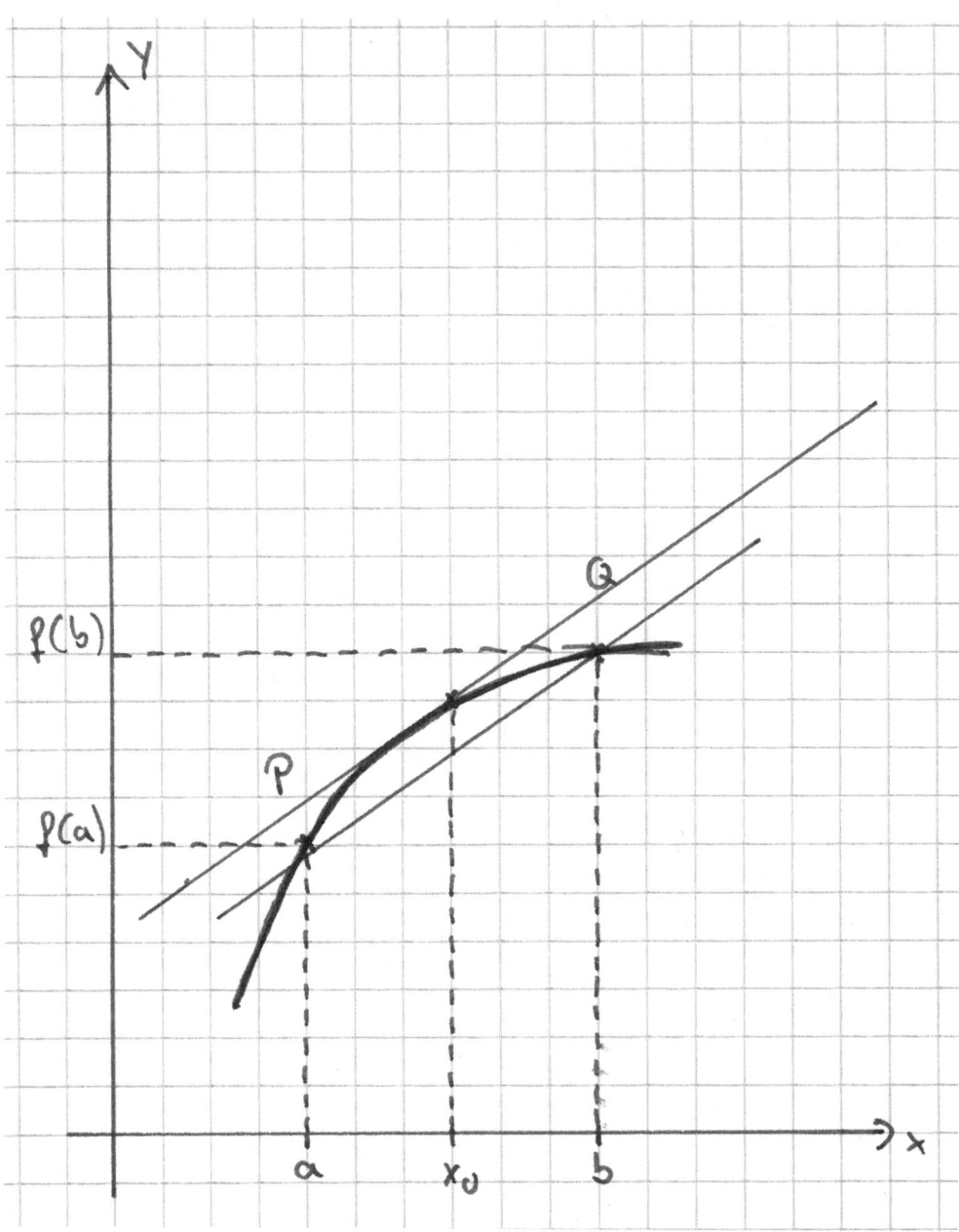

Abb. 2.6: Grafische Veranschaulichung des Mittelwertsatzes

Regeln von L'Hospital

1. Sind zwei Funktionen f und g an der Stelle x_0 stetig und in einer Umgebung von x_0 differenzierbar, und ist $f(x_0) = g(x_0) = 0$, so gilt:

$$\lim_{x \to x_0} \frac{f(x)}{g(x)} = \lim_{x \to x_0} \frac{f'(x)}{g'(x)} = \frac{f'(x_0)}{g'(x_0)}$$

2. Sind zwei Funktionen f und g in einem Intervall $]a; \infty[$ differenzierbar, und ist $\lim_{x \to \infty} f(x) = \lim_{x \to \infty} g(x) = 0$, so gilt:

$$\lim_{x \to \infty} \frac{f(x)}{g(x)} = \lim_{x \to \infty} \frac{f'(x)}{g'(x)}$$

Eine analoge Regel gilt für $x \to -\infty$.

3. Sind zwei Funktionen f und g in einer Umgebung von x_0 differenzierbar, und gilt $|f(x)| \to \infty$ für $x \to x_0$ und $|g(x)| \to \infty$ für $x \to x_0$, so gilt:

$$\lim_{x \to x_0} \frac{f(x)}{g(x)} = \lim_{x \to x_0} \frac{f'(x)}{g'(x)}$$

4. Sind zwei Funktionen f und g in einem Intervall $]a; \infty[$ differenzierbar, und gilt $|f(x)| \to \infty$ für $x \to \infty$ und $|g(x)| \to \infty$ für $x \to \infty$, so gilt:

$$\lim_{x \to \infty} \frac{f(x)}{g(x)} = \lim_{x \to \infty} \frac{f'(x)}{g'(x)}$$

Die Berechnung des Grenzwertes über diese Regeln ist wesentlich einfacher als die Berechnung mit Faktorzerlegung.

Beispiel:

$$f(x) = x^3 - 4x + 3 \qquad f(1) = 0$$
$$g(x) = x^8 - x^4 \qquad g(1) = 0$$
$$f'(x) = 3x^2 - 4 \qquad f'(1) = -1$$
$$g'(x) = 8x^7 - 4x^3 \qquad g'(1) = 4$$

Nach der 1. Regel von L'Hospital ergibt sich damit:

$$\lim_{x \to 1} \frac{f(x)}{g(x)} = \frac{f'(1)}{g'(1)} = -\frac{1}{4}$$

2.5.6 Nullstellenberechnung

Die Nullstellen einer Funktion sind die Schnittpunkte mit der x-Achse.

Definition: Nullstellen
Jede Zahl $x_0 \in \mathbb{D}_f$ mit $f(x_0) = 0$ heißt Nullstelle der Funktion.

Polynomfunktion

Nullstellensatz für ganzrationale Funktionen
Eine ganzrationale Funktion vom Grad n hat höchstens n reelle Nullstellen, die nicht alle voneinander verschieden sein müssen.

Um die Nullstellen zu bestimmen, gibt es verschiedene Möglichkeiten:

• Weierstraß'sches Halbierungsverfahren

• Regula falsi

• Newton'sches Näherungsverfahren

• Polynomdivision

1. Newton'sches Näherungsverfahren

Dieses Verfahren nennt man auch Tangentenverfahren. Man geht von einem ersten groben Näherungswert für die Nullstelle aus und erstellt in diesem Punkt die Tangentengleichung. Diese Tangente schneidet die x-Achse in einem neuen Punkt, in dem nun wieder die Tangentengleichung erstellt wird. Diese schneidet die x-Achse wieder in einem Punkt, in dem man wieder die Gleichung der Tangente erstellt, bis die y-Koordinate des Punktes, in dem die Tangentengleichung erstellt werden soll, gleich Null ist. Betrachtet man die Formeln, ergibt sich aus der Tangentengleichung im Punkt P_1:

$$f(x) = f'(x_1)(x - x_1) + f(x_1) \qquad \text{durch Umformung}$$

$$x_2 = x_1 - \frac{f(x_1)}{f'(x_1)} \qquad \text{und damit für alle } x_{n+1}$$

$$x_{(n+1)} = x_n - \frac{f(x_n)}{f'x_{n+1}}$$

2. Lösung durch Polynomdivision

Diese Lösungsvariante ist äußerst umfangreich.

An dem Beispiel einer Funktion 5. Grades soll die Vorgehensweise erklärt werden.

$$f(x) = x^5 - x^4 - 27x^3 + 13x^2 + 134x - 120$$

1. Eine Nullstelle schätzen und überprüfen
   Der Wert einer Nullstelle muss immer ein Teiler der Konstanten sein. Hier wurde 2 gewählt (vgl. Abbildung 2.7).

2. Teilen der Funktion durch $x - 2$

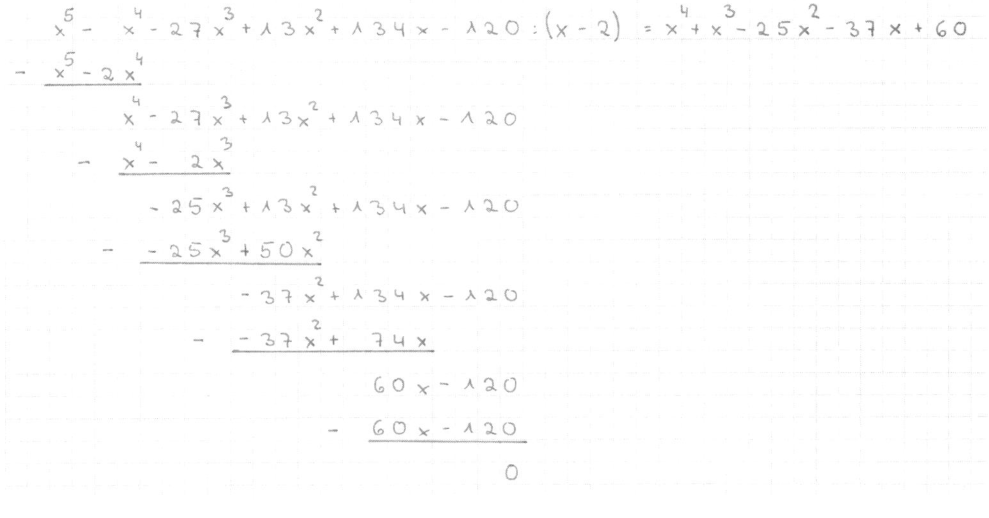

$$x^5 - x^4 - 27x^3 + 13x^2 + 134x - 120 : (x - 2) = x^4 + x^3 - 25x^2 - 37x + 60$$

$$\underline{-\quad x^5 - 2x^4}$$
$$\quad\quad x^4 - 27x^3 + 13x^2 + 134x - 120$$
$$\quad\quad \underline{-\quad x^4 - 2x^3}$$
$$\quad\quad\quad -25x^3 + 13x^2 + 134x - 120$$
$$\quad\quad\quad \underline{-\quad -25x^3 + 50x^2}$$
$$\quad\quad\quad\quad -37x^2 + 134x - 120$$
$$\quad\quad\quad\quad \underline{-\quad -37x^2 + 74x}$$
$$\quad\quad\quad\quad\quad 60x - 120$$
$$\quad\quad\quad\quad\quad \underline{-\quad 60x - 120}$$
$$\quad\quad\quad\quad\quad\quad 0$$

Abb. 2.7: Polynomdivision Teil 1

3. Analoges Vorgehen für die um einen Grad verringerte Funktion (vgl. Abbildung 2.8 auf der nächsten Seite).

Kapitel 2

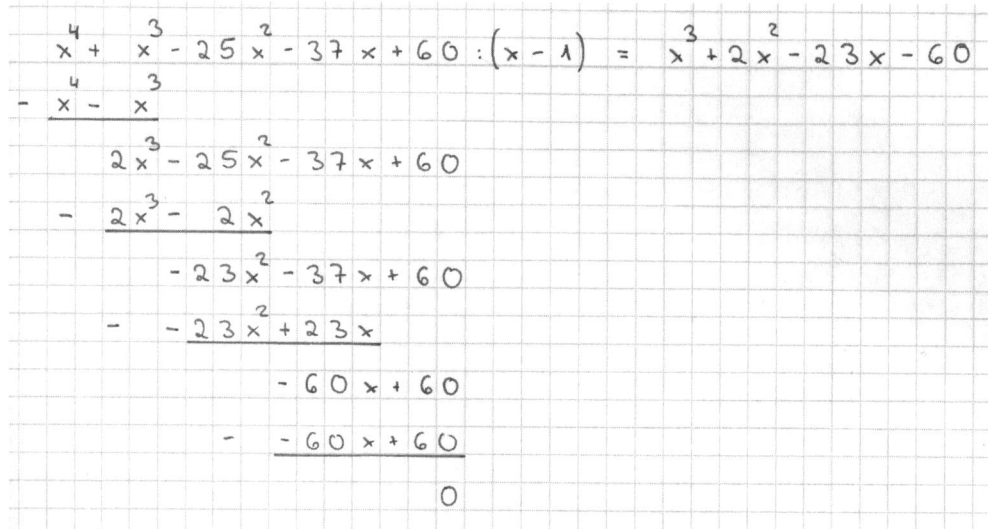

$$x^4 + x^3 - 25x^2 - 37x + 60 : (x - 1) = x^3 + 2x^2 - 23x - 60$$
$$\underline{-\ x^4 - x^3}$$
$$2x^3 - 25x^2 - 37x + 60$$
$$\underline{-\ 2x^3 - 2x^2}$$
$$-23x^2 - 37x + 60$$
$$\underline{-\ -23x^2 + 23x}$$
$$-60x + 60$$
$$\underline{-\ -60x + 60}$$
$$0$$

Abb. 2.8: Polynomdivision Teil 2

4. Analoges Vorgehen für die Funktion 3. Grades. Endlich ist man bei einer Funktion 2. Grades.

5. Lösen der verbleibenden quadratischen Gleichung mit der Lösungsformel (vgl. Abbildung 2.9 auf der nächsten Seite).

Damit hat man alle Nullstellen der Funktion gefunden.

3. Lösung mit dem Solver

Die Lösung mit dem Solver der Tabellenkalkulation Excel ist viel schneller, denn man muss nur eine Wertetabelle erstellen über einen Bereich, in dem man die Nullstellen vermutet, und den Solver aufrufen. Als Zielzelle gibt man die Zelle an, in der man eine Nullstelle annimmt, und als veränderbare Zelle die dazugehörige Zelle des x-Wertes.

Für eine Kurvendiskussion ist es auch wichtig, zu wissen, wie die Funktion zwischen den Nullstellen verläuft, also oberhalb der x-Achse oder unterhalb. Diese Vorzeichenverteilung wird übersichtlich in Tabellenform dargestellt.

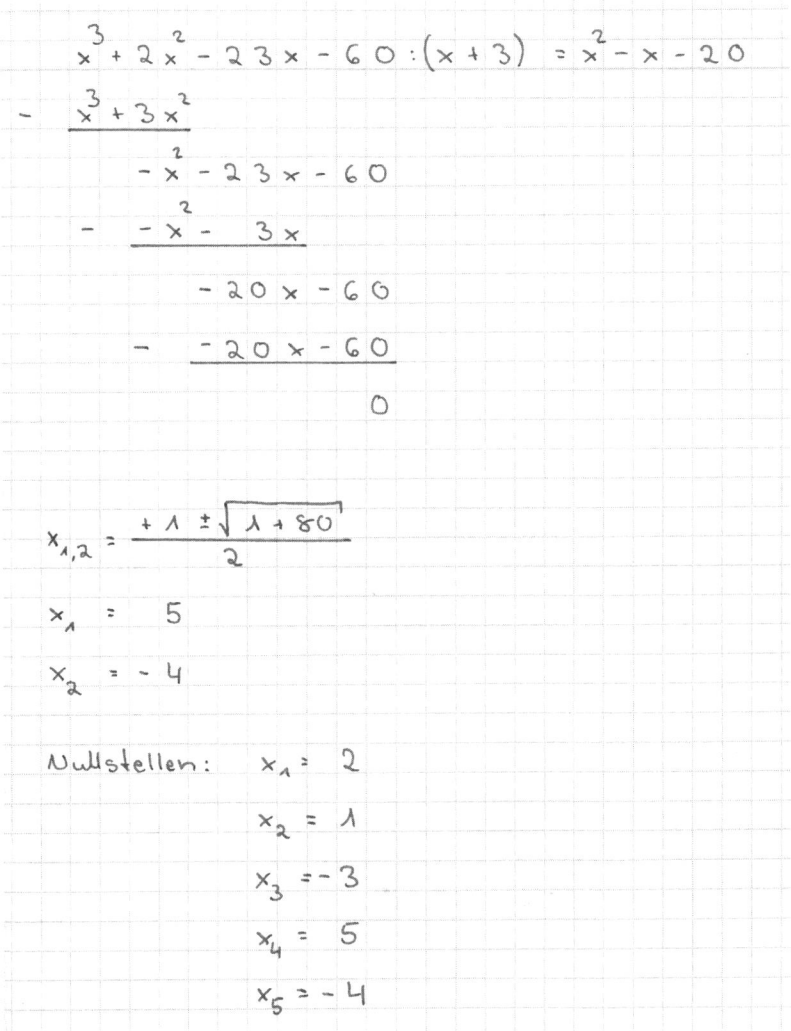

$$x^3 + 2x^2 - 23x - 60 : (x + 3) = x^2 - x - 20$$

$$-\;\underline{x^3 + 3x^2}$$

$$-x^2 - 23x - 60$$

$$-\;\underline{-x^2 - 3x}$$

$$-20x - 60$$

$$-\;\underline{-20x - 60}$$

$$0$$

$$x_{1,2} = \frac{+1 \pm \sqrt{1 + 80}}{2}$$

$$x_1 = 5$$

$$x_2 = -4$$

Nullstellen: $x_1 = 2$

$$x_2 = 1$$

$$x_3 = -3$$

$$x_4 = 5$$

$$x_5 = -4$$

Abb. 2.9: Polynomdivision Teil 3

Beispiel

Die quadratische Funktion $f(x) : y = 5x^2 - 10x$ hat ihre beiden Nullstellen bei $x = 0$ und $x = 2$, was man durch die Faktorisierung $y = x(5x - 10)$ sofort sieht. Die Vorzeichenverteilung lässt sich nun einfach durch Werte zwischen den Nullstellen bestimmen:

$f(-1) = 15$
$f(1) = -5$
$f(3) = 15$

	$x < 0$	$x = 0$	$0 < x < 2$	$x = 2$	$x > 2$
Vorzeichen	+	0	-	0	+
G_f	streng monoton steigend	Maximum (-3|0)	streng monoton fallend	Minimum (-1|-4)	streng monoton steigend

2.5.7 Extremwerte und Monotonie

Existiert an einem Punkt der Funktion eine waagrechte Tangente, so ist dieser Punkt ein Extremwert oder Terrassenpunkt. Dafür gilt $f'(x_0) = 0$. Wechselt $f'(x_0)$ zudem noch das Vorzeichen an dieser Stelle, so liegt ein Extremwert vor. Für das Monotonieverhalten gilt:

Monotonieverhalten
Ist $f'(x) > 0$ in einem bestimmten Intervall, so ist f(x) monoton steigend in diesem Intervall.
Ist $f'(x) < 0$ in einem bestimmten Intervall, so ist f(x) monoton fallend in diesem Intervall.

Daraus ergibt sich das Verfahren zur Bestimmung des Extremwertes.

Beispiel

$f(x) = 4x^2 - 2x + 4$

Zuerst wird die Ableitung nach den Ableitungsregeln erstellt,

$f'(x) = 8x - 2,$

dann muss die Nullstelle der Ableitung berechnet werden.

$x = \frac{1}{4}$

An der Stelle $x = 0,25$ besitzt die Funktion also eine waagrechte Tangente. Mit der Signumsbetrachtung (Untersuchung des Vorzeichens) bestimmt man dann die Art des Extremwertes. Man untersucht $f'(x)$ im Intervall $]-\infty; 0,25]$ und im Intervall $[0,25; +\infty[$.

$f'(0) = -2 \quad \Longrightarrow f' < 0 \text{ für } x \in]-\infty; 0,25]$

$\qquad\qquad\quad \Longrightarrow f(x) \text{ monoton fallend}$

$f'(5) = 38 \quad \Longrightarrow f' > 0 \text{ für } x \in [0,25; +\infty[$

$\qquad\qquad\quad \Longrightarrow f(x) \text{ monoton steigend}$

Da ein Vorzeichenwechsel an der Stelle $x = \frac{1}{4}$ vorliegt, handelt es sich hier um einen Extremwert, und da die Funktion rechts von dem Wert monoton fallend und links von dem Wert monoton steigend ist, liegt hier ein Minimum vor.

2.5.8 Wendepunkt und Krümmungsverhalten

Die Extremwerte der 1. Ableitung nennt man Wendepunkte. An diesen Punkten ändert sich das Krümmungsverhalten.

Krümmungsverhalten
Gilt für ein bestimmtes Intervall: $f''(x) > 0$, ist die Funktion in diesem Bereich linksgekrümmt, gilt $f''(x) < 0$, ist die Funktion rechtsgekrümmt.

Beispiel

Funktion:	$f(x)$	$= -x^3 + 3x^2 - 4x + 1$
1. Ableitung:	$f'(x)$	$= -3x^2 + 6x - 4$
2. Ableitung:	$f''(x)$	$= -6x + 6$
Nullstellen:	$f''(x)$	$= 0$
für	x	$= 1$
$]-\infty; 1]$	$f''(x)$	> 0
$[1; +\infty[$	$f''(x)$	< 0

Die Funktion ist also für $x < 1$ linksgekrümmt und für $x > 1$ rechtsgekrümmt. Der Wendepunkt hat die x-Koordinate 1.

Beispiele einer vollständigen Kurvendiskussion

Mit diesen Grundlagen für eine Kurvendiskussion soll diese nun an Beispielen für verschiedene Funktionen durchgeführt werden.

ganzrationale Funktion:

Funktion: $f(x) = x^3 + 6x^2 + 9x$

Definitionsmenge:

$\mathbb{D} = \mathbb{R}$

Symmetrie:

$f(-x) = -x^3 + 6x^2 - 9x \implies f(-x) \neq f(x) \text{ und } f(-x) \neq -f(x)$
Es liegt keine Symmetrie vor.

Grenzwerte:

$$\lim_{x \to +\infty} f(x) = +\infty, \lim_{x \to -\infty} f(x) = -\infty$$

Nullstelle:

Die erste Nullstelle ist direkt ersichtlich. Klammert man aus der Funktion x aus, heißt sie $y = x(x^2 + 6x + 9)$. Da ein Produkt 0 wird, wenn einer der Faktoren 0 ist, muss die erste Nullstelle also bei $x = 0$ liegen. Die übrigen Nullstellen lassen sich dann einfach über die Lösungsformel für quadratische Gleichungen bestimmen.

$$x_{1,2} = \frac{-6 \pm \sqrt{36 - 36}}{2}$$

Damit ergibt sich eine doppelte Nullstelle für $x_{1,2} = -3$.

Wertetabelle

x	-5	-4	-3	-2	-1	0	1
y	-20	-4	0	-2	-4	0	16

Tab. 2.1: Die Wertetabelle wird im Bereich von -5 bis 1 erstellt.

Graph

Anhand der obigen Wertetabelle ergibt sich folgender Graph (vgl. Abbildung 2.10).

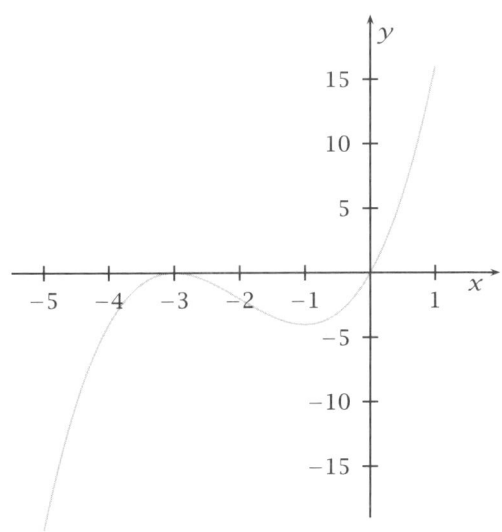

Abb. 2.10: Graph der Funktion $y = x^3 + 6x^2 + 9x$

Extremwerte

1. Ableitung: $f'(x) = 3x^2 + 12x + 9$

Man kann nun die 1. Ableitung verwenden und die Nullstellen dieser Funktion berechnen.

$$f'(x) = 0 \Leftrightarrow x = -3 \wedge x = -1; f(-3) = 0, f(-1) = -4$$

Somit erhält man das Maximum $(-3|0)$ und das Minimum $(-1|-4)$.

Monotonieverhalten

Wendepunkt

2. Ableitung : $f''(x) = 6x + 12$

Hier kann wiederum die Nullstelle der 2. Ableitung berechnet werden. Sie liegt bei $x = -2$. Den y-Wert des Wendepunktes liest man aus der Wertetabelle ab. Für den Wendepunkt gilt hier: $W(-2|-2)$.

gebrochenrationale Funktion

$$f(x) = \frac{x^2 - 5x + 4}{x + 2}$$

Definitionsmenge

$$x + 2 = 0 \Longrightarrow x = -2$$
$$\mathbb{D} = \mathbb{R} \backslash \{-2\}$$

Verhalten im Unendlichen

$$\lim_{x \to -\infty} = -\infty \quad \text{und} \quad \lim_{x \to +\infty} = +\infty$$

Asymptoten

Der Nenner wird bei $x = -2$ gleich Null und daraus ergibt sich:

$$\lim_{\substack{x \to -2 \\ x > 2}} \frac{x^2 - 5x + 4}{x + 2} = +\infty$$

$$\lim_{\substack{x \to -2 \\ x < 2}} \frac{x^2 - 5x + 4}{x + 2} = -\infty$$

Daraus folgt die Gleichung der senkrechten Asymptote:

$$x = -2$$

Der Zählergrad ist um einen Grad höher als der Nennergrad, also existiert eine schräge Asymptote.

Um die Gleichung dieser Asymptote zu ermitteln, muss eine Polynomdivision durchgeführt werden.

$(x^2 - 5x + 4) \div (x + 2)$

Die Gleichung der schrägen Asymptote lautet:

$y = x - 7$

Symmetrie

Es liegt keine Symmetrie bezüglich y-Achse oder Ursprung vor.

Nullstellen

Da bei $x = -2$ eine Definitionslücke ist, muss man mehrere Bereiche untersuchen. Links von der Definitionslücke, also im Intervall $]-\infty; -2[$ gibt es keine Nullstelle. Rechts von der Definitionslücke jedoch schon. Hier findet sich eine Nullstelle bei $x = 1$ und bei $x = 4$.

Da der Graph bei einer Annäherung an die Asymptote $x = -2$ von rechts ins Unendliche wächst, kann das nur bedeuten, dass die Kurve von $x = -2$ bis $x = 1$ monoton fallend ist. Die zweite Nullstelle bei $x = 4$ lässt vermuten, dass zwischen den beiden Werten ein lokales Minimum liegt. Nach links muss sich die Funktion an die Gerade $y = x - 7$ annähern, sodass in diesem Bereich kein Maximum zu erwarten ist.

Monotonieverhalten

	$x < -6,3$	$x = -6,3$	$-6,3 < x < -2$	$-2 < x < 2,3$	$x = 2,3$	$x > 2,3$
$f'(x)$	+	0	-	-	0	+
G_f	streng monoton steigend	Maximum (-6,3|-17,48)	streng monoton fallend	streng monoton fallend	Minimum (2,3|-0,513)	streng monoton steigend

Extremwertbestimmung

Die Funktion nähert sich von links an die senkrechte Asymptote an und geht dabei gegen $-\infty$. Auf der anderen Seite nähert sie sich an die schräge Asymptote an und geht dabei ebenfalls gegen $-\infty$. Das bedeutet, dass dazwischen ein Maximum liegen muss. Man erhält durch die Nullstellenbestimmung der Ableitung ein Maximum bei $x = -6,3$ und ein Minimum bei $x = 2,3$.

Einen Wendepunkt kann es hier nicht geben, weil sich der Graph in beiden Richtungen an die Asymptoten annähert.

Graph

Abbildung 2.11 zeigt den Graphen der Funktion und die schräge Asymptote. Die senkrechte Asymptote wurde für die Übersichtlichkeit weggelassen.

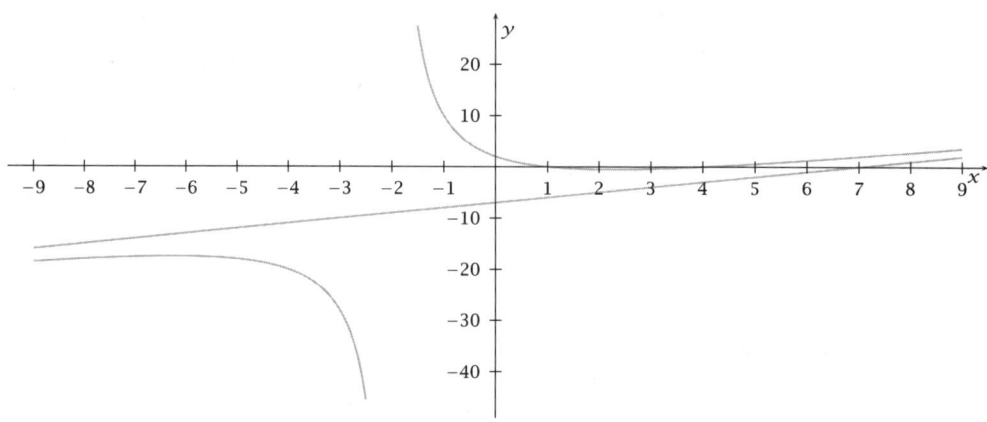

Abb. 2.11: Graph der Funktion $y = \dfrac{x^2 - 5x + 4}{x + 2}$

2.6 Kurvendiskussion trigonometrischer Funktionen

Als trigonometrische Funktionen (oder Winkelfunktionen) bezeichnet man:

- die Sinusfunktion
  $\sin : \mathbb{R} \to \mathbb{R}, x \mapsto y = \sin x$

- die Kosinusfunktion
  $\cos : \mathbb{R} \to \mathbb{R}, x \mapsto y = \cos x$

- die Tangensfunktion
  $\tan : \mathbb{R} \backslash \{(2k + 1) \cdot \frac{\pi}{2} | k \in \mathbb{Z}\} \to \mathbb{R}, x \mapsto y = \tan x = \frac{\sin x}{\cos x}$

- die Kotangensfunktion (Umkehrfunktion der Tangensfunktion)
  $\cot : \mathbb{R} \backslash \{(2k + 1) \cdot \frac{\pi}{2} | k \in \mathbb{Z}\} \to \mathbb{R}, x \mapsto y = \cot x = \frac{\cos x}{\sin x}$

sin und cos haben die Schwingungsweite oder Amplitude 1, da ihre Wertemenge [-1;1] ist. Die Wertemenge von tan und cot ist $\mathbb{R}$.

Die trigonometrischen Funktionen sind periodisch. Ihre Funktionswerte wiederholen sich in einem bestimmten Abstand. Die Periode der Sinus- und der Kosinus-Funktion ist 2π:

$$\sin(x + k \cdot 2\pi) = \sin x; \quad \cos(x + k \cdot 2\pi) = \cos x; \quad k \in \mathbb{Z}$$

Die Sinusfunktion und die Tangens-Funktion haben ihre Nullstellen bei $k \cdot \pi$, die Kosinus- und die Kotangensfunktion bei $k \cdot \pi + \frac{\pi}{2}$. Die Nullstellen der Sinusfunktion sind gleichzeitig die Definitionslücken der Kotangensfunktion, die Nullstellen der Kosinusfunktion sind gleichzeitig die Definitionslücken der Tangensfunktion. An diesen Stellen haben Tangens und Kotangens senkrechte Asymptoten mit einem Vorzeichenwechsel (vgl. Abbildungen 2.12 bis 2.15).

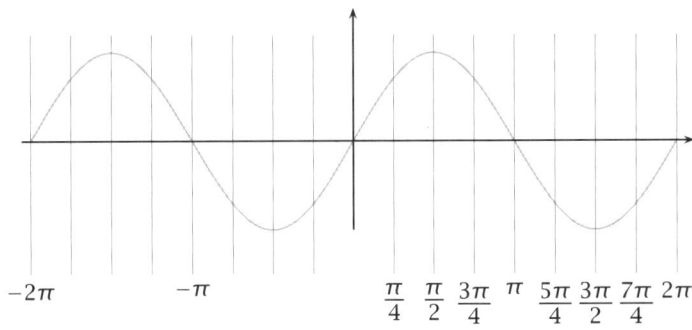

Abb. 2.12: Graph der Sinus-Funktion

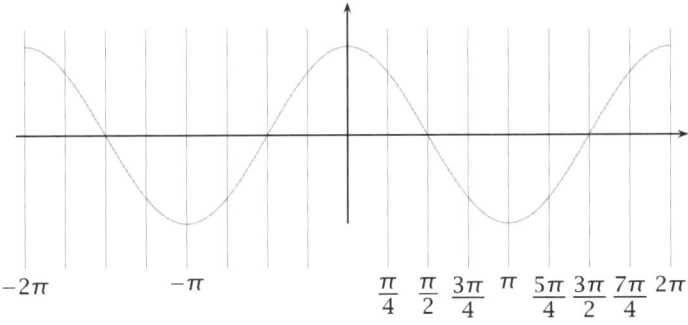

Abb. 2.13: Graph der Kosinus-Funktion

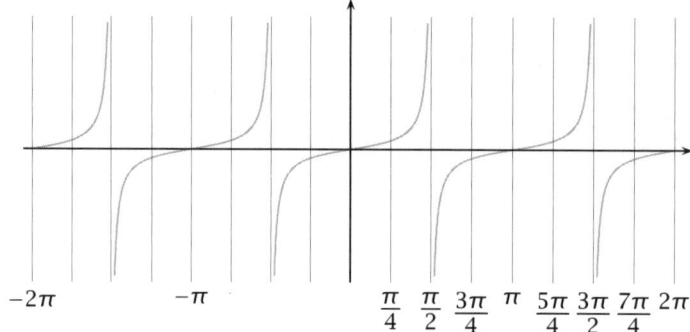

Abb. 2.14: Graph der Tangens-Funktion

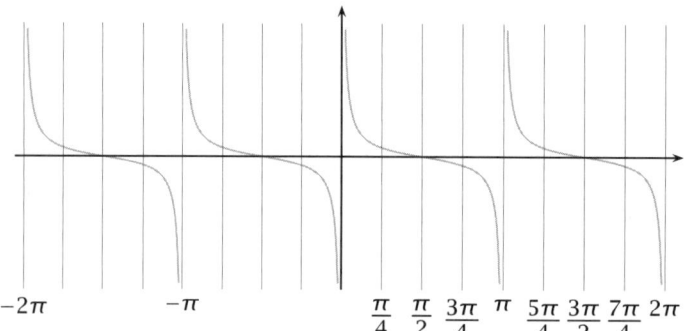

Abb. 2.15: Graph der Kotangens-Funktion

2.6.1 Ableitung der trigonometrischen Funktionen

Die nachfolgende Tabelle fasst die Ableitungen der trigonometrischen Grundfunktionen zusammen.

$$f(x) = \sin x \quad \Rightarrow \quad f'(x) = \cos x$$
$$f(x) = \cos x \quad \Rightarrow \quad f'(x) = -\sin x$$
$$f(x) = \tan x \quad \Rightarrow \quad f'(x) = \frac{1}{\cos^2 x}$$
$$f(x) = \cot x \quad \Rightarrow \quad f'(x) = -\frac{1}{\sin^2 x}$$

Nach den Regeln von L'Hospital ergibt sich ein wichtiger Grenzwert:

$$\lim_{x \to 0} \frac{\sin x}{x} = 1$$

Beispiel

Diskutiere die Funktion $f(x) = \sin x + \cos x$.

Lösung

- Definitionsmenge: $D = \mathbb{R}$
- Symmetrie: $f(x) \neq f(-x)$
  G_f ist nicht symmetrisch.
- Wertetabelle und Graph

x	0	$\frac{\pi}{4}$	$\frac{\pi}{2}$	$\frac{3}{4}\pi$	π	$\frac{5}{4}\pi$	$\frac{3}{2}\pi$	$\frac{7}{4}\pi$	2π
$f(x)$	1	1,41	1	0	-1	$-1,41$	-1	0	1

- Nullstellen: $0 = \sin x + \cos x$
  $N_k = \left((4k-1)\frac{\pi}{4}; 0\right), k \in \mathbb{Z}$
- Extrema: $f'(x) = \cos x - \sin x$
  $E_k = \left((4k+1)\frac{\pi}{4}; \pm 1,41\right), k \in \mathbb{Z}$
- Wendepunkte: $f''(x) = -\sin x - \cos x$
  $W_k = \left((4k-1)\frac{\pi}{4}; 0\right), k \in \mathbb{Z}$

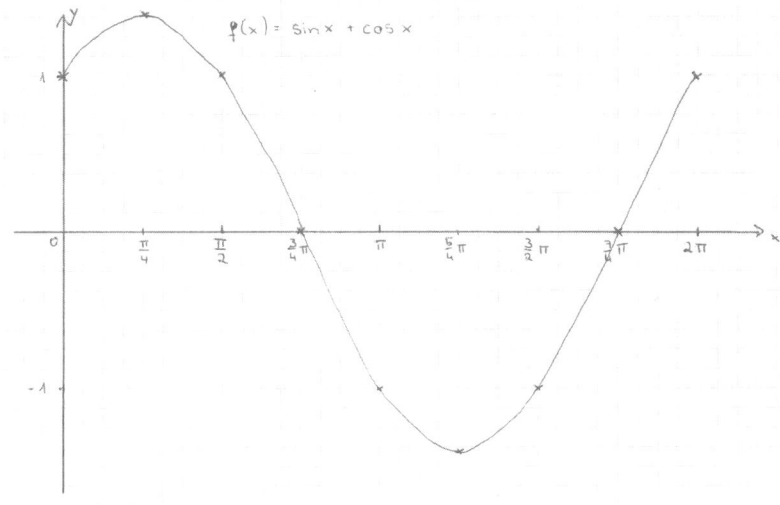

Abb. 2.16: Graph der Funktion $f(x) = \sin x + \cos x$

3 Exponential- und Logarithmusfunktionen

Die Exponential- und Logarithmusfunktionen lassen sich dazu benutzen, viele natürliche Prozesse wie radioaktiven Zerfall oder Bakterienwachstum zu beschreiben.

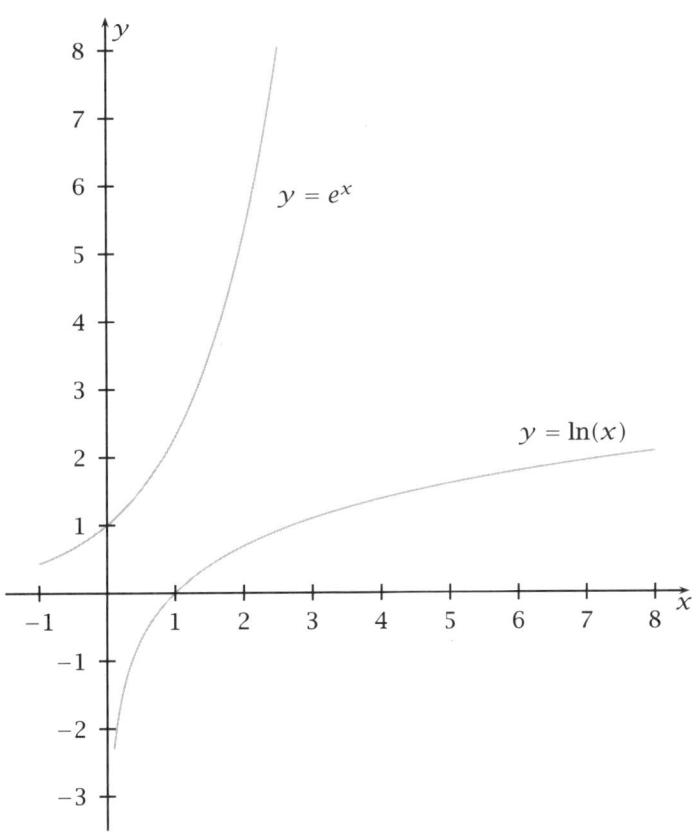

3.1 Exponentialfunktion

Funktionen, bei denen nicht die Basis, sondern der Exponent variabel ist, nennt man Exponentialfunktion, dabei betrachten wir hier die Funktion a^x mit $a > 0$ und $x \in \mathbb{R}$. Mit ihr lassen sich unter anderem Wachstums- und Abklingvorgänge beschreiben.

3.1.1 Graph

Um den Graphen zeichnen zu können, muss man eine Wertetabelle erstellen. Das soll hier an drei Beispielen durchgeführt werden. Als Funktionen wurden $y = 3^x$, $y = (\frac{1}{3})^x$ und $y = 1^x$ gewählt. Die Wertetabellen werden für den Bereich $x \in [-3; 3]$ aufgestellt.

x	-3	-2	-1	0	1	2	3
$y = 3^x$	0,037	0,111	0,333	1	3	9	27
$y = (\frac{1}{3})^x$	27	9	3	1	0,333	0,111	0,037
$y = 1^x$	1	1	1	1	1	1	1

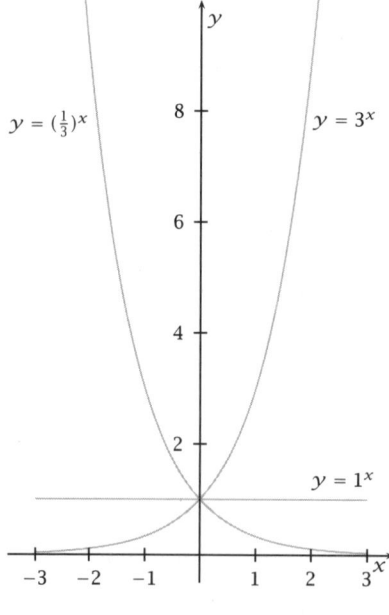

Es zeigt sich, dass die Funktion $y = 1^x$ parallel zur x-Achse im Abstand 1 verläuft, deshalb wird $a = 1$ manchmal aus dem Definitionsbereich der Exponentialfunktion ausgeschlossen. Weiter erkennt man, dass alle Funktionen durch den Punkt $(1|1)$ gehen und die Exponentialfunktion für $a > 1$ monoton steigend und somit für Wachstumsfunktionen geeignet ist. Die Exponentialfunktion für $a \in [0; 1]$ dagegen ist monoton fallend und stellt eine Abklingfunktion dar.

Da die x-Achse Asymptote des Graphen ist, gilt für den Wertebereich $\mathbb{R}^+$. Betrachtet man den Graphen genauer, erkennt man, dass die Funktion $y = (\frac{1}{3})^x$ das Spiegelbild der Funktion 3^x an der y-Achse ist.

3.1.2 Wachstumsfunktion

Sehr viele natürliche Wachstumsvorgänge wie z. B. die Vermehrung von Bakterien oder Algen, das Wachstum eines Waldes und das Bevölkerungswachstum folgen exponentialen Wachstumsgesetzen.

Beispiel

Ein Hobbygärtner pflanzte in seinem Naturschwimmbecken von 48 m^2 eine Seerose von 2 dm^2 und stellte nach einer Woche fest, dass die Seerose die doppelte Fläche einnimmt. Nach einer weiteren Woche merkte er, dass die Fläche der Seerose sich gegenüber der Vorwoche wieder verdoppelt hat. Er überlegte nun, welche Fläche sie nach einem Vierteljahr überdeckt.

Lösung

Für das normale Wachstum der Seerose ergibt sich die Exponentialfunktion:
$y(t) = 2 \cdot 2^t$ mit t Anzahl der Wochen.

Tab. 3.1: Wertetabelle der Wachstumsfunktion

t	0	1	2	3	4	5	6	7	8	9	10	11	12	13
$y(t)$	2	4	8	16	32	64	128	256	512	1024	2048	4096	8192	16384

Soviel Fläche bietet aber der Schwimmteich unseres Gärtners nicht. Er überlegt deshalb, ob er das Wachstum ausreichend eindämmen kann, wenn er ab der 6. Woche jede Woche 1 m^2 wieder absticht.

Will man die Fläche nach dreizehn Wochen mit dem jeweiligen Abstich berechnen, wird die Formel etwas komplizierter. Bis zur 6. Woche verläuft alles normal nach der obigen Formel, für die

7. Woche ergibt sich die Fläche:
$$y(6) + y(6) - 100 =$$
$$2 \cdot y(6) - 100$$

für die 8. Woche die Fläche:
$$2 \cdot (2 \cdot y(6) - 100) - 100 =$$
$$2^2 \cdot y(6) - 2 \cdot 100 - 100$$

für die 9. Woche ergibt sich:
$$2 \cdot (2^2 \cdot y(6) - 2 \cdot 100 - 100) - 100 =$$
$$2^3 \cdot y(6) - 2^2 \cdot 100 - 2 \cdot 100 - 100$$

Aus dieser Gliederung lässt sich erkennen, dass für den normalen Anwuchs ohne Abstich gilt: $y(t) = 2^{(t-6)} \cdot y(6)$ und für den Abstich ergibt sich eine „geometrische Folge", deren Summe man mit der Formel $100 \cdot \frac{2^{(t-6)}-1}{2-1}$ berechnen kann. Somit lässt sich für diese Aufgabe die Formel erstellen:

$$y(t) = 2^{(t-6)} \cdot y(6) - (100 \cdot \tfrac{2^{(t-6)}-1}{2-1})$$

Einschub: geometrische Folge

Eine geometrische Folge erhält man, wenn jedes Glied der Folge das q-fache des vorangehenden ist. Mit $n \in \mathbb{N}$ und $a, q \in \mathbb{R}$

$$a, a \cdot q, a \cdot q^2, a \cdot q^3, \ldots, a \cdot q^n, \ldots$$

Die einzelnen Glieder der Folge kann man mit der Formel:

$$a_n = a \cdot q^n$$

berechnen. Die Summe der ersten n Glieder einer Folge ergibt

$$S = a + a \cdot q + a \cdot q^2 + a \cdot q^3 + \cdots + a \cdot q^{(n-1)}$$

oder vereinfacht

$$S = a \cdot \frac{q^n - 1}{q - 1}$$

Eine sehr bekannte Wachstumsfunktion ist die Zinseszinsformel, mit der man das Endkapital eines Sparguthabens nach n Jahren berechnen kann, wenn die Zinsen jedes Jahr dem Anfangskapital zugefügt werden.

$K_n = K_0(1 + \frac{p}{100})^n$

3.1.3 Abklingfunktion

Die Abklingfunktion wird auch Zerfallsfunktion genannt, was darauf hinweist, dass sie für die radioaktiven Zerfälle treffend ist. In diesem Kapitel soll als Abklingvorgang der Bierschaumzerfall eines schönen Pils oder Weißbiers betrachtet werden.

Egal, für welches Bier, es zeigt sich, dass sich in festen Zeitintervallen der Bierschaum gerade immer um die Hälfte verringert. Die Zeit, in der sich die Höhe des Schaumes halbiert, nennt man *Halbwertszeit* t_H und die ist je nach Biersorte unterschiedlich. Nehmen wir ein gut eingeschenktes Bayerisches Weißbier, das kann gut eine Halbwertszeit von 125 s haben. Damit ergibt sich, dass sich alle 125 s der Bierschaum halbiert. Nimmt man eine beliebige Zeit und teilt diese durch die Halbwertszeit, so erhält man die Anzahl der Halbwertszeiten. Für den Bruchteil ergibt sich der Term $y = (\frac{1}{2})^x$ mit x = Anzahl der Halbwertszeiten.

Die von der Zeit abhängige Höhe des Bierschaums kann man mit der Formel

$$h(t) = h_0 \cdot (\tfrac{1}{2})^{\frac{t}{t_H}}$$

berechnen.

Erstellt man eine Wertetabelle, so zeigt sich, dass man doch mehr als 15 Minuten lang Schaum auf seinem Bier hat.

3.1.4 Natürliche Exponentialfunktion

Die Exponentialfunktion $f(x) = \exp x = e^x$ mit der Euler'schen Zahl als Basis nennt man natürliche Exponentialfunktion, da sie eine Umkehrfunktion der natürlichen Logarithmusfunktion ist (mehr zum natürlichen Logarithmus erfahren Sie in Abschnitt 3.2.2 auf Seite 74).

Euler'sche Zahl

Die Euler'sche Zahl e ist eine irrationale Zahl und hat den Wert
$e = 2,71828182845\ldots$.
Sie geht zurück auf den Schweizer Mathematiker Leonhard Euler (*15. April 1707 in Basel; †18. September 1783 in Sankt Petersburg).
Die Euler'sche Zahl lässt sich auch durch

$$e = \lim_{n \to \infty} \frac{n}{\sqrt[n]{n!}}$$

beschreiben.

3.1.5 Eigenschaften der Exponentialfunktion

- Definitionsmenge $D_{\exp} = \mathbb{R}$; Wertemenge $W_{\exp} = \mathbb{R}^+$
- $f(x) = e^x$ hat keine Nullstellen.
- $f(x) = e^x$ ist streng monoton steigend.
- $f(x) = e^x \to +\infty$ für $x \to +\infty$; $f(x) = e^x \to 0$ für $x \to -\infty$
- Die Ableitung berechnet sich als $\frac{d}{dx} e^x = e^x$.
- Hieraus folgt:

$$\int \exp x \, dx = \exp x + c \text{ oder } \int e^x \, dx = e^x + c$$

Die Exponentialfunktion wächst für $x \to \infty$ stärker als jede beliebige Potenzfunktion. Deshalb ergibt sich folgender Grenzwert:

$$\lim_{x \to \infty} \frac{x^n}{e^x} = 0$$

3.2 Logarithmusfunktion

Die Logarithmusfunktion ist die Umkehrfunktion der Exponentialfunktion, also die Spiegelung an der Achse $y = x$. Zwischen beiden Funktionen gilt die Beziehung:

> **Beziehung zwischen Logarithmus- und Exponentialfunktion**
> $a^x = y$ daraus folgt $x = \log_a y$

3.2.1 Graph der Funktion

Betrachten wir die Funktionen $y = 3^x$ und $y = (\frac{1}{3})^x$. Vertauscht man y und x, so erhält man $x = 3^y$ und $y = (\frac{1}{3})^x$. Löst man die Gleichungen nach y auf, ergibt sich $y = \log_3 x$ und $x = \log_{\frac{1}{3}} x$.

Da die Logarithmusfunktion die Umkehrfunktion der Exponentialfunktion ist, gilt für den Definitionsbereich $\mathbb{R}^+$, d. h. unsere Wertetabelle beschränkt sich auf Werte $x > 0$ Die Tabelle wurde für die x-Werte bei 0 begonnen und in Schritten von $\triangle x = 0,2$ bis 5 aufgebaut. Da der y-Wert für $x = 0$ nicht definiert ist, muss man die Berechnung der y-Werte bei 0,2 beginnen.

In Abbildung 3.1 wurden Wertetabelle und Graph mit Excel erzeugt.

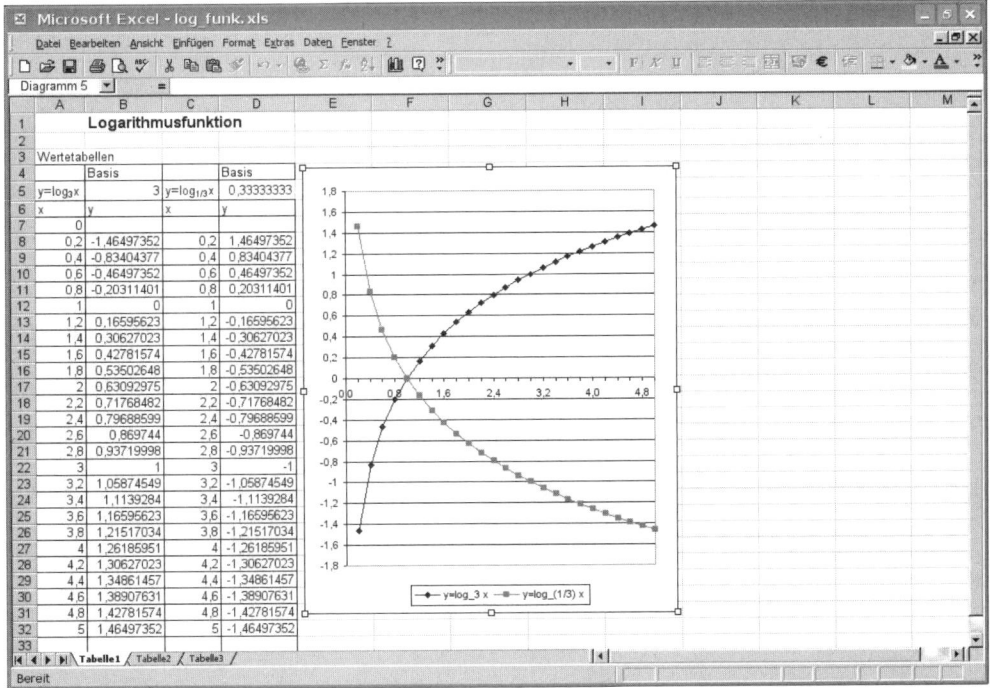

Abb. 3.1: Graph der Logarithmus-Funktion

Aus dem Graphen kann man sehen, dass die y-Achse Asymptote an den Graphen ist und dass die zweite Funktion aus einer Spiegelung der ersten Funktion an der x-Achse entsteht.

Beide Graphen schneiden im Punkt $(1|0)$ die x-Achse. Für $a > 0$ ist die Funktion monoton steigend und für $0 < a < 1$ monton fallend. Außerdem sieht man, dass sich für

$$a > 0 \quad \text{und} \quad 0 < x < 1 \quad \text{oder} \quad 0 < a < 1 \quad \text{und} \quad x > 1$$

negative Logarithmuswerte und für

$$a > 0 \quad \text{und} \quad x > 1 \quad \text{oder} \quad 0 < a < 1 \quad \text{und} \quad 0 < x < 1$$

positive Werte ergeben.

Merke: **Argument des Logarithmus**
Das Argument des Logarithmus darf nie negativ sein, aber der Wert des Logarithmus kann sehr wohl negativ sein.

3.2.2 Natürlicher Logarithmus und andere spezielle Logarithmen

Der Logarithmus zur Basis e (der Euler'schen Zahl) wird auch als natürlicher Logarithmus bezeichnet und mit $\ln$ oder einfach $\log$ (ohne Subskript) abgekürzt:

Wenn $y = e^x$, dann ist $x = \log_e(y) = \ln(y)$.

Die Zahl e ist z. B. dadurch ausgezeichnet (und könnte auch so definiert werden), dass die Exponentialfunktion e^x sich bei Ableitung wieder selbst reproduziert, mathematisch ausgedrückt:

$$\frac{d}{dx} e^x = e^x$$

Der Begriff *natürlicher Logarithmus* wurde gewählt, weil sowohl die Exponentialfunktion als auch der Logarithmus zur Basis e in vielen Zusammenhängen (Integralrechnung, Differentialrechnung, Komplexe Zahlen, Trigonometrie) auftreten. Zudem lässt sich der natürliche Logarithmus sehr einfach integrieren und differenzieren.

Der natürliche Logarithmus vom Betrag von x, also $f(x) = \ln|x|$ ist eine Stammfunktion der Potenzfunktion $f'(x) = x^{-1}$ bzw. $\frac{1}{x}$. Die Stammfunktionen des natürlichen Logarithmus sind $x \cdot \ln(x) - x + c$, was sich durch Differenzieren leicht beweisen lässt:

$$\frac{d}{dx}(x \cdot \ln(x) - x + c) = 1 \cdot \ln(x) + x \cdot \frac{1}{x} - 1 = \ln(x)$$

Der Logarithmus zur Basis 10 wird oft mit lg (bei Taschenrechnern oft mit LOG) abgekürzt; er heißt *dekadischer Logarithmus* oder auch *Briggscher Logarithmus*, benannt nach dem Mathematiker Henry Briggs. Der Logarithmus zur Basis 2 – abgekürzt mit lb oder ld – heißt *binärer*, *dualer* oder *dyadischer Logarithmus*.

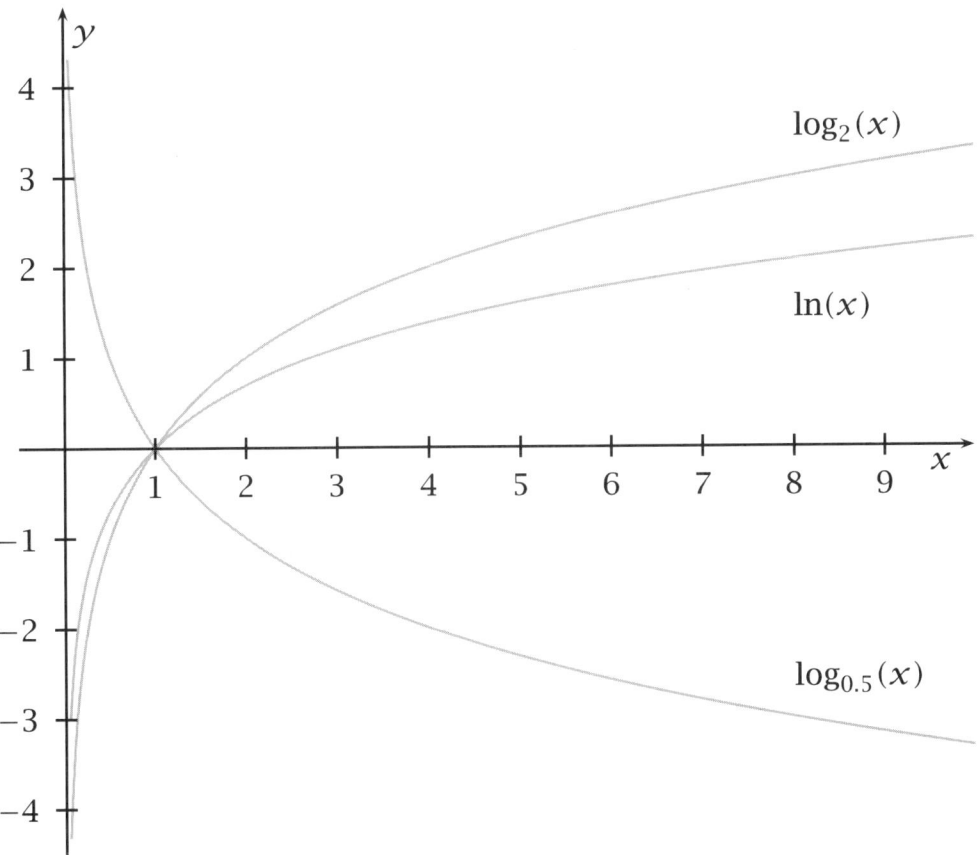

Abb. 3.2: Graph der verschiedenen Logarithmusfunktionen

3.2.3 Rechnen mit dem Logarithmus

Wie bei der Potenzrechnung gibt es auch für den Logarithmus besondere Werte.

> **Merke: Besondere Werte**
> $\log_a a = 1; \quad \log_a 1 = 0; \quad \log_a \frac{1}{a} = -1$

Es gelten auch besondere Rechenregeln:

> **Merke: Rechenregeln**
> 1. Produkt von Logarithmen = Summe der Logarithmen
> $\log_a (z \cdot w) = \log_a z + \log_a w \quad (z; w > 0)$
> 2. Quotient von Logarithmen = Differenz der Logarithmen
> $\log_a \frac{z}{w} = \log_a z - \log_a w \quad (z; w > 0)$
> 3. Potenz von Logarithmen
> $\log_a z^n = n \cdot \log_a z \quad (z > 0)$
> 4. Gleichheit
> $\log_a (a^n) = n$
> $a^{(\log_a z)} = z$

Da man öfter auch mit verschiedenen Basen rechnet und von einer Basis zur anderen umwechseln muss, gibt es eine Umrechnungsformel für Logarithmen.

> **Merke: Umrechnungsformel**
> $\log_a z = \frac{\lg z}{\lg a}$
>
> Zudem gilt:
>
> $$\log_b x = \frac{\ln x}{\ln b}$$

Damit ergibt sich für den dekadischen Logarithmus

$$\lg x := \log_{10} x = \frac{\ln x}{\ln 10}$$

und für den binären Logarithmus:

$$\lg x := \log_2 x = \frac{\ln x}{\ln 2}$$

Beispiele

Berechnen Sie:

1. $\log_7 2401$
2. $\log_3 (6^4)$
3. $\lg \sqrt{100}$

Lösung

1. $\log_7 2401 = 4$
2. $\log_3 (6^4) = 6,52$
3. $\lg \sqrt{100} = 1$

Lösen Sie folgende Gleichungen:

1. $\log_5 x = 3$
2. $\log_x 81 = 4$
3. $\log_x 0,01 = -2$
4. $\log_{2x} 8 = 2$

Zur Lösung der Gleichungen muss man die Beziehung zwischen der Logarithmus- und der Exponentialfunktion betrachten.

$$a^b = c \iff b = \log_a c$$

Die Gleichungen formen sich also folgendermaßen um.

1. $5^3 = x \Rightarrow x = 125$
2. $x^4 = 81 \Longrightarrow x = 81^{\frac{1}{4}} = 3$
3. $x^{-2} = 0,01 \Longrightarrow x = 0,01^{-\frac{1}{2}} = 10$
4. $(2x)^2 = 8 \Longrightarrow 2x = 8^{\frac{1}{2}} \Longrightarrow x = \frac{8^{\frac{1}{2}}}{2} = 1,4142$

3.3 Exponential- und Logarithmusgleichungen

In diesem Kapitel sollen einige Aufgaben dieser Art berechnet werden.

1. Beispiel

$$3 + 4 \cdot (0,2)^{\frac{2}{x}} = 123$$

Lösung

$$4 \cdot (0,2)^{\frac{2}{x}} = 120 \qquad \text{Äquivalenzumformung}$$

$$(0,2)^{\frac{2}{x}} = 30 \qquad \text{Logarithmieren auf beiden Seiten}$$

$$\lg (0,2)^{\frac{2}{x}} = \lg 30 \qquad \text{Logarithmusgesetze anwenden}$$

$$\frac{2}{x} \cdot \lg 0,2 = \lg 30 \qquad \text{Äquivalenzumformung}$$

$$\frac{\lg 0,2}{\lg 30} = \frac{x}{2} \qquad \text{umformen}$$

$$\frac{\lg 0,2}{\lg 30} \cdot 2 = x$$

$$-0,946 = x \qquad \text{gerundet auf 3 Dezimalen}$$

$$\mathbb{L} = \{-0,946\}$$

2. Beispiel

$$3^{x-1} \cdot 9^x = 27^{-3x}$$

Lösung mit Potenzgesetzen

$3^{x-1} \cdot 3^{2x}$	$= 3^{3-3x}$	auf gleiche Basis gebracht
3^{x-1+2x}	$= 3^{-9x}$	logarithmieren
$(x - 1 + 2x) \cdot \lg 3$	$= -9x \cdot \lg 3$	teilen durch $\lg 3$
$3x - 1$	$= -9x$	Äquivalenzumformung
$11x$	$= 1$	
x	$= 0,091$	

$$\mathbb{L} = 0,091$$

Kapitel 3

3. Beispiel

$$\lg(15x + 2) = 3 + \lg(2 - x)$$

Lösung

Als Erstes muss hier die Definitionsmenge bestimmt werden:

$15x + 2 > 0$ und $2 - x > 0$
$x > -0,133$ und $x < 2$

$$\mathbb{D} =] - 0,133; 2[$$

$\lg(15x + 2) - \lg(2 - x)$	$= 3$	Logarithmusgesetze
$\lg \dfrac{15x + 2}{2 - x}$	$= 3$	Definition von lg
$\dfrac{15x + 2}{2 - x}$	$= 10^3$	
$15x + 2$	$= 1000 \cdot (2 - x)$	berechnen
$15x + 2$	$= 2000 - 1000x$	umformen
$1015x$	$= 1998$	
x	$= 1,97$	gerundet auf 2 Dezimale

$\mathbb{L} = 1,97$

Der Wert ist noch in der Definitionsmenge enthalten.

3.4 Ableitung der Logarithmusfunktion

Für

$$\log_b : \mathbb{R}^+ \to \mathbb{R}, x \mapsto y = \log_b x = \frac{\ln x}{\ln b}, b \in \mathbb{R}^+ \setminus \{1\}$$

gilt die Ableitung:

$$\frac{d}{dx} \log_b : \mathbb{R}^+ \to \mathbb{R}, x \mapsto y = \frac{1}{x \cdot \ln b}$$

4 Integralrechnung

Um den Flächeninhalt von Quadrat und Rechteck zu bestimmen, überdeckt man diese Flächen praktisch lückenlos mit Einheitsquadraten. Dazu gibt es einfache Formeln. Dreiecke, Parallelogramme, Trapeze und ähnliche Flächen vergleicht man mit zerlegungsgleichen- oder ergänzungsgleichen Flächen und leitet daraus allgemeingültige Formeln ab. Bei krummen Flächen oder Funktionen werden Grenzwertbetrachtungen notwendig. Man zerlegt die zu berechnende Fläche in möglichst kleine Teilflächen, die man dann aufsummiert. Das ist die Problematik der Integralrechnung.

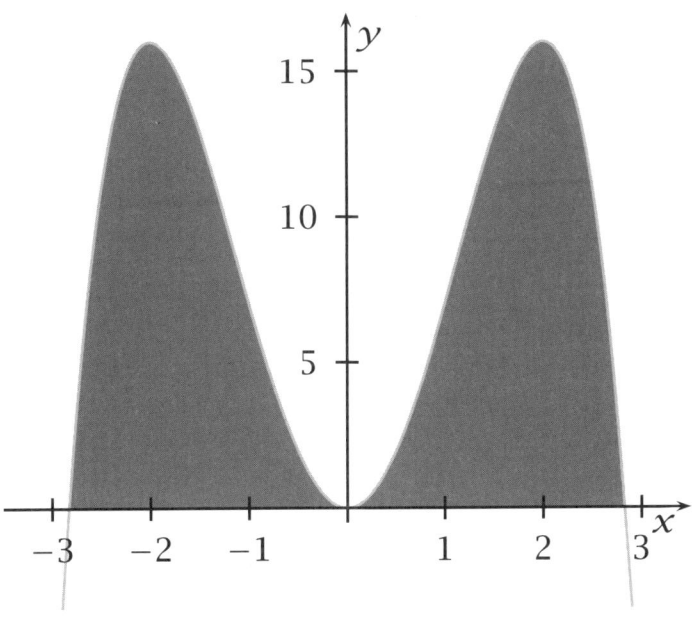

4.1 Flächenberechnung durch Näherungsverfahren

4.1.1 Das bestimmte Integral

Das bestimmte Integral über einer Funktion f in einem bestimmten Intervall ist die Summe der Inhalte aller Flächenstücke, die zwischen den Intervallgrenzen oberhalb der x-Achse liegen, minus die Summe der Inhalte der Flächenstücke, die unterhalb der Achse liegen (siehe Abbildung 4.1).

Die Berechnung des bestimmten Integrals nennt man *Integration*.

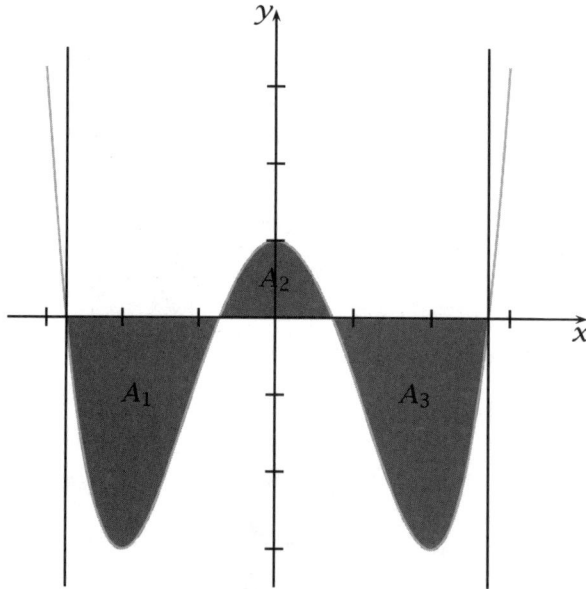

Abb. 4.1: Integration

Definition: bestimmtes Integral
Die Summe der gerichteten Inhalte aller Flächenstücke, die der Graph in einem Teilintervall $[a; b]$ mit der x-Achse einschließt, heißt *bestimmtes Integral* über f von a bis b.

$$\int_a^b f(x)\, dx$$

4.1.2 Berechnung durch Ober- und Untersummen

Will man das Flächenstück berechnen, das eine Funktion mit der x-Achse einschließt, zerlegt man die Fläche zwischen Funktion und x-Achse in möglichst kleine rechteckige Streifen, deren Fläche man berechnen kann, und summiert diese Flächen auf (siehe Abbildung 4.2).

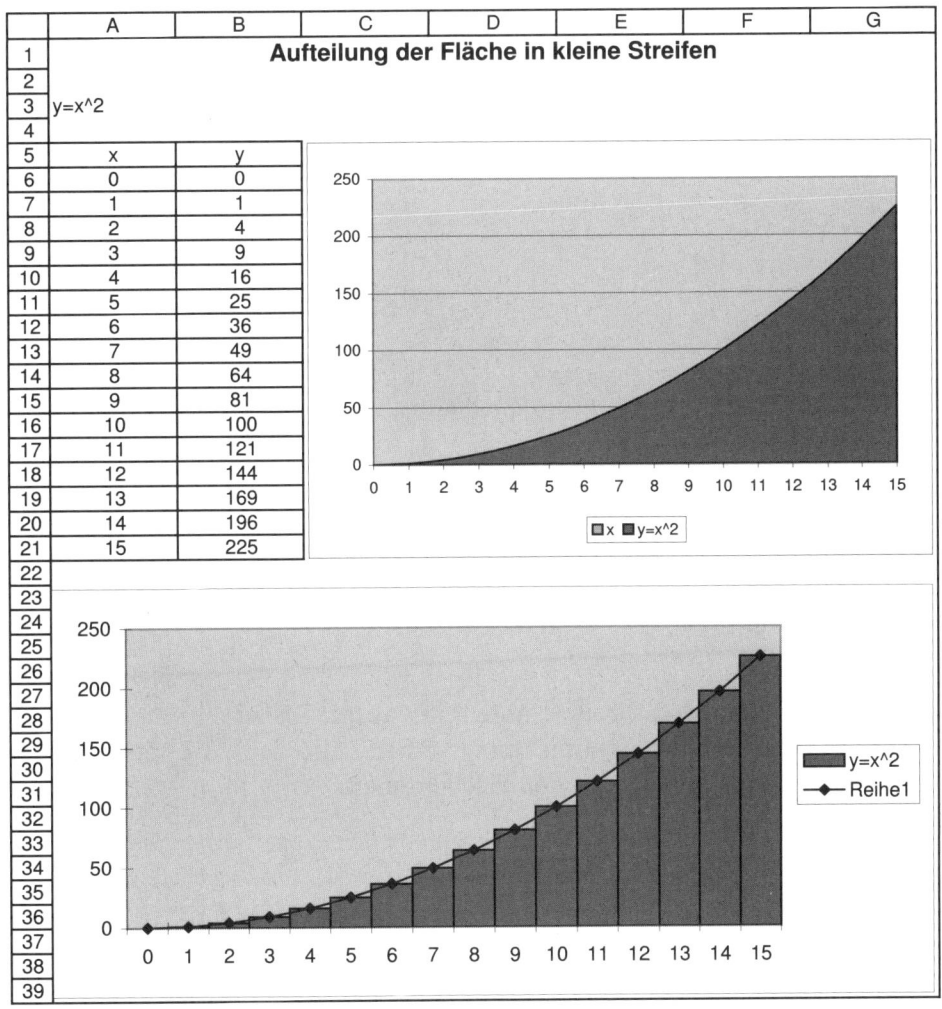

Abb. 4.2: Integralberechnung

Um eine größere Genauigkeit bei der Berechnung der Fläche zu erzielen, unterteilt man die Streifen in Streifen, die die Kurve von oben einschließen und Streifen, die die Funktion von unten berühren. Die Summe der oberen Streifen nennt man Obersumme, die Summe der unteren Streifen Untersumme (siehe Abbildung 4.3)

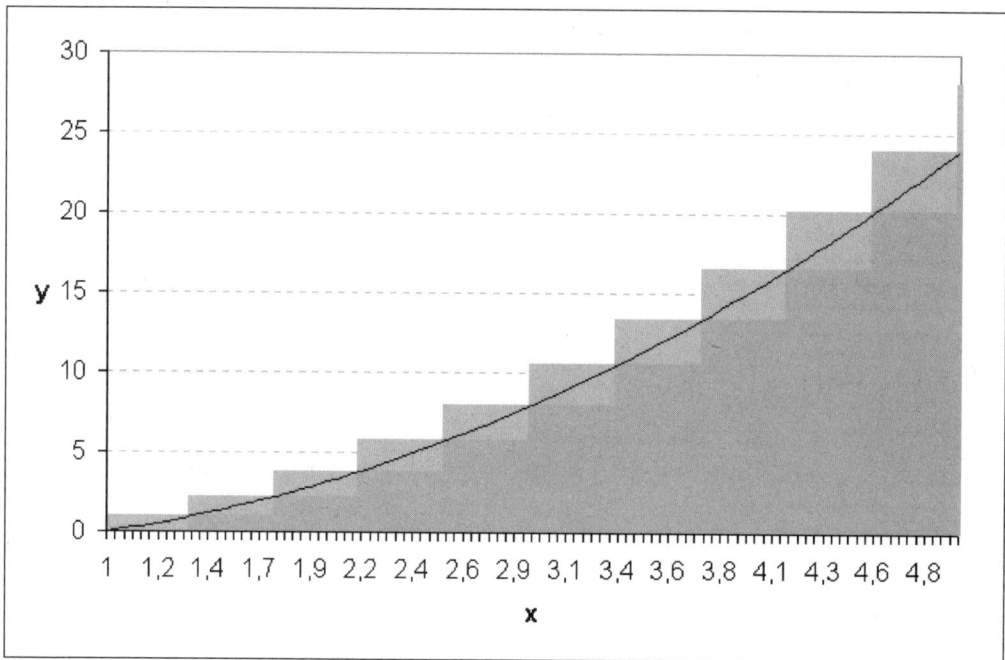

Abb. 4.3: Integralberechnung – Ober- und Untersummen

Wählt man immer schmalere Streifen, unterteilt das Intervall also immer mehr, so kommen sich Ober- und Untersumme immer näher. Lässt man die Unterteilung n gegen unendlich gehen, erhält man den Flächeninhalt.

Definition: Flächeninhalt
Der Flächeninhalt ist der gemeinsame Grenzwert der Ober- und Untersummen.

Beispiel

Es soll die Fläche berechnet werden, die die Funktion $y = x^3$ mit der x-Achse im Intervall $[0; 2]$ einschließt. Dabei soll das Intervall in 20 Steifen unterteilt werden, damit ergibt sich eine Schrittweite $\Delta x = 0, 1$.

Berechnet man nun die Untersumme, so ergibt sich $3, 61$, für die Obersumme ergibt sich $4, 41$. Der Flächeninhalt berechnet sich dann als Mittelwert der beiden Summen, in diesem Beispiel also $4, 01$.

4.1.3 Integralberechnung nach Simpson

Bei der Simpson-Regel werden zur Annäherung an die Funktion keine linearen Funktionen benutzt, sondern quadratische. Dadurch erhält man viel bessere Werte. Das Intervall wird in n Teilintervalle zerlegt. Für jedes Teilintervall ergibt sich somit die Breite $h = \frac{b-a}{n}$. Zwei solche Abschnitte zusammen legen drei Punkte auf der Kurve fest. P_0 am Beginn des Intervalls, P_1 genau in der Mitte und P_2 am rechten Rand. Durch diese drei Punkte wird jetzt eine Parabelgleichung erstellt, die eine Näherungsfunktion für diesen ersten Streifen darstellt. Das Integral dieses Parabelstückes ergibt eine Näherung des Integrals der ursprünglichen Funktion in dem Bereich von x_0 bis x_2. Verfährt man mit allen Teilintervall-Paaren genauso und summiert diese, so erhält man die **Simpson Regel**:

$$\int_a^b f(x)\, dx \approx$$

$$\frac{h}{3}\left[(y_0 + 4y_1 + y_2) + (y_2 + 4y_3 + y_4) + \cdots + (y_{n-2} + 4y_{n-1} + y_n)\right]$$

Beispiel

Berechnen Sie das Flächenstück, das von der Funktion $y = x^3$ und der x-Achse eingeschlossen wird, im Intervall $[3; 6]$.

Die bekannten Werte sind: $a = 3$, $b = 6$ und $n = 60$. Als Erstes wird dx berechnet: $dx = (6 - 3)/60 = 0, 05$.

Anschließend berechnet man die Werte von x für die geradzahligen Teilpunkte $0, 2, 4 \ldots 60$ mit Teilpunkt $\cdot\, dx + 3$ und die dazugehörigen Werte von $f(x) = x^3$ Ebenso verfährt man mit den ungeradzahligen Teilpunkten $1, 3, 5 \ldots 59$. Man berechnet die Werte von x mit Teilpunkt $\cdot\, dx + 3$ und die Werte für f(x) mit $f(x) \cdot dx$.

Die Summe der Flächen berechnet sich dann über $dx/3 \cdot (y_0 + 4y_1 + y_2)$. Es ergibt sich eine Fläche von 303,75 FE.

Dieses Ergebnis ist ziemlich exakt der Wert, den man über die Integralfunktion herausbekommen würde. Die Simpson-Regel ist also ein gutes Näherungsverfahren für Funktionen, deren Integralfunktion man nicht bestimmen kann. Näheres zur Integralfunktion finden Sie im Abschnitt 4.4.1 auf Seite 88.

4.2 Stammfunktion

Definition: Stammfunktion
Eine differenzierbare Funktion F heißt **Stammfunktion** zu einer Funktion f im gemeinsamen Definitionsbereich D, wenn dort gilt: F'(x) = f(x) für alle $x \in \mathbb{R}$.

In Tabelle 4.1 werden einige wichtige Stammfunktionen angegeben.

Tab. 4.1: Stammfunktion

Funktion f(x)	Stammfunktion F(x) zu f
$f(x) = x^n; n \in \mathbb{Z}\backslash\{-1\}$	$F(x) = \dfrac{x^{n+1}}{n+1} + C$
$f(x) = \sin x$	$F(x) = -\cos x + C$
$f(x) = \cos x$	$F(x) = \sin x + C$
$f(x) = e^x$	$F(x) = e^x + C$
$f(x) = \frac{1}{x}$	$F(x) = \ln|x| + C$

Da die Ableitung der konstanten Funktion Null ist, gilt folgender Satz:

Die Differenz zweier Stammfunktionen derselben Funktion ist eine konstante Funktion.

Beispiel:

Die Funktionen $F_1 = \frac{1}{3}x^3 + 5$ und $F_2 = \frac{1}{3}x^3 - 4$ sind beides Stammfunktionen von $f(x) = x^2$. Für die Differenz ergibt sich dann: $F_1 - F_2 = 9$.

4.3 Unbestimmtes Integral

Unter dem unbestimmten Integral $\int f(x)\,dx$ einer Funktion versteht man die Menge ihrer Stammfunktionen.

$$\int f(x)\,dx = \{F | F'(x) = f(x)\}$$

Die übliche Schreibweise lautet:

$$\int f(x)\,dx = F(x) + c$$

Tabelle 4.2 listet einige Grundintegrale auf.

Tab. 4.2: Grundintegrale

$f(x)$	$\int f(x)\,dx$
x^n	$\dfrac{1}{1+n} \cdot x^{n+1} + c \quad$ für $n \in \mathbb{R}\backslash\{-1\}$
$\sin x$	$-\cos x + c$
$\cos x$	$\sin x + c$
$\dfrac{1}{\cos^2 x}$	$\tan x + c$
$\dfrac{1}{\sin^2 x}$	$\cot x + c$

4.4 Bestimmtes Integral

Man findet das bestimmte Integral einer stetigen Funktion, indem man die Differenz der beiden Stammfunktionswerte an der oberen und unteren Grenze bildet:

$$\int_a^b f(x)\,dx = F(a) - F(b)$$

Damit lassen sich Flächen integrierbarer Funktionen über die Stammfunktion berechnen.

Beispiel

Welchen Inhalt hat das vom Graphen der Funktion $f(x) = e - e^x$ mit $x \in \mathbb{R}$, der x-Achse und der Geraden $x = -2$ begrenzte Flächenstück?

Lösung

Zuerst muss die Nullstelle der Funktion bestimmt werden:

$f(x) = 0 : e - e^x = 0 \Longleftrightarrow x = 1$

Dann muss die Stammfunktion gebildet und anschließend die Differenz berechnet werden.

$$
\begin{aligned}
A(x) \;&= \int_{-2}^1 (e - e^x)\,dx \\
&= [ex - e^x]_{-2}^1 \\
&= (e - e) - (-2e - \tfrac{1}{e^2}) \\
&= 2e + \tfrac{1}{e^2} \\
&= 5,57
\end{aligned}
$$

4.4.1 Integralfunktion

Beim bestimmten Integral sind die obere und die untere Integrationsgrenze fest. Betrachtet man nun Integrale, bei denen nur die untere Integrationsgrenze gegeben, die obere aber variabel ist, kann man die einzelnen Integrale, die man für verschiedene Werte der oberen Grenze erhält, als Funktionswerte einer Funktion F auffassen. Eine Funktion dieser Art nennt man Integralfunktion.

Definition: Integralfunktion

f sei im Intervall I stetig. Jede in I definierte Funktion der Form

$$F : x \mapsto F(x) = \int_a^x f(t)\, dt$$

heißt eine Integralfunktion von f in I.

Nullstelle

$$F(a) = \int_a^a f(t)\, dt = 0$$

Für jede Integralfunktion F von f ist die untere Grenze eine Nullstelle.

Zudem gilt für stetige Funktionen f der Hauptsatz der Differential- und Integral-rechnung (HDI), der sich mit Hilfe des Mittelwertsatzes beweisen lässt.

Hauptsatz der Differential- und Integralrechnung

$$\frac{d}{dx} \int_a^x f(t)\, dt = f(x)$$

Dieser Satz besagt, dass die Integration die Umkehrung der Differentiation ist oder:

Jede Integralfunktion einer stetigen Funktion f ist eine Stammfunktion von f.

Somit lassen sich bestimmte Integrale berechnen.

Sucht man für eine stetige, integrierbare Funktion f das Integral $\int_a^b f(t)\, dt$, benötigt man zunächst die Stammfunktion F von f.

Eine Integralfunktion von f ist $x \mapsto \int_a^x f(t)\, dt = F(x) + c_0$ mit geeignetem $c_0 \in \mathbb{R}$.

Es gilt:

$$\int_a^a f(t)\,dt = F(a) + c_0 = 0 \Rightarrow c_0 = -F(a)$$

also ist

$$\int_a^b f(t)\,dt = F(b) + c_0 = F(b) - F(a) =: [F(x)]_a^b$$

Die allgemeine Integrationsformel lautet:

Integrationsformel

$$\int_a^b f(t)\,dt = F(b) - F(a) =: [F(x)]_a^b$$

Beispiel

$$\int_0^\pi \sin x\,dx = [-\cos x]_0^\pi = -\cos \pi - (-\cos 0) = -(-1) - (-1) = 2$$

4.4.2 Eigenschaften des bestimmten Integrals

Durch den Hauptsatz der Diffential- und Integralrechnung, die entsprechenden Ableitungsregeln und die Integrationsformel $\int_a^b f(x)\,dx$ ergeben sich folgende Eigenschaften des bestimmten Integrals:

- $\int_a^a f(x)\,dx = 0$
- $\int_a^b f(x)\,dx = -\int_b^a f(x)\,dx$
- $\int_a^b k \cdot f(x)\,dx = k \cdot \int_a^b f(x)\,dx$
- $\int_a^c f(x)\,dx = \int_a^b f(x)\,dx + \int_b^c f(x)\,dx$
- $\int_a^b (f+g)(x)\,dx = \int_a^b f(x)\,dx + \int_a^b g(x)\,dx$
- Ist $f(x) < g(x)$ für alle $x \in [a; b]$, so gilt: $\int_a^b f(x)\,dx < \int_a^b g(x)\,dx$

4.5 Flächenberechnung durch Integration

Im Vergleich zu der Flächenberechnung mit Ober- und Untersummen zu Beginn dieses Kapitels steht nun mit der Integration ein komfortableres Werkzeug zur Verfügung.

4.5.1 Fläche zwischen Graph und x-Achse

Das Integral $\int_a^b f(x)\,dx$ gibt nur dann den Flächeninhalt zwischen Graph und x-Achse im Intervall $[a; b]$ an, wenn der Graph oberhalb der x-Achse verläuft, also positive Funktionswerte besitzt.

Liegt der Graph jedoch unterhalb der x-Achse, besitzt die Funktion also im gegebenen Intervall negative Funktionswerte, berechnet sich die Fläche folgendermaßen:

$$\left| \int_a^b f(x)\,dx \right| = - \int_a^b f(x)\,dx = \int_b^a f(x)\,dx$$

Um also die Fläche bei Funktionen zu berechnen, die Nullstellen besitzen, also bei denen ein Vorzeichenwechsel vorliegt, muss man die Fläche in einzelne Bereiche unterteilen, mit den Nullstellen als Grenzen einzeln integrieren und aufsummieren, um die Gesamtfläche zu bestimmen.

Beispiel
Gegeben ist die Funktion $y = x^3 - x^2 - 6x$.

Lösung

Faktorisiert man diese Funktion, so ergibt sich $y = x(x + 2)(x - 3)$, sie besitzt also die Nullstellen $x_1 = 0$, $x_2 = -2$ und $x_3 = 3$.

Aus dem Graphen (vgl. Abbildung 4.4 auf der nächsten Seite) sieht man, dass die Funktionswerte zwischen $x = -2$ und $x = 0$ positiv sind und zwischen $x = 0$ und $x = 3$ negativ.

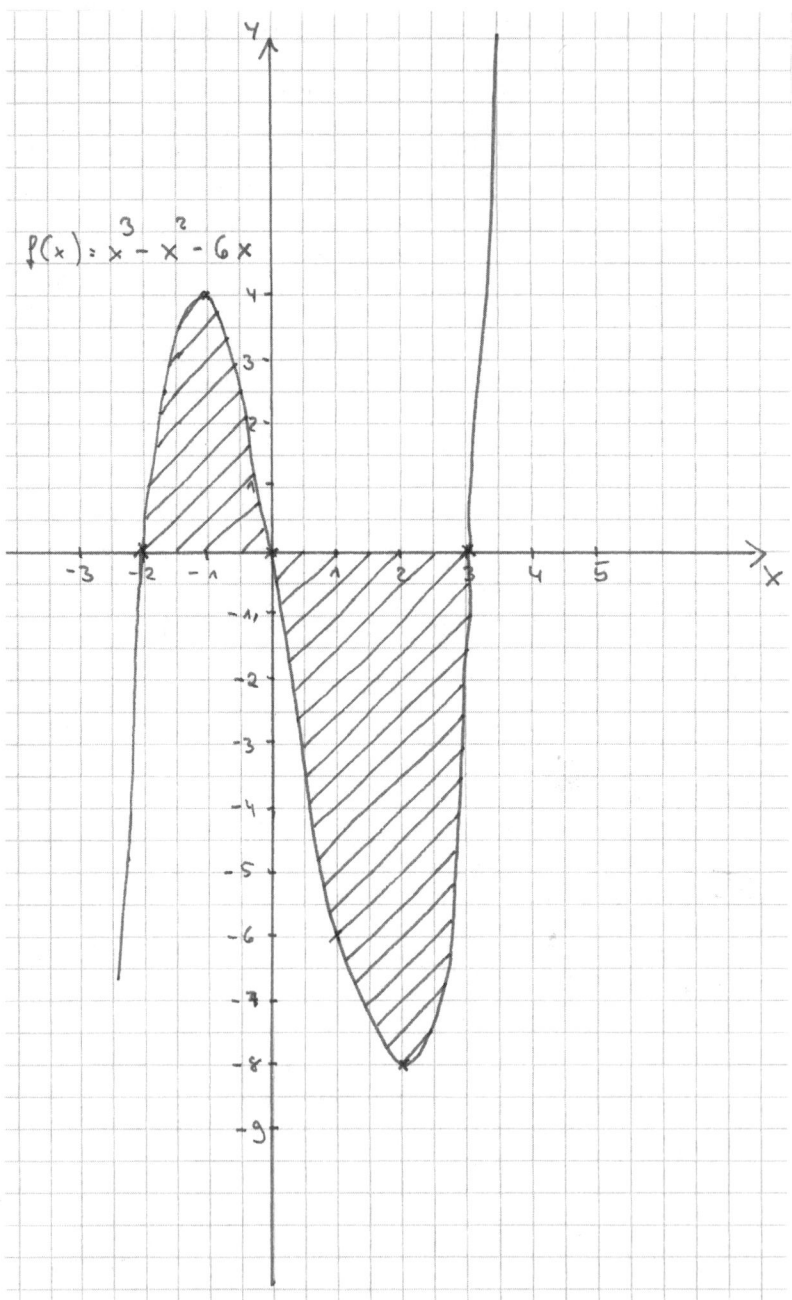

Abb. 4.4: Fläche zwischen Graph und x-Achse

Man muss also die beiden Bereiche zwischen den Nullstellen separat integrieren und dann die beiden Ergebnisse für die Gesamtfläche aufsummieren.

$$A = \int_{-2}^{0} f(x)\,dx - \int_{0}^{3} f(x)\,dx =$$

$$= \int_{-2}^{0} f(x)\,dx + \int_{3}^{0} f(x)\,dx =$$

$$= [\frac{1}{4}x^4 - \frac{1}{3}x^3 - 3x^2]_{-2}^{0} + [\frac{1}{4}x^4 - \frac{1}{3}x^3 - 3x^2]_{3}^{0} =$$

$$= -(\frac{1}{4}\cdot 16 - \frac{1}{3}\cdot(-8) - 3\cdot 4) - (\frac{1}{4}\cdot 81 - \frac{1}{3}\cdot(27) - 3\cdot 9) =$$

$$= -4 + \frac{8}{3} + 12 - \frac{81}{4} + 9 + 27 = 10\frac{2}{3} + 15\frac{3}{4} = 26\frac{5}{12}$$

4.5.2 Fläche zwischen zwei Graphen

Der Inhalt der Fläche zwischen den Graphen zweier Funktionen f und g im Intervall $I = [a; b]$ berechnet sich über

$$\int_{a}^{b} f(x)\,dx - \int_{a}^{b} g(x)\,dx = \int_{a}^{b} (f - g)(x)\,dx$$

sofern $f(x) > g(x)$ für alle $x \in [a; b]$.

Schneiden sich die beiden Graphen der Funktionen, so muss man die Schnittstellen ermitteln und dann einzeln von Schnittstelle zu Schnittstelle integrieren. Dabei muss man berücksichtigen, ob $f(x) > g(x)$ oder $g(x) > f(x)$ ist.

Beispiel

Gesucht ist der Flächeninhalt zwischen den Graphen der beiden trigonometrischen Funktionen

$f(x) = \sin x$ und $g(x) = \cos x$

im Intervall zwischen $x = 0$ und $x = 2\pi$.

Lösung

Die beiden Graphen schneiden sich bei $x = \frac{\pi}{4}$ und $x = \frac{5\pi}{4}$ (vgl. Abbildung 4.5).

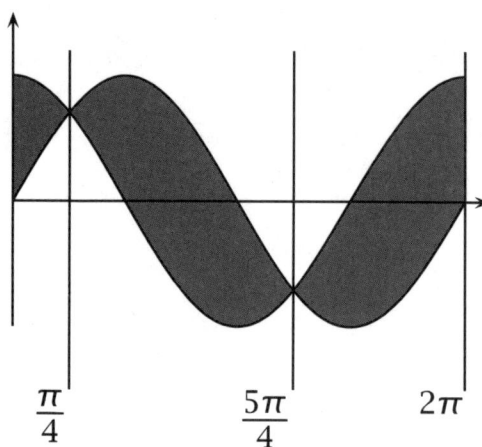

$\frac{\pi}{4}$ $\qquad$ $\frac{5\pi}{4}$ $\qquad$ 2π

Abb. 4.5: Fläche zwischen der Sinus- und Kosinusfunktion

Folglich berechnet sich die Gesamtfläche als Summe dreier Einzelflächen.

$$A = \int_0^{\frac{\pi}{4}} (\cos x - \sin x)\,dx + \int_{\frac{\pi}{4}}^{\frac{5\pi}{4}} (\sin x - \cos x)\,dx + \int_{\frac{5\pi}{4}}^{2\pi} (\cos x - \sin x)\,dx$$

$$= [\sin x + \cos x]_0^{\frac{\pi}{4}} + [-\cos x - \sin x]_{\frac{\pi}{4}}^{\frac{5\pi}{4}} + [\sin x + \cos x]_{\frac{5\pi}{4}}^{2\pi}$$

$$= \left(\frac{\sqrt{2}}{2} + \frac{\sqrt{2}}{2} - 1 \right) + \left(\frac{\sqrt{2}}{2} + \frac{\sqrt{2}}{2} + \frac{\sqrt{2}}{2} + \frac{\sqrt{2}}{2} \right) + \left(1 + \frac{\sqrt{2}}{2} + \frac{\sqrt{2}}{2} \right)$$

$$= (\sqrt{2} - 1) + 2\sqrt{2} + (\sqrt{2} + 1) = 4\sqrt{2} \approx 5,6569$$

4.5.3 Uneigentliche Integrale

Es gibt auch Aufgabenstellungen, bei denen die Fläche sich bis ins Unendliche erstreckt. Integrale, bei denen der Integrationsbereich nach oben oder unten nicht beschränkt ist, nennt man uneigentliche Integrale 1. Art:

$$\int_a^\infty f(x)\,dx = \lim_{b \to \infty} \int_a^b f(x)\,dx$$

$$\int_{-\infty}^b f(x)\,dx = \lim_{a \to -\infty} \int_a^b f(x)\,dx$$

Beispiel

$$f : \mathbb{R} \to \mathbb{R}, x \mapsto y = \frac{2x^2}{x^2 + 1} = 2 - \frac{2}{x^2 + 1}$$

Lösung

Der Graph dieser Funktion besitzt die waagrechte Asymptote $y = 2$ (vgl. Abbildung 4.6), an die sich der Graph für $x \to \pm\infty$ von unten annähert.

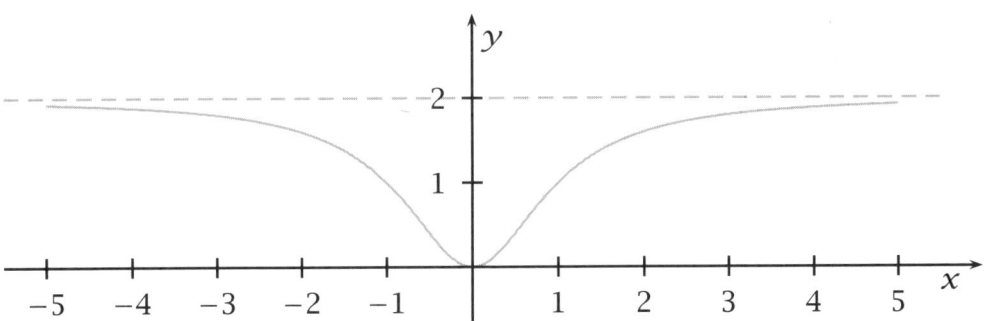

Abb. 4.6: Graph und Asymptote

Kapitel 4

Der Inhalt des Flächenstücks im I. Quadranten zwischen G_f und der Asymptote berechnet sich mit:

$$A = \lim_{b \to \infty} \int_0^b (2 - \frac{2}{x^2 + 1}) \, dx = \lim_{b \to \infty} \int_0^b \frac{2}{x^2 + 1} \, dx$$

$$= 2 \cdot \lim_{b \to \infty} [\arctan x]_0^b = 2 \cdot \lim_{b \to \infty} (\arctan b) = 2 \cdot \frac{\pi}{2} = \pi$$

Die gesamte Fläche zwischen G_f und der Asymptote ist dann aufgrund der Symmetrie bezüglich der y-Achse doppelt so groß:

$A_{ges} = 2A = 2\pi$

Ein uneigentliches Integral 2. Art liegt vor, wenn der Integrand an beiden Integrationsgrenzen nicht beschränkt ist bzw. die Integrationsgrenzen des bestimmten Integrals gleichzeitig Unendlichkeitsstellen (Polstellen) sind. Dann gilt:

- a ist Polstelle:

$$\int_a^b f(x) \, dx = \lim_{\epsilon \to 0} \int_{a+\epsilon}^b f(x) \, dx$$

- b ist Polstelle:

$$\int_a^b f(x) \, dx = \lim_{\epsilon \to 0} \int_a^{b-\epsilon} f(x) \, dx$$

Beispiel

Gegeben ist die Funktion $f(x) = \frac{1}{\sqrt{x}}$. Bestimme das Integral zwischen $x = 0$ und $x = 4$.

Lösung

Die Funktion ist für $x = 0$ nicht definiert, besitzt also an der unteren Integrationsgrenze eine Polstelle (vgl. Abbildung 4.7 auf der nächsten Seite).

$$\int_0^4 \frac{dx}{\sqrt{x}} = \lim_{\epsilon \to 0} \int_{0+\epsilon}^4 \frac{dx}{\sqrt{x}} = \lim_{\epsilon \to 0} [2\sqrt{x}]_{0+\epsilon}^4 = 4 - \lim_{\epsilon \to 0} 2\sqrt{0 + \epsilon} = 4$$

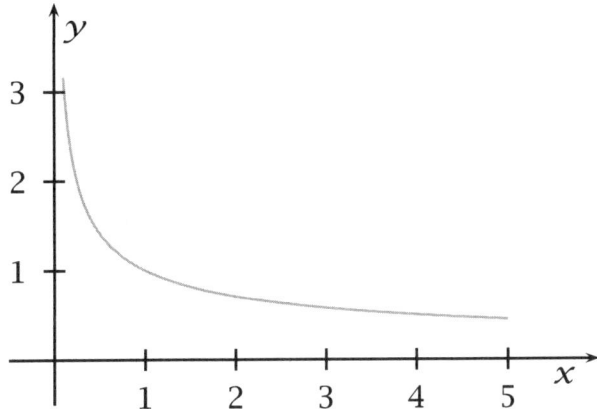

Abb. 4.7: Graph der Funktion mit Polstelle bei $x = 0$

4.6 Integrationsverfahren

Bei komplexeren Funktionen, die sich nicht einfach über die Grundintegrale lösen lassen, stehen spezielle Integrationsverfahren zur Verfügung, die partielle Integration und die Integration durch Substitution.

4.6.1 Partielle Integration

Die Regel für die partielle Integration ergibt sich unmittelbar aus der Produktregel der Ableitung:

$$\int_a^b f(x) \cdot g'(x)\, dx = [f(x) \cdot g(x)]_a^b - \int_a^b f'(x) \cdot g(x)\, dx$$

Beispiel

$$\int_0^1 x \cdot e^x\, dx = [x \cdot e]_0^1 - \int_0^1 1 \cdot e^x\, dx = (e - 0) - [e^x]_0^1 = e - (e - 1) = 1$$

4.6.2 Integration durch Substitution

Die Substitutionsregel ergibt sich aus der Kettenregel der Ableitung:

$$\int f(g(x)) \cdot g'(x)\, dx = \int (f(t)\, dt \,\text{mit}\, g(x) = t$$

$$\int_a^b f(g(x)) \cdot g'(x)\, dx = \int_{g(a)}^{g(b)} (f(t)\, dt \,\text{mit}\, g(x) = t$$

Beispiel

Bestimmen Sie $\int 3x^2 e^{x^3+1}\, dx$!

Lösung

Da der Faktor $3x^2$ die Ableitung des Exponenten der e-Funktion $x^3 + 1$ ist, kann man $x^3 + 1$ mit t substituieren. Damit gilt:

$$g(x) = x^3 + 1;\, g'(x) = 3x^2 \,\text{und}\, f(t) = e^t$$

Die Stammfunktion von $f(t)$ lautet: $F(t) = e^t$

Somit ergibt sich: $F(t) = F(g(x)) = e^{x^3+1}$.

Damit gilt für das Integral:

$$\int 3x^2 e^{x^3+1}\, dx = \int e^t\, dt = e^t + C \,\text{mit}\, t = x^3 + 1$$

Macht man die Substitution rückgängig, erhält man als Endergebnis:

$$\int 3x^2 e^{x^3+1}\, dx = e^{x^3+1} + C$$

4.6.3 Integrale der Form $\int \frac{f'(x)}{f(x)}$

Ist der Integrand ein Bruch, so gilt für den Fall, dass der Zähler eine Ableitung des Nenners ist, folgendes Grundintegral:

$$\int \frac{f'(x)}{f(x)} = ln|f(x)| + C$$

Liegt im Integrationsintervall $[a; b]$ keine Nullstelle der Funktion f, gilt:

$$\int_a^b \frac{f'(x)}{f(x)} = [ln|f(x)|]_a^b$$

Beispiel

Bestimmen Sie die Fläche zwischen den Koordinatenachsen und dem Graphen der Funktion

$$f(x) = \frac{4 - 4x}{x^2 - 2x + 3}$$

Lösung

Der Schnittpunkt des Graphen (vgl Abbildung 4.8) mit der x-Achse liegt bei:

$$\frac{4 - 4x}{x^2 - 2x + 3} = 0 \Leftrightarrow 4 - 4x = \Leftrightarrow x = 1$$

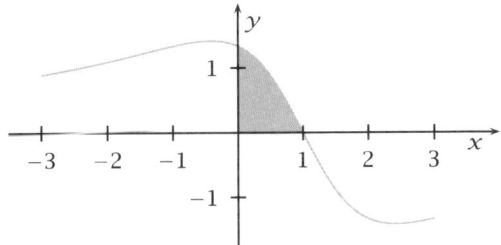

Abb. 4.8: Fläche zwischen Graph und Koordinatenachsen

Also liegen die Integrationsgrenzen bei 0 und 1. Damit berechnet sich die Fläche wie folgt:

$$A = \int_0^1 \frac{4 - 4x}{x^2 - 2x + 3}\, dx = -2 \int_0^1 \frac{2x - 2}{x^2 - 2x + 3}\, dx$$

$$= -2[\ln(x^2 - 2x + 3)]_0^1$$

$$= -2(\ln 2 - \ln 3) = 2(\ln 3 - \ln 2) = 2\ln\frac{3}{2} \approx 0,81\,[\text{FE}]$$

5 Lineare Algebra und analytische Geometrie

Die Lineare Algebra (auch Vektoralgebra) ist ein Teilgebiet der Mathematik, das sich mit Vektorräumen und linearen Abbildungen zwischen diesen beschäftigt. Dies schließt insbesondere auch die Betrachtung von linearen Gleichungssystemen und Matrizen mit ein.

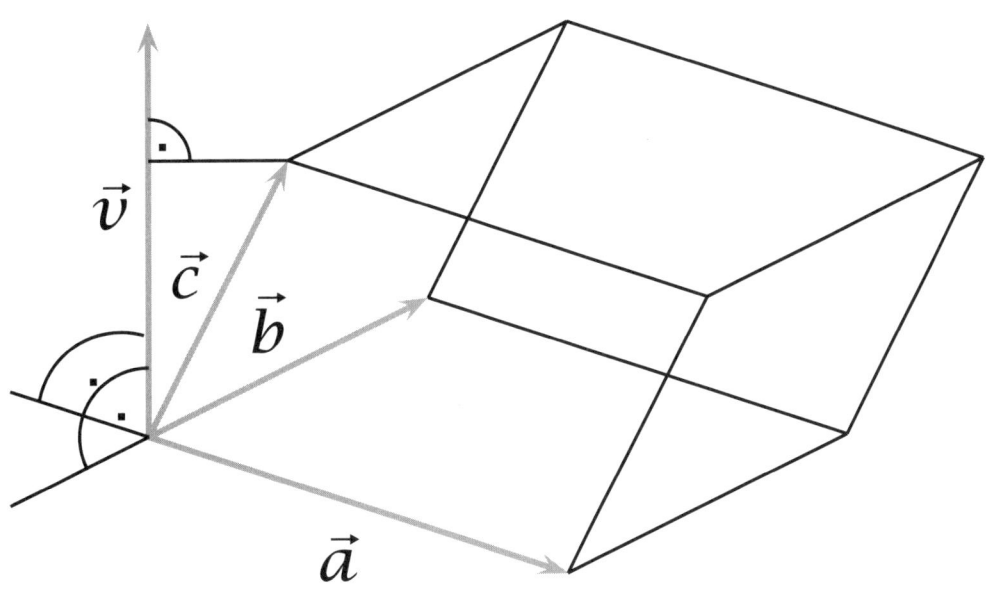

5.1 Rechnen mit Vektoren

Größen, die neben einer reinen Größenangabe auch eine Richtungsangabe in der Ebene oder im Raum beinhalten, nennt man Vektoren. Beispiele aus der Physik sind unter anderem Geschwindigkeit, Kraft, Beschleunigung usw. Vektoren lassen sich durch Pfeile darstellen. Ein Pfeil ist festgelegt durch Anfangspunkt, Länge und Richtung.

> **Definition:**
> Die Menge aller gleich langen, gleichsinnigen und parallelen Pfeile heißt Vektor. Ein einzelner Pfeil wird als Repräsentant des Vektors bezeichnet.

Mit Vektoren lässt sich eine Reihe von Berechnungen anstellen. Dabei haben Vektoren in der Ebene zwei Koordinaten, Vektoren im Raum drei Koordinaten. Vektoren werden üblicherweise durch einen Pfeil über dem Buchstaben oder durch Frakturbuchstaben als solche gekennzeichnet. Beispiel für einen Vektor im Raum:

$$\vec{v} = \begin{pmatrix} x \\ y \\ z \end{pmatrix} = \begin{pmatrix} 5 \\ -2 \\ 4 \end{pmatrix}$$

5.1.1 Betrag eines Vektors

Ist P_1 der Anfangspunkt eines Vektors und P_2 sein Endpunkt, so nennt man die Länge p der Strecke $\overline{P_1 P_2}$ den Betrag des Vektors $\vec{p}$. Berechnet wird der Betrag des Vektors aus den Koordinaten mit folgender Formel:

$$|p| = \sqrt{(x_2 - x_1)^2 + (y_2 - y_1)^2 + (z_2 - z_1)^2}$$

Meistens wird ein Vektor jedoch so angegeben, dass sein Startpunkt im Ursprung liegt (Ursprungsvektor), sodass sich diese Formel wesentlich vereinfacht:

$$|p| = \sqrt{x^2 + y^2 + z^2}$$

5.1.2 Vektoraddition

Geometrisch gesehen werden zwei Vektoren addiert, indem der zweite Vektor mit seinem Anfangspunkt an die Spitze des ersten angehängt wird. Verbindet man dann den Anfangspunkt des ersten Vektors mit der Spitze des zweiten, erhält man das Ergebnis der Addition (siehe Abbildung 5.1).

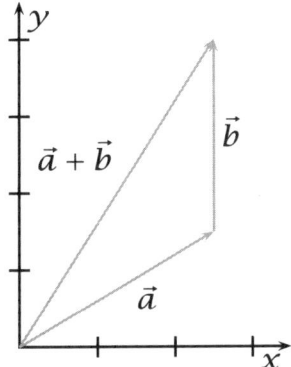

Abb. 5.1: Addition von Vektoren

Rechnerisch ergibt sich der resultierende Vektor, indem die Vektoren koordinatenweise addiert werden:

$$\begin{pmatrix} 2 \\ 1 \\ 1 \end{pmatrix} + \begin{pmatrix} 5 \\ -2 \\ 4 \end{pmatrix} = \begin{pmatrix} 7 \\ -1 \\ 5 \end{pmatrix}$$

Die Vektoraddition gehorcht folgenden Gesetzen:

Kommutativgesetz $\vec{a} + \vec{b} = \vec{b} + \vec{a}$

Assoziativgesetz $(\vec{a} + \vec{b}) + \vec{c} = \vec{a} + (\vec{b} + \vec{c})$

5.1.3 Subtraktion von Vektoren

Analog zur Addition von Vektoren funktioniert auch die Subtraktion. Geometrisch wird hierbei der Gegenvektor addiert (siehe Abbildung 5.2).

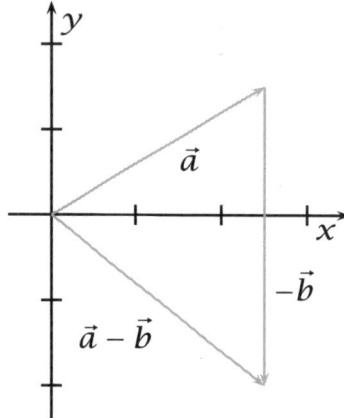

Abb. 5.2: Subtraktion von Vektoren

Berechnet wird der resultierende Vektor, indem koordinatenweise subtrahiert wird:

$$\begin{pmatrix} 2 \\ 1 \\ 1 \end{pmatrix} - \begin{pmatrix} 5 \\ -2 \\ 4 \end{pmatrix} = \begin{pmatrix} -3 \\ 3 \\ -3 \end{pmatrix}$$

5.1.4 Vielfache eines Vektors

Wie Zahlen auch, lassen sich Vektoren mit einer reellen Zahl multiplizieren. Das k-fache eines Vektors lässt sich berechnen, indem man jede Koordinate des Vektors mit dem Faktor multipliziert. Geometrisch bedeutet dies, dass der gegebene Vektor k-mal aneinander gereiht wird. Analog zu den Zahlen bedeutet dies also, dass das k-fache eines Vektors als Abkürzung für die Mehrfachaddition desselben Vektors angesehen werden kann.

Der mathematische Zusammenhang lautet:

$$k \cdot \vec{a} = \underbrace{\vec{a} \oplus \vec{a} \oplus \cdots \oplus \vec{a}}_{k \text{ Summanden}}$$

Definition

Für einen Vektor $\vec{a}$ und eine relle Zahl $r \neq 0$ ergibt die Verfielfachung von $\vec{a}$ mit r wieder einen Vektor $r\vec{a}$.

Der Vektor $r\vec{a}$ hat folgende Eigenschaften:

- Die Länge des Vektors $r\vec{a}$ ist $|r|$-mal so groß wie die Länge des Vektors $\vec{a}$.
- Die Pfeile von $r\vec{a}$ sind parallel zu den Pfeilen von $\vec{a}$:
  - für $r > 0$ sind die Pfeile von $r\vec{a}$ und $\vec{a}$ gleichgerichtet,
  - für $r < 0$ sind die Pfeile von $r\vec{a}$ und $\vec{a}$ entgegengesetzt gerichtet.
  - für $r = 0$ wird festgelegt: $0\vec{a} = \vec{o}$ (Nullvektor)

Für die Multiplikation von Vektoren mit reellen Zahlen gelten ähnliche Gesetze wie für reelle Zahlen.

Distributivgesetze Für eine beliebige reelle Zahl und beliebige Vektoren $\vec{a}$ und $\vec{b}$ gilt: $r(\vec{a} + \vec{b}) = r\vec{a} + r\vec{b}$
Für zwei beliebige reelle Zahlen r und s und einen beliebigen Vektor $\vec{a}$ gilt: $(r + s)\vec{a} = r\vec{a} + s\vec{a}$

Assoziativgesetz Für zwei beliebige reelle Zahlen r und s und einen beliebigen Vektor $\vec{a}$ gilt: $(rs)\vec{a} = r(s\vec{a})$

5.1.5 Skalarprodukt

Das Skalarprodukt hat seinen Namen daher, dass sich als Ergebnis ein Skalar (eine Zahl) ergibt und kein Vektor. Über das Skalarprodukt lässt sich auch der eingeschlossene Winkel zwischen zwei Vektoren bestimmen. Der mathematische Zusammenhang lautet:

$$\vec{a} \circ \vec{b} = a_x b_x + a_y b_y + a_z b_z = |\vec{a}| \cdot |\vec{b}| \cdot \cos\varphi$$

Damit errechnet sich dann der eingeschlossene Winkel über:

$$\cos\varphi = \frac{\vec{a} \circ \vec{b}}{|\vec{a}| \cdot |\vec{b}|}$$

Kapitel 5

Das Skalarprodukt kann somit auch eingesetzt werden, um zu überprüfen, ob zwei Vektoren orthogonal sind (also senkrecht aufeinander stehen). Dies ist gegeben, wenn das Skalarprodukt der beiden Vektoren den Wert Null hat, da $\cos 90° = 0$.

5.1.6 Vektorprodukt

Im Gegensatz zum Skalarprodukt ergibt sich beim Vektorprodukt wieder ein Vektor. Das Vektorprodukt ist nur für dreidimensionale Vektoren erklärt. Das liegt an seiner geometrischen Bedeutung: Der Ergebnisvektor des Vektorprodukts ist derjenige Vektor, der auf den beiden gegebenen Vektoren senkrecht steht und auf diese im positiven Drehsinn (Rechte-Hand-Regel) folgt. Seine Länge entspricht der Fläche des von den gegebenen Vektoren aufgespannten Parallelogramms (siehe Abbildung 5.3).

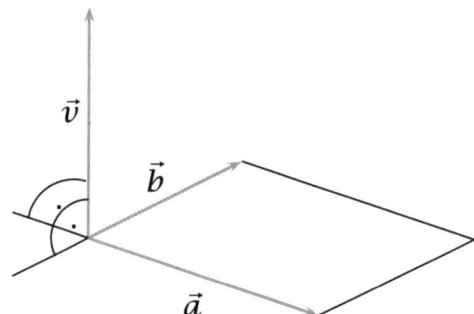

Abb. 5.3: Vektorprodukt

Rechnerisch ergeben sich die Koordinaten des Ergebnisvektors über die Determinanten der Koordinaten der beiden gegebenen Vektoren. Dazu benötigt man folgende Formeln:

- x-Koordinate: $v_x = \begin{vmatrix} a_y & a_z \\ b_y & b_z \end{vmatrix}$

- y-Koordinate: $v_y = \begin{vmatrix} a_z & a_x \\ b_z & b_x \end{vmatrix}$

- z-Koordinate: $v_z = \begin{vmatrix} a_x & a_y \\ b_x & b_y \end{vmatrix}$

Berechnen der Determinanten
Die Berechnung der Determinanten erfolgt nach folgender Regel: Produkt der Elemente der Hauptdiagonalen (von links oben nach rechts unten) minus das Produkt der Elemente der Nebendiagonalen. Mehr dazu in Abschnitt 5.5.5 auf Seite 140.

Mit Hilfe des Vektorprodukts lässt sich unter anderem beweisen, dass zwei Vektoren zueinander parallel sind. Sind weder $\vec{a}$ noch $\vec{b}$ der Nullvektor, der Betrag des Vektorprodukts jedoch Null, so ist dies der Beweis, dass $\vec{a}$ und $\vec{b}$ zueinander parallel sind.

Für das Vektorprodukt gelten folgende Rechengesetze:

1. $\vec{x} \times \vec{x} = \vec{o}; (r\vec{x}) \times s\vec{y} = rs(\vec{x} \times \vec{y})$

2. $\vec{x} \times \vec{y} = -(\vec{y} \times \vec{x})$ Das Kommutativgesetz gilt *nicht*.

3. $(\vec{x} \times \vec{y}) \times \vec{z} = (\vec{x} \circ \vec{z})\vec{y} - (\vec{y} \circ \vec{z})\vec{x}$

   $\vec{x} \times (\vec{y} \times \vec{z}) = (\vec{x} \circ \vec{z})\vec{y} - (\vec{x} \circ \vec{y})\vec{z}$

   Das Assoziativgesetz gilt *nicht*.

4. $(\vec{x} + \vec{y}) \times \vec{z} = (\vec{x} \times \vec{z}) + (\vec{y} \times \vec{z})$

   $\vec{x} \times (\vec{y} + \vec{z}) = (\vec{x} \times \vec{y}) + (\vec{x} \times \vec{z})$

   Das Distributivgesetz gilt.

5. $(r\vec{x} + s\vec{y}) \times \vec{z} = r(\vec{x} \times \vec{z}) + s(\vec{y} \times \vec{z})$

6. $(\vec{x} \times \vec{y}) \circ \vec{z} = (\vec{z} \times \vec{x}) \circ \vec{y} = (\vec{y} \times \vec{z}) \cdot \vec{x} = \det(\vec{x}, \vec{y}, \vec{z})$

7. $(\vec{x}_1 \times \vec{y}_1) \cdot (\vec{x}_2 \times \vec{y}_2) = (\vec{x}_1 \cdot \vec{x}_2) \cdot (\vec{y}_1 \times \vec{y}_2) - (\vec{x}_1 \cdot \vec{y}_2) \cdot (\vec{y}_1 \times \vec{x}_2)$

Für den Betrag von $\vec{x} \times \vec{y}$ gilt:
$$|\vec{x} \times \vec{y}| = |\vec{x}| \cdot |\vec{y}| \cdot |\sin \sphericalangle(\vec{x}, \vec{y})|$$

5.1.7 Spatprodukt

Das Spatprodukt ist eine Mischung aus Vektorprodukt und Skalarprodukt, weshalb es auch als gemischtes Produkt bezeichnet wird. Das Ergebnis ist ein Skalar, der den Rauminhalt des Parallelflachs (Spates) bestimmt, das durch die drei gegebenen Vektoren aufgespannt wird (siehe Abbildung 5.4).

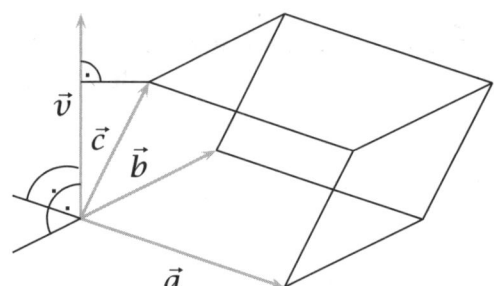

Abb. 5.4: Spatprodukt

Das Spatprodukt berechnet sich über die Formel $V = (\vec{a} \times \vec{b}) \cdot \vec{c}$, man bildet also zunächst das Vektorprodukt der Vektoren, die die Grundfläche des Spats aufspannen, und multipliziert dieses skalar mit dem dritten Vektor.

5.1.8 Linearkombinationen

Lässt sich ein Vektor durch die Summe der Vielfachen zweier oder mehrerer anderer Vektoren darstellen, so spricht man von einer Linearkombination. Allgemein wird eine Linearkombination geschrieben als:

$$\vec{v} = k_1\vec{v_1} + k_2\vec{v_2} + \cdots + k_n\vec{v_n}$$

Ein häufiger Aufgabentyp hierbei ist die Überprüfung, ob sich ein bestimmter Vektor als Linearkombination anderer gegebener Vektoren darstellen lässt. Diese Aufgabe führt zu einem linearen Gleichungssystem, dessen Lösung die skalaren Faktoren ergibt. Ist dieses Gleichungssystem lösbar, so kann die Linearkombination geschrieben werden, ist das Gleichungssystem nicht lösbar, so ist der Vektor nicht als Linearkombination der anderen darstellbar.

Beispiele

Eine Linearkombination kann aus beliebig vielen Vektoren bestehen. Hier ein Beispiel einer Linearkombination aus drei Vektoren:

$$\begin{pmatrix} 1 \\ 1 \end{pmatrix} = 2 \begin{pmatrix} -2 \\ 1 \end{pmatrix} + \begin{pmatrix} 3 \\ -1 \end{pmatrix} + 2 \begin{pmatrix} 1 \\ 0 \end{pmatrix}$$

Allerdings ist diese Lösung nicht eindeutig. Es gibt noch andere Linearkombinationen, beispielsweise:

$$\begin{pmatrix} 1 \\ 1 \end{pmatrix} = 4 \begin{pmatrix} -2 \\ 1 \end{pmatrix} + 3 \begin{pmatrix} 3 \\ -1 \end{pmatrix} + 0 \begin{pmatrix} 1 \\ 0 \end{pmatrix}$$

Alle Lösungen ergeben sich über das Gleichungssystem:

$$1 = k_1 \cdot -2 + k_2 \cdot 3 + k_3 \cdot 1$$
$$1 = k_1 \cdot 1 + k_2 \cdot -1 + k_3 \cdot 0$$

Da es sich hierbei allerdings um zwei Gleichungen für drei Unbekannte handelt, muss man eine Variable mit einem beliebigen Wert belegen, um die anderen beiden berechnen zu können. Belegt man k_1 mit dem Wert 2, so ergibt sich folgendes Gleichungssystem:

$$1 = 2 \cdot -2 + k_2 \cdot 3 + k_3 \cdot 1$$
$$1 = 2 \cdot 1 + k_2 \cdot -1 + k_3 \cdot 0$$

Damit ergibt sich $k_2 = 1$ aus der zweiten Gleichung. Dies in die erste Gleichung eingesetzt ergibt $k_3 = 2$.

Dieses Beispiel war einfach zu lösen, da in der zweiten Gleichung nur die Variable k_2 vorkam. Ist dies jedoch nicht der Fall, so lässt sich das Gleichungssystem lösen, indem in einer Gleichung eine Variable durch die andere ausgedrückt und dies dann in die andere Gleichung eingesetzt wird. Oder aber man löst das Gleichungssystem über das Determinantenverfahren der Cramer'schen Regel. Dieses ist in Abschnitt 5.5.5 auf Seite 140 erklärt.

5.1.9 Lineare Abhängigkeit von Vektoren

Eine Anwendung der Linearkombinationen ist die Überprüfung, ob Vektoren linear abhängig oder linear unabhängig sind. Vektoren heißen genau dann linear abhängig, wenn sie eine nichttriviale Linearkombination des Nullvektors bilden, das heißt, dass die skalaren Faktoren ungleich Null sind.

Beispiel linear abhängiger Vektoren

Die drei Vektoren $\begin{pmatrix} 1 \\ 1 \\ 0 \end{pmatrix}$, $\begin{pmatrix} 0 \\ -1 \\ -2 \end{pmatrix}$ und $\begin{pmatrix} -2 \\ 1 \\ 6 \end{pmatrix}$ sind linear abhängig.

Sie können über folgende Gleichung als Linearkombination den Nullvektor erzeugen:

$$2 \begin{pmatrix} 1 \\ 1 \\ 0 \end{pmatrix} + 3 \begin{pmatrix} 0 \\ -1 \\ -2 \end{pmatrix} + 1 \begin{pmatrix} -2 \\ 1 \\ 6 \end{pmatrix} = \begin{pmatrix} 0 \\ 0 \\ 0 \end{pmatrix}$$

Im Gegensatz dazu sind die Vektoren $\begin{pmatrix} 1 \\ 1 \\ 0 \end{pmatrix}$, $\begin{pmatrix} 0 \\ -1 \\ -2 \end{pmatrix}$ und $\begin{pmatrix} -2 \\ 1 \\ 0 \end{pmatrix}$ linear unabhängig.

Der Ansatz des Gleichungssystems ergibt dann aus

$$k_1 \begin{pmatrix} 1 \\ 1 \\ 0 \end{pmatrix} + k_2 \begin{pmatrix} 0 \\ -1 \\ -2 \end{pmatrix} + k_3 \begin{pmatrix} -2 \\ 1 \\ 0 \end{pmatrix} = \begin{pmatrix} 0 \\ 0 \\ 0 \end{pmatrix}$$

folgende Gleichungen:

$$k_1 - 2 \cdot k_3 = 0$$
$$k_1 - k_2 + k_3 = 0$$
$$-2 \cdot k_2 = 0$$

Dieses Gleichungssystem ist nur lösbar für $k_1 = k_2 = k_3 = 0$.

Einfacher ist die lineare Unabhängigkeit festzustellen, wenn es sich nur um zwei Vektoren handelt. Zwei Vektoren sind linear abhängig, wenn einer das skalare Vielfache des anderen ist.

Beispiel

Untersucht werden soll, ob die beiden Vektoren $\begin{pmatrix} -1 \\ 1 \end{pmatrix}$ und $\begin{pmatrix} 2 \\ -2 \end{pmatrix}$ linear abhängig sind. Dazu kann man verschiedene Lösungswege nutzen:

1. Aufstellen der Linearkombination $k_1 \begin{pmatrix} -1 \\ 1 \end{pmatrix} + k2 \begin{pmatrix} 2 \\ -2 \end{pmatrix} = \begin{pmatrix} 0 \\ 0 \end{pmatrix}$

   Das entstehende Gleichungssystem lautet:

   $$-k_1 + 2k_2 = 0 \quad \longrightarrow \quad k_1 - 2k_2 = 0$$

   Löst man dieses auf, so kommt man zu dem Ergebnis, dass für k_2 jeder beliebige Wert eingesetzt werden kann, k_1 ist dann doppelt so groß. Damit ist die lineare Abhängigkeit nachgewiesen.

2. Überprüfung, ob $\begin{pmatrix} -1 \\ 1 \end{pmatrix}$ ein skalares Vielfaches von $\begin{pmatrix} 2 \\ -2 \end{pmatrix}$ ist. (Genaugenommen ist dies nur die Auflösung des Gleichungssystems aus 1. nach dem ersten Vektor!)

   Der Ansatz für diesen Lösungsweg lautet: $\begin{pmatrix} -1 \\ 1 \end{pmatrix} = k \begin{pmatrix} 2 \\ -2 \end{pmatrix}$

   Löst man beide Gleichungen nach der Variablen auf, so muss das gleiche Ergebnis herauskommen, um die lineare Abhängigkeit nachzuweisen. In diesem Beispiel ergibt sich bei beiden Gleichungen $k = -\frac{1}{2}$, die Vektoren sind also linear abhängig.

Auch wenn drei Vektoren im $\mathbb{R}^3$ gegeben sind, gibt es ein einfacheres Lösungsverfahren für die Überprüfung auf lineare Abhängigkeit als die Lösung des linearen Gleichungssystems. Dazu berechnet man die Determinante der Matrix, die von den drei Vektoren gebildet wird (genauere Informationen zu Determinanten beinhaltet Abschnitt 5.5.4 auf Seite 139). Ist die Determinante $D = 0$, so sind die Vektoren linear abhängig.

Kapitel 5

Beispiel

Die drei Vektoren $\begin{pmatrix} 2 \\ 1 \\ -1 \end{pmatrix}$, $\begin{pmatrix} 4 \\ -2 \\ 3 \end{pmatrix}$ und $\begin{pmatrix} 0 \\ 1 \\ 0 \end{pmatrix}$ sollen auf ihre lineare Abhängigkeit untersucht werden. Die notwendige Determinante lautet demnach:

$$\begin{vmatrix} 2 & 4 & 0 \\ 1 & -2 & 1 \\ -1 & 3 & 0 \end{vmatrix}$$

Die Determinante ist $\neq 0$, hat den Wert -10, die Vektoren sind also linear unabhängig.

Geometrische Deutung

- Sind zwei Vektoren $\vec{a}$ und $\vec{b}$ linear abhängig, so sind ihre Repräsentanten zueinander parallel. $\vec{a}$ und $\vec{b}$ heißen in diesen Fällen kollinear.

- Sind drei Vektoren $\vec{a}$, $\vec{b}$ und $\vec{c}$ linear abhängig, so können mehrere Fälle vorliegen:

  1. Repräsentanten aller drei Vektoren liegen zueinander parallel, $\vec{a}$, $\vec{b}$ und $\vec{c}$ sind sogar kollinear.
  2. Repräsentanten von zwei der drei Vektoren liegen zueinander parallel, genau ein Paar aus den drei Vektoren liegen zueinander parallel. z. B. $\vec{a} \| \vec{b}, \vec{a} \,\not\!\| \, \vec{c}, \vec{b} \,\not\!\| \, \vec{c}$
  3. Von den drei Vektoren ausgehend lässt sich ein geschlossenes Dreieck aufbauen. Dies ist im $\mathbb{R}^2$ der Regelfall, sofern keine Kollinearität vorliegt.

Anwendung

Mit der linearen Unabhängigkeit kann man Teilverhältnisse in geometrischen Figuren einfacher bestimmen als mit elementaren geometrischen Methoden.

Vorgehensweise:

1. Einführung geeigneter linear unabhängiger Vektoren (zwei bei Aufgaben in der Ebene ($\mathbb{R}^2$), drei bei Aufgaben im Raum ($\mathbb{R}^3$))
2. Wahl einer geschlossenen Vektorkette, die den betreffenden Teilpunkt als Eckpunkt enthält.

3. Darstellung aller Vektoren der Vektorkette durch die linear unabhängigen Vektoren. Bei Bedarf müssen Unbekannte eingeführt werden.

4. Nullsetzen der Koeffizienten der linear unabhängigen Vektoren und Lösung des dadurch entstehenden Gleichungssystems.

Beispiel

Beweisen Sie mithilfe geeigneter Vektoren, dass sich die Diagonalen eines Parallelogramms halbieren.

Lösung

Das Parallelogramm wird von den linear unabhängigen Vektoren $\vec{a} = \overrightarrow{AB}$ und $\vec{b} = \overrightarrow{AC}$ aufgespannt. Der Nachweis führt über die geschlossene Vektorkette $ASBA$:

$$\overrightarrow{AS} + \overrightarrow{SB} + \overrightarrow{BA} = \vec{o}$$

Diese Vektoren lassen sich folgendermaßen über Linearkombinationen der Vektoren $\vec{a}$ und $\vec{b}$ darstellen:

$$\overrightarrow{AS} = r \cdot \overrightarrow{AC} = r \cdot (\vec{a} + \vec{b}); \quad r \in [0; 1]$$
$$\overrightarrow{SB} = s \cdot \overrightarrow{DB} = s \cdot (\vec{a} - \vec{b}); \quad s \in [0; 1]$$
$$\overrightarrow{BA} = -\vec{a}$$

Also:

$$r \cdot (\vec{a} + \vec{b}) + s \cdot (\vec{a} - \vec{b}) - \vec{a} = \vec{o}$$
$$\Leftrightarrow \vec{a}(r + s - 1) + \vec{b}(r - s) = \vec{o}$$

Da die Vektoren $\vec{a}$ und $\vec{b}$ linear unabhängig sind, ist diese Gleichung nur dann erfüllt, wenn beide Klammern null sind. Es ergibt sich demnach folgendes Gleichungssystem:

$$r + s - 1 = 0 \tag{5.1}$$
$$r - s = 0 \quad \Leftrightarrow r = s \tag{5.2}$$

Setzt man die zweite in die erste Gleichung ein, ergibt sich:

$$2s - 1 = 0 \Leftrightarrow s = \tfrac{1}{2} \text{ und } r = \tfrac{1}{2}$$

Damit ist bewiesen, dass $\overrightarrow{AS} = \tfrac{1}{2}\overrightarrow{AC}$ und $\overrightarrow{SB} = \tfrac{1}{2}\overrightarrow{DB}$.

Das bedeutet, dass sich die Diagonalen des Parallelogramms halbieren!

Kapitel 5

5.2 Geraden und Ebenen im Raum

5.2.1 Geradengleichungen in Vektorschreibweise

Nicht nur Punkte lassen sich mit Hilfe von Vektoren festlegen, sondern auch Geraden. Dazu benötigt man entweder zwei Punkte auf der Geraden oder aber einen Punkt und die Richtung.

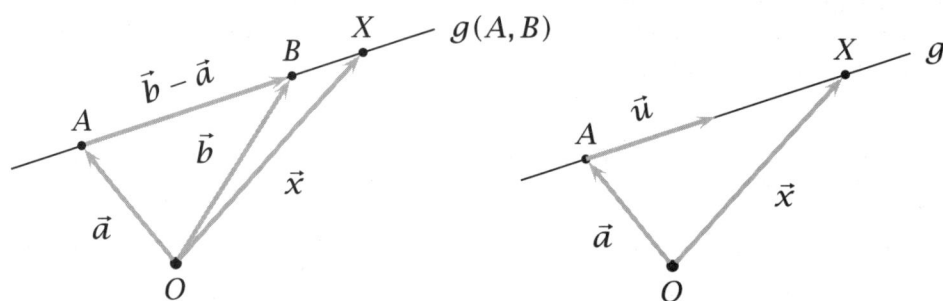

Abb. 5.5: Geradengleichung aus zwei Punkten

Abb. 5.6: Geradengleichung aus Punkt und Richtung

Sind zwei Punkte A und B gegeben, lässt sich dadurch eine Gerade eindeutig bestimmen. Jeder beliebige Punkt X der Gerade lässt sich dann als Linearkombination des Ortsvektors eines Punktes und des Verbindungsvektors beider Punkte berechnen (siehe Abbildung 5.5). Die Geradengleichung lautet:

$$\vec{x} = \vec{a} + k \cdot (\vec{b} - \vec{a})$$

Eine Geradengleichung lässt sich auch aufstellen, wenn ein Punkt und ein Richtungsvektor gegeben sind (siehe Abbildung 5.6). Die Gleichung lautet dann:

$$\vec{x} = \vec{a} + k \cdot \vec{u}$$

Eine typische Aufgabenstellung in diesem Zusammenhang ist die Überprüfung, ob ein Punkt auf der Geraden liegt oder nicht.

Beispiel

Die beiden Punkte $A(1|2)$ und $B(6|6)$ werden durch die Gerade g verbunden. Stellen Sie die Geradengleichung auf und überprüfen Sie, ob der Punkt $P(3|3)$ auf dieser Geraden liegt.

Unter Verwendung der obigen Formel ergibt sich daraus folgende Geradengleichung:

$$\begin{pmatrix} x \\ y \end{pmatrix} = \begin{pmatrix} 1 \\ 2 \end{pmatrix} + k \cdot \begin{pmatrix} 6-1 \\ 6-2 \end{pmatrix}$$

Setzt man in diese Geradengleichung den Punkt P ein, liefert dies ein lineares Gleichungssystem mit einer Unbekannten. Löst man beide Gleichungen nach dieser Unbekannten auf und erhält bei beiden Gleichungen dasselbe Ergebnis, so liegt der angegebene Punkt auf der Geraden.

$$3 = 1 + k \cdot 5 \qquad \text{ergibt aufgelöst nach k:} \qquad k = 0,4$$
$$3 = 2 + k \cdot 4 \qquad\qquad\qquad\qquad\qquad\qquad\qquad k = 0,25$$

Da es in diesem Fall zwei unterschiedliche Ergebnisse gibt, liegt der Punkt nicht auf der Geraden.

5.2.2 Lagebeziehungen bei Geraden

Natürlich lässt sich mit der Vektorschreibweise auch die Lage zweier Geraden zueinander bestimmen. Generell gibt es folgende Möglichkeiten:

- Die Geraden sind identisch.
- Die Geraden sind parallel.
- Die Geraden schneiden sich.
- Die Geraden sind windschief (im $\mathbb{R}^3$).

Für jede dieser Situationen müssen bestimmte Bedingungen erfüllt sein.

Identische Geraden

Um nachzuweisen, dass zwei Geraden g und h identisch sind, müssen folgende Bedingungen erfüllt sein:

1. g und h haben dieselbe Richtung, d. h. die beiden Richtungsvektoren $\vec{u_1}$ und $\vec{u_2}$ der beiden Geraden sind linear abhängig.
2. Der Punkt $A_2 \in h$ liegt auch auf g, d. h. die Vektoren $\vec{a_1} - \vec{a_2}$ und $\vec{u_1}$ sind linear abhängig.

Beispiel

Es soll nachgewiesen werden, dass die beiden gegebenen Geraden identisch sind.

$$g : \vec{x} = \begin{pmatrix} 3 \\ 2 \\ 1 \end{pmatrix} + k \cdot \begin{pmatrix} 2 \\ 1 \\ -1 \end{pmatrix} \qquad \text{und} \qquad h : \vec{x} = \begin{pmatrix} -3 \\ -1 \\ 4 \end{pmatrix} + l \cdot \begin{pmatrix} -4 \\ -2 \\ 2 \end{pmatrix}$$

Dazu wird zunächst die lineare Abhängigkeit der beiden Richtungsvektoren nachgewiesen. In diesem Beispiel ist $\begin{pmatrix} 2 \\ 1 \\ -1 \end{pmatrix} = -\frac{1}{2} \begin{pmatrix} -4 \\ -2 \\ 2 \end{pmatrix}$, die Vektoren sind also linear abhängig. Anschließend wird der Verbindungsvektor der beiden Punkte gebildet: $\begin{pmatrix} -3 \\ -1 \\ 4 \end{pmatrix} - \begin{pmatrix} 3 \\ 2 \\ 1 \end{pmatrix} = \begin{pmatrix} -6 \\ -3 \\ 3 \end{pmatrix}$ Auch dieser ist wieder linear abhängig, da $\begin{pmatrix} 2 \\ 1 \\ -1 \end{pmatrix} = -\frac{1}{3} \cdot \begin{pmatrix} -6 \\ -3 \\ 3 \end{pmatrix}$ gilt.

Damit ist der Nachweis erbracht, dass die beiden Geraden identisch sind.

Parallele Geraden

Um nachzuweisen, dass zwei Geraden g und h parallel sind, müssen folgende Bedingungen erfüllt sein:

1. g und h haben dieselbe Richtung, d. h. die beiden Richtungsvektoren $\vec{u_1}$ und $\vec{u_2}$ der beiden Geraden sind linear abhängig.

2. Der Punkt $A_2 \in h$ liegt nicht auf g, d. h. die Vektoren $\vec{a_1} - \vec{a_2}$ und $\vec{u_1}$ sind linear unabhängig.

Beispiel

Es soll nachgewiesen werden, dass die beiden gegebenen Geraden parallel sind.

$$g : \vec{x} = \begin{pmatrix} 3 \\ 2 \\ 1 \end{pmatrix} + k \cdot \begin{pmatrix} 2 \\ 1 \\ -1 \end{pmatrix} \qquad \text{und} \qquad h : \vec{x} = \begin{pmatrix} 11 \\ -1 \\ 8 \end{pmatrix} + l \cdot \begin{pmatrix} -4 \\ -2 \\ 2 \end{pmatrix}$$

Der Nachweis der Parallelität erfolgt analog zur Identität. Wieder wird zunächst die lineare Abhängigkeit der beiden Richtungsvektoren nachgewiesen:

$$\begin{pmatrix} 2 \\ 1 \\ -1 \end{pmatrix} = -\frac{1}{2} \begin{pmatrix} -4 \\ -2 \\ 2 \end{pmatrix}$$, die Vektoren sind also linear abhängig.

Anschließend wird der Verbindungsvektor der beiden Punkte gebildet:

$$\begin{pmatrix} 11 \\ -1 \\ 8 \end{pmatrix} - \begin{pmatrix} 3 \\ 2 \\ 1 \end{pmatrix} = \begin{pmatrix} 8 \\ -3 \\ 7 \end{pmatrix}$$

Dieser ist linear unabhängig zum Richtungsvektor von g, da das Gleichungssystem

$$\begin{pmatrix} 2 \\ 1 \\ -1 \end{pmatrix} = k \cdot \begin{pmatrix} 8 \\ -3 \\ 7 \end{pmatrix}$$ keinen Wert für k ergibt, der alle drei Gleichungen erfüllt.

Damit ist der Nachweis erbracht, dass die beiden Geraden parallel sind.

Sich schneidende Geraden

Um nachzuweisen, dass zwei Geraden g und h sich schneiden, müssen folgende Bedingungen erfüllt sein:

1. g und h haben nicht dieselbe Richtung, d. h. die beiden Richtungsvektoren $\vec{u}_1$ und $\vec{u}_2$ der beiden Geraden sind linear unabhängig.

2. g und h bilden eine Ebene, in der auch der Verbindungsvektor $\vec{a}_1 - \vec{a}_2$ liegt, d. h. die Vektoren $\vec{a}_1 - \vec{a}_2$, $\vec{u}_1$ und $\vec{u}_2$ sind linear abhängig.

Beispiel

Es soll nachgewiesen werden, dass sich die beiden gegebenen Geraden schneiden.

$$g : \vec{x} = \begin{pmatrix} 3 \\ 2 \\ 1 \end{pmatrix} + k \cdot \begin{pmatrix} 2 \\ 1 \\ -1 \end{pmatrix} \qquad \text{und} \qquad h : \vec{x} = \begin{pmatrix} 11 \\ -1 \\ 8 \end{pmatrix} + l \cdot \begin{pmatrix} 3 \\ -2 \\ 4 \end{pmatrix}$$

Die lineare Unabhängigkeit der beiden Richtungsvektoren lässt sich nachweisen, da es keinen Wert für k gibt, der alle drei Gleichungen des Gleichungssystems erfüllt:

$$\begin{pmatrix} 2 \\ 1 \\ -1 \end{pmatrix} \neq k \begin{pmatrix} 3 \\ -2 \\ 4 \end{pmatrix}.$$

Die lineare Abhängigkeit der drei Vektoren $\vec{a_1} - \vec{a_2}$, $\vec{u_1}$ und $\vec{u_2}$ lässt sich am einfachsten über das Determinantenverfahren nachweisen. Die Vektoren sind linear abhängig, wenn die Determinante 0 ist.

$$\begin{vmatrix} 2 & 3 & (11-3) \\ 1 & -2 & (-1-2) \\ -1 & 4 & (8-1) \end{vmatrix} = 0$$

Damit ist der Nachweis erbracht, dass sich die beiden Geraden schneiden.

Schnittpunkt sich schneidender Geraden

Den Schnittpunkt sich schneidender Geraden erhält man, indem man die beiden Geradengleichungen gleich setzt, da der Schnittpunkt auf beiden Geraden liegen muss. Für obiges Beispiel ergibt sich dadurch folgendes Gleichungssystem:

$$\vec{x} = \begin{pmatrix} 3 \\ 2 \\ 1 \end{pmatrix} + k \cdot \begin{pmatrix} 2 \\ 1 \\ -1 \end{pmatrix} = \begin{pmatrix} 11 \\ -1 \\ 8 \end{pmatrix} + l \cdot \begin{pmatrix} 3 \\ -2 \\ 4 \end{pmatrix}$$

Bringt man beide Variablen auf eine Seite, so ergibt sich:

$$k \cdot \begin{pmatrix} 2 \\ 1 \\ -1 \end{pmatrix} - l \cdot \begin{pmatrix} 3 \\ -2 \\ 4 \end{pmatrix} = \begin{pmatrix} 8 \\ -3 \\ 7 \end{pmatrix}$$

Dies ist ein „überbestimmtes" Gleichungssystem mit drei Gleichungen für zwei Unbekannte. Ein derartiges System löst man, indem man aus zwei Gleichungen die Variablen bestimmt und das Ergebnis mit der dritten Gleichung überprüft. In diesem Beispiel folgt aus:

$$\begin{aligned} 2k - 3l &= 8 \\ k + 2l &= -3 \end{aligned} \quad \Longrightarrow k = 1 \text{ und } l = -2$$

Die beiden Werte erfüllen auch die dritte Gleichung $-k - 4l = 7$.

Setzt man nun einen dieser beiden errechneten Parameter in die dazugehörige Geradengleichung ein, so ergibt sich der Schnittpunkt:

$$\vec{s} = \begin{pmatrix} 3 \\ 2 \\ 1 \end{pmatrix} + 1 \cdot \begin{pmatrix} 2 \\ 1 \\ -1 \end{pmatrix} \Rightarrow S = \begin{pmatrix} 5 \\ 3 \\ 0 \end{pmatrix}$$

Windschiefe Geraden

Um nachzuweisen, dass zwei Geraden g und h im $\mathbb{R}^3$ windschief sind, sich also nicht schneiden, müssen folgende Bedingungen erfüllt sein:

1. g und h haben nicht dieselbe Richtung, d. h. die beiden Richtungsvektoren $\vec{u}_1$ und $\vec{u}_2$ der beiden Geraden sind linear unabhängig.
2. g und h bilden eine Ebene, in der aber nicht der Verbindungsvektor $\vec{a}_1 - \vec{a}_2$ liegt, d. h. die Vektoren $\vec{a}_1 - \vec{a}_2$, $\vec{u}_1$ und $\vec{u}_2$ sind linear unabhängig.

Kapitel 5

Beispiel

Es soll nachgewiesen werden, dass die beiden gegebenen Geraden windschief sind.

$$g : \vec{x} = \begin{pmatrix} 3 \\ 2 \\ 1 \end{pmatrix} + k \cdot \begin{pmatrix} 2 \\ 1 \\ -1 \end{pmatrix} \qquad \text{und} \qquad h : \vec{x} = \begin{pmatrix} 11 \\ 0 \\ 8 \end{pmatrix} + l \cdot \begin{pmatrix} 3 \\ -2 \\ 4 \end{pmatrix}$$

Die lineare Unabhängigkeit der beiden Richtungsvektoren lässt sich wie bei den schneidenden Geraden nachweisen, da es keinen Wert für k gibt, der alle drei Gleichungen des Gleichungssystems erfüllt:

$$\begin{pmatrix} 2 \\ 1 \\ -1 \end{pmatrix} \neq k \begin{pmatrix} 3 \\ -2 \\ 4 \end{pmatrix}.$$

Die lineare Abhängigkeit der drei Vektoren $\vec{a_1} - \vec{a_2}$, $\vec{u_1}$ und $\vec{u_2}$ lässt sich wieder über das Determinantenverfahren nachweisen. Die Vektoren sind linear unabhängig, wenn die Determinante $\neq 0$ ist.

$$\begin{vmatrix} 2 & 3 & (11 - 3) \\ 1 & -2 & (0 - 2) \\ -1 & 4 & (8 - 1) \end{vmatrix} = -22$$

Damit ist der Nachweis erbracht, dass die zwei Geraden sich nicht schneiden, also windschief sind.

5.2.3 Ebenengleichungen in Vektorschreibweise

Um eine Ebene durch Vektoren darzustellen, benötigt man zwei linear unabhängige Vektoren, die diese Ebene aufspannen. Jeder beliebige Punkt der Ebene lässt sich als Linearkombination dieser beiden Vektoren darstellen. Um also die Gleichung einer Ebene aufzustellen, benötigt man entweder drei Punkte, die nicht auf einer Linie liegen, oder aber einen Punkt und zwei Richtungsvektoren.

Sind A, B und C Punkte der Ebene, so lautet die Ebenengleichung:

$$\vec{x} = \vec{a} + k \cdot (\vec{b} - \vec{a}) + l \cdot (\vec{c} - \vec{a})$$

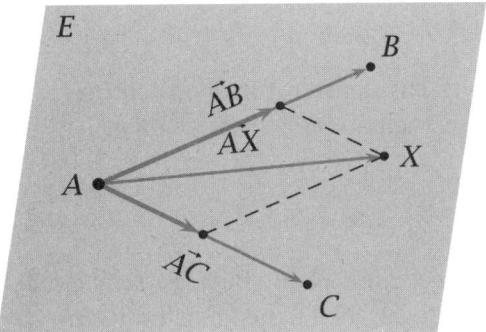

Abb. 5.7: Ebenengleichung aus drei Punkten

Beispiel

Wie lautet die Gleichung der Ebene, die von den drei Punkten

$A = \begin{pmatrix} 2 \\ 1 \\ -1 \end{pmatrix}, B = \begin{pmatrix} -2 \\ 3 \\ 0 \end{pmatrix}$ und $C = \begin{pmatrix} 1 \\ -3 \\ 2 \end{pmatrix}$ aufgespannt wird?

Nach obiger Formel muss die Gleichung lauten:

$$\vec{x} = \begin{pmatrix} 2 \\ 1 \\ -1 \end{pmatrix} + k \cdot \begin{pmatrix} -2 - 2 \\ 3 - 1 \\ 0 - (-1) \end{pmatrix} + l \cdot \begin{pmatrix} 1 - 2 \\ -3 - 1 \\ 2 - (-1) \end{pmatrix}$$

$$\vec{x} = \begin{pmatrix} 2 \\ 1 \\ -1 \end{pmatrix} + k \cdot \begin{pmatrix} -4 \\ 2 \\ 1 \end{pmatrix} + l \cdot \begin{pmatrix} -1 \\ -4 \\ 3 \end{pmatrix}$$

Eine Ebene lässt sich aber nicht nur durch drei Punkte, sondern auch durch zwei sich schneidende Geraden aufspannen. Als Punkt kann man dann den Schnittpunkt verwenden. Eine derartige Ebenengleichung hat die Form:

$$\vec{x} = \vec{a} + k \cdot \vec{u} + l \cdot \vec{v}$$

Eine andere Möglichkeit, eine Ebene anzugeben, besteht darin, eine Gerade und einen Punkt zu verwenden. Der Verbindungsvektor zwischen dem gegebenen Punkt und dem Punkt auf der Geraden bildet hierbei den zweiten Richtungsvektor.

Die Ebenengleichung hat dann die Form:

$$\vec{x} = \vec{a} + k \cdot \vec{u} + l \cdot (\vec{b} - \vec{a})$$

5.2.4 Lagebeziehungen bei Ebenen

Wie bei den Geraden gibt es eine Vielzahl verschiedenster Aufgabenstellungen, um die Lage von Punkten, Geraden und Ebenen zueinander zu beschreiben.

Lage eines Punktes bezüglich einer Ebene

Die Überprüfung, ob ein Punkt in einer gegebenen Ebene liegt, ist sehr einfach. Man muss lediglich den Ortsvektor des Punktes in die Ebenengleichung einsetzen und dieses Gleichungssystem dann nach den Parametern k und l auflösen. Gibt es eine Lösung für beide Parameter, die alle drei Gleichungen erfüllt, so liegt der Punkt in der Ebene, andernfalls nicht.

Beispiel

Gegeben ist die Ebene E: $\vec{x} = \begin{pmatrix} -1 \\ 0 \\ 2 \end{pmatrix} + k \cdot \begin{pmatrix} 1 \\ 1 \\ -1 \end{pmatrix} + l \cdot \begin{pmatrix} -2 \\ 1 \\ 3 \end{pmatrix}$

Es soll überprüft werden, ob der Punkt P(3|1|0) in dieser Ebene liegt.

Das Gleichungssystem, das diese Aufgabe löst, muss lauten:

$$\begin{pmatrix} 3 \\ 1 \\ 0 \end{pmatrix} = \begin{pmatrix} -1 \\ 0 \\ 2 \end{pmatrix} + k \cdot \begin{pmatrix} 1 \\ 1 \\ -1 \end{pmatrix} + l \cdot \begin{pmatrix} -2 \\ 1 \\ 3 \end{pmatrix}$$

also

$$3 = -1 + k \cdot 1 + l \cdot -2$$
$$1 = 0 + k \cdot 1 + l \cdot 1$$
$$0 = 2 + k \cdot -1 + l \cdot 3$$

Aus der zweiten Gleichung ergibt sich $k = 1 - l$. Setzt man dieses Ergebnis in Gleichung 1 ein, so ergibt sich $l = -1$. Setzt man diese Ergebnisse jedoch in Gleichung 3 ein, so ergibt sich der Widerspruch $0 = -3$, der Punkt liegt also nicht in der Ebene.

Als zusätzliche Aufgabe könnte man nun überprüfen, welche z-Koordinate der Punkt P haben muss, damit er in der Ebene liegt. Dazu müsste man die beiden Ergebnisse aus den ersten beiden Gleichungen in die dritte einsetzen und diese nach z auflösen.

$$z = 2 - (1 - (-1)) - 1 \cdot 3 \Rightarrow z = -3$$

Der Punkt P (3|1|-3) liegt also in der Ebene E.

Lagebeziehungen zwischen Geraden und Ebenen

Für die Lagebeziehung zwischen Gerade und Ebene gibt es drei Möglichkeiten:

1. **Die Gerade schneidet die Ebene, es existiert ein Schnittpunkt.**
   Dies ist dann der Fall, wenn der Richtungsvektor der Geraden und die Richtungsvektoren der Ebene linear unabhängig sind.

2. **Die Gerade und die Ebene sind parallel.**
   Dies ist dann der Fall, wenn die drei Richtungsvektoren linear abhängig sind und gleichzeitig die Richtungsvektoren der Ebene und der Verbindungsvektor zwischen Punkt auf der Geraden und Punkt auf der Ebene linear unabhängig sind.

3. **Die Gerade liegt in der Ebene.**
   Dies ist dann der Fall, wenn sowohl die drei Richtungsvektoren als auch der Verbindungsvektor und die Richtungsvektoren der Ebene linear abhängig sind.

Von den in Abschnitt 5.1.9 auf Seite 110 gezeigten Verfahren, die lineare Unabhängigkeit zu zeigen, ist das Determinantenverfahren sicherlich das schnellste.

Beispiel

Gegeben sind die Ebene E und die Gerade g.

$$E : \vec{x} = \begin{pmatrix} 2 \\ 1 \\ -1 \end{pmatrix} + k \cdot \begin{pmatrix} 1 \\ -1 \\ -1 \end{pmatrix} + l \cdot \begin{pmatrix} -3 \\ 1 \\ 4 \end{pmatrix} \quad \text{und} \quad g : \vec{x} = \begin{pmatrix} 3 \\ 0 \\ 1 \end{pmatrix} + r \cdot \begin{pmatrix} 4 \\ -1 \\ 2 \end{pmatrix}$$

Es soll überprüft werden, ob die Gerade die Ebene schneidet und dann gegebenenfalls der Schnittpunkt berechnet werden.

Zur Lösung dieser Aufgabe wird die Matrix der drei Richtungsvektoren aufgestellt und die Determinante berechnet.

$$\begin{vmatrix} 1 & -3 & 4 \\ -1 & 1 & -1 \\ -1 & 4 & 2 \end{vmatrix} = -15$$

Da diese nicht Null ergibt, sind die Vektoren linear unabhängig, es muss also einen Schnittpunkt geben. Dieser kann durch Gleichsetzen der Ebenengleichung mit der Geradengleichung ermittelt werden. Es ergibt sich ein lineares Gleichungssystem mit drei Unbekannten, nämlich den Parametern der Ebenen- und der Geradengleichung. Dieses wird analog zur Schnittpunktermittlung bei den Geraden aufgelöst.

Setzt man den errechneten Parameter in die Geradengleichung ein, so erhält man den Schnittpunkt. Man könnte auch die errechneten Ebenenparameter in die Ebenengleichung einsetzen, das Ergebnis müsste identisch sein, wenn nicht, hat man sich irgendwo verrechnet.

$$\begin{pmatrix} 2 \\ 1 \\ -1 \end{pmatrix} + k \cdot \begin{pmatrix} 1 \\ -1 \\ -1 \end{pmatrix} + l \cdot \begin{pmatrix} -3 \\ 1 \\ 4 \end{pmatrix} = \begin{pmatrix} 3 \\ 0 \\ 1 \end{pmatrix} + r \cdot \begin{pmatrix} 4 \\ -1 \\ 2 \end{pmatrix}$$

liefert durch Umstellung das Gleichungssystem:

$$k - 3 \cdot l - 4 \cdot r = 1$$
$$-k + l + r = -1$$
$$-k + 4 \cdot l - 2 \cdot r = 2$$

Es ergibt sich daraus: $k = 1,2$; $l = 0,6$ und $r = -0,4$.

Setzt man den Wert für r in die Geradengleichung ein, so ergibt sich der Schnittpunkt.

$$\vec{s} = \begin{pmatrix} 3 \\ 0 \\ 1 \end{pmatrix} - \frac{2}{5} \cdot \begin{pmatrix} 4 \\ -1 \\ 2 \end{pmatrix} = \begin{pmatrix} \frac{7}{5} \\ \frac{2}{5} \\ \frac{1}{5} \end{pmatrix}$$ also ist der Schnittpunkt S($\frac{7}{5} \mid \frac{2}{5} \mid \frac{1}{5}$).

Der Nachweis, dass eine Gerade zu einer Ebene parallel ist, lässt sich über Determinaten einfach realisieren. Man benötigt zwei verschiedene Determinanten, einmal die Determinante der drei Richtungsvektoren und einmal die Determinante des Verbindungsvektors zwischen den beiden gegebenen Punkten und den Richtungsvektoren der Ebene.

Beispiel

Gegeben sind die Ebene E und die Gerade g.

$$E : \vec{x} = \begin{pmatrix} 2 \\ 1 \\ -1 \end{pmatrix} + k \cdot \begin{pmatrix} 1 \\ -1 \\ -1 \end{pmatrix} + l \cdot \begin{pmatrix} -3 \\ 1 \\ 4 \end{pmatrix} \quad \text{und} \quad g : \vec{x} = \begin{pmatrix} 3 \\ 0 \\ 1 \end{pmatrix} + r \cdot \begin{pmatrix} 4 \\ -2 \\ -5 \end{pmatrix}$$

Die Determinante der drei Richtungsvektoren lautet also

$$\begin{vmatrix} 1 & -3 & 4 \\ -1 & 1 & -2 \\ -1 & 4 & -5 \end{vmatrix} = 0$$

Die erste Bedingung der Parallelität ist demnach gegeben, die Vektoren sind linear abhängig. Um nun die echte Parallelität nachzuweisen, benötigt man die zweite Determinante.

$$\begin{vmatrix} 1 & -3 & 2-3 \\ -1 & 1 & 1-0 \\ -1 & 4 & -1-1 \end{vmatrix} = 6$$

Da diese Determinante $\neq 0$ ist, sind diese drei Vektoren linear unabhängig, die Gerade ist also wirklich parallel. Wären die drei Vektoren linear abhängig, hätte also die zweite Determinante wieder den Wert Null, so würde die Gerade in der Ebene liegen.

Lagebeziehungen zwischen zwei Ebenen

Für die Lagebeziehung zwischen zwei Ebenen gibt es ebenfalls wieder drei Möglichkeiten:

1. Die beiden Ebenen schneiden sich, es existiert ein Schnittgerade.
   Dies ist dann der Fall, wenn ein Richtungsvektor der ersten Ebene und die Richtungsvektoren der zweiten Ebene oder beide Richtungsvektoren der ersten Ebene und ein Richtungsvektor der zweiten Ebene linear unabhängig sind.

2. Die beiden Ebenen sind parallel.
   Dies ist dann der Fall, wenn jeweils drei Richtungsvektoren linear abhängig sind und gleichzeitig die Richtungsvektoren der Ebene und der Verbindungsvektor zwischen einem Punkt auf der ersten Ebene und dem Punkt auf der zweiten Ebene linear unabhängig sind.

3. Die Ebene liegt in der Ebene.
   Dies ist dann der Fall, wenn sowohl jeweils drei Richtungsvektoren als auch der Verbindungsvektor und die Richtungsvektoren der Ebenen linear abhängig sind.

Beispiel

Es soll geprüft werden, ob die beiden gegebenen Ebenen sich schneiden und gegebenenfalls soll die Schnittgerade bestimmt werden.

$$E_1 : \vec{x} = \begin{pmatrix} 1 \\ 0 \\ 2 \end{pmatrix} + k \cdot \begin{pmatrix} 1 \\ 2 \\ 4 \end{pmatrix} + l \cdot \begin{pmatrix} 5 \\ -5 \\ 2 \end{pmatrix} \qquad E_2 : \vec{x} = \begin{pmatrix} 1 \\ 2 \\ 3 \end{pmatrix} + r \cdot \begin{pmatrix} 2 \\ -1 \\ 3 \end{pmatrix} + s \cdot \begin{pmatrix} -1 \\ 3 \\ -2 \end{pmatrix}$$

Zunächst wird die lineare Unabhängigkeit dreier Richtungsvektoren über die Determinante nachgewiesen:

$$\begin{vmatrix} 1 & 5 & 2 \\ 2 & -5 & -1 \\ 4 & 2 & 3 \end{vmatrix} = -15$$

Da diese Determinante $\neq 0$ ist, sind diese drei Vektoren linear unabhängig, die beiden Ebenen schneiden sich. Es existiert also eine Schnittgerade, die im Folgenden bestimmt werden soll.

Die Schnittgerade wird berechnet, indem die beiden Ebenen gleichgesetzt werden. Dadurch entsteht ein lineares Gleichungssystem mit drei Gleichungen für vier Unbekannte.

$$k + 5l - 2r + s = 0$$
$$2k - 5l + r - 3s = 2$$
$$4k + 2l - 3r + 2s = 1$$

Dieses Gleichungssystem ist unterbestimmt, deshalb muss ein Parameter auf die rechte Seite der Gleichung gebracht werden, die anderen drei Parameter werden dann in Abhängigkeit von diesem Parameter bestimmt. Damit dieser Lösungsweg funktioniert, müssen jedoch die drei Vektoren auf der linken Seite linear unabhängig sein, das Gleichungssystem muss also eine eindeutige Lösung besitzen. Da der Nachweis der linearen Unabhängigkeit für drei Vektoren bereits geführt wurde, sollte man hier also den Parameter s auf die rechte Seite bringen.

Das dadurch entstehende inhomogene Gleichungssystem soll in diesem Beispiel dadurch gelöst werden, dass das Koeffizientenschema in die Diagonalform gebracht wird. So lassen sich die drei Parameter am Ende einfach ablesen.

> **Zur Erinnerung:**
>
> Um ein Koeffizientenschema (Matrix) in Diagonalform zu bringen, sind folgende Zeilenumformungen erlaubt:
>
> 1. Vertauschung zweier kompletter Zeilen.
>
> 2. Addition eines geeigneten Vielfachen einer Zeile zu einer anderen Zeile.
>
> 3. Multiplikation einer kompletten Zeile mit einer Zahl $\neq 0$.
>
> Mehr dazu in Abschnitt 5.4 auf Seite 136.

Das Schema

$$\left[\begin{array}{ccc|c} 1 & 5 & -2 & -s \\ 2 & -5 & 1 & 2 + 3s \\ 4 & 2 & -3 & 1 - 2s \end{array}\right]$$

wird zu

$$\left[\begin{array}{ccc|c} 1 & 5 & -2 & -s \\ 0 & -15 & 5 & 5s + 2 \\ 0 & -18 & 5 & 2s + 1 \end{array}\right],$$

indem man das (-2)-fache der ersten Zeile zur zweiten Zeile und das (-4)-fache der ersten Zeile zur dritten Zeile addiert. Im nächsten Schritt wird die zweite Zeile durch 5 geteilt und anschließend ihr (-6)-faches von der dritten Zeile subtrahiert.

Das ergibt:

$$
\left[\begin{array}{ccc|c}
1 & 5 & -2 & -s \\
0 & -3 & 1 & s + 2/5 \\
0 & 0 & -1 & -4s - 7/5
\end{array}\right]
$$

Damit ist bereits eine obere Dreiecksmatrix entstanden. Um die Diagonalform zu erhalten, müssen jedoch noch weitere Schritte durchgeführt werden. Zunächst wird das (-2)-fache der dritten Zeile zur ersten Zeile addiert sowie die zweite und dritte Zeile zusammengezählt. Es ergibt sich folgende Matrix:

$$
\left[\begin{array}{ccc|c}
1 & 5 & 0 & 7s + 14/5 \\
0 & -3 & 0 & -1 - 3s \\
0 & 0 & -1 & -4s - 7/5
\end{array}\right]
$$

Teilt man hier nun noch die zweite Zeile durch -3 und multipliziert die dritte Zeile mit -1, so muss man nun nur noch das (-5)-fache der zweiten Zeile mit der ersten addieren, um zur gewünschten Diagonalmatrix zu gelangen. Sie lautet:

$$
\left[\begin{array}{ccc|c}
1 & 0 & 0 & 2s + 17/15 \\
0 & 1 & 0 & s + 1/3 \\
0 & 0 & 1 & 4s + 7/5
\end{array}\right]
$$

die gesuchten Parameter sind also: $k = 2s + \frac{17}{15}$, $l = s + \frac{1}{3}$ und $r = 4s + \frac{7}{5}$.

Die gesuchte Schnittgerade ergibt sich, indem man den Parameter r in die Ebenengleichung einsetzt:

$$
\vec{x} = \begin{pmatrix} 1 \\ 2 \\ 3 \end{pmatrix} + \left(4s + \frac{7}{5}\right) \cdot \begin{pmatrix} 2 \\ -1 \\ 3 \end{pmatrix} + s \cdot \begin{pmatrix} -1 \\ 3 \\ -2 \end{pmatrix}
$$

Zusammenfassen kann man diese Gleichung, indem man den Parameter r in seine Bestandteile aufteilt (Distributivgesetz!) und dann mit den restlichen Gliedern der Gleichung zusammenrechnet:

$$
\vec{x} = \begin{pmatrix} 1 \\ 2 \\ 3 \end{pmatrix} + \frac{7}{5} \cdot \begin{pmatrix} 2 \\ -1 \\ 3 \end{pmatrix} + 4s \cdot \begin{pmatrix} 2 \\ -1 \\ 3 \end{pmatrix} + s \cdot \begin{pmatrix} -1 \\ 3 \\ -2 \end{pmatrix} = \frac{1}{5} \cdot \begin{pmatrix} 19 \\ 3 \\ 36 \end{pmatrix} + s \cdot \begin{pmatrix} 7 \\ -1 \\ 10 \end{pmatrix}
$$

Um die Parallelität zweier Ebenen nachzuweisen, benötigt man insgesamt drei Determinanten. Zunächst müssen zwei Determinanten aus den Richtungsvektoren gebildet werden, hier genügt eine Determinante nicht.

Beispiel

Sind die beiden Ebenen parallel?

$$E_1 : \vec{x} = \begin{pmatrix} 1 \\ 0 \\ 2 \end{pmatrix} + k \cdot \begin{pmatrix} 5 \\ -5 \\ 8 \end{pmatrix} + l \cdot \begin{pmatrix} 1 \\ 2 \\ 1 \end{pmatrix} \quad E_2 : \vec{x} = \begin{pmatrix} 1 \\ 2 \\ 3 \end{pmatrix} + r \cdot \begin{pmatrix} 2 \\ -1 \\ 3 \end{pmatrix} + s \cdot \begin{pmatrix} -1 \\ 3 \\ -2 \end{pmatrix}$$

Zunächst stellt man die Determinante aus den beiden Richtungsvektoren der ersten Ebene und dem ersten Richtungsvektor der zweiten Ebene auf.

$$\begin{vmatrix} 5 & 1 & 2 \\ -5 & 2 & -1 \\ 8 & 1 & 3 \end{vmatrix} = 0$$

Als zweite Bedingung muss auch die Determinante aus den beiden Richtungsvektoren der ersten Ebene und dem zweiten Richtungsvektor der zweiten Ebene den Wert Null besitzen, damit ist die lineare Abhängigkeit der Richtungsvektoren nachgewiesen:

$$\begin{vmatrix} 5 & 1 & -1 \\ -5 & 2 & 3 \\ 8 & 1 & -2 \end{vmatrix} = 0$$

Nun muss nur noch überprüft werden, ob die Ebenen tatsächlich parallel oder identisch sind. Dazu bildet man die Determinante aus den Richtungsvektoren der ersten Ebene und dem Verbindungsvektor zwischen den Punkten. Liefert diese die lineare Unabhängigkeit der Vektoren, sind die Ebenen parallel, bei linearer Abhängigkeit sind sie identisch. Hier handelt es sich tatsächlich um parallele Ebenen, da:

$$\begin{vmatrix} 5 & 1 & (1-1) \\ -5 & 2 & (0-2) \\ 8 & 1 & (2-3) \end{vmatrix} = -21$$

Kapitel 5

5.2.5 Normalenformen

Eine weitere Darstellungsform für Geraden ist die mit Hilfe eines Normalenvektors. Daraus lässt sich auch eine elegante Möglichkeit herleiten, den Abstand eines Punktes zu einer Geraden zu bestimmen.

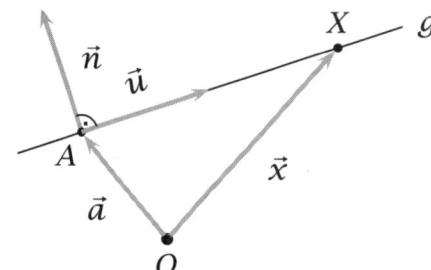

Abb. 5.8: Normalenvektor

Ein Normalenvektor ist derjenige Vektor, der auf der Geraden senkrecht steht. Hat man eine Gerade $g : \vec{x} = \vec{a} + k \cdot \vec{u}$ und deren Normalenvektor $\vec{n} \neq \vec{0}$ gegeben, lässt sich die Gerade auch über die Normalenform

$$\vec{n} \cdot (\vec{x} - \vec{a}) = 0$$

darstellen, da sich der Richtungsvektor $k \cdot \vec{u}$ schreiben lässt als $\vec{x} - \vec{a}$, und das Skalarprodukt von Vektoren, die aufeinander senkrecht stehen, Null ergibt (vgl. Abbildung 5.8).

Beispiel

Gegeben ist die Gerade $g : \vec{x} = \begin{pmatrix} 1 \\ 4 \end{pmatrix} + k \cdot \begin{pmatrix} 3 \\ 1 \end{pmatrix}$.

Wie lautet ihre Gleichung in Normalenform?

Als Erstes muss der Normalenvektor gebildet werden. Bei einer Geraden im $\mathbb{R}^2$ geht das sehr einfach. Man vertauscht die beiden Koordinaten, und bei einer Koordinate dreht man das Vorzeichen um. Der Normalenvektor $\vec{n}$ muss hier also lauten:

$$\begin{pmatrix} -1 \\ 3 \end{pmatrix}$$

Probe: $\begin{pmatrix} 3 \\ 1 \end{pmatrix} \cdot \begin{pmatrix} -1 \\ 3 \end{pmatrix} = (3 \cdot -1) + (1 \cdot 3) = 0$

Die Normalenform der Geraden lautet also:

$$\begin{pmatrix} -1 \\ 3 \end{pmatrix} \cdot (\vec{x} - \begin{pmatrix} 1 \\ 4 \end{pmatrix}) = 0$$

Die Hesse'sche Normalenform

Eine besondere Normalenform ist die Hesse'sche Normalenform. Bei ihr wird der normierte Normalenvektor verwendet, also der Normalenvektor der Länge 1. Die Hesse'sche Normalenform dient im $\mathbb{R}^2$ dazu, den Abstand eines Punktes zur Geraden zu ermitteln. Dazu muss nur der Ortsvektor des Punktes anstelle von $\vec{x}$ in die Normalenform $\vec{n}° \cdot (\vec{x} - \vec{a})$ eingesetzt werden.

Der Abstand des Punktes zur Geraden berechnet sich damit über den Betrag der Normalenform: $d(P; g) = |\vec{n}° \cdot (\vec{p} - \vec{a})|$.

Das Vorzeichen des Skalarproduktes gibt dabei an, auf welcher Seite der Geraden der Punkt P liegt. Ist $d > 0$, so liegen P und der Ursprung nicht in derselben Halbebene, ist $d < 0$, so liegen Punkt und Ursprung auf derselben Seite der Geraden. Ist $d = 0$, liegt P auf der Geraden.

Beispiel

Welchen Abstand hat der Punkt P(2|1) von der folgenden Geraden?

$$g : \vec{x} = \begin{pmatrix} 1 \\ 4 \end{pmatrix} + k \cdot \begin{pmatrix} 3 \\ 1 \end{pmatrix}$$

Der Normalenvektor dieser Geraden ist wie bereits berechnet $\vec{n} = \begin{pmatrix} -1 \\ 3 \end{pmatrix}$. Dieser Vektor hat den Betrag $\sqrt{10}$, somit lautet der normierte Normalenvektor:

$$\vec{n}° = \begin{pmatrix} \frac{-1}{\sqrt{10}} \\ \frac{3}{\sqrt{10}} \end{pmatrix}$$

Setzt man den Punkt P nun in die Hesse'sche Normalenform ein, so ergibt sich:

$$\begin{pmatrix} \frac{-1}{\sqrt{10}} \\ \frac{3}{\sqrt{10}} \end{pmatrix} \cdot (\begin{pmatrix} 2 \\ 1 \end{pmatrix} - \begin{pmatrix} 1 \\ 4 \end{pmatrix}) = \begin{pmatrix} \frac{-1}{\sqrt{10}} \\ \frac{3}{\sqrt{10}} \end{pmatrix} \cdot \begin{pmatrix} 1 \\ -3 \end{pmatrix} =$$

$$= -\frac{1}{\sqrt{10}} \cdot 1 + \frac{3}{\sqrt{10}} \cdot (-3) = -\frac{1}{\sqrt{10}} - \frac{9}{\sqrt{10}} = -\frac{10}{\sqrt{10}}$$

Der Punkt hat also einen Abstand von $d = \dfrac{10}{\sqrt{10}} = \sqrt{10}$. Das negative Vorzeichen sagt, dass Punkt und Ursprung auf derselben Seite der Geraden liegen.

Normalenform einer Ebene

Auch Ebenen lassen sich in Normalenform darstellen. Die Normalenform der Ebene lautet wie bei der Geraden:

$$\vec{n} \cdot (\vec{x} - \vec{a}) = 0$$

Allerdings ist der Normalenvektor etwas schwieriger zu bestimmen. Der Normalenvektor wird über das Vektorprodukt der beiden Richtungsvektoren der Ebene berechnet (vgl. Abschnitt 5.1.6 auf Seite 106).

Die Hesse'sche Normalenform wird aus der Normalenform genauso berechnet wie bei der Geraden. Damit lässt sich dann der Abstand eines Punktes von der Ebene angeben. Dabei gelten für die Lage dieselben Regeln.

5.3 Schnittwinkel

Der Winkel zwischen zwei Vektoren kann über das Skalarprodukt berechnet werden. So ist es auch möglich, Schnittwinkel zwischen Geraden, Gerade und Ebene und zwischen Ebenen zu berechnen.

5.3.1 Schnittwinkel zwischen Geraden

Zwei sich schneidende Geraden bilden zwei Paare von Scheitelwinkeln. Der kleinere Winkel heißt Schnittwinkel der beiden Geraden (vgl. Abbildung 5.9).

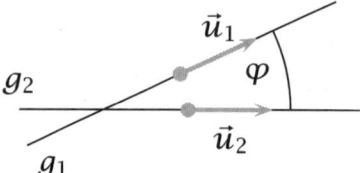

Abb. 5.9: Sich schneidende Geraden

Für den Schnittwinkel φ der Geraden

$$g_1 : \vec{x} = \vec{a}_1 + k \cdot \vec{u}_1; \quad k \in \mathbb{R}$$

und $g_2 : \vec{x} = \vec{a}_2 + l \cdot \vec{u}_2; \quad l \in \mathbb{R}$ gilt:

$$\cos \varphi = \frac{|\vec{u_1} \circ \vec{u_2}|}{|\vec{u_1}| \cdot |\vec{u_2}|}$$

5.3.2 Schnittwinkel zwischen Gerade und Ebene

Unter dem Schnittwinkel φ einer Geraden g und der Ebene E versteht man den spitzen Winkel zwischen g und der senkrechten Projektion von g auf E (vgl. Abbildung 5.10).

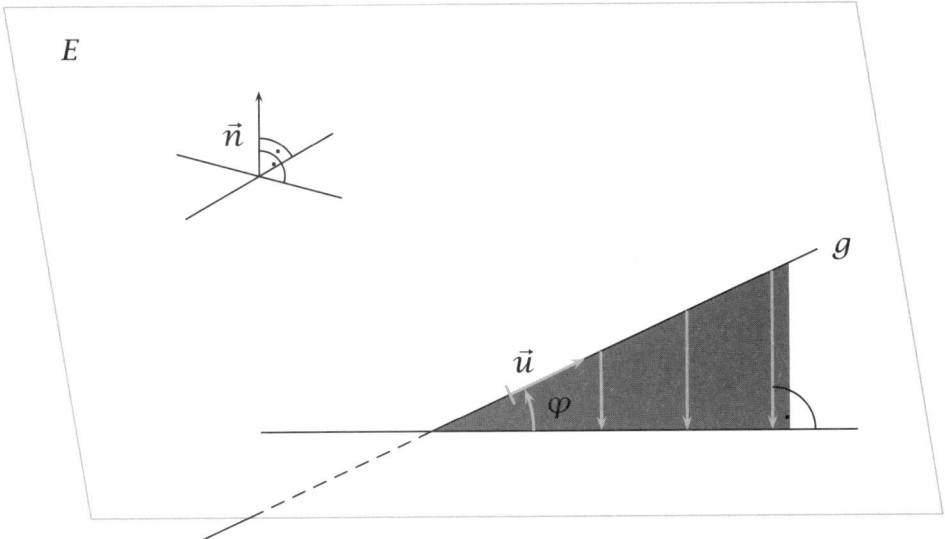

Abb. 5.10: Schnittwinkel zwischen Gerade und Ebene

Ist $\vec{n}$ ein Normalenvektor von E und $\vec{u}$ der Richtungsvektor der Geraden g, so gilt für den Schnittwinkel von g und E:

$$\sin \varphi = \frac{|\vec{n} \circ \vec{u}|}{|\vec{n}| \cdot |\vec{u}|}$$

5.3.3 Schnittwinkel zwischen Ebenen

Unter dem Schnittwinkel zweier Ebenen versteht man den Schnittwinkel zweier Lote dieser Ebenen, d. h. den spitzen(oder eventuell rechten Winkel) zwischen diesen Loten (vgl. Abbildung 5.11).

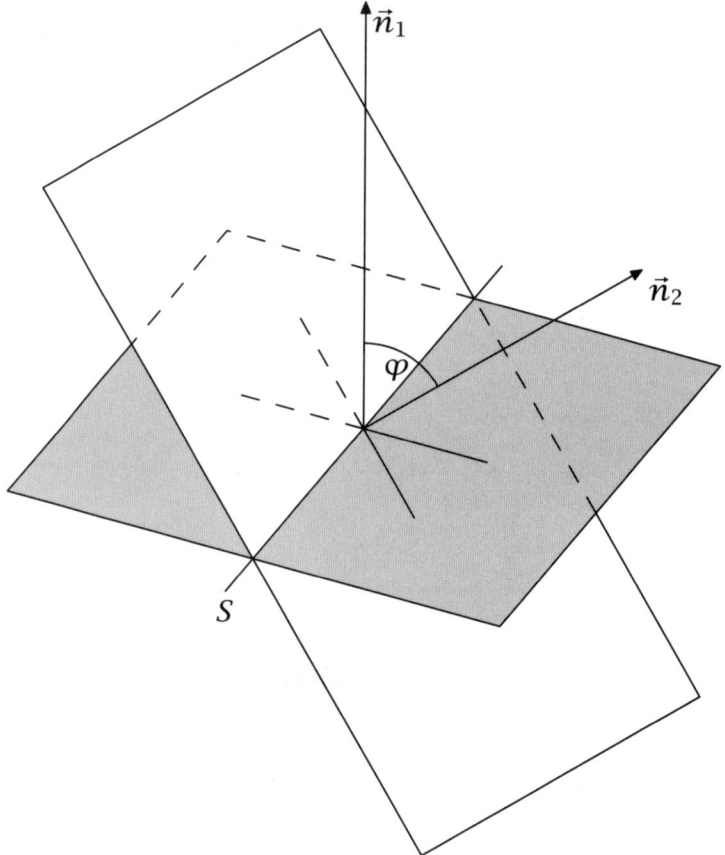

Abb. 5.11: Schnittwinkel zwischen zwei Ebenen

Sind $\vec{n}_1$ und $\vec{n}_2$ Normalenvektoren der Ebenen E_1 und E_2, so ergibt sich der Schnittwinkel über :

$$\cos\varphi = \frac{|\vec{n}_1 \circ \vec{n}_2|}{|\vec{n}_1| \cdot |\vec{n}_2|}$$

Beispiel

Von einem Tetraeder sind die vier Ecken bekannt:
A(6|-1|2), B(2|3|-4), C(-1|0|1), S(3|6|4)
Wie groß ist der Winkel zwischen der Seitenkante [AS] und der Ebene E(A,B,C)?

Lösung

Zunächst wird der Normalenvektor der Ebene E(A,B,C) bestimmt. Dazu werden die Vektoren $\overrightarrow{AB}$ und $\overrightarrow{AC}$ aufgestellt.

$$\overrightarrow{AB} = \begin{pmatrix} -4 \\ 4 \\ -6 \end{pmatrix} = 2 \begin{pmatrix} -2 \\ 2 \\ -3 \end{pmatrix}$$

$$\overrightarrow{AC} = \begin{pmatrix} -7 \\ 1 \\ -1 \end{pmatrix}$$

Dadurch lässt sich ein unterbestimmtes lineares Gleichungssystem mit zwei Gleichungen für drei Unbekannte aufstellen:

$I : -2n_1 + 2n_2 - 3n_3 = 0$
$II : -7n_1 + n2 - n_3 = 0 \Leftrightarrow n_2 = 7n_1 + n_3$

Eingesetzt in die 1. Geichung ergibt sich:

$-2n_1 + 14n_1 + 2n_3 - 3n_3 = 0$

$12n_1 - n_3 = 0$

Setzt man willkürlich für $n_3 = 12$, ergibt sich für $n_1 = 1$ und $n_2 = 19$.

Der Normalenvektor der Ebene lautet also: $\vec{n} = \begin{pmatrix} 1 \\ 19 \\ 12 \end{pmatrix}$

Für den Vektor $\overrightarrow{AS}$ ergibt sich: $\overrightarrow{AS} = \vec{u} = \begin{pmatrix} -3 \\ 7 \\ 2 \end{pmatrix}$

Kapitel 5

Eingesetzt in die Formel für den Schnittwinkel:

$$\sin \varphi = \frac{|\vec{n} \circ \vec{u}|}{|\vec{n}| \cdot |\vec{u}|} = \frac{\left| \begin{pmatrix} 1 \\ 19 \\ 12 \end{pmatrix} \circ \begin{pmatrix} -3 \\ 7 \\ 2 \end{pmatrix} \right|}{\sqrt{506} \cdot \sqrt{62}} = \frac{154}{\sqrt{506} \cdot \sqrt{62}} \Rightarrow \varphi \approx 60,4°$$

5.4 Lineare Gleichungssysteme

Viele Probleme der Vektorrechnung führen wie bereits gesehen auf lineare Gleichungssysteme (LGS).

Oft wird zur Lösung der Gauß-Algorithmus benutzt. Dieser beruht darauf, dass sich die Lösungsmenge eines linearen Gleichungssystems nicht ändert wenn man:

- eine komplette Zeile mit einer Zahl $\neq 0$ multipliziert,
- ein geeignetes Vielfachen einer Zeile zu einer anderen Zeile addiert
- oder zwei komplette Zeilen vertauscht.

Mithilfe dieser Äquivalenzumformungen erhält man eine Matrix in Dreiecksform, bei der unterhalb der Hauptdiagonale nur Nullen stehen. So lässt sich der Lösungsvektor einfach ablesen.

Beispiel

Mithilfe des Gauß-Algorithmus soll das folgende lineare Gleichungssystem gelöst werden.

$$3x_1 - 4x_2 + x_3 = 9$$
$$x_1 + x_2 - 5x_3 = -10$$
$$6x_1 + 2x_2 + 4x_3 = 12$$

Lösung

Das lineare Gleichungssystem wird in Dreiecksform gebracht, indem die zweite Gleichung mit -3 multipliziert und dann mit der ersten Gleichung zusammengezählt wird. Außerdem wird das Doppelte der ersten Gleichung von der dritten subtrahiert. Damit sind in der ersten Spalte unter der Hauptdiagonalen nur Nullen.

$$3x_1 - 4x_2 + x_3 = 9$$
$$0 - 7x_2 + 16x_3 = 39$$
$$0 + 10x_2 + 2x_3 = -6$$

Um nun auch noch in der dritten Gleichung in der zweiten Spalte eine Null für den Koeffizienten zu erzeugen, muss die zweite Zeile mit 10 multipliziert werden, die dritte Gleichung wird mit 7 multipliziert und die beiden Gleichungen subtrahiert.

$$3x_1 - 4x_2 + x_3 = 9$$
$$0 - 7x_2 + 16x_3 = 39$$
$$0 + 0 + 174x_3 = 348$$

Damit ist $x_3 = \frac{348}{174} = 2$.
Eingesetzt in Gleichung zwei ergibt sich: $-7x_2 + 16 \cdot 2 = 39 \Rightarrow x_2 = -1$
Damit bleibt für x_1: $3x_1 + 4 + 2 = 9 \Rightarrow x_1 = 1$

Der Lösungsvektor heißt also: $\vec{x} = \begin{pmatrix} 1 \\ -1 \\ 2 \end{pmatrix}$

5.5 Rechnen mit Matrizen

Matrizen sind ein wichtiges Element der linearen Algebra. Sie dienen unter anderem der Lösung von linearen Gleichungssystemen, indem man die Koeffizienten des Gleichungssystems als Matrix schreibt und mit dieser die Variablen berechnet.

So hat etwa das Gleichungssystem

$$2x - 3y + z = 1$$
$$2x - y + 4z = 0$$
$$3x + 5y - 3z = 11$$

die einfache Matrix $\begin{pmatrix} 2 & -3 & 1 \\ 2 & -1 & 4 \\ 3 & 5 & -3 \end{pmatrix}$ und die erweiterte $\begin{pmatrix} 2 & -3 & 1 & 1 \\ 2 & -1 & 4 & 0 \\ 3 & 5 & -3 & 11 \end{pmatrix}$.

5.5.1 Addition und Subtraktion von Matrizen

Wie bei den Vektoren werden auch Matrizen addiert und subtrahiert, indem man die entsprechenden Koeffizienten der Matrizen addiert bzw. subtrahiert.

$$\begin{pmatrix} 2 & -3 & 1 \\ 2 & -1 & 4 \\ 3 & 5 & -3 \end{pmatrix} + \begin{pmatrix} 1 & 2 & 1 \\ 3 & -1 & 5 \\ -2 & 1 & 3 \end{pmatrix} = \begin{pmatrix} 3 & -1 & 2 \\ 5 & -2 & 9 \\ 1 & 6 & 0 \end{pmatrix}$$

5.5.2 Vielfaches einer Matrix

Auch das Vielfache einer Matrix wird analog zum Vielfachen eines Vektors gebildet. Jedes Element der Matrix wird mit dem skalaren Faktor multipliziert.

So ergibt sich:

$$3 \cdot \begin{pmatrix} 2 & -3 & 1 \\ 2 & -1 & 4 \\ 3 & 5 & -3 \end{pmatrix} = \begin{pmatrix} 6 & -9 & 3 \\ 6 & -3 & 12 \\ 9 & 15 & -9 \end{pmatrix}$$

5.5.3 Multiplikation von Matrizen

Die Multiplikation von Matrizen ist nur erklärt, wenn die Spaltzahl der ersten Matrix gleich der Zeilenzahl der zweiten Matrix ist. Die Elemente der Ergebnismatrix berechnen sich allgemein nach der Formel:

$$c_{ij} = \sum_{l=1}^{n} a_{il}b_{lj}$$

Dies bedeutet, das erste Element berechnet sich als Skalarprodukt des ersten Zeilenvektors der ersten Matrix mit dem ersten Spaltenvektor der zweiten Matrix usw.

Beispiel

$$\begin{pmatrix} 2 & 4 & -3 \\ 1 & 0 & 6 \end{pmatrix} \cdot \begin{pmatrix} 1 & 7 \\ 2 & 5 \\ 6 & 0 \end{pmatrix} = \begin{pmatrix} -8 & 34 \\ 37 & 7 \end{pmatrix}$$

Die Ergebnismatrix errechnet sich über folgende vier Skalarprodukte:

- $c_{11} = 2 \cdot 1 + 4 \cdot 2 + (-3) \cdot 6 = -8$
- $c_{12} = 2 \cdot 7 + 4 \cdot 5 + (-3) \cdot 0 = 34$
- $c_{21} = 1 \cdot 1 + 0 \cdot 2 + 6 \cdot 6 = 37$
- $c_{22} = 1 \cdot 7 + 0 \cdot 5 + 6 \cdot 0 = 7$

5.5.4 Determinante einer quadratischen Matrix

Besitzt eine Matrix gleich viele Zeilen und Spalten, so spricht man von einer quadratischen Matrix. Von derartigen Matrizen kann man die Determinante berechnen. Die Determinante einer 2×2-Matrix berechnet sich über folgende Formel:

$$\begin{vmatrix} a_{11} & a_{12} \\ a_{21} & a_{22} \end{vmatrix} = a_{11} \cdot a_{22} - a_{21} \cdot a_{12}$$

Es wird also vom Produkt der Elemente der Hauptdiagonalen (von links oben nach rechts unten) das Produkt der Elemente der Nebendiagonalen (von links unten nach rechts oben) subtrahiert.

Auch die Determinante einer 3×3-Matrix lässt sich noch relativ einfach berechnen. Hilfreich ist dabei die Merkregel von Sarrus:

> „Man schreibe die ersten beiden Spalten der Determinante noch einmal hin und bilde dann die Summe der Produkte der Hauptdiagonalelemente und der Elemente parallel zur Hauptdiagonalen, wovon die Summe der Produkte der Nebendiagonalen und der Elemente parallel zur Nebendiagonalen zu subtrahieren ist."

Nach dieser Regel berechnet sich die Determinante also wie folgt:

$$\begin{vmatrix} a_{11} & a_{12} & a_{13} \\ a_{21} & a_{22} & a_{23} \\ a_{31} & a_{32} & a_{33} \end{vmatrix} \begin{matrix} a_{11} & a_{12} \\ a_{21} & a_{22} \\ a_{31} & a_{32} \end{matrix} =$$

$$a_{11} \cdot a_{22} \cdot a_{33} + a_{12} \cdot a_{23} \cdot a_{31} + a_{13} \cdot a_{21} \cdot a_{32}$$

$$-a_{31} \cdot a_{22} \cdot a_{13} - a_{32} \cdot a_{23} \cdot a_{11} - a_{33} \cdot a_{21} \cdot a_{12}$$

5.5.5 Determinantenverfahren nach Cramer

Wie bereits erwähnt, lassen sich mit Hilfe von Matrizen bzw. Determinanten Gleichungssysteme lösen. Allgemein lautet ein derartiges Gleichungssystem:

$$a_1 x + b_1 y + c_1 = 0$$

$$a_2 x + b_2 y + c_2 = 0$$

Um dieses Gleichungssystem über das sogenannte Determinantenverfahren lösen zu können, müssen drei verschiedene Determinanten gebildet werden.

1. Die Koeffizientenmatrix D: $\begin{vmatrix} a_1 & b_1 \\ a_2 & b_2 \end{vmatrix} = a_1 \cdot b_2 - a_2 \cdot b_1$

2. Die x-Determinante D_x: $\begin{vmatrix} b_1 & c_1 \\ b_2 & c_2 \end{vmatrix} = b_1 \cdot c_2 - b_2 \cdot c_1$

3. Die y-Determinante D_y: $\begin{vmatrix} c_1 & a_1 \\ c_2 & a_2 \end{vmatrix} = c_1 \cdot a_2 - c_2 \cdot a_1$

Dabei hilft die Determinante zu bestimmen, wie viele Lösungen es gibt:

- Ist $D \neq 0$, so existiert eine eindeutige Lösung des Gleichungssystems, da sich dann die beiden Geraden schneiden. Die Lösung ergibt sich über die Cramer'sche Regel, die lautet:

$$x = \frac{D_x}{D}; \qquad y = \frac{D_y}{D}$$

- Ist $D = 0$, so sind die Geraden parallel oder identisch. Um dies zu überprüfen, muss man sich das Gleichungssystem bzw. D_x und D_y genauer ansehen.

  - Sind D_x und D_y beide Null, so sind die beiden Geraden identisch und es gibt unendlich viele Lösungen.
  - Ist entweder D_x oder D_y ungleich Null, so sind die beiden Geraden parallel und es existiert keine Lösung.

Gabriel Cramer
Der Schweizer Mathematiker Gabriel Cramer (1704-1752) war der Erste, der Gleichungssysteme über die Determinanten löste.

5.5.6 Transponierte Matrix

Die transponierte Matrix A^T erzeugt man, indem man die Ausgangsmatrix an der Hauptdiagonalen spiegelt, also die Zeilenvektoren der Ausgangsmatrix als Spaltenvektoren schreibt.

Beispiel

Für $A = \begin{pmatrix} 1 & 2 \\ 3 & 4 \end{pmatrix}$ lautet die transponierte Matrix $A^T = \begin{pmatrix} 1 & 3 \\ 2 & 4 \end{pmatrix}$.

5.5.7 Inverse einer Matrix

Jede quadratische Matrix A besitzt eine inverse Matrix. Diese ergibt multipliziert mit der Ausgangsmatrix die Einheitsmatrix. Mit Hilfe der inversen Matrix lassen sich Gleichungssysteme lösen. Um die inverse Matrix zu berechnen, gibt es mehrere Methoden. Die einfachste ist jedoch über den Ansatz:

$$A^{-1} = \frac{1}{\det A} A^T$$

Die inverse Matrix der Matrix $A = \begin{pmatrix} 1 & 2 \\ 3 & 4 \end{pmatrix}$ ist dann nach obiger Formel:

$$A^{-1} = \frac{1}{-2} \begin{pmatrix} 1 & 3 \\ 2 & 4 \end{pmatrix} = \begin{pmatrix} \frac{1}{-2} & \frac{3}{-2} \\ \frac{2}{-2} & \frac{4}{-2} \end{pmatrix}$$

Nun ist es möglich, ein lineares Gleichungssystem mit der inversen Matrix zu lösen. Allgemein löst man ein Gleichungssystem der Form $A\vec{x} = \vec{b}$, indem man den Vektor $\vec{b}$ von links mit der Inversen Matrix A^{-1} multipliziert. So lässt sich jedes beliebige lineare Gleichungssystem lösen.

5.6 Flächen- und Volumenberechnungen

Auch in der analytischen Geometrie verwendet man oft die elementargeometrischen Formeln für Flächen- und Volummenberechnungen, allerdings werden Streckenlängen und Winkelgrößen vorzugsweise analytisch ermittelt.

5.6.1 Dreiecksfläche

Die Dreiecksfläche berechnet sich elementargeometrisch:
$A_\triangle = \frac{1}{2} \cdot g \cdot h$
Dem entspricht analytisch geometrisch:
$A_\triangle = \frac{1}{2} \cdot |\overrightarrow{AB}| \cdot |d(C; g(AB))|$

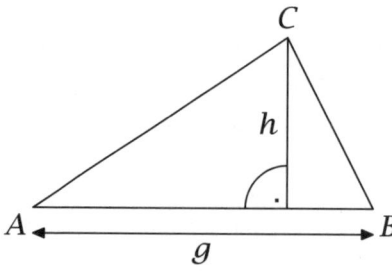

Abb. 5.12: Dreiecksfläche

Die Dreiecksfläche lässt sich auch über die Determinante berechnen.

5.6.2 Dreiecksberechnung über die Determinante

Sollen Gegebenheiten am Dreieck berechnet und untersucht werden, so benötigt man in Abiturprüfungsaufgaben zumeist das Determinantenverfahren, die übliche Dreiecksberechnung über Grundlinie und Höhe setzen wir hier als bekannt voraus.

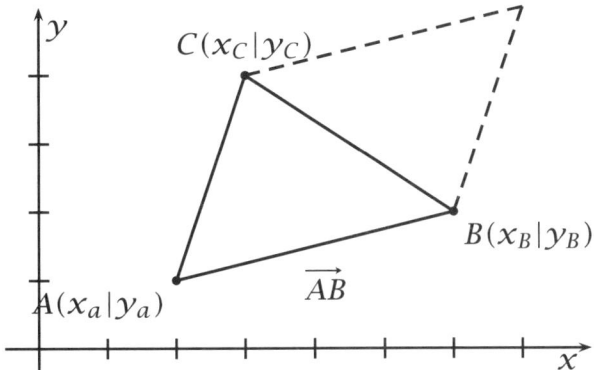

Abb. 5.13: Dreiecksfläche über die Determinante ermitteln

Gegeben ist das Dreieck $\triangle ABC$ mit den Koordinaten A (2|1), B (6|2) und C (3|4). Berechnen Sie die Fläche des Dreiecks $\triangle ABC$.

Bei dieser Art der Dreiecksflächenberechnung geht man davon aus, dass zwei Vektoren, die jeweils aus den Eckpunkten entstehen, ein Parallelogramm erzeugen (siehe Abbildung 5.13). Man sagt: Die Vektoren spannen das Parallelogramm auf. Durch Halbierung dieses Parallelogramms mit einer der Diagonalen entstehen wiederum zwei gleich große Dreiecke, eines davon ist hier das Dreieck $\triangle ABC$, das durch die beiden Vektoren ebenso festgelegt ist. Man sagt auch: Die Vektoren spannen das Dreieck auf. In unserem Beispiel kann man als aufspannende Vektoren z. B. die Vektoren $\overrightarrow{AB}$ und $\overrightarrow{AC}$ betrachten. Die Fläche des zugehörigen Parallelogramms erhält man, indem man die aufspannenden Vektoren im richtigen Drehsinn in eine Determinante hineinschreibt.

Da das gesuchte Dreieck genau die Hälfte des Parallelogramms ausmacht, gilt also für die Fläche des Dreiecks:

$$A = \frac{1}{2} \cdot \begin{vmatrix} x_B - x_A & x_C - x_A \\ y_B - y_A & y_C - y_A \end{vmatrix}$$

5.6.3 Rechtecksfläche

Die Rechtecksfläche berechnet sich elementargeometrisch:

$A_{\text{Rechteck}} = a \cdot b$

Dem entspricht analytisch geometrisch:

$A_{\text{Rechteck}} = |\overrightarrow{AB}| \cdot |\overrightarrow{BC}|$

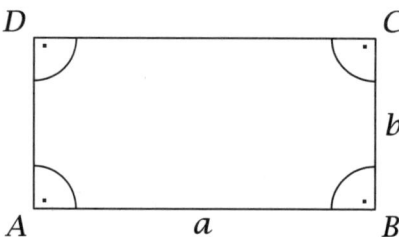

Abb. 5.14: Rechtecksfläche

5.6.4 Fläche eines Parallelogramms

Die Fläche eines Parallelogramms berechnet sich elementargeometrisch:

$A_{\text{Parallelogramm}} = a \cdot h$

Analytisch geometrisch gibt es verschiedene Ansätze:

$A_{\text{Parallelogramm}} = |\overrightarrow{AB}| \cdot |d(D; g(AB))|$

$A_{\text{Parallelogramm}} = |\overrightarrow{AB}| \cdot |d(C; g(AB))|$

$A_{\text{Parallelogramm}} = |\overrightarrow{BC}| \cdot |d(A; g(BC))|$

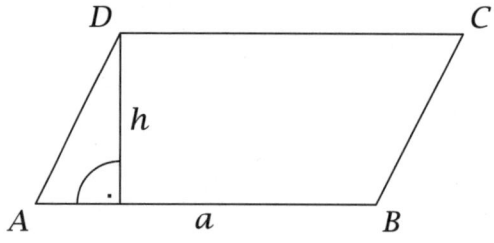

Abb. 5.15: Fläche des Parallelogramms

5.6.5 Fläche eines Trapezes

Die Fläche eines Trapezes berechnet sich elementargeometrisch:

$A_{\text{Trapez}} = \frac{a+b}{2} \cdot h$

Dem entspricht analytisch geometrisch:

$A_{\text{Trapez}} = \frac{|\overrightarrow{AB}|+|\overrightarrow{CD}|}{2} \cdot |d(C; g(AB))|$

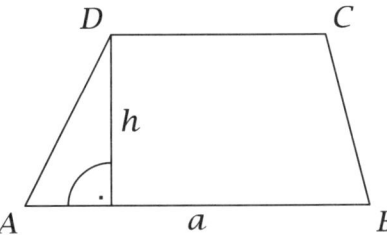

Abb. 5.16: Fläche des Trapezes

5.6.6 Volumen eines Quaders

Das Volumen eines Quaders berechnet sich elementargeometrisch:

$V_{\text{Quader}} = a \cdot b \cdot c$

Dem entspricht analytisch geometrisch:

$V_{\text{Quader}} = |\overrightarrow{AB}| \cdot |\overrightarrow{BC}| \cdot |\overrightarrow{AE}|$

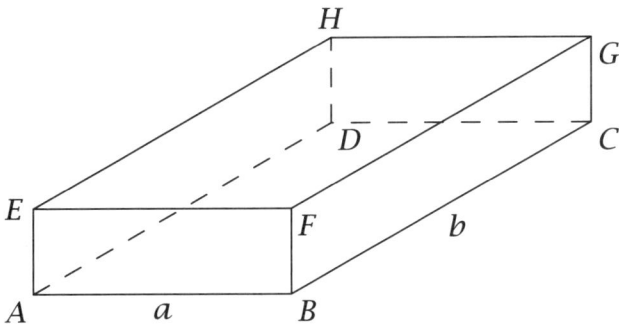

Abb. 5.17: Volumen des Quaders

5.6.7 Volumen eines Prismas

Das Volumen eines Prismas berechnet sich elementargeometrisch:

$$V_{\text{Prisma}} = G \cdot h$$

Dem entspricht analytisch geometrisch:
Sind Grund- und Deckfläche zueinander parallel, entspricht h dem Abstand zweier Parallelebenen. Das Volumen berechnet sich als Produkt der Grundfläche (berechnet je nach Flächenform über Vektoren) und diesem Abstand.

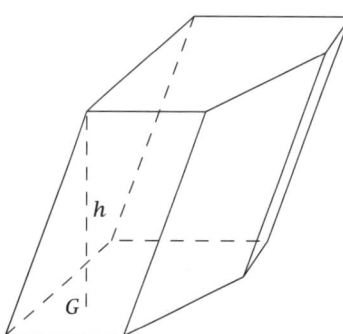

Abb. 5.18: Volumen des Prismas

5.6.8 Volumen einer Pyramide

Das Volumen einer Pyramide berechnet sich elementargeometrisch:

$$V_{\text{Pyramide}} = \tfrac{1}{3} G \cdot h$$

mit G als Flächeninhalt des Vielecks $ABCD$ und h als Pyramidenhöhe.
Dem entspricht analytisch geometrisch die Berechnung der Pyramidenhöhe über den Abstand zur Grundfläche $d(S; E_{ABC})$ und der Berechnung der Grundfläche über Vektoren.

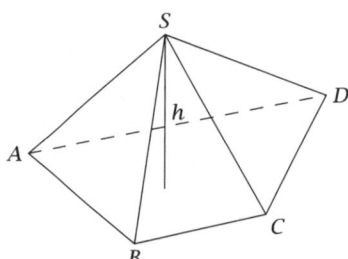

Abb. 5.19: Volumen der Pyramide

Beispiel:

Die Punkte A (2|0|0), B (5|0|-1), C (6|0|2), D(3|0|3) und S(4|7|1) bilden einen Körper. Gesucht ist sein Volumen.

Zunächst stellt man fest, dass die Punkte A, B, C und D in der x_1x_3-Ebene liegen, da bei allen vier Punkten die x_2-Koordinate Null ist. Danach werden die einzelnen Verbindungsvektoren berechnet und deren Länge bestimmt.

$$\vec{AB} = \begin{pmatrix} 5-2 \\ 0 \\ -1 \end{pmatrix} = \begin{pmatrix} 3 \\ 0 \\ -1 \end{pmatrix} \Rightarrow \overline{AB} = \sqrt{3^2 + 0^2 + (-1)^2} = \sqrt{10}$$

$$\vec{AC} = \begin{pmatrix} 4 \\ 0 \\ 2 \end{pmatrix} \Rightarrow \overline{AC} = 2\sqrt{5}$$

$$\vec{AD} = \begin{pmatrix} 1 \\ 0 \\ 3 \end{pmatrix} \Rightarrow \overline{AD} = \sqrt{10}$$

$$\vec{BC} = \begin{pmatrix} 1 \\ 0 \\ 3 \end{pmatrix} \Rightarrow \overline{BC} = \sqrt{10}$$

$$\vec{BD} = \begin{pmatrix} -2 \\ 0 \\ 4 \end{pmatrix} \Rightarrow \overline{BD} = 2\sqrt{5}$$

$$\vec{CD} = \begin{pmatrix} -3 \\ 0 \\ 1 \end{pmatrix} \Rightarrow \overline{CD} = \sqrt{10}$$

Damit ist klar, dass die Punkte A, B, C und D ein Quadrat bilden. Die Seitenlänge ist $a = \sqrt{10}$. Die beiden Diagonalen [AC] und [BD] schneiden sich im Punkt M (4|0|1). Vergleicht man die Koordinaten des Punktes M mit denen des Punktes S, so stellt man fest, dass sie sich nur in der x_2-Koordinate unterscheiden. Also liegt der Punkt S 7 Längeneinheiten über dem Punkt M.

Der Körper ist also eine reguläre Pyramide mit einer quadratischen Grundfläche und der Spitze S. Das Volumen berechnet sich also folgendermaßen:

$$V_{ABCDS} = \tfrac{1}{3} A_{ABCD} \cdot h$$

$$V_{ABCDS} = \tfrac{1}{3} \cdot \sqrt{10}^2 \cdot 7 = \tfrac{70}{3} \text{ VE}$$

5.7 Kreise und Kugeln

Mit Vektoren lassen sich auch gebogene Kurven und gekrümmte Flächen berechnen. Besondere Bedeutung haben dabei Kreise und Kugeln.

5.7.1 Kreise in der Ebene

Ein Kreis k mit dem Mittelpunkt $M(m_1 | m_2)$ und dem Radius r ist die Menge aller Punkte $X(x_1 | x_2)$ in der Ebene, für die gilt:

$$\overline{MX} = r$$

oder mithilfe der Ortsvektoren $\overrightarrow{OM} = \vec{m}$ und $\overrightarrow{OX} = \vec{x}$:

$$|\vec{x} - \vec{m}| = r$$

oder über die Koordinatengleichung des Kreises:

$$k : (x_1 - m_1)^2 + (x_2 - m_2)^2 = r^2$$

Fällt der Mittelpunkt des Kreises mit dem Ursprung des Koordinatensystems zusammen, vereinfacht sich die Gleichung:

$$|\vec{x}^2| = r^2 \text{ oder } k : x_1^2 + x_2^2 = r^2$$

Beispiele:

1. Gesucht ist die Koordinatengleichung des Kreises k mit Mittelpunkt M(3|4) und $r = 5$

   Lösung

   $(x_1 - 3)^2 + (x_2 - 4)^2 = 5^2$

   $(x_1 - 3)^2 + (x_2 - 4)^2 = 25$

2. Bestimmen Sie Mittelpunkt und Radius der Kugel, die durch die Gleichung

   $x_1^2 + x_2^2 + x_3^2 - 2x_1 + 8x_2 - 4x_3 - 4 = 0$

   gegeben ist.

   Lösung

   Umformung mithilfe der quadratischen Ergänzung:

   $x_1^2 + x_2^2 + x_3^2 - 2x_1 + 8x_2 - 4x_3 - 4 = 0$

   $(x_1 - 1)^2 + (x_2 + 4)^2 + (x_3 - 2)^2 = 4 + 1 + 16 + 4$

   $(x_1 - 1)^2 + (x_2 + 4)^2 + (x_3 - 2)^2 = 25$

   $$\left[\vec{x} - \begin{pmatrix} 1 \\ -4 \\ 2 \end{pmatrix} \right] = 5^2$$

   Also: M(1|-4|2); $r = 5$

6 Stochastik

Wahrscheinlichkeitsrechnung und Statistik werden häufig unter dem Begriff Stochastik zusammengefasst. Er leitet sich ab vom griechischen Wort $\sigma\tau o\chi o\varsigma$ „das Vermutete". Stochastik ist also eine Wissenschaft, die sich mit Vermutungen befasst.

6.1 Ergebnis und Ergebnisraum

Es gibt deterministische und Zufallsexperimente. Bei einem Zufallsexperiment lässt sich der Ausgang nicht vorhersagen. Jeder Ausgang eines solchen Experiments (z. B. das Werfen eines Würfels) heißt ein *Ergebnis* ω dieses Zufallsexperiments. Alle Ergebnisse ω zusammen bilden den *Ergebnisraum* Ω.

> **Beachte:**
> Je nach Fragestellung können zu jedem Zufallsexperiment mehrere Ergebnisräume angegeben werden.

Ein Ergebnisraum aus mehreren Zufallsexperimenten nacheinander kann mithilfe eines Baumdiagramms veranschaulicht werden.

Beispiel

Aus einer Urne mit 1 roten, 2 blauen und 3 schwarzen Kugeln wird zweimal eine Kugel gezogen

1. mit Zurücklegen

2. ohne Zurücklegen.

Lösung

1. mit Zurücklegen

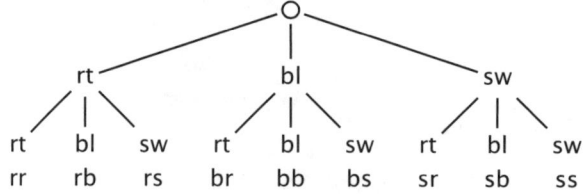

$\Omega = \{rr; rb; rs; br; bb; bs; sr; sb; ss\}$ $|\Omega| = 9$

Der Urneninhalt bleibt unverändert.

2. ohne Zurücklegen

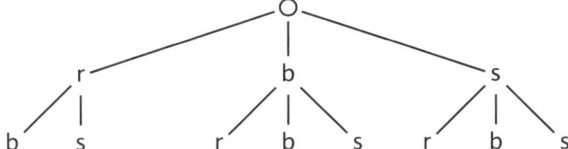

$\Omega = \{rb; rs; br; bb; bs; sr; sb; ss\} \quad |\Omega| = 8$

Wird die einzige rote Kugel als Erstes gezogen, so bleiben für den zweiten Zug nur noch blau und schwarz. Der Urneninhalt ändert sich bei jedem Zug.

6.2 Ereignis

Jede Teilmenge A des Ergebnisraumes Ω heißt Ereignis. Das Ereignis A tritt genau dann ein, wenn ein Ergebnis ω vorliegt, das in A enthalten ist. Besitzt Ω n Elemente, so gibt es 2^n verschiedene Ereignisse. Die Menge aller Ereignisse heißt Ereignisraum $P(\Omega)$. Einelementige Teilmengen aus Ω heißen Elementarereignisse. Jedes Ereignis A lässt sich als Vereinigung von Elementarereignissen darstellen.

> **Beachte:**
> Zwischen dem Ergebnis ω und dem Elementarereignis ω muss streng unterschieden werden.

Ein unmögliches Ereignis liegt vor, wenn $A = \emptyset$, z. B. Werfen eines Würfels → Augenzahl größer 7.

Ein sicheres Ereignis liegt vor, wenn $A = \Omega$, z. B. Werfen eines Würfels → Augenzahl kleiner 7.

Das Ereignis $\overline{A}$ (Gegenereignis, Komplementärereignis, nicht-A) zum Ereignis A enthält alle Elemente $\overline{\omega} \in \Omega$, für die gilt $\overline{\omega} \notin A$

z. B. Werfen eines Würfels → gerade Augenzahl

$A = \{2; 4; 6\}$

$\overline{A} = \{1; 3; 5\}$

Kapitel 6

6.2.1 Verknüpfung von Ereignissen

Das Ereignis $A \cap B$, der Durchschnitt der beiden Ereignisse A und B, enthält alle Elemente $\omega \in \Omega$ mit $\omega \in A \wedge \omega \in B$: Beide Ereignisse sind eingetreten.

z. B. A: Augenzahl gerade $A = \{2; 4; 6\}$
B: Augenzahl größer 3 $B = \{4; 5; 6\}$
$A \cap B = \{4; 6\}$

Die Ereignisse A und B heißen unvereinbar, wenn $A \cap B = \varnothing$.

Das Ereignis $A \cup B$, die Vereinigungsmenge der beiden Ereignisse A und B, enthält alle Elemente $\omega \in \Omega$ mit $\omega \in A \vee \omega \in B$: Mindestens eins der Ereignisse A oder B ist eingetreten.

z. B. A: Augenzahl gerade $A = \{2; 4; 6\}$
B: Augenzahl größer 3 $B = \{4; 5; 6\}$
$A \cup B = \{2; 4; 5; 6\}$

Die Operationen $\cap$ bzw. $\cup$ können auf mehrere Ereignisse übertragen werden.

Das Ereignis $A_1 \cap A_2 \cap \cdots \cap A_n$ tritt genau dann ein, wenn *alle* Ereignisse A_i eintreten.

Das Ereignis $A_1 \cup A_2 \cup \cdots \cup A_n$ tritt genau dann ein, wenn *mindestens eines* der Ereignisse A_i eintritt.

Die folgende Aufzählung fasst die wichtigsten Gesetze der Mengenalgebra zusammen.

Kommutativgesetze
$$A \cup B = B \cup A$$
$$A \cap B = B \cap A$$

Assoziativgesetze
$$(A \cup B) \cup C = A \cup (B \cup C)$$
$$(A \cup B) \cup C = A \cup (B \cup C)$$

Distributivgesetze
$$A \cup (B \cap C) = (A \cup B) \cap (A \cup C)$$
$$A \cap (B \cup C) = (A \cap B) \cup (A \cap C)$$

Gesetze für die neutralen Elemente

$$A \cup \emptyset = A$$

$$A \cap \Omega = A$$

Gesetze für die dominanten Elemente

$$A \cup \Omega = \Omega$$

$$A \cap \emptyset = \emptyset$$

Gesetze für das komplementäre Element

$$A \cup \overline{A} = \Omega$$

$$A \cap \overline{A} = \emptyset$$

Idempotenzgesetze

$$A \cup A = A$$

$$A \cap A = A$$

Absorptionsgesetze

$$A \cup (A \cap B) = A$$

$$A \cap (A \cup B) = A$$

Gesetze von de Morgan

$$\overline{A \cup B} = \overline{A} \cap \overline{B}$$

$$\overline{A \cap B} = \overline{A} \cup \overline{B}$$

6.3 Wahrscheinlichkeitsverteilung

6.3.1 Relative Häufigkeit

Tritt bei n-maliger Wiederholung desselben Zufallsexperiments ein Ereignis genau $k(A)$ mal ein, so heißt

$$h_n(A) = \frac{k(A)}{n}$$

die relative Häufigkeit des Ereignisses A.

Kapitel 6

Kapitel 6

Beispiel

Ein Würfel wird 20 mal geworfen. Dabei fällt 5 mal die Zahl 6.

$A = 6, k(A) = 5$

$h_{20}(A) = \frac{5}{20} = \frac{1}{4} = 0,25 = 25\%$

Aus der Definition der relativen Häufigkeit ergeben sich folgende Eigenschaften:

1. $0 \leq h_n(A) \leq 1$
2. $h_n(\emptyset) = 0$
3. $h_n(\Omega) = 1$
4. $h_n(A) = \sum \omega \in A h_n(\omega)$
5. $h_n(A \cup B) = h_n(A) + h_n(B) - h_n(A \cap B)$
   Falls $A \cap B = \emptyset$ (unvereinbare Ereignisse): $h_n(A \cup B) = h_n(A) + h_n(B)$
6. $h_n(\overline{A}) = 1 - h_n(A)$

6.3.2 Kontingenztafel

Kontingenztafeln (Kontingenztabellen) sind Kreuztabellen absoluter Häufigkeiten (Häufigkeitstabellen) bestimmter Merkmalsausprägungen. Das bedeutet, es werden mehrere Merkmale miteinander verknüpft dargestellt. Der häufige Spezialfall einer Kontingenztabelle mit zwei Merkmalen ist eine Konfusionsmatrix. Im Gegensatz zu einer normalen Tabelle, die in der 1. Zeile Attributnamen und in allen weiteren Zeilen Ausprägungen dieser Attribute besitzt, enthalten in einer Kreuztabelle sowohl Zeilen- als auch Spaltenüberschriften Merkmalsausprägungen und am Schnittpunkt der entsprechenden Spalte und Zeile wird ein Wert dargestellt, der von den in der jeweiligen Spalte und Zeile angegebenen Merkmalen abhängt.

Beispiel: Zweidimensionale Kontingenztafel („Vierfeldertafel")

Es werden 1000 Personen darüber befragt, ob sie Produkt A oder B bevorzugen. Das Ergebnis wird nach Geschlecht des Befragten ausgewertet:

Markenwahl	weiblich	männlich	Summe
Produkt A	360	140	500
Produkt B	140	360	500
Summe	500	500	1000

Der Schein kann trügen. Auf den ersten Blick ist zu ersehen, dass die weiblichen Kunden dem Produkt A, die männlichen Kunden dagegen dem Produkt B zuneigen. Dies kann eine interessante Information sein – es kann aber auch nur ein Trugschluss sein. Die Auswertung der Befragung hinsichtlich des Alters der Kunden ergibt:

Markenwahl	bis 40 Jahre	über 40 Jahre	Summe
Produkt A	400	100	500
Produkt B	100	400	500
Summe	500	500	1000

Offenbar besteht nicht nur eine geschlechtsspezifische, sondern auch eine altersmäßige Abhängigkeit vom Kaufverhalten. Das Bedürfnis, beide Informationen über Abhängigkeiten in einen realistischen Bezug zueinander zu bringen, erzwingt die Erarbeitung einer dreidimensionalen Kontingenztafel. (Eine Beschreibung der dreidimensionalen Kontingenztafel würde hier jedoch den Rahmen sprengen!)

Kategorien, die in Kontingenztafeln verwendet werden sollen

Streng genommen müssen alle Kategorien voneinander völlig unabhängig sein. Zum Beispiel kann eine Person nicht gleichzeitig „weiblich" und „männlich" sein, aber bei „hat Grundschule besucht" und „hat Berufsausbildung abgeschlossen" kann man die Mitglieder der letzteren Gruppe eigentlich auch in die erste einfügen – da der Besuch der Grundschule für jeden Menschen obligatorisch ist. Zusätzlich sollte man so selten wie möglich eine Kategorie namens „Sonstige" einsetzen; beispielsweise wie „fährt Opel", „fährt Peugeot", „fährt Toyota", „fährt anderen Personenwagen". Dieser „Sammeltopf" sollte, falls er doch notwendig wird, durch eine durchdachte Konzipierung so klein wie möglich gehalten werden. Ein weiterer Punkt besteht darin, dass jede noch unbekannte einzelne Stichprobe X prinzipiell die Möglichkeit haben muss, in jeder der Zeilen bzw. Spalten der Kontingenztafel aufzutreten – zum Beispiel darf eine solche Tafel nicht die Kategorien „männlich" und „weiblich" besitzen, wenn man eine ausschließlich männliche oder ausschließlich weibliche Grundgesamtheit untersucht.

6.3.3 Wahrscheinlichkeitsverteilung

Je häufiger ein Experiment wiederholt wird, umso mehr stabilisiert sich die relative Häufigkeit bei einem festen Zahlenwert. Je häufiger z. B. eine Münze geworfen wird, umso mehr stabilisiert sich h_n beim Wert 0,5.

Diese Tatsache lässt sich mit dem Axiomensystem von Kolmogorow belegen:

Eine Funktion $P : A \rightarrow P(A)$, die jedem Ereignis $A \in P(\Omega)$ eine reelle Zahl $P(A)$ zuordnet, heißt Wahrscheinlichkeitsmaß (bzw. Wahrscheinlichkeitsverteilung), wenn sie die folgenden Eigenschaften besitzt:

1. $P(A) \geq 0$

2. $P(\Omega) = 1$

3. $A \cap B = \varnothing \Rightarrow P(A \cup B) = P(A) + P(B)$

$P(A)$ bezeichnen wir kurz als die Wahrscheinlichkeit von A. Das Paar $(\Omega; P)$ heißt Wahrscheinlichkeitsraum. Aus diesen Axiomen kann man folgende Eigenschaften der Wahrscheinlichkeitsverteilung P herleiten:

1. $P(\overline{A}) = 1 - P(A)$

2. $P(\varnothing) = 0$

3. $0 \leq P(A) \leq 1$

4. $A = \bigcup_{\omega \in A} \{\omega\} \Rightarrow P(A) = \sum_{\omega \in A} P\{\omega\}$
   Es genügt, die Wahrscheinlichkeiten der Elementarereignisse zu kennen!

5. $P(A \cup B) = P(A) + P(B) - P(A \cap B)$
   $P(A \cup B \cup C) = P(A) + P(B) + P(C) - P(A \cap B) - P(A \cap C)$
   $- P(B \cap C) + P(A \cap B \cap C)$ (Satz von Sylvester)
   Dieser Satz gilt auch für beliebige $n \in \mathbb{N}, n > 3$.

6.3.4 Pfadregeln

Bei mehrstufigen Zufallsexperimenten zeichnet man üblicherweise ein Baumdiagramm und schreibt an die Äste die einzelnen Wahrscheinlichkeiten:

Beispiel 1

Aus einer Urne mit 1 roten, 2 blauen und 3 schwarzen Kugeln wird zweimal ohne Zurücklegen gezogen (siehe Abbildung 6.1).

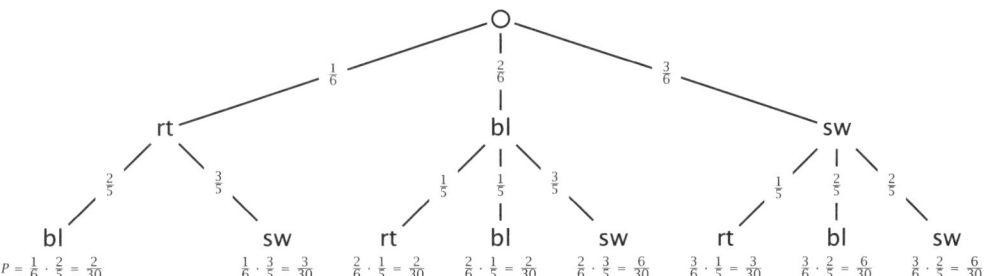

Abb. 6.1: Baumdiagramm

Beachte

1. Die Summe der Wahrscheinlichkeiten auf den Ästen, die von einem Verzweigungspunkt ausgehen, ist immer 1.

2. Die Summe der Wahrscheinlichkeiten aller Elementarereignisse ist immer 1.

Um die Einzelwahrscheinlichkeiten besser vergleichen zu können, sollte man alle Wahrscheinlichkeiten mit dem gleichen Nenner oder in Prozent angeben. Die Wahrscheinlichkeiten ergeben sich aus der 1. Pfadregel.

---

1. Pfadregel
In einem mehrstufigen Zufallsexperiment berechnet sich die Wahrscheinlichkeit eines Elementarereignisses als Produkt der Wahrscheinlichkeiten auf dem Pfad, der zu diesem Elementarereignis führt.

Beispiel 2:

Eine Urne enthält 1 rote, 2 blaue und 3 schwarze Kugeln. Es werden zwei Kugeln mit Zurücklegen gezogen (siehe Abbildung 6.2). Mit welcher Wahrscheinlichkeit tritt das Ereignis A „Beide Kugeln haben die gleiche Farbe" ein?

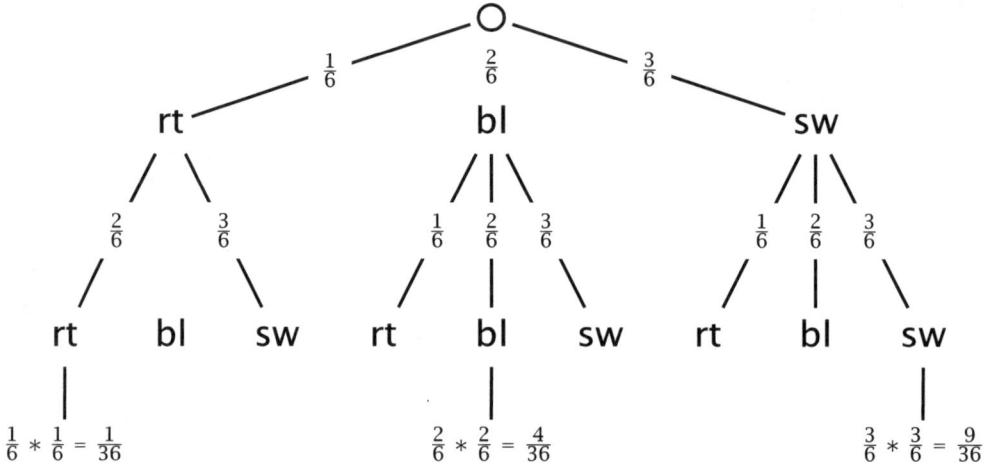

Abb. 6.2: Baumdiagramm

$P(A) = P(\{rr; bb; ss\}) = P(rr) + P(bb) + P(ss) = \frac{1}{36} + \frac{4}{36} + \frac{9}{36} = \frac{14}{36} = \frac{7}{18} = 38,89\%$

Die Wahrscheinlichkeit, zwei gleichfarbige Kugeln zu ziehen, berechnet sich nach der 2. Pfadregel als Summe der Einzelwahrscheinlichkeiten.

---

2. Pfadregel
In einem mehrstufigen Zufallsexperiment berechnet sich die Wahrscheinlichkeit eines Eignisses als Summe der Wahrscheinlichkeiten der Pfade, die zu diesem Ereignis gehören.

6.4 Kombinatorik

Beispiel

Wie viele Möglichkeiten gibt es, in einem Lottofeld 6 Zahlen anzukreuzen (siehe Abbildung 6.3)?

Abb. 6.3: Lottoschein (Ausschnitt)

Lösung

$$49 \cdot 48 \cdot 47 \cdot 46 \cdot 45 \cdot 44 = 10.068.347.520$$

6.4.1 Allgemeines Zählprinzip

Produktsatz der Kombinatorik

Gegeben seien k Mengen $A_i (i = 1, 2 \ldots k)$ mit den Mächtigkeiten n_i. Bildet man k-Tupel $(x_1, x_2 \ldots x_k) \in A_1 \times A_2 \times \cdots \times A_k$, so gibt es $n_1 \cdot n_2 \cdot \cdots \cdot n_k$) solche k-Tupel.

Mit den Verfahren der Kombinatorik kann man ermitteln, wie und auf wieviele Arten man eine gegebene Anzahl von Elementen anordnen und zusammenfassen kann. Dabei unterscheidet man drei Fälle:

1. Man muss die Reihenfolge in der Anordnung beachten und die Anzahl der Elemente in der Versuchsanordnung verändert sich nach dem ersten Versuch (Reihenfolge - ohne Zurücklegen)

2. Man muss die Reihenfolge beachten und die Anzahl der Elemente verändert sich nicht (Reihenfolge - mit Zurücklegen)

3. Man muss die Reihenfolge nicht beachten und die Anzahl der Elemente ändert sich (ohne Reihenfolge - ohne Zurücklegen)

Muss die Reihenfolge beachtet werden, handelt es sich um eine Permutation, muss die Reihenfolge nicht berücksichtigt werden, handelt es sich um eine Kombination.

6.4.2 Permutation

Jede Anordnung aller Elemente einer Menge in einer bestimmten Reihenfolge heißt eine Permutation der Elemente. Zu einer Menge mit n Elementen gibt es nach dem allgemeinen Zählprinzip $n \cdot (n-1) \cdot \ldots 3 \cdot 2 \cdot 1 = n!$ Permutationen ohne Wiederholung.

Beispiel

Es sollen 5 verschiedene Bücher nebeneinander in ein Regal gestellt werden. Wie viele Möglichkeiten der Anordnung gibt es?

Lösung

Für das erste Buch gibt es 5 Möglichkeiten, für das zweite noch 4 ... und für das letzte Buch bleibt nur eine Möglichkeit. Nach dem Produktsatz der Kombinatorik ergeben sich somit $5 \cdot 4 \cdot 3 \cdot 2 \cdot 1 = 5! = 120$ Kombinationsmöglichkeiten.

Permutation mit Wiederholung

Ein k-Tupel mit Elementen a_i aus einer n-Menge, wobei a_i genau k_i-mal vorkommt ($k_1 + k_2 + \ldots k_n = k$), heißt k-Permutation aus einer n-Menge mit Wiederholung ($k > n$).

> Zu n Elementen, von denen jeweils $k_1, k_2 \ldots k_n$ gleich sind, gibt es $\frac{n!}{k_1!k_2!\ldots k_n!}$ Permutationen mit Wiederholung.

Beispiel

Wie viele verschiedene 5-stellige Postleitzahlen gibt es, die einmal die 5, zweimal die 7 und zweimal die 8 enthalten?

Lösung

$\frac{5!}{1!2!2!} = \frac{120}{4} = 30$ Möglichkeiten

k-Tupel (Variationen) ohne Wiederholung

Nach dem allgemeinen Zählprinzip gilt für die einzelnen Stellen des k-Tupels:
1. Stelle→ n Möglichkeiten
2. Stelle→ $n - 1$ Möglichkeiten
...
k. Stelle→ $n - (k - 1)$ Möglichkeiten

$\Rightarrow$ Es gibt $n \cdot (n - 1) \cdot \cdots \cdot [n - (k - 1)] = \frac{n!}{(n-k)!}$ Möglichkeiten.

Beispiel

Bei 8 Startern eines 100 m-Laufs gibt es wieviele Möglichkeiten, die Medaillen zu vergeben?

Lösung

$\frac{8!}{(8-3)!} = 8 \cdot 7 \cdot 6 = 336$ Möglichkeiten

k-Tupel (Variationen) mit Wiederholung

Nach dem allgemeinen Zählprinzip gibt es für jeden der k Plätze des k-Tupels n Elemente, folglich gibt es n^k Möglichkeiten.

> Aus einer n-Menge kann man n^k k-Tupel mit Wiederholung bilden.

Kapitel 6

Beispiel

Wie viele verschiedene 4-stellige Zahlen lassen sich mit den Ziffern 2, 4 und 6 bilden?

Lösung

Es gibt $3^4 = 81$ Möglichkeiten.

k-Mengen (Kombinationen) ohne Wiederholung

Da die Reihenfolge keine Rolle spielt, sind unter den $\frac{n!}{(n-k)!}$ Möglichkeiten für k-Tupel $k!$ im Sinne der Mengenlehre gleich, es gibt also $\frac{n!}{k!(n-k)!} = \binom{n}{k}$ (n über k) Möglichkeiten.

> Aus einer n-Menge kann man $\binom{n}{k} = \frac{n!}{k!(n-k)!}$ k-Mengen ($k \leq n$) ohne Wiederholung bilden. $\binom{n}{k}$ heißt auch Binomialkoeffizient.

Beispiel

Von den 18 Vereinen der 1. Fußballbundesliga spielt jeder zweimal gegen jeden (Hin- und Rückrunde). Wie viele Spiele finden in der Hinrunde statt?

Lösung

Es finden $\binom{18}{2} = 153$ Spiele statt.

k-Mengen (Kombinationen) mit Wiederholung

> Die Anzahl der k-Kombinationen aus einer n-Menge ist gleich $\binom{n+k-1}{k}$. Zudem gilt: $\binom{n+k-1}{k} = \binom{n+k-1}{n-1}$.

Beispiel

Drei Damen haben die Wahl zwischen 5 Tanzpartnern. Wieviele verschiedene Möglichkeiten gibt es, Paare zu bilden?

Lösung

Es gibt $\binom{3+5-1}{5} = \binom{7}{5} = 21$ Möglichkeiten.

Alternativer Rechenweg: $\binom{3+5-1}{3-1} = \binom{7}{2} = 21$ Möglichkeiten

6.5 Laplace-Wahrscheinlichkeit

6.5.1 Laplace-Experimente

Von Laplace-Experimenten spricht man, wenn alle Elementarereignisse die gleiche Wahrscheinlichkeit besitzen. Laplace-Wahrscheinlichkeiten können mithilfe der Kombinatorik bestimmt werden.

Laplace-Wahrscheinlichkeit

Bei einem Laplace-Experiment gilt für die Wahrscheinlichkeit eines Ereignisses A

$$P(A) = \frac{|A|}{|\Omega|} \quad \text{mit} \quad P(\omega) = \frac{1}{|\Omega|}$$

Wobei $|\Omega|$ die Anzahl der möglichen Ergebnisse ist, $|A|$ die Anzahl aller Ergebnisse von A und $P(\omega)$ die Wahrscheinlichkeit für jedes Elementarereignis.

Beispiel 1:

Werfen eines Würfels:
Alle Augenzahlen sind gleich wahrscheinlich → $|\Omega| = 6$.
Berechnen Sie die Wahrscheinlichkeit,

1. eine Quadratzahl zu werfen!

   Lösung

   Quadratzahlen sind 1 und 4 $\Rightarrow |A| = 2$
   $P(A) = \frac{|A|}{|\Omega|} = \frac{2}{6} = \frac{1}{3}$

2. keine 4 zu werfen!

   Lösung

   Zahlen außer 4 sind 1; 2; 3; 5; 6 $\Rightarrow |A| = 5$
   $P(A) = \frac{5}{6}$

Beispiel 2:

Ein Schütze trifft ein Ziel mit einer Wahrscheinlichkeit von 90%. Mit welcher Wahrscheinlichkeit landet er bei 10 Schüssen 8 Treffer?

Lösung

Die 8 Treffer können auf zehn Plätze fallen.
$P(8) = \binom{10}{8} \cdot 0,90^8 \cdot 0,10^2 = 0,3874 = 38,74\%$

6.6 Bedingte Wahrscheinlichkeit und Unabhängigkeit

Beeinflusst ein Ereignis B ein Ereignis A, so spricht man von einer bedingten Wahrscheinlichkeit $P_B(A)$.

Mit Hilfe der 1. Pfadregel erhält man:

$$P_B(A) = \frac{P(A \cap B)}{P(B)}$$

Dies verdeutlicht auch das Baumdiagramm 6.4 auf der nächsten Seite.

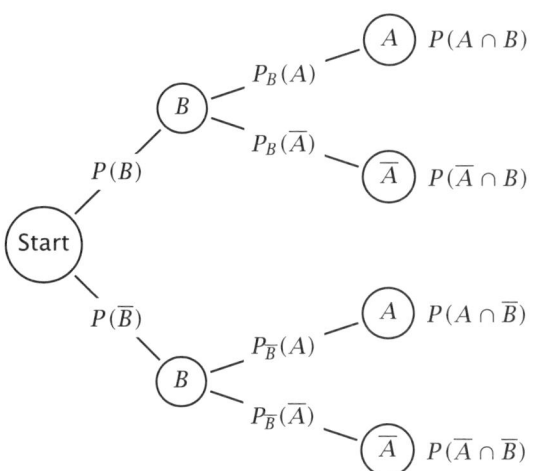

Abb. 6.4: Baumdiagramm

Daraus lässt sich folgern:

1. $P(A \cap B) = P(B) \cdot P_B(A)$ (1. Pfadregel)
   $P(A) = P(B) \cdot P_B(A) + P(\overline{B}) \cdot P_{\overline{B}}(A)$ (2. Pfadregel)

2. $P_A(B) = \frac{P(A \cap B)}{P(A)}$

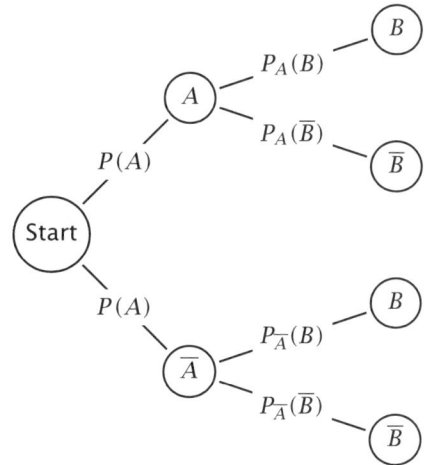

Zusammenfassend: $P_A(B) = \frac{P_B(A) \cdot P(B)}{P(B) \cdot P_B(A) + P(\overline{B}) \cdot P_{\overline{B}}(A)}$

3. Verallgemeinerung für eine beliebige Zerlegung $B_1, B_2, \ldots B_n$ von Ω:

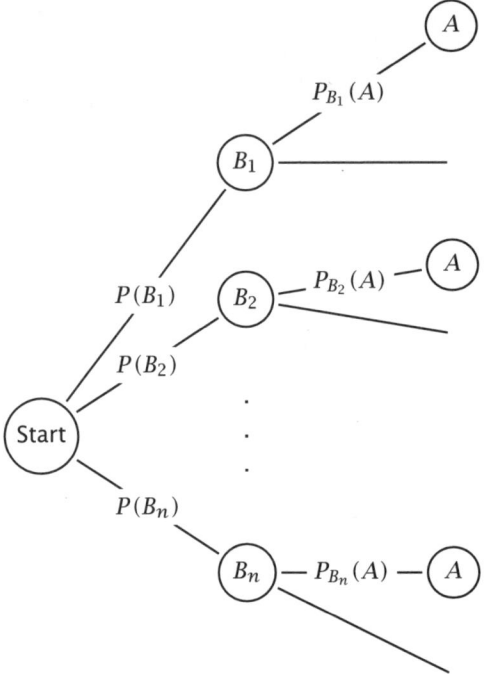

Formel von Bayes:
$$P_A(B_i) = \frac{P_{B_i}(A) \cdot P(B_i)}{P(B_1) \cdot P_{B_1}(A) + \cdots + P(B_n) \cdot P_{B_n}(A)}$$

Beispiel

Herr K. fährt 50% der Arbeitstage mit der S-Bahn. In 70% dieser Fälle kommt er pünktlich zur Arbeit. Durchschnittlich kommt er aber nur an 60% der Arbeitstage pünktlich an. Heute kommt er pünktlich zur Arbeit. Mit welcher Wahrscheinlichkeit hat er die S-Bahn genommen?

Lösung

A: Fahrt mit der S-Bahn
B: Pünktliche Ankunft
Gesucht: $P_B(A)$

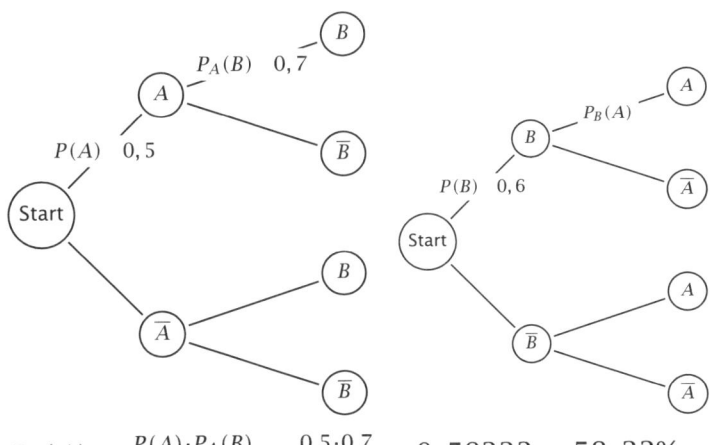

$$P_B(A) = \frac{P(A) \cdot P_A(B)}{P(B)} = \frac{0,5 \cdot 0,7}{0,6} = 0,58333 = 58,33\%$$

6.6.1 Unabhängigkeit

Zwei Ereignisse A und B heißen stochastisch unabhängig, wenn die Wahrscheinlichkeit des einen Ereignisses durch das Eintreten des anderen Ereignisses nicht verändert wird. Das ist genau dann der Fall, wenn die spezielle Multiplikationsregel gilt:

$$P(A \cap B) = P(A) \cdot P(B)$$

Sonst heißen sie stochastisch abhängig.

Um zu untersuchen, ob zwei Ereignisse voneinander unabhängig sind, gibt es drei Möglichkeiten:

- Vergleich von $P(A \cap B)$ mit $P(A) \cdot P(B)$
- Vergeich von $P_B(A)$ mit $P(A)$
- Vergleich von $P_A(B)$ mit $P(B)$

Beispiel

Beim Würfeln sind die Ereignisse $A = \{3, 4, 5\}$ und $B = \{1, 2, 3, 4\}$ unabhängig, denn es gilt:
$$P(A) = \tfrac{1}{2} = P_B(A), P(B) = \tfrac{2}{3} = P_A(B)$$

Kapitel 6

> **Beachte:**
> Sind die Ereignisse A und B unabhängig in (Ω, P), so sind dies auch die Ereignisse $\overline{A}$ und B, A und $\overline{B}$ sowie $\overline{A}$ und $\overline{B}$.

6.6.2 Bernoulli-Kette

Beim Bernoulli-Experiment interessiert man sich nur dafür, ob ein Ereignis A eintritt oder nicht. Man spricht von einer Bernoulli-Kette, wenn ein Bernoulli-Experiment n-mal unabhängig hintereinander ausgeführt wird oder n Bernoulli-Experimente mit jeweils gleicher Ausgangsbedingung ($P(A) = p$) unabhängig hintereinander ausgeführt werden. n heißt die Länge der Bernoulli-Kette.

> **Bernoulli-Kette**
> Die Wahrscheinlichkeit für k Treffer in einer Bernoulli-Kette der Länge n lässt sich mit der Formel $P(X = k) = \binom{n}{k} p^k \cdot (1 - p)^{n-k} (k \in \{0, 1, ..., n\})$ berechnen.

Beispiel

Mit welcher Wahrscheinlichkeit erhält man bei einem Würfelspiel mit 15 Würfen genau zwei Sechser?

Lösung

$p = \frac{1}{6}; \binom{n}{k} = \binom{15}{2}; (1 - p) = \frac{5}{6}$, und $n - k = 13$

Formel

$$P(2) = \binom{15}{2} \cdot \left(\frac{1}{6}\right)^2 \cdot \left(\frac{5}{6}\right)^{13} = 0,2726 = 27,26\%$$

6.6.3 Wartezeitaufgaben

Bei Wartezeitaufgaben wird auf das erstmalige oder k-malige Eintreffen eines bestimmten Ereignisses gewartet. Viele dieser Aufgaben können mit der Bernoulli-Kette gelöst werden:

Wie groß ist die Wahrscheinlichkeit für

1. genau k Treffer?

$$P(X = k) = \binom{n}{k} p^k \cdot (1 - p)^{n-k}$$

2. höchstens k Treffer?

$$P(X \geq k) = \sum_{i=0}^{k} P(X = i) = \sum_{i=0}^{k} \binom{n}{i} \cdot p^i \cdot (1 - p)^{n-i}$$

3. mindestens k Treffer?

$$P(X \leq k) = \sum_{i=k}^{n} P(X = i) = \sum_{i=k}^{n} \binom{n}{i} \cdot p^i \cdot (1 - p)^{n-i} =$$

$$= 1 - \sum_{i=0}^{k-1} \binom{n}{i} \cdot p^i \cdot (1 - p)^{n-i}$$

Beispiel

Ein Würfel wird 10 Mal geworfen. Eine „Sechs" wird als Treffer T bezeichnet. $P(T) = \frac{1}{6}$

Wie groß ist die Wahrscheinlichkeit für

1. genau 3 Treffer?

Lösung

$$P(X = 3) = \binom{10}{3} \cdot \left(\frac{1}{6}\right)^3 \cdot \left(\frac{5}{6}\right)^7 = 0,15505 = 15,51\%$$

2. höchstens 3 Treffer?

$$P(X \leq 3) = \sum_{i=0}^{3} \binom{10}{i} \cdot \left(\frac{1}{6}\right)^i \cdot \left(\frac{5}{6}\right)^{10-i} = 0,93027 = 93,03\%$$

Kapitel 6

3. mindestens 3 Treffer?

$$P(X \geq 3) = 1 - P(X \leq 3) = 1 - \sum_{i=0}^{3} \binom{10}{i} \cdot \left(\frac{1}{6}\right)^i \cdot \left(\frac{5}{6}\right)^{10-i} =$$
$$= 0{,}22477 = 22{,}48\%$$

Aufgaben, die die Wartezeit auf den ersten Treffer beschreiben

Wie groß ist die Wahrscheinlichkeit für den ersten Treffer

1. im n-ten Versuch (Ereignis A)?

   Lösung

   dem 1. Treffer gehen $(n - 1)$ Nicht-Treffer voraus.
   $P(A) = (1 - p)^{n-1} \cdot p$

2. fühestens im n-ten Versuch (Ereignis B)?

   Lösung

   Die ersten $(n - 1)$ Versuche sind sicher alle Nicht-Treffer, danach können es sowohl Treffer als auch Nicht-Treffer sein.
   $P(B) = (1 - p)^{n-1} \cdot 1 = (1 - p)^{n-1}$

3. spätestens im n-ten Versuch (Ereignis C)?

   Lösung

   Die Wahrscheinlichkeit wird über das Komplementärereignis $\overline{C}$ berechnet, dass in n Versuchen kein Treffer fällt.
   $P(C) = 1 - P(\overline{C}) = 1 - (1 - p)^n$

Aufgaben, die die Wartezeit auf den k-ten Treffer beschreiben

Wie groß ist die Wahrscheinlichkeit für

1. den k-ten Treffer im n-ten Versuch (Ereignis D)?

   Lösung

   Es treten k Treffer und $(n - k)$ Nicht-Treffer auf. Da der k-te Treffer im n-ten Versuch festliegt, können die übrigen $(k - 1)$ Treffer auf $(n - 1)$ Plätze verteilt werden.
   $P(D) = \binom{n-1}{k-1} \cdot p^k \cdot (1 - p)^{n-k}$

2. den k-ten Treffer fühestens im n-ten Versuch (Ereignis E)?

Lösung

Hier muss eine Bernoulli-Kette der Länge $(n-1)$ betrachtet werden, in der höchstens $(k-1)$ Treffer auftreten, denn der k-te Treffer tritt frühestens im n-ten Versuch auf, wenn bei den ersten $(n-1)$ Versuchen höchstens $(k-1)$ Treffer auftreten. Der $(k-1)$-te Treffer muss jedoch nicht zwingend im $(n-1)$-ten Versuch fallen.

$$P(E) = P(X \le k-1) = \sum_{i=0}^{k-1} \binom{n-1}{i} \cdot p^i \cdot (1-p)^{n-1-i}$$

3. den k-ten Treffer spätestens im n-ten Versuch (Ereignis F)?

Lösung

Die Wahrscheinlichkeit wird über das Komplementärereignis $\overline{F}$ berechnet, dass in n Versuchen höchstens $(k-1)$ Treffer fallen.

$$P(F) = 1 - P(\overline{F}) = 1 - P(X \le k-1) = 1 - \sum_{i=0}^{k-1} \binom{n}{i} \cdot p^i \cdot (1-p)^{n-1}$$

4. den k-ten Treffer frühestens im m-ten und spätestens im n-ten Versuch (Ereignis G)?

Lösung

Der k-te Treffer kann im m-ten, $(m+1)$-ten, ... oder im n-ten Versuch fallen, d. h. im n-ten Versuch müssen mindestens k Treffer, im $(m-1)$-ten Versuch dürfen aber höchstens $(k-1)$ Treffer gefallen sein.

$$P(G) = \sum_{i=k}^{n} \binom{n}{i} \cdot p^i \cdot (1-p)^{n-i} - \sum_{i=k}^{m-1} \binom{m-1}{i} \cdot p^i \cdot (1-p)^{m-1-i} =$$

$$= \left(1 - \sum_{i=0}^{k-1} \binom{n}{i} \cdot p^i \cdot (1-p)^{n-i}\right) - \left(\sum_{i=0}^{k-1} \binom{m-1}{i} \cdot p^i \cdot (1-p)^{m-1-i}\right) =$$

Kapitel 6

$$= \sum_{i=0}^{k-1} \binom{m-1}{i} \cdot p^i \cdot (1-p)^{m-1-i} - \sum_{i=0}^{k-1} \binom{n}{i} \cdot p^i \cdot (1-p)^{n-i}$$

oder zur Berechnung mit dem Taschenrechner als Folge aus 1., indem man die Wahrscheinlichkeiten $P(D)$ von m bis n aufsummiert:

$$P(D) = \sum_{i=m}^{n} \binom{i-1}{k-1} \cdot p^k \cdot (1-p)^{i-k}$$

5. den ersten Treffer im m-ten und den k-ten Treffer im n-ten Versuch (Ereignis H)?

Lösung

Es gibt k Treffer und $n - k$ Nicht-Treffer. Im Versuch sind $(m + 1)$ Plätze bereits vergeben, da die Plätze für $(m - 1)$ Nicht-Treffer am Anfang, den ersten und den k-ten Treffer bereits festliegen. Es bleiben somit noch $(n - m - 1)$ Plätze für die restlichen $(k - 2)$ Treffer.

$$P(H) = \binom{n-m-1}{k-2} \cdot p^k \cdot (1-p)^{n-k}$$

Beispiel

Ein Würfel wird 10 Mal geworfen. Eine „Sechs" wird als Treffer T bezeichnet. $P(T) = \frac{1}{6}$

Wie groß ist die Wahrscheinlichkeit für

1. den ersten Treffer im 10. Versuch?

$$P(A) = \left(1 - \frac{1}{6}\right)^9 \cdot \frac{1}{6} = 0,03230 = 3,23\%$$

2. den ersten Treffer frühestens im 10. Versuch?

$$P(B) = \left(1 - \frac{1}{6}\right)^9 = 0,19381 = 19,38\%$$

3. den ersten Treffer spätestens im 10. Versuch?

$$P(C) = 1 - \left(1 - \frac{1}{6}\right)^{10} = 0,83849 = 83,85\%$$

4. den dritten Treffer im 10. Versuch?

$$P(D) = \left(1 - \frac{1}{6}\right)^9 = 0,19381 = 19,38\%$$

5. den dritten Treffer frühestens im 10. Versuch?

$$P(E) = \sum_{i=0}^{2} \binom{9}{i} \cdot \left(\frac{1}{6}\right)^i \cdot \left(\frac{5}{6}\right)^{9-i} = 0,82174 = 82,17\%$$

6. den dritten Treffer spätestens im 10. Versuch?

$$P(F) = 1 - \sum_{i=0}^{2} \binom{10}{i} \cdot \left(\frac{1}{6}\right)^i \cdot \left(\frac{5}{6}\right)^{10-i} = 0,22477 = 22,48\%$$

7. den dritten Treffer frühestens im 5. und spätestens im 10. Versuch?

$$P(G) = \sum_{i=0}^{2} \binom{4}{i} \cdot \left(\frac{1}{6}\right)^i \cdot \left(\frac{5}{6}\right)^{4-i} - \sum_{i=0}^{2} \binom{10}{i} \cdot \left(\frac{1}{6}\right)^i \cdot \left(\frac{5}{6}\right)^{10-i} =$$
$$0,98380 - 0,77523 = 0,20857 = 20,86\%$$

8. den ersten Treffer im 5. und den 3. Treffer im 10. Versuch?

$$P(H) = \binom{10-5-1}{3-2} \cdot \left(\frac{1}{6}\right)^3 \cdot \left(\frac{5}{6}\right)^7 = \binom{4}{1} \cdot \left(\frac{1}{6}\right)^3 \cdot \left(\frac{5}{6}\right)^7 = 0,00517 = 0,52\%$$

6.7 Zufallsgrößen und ihre Verteilung

> **Wahrscheinlichkeits- und Verteilungsfunktion**
> Eine Abbildung $X : \Omega \to \mathbb{R}$, die jedem Ergebnis $\omega \in \Omega$ eines Zufallsexperiments eine reelle Zahl $X(\omega) \in \mathbb{R}$ zuordnet, heißt Zufallsgröße X.
> Formale Schreibweise: $X : \omega \mapsto X(\omega), D_x = \Omega$

Beachte

1. Die Zufallsgröße X heißt diskret, wenn sie nur abzählbar viele Werte annehmen kann.

2. Die von der Zufallsgröße X angenommenen Werte bezeichnet man mit x_i. Kurzschreibweise für das Ereignis $\{\omega | X(\omega) = x_i\}$ ist $X = x_i$.

3. Zufallsgrößen lassen sich auch mit anderen Zufallsgrößen zusammensetzen, z. B. $Y = X - 2, X = X_1 + X_2$ usw.

Wahrscheinlichkeitsfunktion

Ist über dem Ergebnisraum Ω eines Zufallsexperiments eine Wahrscheinlichkeitsverteilung P definiert, so heißt die Abbildung $W : x_i \mapsto P(X = x_i)$ Wahrscheinlichkeitsverteilung oder Wahrscheinlichkeitsfunktion der Zufallsgröße X.

Die Funktion $F : x \mapsto P(X \leq x) = \sum_{x_i \leq x} P(X = x_i)$ mit $D_F = \mathbb{R}$ heißt kumulative Verteilungsfunktion der Zufallsgröße X.

Beispiel

Eine Münze wird drei Mal geworfen. Kopf gilt als Treffer. Die nachfolgende Tabelle gibt die möglichen Ergebnisse und den dazugehörigen Wert der Zufallsgröße an.

ω	$X(\omega)$
KKK	3
KKZ	2
KZK	2
ZKK	2
KZZ	1
ZKZ	1
ZZK	1
ZZZ	0

Aufgrund dieser Zuordnungen ergeben sich folgende Wahrscheinlichkeitsverteilung und die Werte $F(x_i)$:

x_1	$P(X = x_i)$	$F(x_i)$
0	$\frac{1}{8}$	$\frac{1}{8}$
1	$\frac{3}{8}$	$\frac{4}{8}$
2	$\frac{3}{8}$	$\frac{7}{8}$
3	$\frac{1}{8}$	$\frac{8}{8}$

Damit ergibt sich für die Verteilungsfunktion die folgende vollständige Wertetabelle:

$x \in$	$F(x)$
$]-\infty; 0[$	0
$[0; 1[$	$\frac{1}{8}$
$[1; 2[$	$\frac{4}{8}$
$[2; 3[$	$\frac{7}{8}$
$[3; \infty[$	$\frac{8}{8}$

Die Höhe des Sprungs von $F(x)$ an der Stelle x_i stellt die Wahrscheinlichkeit $P(X = x_i)$ dar.

Es ist egal, ob man die Verteilungsfunktion oder die Wahrscheinlichkeitsverteilung einer Zufallsgröße kennt. Das eine lässt sich aus dem anderen berechnen:

$$P(X = x_i) = F(x_i) - F(x_{i-1}) \qquad \text{bzw.} \qquad F(x_i) = \sum_{j=1}^{i} P(X = x_j)$$

Die Wahrscheinlichkeitsverteilung lässt sich am deutlichsten in einem Stabdiagramm darstellen (Abbildung 6.5), Abbildung 6.6 zeigt die zugehörige Verteilungsfunktion.

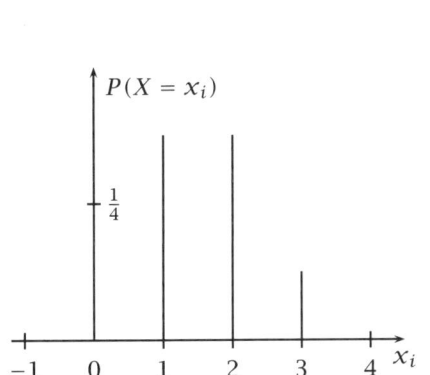

Abb. 6.5: Wahrscheinlichkeitsverteilung

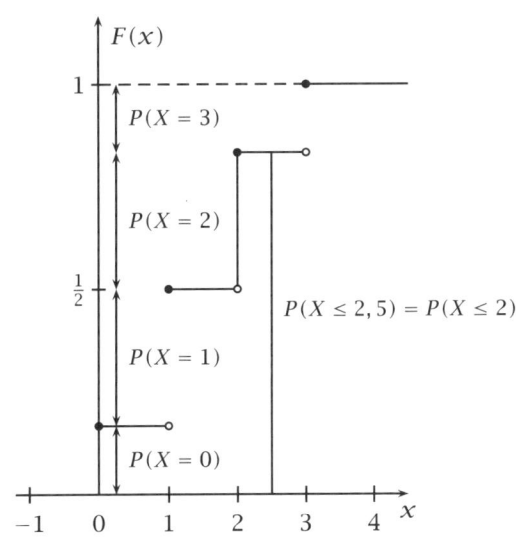

Abb. 6.6: Verteilungsfunktion

Die Eigenschaften der Verteilungsfunktion lassen sich wie folgt zusammenfassen:

Verteilungsfunktion

Die Verteilungsfunktion einer Zufallsgröße X mit $W = \{x_1, x_2, \ldots, x_k\}$ ist eine monoton nicht abnehmende, rechtsseitig stetige Treppenfunktion mit den Sprungstellen $x_1, x_2, \ldots, x_k$ und den Sprunghöhen $P(X = x_1), P(X = x_2), \ldots, P(X = x_k)$. Die wichtigsten Eigenschaften der Verteilungsfunktion F sind:

$P(X > a) = 1 - F(a)$

$P(a < X \leq b) = F(b) - F(a)$

$P(X = x_{i+1}) = F(x_{i+1}) - F(x_i)$.

Beachte

Die Zufallsgröße X heißt stetig, wenn für ihre Verteilungsfunktion

$F : X \mapsto F(x) = P(X \leq x)$ gilt: $F'(x) = f(x)$ und F stetig.

Die Funktion f heißt Dichtefunktion oder Wahrscheinlichkeitsdichte.

6.7.1 Maßzahlen einer Zufallsgröße

Über ihre Wahrscheinlichkeitsverteilung sind Zufallsgrößen eindeutig bestimmt. Die Angabe ist manchmal jedoch etwas umständlich, weshalb man versucht, die Verteilung einer Zufallsgröße durch charakteristische Zahlenwerte zu verdeutlichen. Diese Werte kann man in zwei Gruppen einteilen, Mittelwerte und Streuungswerte. Während die Mittelwerte die Lage einer Verteilung veranschaulichen, zeigen Streuungswerte die Verteilung in der Breite. Die Anwendung derartiger Werte kann aber im Vergleich zur Wahrscheinlichkeitsverteilung zu Informationsverlusten führen, da die Informationen in den Zahlenwerten verdichtet werden.

Erwartungswert

Ähnlich wie beim arithmetischen Mittel bei relativen Häufigkeiten $\overline{x} = \sum_{i=1}^{n} x_i h_i$ wird für die Zufallsgröße X ein entsprechender Mittelwert definiert.

Erwartungswert

Ist X eine diskrete Zufallsgröße, die die Werte x_i mit der Wahrscheinlichkeit $P(X = x_i)$ annimmt, so heißt

$$\mu = E(X) = \sum_i x_i \cdot P(X = x_i), i = 1, 2 \dots$$

Erwartungswert der diskreten Zufallsgröße X.

Beispiel

Beim Werfen eines Würfels haben alle Augenzahlen die gleiche Wahrscheinlichkeit $\frac{1}{6}$. Daraus ergibt sich folgender Erwartungswert:

$$E(X) = 1 \cdot \frac{1}{6} + 2 \cdot \frac{1}{6} + \cdots + 6 \cdot \frac{1}{6} = 3,5$$

Das Beispiel zeigt, dass der Erwartungswert nicht notwendigerweise ein Wert sein muss, den die Zufallsgröße X annimmt.

Varianz und Standardabweichung

Eine weitere Maßzahl gibt die mittlere Abweichung der Funktionswerte vom Erwartungswert an. Das gebräuchlichste Streuungsmaß ist die mittlere quadratische Abweichung, d. h. der Erwartungswert der quadratischen Abweichungen vom Erwartungswert $E(X)$.

Varianz

Ist X eine diskrete Zufallsgröße mit dem Erwartungswert $\mu = E(X)$, die die Werte x_i mit der Wahrscheinlichkeit $P(X = x_i)$ annimmt, so heißt

$$\text{Var}(X) = E[(X - E(X))^2] = \sum_i (x_i - \mu)^2 \cdot P(X = x_i)$$

Varianz der diskreten Zufallsgröße X.

Allerdings hat die Verwendung der Varianz zwei entscheidende Nachteile.

1. Die Abweichungen größer als 1 vom Erwartungswert fallen aufgrund der Quadrierung mehr ins Gewicht als Abweichungen kleiner als 1.

2. Die Benennung der Varianz stimmt nicht mit der Benennung der Zufallsgröße X überein.

Aufgrund dieser Nachteile wird meist lieber die Standardabweichung verwendet.

Standardabweichung
$\sigma(X) = \sqrt{\mathrm{Var}(X)}$ heißt Standardabweichung der Zufallsgröße X.

Beispiel

Das Beispiel zum Erwartungswert ergab beim Werfen eines Würfels den Erwartungswert $E(X) = 3,5$. Für die Varianz ergibt sich Folgendes:

$$\mathrm{Var}(X) =$$

$$[(1-3,5)^2+(2-3,5)^2+(3-3,5)^2+(4-3,5)^2+(5-3,5)^2+(6-3,5)^2]\cdot\frac{1}{6} =$$

$$= 2,91\overline{6}$$

Entsprechend berechnet sich die Standardabweichung:

$$\sigma(X) = \sqrt{2,91\overline{6}} = 1,71$$

6.7.2 Rechenregeln

1. Für alle $a, b \in \mathbb{R}$ gilt:

$$E(a \cdot X + b) = a \cdot E(X) + b$$

$$\text{Var}(a \cdot X + b) = a^2 \cdot \text{Var}(X)$$

$$\sigma(a \cdot X + b) = |a| \cdot \sigma(X)$$

Sonderfälle:

$E(b) = b; E(aX) = a \cdot \sigma(X)$
$\text{Var}(b) = 0; \text{Var}(a \cdot X) = a^2 \cdot \text{Var}(X)$
$\sigma(b) = 0; \sigma(a \cdot X) = |a| \cdot \sigma(X)$

2. X, Y sind beliebige Zufallsgrößen:

$$E(X + Y) = E(X) + E(Y)$$

3. X, Y sind stochastisch unabhängige Zufallsgrößen, $a, b \in \mathbb{R}$:

$$E(X \cdot Y) = E(X) \cdot E(Y)$$

$$\text{Var}(aX + bY) = a^2 \cdot \text{Var}(X) + b^2 \cdot \text{Var}(Y)$$

Sonderfall: $\text{Var}(X - Y) = \text{Var}(X) + \text{Var}(Y)$

4. Verschiebungssatz
$$\text{Var}(X) = E(X^2) - [E(X)]^2$$

5. Standardisierung
Eine Zufallsgröße Z mit $E(Z) = 0$ und $\sigma(Z) = 1$ heißt *standardisiert*. Zu jeder Zufallsgröße X ist $Z = \dfrac{X - E(X)}{\sigma(X)}$ die standardisierte Zufallsgröße.

Kapitel 6

6.7.3 Binomialverteilung

Die Binomialverteilung beschreibt Zufallsexperimente der Art „Ziehen mit Zurücklegen" bzw. die wiederholte Ausführung unter gleichbleibenden Bedingungen. Wird ein Bernoulliexperiment n mal unabhängig ausgeführt, wobei das Ereignis A mit der Wahrscheinlichkeit $p = P(A)$ betrachtet wird, ergibt sich folgende Formel (Die Zufallsgröße X gibt dabei an, wie oft das Ereignis A eintritt.):

Binomialverteilung

Die Zufallsgröße X heißt binomialverteilt mit den Parametern n und p, wenn für ihre Wahrscheinlichkeitsfunktion gilt:

$$P(X = k) = B_p^n(X = k) = \binom{n}{k} \cdot p^k \cdot (1 - p)^{n-k}, k \in \mathbb{N}$$

(B steht für Binomialverteilung)

Für die Verteilungsfunktion F gilt:

$$F(x) = B_p^n(X \leq x) = \sum_{k \leq x} \binom{n}{k} \cdot p^k \cdot (1 - p)^{n-k}$$

k ganzzahlig mit $0 \leq k \leq n$

Für die Maßzahlen gilt:

- $E(X) = n \cdot p$
- $\mathrm{Var}(X) = n \cdot p \cdot (1 - p)$
- $\sigma(X) = \sqrt{\mathrm{Var}(X)}$

Beispiel

In Deutschland sind 30% aller PKW silberfarben.

1. Mit welcher Wahrscheinlichkeit sind bei einer Verkehrszählung von 10 Fahrzeugen

   a) genau fünf?
   b) höchstens sechs?
   c) mindestens eins silberfarben?

2. Wie viele silberfarbene Autos erwartet man bei 1000 Fahrzeugen?

Lösung

1. a) $P(X = 5) = B_{0,3}^{10}(X = 5) = 0,10292 = 10,29\,\%$

   b) $P(X \leq 6) = B_{0,3}^{10}(X \leq 6) = 0,98941 = 98,94\,\%$

   c) $P(X \geq 1) = 1 - P(X = 0) = 1 - B_{0,3}^{10}(X = 0) = 1 - 0,02825 = 0,97175 = 97,18\,\%$

2. $E(X) = n \cdot p = 1000 \cdot 0,3 = 300$

6.7.4 Hypergeometrische Verteilung

Beim „Ziehen ohne Zurücklegen" entsteht eine hypergeometrische Verteilung. In einer Menge mit N Elementen besitzen K Elemente die Eigenschaft A. Davon werden n Elemente entnommen. Die Zufallsgröße X gibt die Anzahl der gezogenen Elemente mit der Eigenschaft A an.

Hypergeometrische Verteilung

Die Zufallsgröße X heißt hypergeometrisch verteilt mit den Parametern n, N und K, wenn für ihre Wahrscheinlichkeitsfunktion gilt:

$$P(X = k) = \frac{\binom{K}{k} \cdot \binom{N-K}{n-k}}{\binom{N}{n}}, k \in \mathbb{N}$$

Kapitel 6

183

Für die Verteilungsfunktion F gilt:

$$F(x) = P(X \leq x) = \sum_{k \leq x} P(X = k)$$

k ganzzahlig mit $0 \leq k \leq n$

Für die Maßzahlen gilt:

- $E(X) = n \cdot \frac{K}{N}$
- $\text{Var}(X) = n \cdot \frac{K}{N} \cdot \frac{N-K}{N} \cdot \frac{N-n}{N-1}$
- $\sigma(X) = \sqrt{\text{Var}(X)}$

Beachte

1. Setzt man $\frac{K}{N} = p$, so gilt $E(X) = n \cdot \frac{K}{N} = n \cdot p$, d.h. der Erwartungswert der hypergeometrischen Verteilung entspricht dem der Binomialverteilung.

2. Mit $\frac{K}{N} = p$ gilt:

$$\lim_{N \to \infty} \frac{\binom{K}{k} \cdot \binom{N-K}{n-k}}{\binom{N}{n}} = \binom{n}{k} \cdot p^k \cdot (1-p)^{n-k}$$

Ist also $n << \min(N, K, N - K)$, kann anstelle der aufwendigen hypergeometrischen Verteilung auch die einfachere Binomialverteilung verwendet werden.

Beispiel

In einer Schüssel mit 50 Gummibärchen sind 10 gelbe. Aus der Schüssel werden ohne hinzusehen vier Gummibärchen entnommen.

Lösung

$$P(X = k) = \frac{\binom{10}{k} \cdot \binom{40}{4-k}}{\binom{50}{4}}$$

k	0	1	2	3	4
$P(X = k)$	0,397	0,429	0,152	0,021	0,001

Für die Verteilungsfunktion F ergibt sich:

$$F(X) = \begin{cases} 0 & \text{für } x < 0 \\ 0,397 & \text{für } 0 \le x < 1 \\ 0,826 & \text{für } 1 \le x < 2 \\ 0,978 & \text{für } 2 \le x < 3 \\ 0,99 & \text{für } 3 \le x < 4 \\ 1 & \text{für } x \ge 4 \end{cases}$$

Für die Maßzahlen ergibt sich:

- $E(X) = 4 \cdot \frac{10}{50} = 0,8$
- $\text{Var}(X) = 0,60$
- $\sigma(X) = 0,78$

6.7.5 Poissonverteilung

Bei kleinem p und großem n ist die Wahrscheinlichkeitsberechnung über die Binomialverteilung sehr langwierig. Annähernd lässt sich die Binomialverteilung für $p \le 0,1$ und $n \ge 100$ folgendermaßen bestimmen:

$$B_p^n(X = k) \approx \frac{\mu^k}{k!} e^{-\mu}$$

Oft ersetzt man bei dieser näherungsweisen Berechnung der Binomialverteilung den Parameter μ durch den Parameter λ. Man nennt diese Verteilung Poissonverteilung.

> **Poissonverteilung**
> Die Zufallsgröße X heißt poissonverteilt mit dem Parameter $\mu(\lambda)$, wenn für ihre Wahrscheinlichkeitsfunktion gilt:
>
> $$P(X = k) = P_\mu(X = k) = \frac{\mu^k}{k!} e^{-\mu} (P(X = k) = P_\lambda(X = k)$$
>
> $$= \frac{\lambda^k}{k!} e^{-\lambda}, k \in \mathbb{N}$$

Für die Verteilungsfunktion F gilt:

$$F(x) = P(X \leq x) = e^{-\mu} \sum_{k \leq x} \frac{\mu^k}{k!}$$

Für die Maßzahlen gilt:

- $E(X) = \mu$
- $\text{Var}(X) = \mu$
- $\sigma(X) = \sqrt{\mu}$

Die Poissonverteilung wird angewendet, wenn

- ein „seltenes" Ereignis vorliegt (sehr kleines p, großes n)
- von einem Ereignis nur der Mittelwert μ bekannt ist oder
- eine empirische Verteilung beschrieben oder überprüft werden soll.

Beispiel

Auf einer Waldlichtung findet ein Pilzsammler im Schnitt fünf Steinpilze pro Tag. Wie hoch ist die Wahrscheinlichkeit, dass er morgen vier Pilze dort findet?

Lösung

$\mu = 5; k = 4$

$P_5(X = 4) = \frac{\mu^k}{k!} e^{-\mu} = \frac{5^4}{4!} e^{-5} = 0,17546 = 17,55\%$

6.7.6 Normalverteilung

Die Normalverteilung geht zurück auf den deutschen Mathematiker Carl Friedrich Gauß und ist die zentrale Verteilung der Wahrscheinlichkeitsrechnung und der Statistik. Zufallsgrößen sind normalverteilt, wenn sich verschiedene Zufallsgrößen überlagern und das Ergebnis beeinflussen, allerdings beeinflusst jede Größe die Gesamtsumme nur minimal.

Für die Verteilungsfunktion F gilt:

$$F(x) = \frac{1}{\sqrt{2\pi}\sigma} \int_{-\infty}^{x} e^{-\frac{(t-\mu)^2}{2\sigma^2}} \, dt \quad x \in \mathbb{R}$$

Normalverteilung
Die Zufallsgröße X heißt normalverteilt mit den Parametern μ und σ, wenn für die Dichtefunktion f gilt:

$$f(x) = \frac{1}{\sqrt{2\pi}\sigma} e^{-\frac{(x-\mu)^2}{2\sigma^2}} \text{ für } x, \mu \in \mathbb{R}, \sigma \in \mathbb{R}^+$$

Man sagt auch: X ist $N(\mu; \sigma)$-verteilt.

Für die Maßzahlen gilt:

- $E(X) = \mu$

- $\text{Var}(X) = \sigma^2$

Für $\mu = 1$ und $\sigma = 1, 5$ erhält man die Darstellung 6.7 (Gaußsche Kurve).

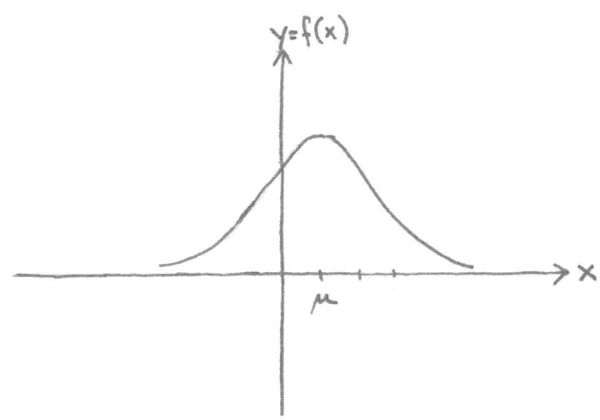

Abb. 6.7: Gauß'sche Normalverteilung

Jede $N(\mu; \sigma)$-verteilte Zufallsgröße X kann durch $U = \frac{X-\mu}{\sigma}$ auf eine $N(0; 1)$-verteilte transformiert werden.

Damit ergeben sich die Gauß-Funktion

$$\phi : X \mapsto \phi(x) = \frac{1}{\sqrt{2\pi}} e^{-\frac{x^2}{2}}$$

und die Gaußsche Summenfunktion

$$\Phi : x \mapsto \Phi(x) = \frac{1}{\sqrt{2\pi}} \int_{-\infty}^{x} e^{-\frac{t^2}{2}} \, dt$$

Für beide Funktionen gibt es fertige Wertetabellen (siehe Anhang).

$\Phi(x)$ ist die Maßzahl der Fläche, die die Gaußsche Kurve ϕ mit der x-Achse einschließt.

Beispiel

In einer Eisenwarenfabrik sollen Nägel mit $\mu = 100\,\text{mm}$ und $\sigma = 0,1\,\text{mm}$ (Länge normalverteilt) hergestellt werden. Mit welcher Wahrscheinlichkeit entstehen bei der Fertigung Nägel,

1. die kürzer als 9,99 cm sind?

2. die länger als 10,02 cm sind?

Lösung

1. $P(X < 9,99) = \Phi(\frac{9,99-10}{0,01}) = \Phi(-1) = 1 - \Phi(1) = 0,15866 = 15,87\%$

2. $P(X > 10,02) = 1 - \Phi(X < 10,02) = 1 - \Phi(\frac{10,02-10}{0,01}) = 1 - \Phi(2) = 1 - 0,97725 = 0,02275 = 2,28\%$

6.7.7 Grenzwertsätze von Moivre und Laplace

Lokaler Grenzwertsatz von Moivre und Laplace

Die Dichtefunktion f_n der standardisierten Binomialverteilung B_p^n nähert sich mit wachsendem n der Gaußfunktion ϕ mit $\phi(x) = \frac{1}{\sqrt{2\pi}} e^{-\frac{x^2}{2}}$. Deshalb gilt für große n:

$$B_p^n(X = k) = \frac{1}{\sigma} \phi(\frac{k - \mu}{\sigma})$$

mit $\mu = E(X) = n \cdot p$ und $\sigma = \sigma(X) = \sqrt{n \cdot p(1 - p)}$

Als Faustregel gilt:

Für $\sigma^2 = n \cdot p \cdot (1 - p) > 9$ oder $n \cdot p > 4 \wedge n \cdot (1 - p) > 4$ erhält man bei dieser Näherung brauchbare Werte.

Beispiel

$B_{0,5}^{100}(X = 60) = 0,01084$ (genauer Wert)

Näherung:

$\mu = n \cdot p = 50$

$\sigma = \sqrt{n \cdot p(1-p)} = 5$

$B_{0,5}^{100}(X = 60) \approx \frac{1}{\sigma}\phi(\frac{k-\mu}{\sigma}) = \frac{1}{5}\phi(\frac{60-50}{5}) = \frac{1}{5}\phi(2) =$

$\frac{1}{5} \cdot 0,05399 = 0,01080$

Integralgrenzwertsatz von Moivre und Laplace

Die Gauß'sche Summenfunktion bietet eine Näherung für die kumulative Verteilungsfunktion der Binomialverteilung. Für hinreichend große n gilt:

$$B_p^n(X \leq k) \approx \Phi\left(\frac{k - \mu + 0,5}{\sigma}\right)$$

Beispiel

Von den Mitarbetern eines Unternehmens sind 40% weiblich. Mit welcher Wahrscheinlichkeit befinden sich unter 182 willkürlich ausgewählten Mitarbeitern höchstens 80 Frauen?

Lösung

$\mu = n \cdot p = 182 \cdot 0,4 = 72,8$

$\sigma = \sqrt{n \cdot p(1-p)} = 6,61$

$B_{0,4}^{182}(X \leq 80) \approx \Phi\left(\frac{80-72,8+0,5}{6,61}\right) = \Phi(1,16) = 0,87698 = 87,70\%$

6.7.8 Tschebyschow-Ungleichung

Sucht man die Wahrscheinlichkeit, mit der die Zufallsgröße X einen Wert annimmt, der mehr als ein bestimmter Wert vom Erwartungswert abweicht, kann die Tschebyschowsche Ungleichung bei der Berechnung helfen.

$$P(|X - \mu| \geq a) \leq \frac{\text{Var}(X)}{a^2} \quad \text{mit } a > 0$$

$$P(|X - \mu| < a) \geq 1 - \frac{\text{Var}(X)}{a^2}$$

Die Ungleichung von Tschebyschew gilt für alle Verteilungen.

6.7.9 Gesetze der großen Zahlen

Die relative Häufigkeit ist ein guter Schätzwert für die Wahrscheinlichkeit, da die Wahrscheinlichkeit, dass der Unterschied zwischen der relativen Häufigkeit und der Wahrscheinlichkeit eines Treffers kleiner als ein festgelegter Wert b ist, mit zunehmendem n gegen 1 geht. Deshalb gilt das schwache Gesetz der großen Zahlen von Bernoulli.

> **Schwaches Gesetz der großen Zahlen von Bernoulli**
> $\lim_{n \to \infty} P(|H_n - p| < b) = 1$

Das starke Gesetz der großen Zahlen untersucht indes die Wahrscheinlichkeit für die Existenz eines Grenzwertes. Es besagt, dass die relative Häufigkeit gegen die zugehörige Wahrscheinlichkeit konvergiert.

> **Starkes Gesetz der großen Zahlen von Borel und Cantelli**
> $P(\lim_{n \to \infty} H_n = p) = 1$

Die Grenzwertsätze von Moivre und Laplace gelten nicht nur für binomialverteilte Zufallsgrößen, wenn sich die Wahrscheinlichkeitsverteilungen der unabhängigen Zufallsgrößen X_i nicht sehr voneinander unterscheiden. Dies ist die Aussage des zentralen Grenzwertsatzes.

Beispiel

In einem Casino wird beim Roulette pro Woche 100000 mal auf Farbe gesetzt. Der Einsatz pro Spiel beträgt 1 €. Die Wahrscheinlichkeit zu gewinnen liegt bei $\frac{18}{37}$, zu verlieren bei $\frac{19}{37}$. Der erwartete Verlust des Spielers liegt demnach bei $\frac{1}{37}$ €, also 2,7 Cent. Für die Varianz ergibt sich:

$$\sigma^2 = \left(1 - \left(-\frac{1}{37}\right)\right)^2 \cdot \frac{18}{37} + \left(-1 - \left(-\frac{1}{37}\right)\right)^2 \cdot \frac{19}{37} = 0,999$$

Zentraler Grenzwertsatz von Ljapunow

$X_1, X_2, \ldots$ sei eine endliche Folge von Zufallsgrößen, die unabhängige Zufallsgrößen X_i enthält. Zudem gilt:

$0 < \text{Var}(X_i) < A$ und $E[\,|X_i - E(X_i)|^3\,] < B$ mit festen Zahlen $A, B \in \mathbb{R}$ für alle i.

Dann gilt für die Zufallsgröße:

$X = \sum_{i=1}^{n} X_i$ mit $E(X) = \mu$ und $\text{Var}(X) = \sigma^2$:

$\lim_{n \to \infty} P(X \le x) = \Phi\left(\frac{x - \mu}{\sigma}\right)$

Die wöchentlichen Durchschnittsgewinne des Casinos liegen bei diesem Spielverhalten aufgrund des zentralen Grenzwertsatzes nahe bei einer Normalverteilung:

$$N\left(\mu; \frac{\sigma}{\sqrt{n}}\right) \text{ mit } \mu = \frac{1}{37}, \frac{\sigma}{\sqrt{n}} = \frac{\sqrt{0,999}}{100\sqrt{10}}$$

Für einen 99,7-prozentigen Streubereich liegt der Durchschnittsgewinn des Casinos pro eingesetztem € im Intervall:

$$\left[\mu - 3\frac{\sigma}{\sqrt{n}}; \mu + 3\frac{\sigma}{\sqrt{n}}\right] = [0,0175; 0,0365]$$

Bei 100000 € Einsatz macht das für das Casino einen sicheren Gewinn zwischen 1750 und 3650 €.

6.8 Statistik

Das wichtigste Hilfsmittel der mathematischen Statistik ist die Stichprobe. Stichproben dienen dazu

- auf eine unbekannte Gesamtheit zu schließen (Schätzproblem) oder
- über eine Vermutung (Hypothese) zu schließen.

6.8.1 Schätzprobleme

Stichprobe
Das n-Tupel $(X_1, X2, \ldots, X_n)$ der Zufallsgröße X_i heißt Stichprobe der Länge n aus der Zufallsgröße X, wenn alle X_i stochastikunabhängig sind und die gleiche Wahrscheinlichkeitsverteilung wie X besitzen.

Die Genauigkeit einer Stichprobe hängt nur von ihrer Länge ab.

Um die Wahrscheinlichkeitsverteilung einer Zufallsgröße abzuschätzen, benötigt man noch zwei weitere Schätzwerte:

Stichprobenmittel und Stichprobenvarianz
Das Stichprobenmittel $\overline{X} = \frac{1}{n} \sum_{i=1}^{n} X_i$ ist eine erwartungstreue Schätzgröße für den Erwartungswert $\mu = E(X)$.
Die Stichprobenvarianz $S^2 = \frac{1}{n-1} \sum_{i=1}^{n} (X - \overline{X})^2$ ist eine erwartungstreue Schätzgröße für die Varianz $\text{Var}(X) = [\sigma(X)]^2$.

6.8.2 Alternativtest

Wie der Name schon sagt, muss man sich hier zwischen zwei Alternativen entscheiden. Man legt vorher die Länge der Stichproben und den Bereich A fest, indem man sich für die erste Hypothese entscheidet. Dabei kann man natürlich auch eine falsche Entscheidung treffen.

Die Entscheidungsregeln lauten:

Wenn H_1 zutrifft:
Liegt die Stichprobe im Bereich A und damit geht die Entscheidung zu H_1, dann ist die Entscheidung richtig.
Liegt die Stichprobe in $\overline{A}$ und trifft damit die Entscheidung nicht zu, dann nennt man die Entscheidung Fehler 1. Art.
Wenn H_2 zutrifft:
Liegt die Stichprobe in A und damit die Entscheidung für $H_1 \Rightarrow$ Fehler 2. Art.

Liegt die Stichprobe in $\overline{A}$ und fällt damit die Entscheidung für H_2, dann ist die Entscheidung richtig.

	Ergebnis aus dem Annahmebereich A von H_1	Ergebnis aus dem Ablehnungsbereich $\overline{A}$ von H_1
H_1 trifft zu	Sicherheit des Urteils $P_1(A) = 1 - \alpha$	Fehler 1. Art $\alpha = P_1(\overline{A})$
H_2 trifft zu	Fehler 2. Art $\beta = P_2(A)$	Sicherheit des Urteils $P_2(\overline{A}) = 1 - \beta$

Beispiel

Zwei Geschwister, Anne und Stefan, streiten sich über die Anzahl der GZSZ-Fans in ihrer Schule. Anne behauptet, 40% der Schüler würden täglich die Serie anschauen. Stefan dagegen glaubt, dass nur 15% so versessen auf die Soap sind. Sie beschließen, 100 Schüler zu fragen. Falls höchstens 23 zugeben, Fans zu sein, soll die Entscheidung für die Annahme von Stefan fallen.
Wie groß sind die Wahrscheinlichkeiten für mögliche Fehlentscheidungen?

$H_1 : p_1 = 0,15; A = [0; 23]; \overline{A} = [24; 100]$

$H_2 : p_2 = 0,4;$

$\alpha = B_{0,15}^{100}(X \geq 24) = 1 - B_{0,15}^{100}(X \leq 23) = 1,19\%$

$\beta = B_{0,4}^{100}(X \leq 23) = 0,03\%$

6.8.3 Signifikanztest

Bei diesem Test ist nur eine Hypothese vorgegeben, die man annehmen oder ablehnen kann. Aufgrund einer Stichprobe mit vorgegebener Länge und Entscheidungsregel fällt man dann die Entscheidung, ob die Hypothese wahr ist oder nicht.

Beispiel

In einem Obstgroßhandel sind Kisten mit Südfrüchten (Orangen und Zitronen, nicht sortiert) angekommen. Der Händler will für seine Kalkulation abschätzen, welcher Anteil davon Zitronen sind. Er nimmt aufgrund des Preises an, dass 30 % Zitronen in den Kisten sind.

Befinden sich in einer Stichprobenlänge von 10 höchstens drei Zitronen, so nimmt er an, dass die Hypothese 30 % stimmt. Befinden sich mindestens vier Zitronen in der Stichprobenlänge, so verwirft er die Annahme. Eine Tabelle verdeutlicht die Entscheidungskriterien:

	für p_0 bei 0, 1, 2, 3	gegen p_0 bei 4,...10	Zitronen
$p_0 = 30\%$	richtige Entscheidung	falsche Entscheidung	
$P_0 \neq 30\%$	falsche Entscheidung	richtige Entscheidung	

Bei diesem Beispiel spricht man von einem **einseitigen** Signifikanztest.

Nehmen wir das gleiche Beispiel, aber eine andere Entscheidungsvorgabe. Jetzt nimmt der Händler an: Befinden sich in der Stichprobenlänge von zehn Früchten mindestens eine Zitrone, aber höchstens fünf, so stimmt seine Annahme.

Auch hier kann die Tabelle helfen:

	für p_0 bei 1, ..., 5	gegen p_0 bei 0; 6, ...,10	Zitronen
$p_0 = 30\%$	richtige Entscheidung	falsche Entscheidung	
$P_0 \neq 30\%$	falsche Entscheidung	richtige Entscheidung	

Dieses Beispiel nennt man einen **zweiseitigen** Signifikanztest.

7 Anhang

7.1 Tabelle der Normalverteilung

Da sich das Integral der Standardnormalverteilung

$$F(x) = \frac{1}{\sigma\sqrt{2\pi}} \int_{-\infty}^{x} e^{-\frac{1}{2}\left(\frac{t-\mu}{\sigma}\right)^2} dt$$

nicht auf eine elementare Stammfunktion zurückführen lässt, wird für die Berechnung meist auf Tabellen zurückgegriffen. Diese gelten aber nicht für beliebige μ- und σ-Werte, sondern nur für die standardisierte Form der Gauß'schen Verteilung, bei der jeweils $\mu = 0$ und $\sigma = 1$ ist (man spricht auch von einer 0-1-Normalverteilung, Standardnormalverteilung oder normierten Normalverteilung). Trotzdem ist die Tabelle auch für beliebige $\mu - \sigma$-Normalverteilung nützlich, da sich diese auf sehr einfache Weise in eine 0-1-Verteilung überführen lassen. Die folgende Tabelle der Standardnormalverteilung berechnet sich demnach durch

$$\Phi_{0;1}(z) = \frac{1}{\sqrt{2\pi}} \int_{-\infty}^{z} e^{-\frac{1}{2}t^2} dt$$

(weil $\mu = 0$ und $\sigma = 1$)

Kapitel 7

195

Verteilungsfunktion der Standardnormalverteilung $\Phi_{0;1}(z)$

Tab. 7.1: Verteilungsfunktion der Standardnormalverteilung

z *	0	1	2	3	4	5	6	7	8	9
0,0*	0,50000	0,50399	0,50798	0,51197	0,51595	0,51994	0,52392	0,52790	0,53188	0,53586
0,1*	0,53983	0,54380	0,54776	0,55172	0,55567	0,55962	0,56356	0,56749	0,57142	0,57535
0,2*	0,57926	0,58317	0,58706	0,59095	0,59483	0,59871	0,60257	0,60642	0,61026	0,61409
0,3*	0,61791	0,62172	0,62552	0,62930	0,63307	0,63683	0,64058	0,64431	0,64803	0,65173
0,4*	0,65542	0,65910	0,66276	0,66640	0,67003	0,67364	0,67724	0,68082	0,68439	0,68793
0,5*	0,69146	0,69497	0,69847	0,70194	0,70540	0,70884	0,71226	0,71566	0,71904	0,72240
0,6*	0,72575	0,72907	0,73237	0,73565	0,73891	0,74215	0,74537	0,74857	0,75175	0,75490
0,7*	0,75804	0,76115	0,76424	0,76730	0,77035	0,77337	0,77637	0,77935	0,78230	0,78524
0,8*	0,78814	0,79103	0,79389	0,79673	0,79955	0,80234	0,80511	0,80785	0,81057	0,81327
0,9*	0,81594	0,81859	0,82121	0,82381	0,82639	0,82894	0,83147	0,83398	0,83646	0,83891
1,0*	0,84134	0,84375	0,84614	0,84849	0,85083	0,85314	0,85543	0,85769	0,85993	0,86214
1,1*	0,86433	0,86650	0,86864	0,87076	0,87286	0,87493	0,87698	0,87900	0,88100	0,88298
1,2*	0,88493	0,88686	0,88877	0,89065	0,89251	0,89435	0,89617	0,89796	0,89973	0,90147
1,3*	0,90320	0,90490	0,90658	0,90824	0,90988	0,91149	0,91309	0,91466	0,91621	0,91774
1,4*	0,91924	0,92073	0,92220	0,92364	0,92507	0,92647	0,92785	0,92922	0,93056	0,93189
1,5*	0,93319	0,93448	0,93574	0,93699	0,93822	0,93943	0,94062	0,94179	0,94295	0,94408
1,6*	0,94520	0,94630	0,94738	0,94845	0,94950	0,95053	0,95154	0,95254	0,95352	0,95449
1,7*	0,95543	0,95637	0,95728	0,95818	0,95907	0,95994	0,96080	0,96164	0,96246	0,96327
1,8*	0,96407	0,96485	0,96562	0,96638	0,96712	0,96784	0,96856	0,96926	0,96995	0,97062
1,9*	0,97128	0,97193	0,97257	0,97320	0,97381	0,97441	0,97500	0,97558	0,97615	0,97670
2,0*	0,97725	0,97778	0,97831	0,97882	0,97932	0,97982	0,98030	0,98077	0,98124	0,98169
2,1*	0,98214	0,98257	0,98300	0,98341	0,98382	0,98422	0,98461	0,98500	0,98537	0,98574
2,2*	0,98610	0,98645	0,98679	0,98713	0,98745	0,98778	0,98809	0,98840	0,98870	0,98899
2,3*	0,98928	0,98956	0,98983	0,99010	0,99036	0,99061	0,99086	0,99111	0,99134	0,99158
2,4*	0,99180	0,99202	0,99224	0,99245	0,99266	0,99286	0,99305	0,99324	0,99343	0,99361
2,5*	0,99379	0,99396	0,99413	0,99430	0,99446	0,99461	0,99477	0,99492	0,99506	0,99520
2,6*	0,99534	0,99547	0,99560	0,99573	0,99585	0,99598	0,99609	0,99621	0,99632	0,99643
2,7*	0,99653	0,99664	0,99674	0,99683	0,99693	0,99702	0,99711	0,99720	0,99728	0,99736
2,8*	0,99744	0,99752	0,99760	0,99767	0,99774	0,99781	0,99788	0,99795	0,99801	0,99807
2,9*	0,99813	0,99819	0,99825	0,99831	0,99836	0,99841	0,99846	0,99851	0,99856	0,99861
3,0*	0,99865	0,99869	0,99874	0,99878	0,99882	0,99886	0,99889	0,99893	0,99896	0,99900
3,1*	0,99903	0,99906	0,99910	0,99913	0,99916	0,99918	0,99921	0,99924	0,99926	0,99929
3,2*	0,99931	0,99934	0,99936	0,99938	0,99940	0,99942	0,99944	0,99946	0,99948	0,99950
3,3*	0,99952	0,99953	0,99955	0,99957	0,99958	0,99960	0,99961	0,99962	0,99964	0,99965
3,4*	0,99966	0,99968	0,99969	0,99970	0,99971	0,99972	0,99973	0,99974	0,99975	0,99976

Tab. 7.1: (Fortsetzung): Verteilungsfunktion der Standardnormalverteilung

3,5*	0,99977	0,99978	0,99978	0,99979	0,99980	0,99981	0,99981	0,99982	0,99983	0,99983
3,6*	0,99984	0,99985	0,99985	0,99986	0,99986	0,99987	0,99987	0,99988	0,99988	0,99989
3,7*	0,99989	0,99990	0,99990	0,99990	0,99991	0,99991	0,99992	0,99992	0,99992	0,99992
3,8*	0,99993	0,99993	0,99993	0,99994	0,99994	0,99994	0,99994	0,99995	0,99995	0,99995
3,9*	0,99995	0,99995	0,99996	0,99996	0,99996	0,99996	0,99996	0,99996	0,99997	0,99997
4,0*	0,99997	0,99997	0,99997	0,99997	0,99997	0,99997	0,99998	0,99998	0,99998	0,99998

Anmerkung: Negative Werte werden aus Gründen der Symmetrie nicht angegeben, weil $\Phi(-z) = 1 - \Phi(z)$ ist.

Aus der Tabelle kann die Wahrscheinlichkeit $\Phi(z)$ für die Standardnormalverteilung ermittelt werden. Aufgrund des Zusammenhanges $\Phi(-z) = 1 - \Phi(z)$ (und damit auch wegen der Symmetrie der Gauß'schen Glockenkurve) sind hier nur die positiven Werte von z zu finden. Ist nun die Wahrscheinlichkeit $\Phi(z)$ für Werte von z im Intervall von 0 bis 4,09 gesucht, so steht z bis zum Zehntel in der linken Randzeile der Tabelle und das Hundertstel findet sich in der Kopfzeile. Dort, wo sich die zugehörige Zeile und Spalte kreuzen, steht die Wahrscheinlichkeit $\Phi(z)$. Übersteigt z die Grenze von 4,09, dann gilt:

$$\Phi(z) \approx 1, \text{für} z > 4,09$$

Vorsicht ist bei der Umkehrung geboten, bei der eine Wahrscheinlichkeit vorgegeben und das dazugehörige z gesucht ist. Hier muss derjenige Wert $\Phi(z)$ angesehen werden, der den geringeren Abstand zur vorgegebenen Wahrscheinlichkeit hat. Anschließend setzt man z aus der Zeile und Spalte dieses Wertes zusammen. Ist also z. B. die Wahrscheinlichkeit 0,90670 gegeben, so wird in der Tabelle der Wert 0,90658 (entspricht einem z von 1,32) gewählt, weil dieser viel näher liegt, als der nächste mögliche Wert von 0,90824 (wobei dieser ein z von 1,33 ergäbe).

7.2 Tabelle der Gamma-Funktion

Für alle natürlichen Zahlen n gilt:

$$\Gamma(n + 1) = n!$$

Deshalb wird die Gammafunktion als Verallgemeinerung der Fakultat angesehen.

Für alle reellen Zahlen $x > 0$ gilt die Euler'sche Definition der Gammafunktion $\Gamma(x)$:

$$\Gamma(x) \stackrel{\text{def}}{=} \int_0^\infty e^{-t} t^{x-1} \, dt$$

Für alle nicht in der Menge $\{0, -1, -2, -3, \dots\}$ enthaltenen reellen Zahlen x gilt die Gauß'sche Definition der Gammafunktion:

$$\Gamma(x) \stackrel{\text{def}}{=} \lim_{n \to \infty} \frac{n! n^{x-1}}{x(x + 1)(x + 2) \dots (x + n - 1)}$$

Tabelle 7.2 auf der nächsten Seite liefert die Funktionswerte der Gammafunktion.

Tab. 7.2: Gamma-Funktion

x	y	x	y	x	y	x	y	x	y
1,00	1,00000	1,01	0,99433	1,02	0,98884	1,03	0,98355	1,04	0,97844
1,05	0,97350	1,06	0,96874	1,07	0,96415	1,08	0,95973	1,09	0,95546
1,10	0,95135	1,11	0,94740	1,12	0,94359	1,13	0,93993	1,14	0,93642
1,15	0,93304	1,16	0,92980	1,17	0,92670	1,18	0,92373	1,19	0,92089
1,20	0,91817	1,21	0,91558	1,22	0,91311	1,23	0,91076	1,24	0,90852
1,25	0,90640	1,26	0,90440	1,27	0,90250	1,28	0,90072	1,29	0,89904
1,30	0,89747	1,31	0,89600	1,32	0,89464	1,33	0,89338	1,34	0,89222
1,35	0,89115	1,36	0,89018	1,37	0,88931	1,38	0,88854	1,39	0,88785
1,40	0,88726	1,41	0,88676	1,42	0,88636	1,43	0,88604	1,44	0,88580
1,45	0,88566	1,46	0,88560	1,47	0,88563	1,48	0,88575	1,49	0,88595
1,50	0,88623	1,51	0,88659	1,52	0,88704	1,53	0,88757	1,54	0,88818
1,55	0,88887	1,56	0,88964	1,57	0,89049	1,58	0,89142	1,59	0,89243
1,60	0,89352	1,61	0,89468	1,62	0,89592	1,63	0,89724	1,64	0,89864
1,65	0,90012	1,66	0,90167	1,67	0,90330	1,68	0,90500	1,69	0,90678
1,70	0,90864	1,71	0,91057	1,72	0,91258	1,73	0,91467	1,74	0,91683
1,75	0,91906	1,76	0,92137	1,77	0,92376	1,78	0,92623	1,79	0,92877
1,80	0,93138	1,81	0,93408	1,82	0,93685	1,83	0,93969	1,84	0,94261
1,85	0,94561	1,86	0,94869	1,87	0,95184	1,88	0,95507	1,89	0,95838
1,90	0,96177	1,91	0,96523	1,92	0,96877	1,93	0,97240	1,94	0,97610
1,95	0,97988	1,96	0,98374	1,97	0,98768	1,98	0,99171	1,99	0,99581
2,00	1,00000								

Kapitel 7

8 Übungen: Analysis

8.1 Gebrochenrationale Funktionen

1. Aufgabe

Gegeben ist die Funktion $f : x \mapsto \dfrac{3x^2 - 8x}{(x-2)^2}; x \in \mathbb{D}_f$. Ihr Graph heißt G_f.

1. Geben Sie die Definitionslücken von f und den maximalen möglichen Definitionsbereich D_f an!

2. Bestimmen Sie die Art der Definitinslücke!
   Wie verhält sich G_f in der Nähe der Definitionslücke?

3. Bestimmen Sie die Nullstellen von f!

4. Untersuchen Sie das Monotonieverhalten von f und geben Sie Art und Lage des Extrempunktes von G_f an!

5. Stellen Sie die Gleichung aller Asymptoten von f auf!

6. Zeigen Sie nur mit Hilfe der 2. Ableitung von f, dass G_f genau einen Wendepunkt hat! Ermitteln Sie die Koordinaten des Wendepunktes!

7. Zeichnen Sie G_f unter Berücksichtigung aller bisheriger Ergebnisse!

Lösung

1. **Definitionslücken, Definitionsbereich**
   Die Definitionslücken von f sind die Nullstellen des Nennerpolynoms. Also:

   $$(x-2)^2 = 0 \Leftrightarrow x = 2$$

   Ergebnis: 2 ist Definitionslücke von f, also $\mathbb{D}_f = \mathbb{R} \backslash \{2\}$

2. **Art der Definitionslücke, Verhalten von f in der Nähe der Definitionslücke**
Das Zählerpolynom $u(x) = 3x^2 - 8x$ ist für $x = 2$ ungleich Null. Also hat f in 2 einen Pol 2. Ordnung (ohne Vorzeichenwechsel). Die Vertikale durch 2 ist Asymptote von G_f. Ausführlich:

$$\lim_{x \to 2+} f(x) = \lim_{h \to 0} \frac{3(2+h)^2 - 8(2+h)}{(2+h-2)^2}$$

$$= \lim_{h \to 0} \frac{(2+h)[3(2+h) - 8]}{h^2}$$

$$= \lim_{h \to 0} \frac{(2+h)(3h-2)}{h^2} = -\infty$$

$$\Rightarrow \lim_{x \to 2-} f(x) = -\infty$$

Damit liegt ein Pol 2. Ordnung vor.

3. **Nullstellen**
$f(x)$ wird Null, wo der Zähler Null wird.

$$3x^2 - 8x = 0 \Leftrightarrow x((3x - 8) = 0 \Leftrightarrow x = 0 \vee x = \frac{8}{3}$$

4. **Monotonieverhalten, Extrempunkte**

$$f'(x) = \frac{(6x-8)(x^2-4x+4) - (3x^2-8x)(2x-4)}{(x-2)^4}$$

$$= \frac{-4x^2 + 24x - 32}{(x-2)^4} = \frac{-4(x^2 - 6x + 8}{(x-2)^4}$$

$$-4\frac{(x-4)(x-2)}{(x-2)^4} = -4\frac{x-4}{(x-2)^3}$$

$f'(x) = 0$, wenn $x - 4 = 0 \Leftrightarrow x = 4$.

Betrachtet man die Vorzeichen im Definitionsbereich, so muss in einzelne Abschnitte unterteilt werden:

$f'(x) < 0$ für $-\infty < x < 2$
$f'(x) > 0$ für $2 < x < 4$
$f'(x) < 0$ für $4 < x < \infty$

Daher muss die Extremstelle bei $x = 4$ ein Maximum sein.

$\Rightarrow$ Maximum in $(4; 4)$

5. **Asymptoten**

An der Polstelle hat der Graph die senkrechte Asymptote $x = 2$.
Liegt auch eine horizontale Asymptote vor?

$$\lim_{|x| \to \infty} \frac{3x^2 - 8x}{x^2 - 4x + 4} = \lim_{|x| \to \infty} \frac{x^2(3 - \frac{8}{x})}{x^2(1 - \frac{4}{x} + \frac{4}{x^2})} = 3$$

Es liegt also mit $y = 3$ eine horizontale Asymptote vor.

6. **Wendepunkt**

$$f''(x) = -4\frac{(x - 2)^3 - (x - 4) \cdot 3(x - 2)^2}{(x - 2)^6}$$

$$= -4\frac{(x - 2)^2[x - 2 - \cdot 3(x - 4)]}{(x - 2)^6}$$

$$= -4\frac{10 - 2x}{(x - 2)^4} = \frac{8(x - 5)}{(x - 2)^4}$$

$f''(2 < x < 5) < 0$
$f''(5) = 0$
$f''(5 < x < \infty) > 0$

$\Rightarrow$ Wendepunkt in $\left(5; \frac{35}{9}\right)$

Kapitel 8

7. **Graph**

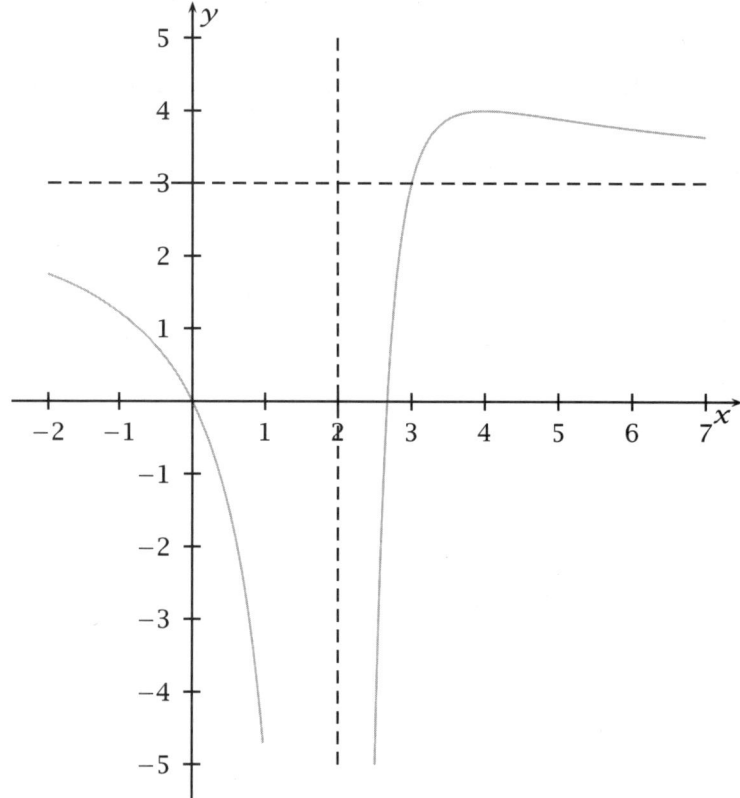

Abb. 8.1: Graph der Funktion $f : x \mapsto \dfrac{3x^2 - 8x}{(x-2)^2}$

2. Aufgabe:

Führen Sie für die folgende gebrochenrationale Funktion eine vollständige Kurvendiskussion durch:

$$f : x \mapsto \frac{x^2 - 4}{x^2 - 1}; \quad x \in \mathbb{D}$$

Zur Erinnerung:

Zu einer vollständigen Kurvendiskussion gehören folgende Punkte:

- Definitionsbereich, Definitionslücken

- Art der Definitionslücken, Verhalten des Graphen in der Nähe der Definitionslücken

- Symmetrieverhalten

- Schnittpunkte des Graphen mit den Koordinatenachsen

- Verhalten im Unendlichen

- Monotonieverhalten

- evtl. Extrempunkte

- evtl. Wendestellen

- evtl. schiefe Asymptoten

- Graph

Lösung

- Definitionsbereich: $\mathbb{D}_f = \mathbb{R}\backslash\{-1; 1\}$

- Pole: Für $x = -1$ und $x = 1$ liegen Pole 1. Ordnung (mit Vorzeichenwechsel) vor. Die senkrechten Geraden $x = -1$ und $x = 1$ sind Asymptoten des Graphen.

$$\lim_{x \to 1+} \frac{x^2 - 4}{(x - 1)(x + 1)} = \lim_{h \to 0} \frac{(1 + h)^2 - 4}{(1 + h - 1)(1 + h + 1)}$$

$$\lim_{h \to 0} \frac{2h + h^2 - 3}{h(2 + h)} = -\infty$$

$\lim_{x \to 1-} f(x) = +\infty$

$\lim_{x \to -1+} f(x) = +\infty$

$\lim_{x \to -1-} f(x) = -\infty$

- Symmetrieverhalten

$$f(-x) = \frac{(-x)^2 - 4}{(-x)^2 - 1)} = \frac{x^2 - 4}{x^2 - 1} = f(x)$$

Der Graph ist symmetrisch zur y-Achse.

- Schnittpunkte mit den Koordinatenachsen

$f(0) = 4 \Rightarrow S(0|4)$

$f(x) = 0 \Leftrightarrow x^2 - 4 = 0 \Leftrightarrow x = -2 \vee x = 2$

$\Rightarrow N_1(-2|0); N_2(2|0)$

- Verhalten für $|x| \to \infty$:

$$\lim_{|x| \to \infty} \frac{x^2(1 - \frac{4}{x^2})}{x^2(1 - \frac{1}{x^2})} = 1$$

Die Gerade $y = 1$ ist horizontale Asymptote an den Graphen.

- Monotonie:

$$f'(x) = \frac{2x(x^2 - 1) - (x^2 - 4)2x}{(x^2 - 1)^2} = \frac{6x}{(x^2 - 1)^2}$$

$f'(x) = 0 \Rightarrow x = 0$

$f'(x) < 0$ für $infty < x < -1 \vee -1 < x < 0$

$f'(x) > 0$ für $0 < x < 1 \vee 1 < x < \infty$

$\Rightarrow$ Minimum im Punkt $(0|4)$.

- Wendepunkte:

$$f''(x) = \frac{6(x^2 - 1)^2 - 6x \cdot 2(x^2 - 1)2x}{(x^2 - 1)^4}$$

$$= \frac{6(x^2 - 1)[(x^2 - 1) - 4x^2]}{(x^2 - 1)^4}$$

$$= \frac{-6(3x^2 + 1)}{(x^2 - 1)^3}$$

$\Rightarrow$ Es existieren keine Wendepunkte.

• Graph

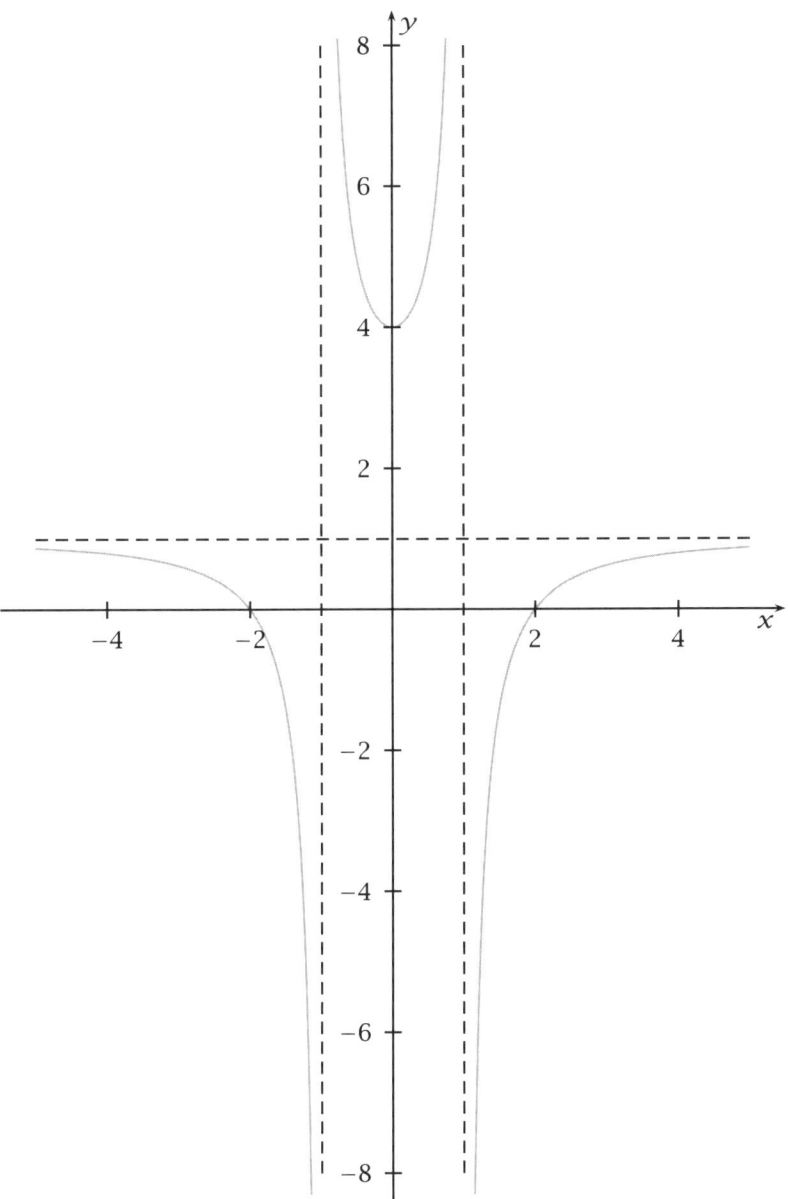

Abb. 8.2: Graph der Funktion $f : x \mapsto \frac{x^2-4}{x^2-1}$

8.2 Aufgaben zu trigonometrischen Funktionen

1. Aufgabe

In $\mathbb{D} = \left[-\frac{5\pi}{4}; \frac{7\pi}{4} \right]$ soll der Graph $G : f(x) = 1 + \sin x + \cos x$ untersucht werden.

1. Berechnen Sie die Schnittpunkte von G mit der x-Achse.

2. Zeigen Sie, dass G zur Geraden $x = \frac{\pi}{4}$ achsensymmetrisch ist.

3. Bestimmen Sie rechnerisch die Koordinaten der Hoch- und Tiefpunkte von G. Ermitteln Sie auch die Randextrema.

4. Welche Koordinaten haben die Wendepunkte von G?
    Stellen Sie die Gleichung der Wendetangente im Wendepunkt auf, der dem Ursprung am nächsten liegt.

5. Fertigen Sie eine Skizze des Graphen G.

Lösung

1. $1 + \sin x + \cos x = 0$
    $\cos x = \sqrt{1 - \sin^2 x}$
    $2 \sin^2 x + 2 \sin x = 0 \Rightarrow \sin x (1 + \sin x) = 0$
    $S_1(\pi|0) \quad S_2(-\frac{\pi}{2}|0) \quad S_3(\pi|0) \quad S_4(\frac{3\pi}{2})$

2. $x \rightarrow x + \frac{\pi}{4} \quad f(x) \rightarrow g(x)$
    Mit den Additionstheoremen:
    $g(x) = 1 + \sin(x + \frac{\pi}{4}) + \cos(x + \frac{\pi}{4})$
    $= 1 + \sqrt{2} \cos x$
    $g(-x) = 1 + \sqrt{2} \cos(-x) = 1 + \sqrt{2} \cos x$
    $\Rightarrow g(x)$ achsensymmetrisch zur x-Achse
    $\Rightarrow f(x)$ achsensymmetrisch zu $x = \frac{\pi}{4}$

3. $f'(x) = \cos x - \sin x$
    $f''(x) = -\sin x - \cos x$
    $f'''(x) = -\cos x + \sin x$
    $f'(x) = 0 : \cos x - \sin x = 0$
    $\Rightarrow \tan x = 1 \quad T_1(-\frac{3\pi}{4}| - 0,41)$
    $H(\frac{\pi}{4}|2,41)$
    $T_2(\frac{5\pi}{4}| - 0,41)$

$\lim_{x \to \frac{-5\pi}{4}^+} f'(x) = -1,41 \Rightarrow$ Randmaximum $(-\frac{5\pi}{4}|1)$

$\lim_{x \to \frac{7\pi}{4}^+} f'(x) = 1,41 \Rightarrow$ Randmaximum $(\frac{7\pi}{4}|1)$

4. $W_1 \left(-\frac{5\pi}{4}|1\right)$

   $W_2 \left(-\frac{\pi}{4}|1\right)$

   $W_3 \left(\frac{3\pi}{4}|1\right)$

   $W_4 \left(\frac{7\pi}{4}|1\right)$

   $t : y = 1,41x + 2,11$

5.

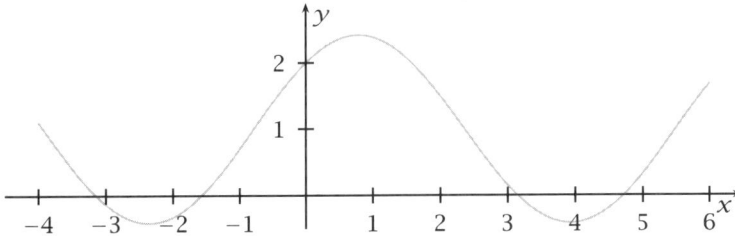

Abb. 8.3: Graph der Funktion $f(x) = 1 + \sin x + \cos x$

2. Aufgabe

1. Bestimmen Sie Art und Lage der lokalen Extrema von

$$f(x) = \cos x + \cos^2 x \text{ in } \mathbb{D} = [0; 2\pi]$$

2. Geben Sie den Wertebereich von $f(x)$ an.

3. Welche Koordinaten haben die Wendepunkte des zu $f(x)$ gehörenden Graphen?

4. Der Punkt $P(x_P|1,21)$ mit $0 < x_P < \frac{\pi}{2}$ liegt auf dem Graphen von $f(x)$. Im Punkt P wird die Tangente an den Graph von $f(x)$ gezeichnet. Wo schneidet diese Tangente die y-Achse?

5. Skizzieren Sie den Graph von $f(x)$ mit Hilfe der Ergebnisse aus 1. - 4.

Lösung

1. $f'(x) = -\sin x - 2\cos x \sin x$
   $f''(x) = -\cos x - 2\cos^2 x + 2\sin^2 x$
   $f'''(x) = \sin x + 8\sin x \cos x$
   $H_1(0|2)$
   $T_1(2,09|-0,25)$
   $H_2(\pi|0)$
   $T_2(4,19|-0,25)$
   $H_3(2\pi|2)$

2. $f(x)$ ist stetig und hat keine Definitionslücke $\Rightarrow W = \{y|-0,25 \le y \le 2\}$

3. $W_1(0,94|0,94)$
   $W_2(2,57|-0,13)$
   $W_3(3,71|-0,13)$
   $W_4(5,35|0,94)$

4. $P(\frac{\pi}{4}|1,21)$
   $f'(\frac{\pi}{4}) = -1,71$
   $y = -1,71x + 2,55$
   $S(0|2,55)$

5.

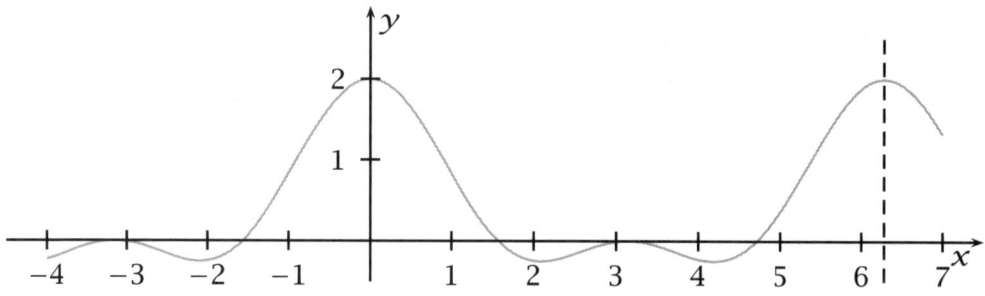

Abb. 8.4: Graph der Funktion $f(x) = \cos x + \cos^2 x$

3. Aufgabe

Die Seitenkante eines geraden Kegels misst 10 cm. Sie ist unter dem Winkel x gegen die Grundfläche geneigt (vgl. Abbildung 8.5).

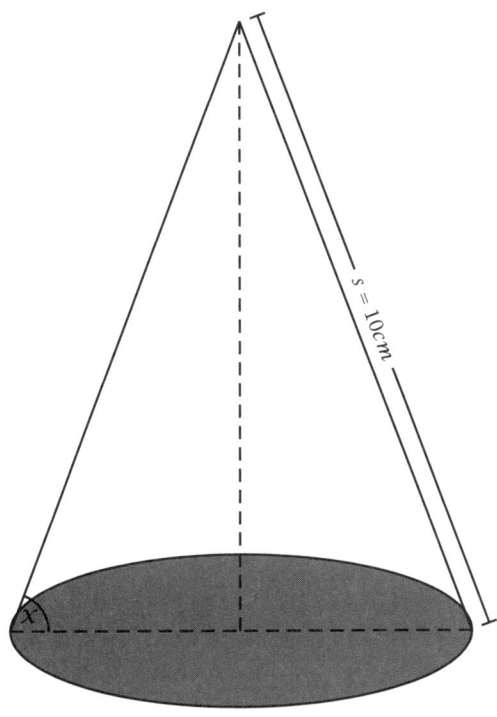

Abb. 8.5: Kegel zur 3. Aufgabe

Bei welchem Winkel x ist das Kegelvolumen am größten?

[Teilergebnis: $V(x) = \frac{1000}{3} \pi \cos^2 x \sin x$]

Lösung

$V = \frac{1}{3} \pi r^2 h$
$h = s \cdot \sin x$
$r = s \cdot \cos x$
$V = \frac{1}{3} \pi s^3 \cos^2 x \sin x$
$V' = \frac{1}{3} \pi s^3 (\cos^3 x - 2 \sin^2 x \cos x$
$V'(x) = 0; x = 0,62$

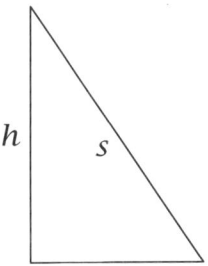

4. Aufgabe

Die Graphen der Funktionen $f(x) = a \cdot \sin x$ und $g(x) = bx^2$ schneiden sich an den benachbarten Stellen $x_1 = 0$ und $x_2 = \frac{\pi}{2}$. Die zwischen den Graphen eingeschlossene Fläche besitzt den Wert $\frac{6-\pi}{12}$.

Bestimmen Sie a und $b(a, b \in \mathbb{R}^+)$.

Lösung

Schnittpunkte:

$x_2 = \frac{\pi}{2} : a \cdot \sin \frac{\pi}{2} = b \cdot (\frac{\pi}{2})^2 \Rightarrow a = b \cdot \frac{\pi^4}{4}$

$A = \int_0^{\frac{\pi}{2}} (f(x) - g(x))\, dx$

$= \int_0^{\frac{\pi}{2}} (b \cdot \frac{\pi^2}{4} \sin x - bx^2)\, dx$

$= b \cdot \int_0^{\frac{\pi}{2}} (\frac{\pi^2}{4} \sin x - x^2)\, dx$

$= b[-\frac{\pi^2}{4} \cos x - \frac{1}{3}x^3]_0^{\frac{\pi}{2}}$

$= b \cdot \left(-\frac{\pi^2}{4} \cos \frac{\pi}{2} - \frac{1}{3}(\frac{\pi}{2})^3 + \frac{\pi^2}{4} \cdot \cos 0 + 0\right)$

$= b \left(-\frac{\pi^3}{24} + \frac{\pi^2}{4}\right) = b \cdot \frac{6\pi^2 - \pi^3}{24}$

Gegebene Fläche einsetzen:

$\frac{6-\pi}{12} = b \cdot \frac{6\pi^2 - \pi^3}{24}$

$b = \frac{(6-\pi) \cdot 24}{12(6\pi^2 - \pi^3)}$

$b = \frac{(6-\pi) \cdot 2}{\pi^2 (6 - \pi -)} = \frac{2}{\pi^2}$

$a = \frac{2}{\pi^2} \cdot \frac{\pi^2}{4} = \frac{1}{2}$

5. Aufgabe

Die Funktion $f(x) = \frac{\cos 2x}{\cos x}$ ist im Intervall $[0; 2\pi]$ gegeben. Ihr Graph ist G.

1. Wo befinden sich im angegebenen Intervall Definitionslücken und von welcher Art sind sie?

2. Berechnen Sie die Nullstellen von $f(x)$.

3. Welche Symmetrieeigenschaft besitzt G?

4. Bestimmen Sie Art und Lage der relativen Extrema von $f(x)$.

5. Zeichnen Sie G im angegebenen Intervall.

6. Gegeben ist in $[0; \frac{\pi}{2}]$ die Funktion $h(x) = -\frac{1}{\cos x}$. Ihr Graph ist H. Zwischen G, H, der y-Achse und der Geraden $x = k$ mit $0 < k < \frac{\pi}{2}$ wird ein Flächenstück A eingeschlossen. Berechnen Sie seinen Inhalt. Wie groß ist $\lim_{k \to \frac{\pi}{2}} A$?

Lösung

1. Definitionslücken:
   $\cos x = 0 \Rightarrow x_1 = \frac{\pi}{2} \quad x_2 = \frac{3}{2}\pi$
   Polstellen 1. Ordnung

2. Nullstellen:
   $\cos 2x = 0 \Rightarrow$
   $2x = \frac{\pi}{2} \Rightarrow x_1 = \frac{\pi}{4}$
   $2x = \frac{3}{2}\pi \Rightarrow x_2 = \frac{3}{4}\pi$
   $2x = \frac{5}{2}\pi \Rightarrow x_3 = \frac{5}{4}\pi$
   $2x = \frac{7}{2}\pi \Rightarrow x_4 = \frac{7}{4}\pi$

3. Symmetrie:
   $f(-x) = f(x) \Rightarrow$ achsensymmetrisch zur y-Achse.

4. $f(x) = \frac{2\cos^2 x - 1}{\cos x}$
   $f'(x) = \frac{-\cos x \, 4\cos x \sin x + (2\cos^2 x - 1)\sin x}{\cos^2 x}$
   $= \frac{-4\cos^2 x \sin x + 2\cos^2 x \sin x - \sin x}{\cos^2 x}$
   $= \frac{-2\cos^2 x \sin x - \sin x}{\cos^2 x}$
   $= -2\sin x - \frac{\sin x}{\cos^2 x}$
   $f''(x) = -2\cos x - \frac{\cos^3 x + \sin^2 x \, 2\cos x}{\cos^4 x}$
   $= -2\cos x - \frac{1}{\cos x} - \frac{2\sin^2 x}{\cos^3 x}$
   $f'(x) = 0 : -\sin x \left(2 + \frac{1}{\cos^2 x}\right) = 0$
   $\Rightarrow \sin x = 0 \Rightarrow x_1 = 0 \quad x_2 = \pi \quad x_3 = 2\pi$
   $2 + \frac{1}{\cos^2 x} = 0 \Rightarrow \cos^2 x = -\frac{1}{2} \Rightarrow \mathbb{L} = \emptyset$
   $f''(0) = -2\cos 0 - \frac{1}{\cos 0} - \frac{2\sin^2 0}{\cos^3 0} = -3 < 0 \Rightarrow$ Hochpunkt
   $f(0) = \frac{\cos 0}{\cos 0} = 1$
   $H_1(0|1)$
   $f''(\pi) = -2\cos \pi - \frac{1}{\cos \pi} - \frac{2\sin^2 \pi}{\cos^3 \pi} = 3 > 0 \Rightarrow$ Tiefpunkt
   $f(\pi) = \frac{\cos 2\pi}{\cos \pi} = -1$

$T_1(\pi | -1)$
$f''(2\pi) = f''(0) = -3 < 0 \Rightarrow$ Hochpunkt
$f(2\pi) = f(0) = 1$
$H_2(2\pi | 1)$

5.

x	0	$\frac{\pi}{8}$	$\frac{\pi}{4}$	$\frac{3}{8}\pi$	$\frac{\pi}{2}$	$\frac{5}{8}\pi$	$\frac{3}{4}\pi$	$\frac{7}{8}\pi$	π	$\frac{9}{8}\pi$	$\frac{5}{4}\pi$	usw.
$f(x)$	1	0,77	0	-1,85	/	1,85	0	-0,77	-1	-0,77	0	

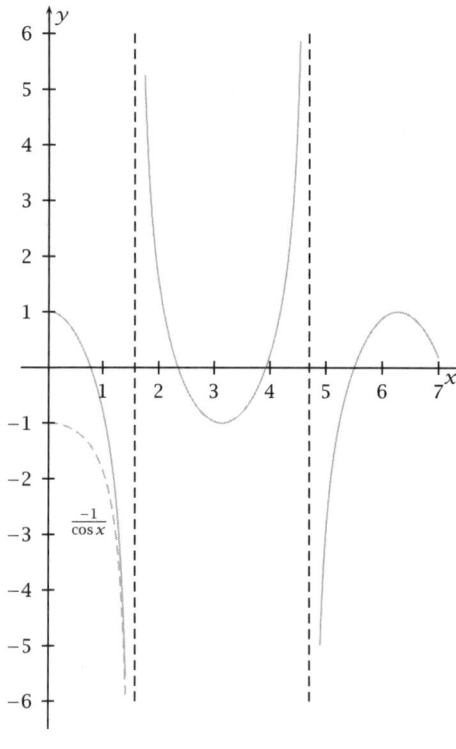

Abb. 8.6: Graph der Funktion
$$f(x) = \frac{\cos 2x}{\cos x}$$

6. $A = \int_0^k (f(x) - h(x))\,dx = \int \left(\frac{2\cos^2 x}{\cos x} - \frac{1}{\cos x} - \left(-\frac{1}{\cos x} \right) \right) dx$
$= \int_0^k 2\cos x \, dx = 2[\sin x]_0^k = 2\sin k$
$\lim_{k \to \frac{\pi}{2}} A = 2$

Kapitel 8

6. Aufgabe

Gegeben ist die Funktion $f(x) = 4 - \frac{3}{\sin^2 x}$. Ihr Graph ist G.
die folgenden Untersuchungen beschränken sich auf das Intervall $[-\pi; \pi]$.

1. Geben Sie den maximal zulässigen Definitionsbereich von $f(x)$ an.

2. Untersuchen Sie G hinsichtich y-Achsensymmetrie bzw. Punktsymmetrie zum Ursprung.

3. Berechnen Sie die Funktionswerte $f(\frac{\pi}{2} + a)$ und $f(\frac{\pi}{2} - a)$ mit $a \in \mathbb{R}$. Welche Eigenschaften von G kann man daraus ableiten?

4. Bestimmen Sie sämtliche Nullstellen und relativen Extrema im angegebenen Intervall. Geben Sie auch jeweils die Art der Extremwerte an.

5. Zeichnen Sie G. Verwenden Sie dazu neben einer Wertetabelle die Ergebnisse der bisherigen Teilaufgaben. (Maßstab: x-Achse: $\pi = 6$ cm; y-Achse: 1 LE = 2 cm)

6. Berechnen Sie die Fläche, die der Graph G und der Graph von $g(x) = -\sin x$ im I. und IV. Quadranten einschließen.

Lösung

1. $\mathbb{D}_{max} = \,]-\pi; \pi[\, \backslash \{0\}$

2. $f(x) = f(-x) \Rightarrow y$-Achsensymmetrie

3. $f(\frac{\pi}{2} + a) = 4 - \frac{3}{\sin^2(\frac{\pi}{2}+a)} =$

   $= 4 - \frac{3}{(\sin\frac{\pi}{2}\cos a + \cos\frac{\pi}{2}\sin a)^2} = 4 - \frac{3}{\cos^2 a}$

   $f(\frac{\pi}{2} - a) = 4 - \frac{3}{\sin^2(\frac{\pi}{2}-a)} =$

   $= 4 - \frac{3}{(\sin\frac{\pi}{2}\cos a - \cos\frac{\pi}{2}\sin a)^2} = 4 - \frac{3}{\cos^2 a}$

   $f(\frac{\pi}{2} + a) = f(\frac{\pi}{2} - a) \Rightarrow G$ ist achsensymmetrisch bzgl. $x = \frac{\pi}{2}$

4. Nullstellen:

   $f(x) = 0 : \sin^2 x = \frac{3}{4} \Rightarrow \sin x = \pm\frac{1}{2}\sqrt{3} \Rightarrow x_1 = -\frac{2}{3}\pi; x_2 = -\frac{\pi}{2};$

   $x_3 = \frac{\pi}{2}; x_4 = \frac{2}{3}\pi$

   Extrema:

   $f'(x) = \frac{3 \cdot 2 \sin x \cos x}{\sin^4 x} = \frac{6\cos x}{\sin^3 x}$

   $f''(x) = 6 \cdot \frac{\sin^3 x(-\sin x) - \cos x \cdot 3\sin^2 x \cdot \cos x}{\sin^6 x} =$

$6 \cdot \dfrac{-\sin^2 x - 3\cos^2 x}{\sin^4 x} = -6 \cdot \dfrac{\sin^2 x + 3\cos^2 x}{\sin^4 x} < 0$ für alle $x \in \mathbb{D}$

$f'(x) = 0 : \cos x = 0 \Rightarrow x_1 = \dfrac{\pi}{2}; x_2 = -\dfrac{\pi}{2}$

$f(\pm\tfrac{\pi}{2}) = 4 - \dfrac{3}{\sin^2 \frac{\pi}{2}} = 1$

$H_1\left(-\dfrac{\pi}{2}\,|\,1\right); H_2\left(\dfrac{\pi}{2}\,|\,1\right)$

5.

x	0	$\pm\frac{\pi}{4}$	$\pm\frac{\pi}{3}$	$\pm\frac{\pi}{2}$	$\pm\frac{2}{3}\pi$	$\pm\frac{3}{4}\pi$	$\pm\pi$
$f(x)$	/	-2	0	1	0	-2	/

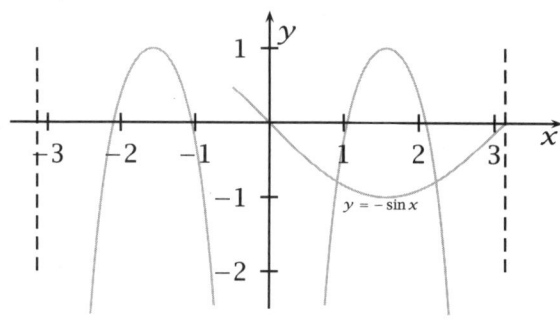

Abb. 8.7: Graph der Funktion $f(x) = 4 - \dfrac{3}{\sin^2 x}$

6. Schnittpunkte der beiden Graphen: $f(x) = g(x)$

$4 - \dfrac{3}{\sin^2 x} = -\sin x \Rightarrow \sin^3 x + 4\sin^2 x - 3 = 0$

$\sin x = a : a^3 + 4a^2 - 3 = 0$; durch Probieren: $a_1 = -1 = \sin x$

$\Rightarrow \mathbb{L} = \emptyset$ in $\mathbb{D}$

Polynomdivision:

$(a^3 + 4a^2 - 3) : (a + 1) = a^2 + 3a - 3$

$\Rightarrow a_{2,3} = \dfrac{-3 \pm \sqrt{9+12}}{2}$

$a_2 = 0,7912 = \sin x \Rightarrow x_1 = 0,9129 \quad x_2 = \pi - x_1 = 2,2286$

$A = \int_{x_1}^{x_2} (f(x) - g(x))\,dx = \int_{x_1}^{x_2}\left(4 - \dfrac{3}{\sin^2 x} + \sin x\right) dx =$

$= [4x + 3\cot x - \cos x]_{x_1}^{x_2} = 7,208 - 5,358 = 1,85$ FE

8.3 Weitere Aufgaben ohne mitgelieferte Lösung

Diskutieren Sie nach dem im Buch beschriebenen Schema folgende Funktionen:

1. $f(x) = (x^2 - 4)^2$

2. $f(x) = \dfrac{x^2 + 3}{x + 1}$

3. $f(x) = \dfrac{6}{x} - \dfrac{3}{x^2}$

4. $f(x) = \dfrac{4x}{x^2 + 4}$

5. $f(x) = \dfrac{4x - 4}{x^2 - 2x + 2}$

9 Übungen: Exponential- und Logarithmusfunktionen

9.1 Einfache Aufgaben

1. Aufgabe

Zeichnen Sie den Graphen der Funktion: $y = c \cdot a^{bx}$ mit $a = 2$, $b = -2$, $c = 0,5$ im Intervall $[-2;2]$. Lösen Sie grafisch die Gleichung $3 = 0,5 \cdot 2^{-2x}$

Lösung

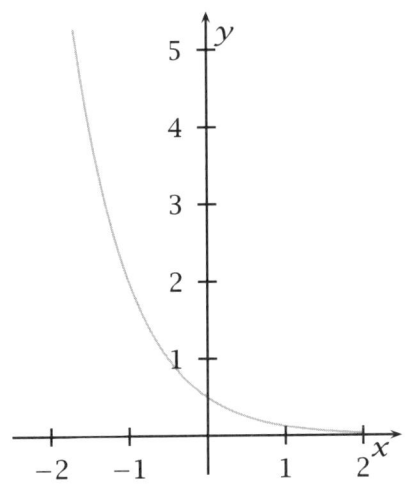

Abb. 9.1: Graph der Funktion $y = c \cdot a^{bx}$

Aus dem Graphen lässt sich ablesen:

$y = 3$ für $x = -1,3$

2. Aufgabe

Bestimmen Sie, wenn möglich, die Basis der Funktion mit der Gleichung $y = a^x$, wenn der Punkt

1. $P(4|16)$

2. $P(0|1)$

auf dem Graphen liegen soll.

Lösung

1. $P(4|16)$
   $16 = a^4 \Rightarrow a = 2 \quad \mathbb{L} = \{2\}$

2. $P(0|1)$
   $1 = a^0 \Rightarrow a$ beliebig $\in \mathbb{R}$

3. Aufgabe

Der Graph der Funktion $y = a^x + b$ geht durch die Punkte $A(0|5)$ und $B(3|12)$. Wie lautet die Funktion?

Lösung

Aufstellen und Lösen eines Linearen Gleichungssystems:

$I \quad 5 = a^0 + b \Rightarrow 4 = b$
$II \quad 12 = a^3 + b$

Ergebnis der 1. Gleichung in die 2. Gleichung eingesetzt:
$12 = a^3 + 4$
$8 = a^3$
$a = 2$

Damit lautet die Funktionsgleichung:

$y = 2^x + 4$

4. Aufgabe

Eine Frau, die 120 kg wiegt, möchte abnehmen. Mit einer Diät verliert sie pro Woche 3% ihres Gewichts.

1. Wieviel wiegt sie nach 8 Wochen?

2. Wie lange muss sie die Diät durchhalten, um ihr Wunschgewicht von 55 kg zu erreichen?

Lösung

Setzt man das erreichte Gewicht als y und die Anzahl der Wochen als x, beschreibt folgende Gleichung das Problem:

$y = 120 \cdot (1 - \frac{3}{100})^x$

1. Damit ergibt sich für das Gewicht nach 8 Wochen:
   $y = 120 \cdot (1 - \frac{3}{100})^8 = 94,049$
   Nach 8 Wochen wiegt sie noch 94,05 kg.

2. $55 = 120 \cdot (1 - \frac{3}{100})^x$
   $\frac{55}{120} = \left(\frac{97}{100}\right)^x$
   $x = 25,613$
   Sie muss mindestens 26 Wochen abnehmen.

5. Aufgabe

Raketen müssen beim Start erhebliche Mengen Treibstoff mitführen, sind also beim Start wesentlich schwerer als im Leerzustand. Daraus kann man eine Formel für die Endgeschwindigkeit aufstellen.

$\frac{v}{v_T} = 2,3 \cdot \lg \frac{m_{St}}{m_l}$ mit v = Endgeschwindigkeit, v_T = Ausströmgeschwindigkeit der Treibgase, $m_S t$ = Masse am Start und m_l = Masse im Leerzustand

1. Welche Endgeschwindigkeit erreicht die Rakete, wenn das Massenverhältnis 3 beträgt und $v_T = 3,1$ km/s ist?

2. Bei welchem Massenverhältnis erreicht man eine Endgeschwindigkeit von 10 km/s, wenn für $v_T = 2,7$ km/s gilt?

Lösung

1. $\frac{v}{3,1} = 2,3 \cdot \lg \frac{3}{1}$
   $v = 2,3 \cdot \lg \frac{3}{1} \cdot 3,1$ km/s
   $v = 3,40187455$ km/s $= 12246,7484$ km/h

2. $\frac{10}{2,7} = 2,3 \cdot \lg \frac{m_{St}}{m_l}$
   $\frac{m_{St}}{m_l} = 40,7667$

Die Startmasse müsste also 41 mal so groß sein wie die Leermasse.

Kapitel 9

6. Aufgabe

Berechnen Sie:

1. $\log_{\sqrt{2}} 2$
2. $\log_8 25$
3. $\log_8 x = \frac{-2}{3}$
4. $\log_4 x = 0,5$
5. $\log_x 0,125 = -3$

Lösung

1. $\log_{\sqrt{2}} 2 = 2$
2. $\log_8 25 = 1,54795206$
3. $\log_8 x = \frac{-2}{3}$
   $x = 0,25$
4. $\log_4 x = 0,5$
   $x = 2$
5. $\log_x 0,125 = -3 \; x = 0,5$

7. Aufgabe

Solange Holz lebt, enthält es neben dem normalen Kohlenstoff C12 noch das radioaktive Kohlenstoffisotop C14. Der Anteil von C14 ist bei einer lebenden Pflanze konstant.

Sobald die Pflanze abstirbt, wird kein C14 mehr nachgeführt und der C14-Anteil nimmt exponentiell ab. Die Halbwertszeit beträgt 5570 Jahre. Im Grab des Pharaos Sesostris III. wurde ein Schiff gefunden. Die Holzplanken wurden 1950 untersucht und zeigten eine Reststrahlung von 63,1%.

Wie alt ist das Schiff heute (2008)?

Lösung

Es gilt folgende Gleichung:

$$\text{Reststrahlung} = 0,5^{\frac{\text{Alter}}{\text{Halbwertszeit}}}$$

$$63,10\% = 0,5^{\frac{t}{5570}}$$

$$\frac{t}{5570} = \log_{0,5} 63,10$$

$$\frac{t}{5570} = 0,66428809$$

$$t = 3700,08466 \text{ Jahre (1950)}$$

$$t = 3758,08466 \text{ Jahre (2008)}$$

Das Schiff ist also im Jahr 2008 3758 Jahre alt.

8. Aufgabe

Bestimmen Sie die Lösungsmengen:

1. $4^{-x^2} - \frac{1}{4} \cdot 8^x = 0$

2. $\lg(x + 3) + \lg(x - 2) = 1 + \lg x$

Lösung

1. $4^{-x^2} - \frac{1}{4} \cdot 8^x = 0$
   $4^{-x^2} = \frac{1}{4} \cdot 8^x$
   $4 \cdot 4^{-x^2} = 8^x$
   $2^2 \cdot 2^{2(-x^2)} = 2^{3x}$
   $2^{2-2x^2} = 2^{3x}$
   $2 - 2x^2 = 3x$
   $-2x^2 - 3x + 2 = 0$
   $x_1 = -2$
   $x_2 = 0,5 \quad \mathbb{L} = \{-2; 0,5\}$

2. Definitionsmenge: $\mathbb{D} =]2; \infty[$
   $\lg(x + 3) + \lg(x - 2) = 1 + \lg x$
   $\lg(x + 3) + \lg(x - 2) - \lg x = 1$
   $\lg\left(\frac{(x+3)(x-2)}{x}\right) = 1$
   $\frac{(x+3)(x-2)}{x} = 10$
   $x^2 + x - 6 = 10x$

$$x^2 - 9x - 6 = 0$$
$$x_1 = 9,62$$
$$(x_2 = -0,62) \text{ nicht in } \mathbb{D}$$
$$\mathbb{L} = \{9,62\}$$

9.2 Komplexere Aufgabenstellungen

9. Aufgabe

Gegeben ist die Funktion $f(x) = \ln \frac{x}{x^2+3}$. Der zugehörige Graph ist G.

1. Geben Sie den maximalen Definitionsbereich von $f(x)$ an.

2. Die Gerade $g : y = -2$ schneidet den Graphen G in zwei Punkten. Berechnen Sie die Koordinaten dieser Punkte.

3. Wie groß muss $a (a \in \mathbb{R})$ sein, damit die Gerade $g_a : y = a$ den Graph in einem Punkt schneidet (berührt)?

4. Zeichnen Sie den Graphen G im Bereich $0 < x \leq$ (Wertetabelle in Schritten von $\Delta x = 0,5$).

Lösung

1. $\mathbb{D} = \mathbb{R}^+$

2. $\ln \frac{x}{x^2+3} = -2$
   $\frac{x}{x^2+3} = e^{-2}$
   $S_1(6,96| -2) \qquad S_2(0,43| -2)$

3. $\ln \frac{x}{x^2+3} = a$
   $\frac{x}{x^2+3} = e^a$
   $e^a x^2 - x + 3e^a = 0$
   $x_{1/2} = \frac{1 \pm \sqrt{1-12e^{2a}}}{2e^a}$
   Damit es nur einen Berührpunkt gibt, muss die Diskriminante 0 sein.
   $D = 0 \quad 1 - 12e^{2a} = 0$
   $a = -1,24$

4.

x	0,5	1	1,5	2	2,5	3	3,5	4	4,5	5	5,5	6
y	-1,87	-1,39	-1,25	-1,25	-1,31	-1,39	-1,47	-1,56	-1,64	-1,72	-1,80	-1,87

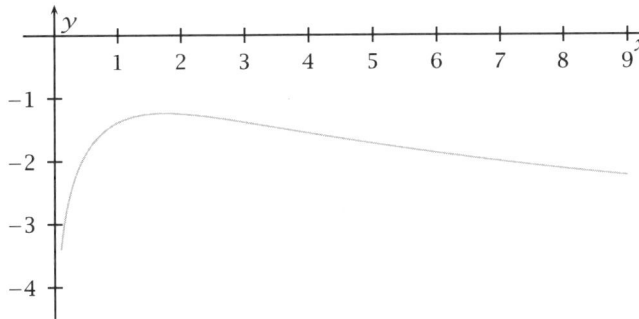

Abb. 9.2: Graph der Funktion $f(x) = \ln \frac{x}{x^2+3}$

10. Aufgabe

Gegeben ist die Funktion $f_a(x) = \ln \frac{4+ax}{4-ax}$ mit $a \in \mathbb{R}^+$. Der Graph ist G_a.

1. Geben Sie den maximalen Definitionsbereich von f(x) in Abhängigkeit von a an.

2. Bestimmen Sie die Nullstellen von $f_a(x)$.

3. Weisen Sie nach, dass die Graphen G_a punktsymmetrisch zum Koordinatenursprung sind.

4. Bestimmen Sie den maximalen Definitionsbereich der Funktion

   $s(x) = f_1(x) + \ln(x + 1).\ (a = 1)$

   In welchen Intervallen ist $s(x) > 0$?

Lösung

1. $4 + ax > 0 \wedge 4 - ax > 0 \vee 4 + ax < 0 \wedge 4 - ax < 0$
   $\mathbb{D} = \{x| -\frac{4}{a} < x < \frac{4}{a}\}$

2. $\ln \frac{4+ax}{4-ax} = 0$
   $\frac{4+ax}{4-ax} = 1$
   $x = 0$

3. $-f(-x) = -\ln \frac{4-ax}{4+ax} = \ln \frac{4-ax}{4+ax}^{-1}$
   $\ln \frac{4+ax}{4-ax} = f(x) \Rightarrow$ Punktsymmetrie zum Ursprung

4. $s(x) = \ln\frac{4+x}{4-x} + \ln(x+1)$

$s(x) = \ln\frac{x^2+5x+4}{4-x}$

$\mathbb{D}_{f_1} =]-4;4[$ vgl 1. $f_2 = \ln(x+1)$

$\mathbb{D}_{f_2} =]-1;\infty[\ \mathbb{D}_s = \mathbb{D}_{f_1} \cap \mathbb{D}_{f_2} =]-1;4[$

$s(x) > 0$, wenn $\frac{x^2+5x+4}{4-x} > 1$

$x^2 + 5x + 4 > 4 - x \quad 4 - x$ ist positiv in $\mathbb{D}_s$!

$x^2 + 6x > 0$

$x(x+6) > 0$

$x > 0 \wedge x + 6 > 0 \vee x < 0 \wedge x + 6 < 0$

$x < 0 \wedge x < -6$

unter Beachtung von $\mathbb{D}_s$ folgt:

$s(x) > 0$, wenn $0 < x < 4$

11. Aufgabe

Die Funktion $f(x) = e^x - e \cdot x$ ist in $\mathbb{D} = \mathbb{R}$ gegeben.

1. Untersuchen Sie, ob der Graph von $f(x)$ achsensymmetrisch zur y-Achse oder punktsymmetrisch zum Ursprung ist.

2. Berechnen Sie die Extrema des Graphen von $f(x)$.

3. Besitzt der Graph von $f(x)$ einen Wendepunkt?

4. Bestimmen Sie $\lim_{x \to infty} f'(x)$ und zeigen Sie, dass $y - e \cdot x$ die schiefe Asymptote des Graphen von $f(x)$ ist.

5. Untersuchen Sie das Krümmungsverhalten des Graphen von $f(x)$.

6. Wie lautet der Wertebereich von $f(x)$?

7. Zeichnen Sie den Graphen von $f(x)$ im Intervall $[-3;2]$

Lösung

1. $f(-x) = e^{-x} + e \cdot x$

$f(-x) \neq f(x)$

$f(-x) \neq -f(x)$

$\Rightarrow$ weder achsen- noch punktsymmetrisch

2. $f'(x) = e^x - e$

$f''(x) = e^x$

$0 = e^x - e$

$e^x = e \Rightarrow x = 1$

$f''(1) = e^1 > 0 \rightarrow$ Tiefpunkt
$f(1) = e^1 - e = 0$
$T(1 \mid 0)$

3. Kein Wendepunkt, da $e^x \neq 0$

4. $\lim_{x \to -\infty} f'(x) = -e$
   Bedingung für die Asymptote: $\lim_{x \to -\infty} (f(x) - y_{As} = 0!$
   $\lim_{x \to -\infty} [e^x - e \cdot x - (-ex)] = \lim_{x \to -\infty} e^x = 0$

5. Krümmungsverhalten: $f''(x) = e^x > 0$ für alle $x \in \mathbb{D}$
   Linkskrümmung in $\mathbb{D}$

6. $\mathbb{W} = \mathbb{R}_0^+$

7.

x	-3	-2	-1	0	1	2
y	8,20	5,57	3,09	1	0	1,95

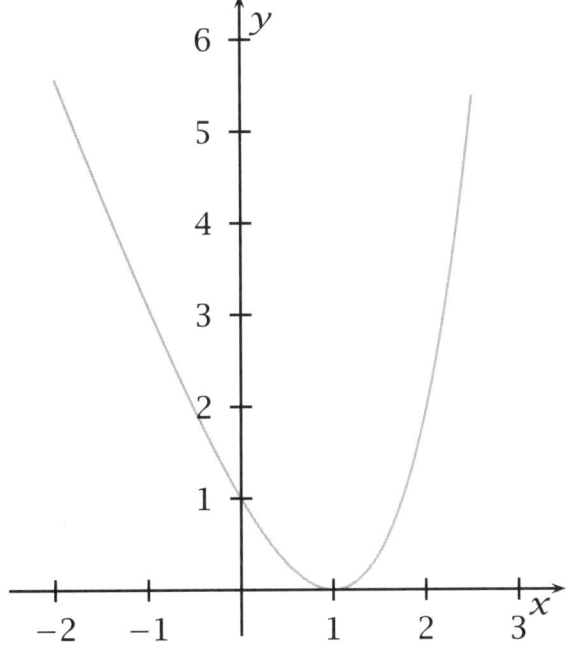

Abb. 9.3: Graph der Funktion $f(x) = e^x - e \cdot x$

12. Aufgabe

Die folgende Funktion ist gegeben:

$$f(x) = \begin{cases} \ln x^2 & \text{für } -\infty < x < -1 \vee 1 < x < \infty \\ x^2 - 1 & \text{für } -1 \leq x \leq 1 \end{cases}$$

1. Welche Symmetrieeigenschaft besitzt der Graph von $f(x)$?

2. Untersuchen Sie, ob die Funktion $f(x)$ im gesamten Definitionsbereich differenzierbar ist.

3. Zeichnen Sie den Graphen von $f(x)$ im Intervall [-4;4].

4. $P(p|p^2 - 1)$ sei ein im 4. Quadranten gelegener Punkt auf dem Graphen von $f(x)$. Bestimmen Sie p so, dass die Kurventangente in P den Punkt $A(0| - \frac{5}{4})$ enthält. Tragen Sie diese Tangente in die Zeichnung ein.

5. Für welchen Wert von p hat der Inhalt des Dreiecks, das von den Koordinatenachsen und der Kurventangente in P begrenzt wird, einen relativen Extremwert?
    Bestimmen Sie ohne weitere Rechnung die Art dieses Extremwertes.

Lösung

1. Der Graph ist achsensymmetrisch zur y-Achse, da $f(-x) = f(x)$

2.

$$f'(x) = \begin{cases} \frac{2}{x} & \text{für } -\infty < x < -1 \\ 2x & \text{für } -1 \leq x \leq 1 \\ \frac{2}{x} & \text{für } 1 < x < \infty \end{cases}$$

$\lim_{x \to -1 \pm h} f(x) = f(-1) = 0$

$\lim_{x \to 1 \pm h} f(x) = f(1) = 0$

$\lim_{x \to -1 \pm h} f'(x) = -2$

$\lim_{x \to 1 \pm h} f'(x) = 2$

$\Rightarrow f(x)$ differenzierbar bei $x \pm 1$ und damit in $\mathbb{D} = \mathbb{R}$

3.

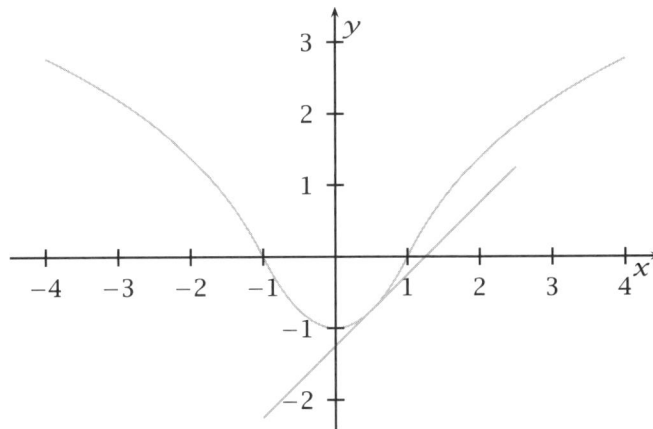

Abb. 9.4: Graph der Funktion aus der 12. Aufgabe

4. $t : y = m \cdot x + t$

$m = f'(p) = 2p$

Einsetzen des Punktes P liefert:

$p^2 - 1 = 2p \cdot p + t \Rightarrow t = -p^2 - 1$

$t : y = 2p \cdot x - p^2 - 1$

$A(0| - \frac{5}{4})$ einsetzen:

$-\frac{5}{4} = -p^2 - 1 \Rightarrow p^2 = \frac{1}{4}$

Durch die Lage im IV. Quadranten gilt: $p = \frac{1}{2}$ $m = 1 \Rightarrow t : y = x - \frac{5}{4}$

5. Achsenabschnitte der Tangente:

y-Achse: $-p^2 - 1$ x-Achse: $\frac{p^2+1}{2p}$

$A_\Delta(p) = \frac{1}{2}[0 - (-p^2 - 1)] \cdot \frac{p^2+1}{2p} = \frac{1}{4}\left(p^3 + 2p + \frac{1}{p}\right)$

$A'_\Delta(p) = \frac{1}{4}\left(3p^2 + 2 + \frac{1}{p^2}\right)$

$A'_\Delta(p) = 0 \Rightarrow 3p^4 + 2p^2 + 1 = 0$

$(3p^2 - 1)(p^2 + 1) = 0 \Rightarrow p = \frac{1}{3}\sqrt{3}$

$p \to 1 \Rightarrow A(p) \to \infty$

$p \to 0 \Rightarrow A(p) \to \infty$

$\Rightarrow$ für $p = \frac{1}{3}\sqrt{3}$ ist die Fläche des Dreiecks minimal.

13. Aufgabe

Der Graph G hat die Funktionsgleichung $f(x) = \frac{x}{e^x}; \mathbb{D} \subset \mathbb{R}$.

1. Geben Sie den maximalen Definitionsbereich $\mathbb{D}_{max}$ von $f(x)$ an.

2. In welchem Bereich verläuft der Graph G oberhalb der x-Achse?
   Wo schneidet der Graph die x-Achse?

3. Untersuchen Sie den Verlauf des Graphen G für $|x| \to \infty$.

4. Bestimmen Sie das lokale Extremum und den Wendepunkt des Graphen G.
   Begründen Sie, dass es sich bei dem lokalen Extremum um ein absolutes Maximum handelt.

5. Stellen Sie die Gleichung der Tangente im Wendepunkt auf.

6. Zeigen Sie, dass die Funktion $F(X) = \frac{2e^x - x - 1}{e^x}$ eine Stammfunktion von $f(x)$ ist.

7. Skizzieren Sie den Graphen G im Bereich $-1 < x < 6$.

8. Berechnen Sie die Fläche, die vom Graphen G, der x-Achse und der Geraden $x = k$ (mit $k \in \mathbb{R}^+$) eingeschlossen ist, in Abhängigkeit von k.
   Besitzt die Fläche für $k \to \infty$ einen Grenzwert?

9. In welchen Punkten schneidet die Gerade $g : y = \frac{1}{2}x$ den Graphen G?
   Wie groß ist die Fläche, die vom Graphen G und der Geraden g begrenzt wird?

10. Der Punkt $A(a|f(a))$ mit $a > 0$ und der Lotfußpunkt B von A auf die x-Achse bilden zusammen mit dem Koordinatenursprung ein Dreieck. Berechnen Sie die Fläche des Dreiecks in Abhängigkeit von a.
    Für welchen Wert von a ist der Flächeninhalt maximal und wie groß ist der maximale Flächeninhalt?

Lösung

1. $\mathbb{D} = \mathbb{R}$

2. G oberhalb der x-Achse für $x > 0$, Schnittpunkt mit der x-Achse: $S(0|0)$

3. $\lim_{x \to \infty} \frac{x}{e^x} = \lim_{x \to \infty} \frac{1}{e^x} = 0$
   $\lim_{x \to -\infty} \frac{x}{e^x} \to -\infty$

4. $f'(x) = \frac{1-x}{e^x} \Rightarrow P_{max}(1|\frac{1}{e})$
   $f''(x) = \frac{-2+x}{e^x} \Rightarrow W(2|\frac{2}{e^2})$
   $f''(1) = \frac{-1}{e} < 0 \Rightarrow$ relatives Maximum

$f'''(x) = \frac{3-x}{e^x}$

Nachweis des absoluten Maximums über das Monotonieverhalten:

$e^x > 0$ für alle x, $f'(x) > 0$ für $x < 1 \Rightarrow$ für $x \leq 1$ ist der Graph streng monoton steigend

$f'(x) < 0$ für $x > 1 \Rightarrow$ für $x \geq 1$ ist der Graph streng monoton fallend

$f(x)$ ist stetig, besitzt keine Definitionslücke $\Rightarrow P_{max}(1|\frac{1}{e})$ ist absolutes Maximum.

5. $t_W : y = -\frac{1}{e^2}x + \frac{4}{e^2}$

6. $F'(x) = \frac{x}{e^x} = f(x)$ q. e. d.

7.

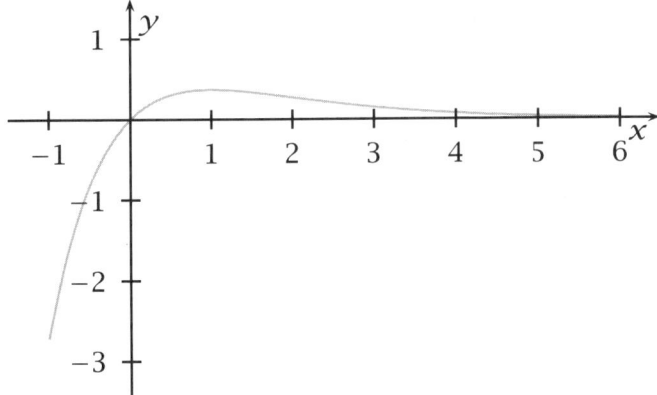

Abb. 9.5: Graph der Funktion $f(x) = \frac{x}{e^x}$

8. $A = \int_0^k \frac{x}{e^x}\,dx = \left[\frac{2e^x - x - 1}{e^x}\right]_0^k = \frac{2e^x - x - 1}{e^x} - 1$

$\lim_{k\to\infty} A = \lim_{k\to\infty} \left(2 - \frac{k}{e^k} - \frac{1}{e^k} - 1\right) = 1$

9. $\frac{x}{e^x} = \frac{1}{2}x$

$x - \frac{1}{2}xe^x = 0$

$x(1 - \frac{1}{2}e^x = 0$

$x_1 = 0 \quad S_1(0|0)$

$x_2 = \ln 2 \quad S_1(\ln 2|\frac{1}{2}\ln 2)$

$A = \int_0^{\ln 2} (\frac{x}{e^x - \frac{1}{2}x}\,dx = \left[\frac{2e^x - x - 1}{e^x} - \frac{x^2}{4}\right]_0^{\ln 2} = \frac{1}{2} - \frac{\ln 2}{2} - \frac{(\ln 2)^2}{4} \approx 0,033\,\text{FE}$

Kapitel 9

10. $A_\Delta = \frac{a}{2} \cdot \frac{a}{e^a} = \frac{a^2}{2e^a}$

$A'_\Delta = \frac{2a - a^2}{2e^a}$

$A'_\Delta = 0 \Rightarrow a_1 = 0 \notin \mathbb{D}_a \wedge a_2 = 2$

$A''_\Delta = \frac{2 - 4a + a^2}{2e^a}$

$A''_\Delta(2) = \frac{-1}{e^2} < 0 \Rightarrow$ maximale Fläche

$A_{max} = \frac{2}{e^2} \approx 0,27\,\text{FE}$

14. Aufgabe

Gegeben sind die Funktionen $g(x) = e^{2x} - 4x$ und $f(x) = e^{2x}; \mathbb{D} = \mathbb{R}$. Ihre Graphen heißen G_g und G_f.

1. In welchem Punkt berührt die Gerade $t : y = 4x + a (a \in \mathbb{R})$ den Graph G_f? Bestimmen Sie den Berührpunkt B und den zugehörigen Parameter a.

2. Zeigen Sie, dass die Funktion $g(x)$ ein relatives Minimum besitzt, das zugleich ein absolutes Minimum ist. Geben Sie auch den Wertebereich von $g(x)$ an.

3. Skizzieren Sie die Graphen G_g und G_f in ein Koordinatensystem.

4. Die Graphen G_g und G_f schließen mit der Kurventangente in $P(0,5 \cdot \ln 2|?) (P \in G_g)$ ein Flächenstück ein. Berechnen Sie dessen Inhalt.

5. Betrachtet wird nun die Funktion $h_k(x) = e^{kx} - k^2 x$ mit $k \in \mathbb{R} \setminus \{0\}$ und $\mathbb{D} = \mathbb{R}$.
   Für welche Werte von k hat der zu $h_k(x)$ gehörige Graph einen Extrempunkt? Ermitteln Sie Art und Lage dieses Extrempunktes.
   Bestimmen Sie k so, dass der Extrempunkt auf der x-Achse liegt.

Lösung

1. Berührpunkt: $f'(x) = 4, f'(x) = 2e^{2x} \Rightarrow 2e^{2x} = 4$
   $x = \frac{1}{2}\ln 2 = 0,35$
   $f(\frac{1}{2}\ln 2) = e^{\ln 2} = 2$
   $B(0,35|2)$
   Einsetzen in die Tangente: $2 = 4 \cdot 0,35 + a$
   $a = 0,6$

2. $g(x) = e^{2x} - 4x$
   $g'(x) = 2e^{2x} - 4$
   $g'(x) = 0 : e^{2x} = 2 \Rightarrow x = \frac{1}{2}\ln 2 = 0,35$
   $g''(x) = 4e^{2x}$

$g''(x) > 0$ für alle x
$g(0,35) = 0,61 \Rightarrow$ Minimum bei $T(0,35|0,61)$

Monotonieverhalten:
$g'(x) > 0$ für $x > \frac{1}{2} \ln 2$ streng monoton steigend
$g'(x) < 0$ für $x < \frac{1}{2} \ln 2$ streng monoton fallend
$g(x)$ ist stetig, hat keine Definitionslücken $\Rightarrow T(0,35|0,61)$ ist absolutes
Minimum.
$\mathbb{W}_g = \{y | y \geq 0,61\}$

3.

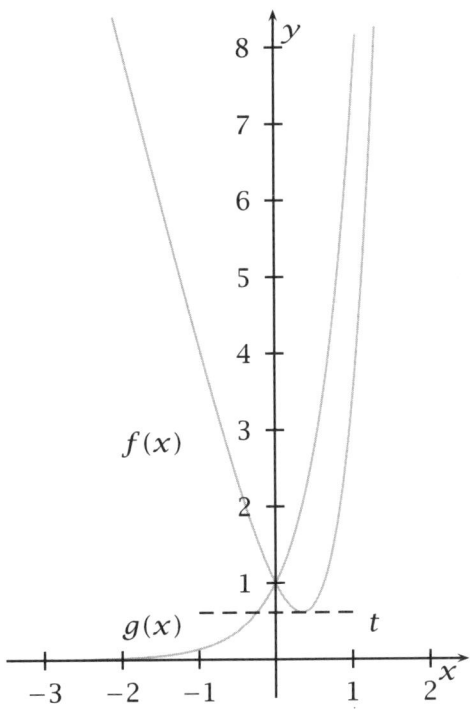

Abb. 9.6: Graph der Funktionen
$g(x) = e^{2x} - 4x$ und $f(x) = e^{2x}$

4. Tangente in $T(\frac{1}{2}|0,61) : t : y = 0,61$
Schnittpunkt: $S = t \cap G_f$
$e^{2x} = 0,61$
$2x = \ln 0,61$
$x = -0,25$

$A = \int_{-0,25}^{0} (e^{2x} - 0,61)\, dx + \int_{0}^{\frac{1}{2} \ln 2} (e^{2x} - 4x - 0,61)\, dx$

$$= \left[\frac{e^{2x}}{2} - 0,61x\right]_{-0,25}^{0} + \left[\frac{e^{2x}}{-} 2x^2 - 0,61x\right]_{0}^{\frac{1}{2}\ln 2} = 0,1 \text{ FE}$$

5. $h(x) = e^{kx} - k^2 x$

$h'(x) = ke^{kx} - k^2$

$h'(x) = 0 : ke^{kx} - k^2 = 0 \Rightarrow e^{kx} = k$

Extremum nur, wenn $k > 0$

$kx = \ln x$

$x = \frac{1}{k} \ln k$

$y = k - k \cdot \ln k$

$h''(x) = k^2 e^{kx}$

$h''(x) > 0$ für alle $x \Rightarrow T(\frac{1}{k} \ln k | k - k \ln k)$

T auf der x-Achse: $y = 0 \Rightarrow k - k \ln k = 0$

$\ln k = 1 \Rightarrow k = e$

15. Aufgabe

Gegeben sind die reellen Funktionen $f_m(x) = \frac{x+m+1}{e^{x+1}}$ mit $\mathbb{D} = \mathbb{R}$ und $m \in \mathbb{R}$. Der Graph einer solchen Funktion f_m in einem kartesischen Koordinatensystem heißt G_m.

In den Teilaufgaben 1 bis 7 kann m jeden beliebigen Wert annehmen.

1. Berechnen Sie die Koordinaten des Punktes N_m, in dem der Graph G_m die x-Achse schneidet.

2. Bestimmen Sie die Intervalle, in denen der Graph G_m oberhalb bzw. unterhalb der x-Achse verläuft.

3. Berechnen Sie $\lim_{x \to \infty} f_m(x)$. Welche Bedeutung hat das Ergebnis für den Graphen G_m?

4. Untersuchen Sie das Verhalten von $f_m(x)$ für $x \to -\infty$.

5. Berechnen Sie die 1. Ableitung f'_m der Funktion f_m und zeigen Sie, dass sich der Funktionsterm $f_m(x)$ für alle $x \in \mathbb{R}$ wie folgt darstellen lässt:
    $f_m(x) = e^{(} - x - 1) - f'_m(x)$

6. Berechnen Sie die Koordinaten von Hoch- und Wendepunkt des Graphen G_m.

7. Die Hochpunkte aller Graphen $G_m (m \in \mathbb{R})$ liegen auf der Kurve K, dem Graphen der Funktion $g(x)$. Bestimmen Sie den Funktionsterm $g(x)$ und die Definitionsmenge der Funktion g.

8. Setzen Sie nun $m = 1$. Sie erhalten die Funktion f_1 mit $f_1(x) = \frac{x+2}{e^{x+1}}$.
   Zeichnen Sie die Kurve K aus Teilaufgabe 7 und den Graphen G_1 der Funktion f_1 für $-2 \le x \le 1,5$ in ein Koordinatensystem.
   Die Funktionswerte von $g(x)$ und $f_1(x)$ sind in Schritten von $\Delta x = 0,5$ zu berechnen und in einer Wertetabelle festzuhalten.

9. Bestimmen Sie unter Beachtung von Teilaufgabe 5 alle Stammfunktionen der Funktion f_1.

10. Der Graph G_1, die x-Achse und die Gerade mit der Gleichung $x = \lambda$ mit $\lambda > -2 \wedge \lambda \in \mathbb{R}$ begrenzen ein Flächenstück. Berechnen Sie seinen Inhalt $A(\lambda)$.

11. Gegen welchen Grenzwert strebt der Inhalt $A(\lambda)$ für $\lambda \to \infty$?

Lösung

1. $f_m(x) = 0 : x + m + 1 = 0 \; x = -m - 1 \Rightarrow N_m(-m - 1|0)$

2. G_m oberhalb der x-Achse: $x + m + 1 > 0$, da $e^{x+1} > 0 \; x > -m - 1 \; G_m$ unterhalb der x-Achse: $x < -m - 1$

3. Mit der L'Hospitalschen Regel ergibt sich:
   $\lim_{x \to \infty} \frac{x+m+1}{e^{x+1}} = \lim_{x \to \infty} \frac{1}{e^{x+1}} = 0$
   Die x-Achse ist waagrechte Asymptote für $x \to \infty$

4. $\lim_{x \to -\infty} \frac{x+m+1}{e^{x+1}} \to -\infty$ (da $x + m + 1 \to -\infty; e^{x+1} \to 0^+$

5. $f'_m(x) = \frac{e^{x+1} \cdot 1 - (x+m+1) \cdot e^{x+1}}{(e^{x+1})^2} = \frac{-x-m}{e^{x+1}}$
   $e^{-x-1} - f'_m(x) = e^{-x-1} + \frac{x+m}{e^{x+1}} = \frac{1}{e^{x+1}} + \frac{x+m}{e^{x+1}}$
   $\frac{x+m+1}{e^{x+1}} = f_m(x)$

6. $f''_m(x) = \frac{e^{x+1} \cdot (-1) - (-x-m)e^{x+1}}{(e^{x+1})^2} = \frac{x+m-1}{e^{x+1}}$
   $f'''_m(x) = \frac{-x-m+2}{e^{x+1}}$
   $f'_m(x) = 0 \Rightarrow x_E = -m$
   $f''_m(-m) = -\frac{1}{e^{-m+1}} < 0 \Rightarrow$ relatives Maximum
   $f_m(-m) = \frac{1}{e^{-m+1}} \Rightarrow H(-m|\frac{1}{e^{-m+1}})$
   $f''_m(x) = 0 \Rightarrow x_W = 1 - m$
   $f'''_m(1 - m) = \frac{1}{e^{2-m}} \neq 0 \Rightarrow$ Wendepunkt existiert
   $f_m(1 - m) = \frac{2}{e^{2-m}} \Rightarrow W(1 - m|\frac{2}{e^{2-m}})$

Kapitel 9

7. $x_H = -m \quad y_H = e^{m-1}$
   $\Rightarrow y_H = e^{-x-1}$
   $g(x) = e^{-x-1} \quad \mathbb{D}_g = \mathbb{R}$

8.

x	-2	-1,5	1	-0,5	0	0,5	1	1,5
$g(x)$	2,72	1,65	1	0,61	0,37	0,22	0,14	0,08
$f_1(x)$	0	0,82	1	0,91	0,74	0,56	0,41	0,29

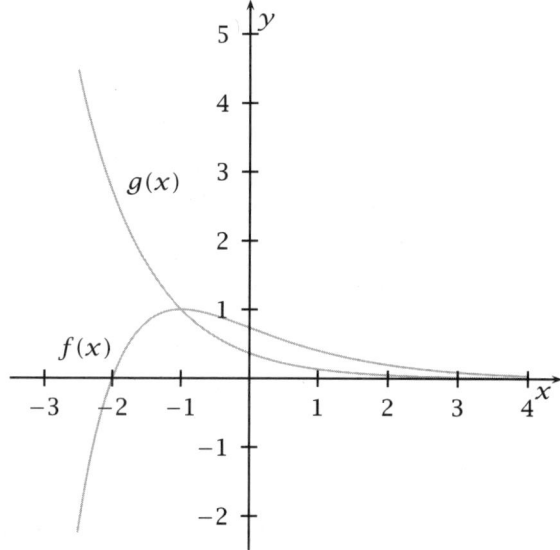

Abb. 9.7: Graph der Funktionen aus der 15. Aufgabe

9. $F_1(x) = \int f_1(x)\, Dx = \int [e^{-x-1} - f_1'(x)]\, dx$
   $= -e^{-x-1} - f_1(x) + c$
   $= -e^{-x-1} - \frac{x+2}{e^{x+1}} + c = -\frac{1}{e^{-x-1}} - \frac{x+2}{e^{x+1}} + c$
   $= -\frac{x+3}{e^{x+1}} + c$

10. $A(\lambda) = \int_{-2}^{\lambda} f_1(x)\, dx = \left[-\frac{x+3}{e^{x+1}} \right]_{-2}^{\lambda} = e - \frac{\lambda+3}{e^{\lambda+1}}$

11. $\lim_{\lambda \to \infty} A(\lambda) = \lim_{\lambda \to \infty} \left(e - \frac{\lambda+3}{e^{\lambda+1}} \right) = \lim_{\lambda \to \infty} \left(e - \frac{1}{e^{\lambda+1}} \right) = e$
    da $e^{\lambda+1} \to \infty$

16. Aufgabe

Gegeben sind die reellen Funktionen

$g(x) = 2 \cdot \ln(x + 1)$ und

$f_a(x) = -2 \cdot \ln \frac{5-ax}{5+ax}$ mit $a \in \mathbb{R}^+$

in der jeweils größtmöglichen Definitionsmenge. Die Graphen der Funktionen g und f_a im kartesischen Koordinatensystem heißen G_g und G_{f_a}.

Zunächst wird die Funktion g in ihrer größtmöglichen Definitionsmenge $\mathbb{D}_g = \{x \in \mathbb{R} | x > -1\}$ untersucht.

1. Geben Sie die Nullstelle der Funktion g an.

2. Zeichnen Sie den Graphen G_g (einschließlich seiner Asymptote) für $-1 < x \le 5$.

   Stellen Sie eine Wertetabelle auf für $x \in \{-0,9; -0,5; 0; 1; 2; 3; 4; 5\}$.

3. Zeigen Sie: Die Funktion $G(x) = 2 \cdot (x + 1) \cdot [\ln(x + 1) - 1]$ mit der Definitionsmenge $\mathbb{D}_G = \{x \in \mathbb{R}\}$ ist eine Stammfunktion von g.

4. Der Graph G_g schließt mit der positiven x-Achse und der Geraden mit der Gleichung $x = 5$ ein Flächenstück ein. Kennzeichnen Sie diese Fläche im Koordinatensystem von Teilaufgabe 2 und berechnen Sie ihren Inhalt.

   Nun werden die Funktionen f_a untersucht.

5. Bestimmen Sie die größtmögliche Definitionsmenge $\mathbb{D}_{f_a}$ der Funktion f_a in Abhängigkeit von a.

6. Weisen Sie nach, dass alle Graphen G_{f_a} punktsymmetrisch zum Koordinatenursprung sind.

7. Untersuchen Sie unter Beachtung von Teilaufgabe 6 das Verhalten der Funktion f_a bei Annäherung an die Grenzen ihrer Definitionsmenge. Geben Sie die Gleichungen der Asymptoten des Graphen G_{f_a} an.

8. Untersuchen Sie das Monotonieverhalten der Funktion f_a. Besitzt diese Funktion Extremwerte? Begründung!

9. Beweisen Sie unter Berücksichtigung bisheriger Ergebnisse ohne weitere Rechnung: Jede Funktion f_a hat genau eine Nullstelle.

10. Zeichnen Sie für $|x| < 5$ den Graphen G_{f_1} (Sonderfall $a = 1$) der Funktion $f_1(x) = -2 \cdot ln\frac{5-x}{5+x}$ mit $x \in \mathbb{D}_{f_1}$ und seine Asymptoten in das Koordinatensystem von Teilaufgabe 2 ein.
    Erstellen Sie eine Wertetabelle für $x \in \{0; 1; 2; 3; 4; 4, 5\}$.

    Mit den Funktionen g und f_1 wird nun die neue Funktion $s(x) = g(x) - f_1(x)$ in der größtmöglichen Definitionsmenge gebildet.

11. Geben Sie die Definitionsmenge $\mathbb{D}_S$ an.

12. Bestimmen Sie die Nullstellen der Funktion s. In welchen Intervallen ist $s(x) > 0$ bzw. $s(x) < 0$?

13. Berechnen Sie das absolute Maximum der Funktion s auf zwei Dezimalstellen. Weisen Sie das Vorliegen dieses Maximums ohne Zuhilfenahme der 2. Ableitung der Funktion s nach.

Lösung

1. Nullstelle von $g(x) : 2 \cdot \ln(x + 1) = 0$
   $x + 1 = 1 \Rightarrow x = 0$

2.

x	-0,9	-0,5	0	1	2	3	4	5
$g(x)$	-4,61	-1,39	0	1,39	2,20	2,77	3,22	3,58

3. $\mathbb{D}_G = \mathbb{D}_g$
   $G'(x) = 2 \cdot (x + 1) \cdot \frac{1}{x+1} + 2 \cdot [\ln(x + 1) - 1]$
   $= 2 + 2 \cdot \ln(x + 1) - 2 = 2 \ln(x + 1) = g(x) \Rightarrow$
   $G(x)$ ist Stammfunktion zu $g(x)$.

4. $A = \int_0^5 g(x)\, dx = 2 \cdot \int_0^5 \ln(x + 1)\, dx = 2[(x + 1) \cdot [\ln(x + 1) - 1]]_0^5$
   $= 2 \cdot [6 \cdot (\ln 6 - 1) - (\ln 1 - 1)] = 12 \ln 6 - 10 = 11,50\,\text{FE}$

5. $\frac{5-ax}{5+ax} > 0 \land a > 0$
   $5 - ax > 0 \land 5 + ax > 0 \lor 5 - ax < 0 \land 5 + ax < 0$
   $x < \frac{5}{a} \land x > -\frac{5}{a} \lor x > \frac{5}{a} \land x < -\frac{5}{a}$
   $-\frac{5}{a} < x < \frac{5}{a} \lor$ nicht möglich, da $a > 0$!
   $\mathbb{D}_{f_a} = \left]-\frac{5}{a}; \frac{5}{a}\right[$ mit $a > 0$!

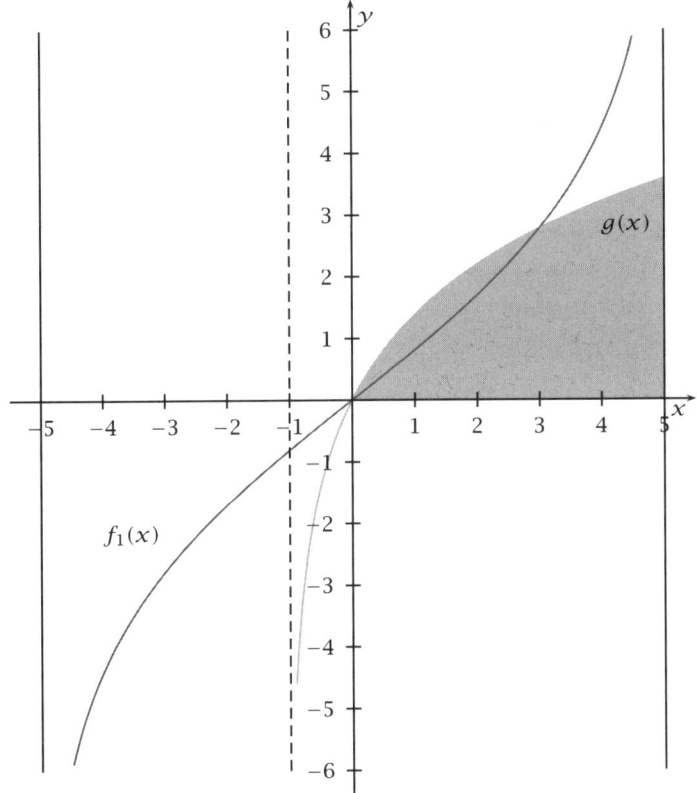

Abb. 9.8: Graph der Funktionen aus der 16. Aufgabe

6. Punktsymmetrie von G_{f_a}: $\mathbb{D}_{f_a}$ ist symmetrisch zum Ursprung

$$f_a(-x) = -2 \cdot \ln \frac{5+ax}{5-ax} = -2 \cdot \ln \left(\frac{5-ax}{5+ax} \right)^{-1} = 2 \cdot \ln \frac{5-ax}{5+ax} = -f_a(x)$$

7. Grenze $-\frac{5}{a}$: $x \to -\frac{5}{a} + 0$ (rechtsseitiger Grenzwert)

$$\lim_{x \to -\frac{5}{a}+} \left[-2 \cdot \ln \frac{5-ax}{5+ax} \right] = -2 \cdot \lim_{h \to 0} \ln \frac{5-a \cdot (-\frac{5}{a}+h)}{5+a \cdot (-\frac{5}{a}+h)}$$

$$= -2 \cdot \lim_{h \to 0} \ln \frac{10-ah}{ah} \to -\infty, \text{ da } \frac{10-ah}{ah} \to \infty$$

Wegen der Punktsymmetrie aus 6. gilt: $\lim_{x \to \frac{5}{a}-} f_a(x) \to +\infty$

$\Rightarrow$ zwei senkrechte Asymptoten: $x_1 = -\frac{5}{a}$; $x_2 = \frac{5}{a}$

Kapitel 9

8. Monotonieverhalten:
$$f_a'(x) = -2 \cdot \frac{5+ax}{5-ax} \cdot \frac{(5+ax) \cdot (-a) - (5-ax) \cdot a}{(5+ax)^2}$$
$$= -2 \cdot \frac{-5a - a^2x - 5a + a^2x}{(5-ax)(5+ax)} = \frac{20a}{(5-ax)(5+ax)} \text{ in } \mathbb{D}_{f_a} \text{ Zähler} > 0, \text{ da } a > 0$$
Nenner > 0 für $x \in \left] -\frac{5}{a}; \frac{5}{a} \right[$ (vgl. Teilaufgabe 5)
$f_a'(x) > 0$ in $\mathbb{D}_{f_a} \Rightarrow f_a$ ist im Definitionsbereich streng monoton steigend, es existieren keine Extrempunkte.

9. Der Graph von f_a ist punktsymmetrisch zum Ursprung und im Definitionsbereich (zusammenhängendes Intervall) streng monoton steigend. Damit besitzt der Graph eine einzige Nullstelle für $x = 0$.

10. Wertetabelle

x	0	1	2	3	4	5
$f_1(x)$	0	0,81	1,70	2,77	4,39	5,89

11. $\mathbb{D}_s = \mathbb{D}_g \cap \mathbb{D}_{f_1} =]-1; 5[$

12. $s(x) = 0$
$$2 \cdot \ln(x+1) + 2\ln \frac{5-x}{5+x} = 0$$
$$\ln(x+1) = -\ln \frac{5-x}{5+x}$$
$$\ln(x+1) = \ln \frac{5+x}{5-x}$$
$$x+1 = \frac{5+x}{5-x}$$
$$(x+1)(5-x) = (5+x)$$
$$5x + 5 - x^2 - x = 5 + x$$
$$-x^2 + 3x = 0$$
$$x(-x+3) = 0$$
$$x_1 = 0; x_2 = 3$$
$s(x) > 0$, wenn $g(x) > f_1(x) \Rightarrow x \in]0; 3[$
$s(x) < 0$, wenn $g(x) < f_1(x) \Rightarrow x \in]-1; 0[\cup]3; 5[$
(vgl. Graph zu Teilaufgabe 2)

13. $s'(x) = \frac{2}{x+1} - \frac{20}{25-x^2}$
$$s'(x) = 0: \frac{2}{x+1} = \frac{20}{25-x^2}$$
$$50 - 2x^2 = 20x + 20 \Rightarrow x^2 + 10x - 15 = 0$$
$$x_1 = 1,32; (x_2 = -11,32 \notin \mathbb{D}_s)$$
$$s(1,32) = 0,60 > 0$$
Für $x = 1,32$ liegt ein absolutes Maximum vor, da dies die einzige Stelle im Definitionsbereich mit waagrechter Tangente ist und $s(x) < 0$, für $x \in]-1; 0[\cup]3; 5[$.

9.3 Weitere Aufgaben ohne mitgelieferte Lösung

Diskutieren Sie nach dem im Buch beschriebenen Schema folgende Funktionen:

1. $f(x) = 2x^2 e^{-0,5x}$

2. $f(x) = \dfrac{4x}{e^{0,5x}}$

10 Übungen: Integralrechnung

10.1 Aufgaben zur Flächenberechnung

1. Aufgabe

Berechnen Sie das Flächenstück, das von der Funktion $f(x) = \ln x + 2$, der x-Achse und den Geraden $x = 2$ und $x = 5$ eingeschlossen wird nach der Simpson Regel.

Lösung

$$y = \ln x + 2 \qquad a = 2 \qquad b = 5 \qquad n = 60 \qquad dx = 0,05$$

Teilp.	x	y	Teilp.	x	y	$dx/3(y_0 + 4y_1 + y_2)$
0	2	2,69	1	2,05	2,72	0,27
2	2,1	2,74	3	2,15	2,77	0,28
4	2,2	2,79	5	2,25	2,81	0,28
6	2,3	2,83	7	2,35	2,85	0,29
8	2,4	2,88	9	2,45	2,9	0,29
10	2,5	2,92	11	2,55	2,94	0,29
12	2,6	2,96	13	2,65	2,97	0,3
14	2,7	2,99	15	2,75	3,01	0,3
16	2,8	3,03	17	2,85	3,05	0,3
18	2,9	3,06	19	2,95	3,08	0,31
20	3	3,1	21	3,05	3,12	0,31
22	3,1	3,13	23	3,15	3,15	0,31
24	3,2	3,16	25	3,25	3,18	0,32
26	3,3	3,19	27	3,35	3,21	0,32

28	3,4	3,22	29	3,45	3,24		0,32
30	3,5	3,25	31	3,55	3,27		0,33
32	3,6	3,28	33	3,65	3,29		0,33
34	3,7	3,31	35	3,75	3,32		0,33
36	3,8	3,34	37	3,85	3,35		0,33
38	3,9	3,36	39	3,95	3,37		0,34
40	4	3,39	41	4,05	3,4		0,34
42	4,1	3,41	43	4,15	3,42		0,34
44	4,2	3,44	45	4,25	3,45		0,34
46	4,3	3,46	47	4,35	3,47		0,35
48	4,4	3,48	49	4,45	3,49		0,35
50	4,5	3,5	51	4,55	3,52		0,35
52	4,6	3,53	53	4,65	3,54		0,35
54	4,7	3,55	55	4,75	3,56		0,36
56	4,8	3,57	57	4,85	3,58		0,36
58	4,9	3,59	59	4,95	3,6		0,36
60	5	3,61					
						Fläche	9,66

Dieses Näherungsverfahren lässt sich mit Tabellenkalkulationsprogrammen wie Excel sehr gut automatisieren.

2. Aufgabe

Berechnen Sie das Flächenstück, das die Funktion $f(x) = -\sin x + 1$ mit der x-Achse einschließt für $x \in [\pi; 2\pi]$ einmal mit der Simpson-Methode und einmal mit der Stammfunktion.

Lösung

$y = -sinx + 1$

$a = \pi \qquad b = 2\pi \qquad n = 20 \qquad dx = 0,16$

Teilp.	x	y	Teilp.	x	y	$dx/3(y_0 + 4y_1 + y_2)$
0	3,14	1	1	3,3	1,16	0,36
2	3,46	1,31	3	3,61	1,45	0,46
4	3,77	1,59	5	3,93	1,71	0,54
6	4,08	1,81	7	4,24	1,89	0,59
8	4,4	1,95	9	4,56	1,99	0,62
10	4,71	2	11	4,87	1,99	0,62
12	5,03	1,95	13	5,18	1,89	0,59
14	5,34	1,81	15	5,5	1,71	0,54
16	5,65	1,59	17	5,81	1,45	0,46
18	5,97	1,31	19	6,13	1,16	0,36
20	6,28	1				
					Fläche	5,14

Stammfunktion: $F(x) = \cos x + x$
$F(b) = 7,28$
$F(a) = 2,14$
$F(b) - F(a) = 5,14$

3. Aufgabe

Berechnen Sie das Flächenstück, das die Graphen von f und h sowie die Gerade mit der Gleichung $x = 1$ einschließen.

$f(x) = \frac{1}{x(1-\ln x)}$
$F(x) = -ln(1 - \ln x)$
$h(x) = \frac{2}{x}$

Lösung

Die untere Integrationsgrenze liegt bei $a = 1$

Um die Fläche zwischen den Graphen zu bestimmen, muss zunächst der Schnittpunkt der beiden Graphen bestimmt werden:

Kapitel 10

245

$\frac{1}{x}(1 - \ln x) = \frac{2}{x}$ $\qquad | \cdot x(1 - \ln x)$

$1 = 2(1 - \ln x)$

$1 = 2 - 2\ln x$

$-1 = -2\ln x$

$1 = 2\ln x$

$\ln x = 0,5$

$x = e^0,5$

$x = 1,648721271$

Die obere Interationsgrenze ist also $b = 1,648721271$.

Flächenberechnung:

$A = \int h(x) - f(x)$

$H(x) = 2\ln x$

$F(x) = (-\ln(1 - \ln x))$

$A(x) = 2\ln x - (-ln(1 - \ln x))$

$A = 2\ln 1,648721271 - (-ln(1 - \ln 1,648721271)) - 2\ln 1 - (-ln(1 - \ln 1)) = 0,306852819$ FE

4. Aufgabe

Berechnen Sie die Fläche, die der Graph der Funktion $f : x \mapsto \frac{6(x-1)}{x^3}; x \in \mathbb{R}\setminus\{0\}$ mit der x-Achse und der Geraden $x = 3$ einschließt.

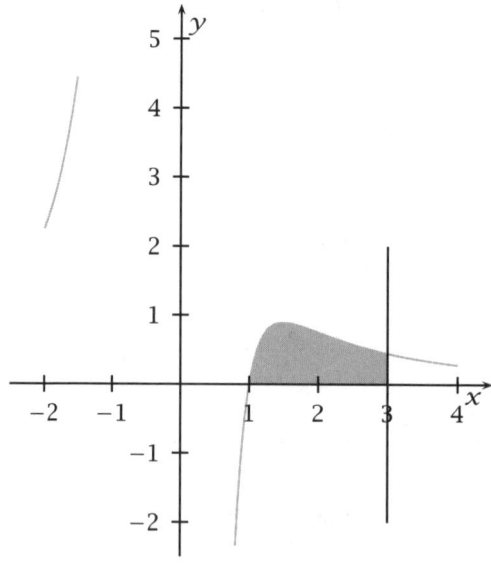

Abb. 10.1: Graph der Funktion $f : x \mapsto \frac{6(x-1)}{x^3}$

Lösung

Schnittpunkt von G_f mit der x Achse:
$\frac{6(x-1)}{x^3} = 0 \Leftrightarrow x = 1$

$$A = \int_1^3 \frac{6(x-1)}{x^3} \, dx = 6 \left[\int_1^3 \frac{1}{x^2} \, dx - \int_1^3 \frac{1}{x^3} \, dx \right]$$

$$6 \left(\left[-\frac{1}{x} \right]_1^3 - \left[-\frac{1}{2x^2} \right]_1^3 \right) = 6 \left(-\frac{1}{3} + 1 + \frac{1}{18} \right) - \frac{1}{2} = \frac{4}{3} \, FE$$

5. Aufgabe

Berechnen Sie das Flächenstück, das von der Funktion $f : x \mapsto \frac{4-4x}{x^2-2x+5}, x \in \mathbb{R}$ und den beiden Achsen begrenzt wird.

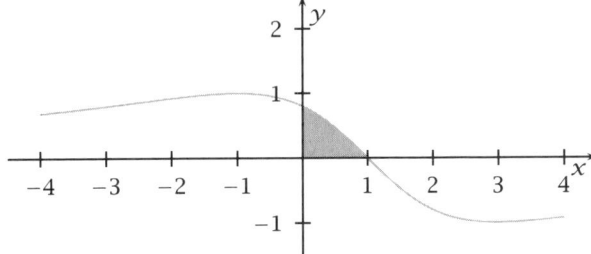

Abb. 10.2: Graph der Funktion
$f : x \mapsto \frac{4-4x}{x^2-2x+5}$

Lösung

Schnittpunkt von G_f mit der x-Achse:

$$\frac{4-4x}{x^2-2x+5} = 0 \Leftrightarrow 4 - 4x = 0 \Leftrightarrow x = 1$$

$$A = \int_0^1 \frac{4-4x}{x^2-2x+5} \, dx = 2 \int_0^1 \frac{2-2x}{x^2-2x+5} \, dx$$

$$= -2 \int_0^1 \frac{2x-2}{x^2-2x+5} \, dx = -2[\ln(x^2-2x+5)]_0^1$$

$$= -2(\ln 4 - \ln 5) = 2(\ln 5 - \ln 4) = 2 \ln \frac{5}{4} \approx 0,45 \, FE$$

11 Übungen: Lineare Algebra und analytische Geometrie

11.1 Rechnen mit Vektoren

einfache Aufgaben

Aufgabe 1:

Weisen Sie nach, dass $\vec{x} = \begin{pmatrix} 5 \\ 8 \\ -1 \end{pmatrix} + t \begin{pmatrix} 1 \\ 3 \\ -2 \end{pmatrix} ; t \in \mathbb{R}$ und

$\vec{x} = \begin{pmatrix} 4 \\ 5 \\ 1 \end{pmatrix} + s \begin{pmatrix} -2 \\ -6 \\ 4 \end{pmatrix} ; s \in \mathbb{R}$ Parametergleichungen derselben Geraden sind.

Lösung

Die Richtungsvektoren beider Geraden sind Vielfache voneinander:

$$-2 \begin{pmatrix} 1 \\ 3 \\ -2 \end{pmatrix} = \begin{pmatrix} -2 \\ -6 \\ 4 \end{pmatrix}$$

Die beiden Geraden sind somit parallel. Liegt ein beliebiger Punkt der Geraden g_1 auf der Geraden g_2, so sind die beiden Geraden identisch, die Parametergleichungen beschreiben also die gleiche Gerade. Setzt man den Punkt $A(5|8|-1)$ in die Gerade g_2 ein, so ergeben sich drei Gleichungen:

$5 = 4 - 2s \Leftrightarrow s = -0,5$
$8 = 5 - 6s \Leftrightarrow s = -0,5$
$-1 = 1 + 4s \Leftrightarrow s = -0,5$
Damit ist gezeigt, dass $A \in g_2$, also sind die Geraden identisch.

Aufgabe 2:

Bestimmen Sie die gegenseitige Lage der angegebenen Geraden. Bestimmen Sie auch die Koordinaten des Schnittpunktes, sofern dieser existiert.

$$g_1 : \vec{x} = \begin{pmatrix} 9 \\ 5 \\ 0 \end{pmatrix} + t \begin{pmatrix} 2 \\ 1 \\ -2 \end{pmatrix} ; t \in \mathbb{R} \qquad g_2 : \vec{x} = \begin{pmatrix} 6 \\ 3 \\ 1 \end{pmatrix} + s \begin{pmatrix} 1 \\ 0 \\ -3 \end{pmatrix} ; s \in \mathbb{R}$$

Lösung

Die Richtungsvektoren sind kein Vielfaches voneinander, also schneiden sich die Geraden.

$$\begin{pmatrix} 2 \\ 1 \\ -2 \end{pmatrix} \neq \lambda \begin{pmatrix} 1 \\ 0 \\ -3 \end{pmatrix} \text{ für alle } \lambda \in \mathbb{R}$$

Der Ortsvektor des Schnittpunktes S muss beide Geradengleichungen erfüllen:

$$\begin{pmatrix} 9 \\ 5 \\ 0 \end{pmatrix} + t \begin{pmatrix} 2 \\ 1 \\ -2 \end{pmatrix} = \begin{pmatrix} 6 \\ 3 \\ 1 \end{pmatrix} + s \begin{pmatrix} 1 \\ 0 \\ -3 \end{pmatrix}$$

oder

$(I) \quad 9 + 2t = 6 + s$
$(II) \quad 5 + t = 3 \Leftrightarrow t = -2$
$(III) \quad -2t = 1 - 3s$

$(II) \text{in} (I) \quad 9 - 4 = 6 + s \quad \Leftrightarrow s = -1$
$(II) \text{in} (III) \quad 4 = 1 - 3s \quad \Leftrightarrow s = -1$

Setzt man diese Lösung in die erste Gleichung ein, ergibt sich für den Ortsvektor des Schnittpunktes:

$$\vec{s} = \begin{pmatrix} 9 \\ 5 \\ 0 \end{pmatrix} - 2 \begin{pmatrix} 2 \\ 1 \\ -2 \end{pmatrix} = \begin{pmatrix} 5 \\ 3 \\ 4 \end{pmatrix} \quad S(5|3|4) \text{ ist der Schnittpunkt beider Geraden.}$$

Aufgabe 3:

Stellen Sie eine vektorielle und eine parameterfreie Gleichung der Ebene E auf, in welcher die Punkte R, S und T liegen.

$R(3|0|0), S(3|3|3), T(0|0|3)$

Lösung

$$E : \vec{x} = \begin{pmatrix} 3 \\ 0 \\ 0 \end{pmatrix} + s \begin{pmatrix} 3-3 \\ 3-0 \\ 3-0 \end{pmatrix} + t \begin{pmatrix} 0-3 \\ 0-0 \\ 3-0 \end{pmatrix} ; s, t \in \mathbb{R}$$

$$\Leftrightarrow \vec{x} = \begin{pmatrix} 3 \\ 0 \\ 0 \end{pmatrix} + s \begin{pmatrix} 0 \\ 3 \\ 3 \end{pmatrix} + t \begin{pmatrix} -3 \\ 0 \\ 3 \end{pmatrix}$$

oder $\vec{x} = \begin{pmatrix} 3 \\ 0 \\ 0 \end{pmatrix} + k \begin{pmatrix} 0 \\ 1 \\ 1 \end{pmatrix} + l \begin{pmatrix} -1 \\ 0 \\ 1 \end{pmatrix} ; k, l \in \mathbb{R}$

Parameterfreie Darstellung:

$(1) x_1 = 3 - l \Leftrightarrow l = x_1 - 3$
$(2) x_2 = k$
$(3) x_3 = k + l$

(1) und (2) in (3) ergibt:

$x_3 = x_2 + x_1 - 3 \Leftrightarrow 0 = x_1 + x_2 - x_3 - 3$

$E : x_1 + x_2 + x_3 - 3 = 0$

Aufgabe 4:

In einem kartesischen Koordinatensystem sind die Punkte $A(-1|2|0), B(-1|0|0)$

und die Gerade $g : \vec{x} = \begin{pmatrix} -1 \\ 0 \\ 1 \end{pmatrix} + k \begin{pmatrix} 1 \\ 1 \\ -1 \end{pmatrix} ; k \in \mathbb{R}$ gegeben.

Von welchen Punkten der Gerade g aus sieht man die Strecke $[AB]$ unter einem Winkel von 90°?

Lösung

Punkte auf der Geraden haben allgemein die Form: $P(-1 + k|k|1 - k)$.

Aus dem Ansatz $\overrightarrow{PA} \circ \overrightarrow{PB} = 0$ folgt:

$$\begin{pmatrix} -1 + 1 - k \\ 2 - k \\ -1 + k \end{pmatrix} \circ \begin{pmatrix} -k \\ -k \\ -1 + k \end{pmatrix} = 0$$

$\Leftrightarrow k^2 - 2k + k^2 + k^2 - 2k + 1 = 0$

$\Leftrightarrow 3k^2 - 4k + 1 = 0$

$\Leftrightarrow k = \dfrac{4 + \sqrt{16 - 12}}{6} \vee k = \dfrac{4 - 2}{6}$

$\Leftrightarrow k = 1 \vee k = \dfrac{1}{3}$

Von den Punkten $P_1(0|1|0)$ und $P_2\left(-\dfrac{2}{3}\Big|\dfrac{1}{3}\Big|\dfrac{2}{3}\right)$ der Geraden aus sieht man die Strecke $[AB]$ unter einem Winkel von 90°.

Aufgabe 5:

Stellen Sie eine Gleichung der Schnittgerade der Ebenen E_1 und E_2 auf!

$$E_1 : \vec{x} = \begin{pmatrix} 3 \\ 0 \\ 1 \end{pmatrix} + k \begin{pmatrix} 1 \\ 0 \\ 0 \end{pmatrix} + l \begin{pmatrix} 0 \\ 1 \\ 1 \end{pmatrix} ; k, l \in \mathbb{R}$$

$$E_2 : \vec{x} = \begin{pmatrix} 4 \\ 0 \\ 1 \end{pmatrix} + r \begin{pmatrix} 0 \\ -2 \\ 1 \end{pmatrix} + s \begin{pmatrix} 0 \\ 0 \\ 1 \end{pmatrix} ; r, s \in \mathbb{R}$$

Lösung

Koordinatengleichung von E_1:

$x_1 = 3 + k$
$x_2 = l$
$x_3 = 1 + l$
$\Rightarrow x_3 = 1 + x_2 \Leftrightarrow -x_2 + x_3 - 1 = 0$

Setzt man einen beliebigen Punkt $P(4 \mid -2r \mid 1 + r + s)$ der Ebene E_2 in die Koordinatengleichung von E_1 ein, so ergibt sich:

$$-(-2r) + 1 + r + s - 1 = 0$$
$$3r + s = 0 \Leftrightarrow s = -3r$$

Damit lässt sich die Schnittgerade s der beiden Ebenen in Punktmengenschreibweise darstellen:

$$\vec{x} = \begin{pmatrix} 4 \\ 0 \\ 1 \end{pmatrix} + r \begin{pmatrix} 0 \\ -2 \\ 1 \end{pmatrix} + (-3r) \begin{pmatrix} 0 \\ 0 \\ 1 \end{pmatrix} \text{ mit } r \in \mathbb{R}$$

$$\vec{x} = \begin{pmatrix} 4 \\ 0 \\ 1 \end{pmatrix} + r \begin{pmatrix} 0 \\ -2 \\ 1 \end{pmatrix} + r \begin{pmatrix} 0 \\ 0 \\ -3 \end{pmatrix}$$

$$\vec{x} = \begin{pmatrix} 4 \\ 0 \\ 1 \end{pmatrix} + r \begin{pmatrix} 0 \\ -2 \\ -2 \end{pmatrix}$$

Gleichung der Schnittgeraden s beider Ebenen:

$$\vec{x} = \begin{pmatrix} 4 \\ 0 \\ 1 \end{pmatrix} + t \begin{pmatrix} 0 \\ 1 \\ 1 \end{pmatrix} \text{ mit } t \in \mathbb{R}$$

Aufgabe 6:

Von einem Tetraeder kennt man die Ecken $A(0 \mid 0 \mid 0)$, $B(4 \mid 0 \mid 0)$, $C(0 \mid 4 \mid 0)$, $D(0 \mid 0 \mid 6)$

1. Stellen Sie die Gleichungen der vier Tetraederhöhen auf!

2. Berechnen Sie die Winkel zwischen je zwei Seitenflächen des Tetraeders!

Lösung

1.

$$h_1 : \vec{x} = a \begin{pmatrix} 1 \\ 0 \\ 0 \end{pmatrix} ; a \in \mathbb{R}$$

$$h_2 : \vec{x} = b \begin{pmatrix} 0 \\ 1 \\ 0 \end{pmatrix} ; b \in \mathbb{R}$$

$$h_3 : \vec{x} = c \begin{pmatrix} 0 \\ 0 \\ 1 \end{pmatrix} ; c \in \mathbb{R}$$

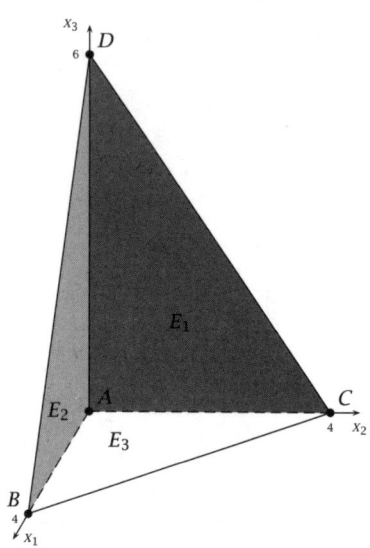

Die Ebene $E(B, C, D)$ hat die Koordinatengleichung:
$$\frac{x_1}{4} + \frac{x_2}{4} + \frac{x_3}{6} = 1 \Leftrightarrow 3x_1 + 3x_2 + 2x_3 - 12 = 0$$

Ein Normalenvektor der Ebene E ist Richtungsvektor der Höhe h_4, die auf $E(B, C, D)$ senkrecht steht und den Ursprung $A(0|0|0)$ enthält:

$$h_4 : \vec{x} = d \begin{pmatrix} 3 \\ 3 \\ 2 \end{pmatrix} ; d \in \mathbb{R}$$

2. Zur Vereinfachung werden folgende Bezeichnungen festgelegt:

$E_1 = x_1 x_3$-Koordinatenebene
$E_2 = x_2 x_3$-Koordinatenebene
$E_3 = x_1 x_2$-Koordinatenebene
$E_4 = E(B, C, D)$

$$\cos \sphericalangle(E_1, E_4) = \frac{\left| \begin{pmatrix} 1 \\ 0 \\ 0 \end{pmatrix} \circ \begin{pmatrix} 3 \\ 3 \\ 2 \end{pmatrix} \right|}{\sqrt{22}} = \frac{3}{\sqrt{22}} \Rightarrow \sphericalangle(E_1, E_4) \approx 50,2°$$

$$\cos \sphericalangle (E_2, E_4) = \frac{3}{\sqrt{22}} \Rightarrow \sphericalangle (E_2, E_4) \approx 50,2°$$

$$\cos \sphericalangle (E_3, E_4) = \frac{2}{\sqrt{22}} \Rightarrow \sphericalangle (E_3, E_4) \approx 64,8°$$

Die übrigen Winkel betragen, da es sich jeweils um Koordinatenebenen handelt, 90°.

Aufgabe 7:

Welche Punkte der Geraden $\vec{x} = \begin{pmatrix} 1 \\ 0 \\ -4 \end{pmatrix} + k \begin{pmatrix} 1 \\ -2 \\ -1 \end{pmatrix}$; $k \in \mathbb{R}$ haben von den Ebenen
$E_1 : 2x_1 - x_2 + 2x_3 - 1 = 0$ und $E_2 : 2x_1 + 2x_2 + x_3 + 1 = 0$ gleiche Abstände?

Lösung

Die gesuchten Punkte liegen nicht nur auf der Geraden, sondern auch auf den winkelhalbierenden Ebenen der beiden Ebenen E_1 und E_2. Wir müssen also die Schnittpunkte der Geraden mit den winkelhalbierenden Ebenen suchen.

Gleichung der winkelhalbierenden Ebenen:

$$W_1 : \frac{2x_1 - x_2 + 2x_3 - 1}{3} = \frac{-2x_1 - 2x_2 - x_3 - 1}{3} \Leftrightarrow 4x_1 + x_2 + 3x_3 = 0$$

$$W_2 : \frac{2x_1 - x_2 + 2x_3 - 1}{3} = -\frac{-2x_1 - 2x_2 - x_3 - 1}{3} \Leftrightarrow -3x_2 + x_3 - 2 = 0$$

$g \cap W_1 = \{S_1\}$:

$4(1 + k) + (-2k) + 3(-4 - k) = 0$

$4 + 4k - 2k - 12 - 3k = 0$

$-k - 8 = 0 \Leftrightarrow k = -8$

Also: $S_1(-7|16|4)$

$g \cap W_2 = \{S_2\}$:

$-3 \cdot (-2k) + (-4 - k) - 2 = 0$

$6k - 4 - k - 2 = 0$

$5k = 6 \Leftrightarrow k = 1,2$

Also: $S_2(2,2| -2,4| -5,2)$

Komplexe Aufgaben

Aufgabe 1:

In einem kartesischen Koordinatensystem seien die Punkte
$A(2|-3|2), B(5|-5|0), C(-1|3|6), D(4|-4|9)$ und die Gerade

$$g : \vec{x} = \begin{pmatrix} 2 \\ -3 \\ 2 \end{pmatrix} + k \begin{pmatrix} 2 \\ -3 \\ 6 \end{pmatrix} \text{ mit } k \in \mathbb{R} \text{ gegeben.}$$

1. a) Ermitteln Sie eine Normalenform der Ebene E, die durch die Punkte A, B, C geht!

    [Eine mögliche Lösung lautet: $E : \begin{pmatrix} 2 \\ -3 \\ 6 \end{pmatrix} \circ \vec{x} = 25$]

    b) Untersuchen Sie die Lagebeziehung der Geraden g bezüglich der Ebene E!

    c) Bestimmen Sie die Punkte der Geraden g, die von der Ebene E den Abstand 7 haben!

2. a) Geben Sie eine Gleichung der Lotgeraden l vom Punkt D auf die Ebene E an!

    b) Zeigen Sie: Der Schnittpunkt der Lotgeraden l mit der Ebene E ist zugleich Mittelpunkt der Strecke $[BC]$!

3. a) Bestimmen Sie den Spiegelpunkt D' von D bezüglich der Ebene E!
    [Ergebnis: $D'(0|2|-3)$]

    b) Begründen Sie, dass das Viereck $BDCD'$ eine Raute ist!

Lösung

1. a) $\overrightarrow{AB} = \begin{pmatrix} 3 \\ -2 \\ -2 \end{pmatrix}; \overrightarrow{AC} = \begin{pmatrix} -3 \\ 6 \\ 4 \end{pmatrix}$

    $\vec{n} \circ \begin{pmatrix} 3 \\ -2 \\ -2 \end{pmatrix} = 0 \wedge \vec{n} \circ \begin{pmatrix} -3 \\ 6 \\ 4 \end{pmatrix} = 0$

    $3n_1 - 2n_2 - 2n_3 = 0 \wedge -3n_1 + 6n_2 + 4n_3 = 0$

Additionsverfahren:

$4n_2 + 2n3 = 0 \Leftrightarrow 2n_2 + n_3 = 0$

Ein Normalenvektor der Ebene E ist also $\vec{n} = \begin{pmatrix} -\frac{2}{3} \\ 1 \\ -2 \end{pmatrix}$ oder $\vec{n} = \begin{pmatrix} 2 \\ -3 \\ 6 \end{pmatrix}$

Gleichung der Ebene E in Normalenform:

$$\begin{pmatrix} 2 \\ -3 \\ 6 \end{pmatrix} \circ \left[\vec{x} - \begin{pmatrix} 2 \\ -3 \\ 2 \end{pmatrix} \right] = 0$$

$$\Leftrightarrow \begin{pmatrix} 2 \\ -3 \\ 6 \end{pmatrix} \circ \vec{x} - 25 = 0$$

b) Der Normalenvektor von E ist ein Vielfaches des Richtungsvektors von g. Das bedeutet: Die Gerade g steht auf der Ebene E senkrecht. Sie schneidet die Ebene E im Punkt $A(2|-3|2)$.

c) Die gesuchten Punkte P_1 und P_2 berechnen sich über den normierten Normalenvektor. Es gilt:

$$\vec{p_1} = \vec{a} + 7 \cdot \vec{n}^0 \text{ und } \vec{p_2} = \vec{a} - 7 \cdot \vec{n}^0$$

$$\text{mit } \vec{n}^0 = \frac{1}{7} \begin{pmatrix} 2 \\ -3 \\ 6 \end{pmatrix}$$

$$\vec{p_1} = \begin{pmatrix} 2 \\ -3 \\ 2 \end{pmatrix} + \begin{pmatrix} 2 \\ -3 \\ 6 \end{pmatrix} = \begin{pmatrix} 4 \\ -6 \\ 8 \end{pmatrix}, \text{ also } P_1(4|-6|8)$$

$$\vec{p_2} = \begin{pmatrix} 2 \\ -3 \\ 2 \end{pmatrix} - \begin{pmatrix} 2 \\ -3 \\ 6 \end{pmatrix} = \begin{pmatrix} 0 \\ 0 \\ -4 \end{pmatrix}, \text{ also } P_2(0|0|-4)$$

2. a) $l = \vec{x} = \begin{pmatrix} 4 \\ -4 \\ 9 \end{pmatrix} + r \begin{pmatrix} 2 \\ -3 \\ 6 \end{pmatrix}; r \in \mathbb{R}$

b) $l \cap E = \{S\}$:

$$2(4 + 2r) - 3(-4 - 3r) + 6(9 + 6r) - 25 = 0$$
$$8 + 4r + 12 + 9r + 54 + 36r - 25 = 0$$
$$49r + 49 = 0$$
$$r = -1$$

Die Lotgerade schneidet die Ebene im Punkt $S(2|-1|3)$

Mittelpunkt der Strecke $[BC]$:

$$\vec{m} = \frac{1}{2}(\vec{b} + \vec{c}) = \frac{1}{2}\begin{pmatrix} 4 \\ -2 \\ 6 \end{pmatrix} = \begin{pmatrix} 2 \\ -1 \\ 3 \end{pmatrix}, \text{ also } M(2|-1|3) \Rightarrow \text{ die Punkte}$$

S und M fallen zusammen.

3. a) Aus der Abbildung entnehmen wir: $\vec{d}' = \vec{d} + 2\overrightarrow{DM}$

$$\vec{d}' = \begin{pmatrix} 4 \\ -4 \\ 9 \end{pmatrix} + 2\begin{pmatrix} -2 \\ 3 \\ -6 \end{pmatrix} = \begin{pmatrix} 0 \\ 2 \\ -3 \end{pmatrix}$$

also $D(0|2|-3)$

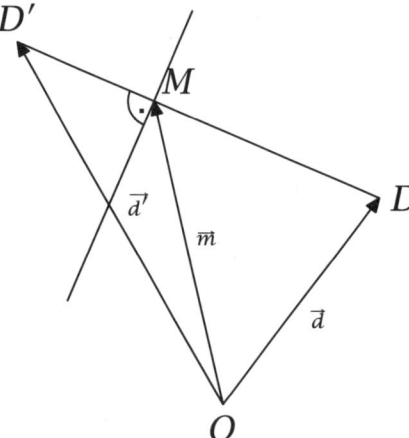

Abb. 11.1: Ebene

b) Das Viereck $BDCD'$ ist genau dann eine Raute, wenn gilt:

$$\overrightarrow{D'C} = \overrightarrow{BD} \text{ und } |\overrightarrow{D'C}| = |\overrightarrow{D'B}|$$

$$\overrightarrow{D'C} = \begin{pmatrix} -1 \\ 3 \\ 6 \end{pmatrix} - \begin{pmatrix} 0 \\ 2 \\ -3 \end{pmatrix} = \begin{pmatrix} -1 \\ 1 \\ 9 \end{pmatrix}$$

Kapitel 11

$$\overrightarrow{D'C} = \begin{pmatrix} 4 \\ -4 \\ 9 \end{pmatrix} - \begin{pmatrix} 5 \\ -5 \\ 0 \end{pmatrix} = \begin{pmatrix} -1 \\ 1 \\ 9 \end{pmatrix}$$

$$\Rightarrow \overrightarrow{D'C} = \overrightarrow{BD}$$

$$|\overrightarrow{D'C}| = \sqrt{1 + 1 + 81} = \sqrt{83}$$

$$\overrightarrow{D'B} = \begin{pmatrix} 5 \\ -5 \\ 0 \end{pmatrix} - \begin{pmatrix} 0 \\ 2 \\ -3 \end{pmatrix} = \begin{pmatrix} 5 \\ -7 \\ 3 \end{pmatrix}$$

$$|\overrightarrow{D'B}| = \sqrt{25 + 49 + 9} = \sqrt{83}$$

$$\Rightarrow |\overrightarrow{D'C}| = |\overrightarrow{D'B}|$$

Damit ist gezeigt, dass das Viereck $BDCD'$ eine Raute ist.

Aufgabe 2:

Aus der Abiturprüfung Leistungskurs 2005 Bayern:

Gegeben ist die Ebenenschar $Z_a : \vec{x} = \overrightarrow{OD} + \lambda \begin{pmatrix} 2 \\ -1 \\ -2 \end{pmatrix} + \tau \begin{pmatrix} a \\ 2a - 4 \\ 2 \end{pmatrix}$ mit

$D(-2|0|-2)$ und $\lambda, \tau, a \in \mathbb{R}$

1.

    a) Alle Scharebenen haben eine Gerade gemeinsam, die mit g bezeichnet wird. Geben Sie eine Gleichung von g an. (2 BE)

    b) Zeigen Sie, dass
$$Z_a : (4a - 10) \cdot x_1 - (2a + 4) \cdot x_2 + (5a - 8) \cdot x_3 + 18a - 26 = 0$$
eine weitere mögliche Gleichung für die Ebenenschar Z_a ist. (5 BE)

    c) Berechnen Sie, für welchen Wert des Parameters a die zugehörige Scharebene senkrecht auf der Scharebene Z_1 steht. (4 BE)

    d) Zeigen Sie, dass die Scharebene Z_2 eine winkelhalbierende Ebene der beiden zueinander senkrechten Scharebenen Z_1 und Z_4 ist. (4 BE)

2. Der Punkt $M(-1|1|3)$ ist Mittelpunkt einer Kugel mit Radius $3\sqrt{3}$.

    a) Zeigen Sie, dass der Punkt D auf dieser Kugel liegt, und berechnen Sie die Koordinaten des Kugelpunktes F, für den $[FD]$ ein Durchmesser der Kugel ist.
[Ergebnis: $F(0|2|8)$] (4 BE)

Kapitel 11

259

b) Bestimmen Sie die Koordinaten der Kugelpunkte, die auf der Geraden g liegen.

[Ergebnis: D und $H(-6|2|2)$] (6 BE)

c) Berechnen Sie die Längen $\overline{DH}$ und $\overline{HF}$ und begründen Sie, dass man die drei Punkte D, F und H zu einem Würfel $ABCDEFGH$ wie in der Abbildung ergänzen kann. (6 BE)

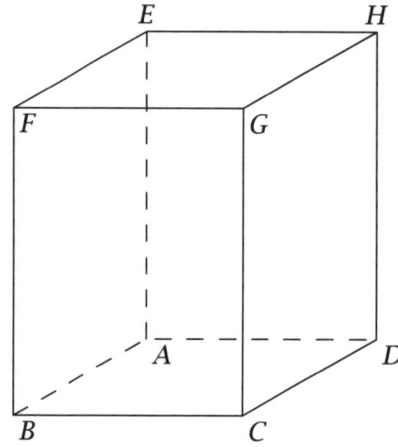

Abb. 11.2: Würfel

d) Zeigen Sie, dass das Dreieck DHF in der Ebene Z_2 liegt. Begründen Sie ohne Rechnung nur mit Hilfe der bisherigen Ergebnisse, warum Z_1 und Z_4 je eine Würfelfläche enthalten. (5 BE)

e) Der Eckpunkt G liegt in Z_4 (Nachweis nicht erforderlich!). Berechnen Sie die Koordinaten von G. (4 BE)

$(\sum 40\ BE)$

Lösung

1. a) $Z_a : \vec{X} = \begin{pmatrix} -2 \\ 0 \\ -2 \end{pmatrix} + \lambda \begin{pmatrix} 2 \\ -1 \\ -2 \end{pmatrix} + \tau \begin{pmatrix} a \\ 2a-4 \\ 2 \end{pmatrix}$

1. Lösungsweg: $g : \vec{X} = \begin{pmatrix} -2 \\ 0 \\ -2 \end{pmatrix} + \lambda \begin{pmatrix} 2 \\ -1 \\ -2 \end{pmatrix}$,

da diese Gerade für alle $a \in \mathbb{R}$ in jeder Ebene enthalten ist.

2. Lösungsweg: Schnitt zweier Scharebenen Z_a und Z_b mit $a \neq b$

$$-2 + 2\lambda + \tau a = -2 + 2\mu + \sigma b \qquad\qquad\qquad (11.1)$$

$$-\lambda + \tau(2a - 4) = -\mu + \sigma(2b - 4) \qquad\qquad (11.2)$$

$$-2 - 2\lambda + 2\tau = -2 - 2\mu + 2\sigma \quad \Rightarrow \mu = \sigma + \lambda - \tau \quad (11.3)$$

(3) in (1):

$$2\lambda + \tau a = 2\sigma + 2\lambda - 2\tau + \sigma b$$

$$\tau(a + 2) = \sigma(b + 2) \qquad b \neq -2$$

$$\sigma = \frac{a + 2}{b + 2}\tau$$

μ und σ in (2):

$$-\lambda + \tau(2a - 4) = -\frac{a + 2}{b + 2}\tau - \lambda + \tau + \frac{(a + 2)(2b - 4)}{b + 2} \cdot \tau$$

$$\tau(2a - 4) = -\frac{a + 2}{b + 2}\tau + \tau + \frac{(a + 2)(2b - 4)}{b + 2} \cdot \tau$$

$$\left(2a - 4 + \frac{a + 2}{b + 2} - 1 - \frac{(a + 2)(2b - 4)}{b + 2}\right) \cdot \tau = 0$$

also $\tau = 0$ oder

$$2a - 5 + \frac{a + 2}{b + 2} - \frac{(a + 2)(2b - 4)}{b + 2}$$

$$(2a - 5)(b + 2) + (a + 2) - (a + 2)(2b - 4) = 0$$

$$2ab + 4a - 5b - 10 + a + 2 - 2ab + 4a - 4b + 8 = 0$$

$$9a - 9b = 0 \Rightarrow a = b \quad \text{„}$$

somit $\tau = 0$

$$g : \vec{X} = \begin{pmatrix} -2 \\ 0 \\ -2 \end{pmatrix} + \lambda \begin{pmatrix} 2 \\ -1 \\ -2 \end{pmatrix}$$

b) Die Parameterform aus Teilaufgabe 1a) muss in eine Normalform umgewandelt werden. Dazu muss zunächst untersucht werden, ob die beiden Richtungsvektoren nicht parallel sind.

$$\lambda \begin{pmatrix} 2 \\ -1 \\ -2 \end{pmatrix} = \begin{pmatrix} a \\ 2a - 4 \\ 2 \end{pmatrix}$$

$(I)\, 2\lambda = a$

$(II)\, -\lambda = 2a - 4$

$(III)\, -2\lambda = 2 \Rightarrow \lambda = -1$

in $(I) \Rightarrow a = -2$

in $(II)\, 1 = -4 - 4\,$„

$\Rightarrow$ Es existiert kein a, für das die Richtungsvektoren von Z_a parallel sind.

$$\vec{n} = \begin{pmatrix} 2 \\ -1 \\ -2 \end{pmatrix} \times \begin{pmatrix} a \\ 2a - 4 \\ 2 \end{pmatrix} = \begin{pmatrix} -2 + 4a - 8 \\ -2a - 4 \\ 4a - 8 + a \end{pmatrix} = \begin{pmatrix} 4a - 10 \\ -2a - 4 \\ 5a - 8 \end{pmatrix}$$

$$\begin{pmatrix} 4a - 10 \\ -2a - 4 \\ 5a - 8 \end{pmatrix} \circ \begin{pmatrix} -2 \\ 0 \\ -2 \end{pmatrix} = -8a + 20 - 10a + 16 = -18a + 36$$

$$Z_a : \begin{pmatrix} 4a - 10 \\ -2a - 4 \\ 5a - 8 \end{pmatrix} \circ [\vec{X} - \vec{D}] = 0$$

$(4a - 10)x_1 - (2a + 4)x_2 + (5a - 8)x_3 + 18a - 36 = 0$

c) Z_1:

$-6x_1 - 6x_2 - 3x_3 - 18 = 0$

$2x_1 + 2x_2 + x_3 + 6 = 0$

Ebenen stehen aufeinander senkrecht, wenn ihre Normalenvektoren ebenfalls orthogonal sind:

$$\vec{n_1} \perp \vec{n_a} : \begin{pmatrix} 2 \\ 2 \\ 1 \end{pmatrix} \circ \begin{pmatrix} 4a - 10 \\ -2a - 4 \\ 5a - 8 \end{pmatrix} \overset{!}{=} 0$$

$8a - 20 - 4a - 8 + 5a - 8 = 0$

$9a - 36 = 0$

$a = 4$

also $Z_4 \perp Z_1$ (siehe Angabe von Teilaufgabe d)

Z_4:

$6x_1 - 12x_2 + 12x_3 + 36 = 0$

$x_1 - 2x_2 + 2x_3 + 6 = 0$

d) Z_1 in HNF: $\dfrac{1}{3}(-2x_1 - 2x_2 - x_3 - 6) = 0$

Z_4 in HNF: $\dfrac{1}{3}(-x_1 + 2x_2 - 2x_3 - 6) = 0$

Winkelhalbierende:

$\dfrac{1}{3}(-2x_1 - 2x_2 - x_1 - 6) \pm \dfrac{1}{3}(-x_1 + 2x_2 - 2x_3 - 6) = 0$

$W_1 : \dfrac{1}{3}(-3x_1 - 3x_3 - 12) = 0 \Rightarrow x_1 + x_3 + 4 = 0$

$W_2 : \dfrac{1}{3}(-x_1 - 4x_2 + x_3) = 0 \Rightarrow x_1 + 4x_2 - x_3 = 0$

$Z_2 : -2x_1 - 8x_2 + 2x_3 = 0 \Rightarrow Z_2 \equiv W_2$

2. Alle Punkte auf der Kugel haben von M die Entfernung r.

a) $|\overrightarrow{MD}| = \sqrt{(-2+1)^2 + (0-1)^2 + (-2-3)^2} = \sqrt{27} = 3\sqrt{3} = r$

$$\vec{F} = \vec{M} + \overrightarrow{DM} = \begin{pmatrix} -1 \\ 1 \\ 3 \end{pmatrix} + \begin{pmatrix} -1+2 \\ 1-0 \\ 3+2 \end{pmatrix} = \begin{pmatrix} 0 \\ 2 \\ 8 \end{pmatrix}$$

$F(0|2|8)$

b) $|\overrightarrow{MP}| = r$ mit $P \in g$, also $P(-2+2\lambda| -\lambda| -2 - 2\lambda)$

$\sqrt{(-2+2\lambda+1)^2 + (0-\lambda-1)^2 + (-2-2\lambda-3)^2} \overset{!}{=} 3\sqrt{3} = r$

$4\lambda^2 - 4\lambda + 1 + \lambda^2 + 2\lambda + 1 + 4\lambda^2 + 20\lambda + 25 = 27$

$9\lambda^2 + 18\lambda = 0$

$\lambda_1 = 0 \qquad \lambda_2 = -2$

$$\overrightarrow{P_1} = \begin{pmatrix} -2 \\ 0 \\ -2 \end{pmatrix} = \vec{D}$$

$$\overrightarrow{P_2} = \begin{pmatrix} -2 \\ 0 \\ -2 \end{pmatrix} - 2\begin{pmatrix} 2 \\ -1 \\ -2 \end{pmatrix} = \begin{pmatrix} -6 \\ 2 \\ 2 \end{pmatrix} = \vec{H}$$

$H(-6|2|2)$

c) $\overline{DH} = |\overrightarrow{DH}| = \left| \begin{pmatrix} -6+2 \\ 2-0 \\ 2+2 \end{pmatrix} \right| = \left| \begin{pmatrix} -4 \\ 2 \\ 4 \end{pmatrix} \right| = 6$

$\overline{HF} = |\overrightarrow{HF}| = \left| \begin{pmatrix} 0+6 \\ 2-2 \\ 8-2 \end{pmatrix} \right| = \left| \begin{pmatrix} 6 \\ 0 \\ 6 \end{pmatrix} \right| = \sqrt{72} = 6\sqrt{2}$

$\overline{HF} = \overline{DH} \cdot \sqrt{2}$ Diagonale im Quadrat mit der Seitenlänge 6

und $\overrightarrow{DH} \perp \overrightarrow{HF}$, da $\begin{pmatrix} -4 \\ 2 \\ 4 \end{pmatrix} \circ \begin{pmatrix} 6 \\ 0 \\ 6 \end{pmatrix} = -24 + 24 = 0.$

Da $DH \perp HF$ und $\overline{HF} = \overline{DH} \cdot \sqrt{2}$, lässt sich ein Punkt B bestimmen, so dass das Rechteck $BDHF$ die Diagonalfläche eines Würfels mit der Kantenlänge 6 darstellt. Die dazu senkrechte Ebene durch M (Schnittpunkt der Raumdiagonalen des Würfels, da $r = 0,5 \cdot 6\sqrt{3} = 3\sqrt{3}$) enthält die Punkte A, C, G und E.

Zudem gilt:

Nach Teilaufgabe 2a) liegen D und F auf der Kugel um M mit $r = 3\sqrt{3}$, nach Teilaufgabe 2b) liegt auch H auf dieser Kugel. Die Kugel ist somit Umkugel des Würfels $ABCDEFGH$.

d) Da D und H auf g liegen, gehören sie zu allen Ebenen Z_a.
Wegen $0 + 4 \cdot 2 - 8 = 0$ gehört F der Ebene $Z_2 : x_1 + 4x_2 - x_3 = 0$ an.

Somit liegt das Dreieck DHF in der Ebene Z_2.

Da Z_2 winkelhalbierende Ebene (siehe 1d)) zu den beiden zueinander senkrechen Ebenen Z_1 und Z_4 (siehe 1c)) ist und sich alle Ebenen Z_a in der Geraden DH schneiden (siehe 1a) und 2b)), liegen in den Ebenen Z_1 und Z_4 die Würfelflächen DHE bzw. DHG.

e) Wenn G in Z_4 liegt, muss Z_1 die Ebene durch D, H, E und A sein. $\overrightarrow{HG}$ ist also ein Normalenvektor zu Z_1 mit der Länge 6.

$\vec{G} = \vec{H} \pm 6 \cdot \vec{n_1}^0 = \begin{pmatrix} -6 \\ 2 \\ 2 \end{pmatrix} \pm 6 \cdot \frac{1}{3} \begin{pmatrix} 2 \\ 2 \\ 1 \end{pmatrix}$

$G_1(-2|6|4)$ $G_2(-10|-2|0)$

Da G eine Würfelecke sein soll, muss G auch auf der Kugel liegen (siehe 2a) und 2c)), also muss $\overline{MG} = 3\sqrt{3}$ gelten.

$$\overline{MG_1} = |\overrightarrow{MG_1}| = \left| \begin{pmatrix} -2 \\ 6 \\ 4 \end{pmatrix} - \begin{pmatrix} -1 \\ 1 \\ 3 \end{pmatrix} \right| = \left| \begin{pmatrix} -1 \\ 5 \\ 1 \end{pmatrix} \right| = \sqrt{27} = 3\sqrt{3}$$

$$\overline{MG_2} = |\overrightarrow{MG_2}| = \left| \begin{pmatrix} -10 \\ -2 \\ 0 \end{pmatrix} - \begin{pmatrix} -1 \\ 1 \\ 3 \end{pmatrix} \right| = \left| \begin{pmatrix} -9 \\ -3 \\ -3 \end{pmatrix} \right| =$$

$\sqrt{99} = 3\sqrt{11} \neq 3\sqrt{3}$

Also ist $G_1(-2|6|4)$ der gesuchte Eckpunkt.

Oder:

Lotgerade zu Z_4 durch F schneidet Z_4 in G.

$$l : \vec{x} = \begin{pmatrix} 0 \\ 2 \\ 8 \end{pmatrix} + \sigma \begin{pmatrix} 1 \\ -2 \\ 2 \end{pmatrix}$$

$Z_4 : x_1 - 2x_2 + 2x_3 + 6 = 0$

$l \cap Z_4 :$

$\sigma - 2(2 - 2\sigma) + 2(8 + 2\sigma) + 6 = 0$

$\sigma - 4 + 4\sigma) + 16 + 4\sigma) + 6 = 0$

$9\sigma + 18 = 0$

$\sigma = -2$

$$\vec{G} = \begin{pmatrix} 0 \\ 2 \\ 8 \end{pmatrix} - 2 \begin{pmatrix} 1 \\ -2 \\ 2 \end{pmatrix} = \begin{pmatrix} -2 \\ 6 \\ 4 \end{pmatrix}$$

$G(-2|6|4)$

Aufgabe 3:

Aus der Abiturprüfung Leistungskurs 2002 Bayern:

In einem kartesischen Koordinatensystem des $\mathbb{R}^3$ sind die Punkte A(4|-1|1), B(0|3|1) und D(2|-1|3) gegeben.

1. Durch einen weiteren Punkt C wird das Dreieck ABD zu einem achsensymmetrischen Trapez ABCD ergänzt. [AB] ist dabei die längere der beiden parallelen

Seiten. Bestimmen Sie die Koordinaten des Punktes C und zeigen Sie, dass die beiden parallelen Seiten dieses Trapezes den Abstand $\sqrt{6}$ haben.
[Teilergebnis C(0|1|3)]   (9 BE)

2. Das Trapez ABCD ist die Grundfläche einer Pyramide, deren Spitze der Ursprung 0 ist. Berechnen Sie das Volumen V dieser Pyramide.   (9 BE)

Lösung:

1.

a) DC muss parallel zu AB sein: $\vec{x} = \begin{pmatrix} 2 \\ -1 \\ 3 \end{pmatrix} + \lambda \begin{pmatrix} 0-4 \\ 3+1 \\ 1-1 \end{pmatrix}$

$$\vec{x} = \begin{pmatrix} 2 \\ -1 \\ 3 \end{pmatrix} + \lambda \begin{pmatrix} -1 \\ 1 \\ 0 \end{pmatrix}$$

M_{DC} liegt senkrecht über dem Mittelpunkt M_{AB} der Strecke $[AB]$

$$M_{AB} = \frac{1}{2}\left(\begin{pmatrix} 4 \\ -1 \\ 1 \end{pmatrix} + \begin{pmatrix} 0 \\ 3 \\ 1 \end{pmatrix} \right) = \begin{pmatrix} 2 \\ 1 \\ 1 \end{pmatrix}$$

M_{DC} liegt auf $DC \Rightarrow$

$$M_{DC} = \begin{pmatrix} 2-\lambda \\ -1+\lambda \\ 3 \end{pmatrix}$$

$$\vec{C} = \vec{D} + 2\overrightarrow{DM_{DC}}$$

$$\vec{C} = \begin{pmatrix} 2 \\ -1 \\ 3 \end{pmatrix} + 2 \cdot \begin{pmatrix} 1-2 \\ 0+1 \\ 3-3 \end{pmatrix} = \begin{pmatrix} 0 \\ 1 \\ 3 \end{pmatrix}$$

$$d(AB; DC) = \overline{M_{AB}M_{DC}} = \left| \begin{pmatrix} 1-2 \\ 0-1 \\ 3-1 \end{pmatrix} \right| = \left| \begin{pmatrix} -1 \\ -1 \\ 2 \end{pmatrix} \right| = 2,45$$

b) $A_{\text{Trapez}} = \frac{1}{2}(\overline{AB} + \overline{DC}) \cdot h = \frac{1}{2}\left(\left| \begin{pmatrix} -4 \\ 4 \\ 0 \end{pmatrix} \right| + \left| \begin{pmatrix} -2 \\ 2 \\ 0 \end{pmatrix} \right| \right) \cdot 2,45 =$

$$= \frac{1}{2} \cdot (5,66 + 2,83) \cdot 2,45 = 10,39$$

Die Höhe der Pyramide ist der Abstand der Spitze (hier Koordinatenursprung) von der Grundfläche (hier Trapezebene)

Trapezebene: $\vec{x} = \vec{A} + \lambda \overrightarrow{AB} + \mu \overrightarrow{AD}$

Normalenvektor:

$$\overrightarrow{AB} \times \overrightarrow{AD} = \begin{pmatrix} -4 \\ 4 \\ 0 \end{pmatrix} \times \begin{pmatrix} -2 \\ 0 \\ 2 \end{pmatrix} = \begin{pmatrix} 8 \\ 8 \\ 8 \end{pmatrix} = \begin{pmatrix} 1 \\ 1 \\ 1 \end{pmatrix}$$

Normalenform:

$$\begin{pmatrix} 1 \\ 1 \\ 1 \end{pmatrix} \cdot \begin{pmatrix} 4 \\ -1 \\ 1 \end{pmatrix} = 4$$

$1x_1 + 1x_2 + 1x_3 - 4 = 0$

HNF:

$0,58(x_1 + x_2 + x_3 - 4) = 0$

d(Trapezebene;0):

d = -2,31

Höhe der Pyramide:

h = 2,31

Volumen der Pyramide:

$$\frac{1}{3} \cdot 10,39 \cdot 2,31 = 8$$

4. Aufgabe:

Aus der Abiturprüfung des Grundkurses von 1998/99 Mecklenburg-Vorpommern:

In einem kartesischen Koordinatensystem sind die Punkte A(0|0|0), B(12|4|3), C(4|3|12) und D(4|$\frac{4}{3}$|1) gegeben.

1. Zeigen Sie, dass die Punkte A, B und C Eckpunkte eines gleichschenkligen Dreiecks sind.
   Bestimmen Sie die Größe der Innenwinkel und den Flächeninhalt des Dreiecks ABC.

2. Weisen Sie nach, dass der Punkt D auf der Strecke [AB] liegt.

3. Der Vektor $\overrightarrow{CB}$ lässt sich darstellen durch $\overrightarrow{CB} = r\overrightarrow{CD} + s\overrightarrow{CA}, r, s \in \mathbb{R}$. Bestimmen Sie die Werte für r und s.

Lösung:

$A(0|0|0) \qquad B(12|4|3) \qquad C(4|3|12)$

1. Ist $\triangle ABC$ gleichschenklig?

   $\overline{AB} = 13$

   $\overline{AC} = 13$

   $\Rightarrow$ Das Dreieck ist gleichschenklig

   Innenwinkel:

   $\sphericalangle ABC$:

   $$\overrightarrow{BA} = \begin{pmatrix} 12 \\ 4 \\ 3 \end{pmatrix} \qquad \overrightarrow{BC} = \begin{pmatrix} 8 \\ 1 \\ -9 \end{pmatrix}$$

   $$\cos \beta = \left| \frac{\overrightarrow{BA} \cdot \overrightarrow{BC}}{\overline{BA} \cdot \overline{BC}} \right|$$

   $$\cos \beta = \frac{73}{157,08} = 0,46$$

   $\Rightarrow \beta = 62,31°$

   $\sphericalangle BCA$: $\gamma = 62,31°$, da gleichschenklig

   $\sphericalangle CAB$: $\alpha = 55,39°$

   Dreiecksfläche:

   $$A_{ABC} = \frac{1}{2} \cdot \overline{AB} \cdot \overline{AC} \cdot \sin \alpha$$

   $$A_{ABC} = \frac{1}{2} \cdot 13 \cdot 13 \cdot -0,92 = 77,57 \, \text{FE}$$

2. Liegt D auf $[AB]$?

   $D(4|1\frac{1}{3}|1)$

   $$\overrightarrow{AD} = r \cdot \overrightarrow{AB} \qquad 0 \le r \le 1$$

$$\begin{pmatrix} 4 \\ 1\frac{1}{3} \\ 1 \end{pmatrix} = r \cdot \begin{pmatrix} 12 \\ 4 \\ 3 \end{pmatrix}$$

$4 = 12r \Rightarrow r = \frac{1}{3}$

$1\frac{1}{3} = 4r \Rightarrow r = \frac{1}{3}$

$1 = 3r \Rightarrow r = \frac{1}{3}$

D liegt auf $[AB]$, da r alle drei Gleichungen erfüllt.

3. $\overrightarrow{CB} = \begin{pmatrix} 8 \\ 1 \\ -9 \end{pmatrix}$ $\overrightarrow{CD} = \begin{pmatrix} 0 \\ -1\frac{2}{3} \\ -11 \end{pmatrix}$ $\overrightarrow{CA} = \begin{pmatrix} -4 \\ -3 \\ -12 \end{pmatrix}$

$\overrightarrow{CB} = r \cdot \overrightarrow{CD} + s \cdot \overrightarrow{CA}$

$$\begin{pmatrix} 8 \\ 1 \\ -9 \end{pmatrix} = r \cdot \begin{pmatrix} 0 \\ -1\frac{2}{3} \\ -11 \end{pmatrix} + s \cdot \begin{pmatrix} -4 \\ -3 \\ -12 \end{pmatrix}$$

$I : 8 = -4s \Rightarrow s = -2$ in II:

$II : 1 = r \cdot -1\frac{2}{3} + s \cdot -3$

$1 = r \cdot -1\frac{2}{3} + -2 \cdot -3$

$r = 3$

Probe in III:

$III : -9 = r \cdot -11 + s \cdot -12$

$-9 = 3 \cdot -11 + -2 \cdot -12$

$-9 = -9$ WAHR

$\overrightarrow{CB} = 3 \cdot \overrightarrow{CD} + -2 \cdot \overrightarrow{CA}$

Aufgabe 5:

Aus der Abiturprüfung Grundkurs 1998/99 Sachsen:

In einem kartesischen Koordinatensystem sind vier in der Ebene E liegende Punkte A(3; 0; - 1), B(4; - 1; - 2), C(- 1; 3; 1) und D(- 4; 6; 4) gegeben.

1. Weisen Sie nach, dass das Viereck ABCD ein Trapez und kein Parallelogramm ist. Zeigen Sie rechnerisch, dass das Trapez ABCD keinen rechten Winkel hat. (6 BE)

Kapitel 11

Lösung:

$A(3|0|-1); B(4|-1|-2); C(-1|3|1); D(-4|6|4)$

Verbindungsvektoren des Vierecks:

$$\vec{AB} = \begin{pmatrix} 1 \\ -1 \\ -1 \end{pmatrix} \quad \vec{AD} = \begin{pmatrix} -7 \\ 6 \\ 5 \end{pmatrix} \quad \vec{BC} = \begin{pmatrix} -5 \\ 4 \\ 3 \end{pmatrix} \quad \vec{CD} = \begin{pmatrix} -3 \\ 3 \\ 3 \end{pmatrix}$$

Ist AB parallel zu CD?

$1 = r \cdot -3 \Rightarrow r = -\frac{1}{3}$

$-1 = r \cdot 3 \Rightarrow r = -\frac{1}{3}$

$-1 = r \cdot 3 \Rightarrow r = -\frac{1}{3}$

$\Rightarrow AB$ parallel zu CD!!

Ist AD parallel zu BC?

$-7 = r \cdot -5 \Rightarrow r = 1\frac{2}{5}$

$6 = r \cdot 4 \Rightarrow r = 1\frac{1}{2}$

$5 = r \cdot 3 \Rightarrow r = 1\frac{2}{3}$

$\Rightarrow AD$ nicht parallel zu BC!!

Es sind nur zwei Seiten des Vierecks sind zueinander parallel, es handelt sich um ein Trapez!

Orthogonalität:

AB und AD:

$$\begin{pmatrix} 1 \\ -1 \\ -1 \end{pmatrix} \cdot \begin{pmatrix} -7 \\ 6 \\ 5 \end{pmatrix} = -18$$

Seiten stehen nicht aufeinander senkrecht

AB und BC:

$$\begin{pmatrix} 1 \\ -1 \\ -1 \end{pmatrix} \cdot \begin{pmatrix} -5 \\ 4 \\ 3 \end{pmatrix} = -12$$

Seiten stehen nicht aufeinander senkrecht

Die restlichen Winkel müssen nicht berechnet werden, da die Winkelsumme an einer Viereckseite immer 180° beträgt!!

Aufgabe 6:

Untersuchen Sie, ob die gegebenen Vektoren linear abhängig sind.

1. $\begin{pmatrix} 4 \\ 0 \\ -2 \end{pmatrix}, \begin{pmatrix} -2 \\ 3 \\ 1 \end{pmatrix}, \begin{pmatrix} 1 \\ -3 \\ 1 \end{pmatrix}$ 2. $\begin{pmatrix} 1 \\ 2 \\ 4 \end{pmatrix}, \begin{pmatrix} -3 \\ 7 \\ 0 \end{pmatrix}, \begin{pmatrix} 5 \\ -3 \\ 8 \end{pmatrix}$ 3. $\begin{pmatrix} 1 \\ 0 \\ -2 \end{pmatrix}, \begin{pmatrix} -2 \\ 0 \\ 4 \end{pmatrix}, \begin{pmatrix} 1 \\ 1 \\ 1 \end{pmatrix}$

Lösung:

1. $\begin{vmatrix} 4 & -2 & 1 \\ 0 & 3 & -3 \\ -2 & 1 & 1 \end{vmatrix} = 18$

  $\Rightarrow$ linear unabhängig

2. $\begin{vmatrix} 1 & -3 & 5 \\ 2 & 7 & -3 \\ 4 & 0 & 8 \end{vmatrix} = 0$

  $\Rightarrow$ linear abhängig

3. $\begin{vmatrix} 1 & -2 & 1 \\ 0 & 0 & 1 \\ -2 & 4 & 1 \end{vmatrix} = 0$

  $\Rightarrow$ linear abhängig

Aufgabe 7:

Weisen Sie nach, dass die Punkte $A = \begin{pmatrix} 1 \\ 1,5 \end{pmatrix}$, $B = \begin{pmatrix} 4 \\ 2 \end{pmatrix}$, $C = \begin{pmatrix} 6,5 \\ 6 \end{pmatrix}$ und $D = \begin{pmatrix} 3,5 \\ 5,5 \end{pmatrix}$ ein Parallelogramm bilden.

Lösung:

$A = \begin{pmatrix} 1 \\ 1,5 \end{pmatrix} B = \begin{pmatrix} 4 \\ 2 \end{pmatrix} C = \begin{pmatrix} 6,5 \\ 6 \end{pmatrix} D = \begin{pmatrix} 3,5 \\ 5,5 \end{pmatrix}$

Kapitel 11

$$\vec{AB} = \left| \begin{pmatrix} 3 \\ 0,5 \end{pmatrix} \right| = 3,04$$

$$\vec{DC} = \left| \begin{pmatrix} 3 \\ 0,5 \end{pmatrix} \right| = 3,04$$

$$\vec{AD} = \left| \begin{pmatrix} 2,5 \\ 4 \end{pmatrix} \right| = 4,72$$

$$\vec{BC} = \left| \begin{pmatrix} 2,5 \\ 4 \end{pmatrix} \right| = 4,72$$

$AB = DC$ und $AD = BC \Rightarrow$ Parallelogramm!!

Aufgabe 8:

Überprüfen Sie, ob der Punkt $Q = (1|0|10)$ auf der Geraden liegt, die durch die beiden Punkte $A = (3|2|0)$ und $B = (2|1|5)$ festgelegt wird.

Lösung:

$A(3|2|0) \qquad B(2|1|5)$

Geradengleichung:

$$\begin{pmatrix} q_x \\ q_y \\ q_z \end{pmatrix} = \begin{pmatrix} 3 \\ 2 \\ 0 \end{pmatrix} + k \cdot \begin{pmatrix} -1 \\ -1 \\ 5 \end{pmatrix}$$

Lage eines Punktes bzgl. der Gerade

$$\begin{pmatrix} 1 \\ 0 \\ 10 \end{pmatrix} = \begin{pmatrix} 3 \\ 2 \\ 0 \end{pmatrix} + k \cdot \begin{pmatrix} -1 \\ -1 \\ 5 \end{pmatrix}$$

$1 = 3 + k \cdot -1 \qquad 1)$
$0 = 2 + k \cdot -1 \qquad 2)$
$10 = 0 + k \cdot 5 \qquad 3)$

$k = 2 \qquad 1)$
$k = 2 \qquad 2)$
$k = 2 \qquad 3)$

P liegt auf g

Aufgabe 9:

Welchen Abstand haben die Punkte P(1|1) und Q(-1|5) von der Geraden

$$g : \vec{x} = \begin{pmatrix} 3 \\ 4 \end{pmatrix} + k \cdot \begin{pmatrix} 1 \\ 0 \end{pmatrix}?$$

Lösung

Hesse'sche Normalenform einer Geraden

Gerade g: $g : \vec{x} = \begin{pmatrix} 3 \\ 4 \end{pmatrix} + k \cdot \begin{pmatrix} 1 \\ 0 \end{pmatrix}$

Punkt $P(1|1)$ Punkt $Q(-1|5)$

$$g : \begin{pmatrix} x_1 \\ x_2 \end{pmatrix} = \begin{pmatrix} 3 \\ 4 \end{pmatrix} + k \cdot \begin{pmatrix} 1 \\ 0 \end{pmatrix}$$

Normalenvektor:

$$\vec{n} = \begin{pmatrix} n_1 \\ n_2 \end{pmatrix} = \begin{pmatrix} 0 \\ 1 \end{pmatrix}$$

Normalenvektor normiert:

$$\vec{n}^{\circ} = \begin{pmatrix} n_1 \\ n_2 \end{pmatrix} = \begin{pmatrix} 0 \\ 1 \end{pmatrix}$$

Normalenform:

$$\begin{pmatrix} 0 \\ 1 \end{pmatrix} \cdot \left(\begin{pmatrix} x_1 \\ x_2 \end{pmatrix} - \begin{pmatrix} 3 \\ 4 \end{pmatrix} \right) = 0$$

Abstand Punkt P:

$$\begin{pmatrix} 0 \\ 1 \end{pmatrix} \cdot \begin{pmatrix} 1 - 3 \\ 1 - 4 \end{pmatrix} = \begin{pmatrix} 0 \\ 1 \end{pmatrix} \cdot \begin{pmatrix} -2 \\ -3 \end{pmatrix} = -3$$

$d = 3$

P liegt in der Halbebene von 0.

Abstand Punkt Q:

$$\begin{pmatrix} 0 \\ 1 \end{pmatrix} \cdot \begin{pmatrix} -1 - 3 \\ 5 - 4 \end{pmatrix} = \begin{pmatrix} 0 \\ 1 \end{pmatrix} \cdot \begin{pmatrix} -4 \\ 1 \end{pmatrix} = 1$$

$d = 1$

Q liegt nicht in der Halbebene von 0.

Aufgabe 10:

Untersuchen Sie die gegenseitige Lage der beiden Ebenen und berechnen Sie gegebenenfalls die Schnittgerade. $E_1 : \begin{pmatrix} 1 \\ 4 \\ -2 \end{pmatrix} + k \cdot \begin{pmatrix} 5 \\ 2 \\ 1 \end{pmatrix} + l \cdot \begin{pmatrix} 1 \\ 3 \\ 8 \end{pmatrix}$

$E_2 : \begin{pmatrix} 4 \\ 0 \\ 15 \end{pmatrix} + r \cdot \begin{pmatrix} 7 \\ -5 \\ 26 \end{pmatrix} + s \cdot \begin{pmatrix} 21 \\ 11 \\ -4 \end{pmatrix}$

Lösung:

Ebene E_1:

$$E_1 : \begin{pmatrix} 1 \\ 4 \\ -2 \end{pmatrix} + k \cdot \begin{pmatrix} 5 \\ 2 \\ 1 \end{pmatrix} + l \cdot \begin{pmatrix} 1 \\ 3 \\ 8 \end{pmatrix}$$

Ebene E_2:

$$E_2 : \begin{pmatrix} 4 \\ 0 \\ 15 \end{pmatrix} + r \cdot \begin{pmatrix} 7 \\ -5 \\ 26 \end{pmatrix} + s \cdot \begin{pmatrix} 21 \\ 11 \\ -4 \end{pmatrix}$$

$$\begin{vmatrix} 5 & 1 & 7 \\ 2 & 3 & -5 \\ 1 & 8 & 26 \end{vmatrix} = 624$$

Vektoren linear unabhängig $\Rightarrow$ Ebenen schneiden sich!

Schnittgerade:

$$\begin{pmatrix} 1 \\ 4 \\ -2 \end{pmatrix} + k \cdot \begin{pmatrix} 5 \\ 2 \\ 1 \end{pmatrix} + l \cdot \begin{pmatrix} 1 \\ 3 \\ 8 \end{pmatrix} = \begin{pmatrix} 4 \\ 0 \\ 15 \end{pmatrix} + r \cdot \begin{pmatrix} 7 \\ -5 \\ 26 \end{pmatrix} + s \cdot \begin{pmatrix} 21 \\ 11 \\ -4 \end{pmatrix}$$

$$k \cdot \begin{pmatrix} 5 \\ 2 \\ 1 \end{pmatrix} + l \cdot \begin{pmatrix} 1 \\ 3 \\ 8 \end{pmatrix} - r \cdot \begin{pmatrix} 7 \\ -5 \\ 26 \end{pmatrix} - s \cdot \begin{pmatrix} 21 \\ 11 \\ -4 \end{pmatrix} = \begin{pmatrix} 3 \\ -4 \\ 17 \end{pmatrix}$$

$5 \cdot k + 1 \cdot l - 7 \cdot r - 21 \cdot s = 3$ 1)
$2 \cdot k + 3 \cdot l + 5 \cdot r - 11 \cdot s = -4$ 2)
$1 \cdot k + 8 \cdot l - 26 \cdot r + 4 \cdot s = 17$ 3)

$5 \cdot k + 1 \cdot l - 7 \cdot r = 3 - 21 \cdot s$
$2 \cdot k + 3 \cdot l + 5 \cdot r = -4 - 11 \cdot s$
$1 \cdot k + 8 \cdot l - 26 \cdot r = 17 + 4 \cdot s$

Vereinfachtes Schema:

$$\begin{pmatrix} 5 & 1 & -7 & |3 - 21s3 \\ 2 & 3 & 5 & |-4 - 11s \\ 1 & 8 & -26 & |17 + 4s \end{pmatrix} \Rightarrow \begin{pmatrix} 1 & 8 & -26 & |17 + 4s \\ 2 & 3 & 5 & |-4 - 11s \\ 5 & 1 & -7 & |3 - 21s \end{pmatrix} \Rightarrow$$

$$\Rightarrow \begin{pmatrix} 1 & 8 & -26 & |17 + 4s \\ 0 & -13 & 57 & |-38 - 19s \\ 0 & -39 & 123 & |-82 - 41s \end{pmatrix} \Rightarrow \begin{pmatrix} 1 & 8 & -26 & |17 + 4s \\ 0 & -13 & 57 & |-38 - 19s \\ 0 & 0 & -48 & |24 + 16s \end{pmatrix} \Rightarrow$$

$$\Rightarrow \begin{pmatrix} 1 & 8 & -26 & |17 + 4s \\ 0 & -13 & 57 & |-38 - 19s \\ 0 & 0 & 1 & |\frac{1}{2} + \frac{1}{3}s \end{pmatrix} \Rightarrow \begin{pmatrix} 1 & 8 & 0 & |4 + \frac{38}{3}s \\ 0 & -13 & 0 & |-\frac{19}{2} - \frac{124}{3}s \\ 0 & 0 & 1 & |\frac{1}{2} + \frac{1}{3}s \end{pmatrix} \Rightarrow$$

$$\Rightarrow \begin{pmatrix} 1 & 8 & 0 & |4 + \frac{38}{3}s \\ 0 & 1 & 0 & |\frac{19}{26} + \frac{124}{39}s \\ 0 & 0 & 1 & |\frac{1}{2} + \frac{1}{3}s \end{pmatrix} \Rightarrow \begin{pmatrix} 1 & 0 & 0 & |\frac{24}{13} - \frac{498}{39}s \\ 0 & 1 & 0 & |\frac{19}{26} + \frac{124}{39}s \\ 0 & 0 & 1 & |\frac{1}{2} + \frac{1}{3}s \end{pmatrix} \Rightarrow$$

$k = \frac{24}{13} - \frac{498}{39} \cdot s$
$l = \frac{19}{26} + \frac{124}{39} \cdot s$
$r = \frac{1}{2} + \frac{1}{3} \cdot s$

Schnittgerade:

$$\begin{pmatrix} x_1 \\ x_2 \\ x_3 \end{pmatrix} = \begin{pmatrix} 4 \\ 0 \\ 15 \end{pmatrix} + \frac{1}{2} + \frac{1}{3} \cdot s \cdot \begin{pmatrix} 7 \\ -5 \\ 26 \end{pmatrix} + s \cdot \begin{pmatrix} 21 \\ 11 \\ -4 \end{pmatrix}$$

$$\begin{pmatrix} x_1 \\ x_2 \\ x_3 \end{pmatrix} = \begin{pmatrix} 4 \\ 0 \\ 15 \end{pmatrix} + \frac{1}{2} \cdot \begin{pmatrix} 7 \\ -5 \\ 26 \end{pmatrix} + \frac{1}{3} \cdot s \cdot \begin{pmatrix} 7 \\ -5 \\ 26 \end{pmatrix} + s \cdot \begin{pmatrix} 21 \\ 11 \\ -4 \end{pmatrix}$$

Kapitel 11

$$\begin{pmatrix} x_1 \\ x_2 \\ x_3 \end{pmatrix} = \begin{pmatrix} 7\frac{1}{2} \\ -2\frac{1}{2} \\ 28 \end{pmatrix} + s \cdot \begin{pmatrix} 23\frac{1}{3} \\ 9\frac{1}{3} \\ 4\frac{2}{3} \end{pmatrix}$$

$$\begin{pmatrix} x_1 \\ x_2 \\ x_3 \end{pmatrix} = \frac{1}{2} \begin{pmatrix} 15 \\ -5 \\ 56 \end{pmatrix} + \frac{1}{3}s \cdot \begin{pmatrix} 70 \\ 28 \\ 14 \end{pmatrix}$$

11.2 Rechnen mit Matrizen

Aufgabe 1:

Aus der Abiturprüfung Leistungskurs 2002 Bayern:

Gegeben ist das folgende lineare Gleichungssystem für $x_1; x_2, x_3 \in \mathbb{R}$:

$$3x_1 - dx_2 = -2d$$
$$(1001 - a)x_2 - 5x_3 = -10$$
$$(1001 + a)x_3 = 4004$$

1. Zeigen Sie, dass das System bei gegebenem $d \in \mathbb{R}$ für alle $a \in \mathbb{R}, |a| \neq 1001$ eindeutig lösbar ist. (4 BE)

2. In welchem der Fälle $|a| = 1001$ hat das System mehr als eine Lösung? Geben Sie für diesen Fall (bei gegebenem d) eine geometrische Deutung. (5 BE)

3. Bestimmen Sie a und d so, dass $(x_1|x_2|x_3) = (15|5|2002)$ Lösung des Gleichungssystems ist. (3 BE)

Lösung:

1.

$$3x_1 - d \cdot x_2 = -2d$$
$$(1001 - a)x_2 - 5x_3 = -10$$
$$(1001 + a)x_3 = 4004$$

System nur lösbar, falls D ungleich 0!

$$D = \begin{vmatrix} 3 & -d & 0 \\ 0 & 1001 - a & -5 \\ 0 & 0 & 1001 + a \end{vmatrix}$$

2. für $a = 1001$

$$3x_1 - d \cdot x_2 = -2d$$
$$-5x_3 = -10 \Rightarrow x_3 = 2$$
$$2002x_3 = 4004 \Rightarrow x_3 = 2$$

Für $a = 1001$ sind die Gleichungen II und III identisch. Diese Ebene mit der Ebene aus I zum Schnitt gebracht, ergibt eine Schnittgerade, also unendlich viele Schnittpunkte.

für $a = -1001$

$$3x_1 - dx_2 = -2d$$
$$2002x_2 - 5x_3 = -10$$
$$0x_3 = 4004 \Rightarrow \text{„nicht lösbar}$$

3. $\begin{pmatrix} x_1 \\ x_2 \\ x_3 \end{pmatrix} = \begin{pmatrix} 15 \\ 5 \\ 2002 \end{pmatrix}$

$$3 \cdot 15 - d \cdot 5 = -2d$$
$$(1001 - a) \cdot 5 - 5 \cdot 2002 = -10$$
$$(1001 + a) \cdot 2002 = 4004$$

I: $45 = 3d \Rightarrow d = 15$

II: $(1001 - a) \cdot 5 = -10 + 10010$
$(1001 - a) = 2000$

$$-a = 999$$
$$a = -999$$

III: $1001 + a = 2\,a = -999$

Aufgabe 2:

Berechnen Sie:

$$\begin{pmatrix} 1 & -1 & 3 & 4 \\ -7 & 2 & -2 & 1 \\ -2 & -3 & -1 & 3 \end{pmatrix} \cdot \begin{pmatrix} -3 & 2 \\ 4 & 2 \\ -1 & 3 \\ 1 & 0 \end{pmatrix} =$$

Lösung:

$$\begin{pmatrix} 1 & -1 & 3 & 4 \\ -7 & 2 & -2 & 1 \\ -2 & -3 & -1 & 3 \end{pmatrix} \cdot \begin{pmatrix} -3 & 2 \\ 4 & 2 \\ -1 & 3 \\ 1 & 0 \end{pmatrix} = \begin{pmatrix} -6 & 9 \\ 32 & -16 \\ -2 & -13 \end{pmatrix}$$

Aufgabe 3:

Bilden Sie die inverse und die transponierte Matrix, sowie die Determinante der Matrix $\begin{pmatrix} 1 & 4 & 8 \\ 2 & 0 & 1 \\ -7 & 3 & 2 \end{pmatrix}$.

Lösung:

$$A = \begin{pmatrix} 1 & 4 & 8 \\ 2 & 0 & 1 \\ -7 & 3 & 2 \end{pmatrix}$$

Transponierte Matrix:

$$A^T = \begin{pmatrix} 1 & 2 & -7 \\ 4 & 0 & 3 \\ 8 & 1 & 2 \end{pmatrix}$$

Inverse Matrix:

$$A^{-1} = \begin{pmatrix} -3 & 16 & 4 \\ -11 & 58 & 15 \\ 6 & -31 & -8 \end{pmatrix}$$

Determinante:

$$A = \begin{vmatrix} 1 & 4 & 8 \\ 2 & 0 & 1 \\ -7 & 3 & 2 \end{vmatrix} = 1$$

Aufgabe 4:

Lösen Sie das Gleichungssystem
$$13x - 3y + 5 = 0$$
$$-8x + 2y - 1 = 0$$

1. mit dem Determinantenverfahren nach Cramer

2. mit der inversen Matrix

Lösung:

$$13x + -3y + 5 = 0 \ -8x + 2y + -1 = 0$$

1. Determinantenverfahren nach Cramer:

$$D: \begin{vmatrix} 13 & -3 \\ -8 & 2 \end{vmatrix} = 2$$

eindeutig lösbar

$$D_x: \begin{vmatrix} -3 & 5 \\ 2 & -1 \end{vmatrix} = -7$$

$$D_y: \begin{vmatrix} 5 & 13 \\ -1 & -8 \end{vmatrix} = -27$$

$$x = -3,50 \qquad y = -13,50$$

2. Inverse Matrix

$$A = \begin{pmatrix} 13 & -3 \\ -8 & 2 \end{pmatrix} \qquad \vec{b} = \begin{pmatrix} -5 \\ 1 \end{pmatrix}$$

$$A^{-1} = \begin{pmatrix} 1 & 1,5 \\ 4 & 6,5 \end{pmatrix}$$

$$x = -3,50 \qquad y = -13,50$$

Kapitel 11

Aufgabe 5:

Bilden Sie die Determinante der Ergebnismatrix

$$\begin{pmatrix} 2 & 41 \\ 31 & 100 \\ 43 & -71 \end{pmatrix} \cdot \begin{pmatrix} -51 & 203 & 61 \\ 24 & -53 & 151 \end{pmatrix} =$$

Lösung:

$$\begin{pmatrix} 2 & 41 \\ 31 & 100 \\ 43 & -71 \end{pmatrix} \cdot \begin{pmatrix} -51 & 203 & 61 \\ 24 & -53 & 151 \end{pmatrix} = \begin{pmatrix} 882 & -1767 & 6313 \\ 819 & 993 & 16991 \\ -3897 & 12492 & -8098 \end{pmatrix}$$

$$D = \begin{vmatrix} 882 & -1767 & 6313 \\ 819 & 993 & 16991 \\ -3897 & 12492 & -8098 \end{vmatrix} = 0$$

12 Übungen: Stochastik

12.1 Einfache Aufgaben

Aufgabe 1:

Es soll eine Kette entworfen werden, die aus 20 unterschiedlichen Kugeln bestehen soll. Zur Auswahl stehen 100 verschiedene Kugeln. Wieviele Ketten könnten daraus designt werden? (Reihenfolge - ohne Zurücklegen)

Lösung

Aus n verschiedenen Elementen sollen k verschiedene ausgewählt werden. Die Lösung ist allgemein $P_k(n) = \frac{n!}{(n-k)!}$. Hier gilt: n ist die Anzahl der Kugeln in der zur Verfügung stehenden Kiste, k ist die Anzahl der herausgenommenen Kugeln.

Aufgabe 2:

Es sollen 30 Perlen, teilweise auch gleichfarbig, zu einer Kette aufgefädelt werden. Es gibt 5 türkisfarbene, 7 rote, 3 weiße, 9 blaue, 4 schwarze und 2 gelbe. Wieviele verschiedene Ketten mit verschiedener Farbenfolge könnten daraus gebildet werden? (Reihenfolge - ohne Zurücklegen)

Lösung

n Perlen, $k_1 = 5, k_2 = 7, k_3 = 3, k_4 = 9, k_5 = 4$ und $k_6 = 2$
allgemein gilt:
$P_{k_1,k_2,k_3,k_4,k_5,k_6}(n) = \frac{n!}{k_1! \cdot k_2! \cdot k_3! \cdot k_4! \cdot k_5! \cdot k_6!}$
hier: $P_{k_1,k_2,k_3,k_4,k_5,k_6}(n) = \frac{30!}{5! \cdot 7! \cdot 3! \cdot 9! \cdot 4! \cdot 2!} = 4,19655 \cdot 10^{18}$ Möglichkeiten.

Aufgabe 3:

Jeder Buchstabe der Blindenschrift nach Louis Braille besteht aus sechs Punkten. Jeder Punkt kann zwei Zustände (erhöht oder nicht) annehmen (vgl. Abbildung 12.1 auf der nächsten Seite). Wie viele Zeichen lassen sich damit darstellen?

Kapitel 12

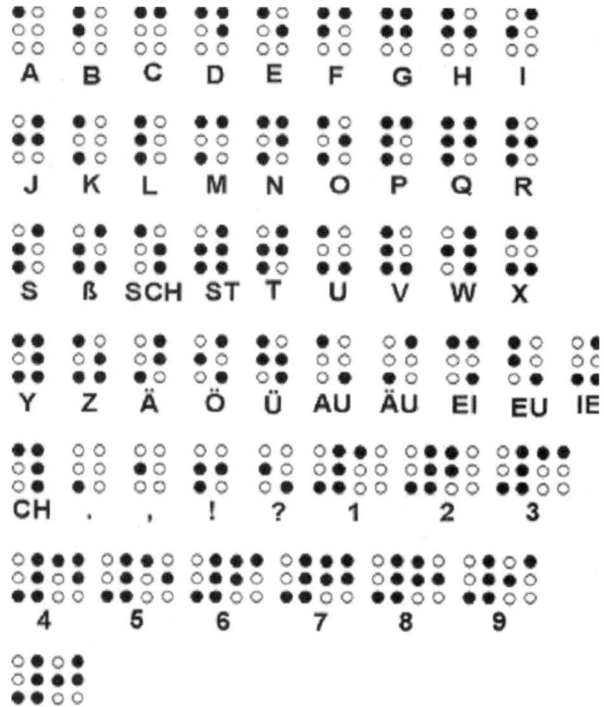

Abb. 12.1: Das Blindenalphabet nach Louis Braille

Lösung

Es gibt $2^6 = 64$ Möglichkeiten.

Aufgabe 4:

Es soll aus einer Kiste mit 30 verschiedenfarbigen Perlen eine Kette aus 15 Perlen mit unterschiedlicher Farbfolge kreiert werden, wobei jede entnommene Perle sofort wieder ersetzt wird. Wie viele verschiedene Ketten wären möglich? (Reihenfolge - mit Zurücklegen)

Lösung

Aus n Elementen wird eine Gruppe von k Elementen gebildet.

$P_k(n) = n^k = 30^{15}$

Es ergeben sich $1,4349 \cdot 10^{22}$ Möglichkeiten.

Aufgabe 5:

In einem Hotel gibt es 50 Doppelzimmer, davon sind jedoch nur vier belegt. Wieviele Möglichkeiten gibt es, die Zimmer zu verteilen?

Lösung

Es gibt $\binom{50}{4} = \frac{50 \cdot 49 \cdot 48 \cdot 47}{1 \cdot 2 \cdot 3 \cdot 4} = 230.300$ Möglichkeiten.

Aufgabe 6:

Die Wahrscheinlichkeit für die Geburt eines Jungen liegt bei 0,515. Wie groß ist die Wahrscheinlichkeit, dass unter 10 wahllos aus dem Geburtenregister herausgesuchten Geburten genau 6 Jungen sind?

Lösung

$$P(A) = \binom{10}{6} \cdot 0,515^6 \cdot 0,485^4 = 0,2168$$

Aufgabe 7:

Die Körperlänge von Neugeborenen sei normalverteilt mit dem Mittelwert 50 cm und der Standardabweichung 3 cm.

1. Wie groß ist die Wahrscheinlichkeit, dass ein zufällig gewähltes Neugeborenes größer als 54 cm ist?

2. Mit welcher Wahrscheinlichkeit ist ein Neugeborenes zwischen 48 cm und 55 cm groß?

3. Mit welcher Wahrscheinlichkeit ist ein Neugeborenes kleiner als 45 cm?

Lösung

1. $P(X = 54) = 1 - \Phi(\frac{54-50}{3}) = 1 - 0,9088 = 0,0912 = 9,12\%$
2. $P(48 \leq X \leq 55) = \Phi(\frac{55-50}{3}) - \Phi(\frac{48-50}{3}) = 0,9522 - 0,2525 = 0,6997 = 69,97\%$
3. $P(X \leq 45) = \Phi(\frac{45-50}{3}) = 0,0478 = 4,78\%$

Kapitel 12

Aufgabe 8:

Ein Laplace Würfel wird 30 mal geworfen. Mit welcher Wahrscheinlichkeit würfelt ein Spieler

1. höchstens sechs Sechser,

2. mindestens drei aber höchstens acht Sechser?

Lösung

Für die Lösung müssen zunächst die Einzelwahrscheinlichkeiten bestimmt werden, anschließend werden diese aufsummiert, bzw. voneinander abgezogen.

1. Anzahl der Würfe: $n = 30$
   Einzelwahrscheinlichkeit: $p = \frac{1}{6} = 0,17$

   Zahl der Treffer:

   $k = 6 \Rightarrow P = 16\%$
   $k = 5 \Rightarrow P = 19\%$
   $k = 4 \Rightarrow P = 18\%$
   $k = 3 \Rightarrow P = 14\%$
   $k = 2 \Rightarrow P = 7\%$
   $k = 1 \Rightarrow P = 3\%$
   $k = 0 \Rightarrow P = 0\%$

   Gesamtwahrscheinlichkeit: $P = 78\%$

2. Anzahl der Würfe: $n = 30$
   Einzelwahrscheinlichkeit: $p = \frac{1}{6} = 0,17$

   Zahl der Treffer:

   $k = 8 \Rightarrow P = 6\%$
   $k = 7 \Rightarrow P = 11\%$
   $k = 6 \Rightarrow P = 16\%$
   $k = 5 \Rightarrow P = 19\%$
   $k = 4 \Rightarrow P = 18\%$
   $k = 3 \Rightarrow P = 14\%$
   $k = 2 \Rightarrow P = 7\%$
   $k = 1 \Rightarrow P = 3\%$
   $k = 0 \Rightarrow P = 0\%$

   Gesamtwahrscheinlichkeit: $P = 95\% - 10\% = 85\%$

Aufgabe 9:

65% aller Männer über 30 gehen regelmäßig ins Fitnessstudio.

1. Mit welcher Wahrscheinlichkeit findet man unter 60 Männern dieser Altersgruppe genau 10, die regelmäßig ins Fitnessstudio gehen?

2. Mit welcher Wahrscheinlichkeit findet man unter 40 Männern dieser Altersgruppe mindestens 30, die regelmäßig ein Fitnessstudio aufsuchen?

Lösung

Auch bei dieser Aufgabe führt der Weg über die Einzelwahrscheinlichkeiten.

1. $n = 60$
   $k = 10$
   $p = 0,65$

   $P 0\%$

2. $n = 40$
   $p = 0,65 \; k = 29 \Rightarrow P = 8\%$
   $k = 28 \Rightarrow P = 11\%$
   $k = 27 \Rightarrow P = 13\%$
   $k = 26 \Rightarrow P = 13\%$
   $k = 25 \Rightarrow P = 12\%$
   $k = 24 \Rightarrow P = 10\%$
   $k = 23 \Rightarrow P = 8\%$
   $k = 22 \Rightarrow P = 5\%$
   $k = 21 \Rightarrow P = 3\%$
   $k = 20 \Rightarrow P = 2\%$
   $k = 19 \Rightarrow P = 1\%$
   $k = 18 \Rightarrow P = 0\%$
   $k = 17 \Rightarrow P = 0\%$
   $\vdots$

   Gesamtwahrscheinlichkeit: $P = 1 - 88\% = 12\%$

12.2 komplexe Aufgaben

Aufgabe 1:

Aus der Abiturprüfung 1998 (Grundkurs):
In einem Kaufhaus sollen aufgrund verlängerter Ladenöffnungszeiten 12 neue Mitarbeiter eingestellt werden.

1. In Abteilung A sind 5 Stellen zu besetzen, in Abteilung B 7 Stellen. Für Abteilung A bewerben sich 8 und für Abteilung B 10 Personen. Wieviele Möglichkeiten gibt es, die offenen Stellen zu besetzen, wenn die Stellen innerhalb jeder Abteilung

   a) nicht unterschieden werden?

   b) als verschieden angesehen werden?

2. Bei der Begrüßung sitzen die 12 neuen Mitarbeiter, 8 Frauen und 4 Männer, in zwei Reihen mit je 6 Stühlen. Wieviele Sitzanordnungen gibt es, wenn nur nach Männer und Frauen unterschieden wird, und

   a) in jeder Reihe zwei Männer sitzen?

   b) die 4 Männer nebeneinander sitzen?

3. Die Wahrscheinlichkeit, dass die Kaufhausmitarbeiter bereit sind, auch abends zu arbeiten, sei p.

   a) Wie groß ist im Fall $p = 0,8$ die Wahrscheinlichkeit dafür, dass von den 12 neuen Mitarbeitern mindestens 10 bereit sind, auch abends zu arbeiten?

   b) Wie groß müsste p mindestens sein, damit mit einer Wahrscheinlichkeit von mindestens 50 % alle 12 neuen Mitarbeiter bereit sind, auch abends zu arbeiten?

Lösung

1.

   a) $n = 8$ $k = 5$ ⇒ Kombinationen: 56
      $n = 10$ $k = 7$ ⇒ Kombinationen: 120

   $$\frac{n!}{k! \cdot (n - k)!}$$
   6720 Möglichkeiten

b) $n = 8$ $k = 5 \Rightarrow$ Kombinationen: 56

   $n = 10$ $k = 7 \Rightarrow$ Kombinationen: 120

$k = 5 \Rightarrow k! = 120$

$k = 7 \Rightarrow k! = 5040$

4064256000 Möglichkeiten

2.

a) $n = 6$ $k = 2 \Rightarrow 15$ Kombinationen

225 verschiedene Sitzordnungen

b) $2 \cdot 3 = 6$ Möglichkeiten

3.

a) Anzahl der Mitarbeiter: $n = 12$

Einzelwahrscheinlichkeit: $p0,8$

Zahl der Freiwilligen: $k > 10$

$k = 12 \Rightarrow P = 7\,\%$

$k = 11 \Rightarrow P = 21\,\%$

$k = 10 \Rightarrow P = 28\,\%$

Gesamtwahrscheinlichkeit: $P = 56\,\%$

b) Anzahl der Mitarbeiter: $n = 12$

Zahl der Freiwilligen: $k = 12$

Einzelwahrscheinlichkeit: $p = x$

Wahrscheinlichkeit: $P = 50\,\%$

$n = 12$ $k = 12 \Rightarrow$ Kombination: 1

$1 \cdot p^{12} \cdot (1 - p)^0 \geq 50\,\%$

$p^{12} \geq 50\,\%$

$p \geq 0,94 \; p \geq 94\,\%$

Aufgabe 2:

Abiturprüfung 2002 Leistungskurs (Bayern)

1. Philipp meldet sich im Internet erstmalig bei der Firma Booky an. Als Passwort wählt er aus Sicherheitsgründen eine zufällige Anordnung der 7 Großbuchstaben seines Vornamens.

    a) Wie groß ist die Wahrscheinlichkeit dafür, dass er das Passwort „PPPIIHL" wählt?

b) Wie groß ist die Wahrscheinlichkeit dafür, dass er in seinem Passwort die beiden Buchstaben I nicht direkt hintereinander auftreten?

2. Anlässlich eines Jubiläums lädt die Firma Booky 300 Personen, von denen 100 bereits Booky-Kunden sind, zu einem Fest ein. Unter den Gästen werden im Laufe des Abends Preise verlost. Die Auswahl der Gewinner erfolgt dabei durch Ziehen mit Zurücklegen aus einer Urne mit den Namen der 300 Gäste.

   a) Wie viele Preise müssen mindestens verlost werden, damit mit einer Wahrscheinlichkeit von mehr als 98 % wenigstens einer der Booky-Kunden einen Preis gewinnt?

   b) Mit welcher Wahrscheinlichkeit geht von 10 verlosten Preisen nur der letzte an einen Booky-Kunden?

   c) Mit welcher Wahrscheinlichkeit gehen die ersten fünf Preise an fünf verschiedene Gäste?

3. Die Geschäftsleitung von Booky interessiert sich für den Bekanntheitsgrad ihres Firmennamens.

   Die Wahrscheinlichkeit dafür, dass sich die relative Häufigkeit der Befragten, die Booky kennen, um weniger als 0,05 vom tatsächlichen Bekanntheitsgrad unterscheidet, soll mindestens 95 % betragen. Schätzen Sie mit Hilfe der Tschebyschow-Ungleichung ab, wie viele Personen dafür mindestens befragt werden müssten.

4. Die Firma Booky will eine Fernsehwerbung starten, wenn ihr Bekanntheitsgrad unter 60 % liegt. Die Entscheidung soll auf der Grundlage einer Umfrage unter 1200 zufällig ausgewählten Personen getroffen werden. Benutzen Sie zur Berechnung die Normalverteilung als Näherung.

   a) Bestimmen Sie eine Entscheidungsregel mit einem möglichst kleinen Annahmebereich für die Einleitung der Werbekampagne, bei der die Wahrscheinlichkeit dafür, dass die Werbekamagne irrtümlich unterlassen wird, höchstens 5 % ist.

   b) Mit welcher Wahrscheinlichkeit wird nach der Entscheidungsregel aus Teilaufgabe 4a) die Werbekampagne eingeleitet, obwohl der Bekanntheitsgrad bei 65 % liegt?

5. Die Standard-Normalverteilung wird durch die Funktion

   $$\Phi : x \mapsto \int_{-\infty}^{x} \varphi(t)\, dt\, (x \in \mathbb{R})$$

   beschrieben, wobei $\varphi(t) = \dfrac{1}{\sqrt{2\pi}e^{-\frac{1}{2}t^2}}\, (t \in \mathbb{R})$ ist.

a) Erläutern Sie die stochastische Bedeutung des Funktionswertes $\phi(x)$ und begründen Sie damit, dass $\lim_{x \to +\infty} \Phi(x) = 1$ ist.

b) Begründen Sie unter Zuhilfenahme der Symmetrieeigenschaft von φ für alle $x \in \mathbb{R}$ gilt: $\Phi(-x) = 1 - \Phi(x)$.

Lösung

1. a) $P(\text{„PPPIIHL"}) = \dfrac{1}{\binom{7}{3}\binom{4}{2}\binom{2}{1}} = \dfrac{1}{420} = 0,00238 \approx 0,24\,\%$

oder

$P(\text{„PPPIIHL"}) = \dfrac{3! \cdot 2!}{7!} = \dfrac{12}{5040} = 0,00238 \approx 0,24\,\%$

b) Falls das 1. I an der 1. Stelle steht, bleiben 5 Möglichkeiten für das 2. I.
Falls das 1. I an der 2. Stelle steht, bleiben 4 Möglichkeiten für das 2. I.
Falls das 1. I an der 3. Stelle steht, bleiben 3 Möglichkeiten für das 2. I.
Falls das 1. I an der 4. Stelle steht, bleiben 2 Möglichkeiten für das 2. I.
Falls das 1. I an der 5. Stelle steht, bleibt 1 Möglichkeit für das 2. I.
Also insgesamt 15 mögliche Platzverteilungen für die beiden I.

$P(\text{„nicht nebeneinander"}) = \dfrac{15 \cdot 2! \cdot \binom{5}{3} \cdot 3! \cdot 2!}{7!} = \dfrac{3600}{5040} = 0,7143 \approx$ $71,4\,\%$

Für die Verteilung der I steht: $15 \cdot 2!$
Für die Verteilung der P steht: $\binom{5}{3} \cdot 3!$
Für die Verteilung der restlichen beiden Buchstaben steht: $2!$
Da bei der Verteilung der I „nummerierte" Plätze vergeben werden, ist der Nenner $7!$.

2. $P(\text{Booky-Kunde}) = \dfrac{1}{3}$

a) $1 - \left(\dfrac{2}{3}\right)^n > 0,98$

$\left(\dfrac{2}{3}\right)^n < 0,02$

$n > \dfrac{\ln 0,02}{\ln \dfrac{2}{3}}$

$n > 9,65 \qquad$ mindestens 10 Verlosungen

Kapitel 12

b) $\left(\dfrac{2}{3}\right)^9 \cdot \dfrac{1}{3} = 0,00867 \approx 0,87\,\%$

c) $\dfrac{300 \cdot 299 \cdot 298 \cdot 297 \cdot 296}{300^5} = 0,96705 \approx 96,7\,\%$

3. $P\left(\left|\dfrac{k}{n} - p\right| < 0,05\right) \geq 0,95$

$1 - \dfrac{1}{4 \cdot 0,05^2 \cdot n} \geq 0,95$

$\dfrac{1}{4 \cdot 0,05^2 \cdot n} \leq 0,05$

$n \geq \dfrac{1}{4 \cdot 0,05^2}$

$n \geq 2000$ \qquad mindestens 2000 Personen

4. a)

	für Werbekampagne 0...k	gegen Werbekampagne k + 1...1200
p< 0,6	✓	↯≤ 0,05

$\mu = 0,6 \cdot 1200 = 720$

$\sigma = \sqrt{720 \cdot 0,4} = \sqrt{288} = 16,97$

$1 - \Phi\left(\dfrac{k - 720 + 0,5}{16,97}\right) \leq 0,05$

$\Phi\left(\dfrac{k - 720 + 0,5}{16,97}\right) \geq 0,95$

$\dfrac{k - 720 + 0,5}{16,97} \geq 1,6449$

$k \geq 747,4$

$A : [0; 748] \qquad \overline{A} : [749; 1200]$

Die Werbekampagne findet statt, wenn weniger als 749 Personen Booky kennen.

b) mit $\mu = 0,65 \cdot 2000 = 780$ und $\sigma = \sqrt{780 \cdot 0,35} = \sqrt{273}$ ergibt sich:

$$P_{0,65}^{1200}(X \le 748) = \Phi \left(\frac{748 - 780 + 0,5}{\sqrt{273}} \right) = \Phi(-1,91) =$$
$$1 - \Phi(1,91) = 0,02807 \approx 2,8\,\%$$

5. a) $\Phi(x)$ gibt die kumulative Wahrscheinlichkeit einer normalverteilen Zufallsgröße X für $X \le x$ an. Da $\lim_{x \to \infty} \Phi(x)$ die Summe aller Einzelwahrscheinlichkeiten darstellt, ergibt sich als sicheres Ergebnis $\lim_{x \to \infty} = 1$.

   b) $\varphi(x)$ ist symmetrisch zur y-Achse

$$\Phi(-x) = \int_{-\infty}^{-x} \varphi(t)\,dt = \int_{-\infty}^{+\infty} \varphi(t)\,dt - \int_{-x}^{+\infty} \varphi(t)\,dt =$$

$$= 1 - \int_{-x}^{+\infty} \varphi(t)\,dt = 1 + \int_{+\infty}^{-x} \varphi(t)\,dt = 1 + \int_{-\infty}^{+x} \varphi(-t)\,(-dt) =$$

$$= 1 - \int_{-\infty}^{+x} \varphi(-t)\,dt = 1 - \int_{-\infty}^{x} \varphi(t)\,dt = 1 - \Phi(x)$$

Aufgabe 3:

Abiturprüfung 2005 Leistungskurs (Bayern)

1. In einem Tonstudio wird eine CD mit 8 Liedern und 5 Instrumentalstücken zusammengestellt.

   a) Auf wie viele Arten können die 13 Musikstücke angeordnet werden, wenn nur zwischen den Kategorien Lied und Instrumentalstück unterschieden wird?

   b) Die CD wird in einem CD-Player mit der Random-Funktion abgespielt, so dass die 13 Musikstücke in zufälliger Reihenfolge ohne Wiederholung aufeinander folgen. Wie groß ist die Wahrscheinlichkeit, dass unter den ersten vier gespielten Stücken höchstens zwei Instrumentalstücke sind?

   c) 20 Personen geben jeweils ihrem Favoriten unter den 8 Liedern eine Stimme. Wie viele verschiedene Stimmverteilungen sind möglich, wenn es nur darauf ankommt, wie viele Stimmen die einzelnen Lieder erhalten?

2. Von allen in einem Musikladen verkauften CDs entfallen 25 % auf klassische Musik und 30 % auf Volksmusik. Der Rest wird der Popmusik zugeordnet. 60 % der Käufer einer Klassik-CD und 25 % der Käufer einer Pomusik-CD sind älter als 30 Jahre. Insgesamt werden 48 % der verkauften CDs von Kunden erworben, die älter als 30 Jahre sind.

a) Ein Kunde betritt den Musikladen und kauft eine Volksmusik-CD. Mit welcher Wahrscheinlichkeit ist er höchstens 30 Jahre alt?

b) Mit welcher Wahrscheinlichkeit kauft ein Kunde, der älter als 30 Jahre ist, eine Klassik- oder Popmusik-CD?

3. Der Musikladen bezieht seine Ware zu gleichen Teilen von den Großhändlern A und B. A liefert ausnahmslos Originalware. In jeder Lieferung des Großhändlers B befinden sich 15 % willkürlich eingestreute Raubkopien, die nur dadurch erkannt werden können, dass diesen CDs der Kopierschutz fehlt.

a) Wie viele zufällig aus dem Musikladen ausgewählte CDs muss man mindestens überprüfen, um mit einer Wahrscheinlichkeit von mehr als 90 % mindestens eine Raubkopie zu entdecken? Rechnen Sie wie bei „Ziehen mit Zurücklegen".

b) Eine Lieferung von 500 CDs von Großhändler B wird untersucht. Bestimmen Sie den kleinstmöglichen Bereich symmetrisch zum Erwartungswert, in dem die Zahl der Raubkopien mit einer Wahrscheinlichkeit von mindestens 80 % liegt (Näherung mit der Normalverteilung).

4. Der Betrug von Großhändler B wurde aufgedeckt. Er behauptet, dass er keinesfalls mehr als 15 % Raubkopien untergemischt habe. Es werden zufällig 200 CDs aus seinen Lieferungen ausgewählt und überprüft.

a) Bestimmen Sie die Entscheidungsregel mit der Behauptung des Großhändlers als Nullhypothese auf dem Signifikanzniveau von 5 %.

b) In welchem kleinstmöglichen Bereich liegt die Wahrscheinlichkeit, dass bei dieser Entscheidungsregel die Nullhypothese trotz eines Raubkopieanteils von mindestens 25 % nicht abgelehnt wird?

Lösung

1. a) $\binom{13}{8}\binom{5}{5} = 1287$ oder $\frac{13!}{8!5!} = 1287$

b) „höchstens zwei Instrumentalstücke" bedeutet „kein, ein oder zwei Instrumentalstücke".

$$P = \frac{\binom{5}{2}\binom{8}{2} + \binom{5}{1}\binom{8}{3} + \binom{5}{0}\binom{8}{4}}{\binom{13}{4}} = \frac{280 + 280 + 70}{715} = 0,8811 = 88,1\%$$

c) $\binom{20+7}{7} = 888.030$

2.

	Klassik	Volksmusik	Popmusik
insgesamt	25 %	30 %	45 %
davon >30 Jahre	60 %		25 %

a) Die Kunden über 30 teilen sich auf in Käufer von Klassik- bzw. Volksmusik-bzw. Popmusik-CDs. $P(> 30\,\text{J}) = 0,25 \cdot 0,6 + 0,3 \cdot x + 0,45 \cdot 0,25 = 0,2625 + 0,3x$.

Der Anteil der Kunden über 30 Jahren beträgt 48 %, also muss gelten:

$0,2625 + 0,3x = 0,48 \Rightarrow x = 0,725$

72,5 % der Käufer einer Volksmusik-CD sind älter als 30 Jahre

$\Rightarrow_v (\leq 30\,\text{J}) = 27,5\,\%$

b) $P_{>30\,\text{J}}(K \cup P) = \dfrac{0,25 \cdot 0,6 + 0,45 \cdot 0,25}{0,48} = 0,5469 = 54,7\,\%$

oder über das Gegenereignis

$P_{>30\,\text{J}}(K \cup P) = P_{>30\,\text{J}}(\overline{V}) = 1 - \dfrac{0,3 \cdot 0,725}{0,48} = 0,5469 = 54,7\,\%$

3. a) Da die CDs zu gleichen Teilen von den Händlern A und B stammen, sind insgesamt 7,5 % aller CDs Raubkoien, also sind 92 % einwandfreie Ware.

$1 - 0,925^n > 0,9$

$0,925^n > 0,1$

$n > \dfrac{\ln 0,1}{\ln 0,925}$

$n > 29,5$ mindestens 30 CDs

b) Da hier nur Ware des Händlers B überrüft wird, beträgt die Wahrscheinlichkeit einer Raubkopie 15 %.

$P(|X - \mu| \leq a) \geq 0,8$

$\mu = 500 \cdot 0,15 = 75$

$\sigma = \sqrt{500 \cdot 0,15 \cdot 0,85} = \sqrt{63,75}$

$2 \cdot \Phi\left(\dfrac{a + 0,5}{\sqrt{63,75}}\right) - 1 \geq 0,8$

$\Phi\left(\dfrac{a + 0,5}{\sqrt{63,75}}\right) \geq 0,9$

$$\frac{a + 0,5}{\sqrt{63,75}} \geq 1,2816$$

$$a \geq 9,7$$

$$a \geq 10$$

Das Intervall ergibt sich also aus: $X \in [\mu - 10\mu + 10]$

also: $X \in [65; 85]$

4. a)

	für p_0 0...k	gegen p_0 k + 1...200
$p_0 < 0,15$		$\leq 5\%$

$$P_{0,15}^{200}(X > k) \leq 0,05$$

$$1 - P_{0,15}^{200}(X \leq k) \leq 0,05$$

$$P_{0,15}200(X \leq k) \geq 0,95$$

$$k \geq 38$$

$$\overline{A} = [39; 200]$$

Die Behautung des Händlers wird abgelehnt, wenn mindestens 39 Raub-koien gefunden werden.

b) $P_{0,25}^{200}(X \leq 38) = 0,02758$

Die Wahrscheinlichkeit beträgt höchstens 2,76 %, also $0 \leq P \leq 2,76\%$

13 Übungen aus dem Internet

Auch im Internet gibt es eine Vielzahl von Übungsaufgaben. Leider sind viele davon ohne Lösungen und wenn Lösungen angegeben sind, kann man sich nicht sicher sein, ob sie auch richtig sind. Oft sind die Lösungen nicht nachvollziehbar und es lässt sich nicht erkennen, von wem sie stammen.

Wir wollen in diesem Abschnitt jedoch auf einige Seiten verweisen, die einen guten und professionellen Eindruck gemacht haben, doch auch hier können wir keine Garantie für die Richtigkeit der Lösungen übernehmen.

13.1 Mathematik-Abituraufgaben im Internet

`http://www.eMath.de`

Diese Aufgabensammlung enthält aktuelle und frühere Original-Abituraufgaben zu allen für das Mathematik-Abitur relevanten Themengebieten für den Grundkurs und für den Leistungskurs (bzw. für den Pflichtteil und den Wahlteil) sowie über 100 Seiten Musteraufgaben für das kommende Mathe-Abi.

Dabei enthalten sind alle Original-Abituraufgaben Mathematik aus dem Zentralabitur Baden-Württemberg und Bayern der Jahre 2000 bis 2007 je mit vollständigen, ausführlich ausgearbeiteten und mehrfachen Lösungswegen.

`http://www.abiturloesung.de/`

Abitur-Angaben und Aufgaben Bayern Mathematik mit interaktiven Lösungen. Vorgerechnet in einem Video.

`http://www.sn.schule.de/~matheabi/`

Die sächsische Mathematik-Abitur-Seite
Hier finden Sie die Aufgabenstellungen, Erwartungsbilder und Lösungen zu schriftlichen Abiturprüfungen im Grund- und Leistungskursfach verschiedener Jahre.

http://www.paetec.de/verlag/pruefungen/

Prüfungsaufgaben der Abitur- und Abschlussprüfungen aus vergangenen Jahren eignen sich besonders gut zur Prüfungsvorbereitung. Der DUDEN PAETEC Schulbuchverlag hat die Aufgaben hauptsächlich aus dem Bundesland Sachsen (aber auch aus anderen Bundesländern) und deren Lösungen vergangener Jahre für die Fächer Mathematik, Biologie, Chemie und Physik in gedruckter Form herausgegeben.

http://www.brd.nrw.de/BezRegDdorf/hierarchie/lerntreffs/
   mathe/pages/pruefung/abitur/index.php

In den nächsten Jahren wird an den Sekundarstufen II in NRW das Zentralabitur eingeführt. Die Rubrik „Prüfungen" im Mathetreff will Schülerinnen und Schüler, Lehrerinnen und Lehrer bei der Vorbereitung auf diese zentrale Prüfung unterstützen. Sie finden hier auch noch Beispielaufgaben zum traditionellen dezentralen Abitur, das 2006 letztmalig stattgefunden hat. Ein wichtiger Hinweis: Der Reformprozess ist zur Zeit in vollem Gange. Die Seiten von „Prüfungen" werden daher in nächster Zeit immer wieder durch Hinweise, Beispiele und Links ergänzt werden.

http://www.nk.shuttle.de/nk/steinwaldgym/maabi0.htm

Eine kleine Zusammenstellung von Lösungsverfahren zu Aufgaben aus dem Bereich Analysis.

Teil II

Physik

Physik

Vorwort

Liebe Leserin, lieber Leser,

vor Ihnen liegt ein Buch, das Ihnen bei der Vorbereitung zur Abiturprüfung im Fach Physik helfen wird. Es ist kein Physikbuch im herkömmlichen Sinne. Es werden nur sehr bedingt mathematische Zusammenhänge hergeleitet oder bewiesen; dazu würde der zur Verfügung stehende Platz auch nicht ausreichen. Die Stärke dieses Buches liegt vielmehr in der sehr komprimierten Darstellung der abiturrelevanten Inhalte und in den Übungsaufgaben einschließlich der zugehörigen Musterlösungen. Evt. sind einige Kapitel dieses Buches in Ihrem Bundesland nicht abiturrelevant; dies sollten Sie prüfen. Neben den Übungsaufgaben finden Sie noch je ein komplettes Musterabitur für den Grund- und den Leistungskurs.

Sicher lernt jeder Mensch anders. Vielleicht darf ich Ihnen trotzdem für das Arbeiten mit dem Buch einige Empfehlungen geben. Das heißt nicht, dass Sie nicht auch in anderer Form mit dem Buch arbeiten können. Bedenken Sie aber bitte, dass alle guten und erfolgreichen Lernstrategien eines gemeinsam haben: Man muss Zeit investieren!

Meine Empfehlung: Lesen Sie zunächst Ihre Unterrichtsmitschriften und/oder das entsprechende Kapitel in Ihrem Physikbuch, z. B. mechanische Schwingungen und Wellen. Danach lesen Sie das entsprechende Kapitel in diesem Buch. Anschließend bearbeiten Sie alle Übungsaufgaben zu dem Thema. Bearbeiten Sie eine Aufgabe nach der anderen und kontrollieren Sie nach jeder Aufgabe Ihre Ergebnisse mit der Musterlösung. Benutzen Sie dabei bitte die Formelsammlung, die auch in Ihrer Abiturprüfung zugelassen ist. Falls Probleme oder Fragen auftauchen, schlagen Sie in diesem Buch nach. Sie werden feststellen, dass Sie spätestens ab Aufgabe 10 routinierter werden. Bei einigen Aufgaben sind auch andere Lösungswege denkbar, diese müssen aber natürlich zum gleichen Ergebnis führen.

In der Physik gibt es den Begriff des „Wirkungsgrades". Er bezeichnet das Verhältnis von abgegebener Arbeit oder Leistung zu der dafür aufgewendeten Arbeit bzw. der Leistung. Für die Arbeit mit diesem Buch wünsche ich Ihnen einen hohen Wirkungsgrad, Ausdauer, Geduld und sehr viel Erfolg im Abitur.

Für die Erstellung der Zeichnungen bedanke ich mich bei meinem Sohn Patrick.

Michelstadt/Odenwald, im März 2008
Werner Kassenbrock

14 Mechanik

14.1 Geradlinige Bewegungen

Die Bewegung eines Körpers kann durch seine Richtung und seine Geschwindigkeit beschrieben werden. Ändert sich weder die Richtung noch seine Geschwindigkeit v, spricht man von einer geradlinig gleichförmigen Bewegung. Grafisch dargestellt wird dies in Abbildung 14.1. Vereinfacht geht man in der Schulphysik dabei davon aus, dass die gesamte Masse des Körpers in einem Massepunkt – dem Schwerpunkt – zusammengefasst ist. Das reale Volumen des Körpers bleibt unberücksichtigt.

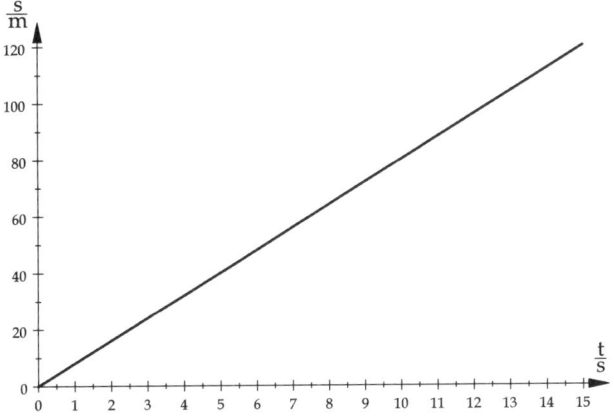

Abb. 14.1: t-s-Diagramm

Die Geschwindigkeit des Köpers ist die Steigung des Graphen und beträgt im vorliegenden Fall:

$$v = \frac{s}{t} = \frac{40\,\text{m}}{5\,\text{s}} = 8\,\frac{\text{m}}{\text{s}} = 28,8\,\frac{\text{km}}{\text{h}}$$

In der Physik wird die Geschwindigkeit v üblicherweise in $\frac{\text{m}}{\text{s}}$ angegeben.

$$1\,\frac{\text{m}}{\text{s}} = 3,6\,\frac{\text{km}}{\text{h}}$$

In der Praxis kommt die gleichförmig geradlinige Geschwindigkeit nur selten vor. Daher definiert man noch die Durchschnittsgeschwindigkeit $\overline{v}$ und die Momentangeschwindigkeit v.

Fährt z. B. ein Auto von Frankfurt nach Mainz, so legt es eine Strecke von $s = 50\,\text{km}$ zurück. Benötigt man dafür 45 Minuten, so entspräche dies einer Durchschnittsgeschwindigkeit von

$$\overline{v} = \frac{\Delta s}{\Delta t} = \frac{50\,\text{km}}{0,75\,\text{h}} = 66,7\,\frac{\text{km}}{\text{h}}$$

Wie Sie aus Erfahrung wissen, heißt das nicht, dass das Auto konstant $66,7\,\dfrac{\text{km}}{\text{h}}$ fährt. Auf der Strecke werden unterschiedliche Geschwindigkeiten gefahren. Die Durchschnittsgeschwindigkeit ist ein rein theoretischer Wert. Möchte man die Momentangeschwindigkeit ermitteln, muss man einen möglichst kleinen Zeitraum Δt betrachten und die in diesem Zeitraum zurückgelegte Strecke Δs erfassen. Macht man Δt sehr klein, wird auch Δs sehr gering und wir kommen zur Differenzialrechnung.

$$v = \lim_{\Delta t \to \infty} \frac{\Delta s}{\Delta t} = \frac{\text{d}s}{\text{d}t} = \dot{s}$$

Eine weitere wichtige Größe bei der Beschreibung von Bewegungen ist die Beschleunigung a. Hiermit wird der Geschwindigkeitszuwachs Δv im Zeitraum Δt beschrieben.

Abbildung 14.2 auf der nächsten Seite stellt diesen Geschwindigkeitszuwachs, also die Beschleunigung, für ein Fahrzeug dar, welches aus dem Stand startet.

Das Fahrzeug benötigte 5,5 s, um aus dem Stand auf $100\,\dfrac{\text{km}}{\text{h}}$ zu beschleunigen. Die konstante Beschleunigung betrug

$$a = \frac{\Delta v}{\Delta t} = \frac{100\,\frac{\text{km}}{\text{h}}}{5,5\,\text{s}} = \frac{27,8\,\frac{\text{m}}{\text{s}}}{5,5\,\text{s}} = 5,05\,\frac{\text{m}}{\text{s}^2}\;.$$

Als Maßeinheit für a ergibt sich somit $\dfrac{\text{m}}{\text{s}^2}$.

Welche Strecke hat unser Auto in diesen 5,5 s zurückgelegt?

$$s = \frac{1}{2}at^2 = \frac{1}{2} \cdot 5,05\,\frac{\text{m}}{\text{s}^2} \cdot (5,5\,\text{s})^2 = 76,4\,\text{m}$$

Was kann man über die Bewegung des Autos im Zeitraum nach $t = 5,5$ s aussagen?

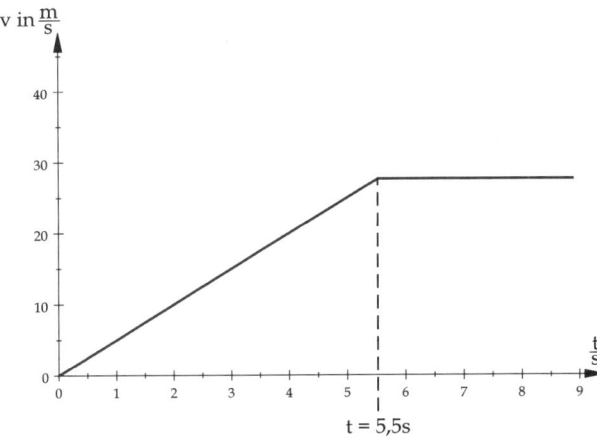

Abb. 14.2: t-v-Diagramm

Die Geschwindigkeit bleibt konstant; das Fahrzeug wird mit $100\,\dfrac{\text{km}}{\text{h}}$ weiterbewegt, d. h. $a = 0$.

Die Beschleunigung kann rechnerisch auch negative Werte annehmen. In diesem Fall bremst das Fahrzeug.

Beispiel

In einem weiteren Beispiel wollen wir eine S-Bahn betrachten, die seit dem Zeitpunkt $t = 0$ eine Baustelle mit $v_0 = 30\,\frac{\text{km}}{\text{h}}$ durchfährt. Nach $t = 20\,\text{s}$ ist die Baustelle passiert und die S-Bahn beschleunigt 7 s lang mit $a = 2\,\frac{\text{m}}{\text{s}^2}$. Welche Strecke hat sie dann zurückgelegt und wie groß ist ihre Geschwindigkeit?

$$s = \frac{1}{2}at^2 + v_0 t = \frac{1}{2} \cdot 2\,\frac{\text{m}}{\text{s}^2} \cdot (7\,\text{s})^2 + 8,33\,\frac{\text{m}}{\text{s}} \cdot 20\,\text{s} = 215,6\,\text{m}$$

$$v = at + v_0 = 2\,\frac{\text{m}}{\text{s}^2} \cdot 7\,\text{s} + 8,33\,\frac{\text{m}}{\text{s}} = 22,33\,\frac{\text{m}}{\text{s}} = 80,4\,\frac{\text{km}}{\text{h}}$$

Zusammenfassend ergeben sich zwei unterschiedliche Situationen, die bei Berechnungen zu unterscheiden sind:

1. Der betrachtete Körper beschleunigt aus dem Stand. Seine Geschwindigkeit zum Zeitpunkt $t = 0$ ist $v = 0$. Dann gilt:

$$v = a \cdot t$$

$$s = \frac{1}{2}at^2$$

2. Der betrachtete Körper hat bereits eine Anfangsgeschwindigkeit v_0 zum Zeitpunkt $t = 0$.

$$v = at + v_0$$

$$s = \frac{1}{2}at^2 + v_0 t$$

Wenn ein Gegenstand zu Boden fällt, führt auch er eine beschleunigte Bewegung aus. Auf der Erde beträgt die Erdbeschleunigung im Mittel g $= 9,81 \frac{m}{s^2}$. Der Wert schwankt je nach geografischer Länge und Breite und wird deshalb auch Ortsfaktor genannt.

14.2 Kreisbewegungen

In unserem Umfeld können wir eine Anzahl von Kreisbewegungen beobachten: der Zeiger der Uhr, die CD im Laufwerk, ein Rad am Auto. Betrachten wir einen Punkt auf dem äußersten Rand einer CD. Wenn sich die CD dreht, beschreibt er eine Kreisbahn mit der Geschwindigkeit v. Nach einer Umdrehung hat er die Strecke $s = 2\pi r$ (= Kreisumfang) zurückgelegt. Die Zeit für eine Umdrehung beträgt T.

Die Anzahl der Umdrehungen pro Sekunde nennt man auch Frequenz f oder Drehzahl n. Bei Motoren wird die Drehzahl oft in Umdrehungen pro Minute angegeben. Es ergeben sich also folgende Formeln:

$$f = n = \frac{1}{T}$$

$$v = \frac{2\pi r}{T} = 2\pi r f$$

Für f sind verschiedene Maßeinheiten üblich:

$$\frac{1}{s} = 1\,s^{-1} = 1\,Hz$$

Das Produkt $2\pi f$ wird auch Winkelgeschwindigkeit ω genannt. Also:

$$\omega = 2\pi f = \frac{2\pi}{T} = \frac{v}{r}$$

Hinweis: Im Zusammenhang mit Schwingungen und Wellen taucht ω ebenfalls auf. Auch hier gilt $\omega = 2\pi f$; jedoch wird es dort als Kreisfrequenz bezeichnet.

Weitere wichtige Zusammenhänge sind die Radialbeschleunigung a_r und die Radialkraft F_r. Beide sind zum Kreismittelpunkt gerichtet.

$$a_r = \frac{v^2}{r} = \omega^2 \cdot r$$

$$F_r = m \cdot \omega^2 \cdot r = m \cdot \frac{v^2}{r}$$

Beispiel

Eine Turbine mit 1,8 m Durchmesser hat auf dem Umfang eine höchstzulässige Bahngeschwindigkeit von $v = 280\,\frac{m}{s}$. Wie groß darf die Drehzahl werden?

$$n = \frac{v}{2\pi r} = \frac{280\frac{m}{s}}{2\pi \cdot 0,9\,\text{m}} = 49,5\,\frac{1}{s} = 2971\,\frac{U}{\text{min}} = 2971\,\text{min}^{-1}$$

Beispiel

Das abgebildete Rad eines PKWs hat einen dynamischen Halbmesser von $r = 30\,\text{cm}$. Der dynamische Halbmesser ist der Radius r bei $v = 60\,\frac{km}{h}$. Ermitteln Sie dazu:

1. Die Drehzahl n!
2. Die Winkelgeschwindigkeit ω!
3. Die Radialbeschleunigung a_r für einen kleinen Stein im Profil!
4. Die Radialbeschleunigung für ein Ausgleichsgewicht an der markierten Stelle für $r = 21\,\text{cm}$ (Abbildung 14.3)!

Abb. 14.3: Beispiel: Autoreifen

1. $n = \dfrac{v}{2\pi r} = \dfrac{16,67\,\frac{m}{s}}{2\pi \cdot 0,3\,\text{m}} = 8,8\,\dfrac{1}{s} = 528\,\dfrac{U}{min}$

2. $\omega = 2\pi n = 2\pi \cdot 8,8\,\dfrac{1}{s} = 55,57\,\dfrac{1}{s}$

3. $a_r = \dfrac{v^2}{r} = \dfrac{\left(16,67\,\frac{m}{s}\right)^2}{0,3\,\text{m}} = 926,3\,\dfrac{m}{s^2}$

4. $a_r = \dfrac{v^2}{r} = \dfrac{\left(16,67\,\frac{m}{s}\right)^2}{0,21\,\text{m}} = 1323\,\dfrac{m}{s^2}$

14.3 Kräfte

In der Physik ist der Begriff Kraft untrennbar mit Isaac Newton (1642 – 1727) verbunden. Ihm zu Ehren erhielt die Kraft die Einheit Newton.

$$1\,N = 1\,\frac{kg \cdot m}{s^2}$$

Um also eine Masse von $m = 1$ kg innerhalb von 1 s aus dem Ruhezustand auf eine Geschwindigkeit von $v = 1\,\dfrac{m}{s}$ zu bringen, benötigt man eine Kraft von $F = 1$ N.

Grundlegendes in der Mechanik wird durch die drei Newtonschen Axiome beschrieben. Ein Axiom ist ein nicht beweisbarer grundlegender Lehrsatz.

1. Axiom: Der Trägheitssatz

Ohne äußere Beeinflussung bleibt ein Körper im Zustand der Ruhe oder der geradlinigen gleichförmigen Bewegung.

Der beschriebene Effekt ist Ihnen bekannt. Stellen Sie sich bitte einen Kleinbus vor. Auf dem Dachgepäckträger liegt eine nicht befestigte Leiter. Das Fahrzeug fährt mit mäßiger Geschwindigkeit auf einen PKW an einem Stauende auf. Während der Bus zum Stillstand kommt, bewegt sich die Leiter jedoch weiter in die vorgesehene Fahrtrichtung.

Dieses Axiom ist experimentell nicht nachweisbar, es tauchen immer zusätzliche Wechselwirkungen auf. So greifen an der Leiter weitere Kräfte an: Reibung auf dem Dachgepäckträger, Luftreibung und Erdanziehung.

2. Axiom: Grundgesetz der Mechanik

$F = m \cdot a$

Wird ein Körper mit der Masse m mit der Beschleunigung a bewegt, so ist F die dafür benötigte Kraft.

Beispiel

Welche Kraft ist erforderlich, um ein Auto mit $m = 0,75\,\text{t}$ in 13 s aus dem Stand auf eine Geschwindigkeit von $100\,\dfrac{\text{km}}{\text{h}}$ zu bringen?

$F = m \cdot a$

$v = a \cdot t$

$a = \dfrac{v}{t}$

$F = m \cdot \dfrac{v}{t} = 750\,\text{kg} \cdot \dfrac{27,78\frac{\text{m}}{\text{s}}}{13\text{s}} = 1603\,\text{N} = 1,603\,\text{kN}$

3. Axiom: actio = reactio

Zu jeder Kraft F gehört eine gleich große Gegenkraft F' Beide Kräfte sind entgegengesetzt.

$F = -F'$

Wenn Sie mit der Kraft F mit Ihrer Hand gegen die Wand eines Hauses drücken, drückt die Wand mit der gleichen Kraft F' zurück. Wäre dies nicht der Fall, würden Sie die Wand umstoßen.

Die Newtonschen Axiome gelten nur in einem Inertialsystem. Ein unbeschleunigtes Bezugssystem ist immer ein Inertialsystem. Stellen Sie sich vor, Sie stehen im Gang eines fahrenden Zuges. Der Zug bewege sich mit konstanter Geschwindigkeit v. Im Bezugssystem Zug befinden Sie sich dann im Ruhezustand. Betrachtet Sie jemand durch das Zugfenster vom Bezugssystem Bahnsteig aus, so sind Sie für diesen Beobachter in Bewegung. Näheres hierzu finden Sie im Kapitel zur speziellen Relativitätstheorie.

14.4 Vektoren

Bei vielen physikalischen Größen in diesem Kapitel haben wir bisher einen wichtigen Aspekt unberücksichtigt gelassen. Um Größen wie Geschwindigkeit, Beschleunigung, Kraft usw. eindeutig zu beschreiben, muss neben dem Betrag auch die Richtung angegeben werden. Gerichtete Größen sind Vektoren; man kennzeichnet sie durch einen Pfeil: $\vec{v}, \vec{a}, \vec{F}$.

Beispiel

Ein Segelboot hat mit Motorantrieb eine Geschwindigkeit von $v_1 = 10\,\dfrac{m}{s}$. Unter einem Winkel von 45° weht von schräg hinten Wind. Er verleiht dem Boot eine zusätzliche Geschwindigkeit von $v_2 = 5\,\dfrac{m}{s}$. Welche Gesamtgeschwindigkeit v ergibt sich für das Boot und welche Richtung hat diese?

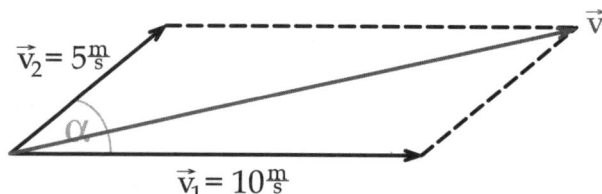

Abb. 14.4: Vektorielle Addition von Geschwindigkeiten

Die Aufgabe ließe sich zeichnerisch lösen; vielleicht sollten Sie dies zur Übung einmal durchführen. Es ergibt sich das Parallelogramm der Kräfte. Rechnerisch ergibt sich für den Betrag von v:

$$v = \sqrt{v_1^2 + v_2^2 + 2 \cdot v_1 \cdot v_2 \cdot \cos\alpha}$$

$$= \sqrt{\left(10\,\frac{m}{s}\right)^2 + \left(5\,\frac{m}{s}\right)^2 + 2 \cdot 10\,\frac{m}{s} \cdot 5\,\frac{m}{s} \cdot \cos 45°} = 14\,\frac{m}{s}$$

14.5 Gravitation

Zwei Körper mit den Massen m_1 und m_2 ziehen sich an. Man spricht von Massenanziehung oder Gravitation. Mithilfe des Newtonschen Gravitationsgesetzes kann man die Anziehungskraft berechnen.

$$F_G = G \cdot \frac{m_1 \cdot m_2}{r^2}$$

Hierbei bilden r der Abstand der Mittelpunkte der Massen und G die Gravitationskonstante:

$$G = 6,672 \cdot 10^{-11}\,\frac{N \cdot m^2}{kg^2}$$

14.6 Würfe

14.6.1 Senkrechter Wurf nach oben

Wird ein Ball senkrecht nach oben geworfen, so überlagern sich zwei Geschwindigkeiten. Von der Abwurfgeschwindigkeit v_0 muss die Geschwindigkeit $g \cdot t$ – hervorgerufen durch die Erdanziehungskraft – abgezogen werden.

$$v = v_0 - g \cdot t$$

Die jeweilige Position des Balles erhält man aus:

$$s = v_0 \cdot t - \frac{1}{2} \cdot g \cdot t^2.$$

Es gilt weiterhin: Steigzeit t_s = Fallzeit t_f.

$$t_s = \frac{v_0}{g}$$

Die Steighöhe s_h ist:

$$s_h = \frac{v_0^2}{2g}$$

14.6.2 Schiefer Wurf

Auch beim schiefen (schrägen) Wurf überlagern sich Bewegungen. Vernachlässigt man die Luftreibung, gelten mit Abbildung 14.5 auf der nächsten Seite folgende Beziehungen:

Wurfparabel:

$$y = -\frac{g}{2} \cdot \frac{x^2}{v_0^2 \cdot \cos^2 \alpha} + x \cdot \tan \alpha$$

Wurfweite:

$$s_w = \frac{v_0^2 \cdot \sin 2\alpha}{g}$$

Wurfhöhe:

$$s_h = \frac{v_0^2 \cdot \sin^2 \alpha}{2g}$$

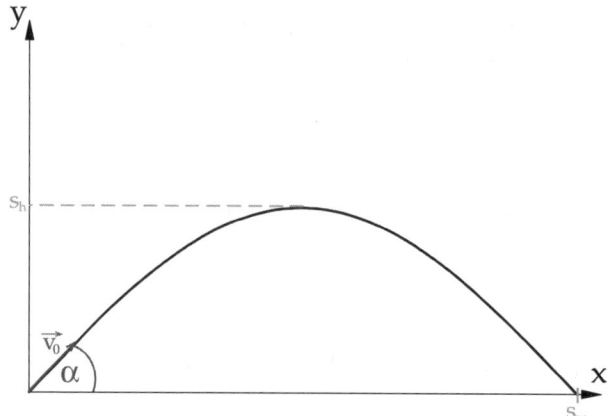

Abb. 14.5: Wurfparabel

Beispiel

Ein Golfball mit $m = 45\,\text{g}$ wird mit einer Geschwindigkeit $v_0 = 70\,\dfrac{\text{m}}{\text{s}}$ unter einem Winkel von 42° abgeschlagen. Wie weit fliegt er, wenn man die Luftreibung vernachlässigt?

$$s_w = \frac{v_0^2 \cdot \sin 2\alpha}{g} = \frac{\left(70\,\frac{\text{m}}{\text{s}}\right)^2 \cdot \sin 84°}{9,81\,\frac{\text{m}}{\text{s}^2}} = 497\,\text{m}$$

14.6.3 Waagrechter Wurf

Der waagrechte Wurf ist ein schiefer Wurf mit $\alpha = 0$. Damit erhält man mit obiger Formel:

$$y = -\frac{g}{2v_0^2} \cdot x^2$$

14.7 Arbeit, Leistung, Wirkungsgrad

14.7.1 Arbeit

Bei einem Formel-1-Rennen bleibt ein rotes Fahrzeug am Fahrbahnrand infolge eines Motorschadens stehen. Mehrere Streckenposten schieben den Rennwagen zur Seite. Hierbei mussten sie eine Kraft F aufwenden, um das Auto über die Distanz

s zu bewegen. Je größer der Kraftaufwand ist und je länger die zu überwindende Strecke ist, umso mehr Arbeit wurde im physikalischen Sinne verrichtet. Arbeit ist Kraft mal Weg.

$$W = F \cdot s$$

Wenn der Kraftvektor $\vec{F}$ und der Weg $\vec{s}$ nicht die gleiche Richtung haben und den Winkel α einschließen, gilt:

$$W = F \cdot s \cdot \cos \alpha$$

Als Maßeinheit ergibt sich das Newtonmeter (Nm). Andere Maßeinheiten sind die Wattsekunde (Ws) und das Joule (J).

$$1\,\text{Nm} = 1\,\text{Ws} = 1\,\text{J}$$

Beispiel

Der rote Formel-1-Rennwagen wird über eine Distanz von $s = 40\,\text{m}$ geschoben. Der Kraftaufwand betrug 65 N. Die verrichtete Arbeit war somit:

$$W = F \cdot s = 65\,\text{N} \cdot 40\text{m} = 2600\,\text{Nm}$$

Nachfolgend einige Formen der Arbeit.

Wird z. B. eine Lautsprecherbox mit $m = 10\,\text{kg}$ auf einen $h = 1,2\,\text{m}$ hohen Ständer gehoben, so wird Hubarbeit W_H verrichtet. Hier kommt natürlich wieder die Erdanziehung ins Spiel.

$$W_H = m \cdot g \cdot h = 10\,\text{kg} \cdot 9,81\,\frac{\text{m}}{s^2} \cdot 1,2\,\text{m} = 117,7\,\text{Nm}$$

Als das Formel-1-Auto noch funktionierte und vom Start aus beschleunigte, wurde Beschleunigungsarbeit W_B verrichtet.

$$W_B = \frac{1}{2} \cdot m \left(v_2^2 - v_1^2 \right)$$

Wird an eine Feder ein Gewicht gehängt, so dehnt sich die Feder um die Strecke s. Hier wird Verformungs- oder Spannarbeit W_S geleistet. Mit der Federkonstanten D ergibt sich:

$$W_S = \frac{1}{2} \cdot D s^2$$

Kapitel 14

Beispiel

Bei einem Bungee-Sprung wird ein 30 m langes, dehnbares Seil benutzt. Wird es mit einem Springer ($m = 75$ kg) belastet, dehnt es sich um 18 m. Welche Arbeit W_S wird geleistet?

Nach Hooke gilt bei einer Feder $D = \dfrac{F}{s}$. Setzt man für $F = m \cdot a$ bzw. $F = m \cdot g$, so ergibt sich:

$$W = \frac{1}{2}Ds^2 = \frac{1}{2} \cdot \frac{m \cdot g}{s} \cdot s^2 = \frac{m \cdot g \cdot s}{2} =$$

$$\frac{75\,\text{kg} \cdot 9,81\,\frac{\text{m}}{\text{s}^2} \cdot 18\,\text{m}}{2} = 6621,8\,\text{Nm}$$

14.7.2 Leistung

Bezieht man die Arbeit auf einen Zeitraum, erhält man die physikalische Größe Leistung P.

$$P = \frac{W}{t}$$

Als Maßeinheit wird das Watt (W) benutzt. In der Praxis werden häufig auch Kilowatt (kW) oder Megawatt (MW) eingesetzt.

Beispiel

Ein Wanderer in den Alpen hat zusammen mit seinem Gepäck eine Masse von $m = 90$ kg. Welchen Höhenunterschied kann er in 30 Minuten überwinden, wenn er eine Leistung von 85 W vollbringt?

Aus $W = m \cdot g \cdot h$ folgt: $h = \dfrac{W}{m \cdot g} = \dfrac{P \cdot t}{m \cdot g}$

$$h = \frac{85\,\text{W} \cdot 1800\text{s}}{90\,\text{kg} \cdot 9,81\,\frac{\text{m}}{\text{s}^2}} = 173,3\,\text{m}$$

14.7.3 Wirkungsgrad

Das Verhältnis von nutzbarer zu aufgewendeter Arbeit oder Energie oder Leistung nennt man Wirkungsgrad η.

$$\eta = \frac{W_{ab}}{W_{zu}} = \frac{E_{ab}}{E_{zu}} = \frac{P_{ab}}{P_{zu}}$$

Beispiel

Eine Musikanlage entnimmt bei voller Aussteuerung dem Lichtnetz eine Leistung von $P_{zu} = 205\,W$. Welcher Wirkungsgrad liegt vor, wenn die Lautsprecher am Verstärkerausgang insgesamt mit $P_{ab} = 150\,W$ angesteuert werden?

$$\eta = \frac{P_{ab}}{P_{zu}} = \frac{150\,W}{205\,W} = 0,73 \text{ oder } 73\,\%$$

14.8 Potenzielle und kinetische Energie

Gespeicherte Arbeit bzw. die Fähigkeit, Arbeit zu verrichten, nennt man Energie. Energie und Arbeit haben demzufolge die gleiche Maßeinheit.

14.8.1 Potenzielle Energie

Hebt man einen Körper um die Höhe an, so hat er eine sogenannte Lageenergie E_L gespeichert. Wasser in einem Bergsee hat – bezogen auf ein niedrigeres Höhenniveau – Arbeit gespeichert. Wenn das Wasser den Berg hinabfließt, wird seine Lageenergie in Bewegungsenergie umgewandelt.

$$W_L = E_L = m \cdot g \cdot h$$

Spannt man eine Feder, so steckt in ihr die Spannenergie E_{Sp}.

$$W_{Sp} = E_{Sp} = \frac{1}{2}Ds^2$$

Lageenergie und Spannenergie werden zusammen als potenzielle Energie E_{pot} bezeichnet. In beiden vorstehenden Formeln findet man deshalb auch häufig das Formelzeichen E_{pot} anstelle von E_L bzw. E_{Sp}.

Beispiel

Ein Blumentopf mit $m = 3,4\,kg$ fällt von einem Balkon 4 m tief auf die Straße. Welche potenzielle Energie verliert er dabei?

$$W_{pot} = m \cdot g \cdot h = 3,4\,kg \cdot 9,81\,\tfrac{m}{s^2} \cdot 4\,m = 133,4\,J$$

Kapitel 14

14.8.2 Kinetische Energie

Gibt man einem Körper eine Anfangsgeschwindigkeit v, so besitzt der Körper anschließend Energie der Bewegung oder kinetische Energie E_{kin}.

$$W_{kin} = E_{kin} = \frac{1}{2} m v^2 \text{ (Translationsenergie)}$$

Beispiel

Ein Auto fährt mit $v = 70 \dfrac{km}{h}$ gegen einen unnachgiebigen Brückenpfeiler. Ein zweites, vollkommen identisches Auto fällt vom obersten Parkdeck eines Parkhauses auf eine angrenzende Freifläche. Wie hoch ist das Parkhaus, wenn in beiden Fällen betragsmäßig die gleiche Energie umgewandelt wird?

$$W_{kin} = W_{pot}$$

$$\frac{1}{2} m v^2 = m \cdot g \cdot h$$

Aufgelöst nach h:

$$h = \frac{v^2}{2g} = \frac{\left(19,44 \, \frac{m}{s}\right)^2}{2 \cdot 9,81 \, \frac{m}{s^2}} = 19,3 \, m$$

Bei Kreisbewegungen ergibt sich die Rotationsenergie

$$W_{kin} = E_{kin} = \frac{1}{2} J \cdot \omega^2.$$

J ist hier das Trägheitsmoment.

14.9 Erhaltungssätze

Ein Squash-Ball prallt gegen eine Wand. Der Geschwindigkeitsrekord liegt derzeit bei $v = 270 \dfrac{km}{h}$. Der Ball habe eine Masse von $m = 24 \, g$. Der Ball übt auf die Wand einen Kraftstoß (oder nur einfach Stoß) aus. Wäre der Ball schneller und/oder hätte er eine größere Masse, wäre die Kraftwirkung auf die Wand ebenfalls größer. Das Produkt aus Masse m und Geschwindigkeit v nennt man Impuls p. Der Impuls ist ein Vektor, er hat die gleiche Richtung wie die Geschwindigkeit.

$$p = m \cdot v \text{ bzw. } \vec{p} = m \cdot \vec{v}$$

Als Maßeinheit ergibt sich Ns oder $\dfrac{\text{kg} \cdot \text{m}}{\text{s}}$.

Beispiel

Welchen Impuls hat der Squash-Ball bei den obigen Daten?

$$p = m \cdot v = 24 \cdot 10^{-3}\,\text{kg} \cdot 75\,\frac{\text{m}}{\text{s}} = 1,8\,\text{Ns}$$

Man unterscheidet grundsätzlich zwischen dem elastischen und dem unelastischen Stoß.

Beim unelastischen Stoß wird ein Teil der Bewegungsenergie in eine andere Energieform umgewandelt. Fährt ein Auto gegen einen Baum, so ist dies, physikalisch gesehen, ein unelastischer Stoß. Hier wird die Energie der Bewegung z. T. in Verformungs- und Wärmeenergie umgewandelt. Beide Körper bewegen sich mit der gleichen Geschwindigkeit u weiter.

Beim elastischen Stoß bleibt die Bewegungsenergie vollständig erhalten. Beide Stoßpartner trennen sich wieder.

In Abbildung 14.6 auf der nächsten Seite sehen Sie eine Luftkissenbahn mit zwei Gleitern. Beide Gleiter sind vorn mit einer kreisförmigen Feder ausgestattet und haben die gleiche Masse m. Durch das Luftkissen ist die Reibung vernachlässigbar. Der rechte Gleiter (Gleiter 2) befindet sich in Ruhe; Gleiter 1 bewegt sich mit v_1 auf Gleiter 2 zu. Es kommt – durch die Federn – zu einem elastischen Stoß.

Nach dem Stoß bleibt Gleiter 1 in Ruhe, und Gleiter 2 bewegt sich mit der Geschwindigkeit v_1 nach rechts. Der Impuls p_1 von Gleiter 1 wurde also vollständig auf Gleiter 2 übertragen. Man spricht von Impulserhaltung. In einem abgeschlossenen System (d. h. von außen wirken keine Kräfte) ist die Summe der Impulse gleich. Zur mathematischen Behandlung des Sachverhaltes werden folgende Bezeichnungen verwendet:

Energie der Gleiter vor dem Stoß		Energie der Gleiter nach dem Stoß
$\dfrac{1}{2}mv_1^2 + \dfrac{1}{2}mv_2^2$	$=$	$\dfrac{1}{2}mu_1^2 + \dfrac{1}{2}mu_2^2$
Geschwindigkeiten vor dem Stoß: v		Geschwindigkeiten nach dem Stoß: u

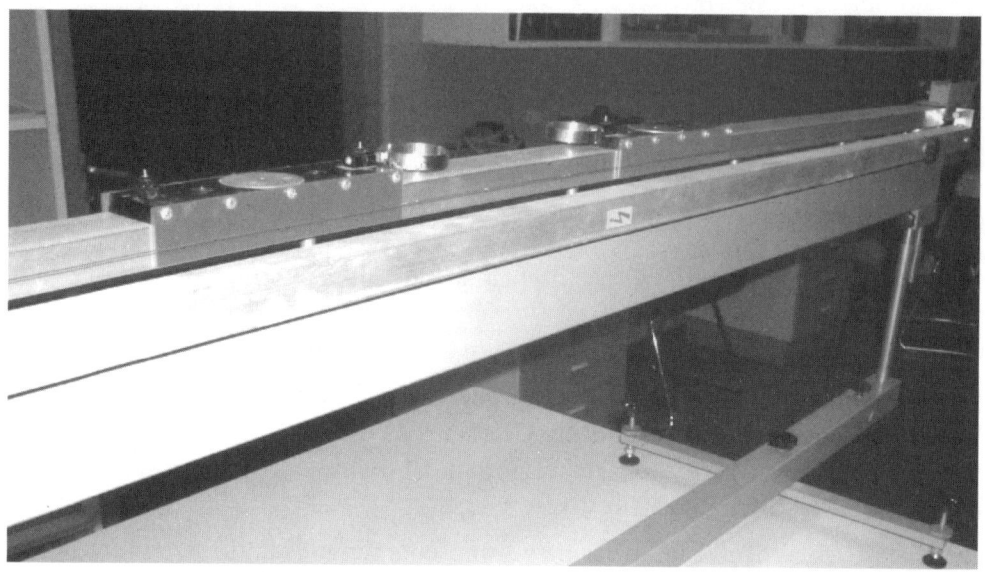

Abb. 14.6: Luftkissenbahn

Mit $v_2 = 0$ und $u_1 = 0$ ergibt sich:

$$\frac{1}{2}mv_1^2 = \frac{1}{2}mu_2^2$$

und

$$v_1 = u_2$$

Führen beide Körper nur geradlinige Bewegungen aus, spricht man von einem zentralen Stoß.

Für einen zentralen, elastischen Stoß gelten dann für die Impulse bzw. die Geschwindigkeiten:

$$m_1 \cdot v_1 + m_2 \cdot v_2 = m_1 \cdot u_1 + m_2 \cdot u_2$$

$$u_1 = \frac{(m_1 - m_2)\, v_1 + 2m_2 \cdot v_2}{m_1 + m_2}$$

$$u_2 = \frac{(m_2 - m_1)\, v_2 + 2m_1 \cdot v_1}{m_1 + m_2}$$

Impulse und Geschwindigkeiten beim zentralen unelastischen Stoß:

$$m_1 \cdot v_1 + m_2 \cdot v_2 = (m_1 + m_2) \cdot u$$

$$u = \frac{m_1 \cdot v_1 + m_2 \cdot v_2}{m_1 + m_2}$$

Hier gibt es nur eine gemeinsame Geschwindigkeit u. Beide Stoßpartner bewegen sich gemeinsam mit dieser Geschwindigkeit u weiter.

Beispiel

Auf ein reibungsfrei aufgehängtes Holzstück ($m_2 = 2\,\text{kg}$) wird eine Gewehrkugel ($m_1 = 12\,\text{g}$) mit $v = 230\,\frac{\text{m}}{\text{s}}$ abgeschossen. Welche Geschwindigkeit u hat das Holzstück mit der eingeschossenen Kugel nach dem Einschuss?

$$u = \frac{m_1 \cdot v_1 + m_2 \cdot v_2}{m_1 + m_2} = \frac{0,012\,\text{kg} \cdot 230\,\frac{\text{m}}{\text{s}} + 2\,\text{kg} \cdot 0}{2,012\,\text{kg}} = 1,37\,\frac{\text{m}}{\text{s}}$$

In der Praxis sind Stöße nur selten rein elastisch oder unelastisch, sondern Mischformen davon.

14.10 Reibung

Bei den meisten Betrachtungen wurde bis jetzt die Reibung vernachlässigt. In vielen Fällen ist dies auch vertretbar, da sie meist sehr gering und somit vernachlässigbar war. Fällt Ihnen z. B. ein Geldstück aus der Hand, so erfährt es eine Beschleunigung g. Die Reibung der Luftmoleküle an der Münze bremst deren Fall. Sie werden einsehen, dass in diesem Fall die Reibung an der Luft vernachlässigt werden kann. Fällt dagegen ein DIN A4-Blatt zu Boden, ist die Reibung deutlich spürbar und muss berücksichtigt werden.

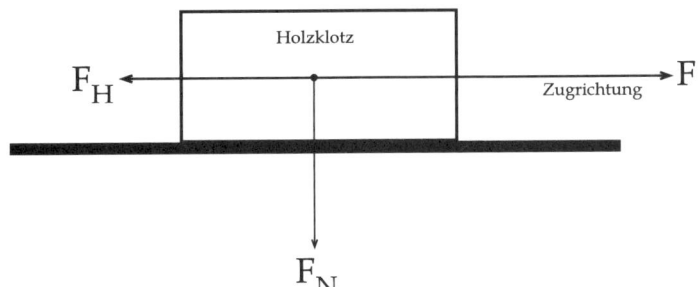

Abb. 14.7: Wirkende Kräfte am Holzklotz

Betrachten wir einen Holzklotz auf einer rauen Oberfläche (Abbildung 14.7). Zunächst wirkt auf den Holzklotz im Schwerpunkt S die Normalkraft F_N; sie wirkt immer senkrecht zur Berührungsfläche. Liegt der Klotz auf einer horizontalen Fläche, ist die Normalkraft F_N gleich der Gewichtskraft F_G. Lässt man auf den Körper eine Kraft F nach rechts wirken, so bewegt sich der Klotz erst, wenn F eine bestimmte Größe erreicht hat. Nach einem Newton'schen Axiom wirkt jeder Kraft eine gleich große Kraft entgegen. Auf unseren Klotz wirkt der Zugkraft F nach rechts eine Kraft F_H (auch F_R) nach links entgegen. F_H ist die Haftreibungskraft. Erst wenn unsere Zugkraft größer als F_H ist, bewegt sich der Körper nach rechts. Es gilt:

$F_H = \mu_H \cdot F_N$

Die Haftreibungszahl (auch: Haftwiderstandszahl oder Haftreibungskoeffizient) μ_H ist von der Art und der Oberflächenbeschaffenheit der beiden Körper abhängig. Richtwerte findet man in den Tabellenbüchern und Formelsammlungen zur Physik. Hier einige Beispiele:

Stahl auf Stahl $\mu_H = 0,15$
Holz auf Holz $\mu_H = 0,55$
Stahl auf Eis $\mu_H = 0,03$

Ist die Haftreibungskraft überwunden und wird der Körper mit konstanter Geschwindigkeit gezogen, wirkt die Gleitreibungskraft F_{GR} und die Gleitreibungszahl μ_{GR}.

$F_{GR} = \mu_{GR} \cdot F_N$

Die Gleitreibungszahl zwischen Holz und Stahl liegt – je nach Oberflächenbeschaffenheit – zwischen 0,2 und 0,5.

Beispiel

Um auf einer horizontalen Fläche eine Kiste mit der Gewichtskraft $F_G = 40\,\text{N}$ mit konstanter Geschwindigkeit zu bewegen, benötigt man eine Zugkraft von $F = 2\,\text{N}$. Wie groß ist die Gleitreibungszahl?

$$\mu_{GR} = \frac{F_{GR}}{F_N} = \frac{2\,\text{N}}{40\,\text{N}} = 0,05$$

Beispiel

Auf einer um 40° geneigten schiefen Ebene bleibt ein Körper gerade noch liegen. Wie groß ist die Haftreibungszahl μ_H?

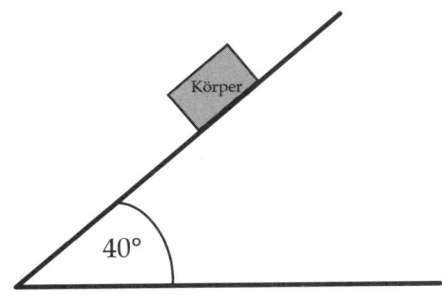

Abb. 14.8: Schiefe Ebene

$$\mu_H = \frac{F_H}{F_N} = \frac{F_G \cdot \sin\alpha}{F_G \cdot \cos\alpha} = \frac{\sin\alpha}{\cos\alpha} = \tan\alpha = \tan 40° = 0,84$$

15 Mechanische Schwingungen und Wellen

15.1 Schwingungen

15.1.1 Fadenpendel

Das abgebildete Fadenpendel (Abbildung 15.1) ist Ihnen sicher noch aus dem Physikunterricht bekannt. An einem Faden der Länge l hängt eine Masse m. Man spricht von einem mathematischen Pendel, wenn die Masse des Fadens, der Luftwiderstand und die Reibungsverluste vernachlässigt werden können. Weiterhin geht man davon aus, dass die Masse des Pendels im Schwerpunkt konzentriert ist.

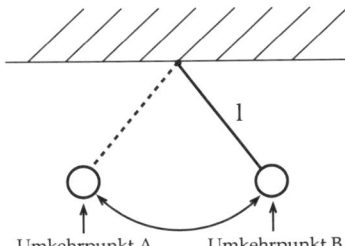

Umkehrpunkt A   Umkehrpunkt B   **Abb. 15.1:** Fadenpendel

Die Schwingungsdauer T eines solchen Fadenpendels ist nur von der Pendellänge l abhängig. Für nicht zu große Winkel gilt dann:

$$T = 2\pi\sqrt{\frac{l}{g}}$$

1582 soll Galileo Galilei als Schüler im Dom zu Pisa bemerkt haben, dass die Kronleuchter an der Decke immer die gleiche Schwingungsdauer hatten. Dies war zunächst nicht ohne Weiteres einzusehen, da der Ölvorratsbehälter (= Pendelmasse) ja immer leerer wurde.

Die Schwingungsdauer T ist die Zeit, die die Pendelmasse vom Umkehrpunkt A bis zum Umkehrpunkt B und wieder zurück benötigt. Diese Definition der Schwingungsdauer gilt übrigens für alle Arten von Schwingungen. Die Konstante g ist Ihnen sicher als Erdbeschleunigung oder Ortsfaktor bekannt ($g = 9,81 \frac{m}{s^2}$).

Die Anzahl der Schwingungen pro Sekunde wird Frequenz f genannt.

$$f = \frac{1}{T} \text{ bzw. } T = \frac{1}{f}$$

Als Maßeinheit für die Frequenz ergibt sich $\frac{1}{s}$ oder s^{-1} oder Hz (Hertz).

Beispiel

Bei dem Federpendel in Abbildung 15.1 auf der vorherigen Seite sei $l = 1\,m$ und die Pendelmasse $m = 2,4\,kg$. Gesucht sind T und f.

$$T = 2\pi\sqrt{\frac{l}{g}} = 2\pi\sqrt{\frac{1\,m}{9,81\,\frac{m}{s^2}}} = 2\,s$$

$$f = \frac{1}{T} = \frac{1}{2\,s} = 0,5\,Hz$$

15.1.2 Federpendel

Die Schwingungsdauer T des Federpendels in Abbildung 15.2 hängt von der Masse m und den Eigenschaften der Feder ab.

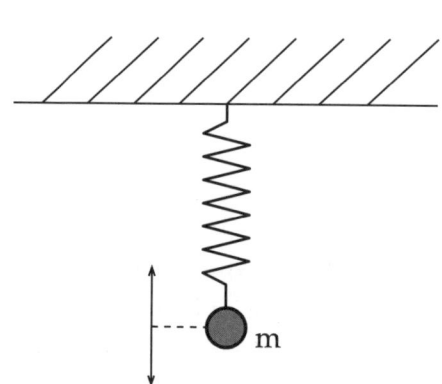

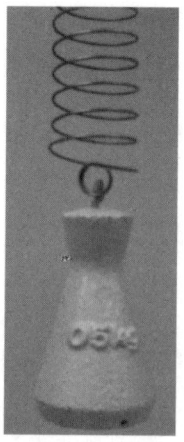

Abb. 15.2:
Federpendel

Diese Eigenschaften sind in der Federkonstanten D vereinigt.

$$T = 2\pi\sqrt{\frac{m}{D}}$$

Beispiel

Die Feder eines Stoßdämpfers von einem Auto kann zum Schwingen angeregt werden. Es ergeben sich fünf Schwingungen in sieben Sekunden. Berechnen Sie die Federkonstante D, wenn der Stoßdämpfer durch das Auto mit $m = 200\,\text{kg}$ belastet wird!

$T = 2\pi\sqrt{\dfrac{m}{D}}$ wird nach D umgestellt:

$$D = \frac{4\pi^2 m}{T^2} = \frac{4\pi^2 \cdot 200\,\text{kg}}{(1,4\,\text{s})^2} = 4028,4\,\frac{\text{kg}}{\text{s}^2}$$

T ergab sich aus: $T = \dfrac{7\,\text{s}}{5} = 1,4\,\text{s}$ (dies entspricht einer Frequenz von $f = 0,714\,\text{Hz}$).

Da $1\,\text{N} = 1\,\dfrac{\text{kg} \cdot \text{m}}{\text{s}^2}$, ergibt sich für $D = 4028,4\,\dfrac{\text{N}}{\text{m}}$

Die Abbildung 15.3 zeigt nochmals ein Federpendel in drei verschiedenen Schwingungsphasen.

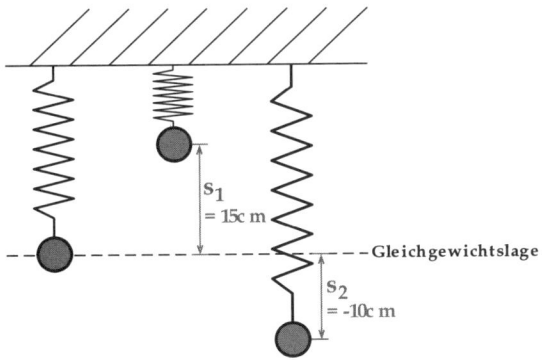

Abb. 15.3: Federpendel

Ganz links ist das Pendel im Ruhezustand. Die beiden anderen Darstellungen zeigen eine Auslenkung der Pendelmasse nach oben bzw. nach unten; immer auf die Gleichgewichtslage bezogen. Die Auslenkung der Pendelmasse wird Elongation genannt. Als Formelzeichen findet man s oder y. In der mittleren Darstellung beträgt die Elongation $s_1 = 15\,\text{cm}$, ganz rechts ist $s_2 = -10\,\text{cm}$. Im Ruhezustand wäre $s = 0$.

Die maximale Elongation, also die Auslenkung bis zum Umkehrpunkt, heißt Amplitude s_0 bzw. y_0 oder auch $\hat{s}$ bzw. $\hat{y}$.

Die Begriffe „Elongation" und „Amplitude" werden natürlich auch beim Fadenpendel benutzt.

15.2 Harmonische Schwingungen

Würde man das Federpendel (Abbildung 15.2 auf Seite 322) aus der Gleichgewichtslage um die Elongation $s = 6\,\text{cm}$ nach unten ziehen und dort zum Zeitpunkt $t = 0$ loslassen, würden Federschwingungen entstehen. Das Zeit-Weg-Diagramm zeigt Abbildung 15.4. Man erkennt sofort den sinus- bzw. cosinusförmigen Verlauf des Graphen.

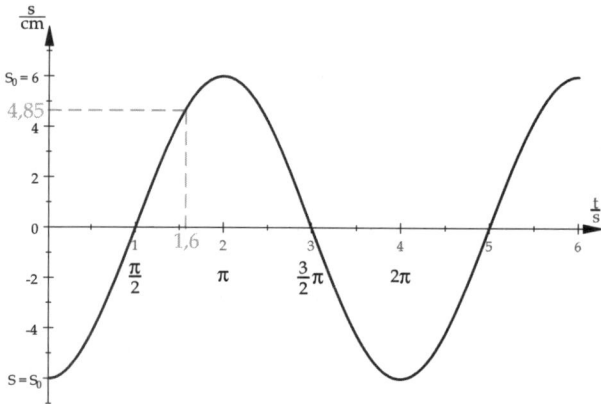

Abb. 15.4: Schwingungen des harmonischen Oszillators

Schwingungen, deren Graph im Zeit-Weg-Diagramm einen sinusförmigen Verlauf hat, werden harmonische Schwingungen genannt. Bei harmonischen Schwingungen ist die Elongation s stets proportional zur Rückstellkraft F. Sie erfüllen das lineare Kraftgesetz:

$$F = -D \cdot s$$

Allgemein gilt für die Elongation s:

$$s = s_0 \sin\left(2\pi f t + \varphi_0\right)$$

Kapitel 15

Fasst man $2\pi f$ zur sogenannten Kreisfrequenz ω zusammen, kann die Formel auch anders lauten:

$$s = s_0 \sin(\omega t + \varphi_0)$$

Bei der Anwendung dieser beiden Formeln ist zu beachten, dass der Winkel im Bogenmaß eingesetzt wird – Sie müssen Ihren Taschenrechner also auf RAD stellen. Zur Erinnerung sei noch angemerkt, dass ein 360°-Winkel im Bogenmaß 2π entspricht. Der Phasenwinkel φ_0 gibt die Verschiebung gegenüber dem Koordinatenursprung an; er ist in Abbildung 15.4 auf der vorherigen Seite $\varphi_0 = \dfrac{\pi}{2}$. Ein Zahlen- und Rechenbeispiel macht die Zusammenhänge deutlich.

Beispiel

Die Amplitude der Schwingung in Abbildung 15.4 auf der vorherigen Seite beträgt $s_0 = 6\,\text{cm}$. Die Schwingungsdauer ist $T = 4\,\text{s}$; dies entspricht einer Frequenz von $f = 0,25\,\text{Hz}$. Möchten wir die Elongation zum Zeitpunkt $t = 1,6\,\text{s}$ wissen, wenden wir die vorstehende Formel an:

$$s = s_0 \sin(2\pi f t + \varphi_0) = 6\,\text{cm} \cdot \sin\left(2\pi \cdot 0,25\,\frac{1}{\text{s}} \cdot 1,6\,\text{s} - \frac{\pi}{2}\right) = 4,85\,\text{cm}$$

Sollten Sie hier $s = 0,0986\,\text{cm}$ herausbekommen haben, so hatten Sie vergessen, Ihren Taschenrechner auf das Bogenmaß (RAD) umzustellen!

Der Winkel φ_0 muss hier negativ eingesetzt werden. Würde die Schwingung bei +6 cm beginnen, hätte man also zum Zeitpunkt $t = 0$ die Pendelmasse angehoben und den Oszillator dann schwingen lassen, wäre φ_0 positiv. Was ist ein Oszillator? Dies ist lediglich ein anderes Wort für ein schwingungsfähiges System. Im vorliegenden Beispiel hätten wir also einen harmonischen Oszillator.

Um Momentanwerte – Elongationen zu einem bestimmten Zeitpunkt – in Abb. 15.4 berechnen zu können, kann man natürlich auch die cos-Funktion benutzen:

$$s = -6\,\text{cm} \cdot \cos\left(2\pi \cdot 0,25\,\frac{1}{\text{s}} \cdot 1,6\,\text{s}\right) = 4,85\,\text{cm}$$

Diese Zusammenhänge gelten auch für elektromagnetische Schwingungen. Versuchen Sie sich doch mal an den Übungsaufgaben 6 und 7 zu den elektromagnetischen Schwingungen.

Bei reibungsfreien Pendeln, die harmonisch schwingen, wandeln sich die kinetische Energie E_{kin} und die potenzielle Energie E_{pot} regelmäßig ineinander um.

In der gespannten Feder gespeicherte Energie: $E = \dfrac{1}{2}Ds^2$

Gesamtenergie: $E = E_{kin} + E_{pot} = \frac{1}{2}Ds_0^2$

$T = 2\pi\sqrt{\dfrac{m}{D}}$ umgestellt nach D ergibt: $D = 4\pi^2 f^2 m$

Mit $\omega = 2\pi f$ erhält man $D = m\omega^2$

Setzt man diesen Ausdruck für D in die Formel zur Gesamtenergie ein, erhält man den Ausdruck:

$E = \dfrac{1}{2} \cdot m \cdot \omega^2 \cdot s_0^2.$

Die Gesamtenergie bleibt konstant, ist aber proportional zu f^2 (f steckt in ω) und zum Quadrat der Amplitude s_0.

15.3 Ungedämpfte und gedämpfte Schwingung

Oszillatoren führen in der Praxis gedämpfte Schwingungen aus, wenn man keine zusätzliche Energie von außen zuführt. Die Elongation eines angestoßenen Fadenpendels wird durch Luft- und Lagerreibung immer geringer und wird irgendwann null. Die Abbildung 15.5 zeigt dies als Grafik. Der einhüllende Graph – hier gestrichelt gezeichnet – folgt einer e-Funktion.

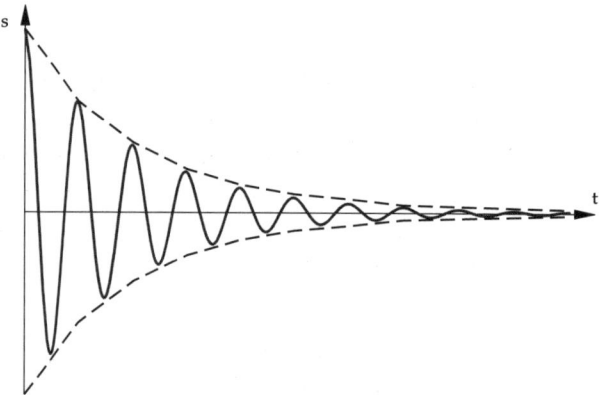

Abb. 15.5: Gedämpfte Schwingung

Mathematisch lässt sich das so beschreiben:

$$s = s_0 \cdot e^{-\delta \cdot t}$$

Hierbei ist δ die Abklingkonstante oder der Dämpfungskoeffizient. Als Maßeinheit ergibt sich $\frac{1}{s}$.

Die Zeit, die verstreicht, bis die Elongation nur noch die Hälfte ihres Anfangswertes besitzt, nennt man Halbwertszeit t_H.

$$t_H = \frac{\ln 2}{\delta}$$

Die Übungsaufgabe 18 auf Seite 465 beinhaltet ein Zahlenbeispiel hierzu.

Um ungedämpfte Schwingungen erzeugen zu können, muss dem Oszillator immer wieder die Energie von außen zugeführt werden, die er durch Reibung verloren hat. Bei dem Fadenpendel könnte man dies durch regelmäßiges Anstoßen im richtigen Moment erreichen. Die Schwingungsfrequenz wird dann durch den Rhythmus des Anstoßens bestimmt. Man spricht von erzwungener Schwingung und der zugehörigen Erregerfrequenz. Die praktische Bedeutung wird im nächsten Abschnitt dargestellt.

15.4 Resonanz

Wird ein Fadenpendel einmal angestoßen und sich selbst überlassen, so führt es mit seiner Eigenfrequenz eine gedämpfte Schwingung aus. Würde man dieses Pendel mit seiner Eigenfrequenz im richtigen Zeitpunkt immer wieder anstoßen, würde die Amplitude immer größer werden, und irgendwann würde der Oszillator zerstört werden (Resonanzkatastrophe). Wenn also Eigenfrequenz und Erregerfrequenz übereinstimmen, nennt man dies Resonanz; die zugehörige Frequenz wird auch als Resonanzfrequenz bezeichnet.

Da im Resonanzfall die Amplituden sehr groß werden, können Beschädigungen am Oszillator auftreten. So stürzte z. B. eine Hängebrücke ein, weil sie durch im Gleichschritt darüber marschierende Soldaten mit ihrer Eigenfrequenz erregt wurde. Moderne Kirchtürme werden durch Baumaßnahmen gedämpft, um Eigenschwingungen durch die Glocken zu verhindern. Der Resonanzfall hat besonders bei elektromagnetischen Schwingungen eine große praktische Bedeutung. Dies können Sie im entsprechenden Kapitel dieses Buches nachlesen.

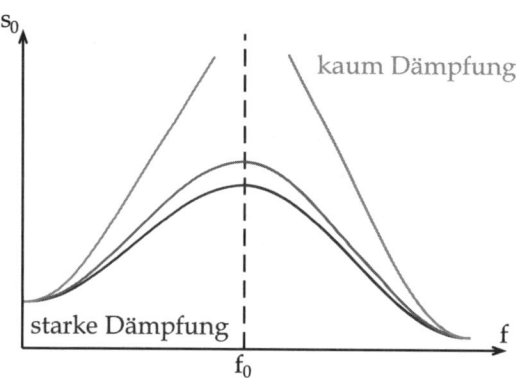

Abb. 15.6: Resonanzkurven bei verschiedenen Dämpfungen

15.5 Wellen und Wellengleichung

Stellen Sie sich bitte ein großes Wasserbecken, z. B. ein Hallenbad, mit Wellenbewegung vor. Vereinfacht ist dies in Abbildung 15.7 dargestellt. Würde man einen Korken auf die Wasseroberfläche werfen, so könnte man beobachten, dass der Korken der Wellenbewegung folgt. Er wird also auf der Wasseroberfläche entsprechend der Amplituden der Wellen auf und ab bewegt. Falls keine zusätzlichen Strömungen vorhanden sind, behält er jedoch seine horizontale Position im Becken bei. Obwohl es augenscheinlich so ist, dass die Welle sich in eine Richtung bewegt, bleiben die Wassermoleküle und auch der Korken an einer Position. Es ist in der Tat so, dass Wellen keine Materie, wohl aber Energie transportieren.

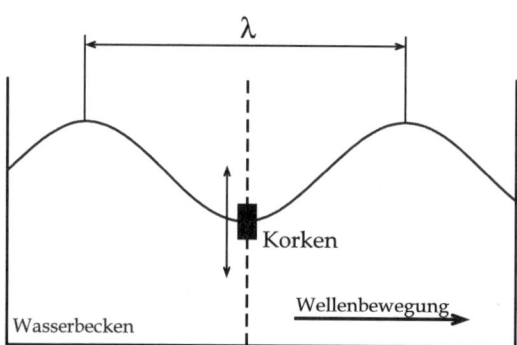

Abb. 15.7: Wellen im Wasserbecken

Der Abstand zwischen zwei benachbarten Amplituden wird Wellenlänge λ genannt. Oder allgemeiner ausgedrückt: Der Abstand zwischen zwei benachbarten Wassermolekülen im gleichen Schwingungszustand ist die Wellenlänge. Dieser Abstand

Kapitel 15

ist immer konstant – es sei denn, an unserem System wird etwas Entscheidendes verändert.

Würde man die Zeit T betrachten, in der die Welle die Strecke λ zurücklegt, so kann man die Ausbreitungsgeschwindigkeit c errechnen:

$$c = \frac{\lambda}{T} \text{ oder mit } T = \frac{1}{f} \text{ ergibt sich: } c = \lambda \cdot f$$

Beispiel

Die Wellenlänge sei $\lambda = 1,5$ m und $T = 1,1$ s. Gesucht ist die Ausbreitungsgeschwindigkeit c und die Frequenz f der Welle.

$$c = \frac{\lambda}{T} = \frac{1,5\,\text{m}}{1,1\,\text{s}} = 1,36\,\frac{\text{m}}{\text{s}}$$

$$f = \frac{1}{T} = \frac{1}{1,1\,\text{s}} = 0,91\,\text{Hz}$$

Unsere sinusförmige Wasserwelle ist in Abbildung 15.8 nochmals in einem t-s-Diagramm dargestellt. Die Zeitachse erhielt eine zusätzlich Unterteilung in Teile von π. Dies ist der Winkel im Bogenmaß. Natürlich hätte man auch eine Skalierung im Gradmaß vornehmen können. 90° entsprechen dann $\frac{\pi}{2}$ bzw. 360° entsprechen 2π. Sollten Ihnen die Zusammenhänge rund um das Bogenmaß nicht mehr geläufig sein, können Sie das mithilfe Ihres Mathematikbuches wiederholen. Auch im Internet gibt es anschauliche Darstellungen hierzu.

Kapitel 15

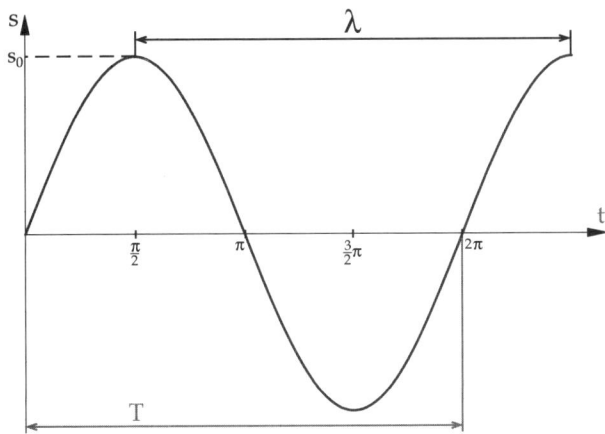

Abb. 15.8: Größen einer Sinusschwingung

Eine sinusförmige Welle, die sich in x-Richtung fortbewegt, kann durch die eindimensionale Wellengleichung beschrieben werden.

$$s = s_0 \cdot \sin\left[\frac{2\pi}{T}\left(t - \frac{x}{c}\right)\right]$$

oder in anderer Form:

$$s = s_0 \cdot \sin\left[2\pi\left(\frac{t}{T} - \frac{x}{\lambda}\right)\right]$$

Bitte nicht erschrecken! Das Arbeiten mit diesen Formeln ist weitaus unproblematischer, als es auf den ersten Blick zu sein scheint. Betrachten wir zunächst die einzelnen Formelzeichen (siehe Tabelle 15.1) – einige kennen Sie ja bereits.

Tab. 15.1: Formelzeichen zur Wellengleichung

Formelzeichen	Bedeutung	Maßeinheit
s	Elongation (Auslenkung) eines Teilchens zum Zeitpunkt t	m
s_0	Amplitude der Welle	m
T	Periodendauer	s
c	Ausbreitungsgeschwindigkeit der Welle	$\frac{m}{s}$
λ	Wellenlänge	m
t	betrachteter Zeitpunkt	s
x	betrachtete Stelle	m

Beispiel

Bestimmen Sie bei der nachfolgend abgebildeten Sinuswelle (Abbildung 15.9 auf der nächsten Seite) die Amplitude, die Periodendauer, die Frequenz und die Elongation s zum Zeitpunkt $t = 0,7$ s.

Amplitude und Periodendauer können direkt abgelesen werden:

$$s_0 = 0,5\,\text{m} \qquad T = 2\,\text{s}$$

Frequenz: $f = \dfrac{1}{T} = \dfrac{1}{2\,\text{s}} = 0,5\,\text{Hz}$

Elongation bei $t = 0,7$ s:

$$s = s_0 \sin \omega t = 0,5\,\text{m} \cdot \sin\left(2\pi \cdot 0,5\,\frac{1}{\text{s}} \cdot 0,7\,\text{s}\right) = 0,4\,\text{m}$$

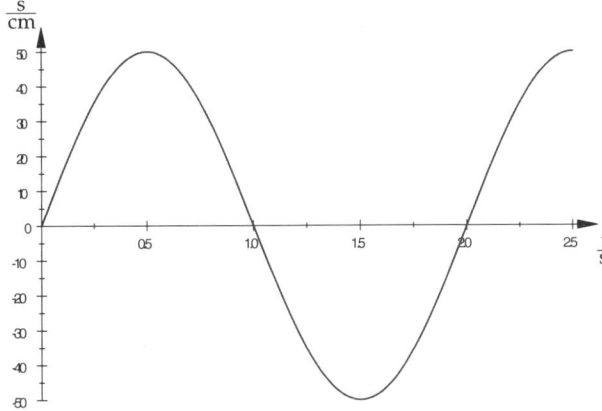

Abb. 15.9: Sinuswelle zum Beispiel

Beispiel

Wie groß ist die Elongation eines Teilchens der Welle in Abbildung 15.9, welches $x = 2\,\text{m}$ vom Koordinatenursprung entfernt ist, zum Zeitpunkt $t = 3,5\,\text{s}$? Die Ausbreitungsgeschwindigkeit beträgt $c = 0,8\,\frac{\text{m}}{\text{s}}$.

$$s = s_0 \cdot \sin \frac{2\pi}{T} \left(t - \frac{x}{c} \right) = 0,5\,m \cdot \sin \left[\frac{2\pi}{2\,\text{s}} \left(3,5\,\text{s} - \frac{2\,\text{m}}{0,8\frac{\text{m}}{\text{s}}} \right) \right] = 0$$

Das Teilchen durchschwingt also gerade die Nulllage.

Man unterscheidet zwei Wellentypen. Betrachten wir einen Lautsprecher, so haben Membranbewegung und Ausbreitungsrichtung der Welle die gleiche Richtung (Abbildung 15.10 auf der nächsten Seite, Teil a). Man spricht von einer Längs- oder Longitudinalwelle. Eine Seilwelle erzeugt man durch eine Auf- und Ab- oder Rechts- und Links-Bewegung des Seilendes (Abbildung 15.10 auf der nächsten Seite, Teil b). Die Ausbreitungsrichtung der Welle steht senkrecht dazu. Dies ist eine Quer- oder Transversalwelle.

Kapitel 15

331

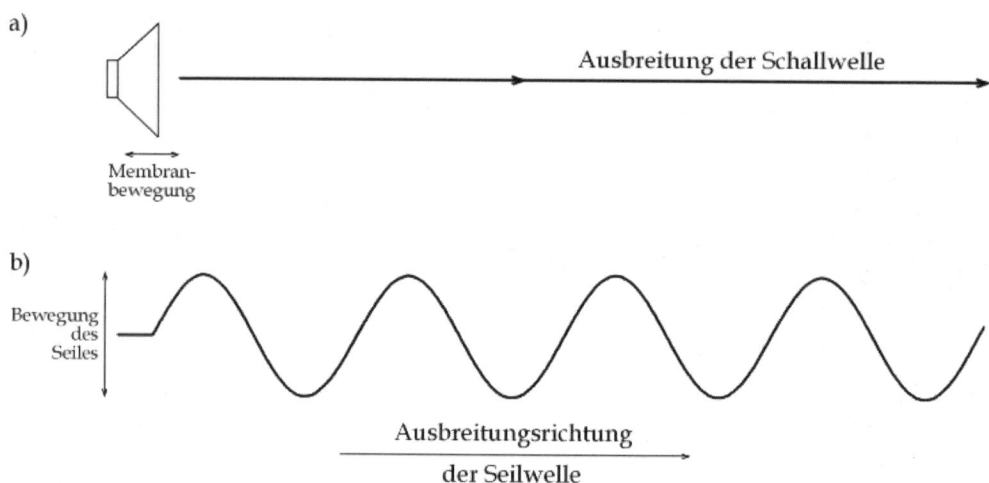

Abb. 15.10: a) Longitudinalwelle b) Transversalwelle

15.6 Beugung, Brechung und Reflexion

Betrachten Sie bitte Abbildung 15.11 auf der nächsten Seite. Man schaut auf die Wasseroberfläche einer Wellenwanne. Von links erreicht eine parallele Wellenfront ein Hindernis (schwarz) in der Mitte der Wanne. Rechts und links (im Foto oben und unten) bewegt sich die Wellenfront nahezu ohne Veränderungen an dem Hindernis vorbei. Würden sich Wellen an einem Hindernis ohne Veränderung geradlinig ausbreiten, so müsste der Bereich hinter dem Hindernis wellenfrei sein. Man beobachtet jedoch, dass sich die Wasserwellen in diesen Bereich hineinbeugen. Dieses Phänomen wird Beugung genannt.

Trifft eine Wellenfront auf einen schmalen Spalt, so entstehen kreisförmige Elementarwellen. Dies ist auf das Huygensche Prinzip zurückzuführen. Danach kann jeder Punkt einer Wellenfront als Ausgangspunkt einer kreisförmigen Elementarwelle angesehen werden (Abbildung 15.12 auf der nächsten Seite).

Trifft eine Welle oder eine Wellenfront auf ein Ausbreitungsgebiet mit einer anderen Ausbreitungsgeschwindigkeit c, so ändert sie ihre Richtung. Man spricht von Brechung. Dies passiert bei Wasserwellen immer bei unterschiedlichen Wassertiefen, da die Ausbreitungsgeschwindigkeit von der Wassertiefe abhängt. In Abbildung 15.13 auf Seite 334 ist die Wellenfront nur durch einen Wellenstrahl dargestellt. Hierdurch wird die Darstellung übersichtlicher. Als Einfallswinkel α be-

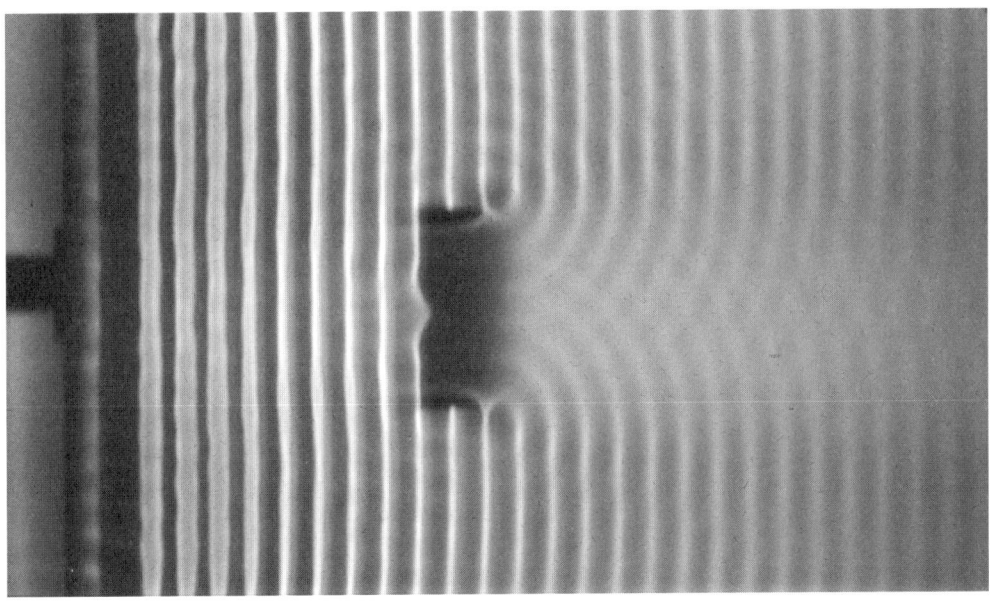

Abb. 15.11: Beugung (Quelle: LH Didactic)

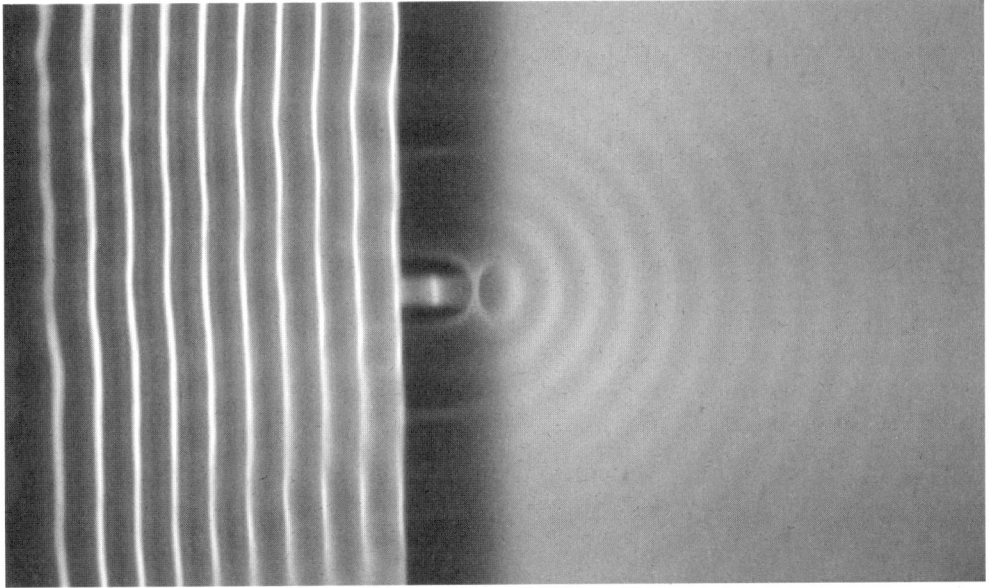

Abb. 15.12: Elementarwellen am Spalt (Quelle: LH Didactic)

zeichnet man den Winkel zwischen dem Wellenstrahl und dem Lot zur Trennlinie. Der Ausfallswinkel β bezieht sich ebenfalls auf das Lot.

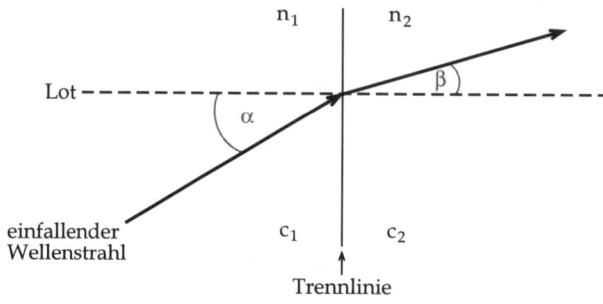

Abb. 15.13: Wellenbrechung

Es gilt: $\dfrac{\sin \alpha}{\sin \beta} = \dfrac{n_2}{n_1} = \dfrac{c_1}{c_2}$

α: Einfallswinkel

β: Brechungswinkel

n: Brechzahlen der (evtl. unterschiedlichen) Medien

c: Ausbreitungsgeschwindigkeit im jeweiligen Medium

Dieses Brechungsgesetz gilt auch für Licht in der Strahlenoptik. Sowohl Beugung als auch Brechung sind typische Welleneigenschaften.

Beispiel

Ein Wellenstrahl trifft unter einem Winkel von 30° mit einer Geschwindigkeit von $34 \, \dfrac{\text{cm}}{\text{s}}$ in ein Gebiet mit $c_2 = 22 \, \dfrac{\text{cm}}{\text{s}}$. Wie groß ist der Brechungswinkel?

Aus $\dfrac{\sin \alpha}{\sin \beta} = \dfrac{c_1}{c_2}$

folgt

$$\beta = \arcsin \frac{c_2 \cdot \sin \alpha}{c_1} = \arcsin \frac{22 \, \frac{\text{cm}}{\text{s}} \cdot \sin 30°}{34 \, \frac{\text{cm}}{\text{s}}} = 18,9°$$

Wellen können natürlich auch reflektiert werden. Trifft eine Wasserwelle auf eine Hafenmauer oder eine Schallwelle auf eine Wand, gilt:

Einfallswinkel = Ausfallswinkel

oder bezogen auf Abbildung 15.14 auf der nächsten Seite: $\alpha = \beta$

Dies gilt auch für Lichtstrahlen und Mikrowellen.

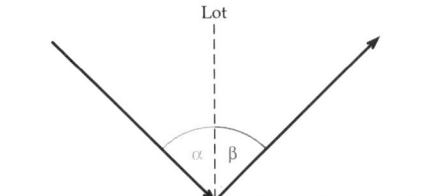

Abb. 15.14: Reflexionsgesetz

15.7 Überlagerung von Wellen

Zwei rechteckförmige Schwingungen laufen gemäß Abbildung 15.15 aufeinander zu. Wenn sie sich treffen, addieren (Vorzeichen beachten) sich ihre Elongationen und ihre Schnelle. Danach laufen sie unter Beibehaltung ihrer ursprünglichen Form weiter. Einen ähnlichen Effekt können Sie bei Wasserwellen beobachten. Wenn Sie auf eine ruhige Wasseroberfläche ein Steinchen werfen, entstehen konzentrische Kreiswellen. Gelingt es Ihnen einige Zentimeter daneben durch einen gezielten Wurf nochmals solche Kreiswellen zu erzeugen, werden sich die Wellen ungestört durchdringen.

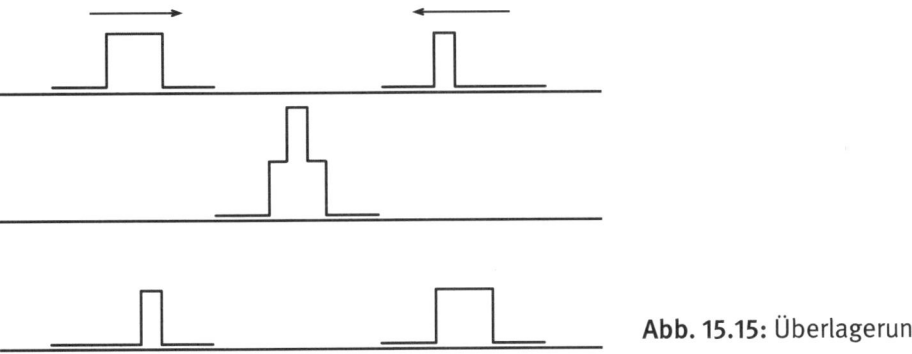

Abb. 15.15: Überlagerung

Ein Sonderfall liegt bei Transversalwellen gleicher Frequenz und gleicher Schwingungsebene vor. Die jetzt eintretende Überlagerung wird als Interferenz bezeichnet. In Abbildung 15.16 auf der nächsten Seite, Teil a haben s_1 und s_2 die gleiche Phasenlage; der sogenannte Gangunterschied Δs ist Null. Der Gangunterschied besagt, wie weit zwei Schwingungen oder Wellen gegeneinander verschoben sind. In diesem Fall addieren sich beide Elongationen und es entsteht eine Sinuswelle s gleicher Frequenz mit größerer Amplitude. Diesen Zusammenhang kann man auch durch die Wellenlänge λ ausdrücken: $\Delta s = k \cdot \lambda$. Mit $k = 0, 1, 2, 3 \ldots$ Man bezeichnet dies als konstruktive Interferenz.

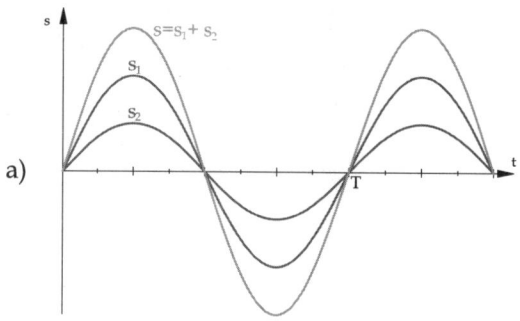

a)

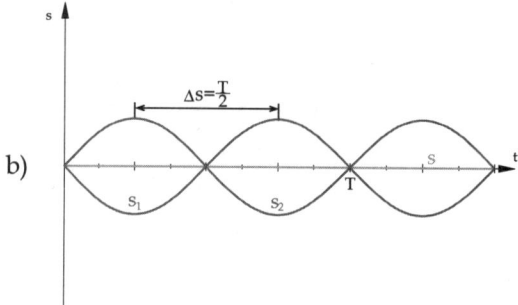

b)

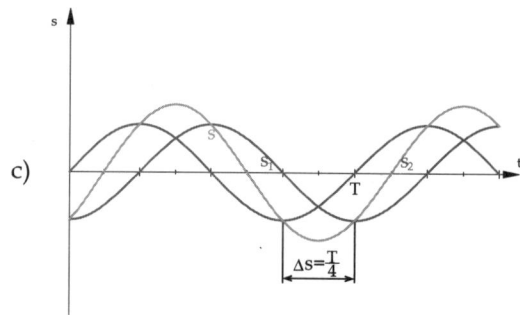

c)

Abb. 15.16: a) konstruktive Interferenz; b) destruktive Interferenz;
c) Interferenz bei $\Delta s = \dfrac{T}{4}$

In Abbildung 15.16, Teil b beträgt der Gangunterschied $\dfrac{T}{2}$ (bzw. $\dfrac{\lambda}{2}$ oder π) Addiert man beide Wellenzüge vorzeichenrichtig, so erhält man in jedem Punkt für die Elongation null. Bei dieser destruktiven Interferenz löschen sich also beide

Wellen gegenseitig aus. Bei Wasserwellen würde dies bedeuten, dass trotz des Vorhandenseins von Wellen die Wasseroberfläche ruhig ist. Die destruktive Interferenz bei Schallwellen kann sehr schön in einem Experiment nachgewiesen werden. An einen Signalgenerator (Sinusgenerator) werden zwei Lautsprecher phasenrichtig gemäß Abbildung 15.17 angeschlossen. Schreitet man die Versuchsanordnung in einem Abstand von ca. 2 – 3 m ab, kann man deutlich Lautstärkeunterschiede feststellen. Zur vollständigen Auslöschung kommt es vermutlich nicht, da natürlich immer zusätzlich irgendwo Wellen reflektiert werden und an unser Ohr gelangen. Destruktive Interferenz tritt also immer auf, wenn $\Delta s = (k + 0,5) \cdot \lambda$ mit $k = 0, 1, 2, 3 \ldots$ ist.

In Abbildung 15.16 auf der vorherigen Seite, Teil c beträgt der Gangunterschied Δs ein Viertel der Schwingungsdauer ($\Delta s = \dfrac{T}{4}$). Addiert man vorzeichenrichtig die Augenblickswerte der beiden Wellenzüge, erhält man die eingezeichnete Summenkurve s; auch sie ist sinusförmig.

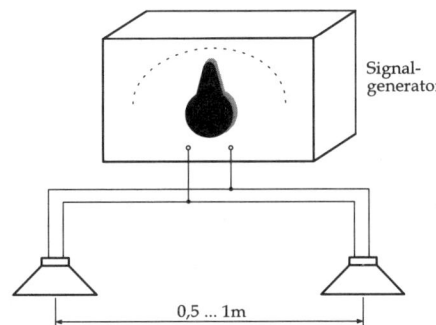

Signal-
generator

0,5 ... 1m

Abb. 15.17: Experiment zur Interferenz

Wandern zwei harmonische Wellen gleicher Frequenz und Amplitude aufeinander zu, entsteht eine stehende Welle. Im Abstand von $\dfrac{T}{2}$ ist die Elongation null bzw. ein Maximum. Sehr gute Animationen zu stehenden Wellen findet man im Internet; die Zusammenhänge werden dadurch sofort deutlich. Suchen Sie auch unter den englischen Bezeichnungen standing waves und stationary waves. Bei stehenden Wellen werden die Amplituden mit Schwingungsbäuchen (antinodes) und die Nulldurchgänge mit Schwingungsknoten (nodes) bezeichnet.

Beschallt man eine rechts offene oder geschlossene Glasröhre, die mit etwas Korkmehl gefüllt ist, mit einem Lautsprecher (Abbildung 15.18 auf der nächsten Seite), so bilden sich stehende Wellen aus. Die Schwingungsbäuche erkennt man an den

Anhäufungen des Korkmehls im Abstand $\frac{\lambda}{4}$. Ist die Frequenz bekannt, kann die Schallgeschwindigkeit mit $c = \lambda \cdot f$ ermittelt werden. Es handelt sich bei der Anordnung um das bekannte Kundtsche Rohr.

Überlagern sich Wellen leicht unterschiedlicher Frequenz, so spricht man von Schwebung. Handelt es sich um Schallwellen, so hört man eine an- und abschwellende Amplitude (Lautstärke).

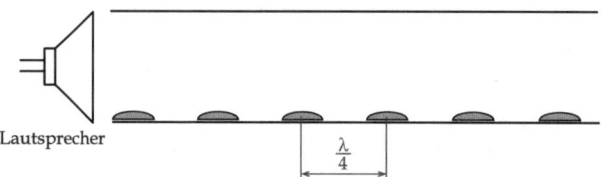

Abb. 15.18: Kundtsches Rohr

15.8 Schall

Schallwellen sind Longitudinalwellen, die zur Ausbreitung immer Materie (Luft, Wasser, Metall) benötigen. Elektromagnetische Wellen dagegen benötigen kein Ausbreitungsmedium.

Sobald sich eine Schallquelle und/oder der Empfänger des Schalls zueinander bewegen, tritt der akustische Doppler-Effekt auf. Sie kennen diesen Effekt aus Situationen im Alltag. Sie stehen am Straßenrand, und es kommt ein Auto (Schallquelle) aus größerer Entfernung in Ihre Richtung gefahren. Die Tonhöhe (Frequenz) des herannahenden Autos ändert sich mit abnehmender Entfernung zwischen dem Auto und Ihrer Position. Ebenso ändert sich die Frequenz, wenn das Auto sich wieder von Ihnen entfernt. Die exakten Zusammenhänge zwischen der Bewegung und der gehörten Frequenz beschrieb Christian Doppler:

Doppler-Effekt

bewegter Empfänger, ruhender Sender $\quad f = f_0 \left(1 \pm \dfrac{v_E}{c} \right)$

ruhender Empfänger, bewegter Sender $\quad f = f_0 \cdot \dfrac{1}{1 \mp \dfrac{v_S}{c}}$

bewegter Sender und Empfänger $\quad f = f_0 \cdot \dfrac{c \pm v_E}{c \mp v_S}$

- Annäherung: oberes Rechenzeichen
- Entfernung: unteres Rechenzeichen
- f: gehörte Frequenz
- f_0: Frequenz des Senders
- c: Schallgeschwindigkeit
- v_E: Geschwindigkeit des Empfängers
- v_S: Geschwindigkeit des Senders

Beispiel

Ein Formel-1-Bolide passiert auf einer langen Geraden eine Zuschauertribüne mit $v_S = 300 \, \dfrac{\text{km}}{\text{h}}$. Welche Frequenz hört ein Zuschauer, wenn vereinfacht angenommen wird, dass der Motor eine Frequenz von 1 kHz erzeugt?

$$f = f_0 \cdot \frac{1}{1 - \dfrac{v_S}{c}} = 1000 \, \text{Hz} \cdot \frac{1}{1 - \dfrac{83,33 \, \frac{\text{m}}{\text{s}}}{340 \, \frac{\text{m}}{\text{s}}}} = 1325 \, \text{Hz} = 1,325 \, \text{kHz}$$

Es sei noch erwähnt, dass es außer dem akustischen Doppler-Effekt noch den relativistischen Doppler-Effekt für elektromagnetische Wellen gibt.

15.9 Der relativistische Dopplereffekt

Licht kann zur Erklärung vieler physikalischer Phänomene als elektromagnetische Welle aufgefasst werden. Die Formeln des akustischen Doppler-Effekts können zur quantitativen Erfassung der Zusammenhänge jedoch nicht zur Anwendung kommen. Schallwellen benötigen zur Ausbreitung stets ein Medium – z. B. Luft –, und ihre Ausbreitungsgeschwindigkeit ist nicht konstant, sondern von verschiedenen Faktoren abhängig. Die Geschwindigkeit der Lichtwelle ist konstant; sie beträgt ca. $c = 3 \cdot 10^8 \, \dfrac{\text{m}}{\text{s}}$. Licht bereitet sich auch im Vakuum aus und benötigt somit kein Ausbreitungsmedium.

Die Frequenz f einer bewegten Lichtquelle wird vom Empfänger als Frequenz f' empfangen. Wie auch beim akustischen Doppler-Effekt muss man zwei Fälle unterscheiden.

Sender und Empfänger entfernen sich voneinander:

$$f' = \sqrt{\frac{c - v}{c + v}} \cdot f$$

Bei Annäherung gilt:

$$f' = \sqrt{\frac{c + v}{c - v}} \cdot f$$

Entfernen sich Lichtquelle und der Empfänger voneinander, wird die empfangene Frequenz f' geringer als die ausgesendete Frequenz f. Im Farbspektrum (vgl. Abbildung 15.19) bewegt man sich also in Richtung der Farbe „Rot" und bezeichnet diesen Effekt als Rotverschiebung. Edwin P. Hubble stellte aufgrund dieser Beobachtungen die These auf, dass sich die Galaxien voneinander entfernen.

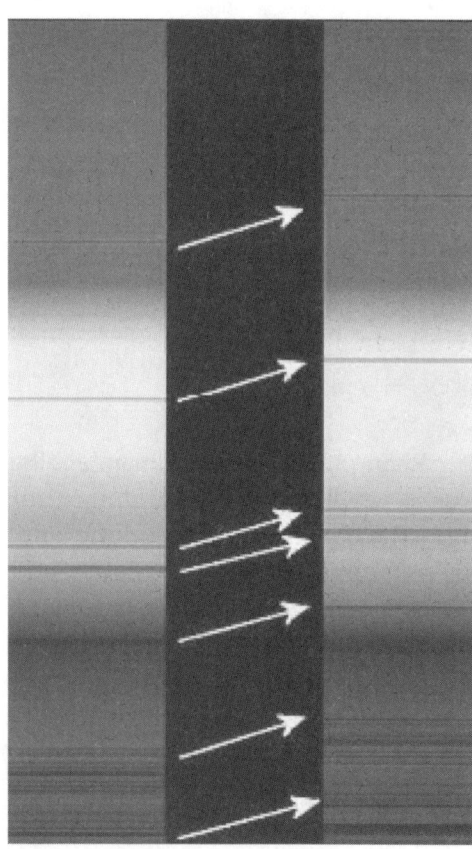

Abb. 15.19: Rotverschiebung

Abb. 15.20: Edwin P. Hubble

Beispiel

Eine Galaxie entfernt sich mit 70 % der Lichtgeschwindigkeit c von der Erde. Welche Wellenlänge hat das auf der Erde gemessene Licht, wenn die Galaxie das Licht mit $\lambda = 650\,\text{nm}$ abstrahlt?

$v = 0{,}7c$

Mit $f = \dfrac{c}{\lambda}$

$$f' = \sqrt{\frac{c - v}{c + v}} \cdot f = \sqrt{\frac{3 \cdot 10^8 \frac{m}{s} - 0{,}7 \cdot 3 \cdot 10^8 \frac{m}{s}}{3 \cdot 10^8 \frac{m}{s} + 0{,}7 \cdot 3 \cdot 10^8 \frac{m}{s}} \cdot \frac{3 \cdot 10^8 \frac{m}{s}}{650 \cdot 10^{-9}\,m}}$$

$$= 1{,}9385 \cdot 10^{14}\,\text{Hz}$$

$$\lambda = \frac{c}{f'} = \frac{3 \cdot 10^8 \frac{m}{s}}{1{,}9385 \cdot 10^{14}\,\text{Hz}} = 1547{,}6\,\text{nm}$$

Bewegen sich Schallquelle und Schallsenke (Empfänger) aufeinander zu, wird die empfangene Frequenz f' größer als die ursprünglich von der Quelle abgestrahlte Frequenz f. Hier spricht man von einer Blauverschiebung.

Beispiel

Mit welcher Geschwindigkeit v muss sich ein gelb ($\lambda_{\text{gelb}} = 570\,\text{nm}$) leuchtender Stern auf die Erde zubewegen, damit sein Licht auf der Erde grün ($\lambda_{\text{grün}} = 540\,\text{nm}$) erscheint?

$$f' = \sqrt{\frac{c + v}{c - v}} \cdot f$$

Umstellen nach v ergibt mit $\lambda = \dfrac{c}{f}$:

$$v = \frac{c \cdot \left(\dfrac{\lambda_{\text{gelb}}}{\lambda_{\text{grün}}}\right)^2 - 1}{2} = \frac{3 \cdot 10^8 \frac{m}{s} \left(\dfrac{570\,\text{nm}}{540\,\text{nm}}\right)^2 - 1}{2} =$$

$$1{,}67 \cdot 10^8\,\frac{m}{s} = 0{,}557c$$

Kapitel 15

16 Thermodynamik

16.1 Temperatur

Wärme ist, physikalisch gesehen, ein Maß für die in einem Körper befindliche Energie. Diese Energie besitzt er aufgrund der ungeordneten Bewegung seiner Moleküle und/oder Atome. Wie auch ein Auto mit zunehmender Geschwindigkeit mehr Energie besitzt, so nimmt auch die Energie eines Körpers oder eines Gases mit wachsender Temperatur zu.

Als Maßeinheit wird in der Physik das Kelvin (K) benutzt. Bei 0 K ruhen die Moleküle eines Körpers, und er besitzt keine Wärmeenergie mehr. 0 K wird als absoluter Nullpunkt bezeichnet, dies entspricht -273,16° C.

Celsius- und Kelvin-Skala sind in gleichen Schritten abgestuft. Der Temperaturunterschied zwischen 10° C und 34° C ist demnach 24° C oder 24 K.

16.2 Längen- und Volumenausdehnung

Die meisten Materialien dehnen sich bei Erwärmung aus. Die Längenausdehnung fester Körper berechnet sich aus:

$\Delta l = \alpha \cdot l_0 \cdot \Delta T$

Δl: Längenausdehnung in m

ΔT: Temperaturänderung in K

l_0: Anfangslänge in m

α: linearer Ausdehnungskoeffizient oder Längenausdehnungskoeffizient in $\frac{1}{\text{K}}$

Die Volumenausdehnung fester, flüssiger und gasförmiger Körper ergibt sich aus:

$\Delta V = \gamma \cdot V_0 \cdot \Delta T$

ΔV: Volumenänderung

V_0: Anfangsvolumen

y: Volumenausdehnung ($y \approx 3\alpha$)

Beispiel

Bei 0° C ist die Länge einer Quecksilbersäule in einem Thermometer $l_0 = 3,2$ cm. Bei 100° C hat sie sich auf 26,5 cm ausgedehnt. Bei welcher Temperatur ist sie 15 cm lang?

Zunächst wird α ermittelt:

$$\alpha = \frac{\Delta l}{l_0 \cdot \Delta T} = \frac{26,5\,\text{cm} - 3,2\,\text{cm}}{3,2\,\text{cm} \cdot 100\,\text{K}} = 0,0728\,\frac{1}{\text{K}}$$

$$\Delta T = \frac{\Delta l}{\alpha \cdot l_0} = \frac{15\,\text{cm} - 3,2\,\text{cm}}{0,0728\,\dfrac{1}{\text{K}} \cdot 3,2\,\text{cm}} = 50,6\,\text{K}$$

Die Temperatur ist also um 50,6 K gestiegen. Da l_0 bei 0° C gilt, ist die gesuchte Temperatur 50,6° C.

Die sogenannte Anomalie des Wasser beschreibt, dass Wasser bezüglich seines Temperaturverhaltens von anderen Flüssigkeiten abweicht. Wasser hat bei 4° C seine größte Dichte. Oberhalb und unterhalb dieser Temperatur dehnt es sich aus.

16.3 Wärmemenge und -kapazität

Die Wärmemenge Q ist die thermische Energie, die man z. B. einem Körper zuführen kann. Sie berechnet sich aus:

$$Q = c \cdot m \cdot \Delta T$$

Hierbei ist c die spezifische Wärmekapazität des Stoffes, also eine Materialkonstante. Die Maßeinheit ist $\dfrac{\text{J}}{\text{kg} \cdot \text{K}}$. Diese Gleichung gilt nur, wenn sich der Aggregatzustand des Stoffes während der Temperaturänderung ΔT nicht ändert.

Beispiel

Die spezifische Wärmekapazität von Wasser ist 11-mal größer als die von Kupfer. Ein Kupferwürfel mit der Masse m_{Cu} und einer Temperatur von 100° C wird in 200 g Wasser mit einer Temperatur $T_1 = 20,0°$ C geworfen. Die Wassertemperatur steigt daraufhin auf 24,0° C. Berechnen Sie die Masse m_{Cu} des Kupferwürfels, wenn keine Energie nach außen verloren geht!

Wärmeabgabe des Kupfers:

$$Q = c \cdot m_{Cu} \cdot (100°\,C - 24°\,C)$$

Das Wasser nimmt diese Wärmemenge auf:

$$Q = 11c \cdot 0,2\,\text{kg} \cdot (24°\,C - 20°\,C)$$

$$c \cdot m_{Cu} \cdot 76K = 11c \cdot 0,8\,K \cdot \text{kg}$$

Umstellen nach m_{Cu}:

$$m_{Cu} = \frac{8,8\,\text{kg} \cdot K}{76\,K} = 115,8\,g$$

16.4 Ideale Gase

Nach dem Gesetz von Boyle-Mariotte ist das Produkt aus Druck und Volumen bei gleich bleibender Temperatur konstant.

$$p \cdot V = \text{konstant}$$

Würde man also den Druck eines Gases erhöhen, so würde sein Volumen geringer.

Gay-Lussac fand u. a. heraus, dass alle Gase bei gleich bleibendem Druck p einen nahezu gleichen Ausdehnungskoeffizienten $\gamma = 0,003661\,\dfrac{1}{K} = \dfrac{1}{273,16\,K}$ haben. Dieser Ausdehnungskoeffizient bezieht sich auf das Gasvolumen bei 0° C. Es gilt:

$$V = \frac{V_0}{273\,K} \cdot T$$

V: Volumen nach Temperaturerhöhung

V_0: Volumen bei 273 K (0° C)

T: Temperatur in K

Die allgemeine Form des Gesetzes von Gay-Lussac setzt die Volumina und die Temperaturen ins Verhältnis:

$$\frac{V_1}{V_2} = \frac{T_1}{T_2}$$

Beispiel

Bei gleich bleibendem Luftdruck p wird die Temperatur in einem Büroraum (5 x 6 x 2,2 m) von 16° C auf 22° C erhöht. Wie viele Kubikmeter Luft entweichen dann diesem Raum?

$$V_2 = V_1 \frac{T_2}{T_1} = 66\,\mathrm{m}^3 \cdot \frac{295\,\mathrm{K}}{289\,\mathrm{K}} = 67,37\,\mathrm{m}^3$$

Es sind also 67,37 m³ - 66 m³ = 1,37 m³ Luft entwichen.

Falls sich ein Gas bei Erwärmung nicht ausdehnen kann, so steigt der Druck. Druck- und Temperaturunterschied verhalten sich gleich zueinander.

$$\frac{p_1}{p_2} = \frac{T_1}{T_2}$$

Zur Erinnerung: Der Druck wird in Pascal (Pa) oder bar gemessen.

$$1\,\frac{\mathrm{N}}{\mathrm{m}^2} = 1\,\mathrm{Pa}$$

$$1\,\mathrm{bar} = 10^5\,\mathrm{Pa}$$

Beispiel

Der Druck in einer Sauerstoffflasche in einem Rettungswagen beträgt bei 15° C 200 bar. Da das Fahrzeug in der Sonne steht, steigt die Temperatur. Welcher Druck herrscht in der Flasche bei einer Temperatur von 30° C?

$$p_2 = p_1 \frac{T_2}{T_1} = 200\,\mathrm{bar}\,\frac{303\,\mathrm{K}}{288\,\mathrm{K}} = 210,4\,\mathrm{bar}$$

Eine Form der allgemeinen Zustandsgleichung idealer Gase beschreibt, dass bei einer abgeschlossenen Gasmenge, also m = konstant, der Ausdruck $\frac{p \cdot V}{T}$ immer konstant ist. Hieraus ergibt sich für die Zustände 1 und 2:

$$\frac{p_1 \cdot V_1}{T_1} = \frac{p_2 \cdot V_2}{T_2}$$

Da $\frac{p \cdot V}{T}$ immer proportional der Masse m ist, kann man die allgemeine Zustandsgleichung idealer Gase auch in anderer Form schreiben:

$$p \cdot V = m \cdot R \cdot T$$

Der Proportionalitätsfaktor R ist die sogenannte Gaskonstante:

$$R = 8,314510\,\frac{\mathrm{J}}{\mathrm{K} \cdot \mathrm{mol}}$$

Mithilfe der Anzahl N der Gasmoleküle ergibt sich eine weitere Form der allgemeinen Zustandsgleichung:

$$p \cdot V = N \cdot k \cdot T$$

k ist die Boltzmann-Konstante (nicht verwechseln mit der Stefan-Boltzmann-Konstanten!). $k = 1,381 \cdot 10^{-23} \, \frac{J}{K}$.

16.5 Hauptsätze der Thermodynamik

Die Hauptsätze der Thermodynamik könnte man vereinfacht kurz und knapp formulieren:

1. Hauptsatz

Energie kann weder erzeugt noch vernichtet werden. Man kann Energie nur in verschiedene Arten umwandeln.

2. Hauptsatz

Energie ist nicht uneingeschränkt in andere Arten umwandelbar.

3. Hauptsatz

Der absolute Nullpunkt der Temperatur ist nicht erreichbar.

4. Hauptsatz (auch 0. Hauptsatz genannt)

Stehen zwei Systeme mit einem dritten System thermisch im Gleichgewicht, so stehen sie auch untereinander im Gleichgewicht.

Der 1. Hauptsatz ist Ihnen vermutlich weitgehend bekannt und bedarf keiner großen Erklärung. Im Kapitel Mechanik war hiervon schon die Rede. Quantitativ kann man die Zusammenhänge auch so darstellen:

$$\Delta U = \Delta Q + \Delta W$$

oder

$$dU = dQ + dW$$

Der Arzt und Physiker Hermann von Helmholtz (1821 – 1894) hat den 1. Hauptsatz so formuliert:

Ein System besitzt in jedem Zustand eine bestimmte Energie U. Wird ihm beim Übergang vom Zustand 1 in den Zustand 2 die Arbeit W und die Wärmemenge Q zugeführt, dann gilt die vorstehende Gleichung.

Der 2. Hauptsatz schränkt den 1. Hauptsatz ein. Energie kann nicht beliebig in eine andere Energieform umgewandelt werden. Wenn Ihnen ein schwerer Hammer aus der Hand zu Boden fällt, so wird die vorher vorhandene potenzielle Energie des Hammers in Wärmeenergie an der Aufprallstelle umgewandelt. Energie geht also nicht verloren, aber: Die abgegebene Wärmeenergie an den Boden könnte den Hammer nicht wieder hochheben. Ein Energiefluss ist also nicht in jede Richtung möglich. Allgemein nennt man Vorgänge, die nur in eine Richtung ablaufen können, irreversible Prozesse. Als weiteres Beispiel ließe sich der Wärmeaustausch zwischen zwei Körpern anführen. Wenn Sie eine kalte Münze im Schnee finden und in die Hand nehmen, so kann die Wärmemenge in der Münze nicht in Ihre Hand übergehen, sondern der Wärmetransport erfolgt nur umgekehrt. Die Münze wird von Ihrer Hand erwärmt. Wärmetransport kann immer nur vom wärmeren zum kälteren Körper stattfinden.

Die Zustandsgröße Entropie S beschreibt den Zusammenhang zwischen der Temperatur T eines Körpers und der Wärmemenge ΔQ, die ihm zugeführt wird.

$$\Delta S = \frac{\Delta Q}{T}$$

Der 3. Hauptsatz ließe sich mit quantentheoretischen Erkenntnissen erklären. Dies sprengt aber den Rahmen dieses Buches und gehört nicht zum Abiturwissen.

Der 4. Hauptsatz der Thermodynamik lässt sich leicht an einem Beispiel erklären. Zwei Metallstücke (A und B) befinden sich in einem Ölbad. Wenn das Öl und A die gleiche Temperatur haben, und auch das Öl und B im thermischen Gleichgewicht sind, dann haben auch A und B die gleiche Temperatur.

16.6 Kreisprozesse

Möchte man den Zustand eines Gases beschreiben, so geschieht dies durch die Angabe des Druckes p, des Volumens V und der Temperatur T. Ändert sich der Zustand des Gases, so ändern sich entweder alle drei Größen oder nur zwei von ihnen, wobei die dritte Größe konstant gehalten wird.

Bei der isothermen Zustandsänderung wird die Temperatur, bei der isochoren Zustandsänderung wird das Volumen und bei der isobaren Zustandsänderung wird der Druck p konstant gehalten. Beim Diesel- und auch beim Benzinmotor werden alle drei Zustandsänderungen nacheinander wiederholt durchlaufen. Man spricht von einem Kreisprozess, da der ursprüngliche Zustand des Gases nach einem „Durchlauf" wieder erreicht wird. Dargestellt wird ein solcher Kreisprozess im p-V-Diagramm (Abbildung 16.1).

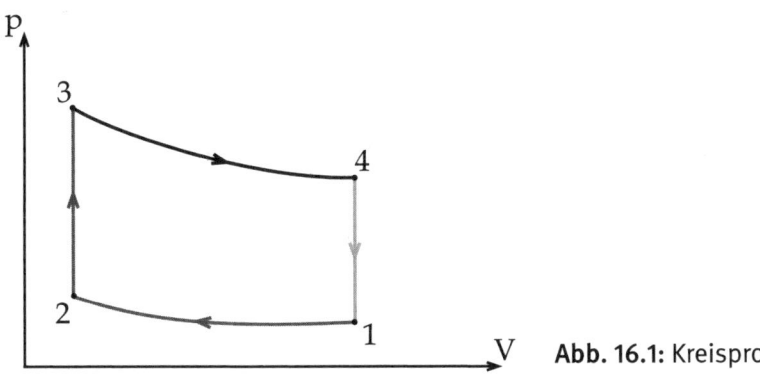

Abb. 16.1: Kreisprozess

Exemplarisch soll hier der Stirling-Prozess dargestellt werden. Beginnen wir unsere Betrachtung im Punkt 1.

Der Wechsel von Punkt 1 nach 2 ist eine isotherme Zustandsänderung. Entsprechend dem Gesetz $\dfrac{p \cdot V}{T} =$ konstant, verringert sich bei steigendem Druck das Volumen des Gases. Dabei nimmt es Energie auf.

Bei der isochoren Druckerhöhung (2 → 3) steigt auch die Temperatur, da das Volumen sich nicht verändert. Es wird keine Arbeit verrichtet.

Bei der isothermen Änderung von 3 nach 4 vergrößert sich das Volumen und der Druck p sinkt. Es wird Energie abgegeben.

Keine Arbeit wird beim Übergang von 4 nach 1 geleistet. Es handelt sich um eine isochore Drucksenkung.

16.7 Der Stirlingmotor

Der Stirlingmotor benutzt ein gasförmiges Arbeitsmedium, das in einem geschlossenen Kreislauf bewegt wird. Die Energiezufuhr von außen erfolgt durch eine externe Wärmequelle – dies könnte auch die Sonne sein.

Kapitel 16

Der Stirlingmotor wurde von dem schottischen Pfarrer Robert Stirling entwickelt und 1816 patentiert. Abbildung 16.2 zeigt diesen Heißluftmotor als transparentes Modell der Fa. PHYWE, Göttingen.

Abb. 16.2: Transparenter Stirlingmotor der Fa. PHYWE, Göttingen

Zwei Kolben (Arbeitskolben A und Verdrängerkolben V) sind gemäß Abbildung 16.3 auf der nächsten Seite um 90° versetzt angeordnet. Der Arbeitskolben ist aus Metall und genau in den Glaszylinder eingepasst. Der Verdrängerkolben aus Glas übernimmt gleichzeitig die für den Betrieb eines Stirlingmotors wichtige Funktion des Regenerators: Er kühlt das vorbeiströmende heiße Gas, speichert seine Energie und gibt sie an das zurückströmende kalte Gas wieder ab. Die einzelnen Arbeitsschritte werden nachfolgend mithilfe der Abbildungen 16.3 und 16.4 beschrieben.

Phase I: Isotherme Expansion des Arbeitsgases durch Wärmezufuhr; Arbeitsabgabe.

$V_1 \rightarrow V_2$ $p_1 \rightarrow p_2$ und T_1 = konstant

Phase II: Isochore Wärmeabgabe, Abkühlung, es wird keine Arbeit verrichtet.

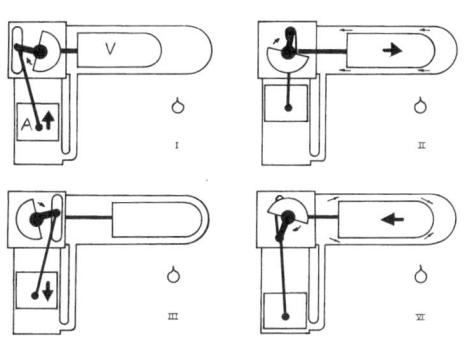

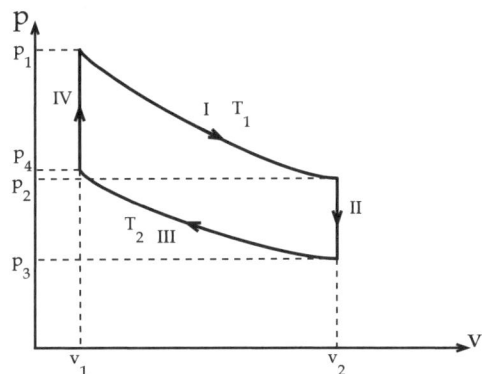

Abb. 16.3: Arbeitsschritte des Stirlingmotors (Quelle: PHYWE)

Abb. 16.4: Kreisprozess des Stirlingmotors

$T_1 \rightarrow T_2$ $p_2 \rightarrow p_3$ und $V_2 = $ konstant

Phase III: Isotherme Kompression, Wärmeabgabe, Arbeitsaufnahme.

$V_2 \rightarrow V_1$ $p_3 \rightarrow p_4$ und $T_2 = $ konstant

Phase IV: Die Aufheizung des Arbeitsgases im Regenerator bei konstantem Volumen durch Bewegung des Verdrängerkolbens bedeutet eine isochore Erwärmung; es wird keine Arbeit geleistet.

$T_2 \rightarrow T_1$ $p_4 \rightarrow p_1$ und $V_1 = $ konstant

Für den thermischen Wirkungsgrad des Stirling-Prozesses ergibt sich:

$$\eta_{\text{th}} = 1 - \frac{T_2}{T_1}$$

17 Elektrisches Feld

17.1 Ladung und Stromstärke

In der Elektrizitätslehre geht man davon aus, dass die kleinste elektrische Ladung die sogenannte Elementarladung e ist. Dies ist sowohl die Ladung eines Elektrons (-1 e) als auch die eines Protons (+1 e); sie unterscheiden sich lediglich durch das Vorzeichen. Als Maßeinheit für die Ladung wird Amperesekunde (As) oder Coulomb (C) benutzt. Die elektrische Ladung hat das Formelzeichen Q; ist sie zeitlich verändert, wird für den Momentanwert q benutzt. Quantitativ kann man für die Ladung eines Elektrons schreiben:

$$Q = -1\,\text{e} = 1 \cdot (-1,602 \cdot 10^{-19}\,\text{As}) = -1,602 \cdot 10^{-19}\,\text{C}$$

Gelingt es, sehr viele Elementarladungen kontinuierlich in eine Richtung zu bewegen, so spricht man von elektrischem Strom. Die Stromstärke I ist definiert als die Ladung Q, die in einer Sekunde eine definierte Stelle passiert. Maßeinheit für die Stromstärke ist das Ampere.

Beispiel

Durch einen Leiter bewegen sich in einer Sekunde $6,25 \cdot 10^{18}$ Elektronen. Wie groß ist die elektrische Stromstärke I?

$$I = \frac{Q}{t} = \frac{6,25 \cdot 10^{18} \cdot 1,602 \cdot 10^{-19}\,\text{As}}{1\,\text{s}} = 1\,\text{A}$$

17.1.1 Coulombsches Gesetz

Gleichnamige Ladungen stoßen sich ab, ungleichnamige ziehen sich an (Abbildung 17.1 auf der nächsten Seite).

Ladung Q_1 und Ladung Q_2 ziehen sich an. Zwischen Ladung Q_3 und Q_4 wirkt die abstoßende Kraft F_2.

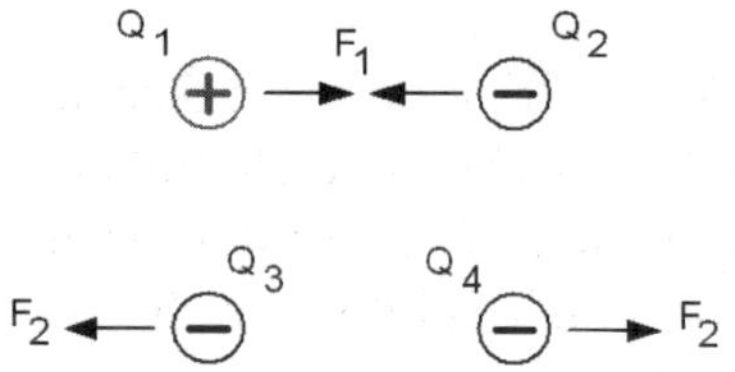

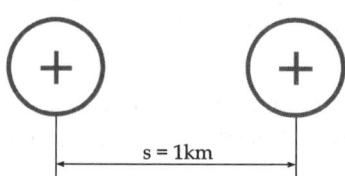

Abb. 17.1: Kraftwirkungen elektrischer Ladungen

Die Größe der Kraft F lässt sich nach dem Coulombschen Gesetz berechnen:

$$F = \frac{1}{4\pi\varepsilon_0} \cdot \frac{Q_1 \cdot Q_2}{s^2}$$

Q_1 und Q_2 sind die beiden Ladungen, zwischen denen die Kraft F wirkt. Der Abstand der Ladungen wird hier mit s bezeichnet. Da der Abstand s quadratisch eingeht, fällt die Kraft mit wachsendem Abstand sehr schnell ab.

$\varepsilon_0 = 8,859 \cdot 10^{-12} \, \frac{C^2}{N \cdot m^2}$ ist die sogenannte elektrische Feldkonstante. Sie wird in der Literatur auch mit anderen Maßeinheiten angegeben.

Beispiel

Welche Kraft üben zwei Ladungen von je 1 C im Abstand von 1 km aufeinander aus (Abbildung 17.2)?

$$s = 1\,km$$

Abb. 17.2: Abstoßende Ladungen

$$F = \frac{1}{4\pi\varepsilon_0} \cdot \frac{Q_1 \cdot Q_2}{s^2} = \frac{1}{4\pi \cdot 8,859 \cdot 10^{-12} \, \frac{C^2}{N \cdot m^2}} \cdot \frac{1\,C \cdot 1\,C}{(1000\,m)^2} =$$

$$8,98 \cdot 10^3 \, N$$

Da beide Ladungen positiv sind, ist es eine abstoßende Kraft!

17.1.2 Elektrisches Feld

Eine elektrische Ladung ist immer von einem Kraftfeld, dem elektrischen Feld, umgeben. In Abbildung 17.3 ist das elektrische Feld zwischen zwei Punktladungen dargestellt. Die eingezeichneten Feldlinien zeigen den Weg, auf dem sich eine positive Probeladung in diesem Feld bewegen würde. Die Feldlinienrichtung geht deshalb immer von der positiven zur negativen Ladung.

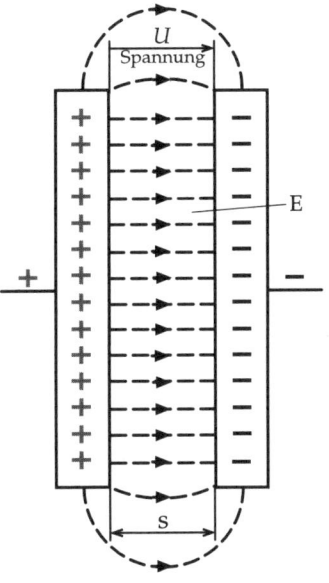

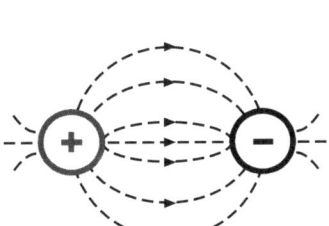

Abb. 17.3: Elektrische Feldlinien zwischen Punktladungen

Abb. 17.4: Elektrisches Feld zwischen Metallplatten

Abbildung 17.4 zeigt das elektrische Feld zwischen zwei geladenen Metallplatten. Man erkennt, dass die Feldlinien in einem relativ großen Bereich parallel verlaufen und gleich lang sind. Hier liegt ein homogenes Feld vor.

Je größer die Kraft auf eine Probeladung im Feld ist, umso größer ist auch die elektrische Feldstärke E. Sie ist definiert als

$$E = \frac{F}{Q} \text{ oder } E = \frac{U}{s}.$$

Kapitel 17

U ist hier die elektrische Spannung in Volt (V) und s ist der Plattenabstand. Für die Feldstärke E ergibt sich als Maßeinheiten $\frac{\text{N}}{\text{C}}$ oder $\frac{\text{V}}{\text{m}}$.

Basisstationen für das Mobilfunk-D-Netz dürfen im Abstand von 50 m einen Grenzwert von 43 $\frac{\text{V}}{\text{m}}$ nicht überschreiten.

Beispiel

Ermitteln Sie die Stärke und Richtung des elektrischen Feldes, in dem auf ein Elektron eine Kraft $F = 3,2 \cdot 10^{-16}$ N ausgeübt wird. Das Elektron bewegt sich aufgrund dieser Krafteinwirkung nach oben.

$$E = \frac{F}{Q} = \frac{3,2 \cdot 10^{-16}\,\text{N}}{-1,602 \cdot 10^{-19}\,\text{C}} = -2 \cdot 10^3\,\frac{\text{N}}{\text{C}} = -2000\frac{\text{N}}{\text{C}} = -2\,\frac{\text{kN}}{\text{C}}$$

Die Feldlinienrichtung ist von oben nach unten, also entgegen der Bewegungsrichtung des Elektrons, da sich die Feldlinienrichtung auf eine positive Ladung bezieht. Dies wird in der Rechnung durch das Minuszeichen symbolisiert.

17.1.3 Elektrische Flächenladungsdichte

In Abbildung 17.5 sind zwei unterschiedlich große Metallplatten dargestellt. Auf beiden Platten befinden sich je acht elektrische Ladungen.

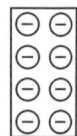 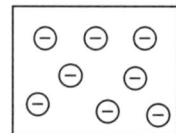 **Abb. 17.5:** Unterschiedliche Flächenladungsdichte

Die Ladung Q beider Platten ist also gleich. Auf der linken Platte liegen die Ladungen jedoch dichter beieinander, da ja die Fläche kleiner ist. Hier herrscht eine größere Flächenladungsdichte als auf der rechten Platte. Die Flächenladungsdichte D oder σ errechnet sich zu

$$D = \frac{Q}{A} = \varepsilon_0 \cdot \varepsilon_r \cdot E = \varepsilon \cdot E.$$

ε_r ist die relative Permittivität (veraltet: Dielektrizitätszahl). Sie beschreibt, wie das Medium (z. B. Luft), in dem sich das elektrische Feld befindet, dieses beeinflusst. Für das Vakuum und auch für die Luft kann $\varepsilon_r = 1$ gesetzt werden. Oft werden ε_0 und ε_r in Formeln zu ε zusammengefasst:

$$\varepsilon = \varepsilon_0 \cdot \varepsilon_r$$

Als Maßeinheit für D ergibt sich $\dfrac{\text{C}}{\text{m}^2}$. Die Flächenladungsdichte wird in der Literatur auch als Flächendichte, elektrische Verschiebungsdichte oder elektrische Flussdichte bezeichnet.

Beispiel

Eine Kugel mit $r = 50\,\text{cm}$ trägt eine Ladung von $8\,\mu\text{C}$. Wie groß ist die Flächenladungsdichte D und die elektrische Feldstärke E im Vakuum?

$$D = \frac{Q}{A} = \frac{Q}{4 \cdot \pi \cdot r^2} = \frac{8 \cdot 10^{-6}\,\text{C}}{4 \cdot \pi \cdot (0,5\,\text{m})^2} = 2,55 \cdot 10^{-6}\,\frac{\text{C}}{\text{m}^2}$$

$$E = \frac{D}{\varepsilon_0 \cdot \varepsilon_r} = \frac{2,55 \cdot 10^{-6}\,\dfrac{\text{C}}{\text{m}^2}}{8,859 \cdot 10^{-12}\,\dfrac{\text{C}^2}{\text{N} \cdot \text{m}^2 \cdot 1}} = 2,87 \cdot 10^5\,\frac{\text{N}}{\text{C}}$$

17.1.4 Elektrische Spannung und Potenzial

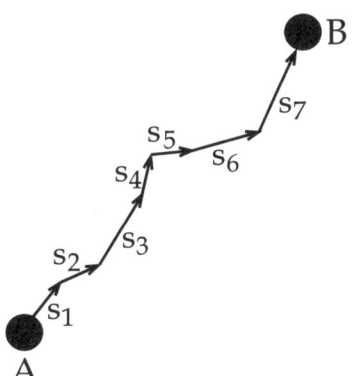

Abb. 17.6: Ladungsverschiebung

In einem elektrischen Feld soll eine Probeladung Q über die Wegstücke s_1 bis s_6 von A nach B verschoben werden. Hierbei wird Arbeit W geleistet.

$$W = \sum_{i=1}^{n} W_i = \sum_{i=1}^{n} Q \cdot E \cdot s_i$$

Falls sich auf dem gesamten Weg s die elektrische Feldstärke E ändert, also nicht konstant ist, gilt:

$$W = \int_A^B F\,ds = Q \int_A^B E\,ds$$

Diese Arbeit ist nicht von der Länge der Wegstrecke s abhängig, sondern nur von der Lage der Punkte A und B im elektrischen Feld und der Ladung Q. Der Quotient aus Arbeit und Ladung ist die elektrische Spannung U.

$$U = \frac{W_{AB}}{Q} = \int_A^B E\,ds$$

Im homogenen elektrischen Feld ist dann $U = E \cdot s$ und $W = U \cdot Q$.

Die Einheit für U ist das Volt:

$$1\,\text{V} = 1\,\frac{\text{Nm}}{\text{As}} = 1\,\frac{\text{J}}{\text{C}}$$

Weiterhin definiert man für das elektrische Feld einen Bezugspunkt mit dem Potenzial φ_0. In der Praxis ist der Bezugspunkt meist die Erde. Alle Potenziale beziehen sich auf diesen Bezugspunkt.

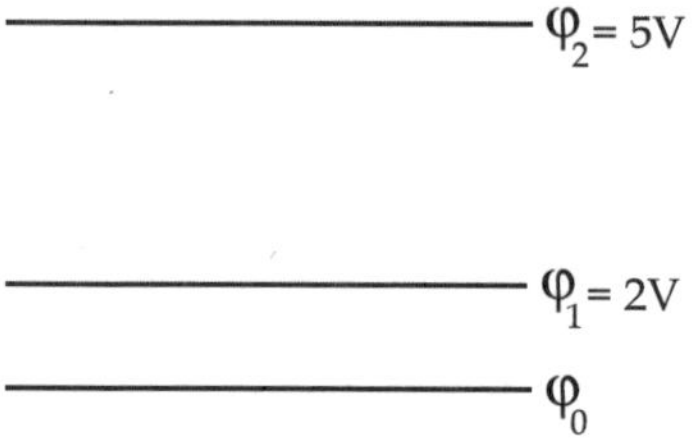

Abb. 17.7: Elektrisches Potenzial

Beispiel

Bestimmen Sie in Abbildung 17.7 die Potenziale von φ_0, φ_1 und φ_2 sowie die Potenzialdifferenz zwischen φ_2 und φ_1!

$\varphi_0 = 0 \quad \varphi_1 = 2\,\text{V}$

$\varphi_2 = 5\,\text{V} \quad \varphi_2 - \varphi_1 = 3\,\text{V}$

Die elektrische Spannung zwischen φ_2 und φ_1 ist demnach $U_{21} = 3\,\text{V}$.

Eine Ladung im Punkt A hat, bezogen auf ∞, das Potenzial

$$\varphi_A = -\int_\infty^A E\,ds.$$

Handelt es sich um eine Punktladung, so ist die Feldstärke bzw. das Potenzial im Abstand r vom Mittelpunkt bezogen auf den Bezugspunkt im Unendlichen:

$$E = \frac{Q}{4\pi\varepsilon_0 r^2}$$

$$\varphi = \frac{Q}{4\pi\varepsilon_0 r}$$

Beispiel

Eine Kugel mit dem Durchmesser $d = 30\,\text{cm}$ ist mit der Ladung $Q = 0,1\,\mu\text{C}$ aufgeladen. Welches elektrische Potenzial hat die Oberfläche der Kugel?

$$\varphi = \frac{Q}{4\pi\varepsilon_0 r} = \frac{0,1 \cdot 10^{-6}\,\text{C}}{4\pi \cdot 8,859 \cdot 10^{-12}\,\dfrac{\text{C}^2}{\text{N} \cdot \text{m}^2} \cdot 15 \cdot 10^{-2}\,\text{m}} = 5,9884\,\text{kV}$$

17.1.5 Kondensator

Eine Anordnung aus zwei oder mehreren gegenüberstehenden Platten nennt man Kondensator.

Abb. 17.8: Plattenkondensator mit einstellbarem Plattenabstand

Verbindet man einen solchen Kondensator mit einer Gleichspannungsquelle, so wird er aufgeladen (Abbildung 17.9 auf der nächsten Seite). Zum Aufladen wird der Schalter S in Position 1 gebracht.

Wird der Kondensator anschließend von der Spannungsquelle getrennt, indem der Schalter S in Position 2 gebracht wird, zeigt das Voltmeter eine Spannung U an. Der Kondensator wurde aufgeladen und wirkt jetzt wie eine Spannungsquelle – wenn auch nur für kurze Zeit. Wie viele Ladungen gespeichert wurden, hängt von der Kapazität C des Kondensators ab. Die Kapazität ist also das Fassungsvermögen für Ladungen. Definiert ist die Kapazität als Ladung pro angelegter Spannung U in Volt:

$$C = \frac{Q}{U}$$

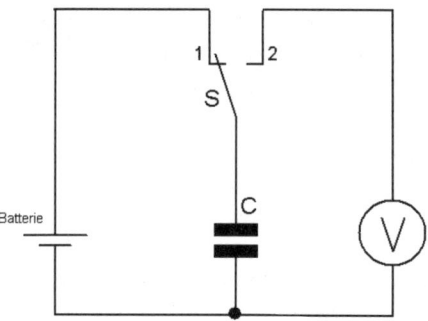

Abb. 17.9: Auf- und Entladung

Als Maßeinheit für die Kapazität ergibt sich:

$$1\,\frac{C}{V} = 1\,\frac{As}{V} = 1\,F$$

In der Technik wird ausschließlich die Maßeinheit Farad (F) benutzt. Ein Farad ist sehr groß und wird in der Praxis selten benötigt. Man arbeitet deshalb häufig mit Bruchteilen dieser Einheit. Üblich sind Mikrofarad ($1\,\mu F = 1 \cdot 10^{-6}\,F$), Nanofarad ($1\,nF = 1 \cdot 10^{-9}\,F$) und Picofarad ($1\,pF = 1 \cdot 10^{-12}\,F$).

Abb. 17.10: Verschiedene Kondensatoren

Die Kapazität eines Kondensators hängt von seiner Plattengröße A, dem Plattenabstand s und dem Material zwischen den Platten ab. Dieses Material (in Abbildung 17.8 auf der vorherigen Seite ist es Luft) wird Dielektrikum genannt und durch die relative Permittivität (auch Permittivitätszahl) ε_r bei der Berechnung berücksichtigt. Die relative Permittivität ist ein Zahlenfaktor ohne Maßeinheit und gibt an, um das Wievielfache die Kapazität eines Kondensators zunimmt, wenn dieses Dielektrikum anstelle von Luft oder Vakuum benutzt wird.

$$C = \varepsilon_0 \varepsilon_r \frac{A}{s} = \varepsilon \frac{A}{s}$$

Beispiel

Die Platten des in Abbildung 17.8 auf Seite 359 abgebildeten Experimentierkondensators haben einen Durchmesser von 26 cm. Der Plattenabstand ist von $0 \ldots 70$ mm stetig einstellbar. Welches ist die kleinste einstellbare Kapazität $C_{\min}$?

$$C_{\min} = \varepsilon_0 \varepsilon_r \frac{A}{s} = 8,859 \cdot 10^{-12} \, \frac{C^2}{N \cdot m^2} \cdot 1 \cdot \frac{(13 \cdot 10^{-2} \, \text{m})^2 \cdot \pi}{70 \cdot 10^{-3} \, \text{m}}$$

$$= 6,7 \cdot 10^{-12} \, \text{F} = 6,7 \, \text{pF}$$

Dass die Kapazität eines Kondensators auch vom Plattenabstand abhängt, wird z. B. beim Kondensatormikrofon ausgenutzt. Eine der Platten wird durch eine dünne Metallfolie gebildet. Die auf das Mikrofon treffenden Schallwellen sind Luftdruckschwankungen, die die Metallfolie hin und her bewegen. Die Kapazitätsänderung ruft mit einer entsprechenden Beschaltung eine Spannungsänderung gemäß $U = \dfrac{Q}{C}$ hervor. Diese Spannung kann problemlos verstärkt werden.

Zwei oder mehrere Kondensatoren kann man natürlich auch zusammenschalten. Die jeweilige Gesamt- oder Ersatzkapazität (C_{ges} bzw. C_E) wird wie folgt berechnet.

Parallelschaltung

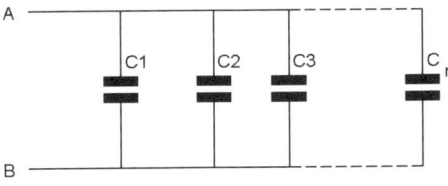

Abb. 17.11: Parallelschaltung von Kondensatoren

Gesamtkapazität zwischen A und B:

$$C_{\text{ges}} = C_1 + C_2 + C_3 + \cdots + C_n$$

Reihenschaltung

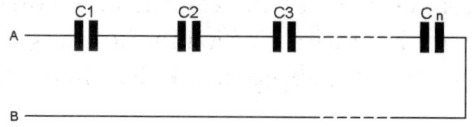

Abb. 17.12: Reihenschaltung von Kondensatoren

Gesamtkapazität zwischen A und B:

$$C_{ges} = \frac{1}{\dfrac{1}{C_1} + \dfrac{1}{C_2} + \dfrac{1}{C_3} + \cdots \dfrac{1}{C_n}}$$

Beispiel

Vier Kondensatoren ($C_1 = 10\,\text{nF}, C_2 = 4,7\,\text{nF}, C_3 = 1,8\,\text{nF}; C_4 = 0,0022\,\text{µF}$) werden einmal parallel und einmal in Reihe geschaltet. Wie groß ist die jeweilige Gesamtkapazität C_{ges}?

Alle Kapazitätswerte müssen in der gleichen Maßeinheit eingesetzt werden!

Parallelschaltung

$$C_{ges} = 10\,\text{nF} + 4,7\,\text{nF} + 1,8\,\text{nF} + 2,2\,\text{nF} = 18,7\,\text{nF}$$

Reihenschaltung

$$C_{ges} = \frac{1}{\dfrac{1}{10\,\text{nF}} + \dfrac{1}{4,7\,\text{nF}} + \dfrac{1}{1,8\,\text{nF}} + \dfrac{1}{2,2\,\text{nF}}} = 0,76\,\text{nF} = 760\,\text{pF}$$

Ist ein Kondensator aufgeladen, so bildet sich zwischen seinen Platten ein elektrisches Feld aus. In diesem Feld ist die Energie E_{el} gespeichert.

$$E_{el} = \int U\,dQ = \int \frac{Q}{C}\,dQ = \frac{1}{C} \int Q\,dQ = \frac{1}{2} \cdot \frac{Q^2}{C}$$

Mit $Q = U \cdot C$ wird

$$E_{el} = \frac{1}{2} \cdot \frac{(U \cdot C)^2}{C} = \frac{1}{2} \cdot \frac{U^2 \cdot C^2}{C} = \frac{1}{2}CU^2$$

Beispiel

In einem Blitzlichtgerät befindet sich ein Kondensator mit der Kapazität C. Beim Aktivieren des Blitzgerätes wird dieser Kondensator für 20 Sekunden mit einem konstanten Strom $I = 30\,\text{mA}$ geladen. Beim Blitz wird die jetzt im Kondensator gespeicherte Energie $E_{el} = 100\,\text{J}$ an eine Xenonlampe abgegeben. Welche Kapazität C hat der Kondensator?

Nach dem Aufladen ist im Kondensator die Ladung Q gespeichert:

$$Q = I \cdot t = 0,03\,\text{A} \cdot 20\,\text{s} = 0,6\,\text{As} = 0,6\,\text{C}$$

$E_{el} = \dfrac{1}{2} \cdot \dfrac{Q^2}{C}$ wird umgestellt nach C:

$$C = \frac{Q^2}{2 \cdot E_{el}} = \frac{(0,6\,\text{C})^2}{2 \cdot 100\,\text{J}} = 1,8 \cdot 10^{-3}\,\text{F} = 1800\,\mu\text{F}$$

Exemplarisch sollen an diesem Beispiel die Einheiten betrachtet werden. Zur Erinnerung:

$$1\,\text{C} = 1\,\text{As} \quad \text{und} \quad 1\,\text{J} = 1\,\text{Ws} = 1\,\text{U} \cdot \text{I} \cdot \text{s}$$

Für die Einheiten ergibt sich:

$$\frac{(\text{A} \cdot \text{s})^2}{\text{V} \cdot \text{A} \cdot \text{s}} = \frac{\text{A}^2 \cdot \text{s}^2}{\text{V} \cdot \text{A} \cdot \text{s}} = \frac{\text{A} \cdot \text{s}}{\text{V}} = \text{F (Farad)}$$

Bezieht man die im Kondensator gespeicherte Energie auf sein Volumen, so erhält man die Energiedichte des elektrischen Feldes w.

$$w = \frac{E_{el}}{V} = \frac{1}{2} \cdot \varepsilon_0 \cdot \varepsilon_r \cdot E^2$$

$$V = A \cdot s$$

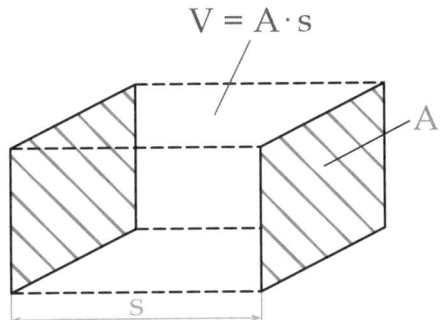

Abb. 17.13: Zur Energiedichte

17.1.6 Lade- und Entladevorgang beim Kondensator

Schließt man einen Kondensator C über einen Widerstand R an eine Spannungsquelle an, so wird der Kondensator aufgeladen.

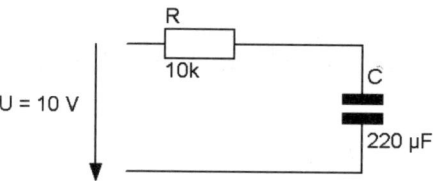

Abb. 17.14: Aufladung

Für das Aufladen wird eine gewisse Zeit benötigt. Während des Aufladens steigt die Kondensatorspannung u_C nach einer e-Funktion an. Die Stromstärke i_C nimmt, ebenfalls nach einer e-Funktion, ab und wird bei vollständiger Aufladung praktisch null.

In Abbildung 17.15 ist der Aufladevorgang für die Schaltung in Abbildung 17.14 quantitativ dargestellt.

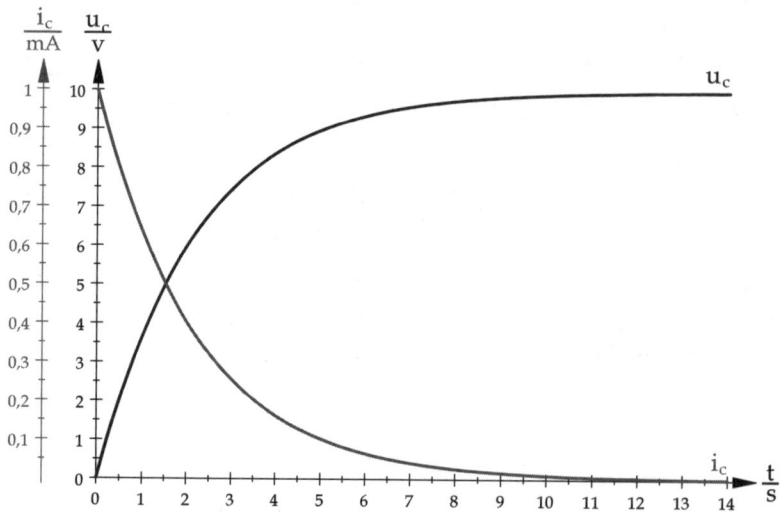

Abb. 17.15: Aufladung eines Kondensators

Kapitel 17

Die Berechnung der Momentanwerte der Kondensatorspannung u_C und des Ladestromes i_C erfolgt nach:

$$u_C = U \cdot \left(1 - e^{-\frac{t}{\tau}}\right)$$

$$i_C = \frac{U}{R} \cdot e^{-\frac{t}{\tau}}$$

e ist die Eulersche Zahl; e = 2,7182818.

τ ist die sogenannte Zeitkonstante. Sie ist das Produkt aus R und C und ist in unserem Beispiel:

$$\tau = R \cdot C = 10 \cdot 10^3 \Omega \cdot 220 \cdot 10^{-6}\,\mathrm{F} = 2,2\,\mathrm{s}$$

Nach 1τ, also 2,2 s, hat die Kondensatorspannung u_C 63 % ihres Endwertes erreicht, bzw. der Ladestrom i_C ist auf 63 % seines Anfangswertes I abgefallen.

Beispiel

Welchen Wert haben die Kondensatorspannung u_C und der Ladestrom i_C nach 4 s?

$$u_C = U \cdot \left(1 - e^{-\frac{t}{\tau}}\right) = 10\,\mathrm{V} \left(1 - 2,7182818^{-\frac{4\,\mathrm{s}}{2,2\,\mathrm{s}}}\right) = 8,4\,\mathrm{V}$$

$$i_C = \frac{U}{R} \cdot e^{-\frac{t}{\tau}} = \frac{10\,\mathrm{V}}{10 \cdot 10^3\,\Omega} \cdot 2,7182818^{-\frac{4\,\mathrm{s}}{2,2\,\mathrm{s}}} = 0,16\,\mathrm{mA}$$

Diese Werte können Sie auch in Abbildung 17.15 ablesen.

Da es sich bei u und i um zeitabhängige Größen handelt, verwendet man in den Formeln kleine Buchstaben.

Ein Kondensator ist praktisch nach 5τ aufgeladen. Im vorliegenden Beispiel wäre das nach $5\tau = 5 \cdot 2,2\,\mathrm{s} = 11\,\mathrm{s}$. Auch dieses sehen Sie in Abbildung 17.15.

Wenn man den aufgeladenen Kondensator von der Spannungsquelle trennt und die Anschlüsse mit einem Widerstand verbindet, wird der Kondensator entladen. Die Momentanwerte für Spannung und Strom ergeben sich aus:

$$u_C = U \cdot e^{-\frac{t}{\tau}}$$

$$i_C = -\frac{U}{R} \cdot e^{-\frac{t}{\tau}}$$

Das Minuszeichen bei der Stromstärke deutet an, dass der Entladestrom die entgegengesetzte Richtung vom Ladestrom hat.

17.1.7 Millikan-Versuch

Die erste erfolgreiche Messung zur Bestimmung der Elementarladung führte R. Millikan im Jahr 1910 durch. Zwei Kondensatorplatten (Abbildung 17.16) werden von einer einstellbaren Spannungsquelle aufgeladen. Bringt man nun über einen Zerstäuber negativ geladene Öltröpfchen in das elektrische Feld, so wirken zwei Kräfte auf die Tröpfchen. Zum einen die Erdanziehungskraft F_G, zum anderen die Anziehungskraft der oberen, positiv geladenen Platte.

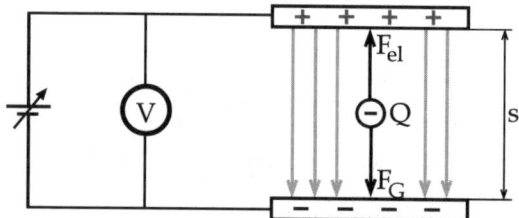

Abb. 17.16: Millikan-Versuch

Die Spannungsquelle wird nun so eingestellt, dass beide Kräfte gleich groß sind. In diesem Fall wird das beobachtete Öltröpfchen schweben. Bei der hier vereinfachten Darstellung werden die zusätzlich wirkende Auftriebskraft und die Luftreibung vernachlässigt.

Folgendes ist über die Kräfte bekannt:

$$F_{el} = Q \cdot E = Q \cdot \frac{U}{s}$$

$$F_G = m \cdot g$$

Die Masse m des Öltröpfchens ist:

$$m = \frac{4}{3} \cdot \pi \cdot r^3 \cdot \rho \ (\rho: \text{Dichte})$$

Gleichsetzen ergibt:

$$m \cdot g = Q \cdot \frac{U}{s}$$

Für die Ladung des Öltröpfchens erhält man:

$$Q = \frac{4\pi \cdot r^3 \cdot \rho \cdot g \cdot s}{3U}$$

Millikan stellte fest, dass alle ermittelten Werte für Q ein ganzzahliges Vielfaches der Ladung $e = 1,602 \cdot 10^{-19}$ C waren. Hieraus schloss er, dass dies die kleinste vorkommende Ladung – die Elementarladung – sei.

17.1.8 Bewegte Ladung im elektrischen Feld

Zwei Kondensatorplatten liegen an einer Spannung $U = 400\,\text{V}$. Ein Elektron ($m_e = 9,1 \cdot 10^{-31}\,\text{kg}$) bewegt sich jetzt von der negativ geladenen Platte zu der anderen Kondensatorplatte. Wie groß ist seine Geschwindigkeit v und seine kinetische Energie W_{kin}?

Die Geschwindigkeit erhalten wir über die Energie:

$$W_{\text{kin}} = W_{\text{el}}$$
$$\tfrac{1}{2} \cdot m \cdot v^2 = Q \cdot U$$
$$v = \sqrt{\frac{2 \cdot Q \cdot U}{m}} = \sqrt{\frac{2 \cdot 1,602 \cdot 10^{-19}\,\text{C} \cdot 400\,\text{V}}{9,1 \cdot 10^{-31}\,\text{kg}}} = 1,19 \cdot 10^7\,\frac{\text{m}}{\text{s}}$$
$$W_{\text{kin}} = W_{\text{el}} = Q \cdot U = 1,602 \cdot 10^{-19}\,\text{As} \cdot 400\,\text{V} = 6,408 \cdot 10^{-17}\,\text{J}$$

Die Energie lässt sich auch in einer anderen Einheit angeben:

$$W_{\text{kin}} = e \cdot U = 1e \cdot 400\,\text{V} = 400\,\text{eV}$$

Die Einheit eV wird als Elektronenvolt bezeichnet. Wird ein Elektron durch eine Spannung von 1 V beschleunigt, so hat es anschließend die Energie 1 eV. In der Atomphysik wird vorwiegend mit eV gearbeitet.

Umrechnung eV in J: $1\,\text{eV} = 1,602 \cdot 10^{-19}\,\text{J}$

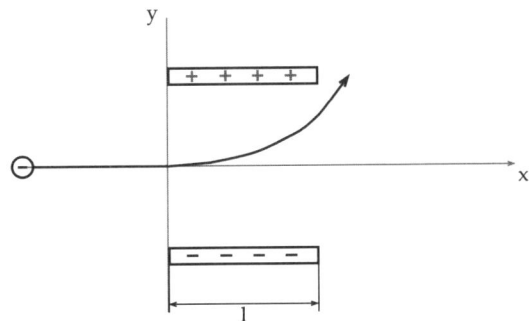

Abb. 17.17: Ablenkung eines Elektrons

Bewegt sich ein Elektron quer zu den elektrischen Feldlinien, sind die Zusammenhänge komplizierter. In Abbildung 17.17 wird von links ein Elektron mit der Geschwindigkeit v in ein elektrisches Feld geschossen. Das Elektron beschreibt dann eine parabelförmige Bahn. Bei gegebener x-Position kann die y-Position berechnet werden:

$$y = \frac{1}{2} \cdot \frac{e \cdot E}{m} \cdot \frac{x^2}{v^2}$$

Beachten Sie die Ähnlichkeit dieser Formel mit der Formel zur Beschreibung des waagrechten Wurfes.

Sicher kennen Sie das Elektronenstrahl-Oszilloskop als Messgerät. Es enthält als anzeigendes Element eine Kathodenstrahlröhre (auch Braunsche Röhre). Hier wird ein Elektronenstrahl auf den Bildschirm geschossen, der vorher zwei elektrische Felder zwischen je zwei Ablenkplatten (vertikal und horizontal) durchläuft. So kann jeder Punkt des Bildschirmes erreicht werden.

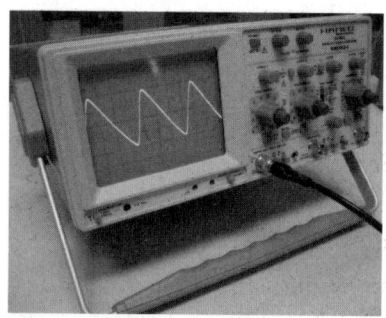

Abb. 17.18: Oszilloskop

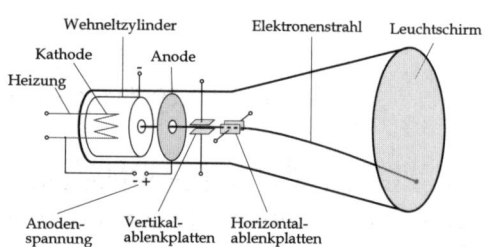

Abb. 17.19: Aufbau einer Kathodenstrahlröhre

Beispiel

In einer Kathodenstrahlröhre beträgt die Beschleunigungsspannung $U = 2\,\text{kV}$. Die Ablenkplatten sind $l = 3\,\text{cm}$, und der Plattenabstand beträgt 1 cm. Die Spannung zwischen den Platten: $U_y = 60\,\text{V}$.

Berechnen Sie die Geschwindigkeit v der Elektronen und wie weit sie am Ende der Ablenkplatten aus ihrer Bahn abgelenkt werden.

$$v = \sqrt{\frac{2QU}{m}} = \sqrt{\frac{2 \cdot 1{,}602 \cdot 10^{-19}\,\text{As} \cdot 2000\,\text{V}}{9{,}1 \cdot 10^{-31}\,\text{kg}}} = 2{,}65 \cdot 10^{7}\,\frac{\text{m}}{\text{s}}$$

$$E = \frac{U}{s} = \frac{60\,\text{V}}{1 \cdot 10^{-2}\,\text{m}} = 6000\,\frac{\text{V}}{\text{m}}$$

$$y = \frac{1}{2} \cdot \frac{e \cdot E}{m} \cdot \frac{x^2}{v^2} = \frac{1}{2} \cdot \frac{1{,}602 \cdot 10^{-19}\,\text{As} \cdot 6000\,\frac{\text{V}}{\text{m}}}{9{,}1 \cdot 10^{-31}\,\text{kg}} \cdot \frac{(3 \cdot 10^{-2}\,\text{m})^2}{(2{,}65 \cdot 10^{7})^2} =$$

$$= 0{,}68\,\text{mm}$$

17.1.9 Ohm'sches Gesetz

Fließt ein elektrischer Strom mit konstanter Stärke in eine Richtung, spricht man von Gleichstrom. Jeder elektrische Leiter setzt dem Strom einen gewissen Widerstand R entgegen. Hierdurch wird elektrische Energie in Wärme umgesetzt. Die Größe des elektrischen Widerstandes wird in Ohm (Ω) angegeben. Viele elektrische Geräte können vereinfacht als Widerstände angesehen werden. So ist z. B. ein Bügeleisen vom Prinzip her nichts anderes als ein solcher elektrischer Widerstand; hier wird die Energieumwandlung (elektrische Energie in Wärmeenergie) besonders deutlich.

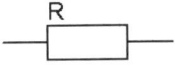

Abb. 17.20: Symbol eines Ohm'schen Widerstandes

Legt man an einen solchen Widerstand eine elektrische Spannung U, so fließt ein elektrischer Strom mit der Stromstärke I durch den Widerstand R. Je größer der Widerstand ist, umso geringer wird die Stromstärke I. Quantitativ werden diese Zusammenhänge durch das Ohm'sche Gesetz beschrieben.

$$I = \frac{U}{R}$$

Beispiel

Wie groß wird die Stromstärke I im abgebildeten Stromkreis?

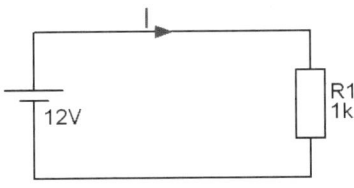

Abb. 17.21: Stromkreis zum Beispiel

Der Pfeil zeigt die technische Stromrichtung an; diese geht von Plus nach Minus. Die Wertangabe 1k am Widerstand R_1 bedeutet 1k = 1 Kiloohm = 1000 Ohm.

$$I = \frac{U}{R_1} = \frac{12\,\text{V}}{1000\,\Omega} = 0{,}012\,\text{A} = 12\,\text{mA}$$

17.1.10 Reihenschaltung von Widerständen

Drei Widerstände (R_1, R_2, R_3) werden in Reihe geschaltet und an eine Spannungsquelle mit $U = 100\,\text{V}$ angeschlossen. In diesem Fall fließt der Strom I durch alle drei Widerstände und zurück zur Spannungsquelle. I ist an jeder Stelle des Stromkreises gleich groß. Die Spannungsquelle wurde in Abbildung 17.22 nicht mitgezeichnet, stattdessen wurde ein sogenannter Spannungspfeil benutzt. Er zeigt immer vom Plus- zum Minuspol. Widerstandswerte werden in der Elektrotechnik häufig ohne Ohmzeichen angegeben.

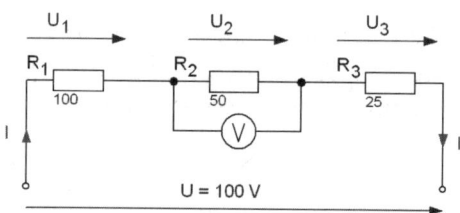

Abb. 17.22: Reihenschaltung von Widerständen

Um die Stromstärke I ermitteln zu können, benötigt man zunächst den Gesamt- oder Ersatzwiderstand R_{ges} der Schaltung. Man erhält ihn durch Addition der drei Widerstandswerte. Allgemein gilt:

$$R_{\text{ges}} = R_1 + R_2 + R_3 + \ldots R_n$$

In unserem Fall:

$$R_{\text{ges}} = R_1 + R_2 + R_3 = 100\,\Omega + 50\,\Omega + 25\,\Omega = 175\,\Omega$$

Mit dem Ohm'schen Gesetz kann jetzt I berechnet werden.

$$I = \frac{U}{R} = \frac{100\,\text{V}}{175\,\Omega} = 0,571\,\text{A}$$

Wird ein Widerstand von einem Strom I durchflossen, so ist an ihm eine Spannung zu messen. Es ergeben sich in unserem Beispiel drei Teilspannungen (U_1, U_2, U_3) an den einzelnen Widerständen. Jede Teilspannung kann berechnet werden:

$$U_1 = I \cdot R_1 = 0,571\,\text{A} \cdot 100\,\Omega = 57,1\,\text{V}$$

$$U_2 = I \cdot R_2 = 0,571\,\text{A} \cdot 50\,\Omega = 28,55\,\text{V}$$

$$U_3 = I \cdot R_3 = 0,571\,\text{A} \cdot 25\,\Omega = 14,275\,\text{V}$$

Die Summe der Teilspannungen muss wieder die Gesamtspannung U ergeben.

$$U = U_1 + U_2 + U_3 = 57,1\,\text{V} + 28,55\,\text{V} + 14,275\,\text{V} = 99,925\,\text{V} \approx 100\,\text{V}$$

Die geringe Abweichung ergibt sich durch das Runden des Wertes für die Stromstärke I.

Die einzelnen Spannungen lassen sich mit einem Voltmeter messen. Dies ist in Abbildung 17.22 auf der vorherigen Seite exemplarisch für die Teilspannung U_2 gezeigt.

17.1.11 Parallelschaltung von Widerständen

In einer Reihenschaltung ist die Stromstärke I in jedem Punkt des Stromkreises gleich. Bei der Parallelschaltung verzweigt sich der Strom an jedem Knotenpunkt bzw. addieren sich Teilströme. In der vorliegenden Beispielschaltung gibt es vier Knotenpunkte (A ... D).

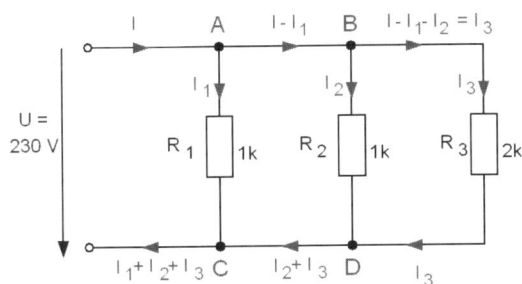

Abb. 17.23: Ströme in der Parallelschaltung

Der Strom I teilt sich im Knotenpunkt A in I_1 und $(I - I_1)$ auf. In B findet eine weitere Verzweigung statt: I_2 fließt durch R_2; somit fließt $(I - I_1 - I_2) = I_3$ weiter durch R_3. Eine Summe der Teilströme ergibt sich an den Knotenpunkten C und D.

Das 1. Kirchhoff'sche Gesetz besagt, dass bei der Stromverzweigung der Gesamtstrom I im unverzweigten Teil gleich der Summe der Teilströme ist.

$$I = I_1 + I_2 + I_3 + \cdots + I_n$$

Alle drei Widerstände liegen parallel an der Spannung U. Die Stromstärken $I_1 \ldots I_2$ lassen sich nach dem Ohm'schen Gesetz berechnen. Wegen $R_1 = R_2$ ergibt sich auch $I_1 = I_2$.

$$I_1 = I_2 = \frac{U}{R_1} = \frac{230\,\text{V}}{1000\,\Omega} = 0,23\,\text{A}$$

Kapitel 17

$$I_3 = \frac{U}{R_3} = \frac{230\,\text{V}}{2000\,\Omega} = 0,115\,\text{A}$$

Der Gesamtstrom I ist damit:

$$I = I_1 + I_2 + I_3 = 0,23\,\text{A} + 0,23\,\text{A} + 0,115\,\text{A} = 0,575\,\text{A}$$

Den Gesamtstrom I kann man auch anders ermitteln. Hierzu wird der Gesamtwiderstand R_{ges} der Parallelschaltung benötigt.

$$\frac{1}{R_{\text{ges}}} = \frac{1}{R_1} + \frac{1}{R_2} + \frac{1}{R_3} + \cdots + \frac{1}{R_n}$$

Für die Schaltung in Abbildung 17.23 auf der vorherigen Seite erhält man:

$$R_{\text{ges}} = \frac{1}{\dfrac{1}{R_1} + \dfrac{1}{R_2} + \dfrac{1}{R_3}} = \frac{1}{\dfrac{1}{1\,\text{k}\Omega} + \dfrac{1}{1\,\text{k}\Omega} + \dfrac{1}{2\,\text{k}\Omega}} = 0,4\,\text{k}\Omega = 400\,\Omega$$

Für I ergibt sich dann:

$$I = \frac{U}{R_{\text{ges}}} = \frac{230\,\text{V}}{400\,\Omega} = 0,575\,\text{A}$$

Das 2. Kirchhoff'sche Gesetz lautet:

$$\frac{I_1}{I_2} = \frac{R_2}{R_1}$$

In Worten: Bei einer Stromverzweigung verhalten sich die Teilströme umgekehrt zueinander wie die zugehörigen Widerstände. Eine Probe an unserer Beispielschaltung ergibt:

$$\frac{I_1}{I_2} = \frac{0,23\,\text{A}}{0,23\,\text{A}} = 1$$

$$\frac{R_2}{R_1} = \frac{1\,\text{k}\Omega}{1\,\text{k}\Omega} = 1$$

Oder:

$$\frac{R_2}{R_3} = \frac{1\,\text{k}\Omega}{2\,\text{k}\Omega} = 0,5$$

$$\frac{I_3}{I_2} = \frac{0,115\,\text{A}}{0,23\,\text{A}} = 0,5$$

17.1.12 Elektrische Leistung und Arbeit

Das Produkt aus elektrischer Stromstärke I und elektrischer Spannung U ist die elektrische Leistung P mit der Maßeinheit Watt (W).

$$P = U \cdot I$$

Mit $U = I \cdot R$ bzw. $I = \dfrac{U}{R}$ ergeben sich:

$$P = I^2 \cdot R \text{ und } P = \dfrac{U^2}{R}$$

Beispiel

An einem Lautsprecher ($R = 4\,\Omega$) liegt eine Wechselspannung, die im Mittel einen Effektivwert von $U = 20\,\text{V}$ hat.

$$P = \dfrac{U^2}{R} = \dfrac{(20\,\text{V})^2}{4\,\Omega} = 100\,\text{W}$$

Berücksichtigt man noch die Zeit t, in der elektrische Energie dem Stromnetz entnommen wird, erhält man die elektrische Arbeit W. Die Maßeinheit ist Ws bzw. kWh (Kilowattstunde). Andere – in diesem Zusammenhang unübliche Maßeinheiten – sind Joule (J) und Newtonmeter (Nm).

$$1\,\text{Ws} = 1\,\text{Nm} = 1\,\text{J}$$

$$W = U \cdot I \cdot t = P \cdot t$$

Beispiel

Die Leistungsaufnahme eines Plasma-TV-Gerätes wird vom Hersteller mit 272 W angegeben. Welche Stromstärke I kann in der Netzleitung bei $U = 230\,\text{V}$ gemessen werden und wie viel elektrische Energie wird bei einem täglichen Betrieb von vier Stunden in einem Monat benötigt?

$$I = \dfrac{P}{U} = \dfrac{272\,\text{W}}{230\,\text{V}} = 1,183\,\text{A}$$

$$W = U \cdot I \cdot t = P \cdot t = 272\,\text{W} \cdot 4\,\text{h} \cdot 30\,\text{d} = 32640\,\text{Wh} = 32,64\,\text{kWh}$$

Kapitel 17

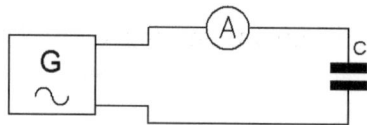

Abb. 17.24: Kondensator im Wechselstromkreis

17.1.13 Kondensator im Wechselstromkreis

Legt man an einen Kondensator C eine Wechselspannung mit dem Effektivwert U, so ist ein Strom I im Stromkreis zu messen.

Der Quotient aus Spannung und Stromstärke wird kapazitiver Blindwiderstand X_C genannt.

$$X_C = \frac{U}{I}$$

Der Stromfluss ist mit dem ständigen Auf- und Entladen des Kondensators zu erklären. Hierdurch ist der Strom gegenüber der Spannung in seiner Phasenlage um 90° $(= \frac{\pi}{2})$ voreilend phasenverschoben.

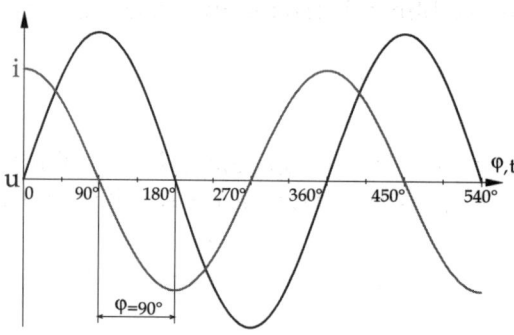

Abb. 17.25: Phasenverschiebung zwischen Strom und Spannung beim Kondensator

Der Blindwiderstand X_C ist von der Kapazität C des Kondensators und der Frequenz f der Wechselspannung abhängig:

$$X_C = \frac{1}{2\pi \cdot f \cdot C} = \frac{1}{\omega \cdot C}$$

Mit steigender Frequenz f nimmt der kapazitive Blindwiderstand des Kondensators ab.

Beispiel

Ein Kondensator $C = 10\,\text{nF}$ liegt an einer Wechselspannung mit $U = 20\,\text{V}$, $f = 1\,\text{kHz}$. Welcher Strom I stellt sich ein?

$$I = \frac{U}{X_C} = \frac{U}{\dfrac{1}{2\pi \cdot f \cdot C}} = U \cdot 2 \cdot \pi \cdot f \cdot C$$

$$= 20\,\text{V} \cdot 2 \cdot \pi \cdot 1 \cdot 10^3\,\text{Hz} \cdot 10 \cdot 10^{-9}\,\text{F} = 1,26\,\text{mA}$$

17.1.14 Spule im Wechselstromkreis

Wird eine ideale Spule an Wechselspannung betrieben, so fließt ein deutlich geringerer Strom im Stromkreis, als wenn die Spule an Gleichspannung angeschlossen werden würde. Ursächlich hierfür sind die ständig auftretenden Induktionsvorgänge. Man definiert einen induktiven Blindwiderstand X_L; dieser ist – wie auch X_C – frequenzabhängig:

$$X_L = \frac{U}{I}$$

$$X_L = 2 \cdot \pi \cdot f \cdot L = \omega \cdot L$$

Wie die Formel zeigt, nimmt der induktive Blindwiderstand mit steigender Frequenz zu.

Beispiel

Eine Spule mit der Induktivität L liegt an einer Wechselspannung $U = 100\,\text{mV}$, $f = 100\,\text{MHz}$. Es wird eine Stromstärke von $I = 0,159\,\text{mA}$ gemessen. Berechnen Sie L!

$$L = \frac{X_L}{2 \cdot \pi \cdot f} = \frac{\dfrac{U}{I}}{2 \cdot \pi \cdot f} = \frac{U}{2 \cdot \pi \cdot f \cdot I}$$

$$= \frac{0,1\,\text{V}}{2 \cdot \pi \cdot 100 \cdot 10^6\,\text{Hz} \cdot 0,159 \cdot 10^{-3}\,\text{A}} = 1\,\mu\text{H}$$

Auch hier tritt eine Phasenverschiebung φ zwischen dem Strom und der Spannung auf. Der Strom hinkt der Spannung um 90° hinterher.

Die Spule und der Kondensator sind also im Wechselstromkreis frequenzabhängige Bauelemente. Dies bereitet in der Elektrotechnik häufig Probleme, kann aber auch

Kapitel 17

ausgenutzt werden. Frequenzweichen in Lautsprechersystemen sind z. B. aus Spulen und Kondensatoren aufgebaut.

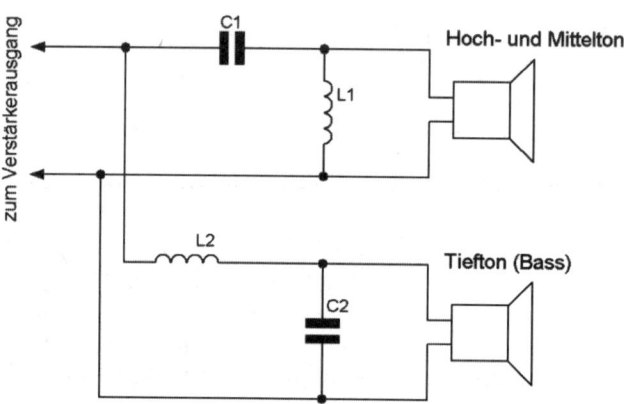

Abb. 17.26: Einfache Lautsprecherweiche

17.2 Zeigerdiagramme

Die Phasenverschiebung zwischen zwei oder mehreren Wechselstromgrößen wird zweckmäßigerweise überwiegend durch Zeigerdiagramme dargestellt. Diese Darstellung ist zeichentechnisch wesentlich einfacher als ein Liniendiagramm (z. B. Abbildung 17.25 auf Seite 374) und sie erlaubt relativ einfach die Herleitung der mathematischen Zusammenhänge.

Beim Zeigerdiagramm rotieren Zeiger – wie die Zeiger einer Uhr – um einen Mittelpunkt. Die Zeiger rotieren gegen den Uhrzeigersinn mit der Kreisfrequenz ω ($\omega = 2 \cdot \pi \cdot f$). Die Zeigerlänge ist proportional zum Betrag der Wechselgröße; hier muss also ein Maßstab festgelegt werden. Die gezeichnete Phasenlage φ bezieht sich auf Zeitpunkt $t = 0$.

Beispiele

Die Abbildung 17.27 auf der nächsten Seite zeigt zwei zeitlich versetzte Wechselspannungen. U_2 ist vom Betrag her doppelt so groß wie U_1. U_1 ist zeitlich um eine Viertelperiode voreilend gegenüber U_2; dies entspricht einer Phasenverschiebung von $\varphi = 90°$.

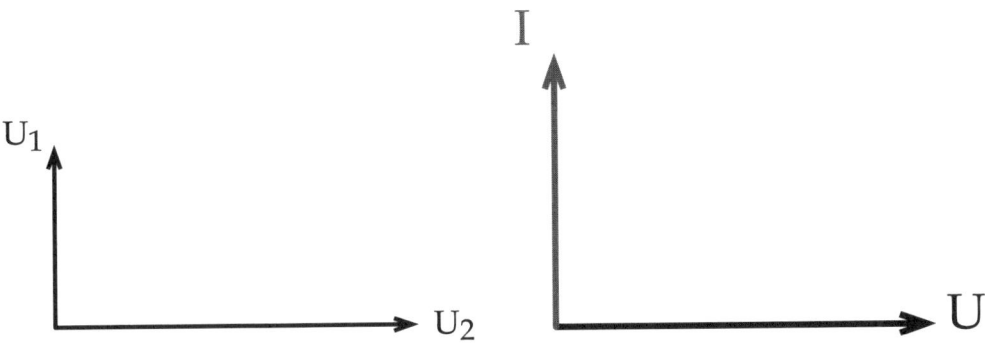

Abb. 17.27: Zeigerdiagramm zweier Wechselspannungen

Abb. 17.28: Strom und Spannung beim Kondensator an Wechselspannung

Abbildung 17.28 ist die Zeigerdarstellung des Liniendiagramms in Abbildung 17.25 auf Seite 374. Da ein Zeigerdiagramm immer gegen den Uhrzeigersinn rotiert, ist der Strom I der Spannung U vorauseilend; hier um 90° entsprechend einer Viertelperiode.

17.2.1 R-C-Reihenschaltung an Wechselspannung

Eine Reihenschaltung aus dem Widerstand R und dem Kondensator C liegt entsprechend Abbildung 17.29 an einer Wechselspannung $U = 100\,\text{V}$, $f = 50\,\text{Hz}$. Dabei ergeben sich zwei Teilspannungen U_R und U_C.

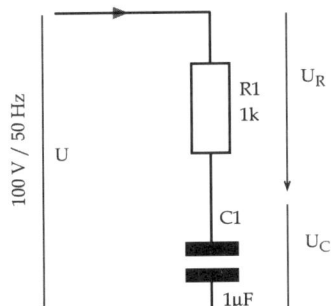

Abb. 17.29: R-C-Reihenschaltung

Wie sieht das Zeigerdiagramm für die drei Spannungen (U, U_1, U_2) und dem Strom I aus? Grundsätzlich gibt es mehrere Möglichkeiten der Vorgehensweise und der Darstellung. Hier sei nur eine Variante gezeigt.

Wir zeichnen zunächst die Spannung U_C in eine beliebige Richtung; hier nach rechts. Der Strom I ist durch beide Bauteile gleich. Es wurde schon erläutert, dass der Strom durch den Kondensator der Spannung um 90° vorauseilt. Wir erhalten somit ein Diagramm entsprechend dem Abbildung 17.28 auf der vorherigen Seite. Der Strom durchfließt aber nicht nur den Kondensator C_1, sondern auch den Widerstand R_1. An R_1 entsteht entsprechend dem Ohm'schen Gesetz eine Spannung U_R.

$$U_R = I \cdot R_1$$

Die Formel zeigt, dass U_R proportional zu I ist, oder anders ausgedrückt: Zwischen Strom und Spannung besteht am Ohm'schen Widerstand keine Phasenverschiebung. Der Zeiger U_R hat somit keinen zeitlichen Versatz zu I. Beide Zeiger liegen übereinander.

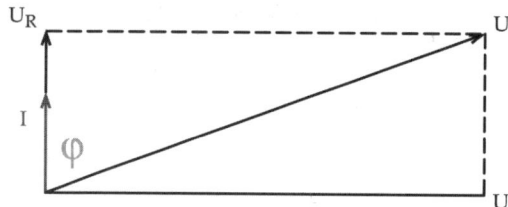

Abb. 17.30: Zeigerdiagramm zur R-C-Reihenschaltung

Die Gesamtspannung U erhält man nun durch die geometrische Addition (Pythagoras) von U_C und U_R. Als Formel ausgedrückt:

$$U^2 = U_C^2 + U_R^2$$

Die Phasenverschiebung zwischen der Gesamtspannung U und dem Strom I kann in der Zeichnung als Winkel φ abgemessen oder auch errechnet werden:

$$\cos \varphi = \frac{U_R}{U} = \frac{30\,\text{V}}{100\,\text{V}}$$

$$\varphi = 72,5°$$

Beispiel

In der vorliegenden Schaltung wurde $U_R = 30\,\text{V}$ gemessen. Wie groß ist U_C?

Hierzu wird die vorstehende Formel nach U_C umgestellt:

$$U_C = \sqrt{U^2 - U_R^2} = \sqrt{(100\,\text{V})^2 - (30\,\text{V})^2} = 95,4\,\text{V}$$

Kapitel 17

17.2.2 R-L-Reihenschaltung an Wechselspannung

Die Gesetze des Zeigerdiagramms lassen sich grundsätzlich auf alle Wechselstrom-schaltungen anwenden. Bei einer größeren Anzahl von Bauelementen empfiehlt sich jedoch eine Behandlung mit der komplexen Rechnung. Für eine Reihenschaltung aus einem Widerstand R und einer Spule L ergibt sich:

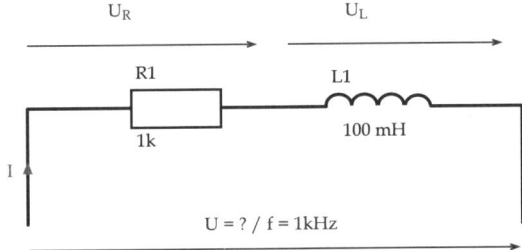

Abb. 17.31: R-L-Reihenschaltung

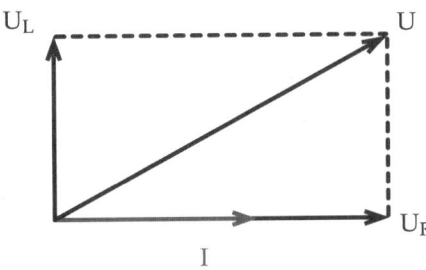

Abb. 17.32: Zeigerdiagramm zur R-L-Reihenschaltung

Beispiel

Berechnen Sie alle drei Spannungen der Schaltung in Abbildung 17.31 wenn der Strom $I = 1$ mA beträgt!

$U_R = I \cdot R_1 = 1 \cdot 10^{-3}\,\text{A} \cdot 1 \cdot 10^3\,\Omega = 1\,\text{V}$

$X_L = 2 \cdot \pi \cdot f \cdot L = 2 \cdot \pi \cdot 1 \cdot 10^3\,\text{Hz} \cdot 10 \cdot 10^{-3}\,\text{H} = 628\,\Omega$

$U_L = I \cdot X_L = 1 \cdot 10^{-3}\,\text{A} \cdot 628\,\Omega = 0,628\,\text{V}$

$U = \sqrt{U_R^2 + U_L^2} = \sqrt{(1\,\text{V})^2 + (0,628\,\text{V})^2} = 1,18\,\text{V}$

Exemplarisch soll hier noch gezeigt werden, wie der Gesamtwiderstand (Schein-widerstand) Z mithilfe der komplexen Rechnung bestimmt werden kann – dies wird in der Regel nicht in der Abiturprüfung verlangt, es sei denn, Sie besuchen ein Berufliches Gymnasium mit entsprechendem Schwerpunkt!

Kapitel 17

379

$$\underline{Z} = R_1 + j\omega L = 1000\,\Omega + j2 \cdot \pi \cdot f \cdot L = 1000\,\Omega + j2 \cdot \pi \cdot 1000\,\text{Hz} \cdot 0,1\,\text{H}$$

$$\underline{Z} = 1000\,\Omega + j628,3\,\Omega = 1181\,\Omega \cdot e^{j32°}$$

Der Winkel $\varphi = 32°$ besteht zwischen der Gesamtspannung U und dem Strom I. Er kann natürlich bei maßstabsgerechter Zeichnung auch zwischen diesen beiden Zeigern (U, I) abgemessen werden.

17.2.3 L-C-Parallelschaltung

Von besonderer Bedeutung ist in der Physik und in der Elektrotechnik die Parallelschaltung von Spule und Kondensator – lesen Sie hierzu bitte auch das Kapitel 19 auf Seite 405. Da sie zusammen mit anderen Bauelementen zur Erzeugung von elektromagnetischen Schwingungen eingesetzt wird, wird sie auch als Parallelschwingkreis bezeichnet.

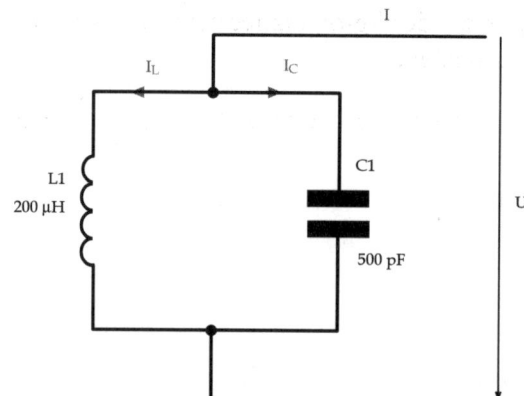

Abb. 17.33: Parallelschwingkreis

Hier tritt nur eine Spannung U auf, sie ist an beiden Bauelementen gleich. Setzt man ideale Bauelemente voraus, sieht das Zeigerdiagramm folgendermaßen aus:

Den Gesamtstrom I erhält man aus der geometrischen Addition von I_L und I_C. Da diese beiden Ströme entgegengesetzte Richtungen haben, müssen sie subtrahiert werden.

$$I = I_C - I_L$$

Wäre $X_C > X_L$, entsprechend

$$I = I_L - I_C$$

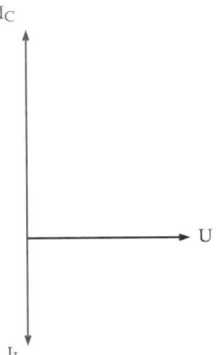

Abb. 17.34: Zeigerdiagramm zum Parallelschwingkreis, $X_L > X_C$

Von Bedeutung ist der Sonderfall $X_C = X_L$. Dies ist der sogenannte Resonanzfall. Dann wird $I_C = I_L$ und damit $I = 0$.

Wenn $I = 0$ wird, bedeutet dies ja, dass der Gesamtwiderstand der Schaltung in diesem Fall unendlich groß ist. Da sowohl X_C als auch X_L frequenzabhängig sind, tritt der Resonanzfall bei nur einer Frequenz – der Resonanzfrequenz f_0 – auf. Die Resonanzfrequenz kann leicht berechnet werden:

Im Resonanzfall ist $X_C = X_L$. Mit $X_L = 2 \cdot \pi \cdot f \cdot L$ und $X_C = \dfrac{1}{2\pi \cdot f \cdot C}$ ergibt sich dann:

$$2 \cdot \pi \cdot f \cdot L = \frac{1}{2 \cdot \pi \cdot f \cdot C}$$

Auflösen nach f:

$$f_0 = \frac{1}{2 \cdot \pi \sqrt{L \cdot C}}$$

Die Resonanzfrequenz des Schwingkreises in Abbildung 17.33 auf der vorherigen Seite beträgt somit:

$$f_0 = \frac{1}{2 \cdot \pi \cdot \sqrt{200 \cdot 10^{-6}\,\mathrm{H} \cdot 500 \cdot 10^{-12}\,\mathrm{F}}} = 503\,\mathrm{kHz}$$

Bei $f = 503\,\mathrm{kHz}$ wird also $I = 0$. Würde man eine solche Schaltung in einen Wechselstromkreis mit Spannungen verschiedener Frequenz legen, so würde die Spannung mit der Resonanzfrequenz keinen Stromfluss hervorrufen; diese Frequenz würde gesperrt. In der Nachrichtentechnik spricht man dann von einem Sperrkreis. Näheres zum Schwingkreis finden Sie im Kapitel „Elektromagnetische Schwingungen und Wellen".

Kapitel 17

18 Magnetisches Feld

Magnete ziehen Stoffe aus Eisen, Kobalt, Nickel, verschiedenen Legierungen und auch andere Magnete an. An den Enden eines Magnetes, den Polen, ist die Kraftwirkung besonders stark. Nähern sich zwei Magnete einander, so beobachtet man, dass sich gleichnamige Pole abstoßen und ungleichnamige anziehen. Lagert man eine Magnetnadel mit wenig Reibung, z. B. auf einer Nadelspitze (Abbildung 18.1), so pendelt sie sich in Nord-Süd-Richtung ein. Der nach Norden zeigende Pol heißt Nordpol; der zweite entsprechend Südpol. Hier scheint zunächst ein Widerspruch vorzuliegen, da sich ja gleichnamige Pole abstoßen. Die ungünstige Benennung der Pole ist historisch bedingt. Man unterscheidet heute zwischen den geografischen und den magnetischen Polen. Am geografischen Nordpol befindet sich demnach der magnetische Südpol. Ganz korrekt ist auch dies nicht, da sich beide Pole nicht am exakt gleichen Ort befinden.

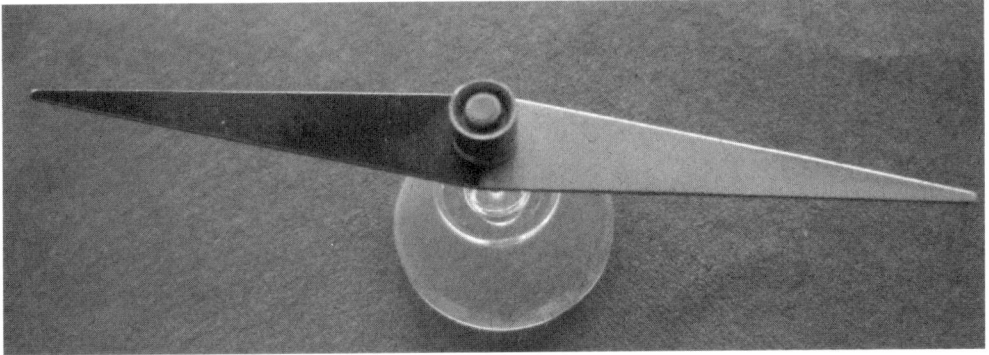

Abb. 18.1: Magnetnadel

18.1 Fluss und Flussdichte

Wie beim elektrischen Feld, wird auch das magnetische Feld durch Feldlinien dargestellt.

Abb. 18.2: Feldlinien

Der Hufeisenmagnet in Abbildung 18.2 befindet sich unter einer Glasplatte, die mit Eisenfeilspänen bestreut wurde. Die Späne bilden die magnetischen Feldlinien ab. Die Feldlinien treten am Nordpol aus dem Magneten heraus und tauchen am Südpol wieder ein. Sie verlaufen auch innerhalb des Magneten weiter und bilden einen geschlossenen Kreislauf.

Die Gesamtheit der Feldlinien, die aus dem Nordpol heraustreten, nennt man den magnetischen Fluss ϕ. Seine Maßeinheit ist die Voltsekunde (Vs) oder Weber (Wb); 1 Vs = 1 Wb. Für physikalische Betrachtungen ist es sinnvoll, den magnetischen Fluss auf eine Fläche A zu beziehen. Damit erhält man die magnetische Flussdichte B:

$$B = \frac{\phi}{A}$$

Hier ergibt sich als Einheit: $1\,\dfrac{\text{Vs}}{\text{m}^2} = 1\,\dfrac{\text{N}}{\text{A} \cdot \text{m}} = 1\,\text{T (Tesla)}$

18.2 Elektromagnetismus

In der Umgebung stromdurchflossener Leiter sind immer magnetische Feldlinien festzustellen. Die Feldlinienrichtung hängt dabei von der Stromrichtung ab. Geht man von der technischen Stromrichtung (von Plus nach Minus) aus, gilt hier die Rechte-Hand-Regel: Wenn man die rechte Hand so um den Leiter legt, dass der abgespreizte Daumen in Stromrichtung zeigt, dann zeigen die Finger die Richtung der magnetischen Feldlinien an. Die Feldlinien bilden dabei konzentrische Kreise (Abbildung 18.4). In der Literatur wird manchmal auch von der Elektronenbewegung (von Minus nach Plus) – sie ist entgegengesetzt zur technischen Stromrichtung (Plus nach Minus) – ausgegangen. In diesem Fall muss man die linke Hand benutzen (Abbildung 18.3)!

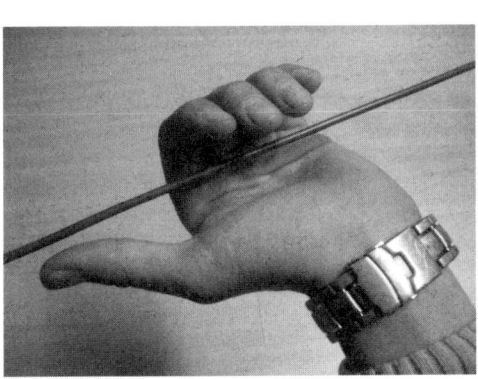 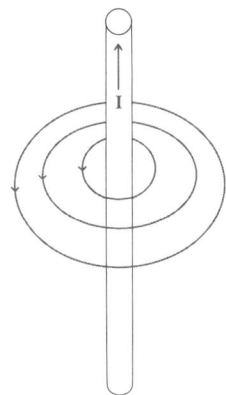

Abb. 18.3: Feldlinienrichtung beim stromdurchflossenen Leiter

Abb. 18.4: Konzentrische Feldlinien

Auch die Feldlinien in der Umgebung eines stromdurchflossenen Leiters lassen sich durch Eisenfeilspäne nachweisen. In Abbildung 18.5 ist dies an den beiden senkrechten Leiterstücken zu sehen.

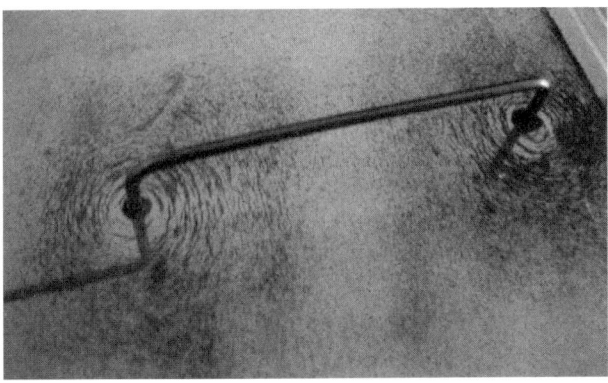

Abb. 18.5: Feldlinienbilder am stromdurchflossenen Leiter

Bei einer Spule sind mehrere Leiter vorhanden. Die Feldlinien überlagern sich und die stromdurchflossene Spule – auch Elektromagnet genannt – hat ein Feldlinienbild, das dem eines Festmagneten in Stabform gleichkommt. Auch hier kann man mit der Rechten-Hand-Regel arbeiten. Legt man die rechte Hand so um die Spule, dass die Finger die technische Stromrichtung in den einzelnen Windungen anzeigen, so zeigt der Daumen wieder die Feldlinienrichtung an.

Ein Eisenkern in der Spule verstärkt den magnetischen Fluss wesentlich. Quantitativ wird dies durch die relative Permeabilität μ_r des Kernmaterials beschrieben.

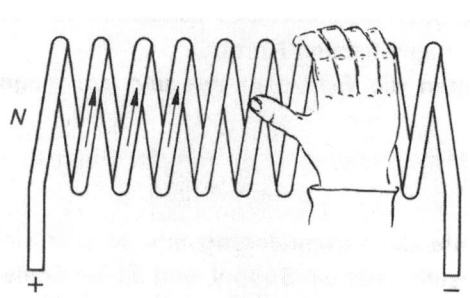

Abb. 18.6: Rechte-Hand-Regel an der Spule

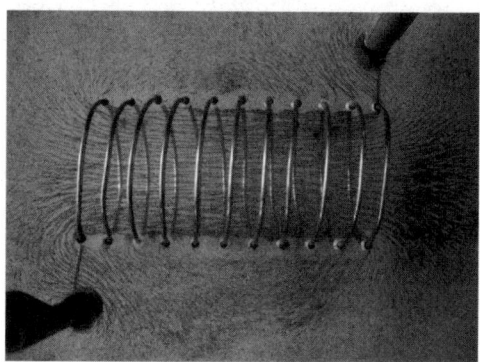

Abb. 18.7: Feldlinienbild Spule

Beispiel

Die abgebildete Spule wird vom Strom I durchflossen und wird so zu einem Elektromagneten. Hier wurde die technische Stromrichtung eingezeichnet. Auf welchen Magnetpol schauen Sie in der Abbildung?

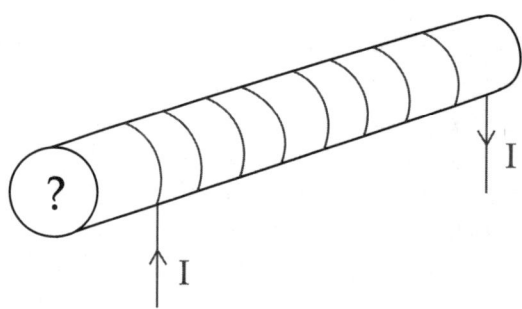

Abb. 18.8: Stromdurchflossene Spule

Sie schauen auf den Nordpol! Legen Sie gedanklich die rechte Hand um die Spule. Die Finger zeigen die Richtung des Stromes in den einzelnen Windungen an. Der Daumen zeigt – aus der Zeichenebene heraus – in Ihre Richtung. Die magnetischen Feldlinien treten immer aus dem Nordpol heraus.

Um die magnetische Wirkung einer Spule quantitativ zu beschreiben, hat man u. a. die magnetische Feldstärke H eingeführt.

$$H = \frac{I \cdot N}{l}$$

N ist die Windungszahl der Spule und l die Spulenlänge in m. Die Spulenlänge l entspricht bei einer lang gestreckten, geraden Spule der Länge der Feldlinien in der Spule. Die magnetische Flussdichte B ist mit H über den Faktor μ verbunden.

$$B = \mu_0 \cdot \mu_r \cdot H = \mu \cdot H \qquad (\mu = \mu_0 \cdot \mu_r)$$

μ_0 ist die magnetische Feldkonstante, ihr Wert ist $\mu_0 = 4\pi \cdot 10^{-7} \frac{\text{V} \cdot \text{s}}{\text{A} \cdot \text{m}}$. Die Permeabilitätszahl (auch relative Permeabilität) μ_r gibt an, wie die Materialeigenschaft des Spulenkerns die Flussdichte beeinflusst. Für das Vakuum beträgt $\mu_r = 1$. Dieser Wert kann mit guter Näherung auch für Luft eingesetzt werden.

Beispiel

Eine Spule mit Eisenkern besteht aus 200 Windungen und ist 2 cm lang. Welche magnetische Flussdichte stellt sich ein, wenn sie von $I = 100\,\text{mA}$ durchflossen wird und das Kernmaterial eine relative Permeabilität von 300 hat?

$$B = \mu_0 \cdot \mu_r \cdot H = 4\pi \cdot 10^{-7} \frac{\text{Vs}}{\text{Am}} \cdot 300 \cdot \frac{0,1\,\text{A} \cdot 200}{2 \cdot 10^{-2}\,\text{m}} = 0,38 \frac{\text{Vs}}{\text{m}^2}$$

18.3 Kräfte im Magnetfeld

Abbildung 18.9 auf der nächsten Seite zeigt einen stromdurchflossenen Leiter in einem Magnetfeld. Was passiert? Bevor wir uns dieser Frage zuwenden, sollen einige Hinweise auf die Darstellungsarten gegeben werden. Teil a der Abbildung zeigt den Leiter in räumlicher Darstellung im Magnetfeld. Die magnetischen Feldlinien umhüllen, von oben kommend, den Leiter vollständig. Teil b zeigt die Vorderansicht; man schaut also auf den Leiterquerschnitt. Das Kreuz symbolisiert, dass der Strom I in die Zeichenebene hinein – also vom Betrachter weg – fließt. Die gleiche Symbolik wird bei Feldlinienrichtungen angewendet. Dies sehen Sie in der

Draufsicht (Abbildung 18.9, Teil c). Feldlinien und/oder Ströme, deren Richtung aus der Zeichenebene hinausgeht, werden mit einem Punkt gekennzeichnet.

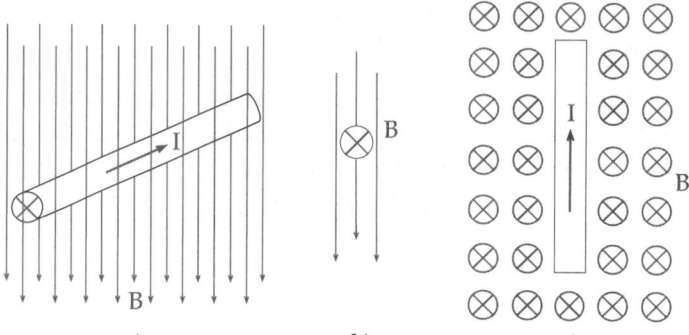

a)   b)   c)

Abb. 18.9: Leiter im Magnetfeld

Wenn sich ein oder mehrere stromdurchflossene Leiter im Magnetfeld befinden, so wird der Leiter seitlich abgelenkt. Dies erklärt sich dadurch, dass der Leiter von einem eigenen Magnetfeld umgeben ist. Dieses stößt sich vom externen Feld ab. Die Richtung der Abstoßung hängt von der Strom- bzw. Magnetfeldrichtung ab und kann durch die Linke-Hand-Regel ermittelt werden:

Hält man die linke Hand so, dass die magnetischen Feldlinien vom Nordpol her auf die Innenfläche der Hand auftreffen, und die ausgestreckten Finger in die technische Stromrichtung zeigen, dann zeigt der abgespreizte Daumen die Ablenkrichtung des Leiters an.

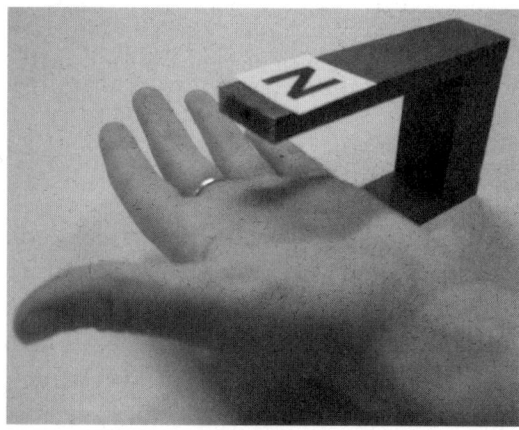

Abb. 18.10: Anwendung der Linke-Hand-Regel

Die abstoßende Kraft F, welche auf den Leiter wirkt, berechnet sich zu:

$$F = B \cdot I \cdot l \cdot \sin\alpha$$

Hierbei ist α der Winkel zwischen den Feldlinien und dem Leiter. Die Länge des sich im Magnetfeld befindlichen Leiterstückes ist l.

Da jeder stromdurchflossene Leiter von einem Magnetfeld umgeben ist, üben auch zwei parallele Leiter eine Kraft F aufeinander aus, wenn sie von Strom durchflossen werden. Bei gleicher Stromrichtung ziehen sie sich an; entsprechend stoßen sie sich bei unterschiedlichen Stromrichtungen ab (Abbildung 18.11).

$$F = \mu_0 \frac{I_1 \cdot I_2 \cdot l}{2\pi \cdot r}$$

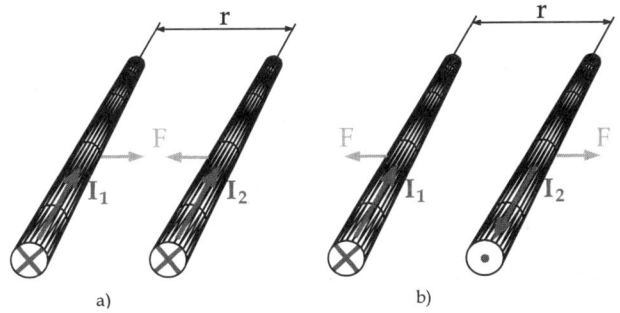

Abb. 18.11:
Stromdurchflossene Leiter

Die Einheit der elektrischen Stromstärke ist mit dieser Gesetzmäßigkeit definiert: „Die Basiseinheit 1 Ampere ist die Stärke eines zeitlich unveränderlichen elektrischen Stromes, der durch zwei im Vakuum parallel im Abstand 1 Meter voneinander angeordnete, geradlinige, unendlich lange Leiter von vernachlässigbar kleinem, kreisförmigem Querschnitt fließend, zwischen diesen Leitern je 1 Meter Leiterlänge die Kraft $2 \cdot 10^{-7}$ Newton hervorrufen würde."

Die Kraft F_L auf bewegte Ladungen im Magnetfeld ist die so genannte Lorentz-Kraft F_L.

$$\vec{F}_L = Q \cdot \left(\vec{v} \times \vec{B}\right) = Q \cdot v \cdot B \cdot \sin\alpha$$

Beispiel

Ein Elektron bewegt sich mit der Geschwindigkeit $v = 4,5 \cdot 10^6\,\mathrm{m} \cdot s^{-1}$ durch ein homogenes Magnetfeld mit $B = 3\,\mathrm{mT}$. Berechnen Sie a) die Kraft F_L, mit der das Elektron abgelenkt wird und b) die Kraft F auf ein ruhendes Elektron in diesem Magnetfeld, wenn v und B senkrecht zueinander stehen!

a)$F_L = Q \cdot v \cdot B \cdot \sin \alpha = 1,602 \cdot 10^{-19}\,\text{As} \cdot 4,5 \cdot 10^6\,\dfrac{\text{m}}{\text{s}} \cdot 3 \cdot 10^{-3}\,\dfrac{\text{Vs}}{\text{m}^2} \cdot \sin 90° =$
$= 2,16 \cdot 10^{-15}\,\text{N}$

b) Da $v = 0$, wird $F = 0$.

Die Lorentzkraft wirkt senkrecht zu den magnetischen Feldlinien und senkrecht zur Bewegungsrichtung der Ladung. Wenn die Ladungsrichtung und die Richtung der Feldlinien identisch sind, wirkt keine ablenkende Kraft. Die Drei-Finger-Regel beschreibt die Zusammenhänge. Der Zeigefinger weist in Richtung der magnetischen Feldlinien; der Daumen gibt die Elektronenbewegung an, und der Mittelfinger deutet in Richtung der Kraft.

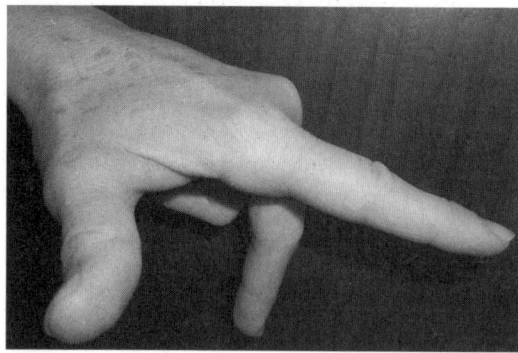

Abb. 18.12: Drei-Finger-Regel

Die Drei-Finger-Regel bezieht sich auf die linke Hand, auf negative Ladungen und auf die Bewegungsrichtung der Elektronen (nicht auf die technische Stromrichtung!). Auch die Richtung der Ablenkung eines stromdurchflossenen Leiters im Magnetfeld kann nach dieser Regel bestimmt werden. Probieren Sie es aus!

Lässt man einen Strom I durch ein Halbleiterplättchen der Dicke b fließen, so wirkt eine Lorentzkraft auf die Elektronen, wenn sich das Halbleiterplättchen in einem Magnetfeld B befindet. Im gezeigten Beispiel (Abbildung 18.13 auf der nächsten Seite) werden die Elektronen nach unten abgelenkt. Dadurch entsteht zwischen Ober- und Unterseite ein elektrisches Feld und damit eine elektrische Spannung U_H. Mit steigender Flussdichte B des Magnetfeldes nimmt auch diese Hallspannung U_H zu.

$$U_H = B \cdot v \cdot b$$

Eine solche Anordnung kann zur Messung der magnetischen Flussdichte B benutzt werden. Man bezeichnet sie auch als Hallgenerator bzw. spricht vom Halleffekt.

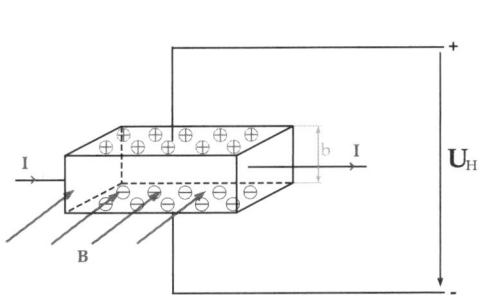

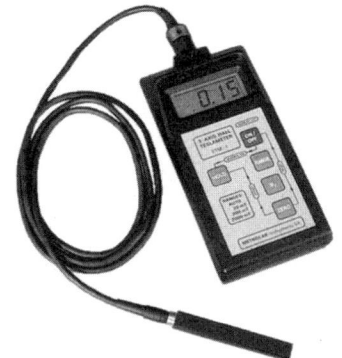

Abb. 18.13: Hallgenerator

Abb. 18.14: Messgerät zur Magnetfeld-
messung

Magnetfeldabhängige Widerstände, sogenannte Feldplatten, arbeiten nach einem ähnlichen Prinzip. Die Elektronen, die durch die Feldplatten fließen, werden abgelenkt, und ihr Weg wird dadurch verlängert. Eine größere Leiterlänge bedeutet aber ein größerer Widerstand.

18.4 Spezifische Ladung des Elektrons

Ein mit Wasserstoff gefüllter Glaskolben wird einem homogenen magnetischen Feld ausgesetzt. Dieses wird durch zwei Helmholtz-Spulen erzeugt. Elektronen werden nun mit der Geschwindigkeit v in das Magnetfeld geschossen. Die Elektronen werden in der Röhre durch eine Glühkathode freigesetzt und durch eine Anodenspannung U beschleunigt. Nach der Drei-Finger-Regel ändert sich die Richtung der Elektronen in jedem Punkt der Bahn.

So entsteht eine Kreisbahn mit $a = \dfrac{v^2}{r}$ als Zentripetalbeschleunigung. Auf jedes Elektron wirkt die ablenkende Kraft $F_L = B \cdot e \cdot v$. Damit ergibt sich mit $F = m \cdot a$:

$$B \cdot e \cdot v = m \cdot \frac{v^2}{r}$$

Das Verhältnis $\dfrac{e}{m}$ nennt man spezifische Ladung des Elektrons:

$$\frac{e}{m} = \frac{v}{r \cdot B}$$

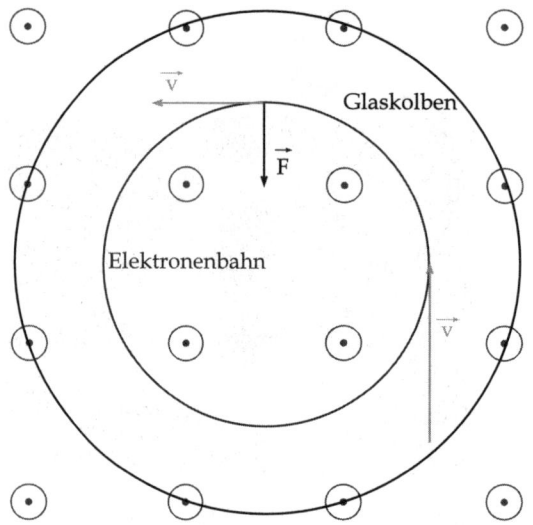

Abb. 18.15: Kreisbahn der Elektronen

B und r sind an der Anordnung leicht messbar. Die Geschwindigkeit v erhält man durch den Energieerhaltungssatz.

$$\frac{1}{2} \cdot m \cdot v^2 = e \cdot U$$

Umgestellt nach v:

$$v^2 = \frac{2eU}{m} \Rightarrow v = \sqrt{\frac{2eU}{m}}$$

Setzt man diesen Ausdruck in $\dfrac{e}{m} = \dfrac{v}{r \cdot B}$ ein, erhält man nach Umformen:

$$\frac{e}{m} = \frac{\sqrt{\dfrac{2eU}{m}}}{r \cdot B} \Rightarrow \frac{e^2}{m^2} = \frac{2eU}{m \cdot r \cdot B} \Rightarrow \frac{e}{m} = \frac{2 \cdot U}{r^2 \cdot B^2}$$

Somit wurde v eliminiert; die Spannung U lässt sich leicht messen.

Für die spezifische Ladung des Elektrons erhält man

$$\frac{e}{m} = 1{,}758820174 \cdot 10^{11} \, \frac{\text{C}}{\text{kg}} \, .$$

Mit der bekannten Elementarladung $e = 1{,}602 \cdot 10^{-19} \, \text{C}$ ergibt sich für die Masse m des Elektrons: $m_e = 9{,}1084 \cdot 10^{-31} \, \text{kg}$.

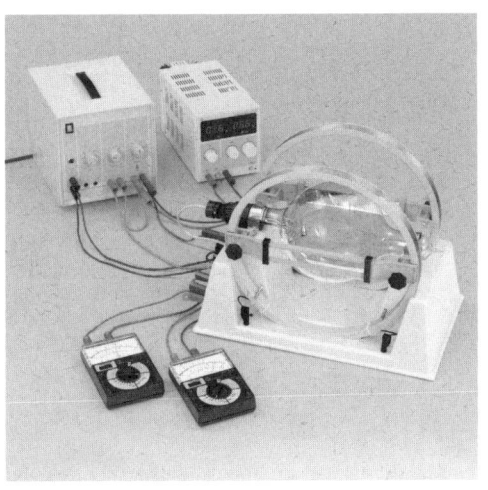

Abb. 18.16: Versuchsaufbau
(Quelle: LH Didactic)

Abb. 18.17: Kreisbahn der Elektronen
(Quelle: LH Didactic)

18.5 Massenspektrometer

Mit einem Massenspektrometer (auch: Massenspektrograph) kann man die Masse von Ionen bestimmen. Der positiv geladene Ionenstrahl wird durch ein Geschwindigkeitsfilter (Wien-Filter) und eine Blende in ein magnetisches Feld B_2 geschossen. Je nach Masse m beschreibt er hier eine kreisförmige Bahn und erzeugt Linien auf einer Fotoplatte.

Das Geschwindigkeitsfilter besteht aus zwei geladenen Kondensatorplatten, die ein elektrisches Feld E erzeugen. Gleichzeitig existiert ein homogenes magnetisches Feld B_1. B_1 steht senkrecht zu E. Wird ein positiv geladenes Ion zwischen die Platten geschossen, so wirken einmal die Lorentzkraft F_L und zum zweiten die elektrostatische Kraft F_{el} auf die Ionen. Beide Kräfte haben die entgegengesetzte Richtung. Je nachdem, welche der beiden Kräfte betragsmäßig überwiegt, wird das Ion nach oben oder unten abgelenkt. Nur wenn $F_L = F_{el}$, heben sich beide Kräfte auf, und das Ion wird die Kondensatorplatten in der Mitte durchlaufen und kann die Schlitzblende passieren. Dies ist nur bei einer Geschwindigkeit v der Fall.

$$Q \cdot B \cdot v = Q \cdot E \quad | \div Q$$
$$B \cdot v = E \qquad \Longrightarrow \quad v = \frac{E}{B}$$

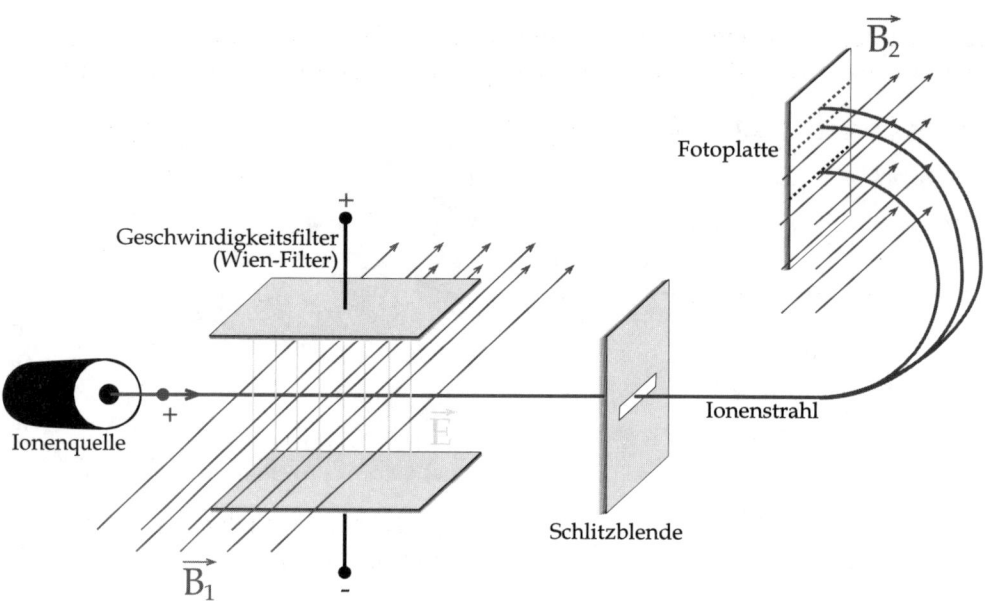

Abb. 18.18: Prinzip des Massenspektrographs

Im Magnetfeld B_2 sind die Lorentzkraft F_L und die Zentripetalkraft F_Z gleich:

$$Q \cdot B \cdot v = \frac{m \cdot v^2}{r}$$

Mit $v = \frac{E}{B}$ ergibt sich:

$$\frac{Q}{m} = \frac{v^2}{r \cdot B \cdot v} = \frac{v}{r \cdot B} = \frac{E}{r \cdot B^2}$$

E und B sind leicht messbar. Der Krümmungsradius r kann ebenfalls leicht bestimmt werden. Mit der bekannten Ladung Q kann man die Masse m jetzt sehr genau ermitteln.

18.6 Elektromagnetische Induktion

Bewegt sich ein Leiter in einem Magnetfeld B mit der Geschwindigkeit v, so wirkt auf die freien Elektronen im Leiter eine Lorentzkraft. Die Elektronen werden zu einem Leiterende hin abgelenkt, und es entsteht ein Elektronenunterschied zwischen beiden Leiterenden. Die so entstandene Spannung heißt Induktionsspannung U_i.

$$|U_i| = B \cdot l \cdot v \text{ bei } \vec{v} \perp \vec{B}$$

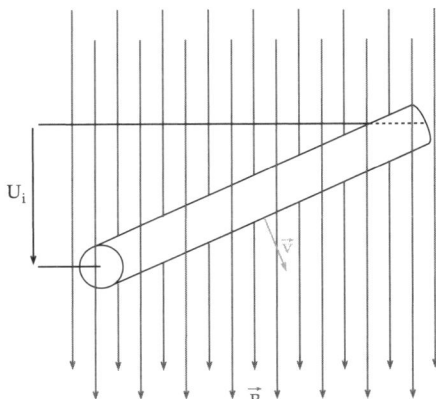

Abb. 18.19: Entstehung der Induktionsspannung

Beispiel

Der Leiter in Abbildung 18.19 bewegt sich mit $v = 2\,\dfrac{\text{m}}{\text{s}}$ durch das Magnetfeld $B = 0,4$ T. Wie groß wird die Induktionsspannung U_i, wenn der Leiter 12 cm lang ist?

$$|U_i| = B \cdot l \cdot v = 0,4\,\frac{\text{Vs}}{\text{m}^2} \cdot 0,12\,\text{m} \cdot 2\,\frac{\text{m}}{\text{s}} = 9,6 \cdot 10^{-2}\,\text{V} = 96\,\text{mV}$$

Wie groß würde die Induktionsspannung, wenn der Leiter sich nicht bewegen würde? Entsprechend der vorstehenden Formel wird bei $v = 0$ auch $U_i = 0$. Diese Erkenntnis ist sehr wichtig. Eine Induktionsspannung entsteht nur, wenn sich die magnetischen Feldlinien gegenüber einem Leiter bewegen bzw. ändern. Hierbei ist es gleichgültig, ob der Leiter sich bewegt und das Magnetfeld keiner Änderung unterliegt oder umgekehrt.

In Abbildung 18.20 auf der nächsten Seite ist nochmals ein Leiterstück mit der Länge l im Magnetfeld B dargestellt. Wir betrachten, wie sich das Leiterstück von der Position 1 zur Position 2 bewegt. Es legt dabei die Strecke Δs zurück und überstreicht die Fläche ΔA. Wenn dafür die Zeit Δt benötigt wird, ist die Geschwindigkeit:

$$v = \frac{\Delta s}{\Delta t}$$

Kapitel 18

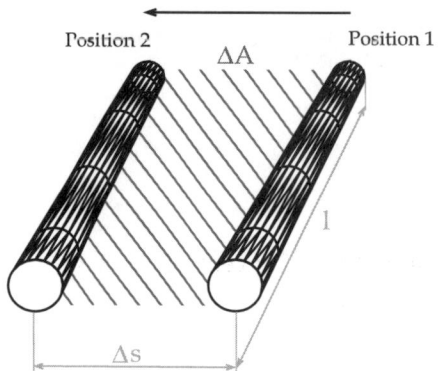

Abb. 18.20: Leiterverschiebung im Magnetfeld

Somit wird:

$$U_i = B \cdot l \cdot v = B \cdot l \cdot \frac{\Delta s}{\Delta t}$$

und mit $\Delta A = \Delta s \cdot l$:

$$U_i = B \cdot \frac{\Delta A}{\Delta t}$$

Mit $\phi = B \cdot A$ erhält man:

$$U_i = \frac{\Delta \phi}{\Delta t}$$

Werden mehrere Leiterstücke, d. h. eine Spule mit N Windungen, benutzt:

$$U_i = -N \frac{\Delta \phi}{\Delta t}$$

oder:

$$U_i = -N \frac{\mathrm{d}\phi}{\mathrm{d}t} = -N \dot{\phi}$$

Woher kommt das Minuszeichen? Bewegt man einen Leiter innerhalb eines Magnetfeldes, so entsteht eine Induktionsspannung. Die Induktionsspannung ruft wiederum einen Strom im Leiter hervor. Hierdurch wird eine ablenkende Kraft F erzeugt. Diese Kraft F ist so gerichtet, dass sie der ursprünglichen Leiterbewegung entgegenwirkt (Abbildung 18.21 auf der nächsten Seite). Dies ist die Lenz'sche Regel. Wäre dies nicht so, so würde ein in einem Magnetfeld bewegter Leiter nach einer Anfangsbeschleunigung von selbst immer schneller werden. Die entgegengesetzte Richtung von Ursache und Wirkung wird durch das Minuszeichen berücksichtigt.

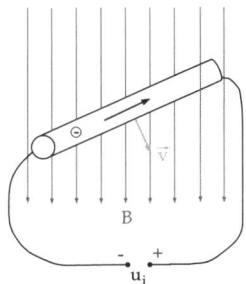
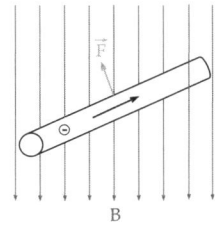

Abb. 18.21: Zur Lenz'schen Regel

18.7 Wechselspannung

Dreht man eine Leiterschleife oder eine Spule um ihre Längsachse im Magnetgeld, entsteht eine sinusfömige Wechselspannung u.

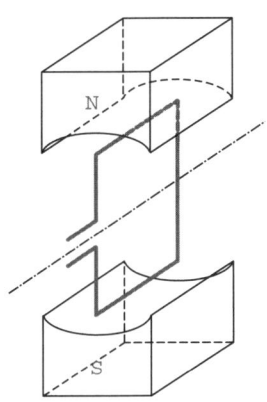
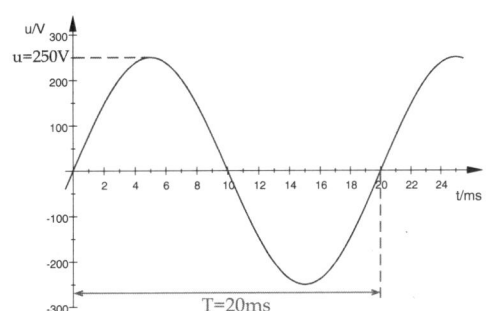

Abb. 18.22: Leiterschleife im Magnetfeld

Abb. 18.23: Sinusförmige Wechselspannung

Wie man in Abbildung 18.23 erkennt, ändert sich ständig die Höhe der Spannung u. Den jeweiligen Augenblicks- oder Momentanwert erhält man mit:

$$u = \hat{u} \cdot \sin(2\pi f t + \varphi)$$

Ersetzt man u durch s, erhält man die Formel zur Berechnung der jeweiligen Elongation s bei der harmonischen, mechanischen Schwingung – auch diese verläuft sinusförmig.

Der Maximalwert (Spitzenwert, Amplitude) $\hat{u}$ wird hier bei $t_1 = 5$ ms und $t_2 = 15$ ms erreicht. Die Darstellung der Spannung im negativen Bereich beschreibt lediglich eine Änderung der Stromrichtung; im vorliegenden Fall alle 10 ms. Nach 20 ms wiederholt sich der Verlauf der Spannung. Diesen Zeitraum nennt man Periodendauer T. Ihr Kehrwert ist die Frequenz f.

$$f = \frac{1}{T}$$

In der Praxis wird selten der Spitzenwert einer Wechselspannung angegeben. Man arbeitet überwiegend mit dem sogenannten Effektivwert U. Dies ist der quadratische Mittelwert der Spannung; dieser würde die gleiche Leistung P an einem Widerstand R erzeugen wie eine gleichgroße Gleichspannung. Für sinusförmige Wechselspannungen gilt:

$$U = \frac{\hat{u}}{\sqrt{2}} \text{ und}$$

$$I = \frac{\hat{i}}{\sqrt{2}}$$

Beispiel

Zu der Wechselspannung in Abbildung 18.23 auf der vorherigen Seite sind die Amplitude, der Effektivwert, die Frequenz und der Augenblickswert u zum Zeitpunkt $t = 3$ ms zu ermitteln!

Amplitude:

$$\hat{u} = 250\,\text{V}$$

Effektivwert:

$$U = \frac{\hat{u}}{\sqrt{2}} = \frac{250\,\text{V}}{\sqrt{2}} = 176,8\text{V}$$

Frequenz:

$$f = \frac{1}{T} = \frac{1}{20 \cdot 10^{-3}\,\text{s}} = 50\,\text{Hz}$$

Augenblickswert:

$$u = \hat{u} \cdot \sin 2\pi f t = 250\,\text{V} \cdot \sin\left(2 \cdot \pi \cdot 50\,\frac{1}{\text{s}} \cdot 3 \cdot 10^{-3}\,\text{s}\right) = 202,25\,\text{V}$$

Beachten Sie, dass hier die Sinusfunktion im Bogenmaß benutzt wird. Also den Taschenrechner auf RAD stellen!

Neben dem Begriff „Frequenz", wird in der Wechselstromtechnik noch die Kreisfrequenz ω benutzt.

$$\omega = 2 \cdot \pi \cdot f$$

Im vorstehenden Beispiel wäre die Kreisfrequenz $\omega = 314 \, \frac{1}{s}$. Das Formelzeichen ω wird in der Mechanik für die Winkelgeschwindigkeit benutzt. Auch dort gilt $\omega = 2 \cdot \pi \cdot f$. Für f ist in diesem Fall jedoch die Drehzahl einzusetzen.

Wird eine Spule (= viele Leiterschleifen) in einem Magnetfeld gedreht, bezeichnet man dies als Generator. Diese Art Generatoren werden derzeit standardmäßig zur Erzeugung elektrischer Energie eingesetzt.

18.8 Selbstinduktion

Wenn sich in einer Spule das Magnetfeld ändert, wird eine Induktionsspannung erzeugt. Das Magnetfeld einer Spule ändert sich auch, wenn eine Spule an einer Spannungsquelle ein- und ausgeschaltet wird.

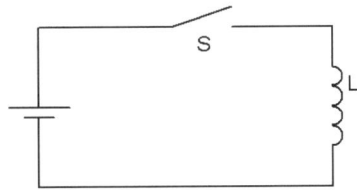

Abb. 18.24: Schalten einer Spule

Schließt man den Schalter S, steigt der magnetische Fluss der Spule von null auf einen Maximalwert. Während dieses Zeitraumes entsteht eine Induktionsspannung u_i an den Anschlüssen der Spule. Danach ist der Fluss konstant, d. h. $u_i = 0$. Auch beim Ausschalten entsteht eine Induktionsspannung, da sich der magnetische Fluss von dem Maximalwert auf null ändert. Man spricht von Selbstinduktion. Die Zündanlage eines Autos arbeitet nach diesem Prinzip. L ist die Zündspule, und S ist ein Unterbrecherkontakt. Die Formel zur Berechnung der entstehenden Selbstinduktionsspannung kann mit Abbildung 18.25 auf der nächsten Seite folgendermaßen hergeleitet werden:

$$B = \mu \cdot H = \mu \cdot \frac{I \cdot N}{l}$$

$$\phi = B \cdot A = \mu \cdot \frac{I \cdot N}{l} \cdot A$$

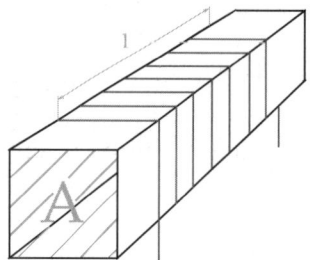

Abb. 18.25: Lang gestreckte Spule

$$u_i = -N\frac{\mathrm{d}\phi}{\mathrm{d}t} = -N\frac{\mu \cdot N \cdot A}{l} \cdot \frac{\mathrm{d}I}{\mathrm{d}t} = -\frac{\mu \cdot N^2 \cdot A}{l} \cdot \frac{\mathrm{d}I}{\mathrm{d}t}$$

Der Faktor $\dfrac{\mu \cdot N^2 \cdot A}{l}$ enthält nur konstante Größen der Spule und wird als Induktivität L bezeichnet. Damit erhält man:

$$u_i = -L\frac{\mathrm{d}I}{\mathrm{d}t}$$

Die Maßeinheit der Induktivität ist: $1\,\dfrac{\mathrm{Vs}}{\mathrm{A}} = 1\,\mathrm{H}\,(\text{Henry})$.

Für die Reihen- und Parallelschaltung von Spulen gilt:

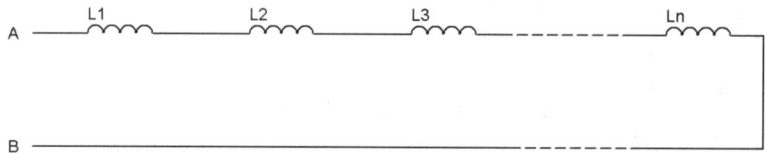

Abb. 18.26: Reihenschaltung von Spulen

$$L_{\text{ges}} = L_1 + L_2 + L_3 + \cdots + L_n$$

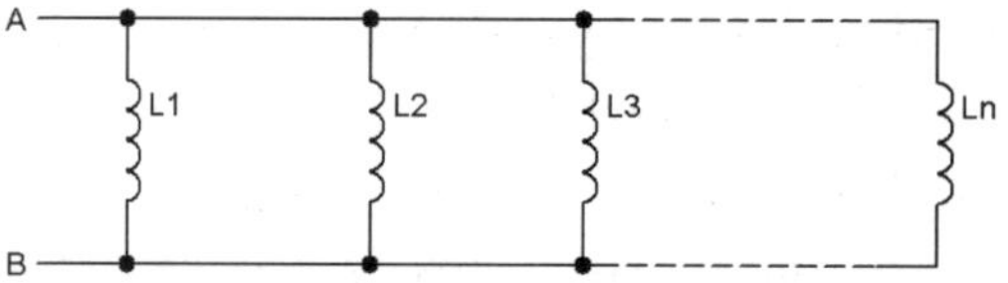

A ○—┤L1├—┤L2├—┤L3├— - - - —┤Ln├—○

$$L_{\text{ges}} = \cfrac{1}{\dfrac{1}{L_1} + \dfrac{1}{L_2} + \dfrac{1}{L_3} + \cdots \dfrac{1}{L_n}}$$

Abb. 18.27: Parallelschaltung von Spulen

Beispiel

Eine Spule L_1 mit der Länge $l = 50\,\text{mm}$ ist auf einen runden Spulenkörper ($d = 30\,\text{mm}$) aus Kunststoff gewickelt. Die Windungszahl ist $N = 200$. Zu dieser Spule L_1 wird eine zweite Spule $L_2 = 200\,\mu\text{H}$ in Reihe geschaltet. Wie groß ist die Gesamtinduktivität L_{ges} der Reihenschaltung?

$$A = r^2 \cdot \pi = \left(15 \cdot 10^{-3}\,\text{m}\right)^2 \cdot \pi = 7{,}07 \cdot 10^{-4}\,\text{m}^2$$

$$L_1 = \frac{\mu_0 \cdot N^2 \cdot A}{l} = \frac{4\pi \cdot 10^{-7}\,\dfrac{\text{Vs}}{\text{Am}} \cdot 200^2 \cdot 7{,}07 \cdot 10^{-4}\,\text{m}^2}{50 \cdot 10^{-3}\,\text{m}} = 710{,}6\,\mu\text{H}$$

$$L_{\text{ges}} = L_1 + L_2 = 710{,}6\,\mu\text{H} + 200\,\mu\text{H} = 910{,}6\,\mu\text{H}$$

18.9 Energie des magnetischen Feldes

Eine stromdurchflossene Spule oder ein stromführender Leiter speichert in seinem Magnetfeld die Energie

$$E_{\text{mag}} = \frac{1}{2} \cdot L \cdot I^2.$$

Beispiel

Eine Spule mit $L = 1\,\text{H}$ wird von einem Gleichstrom $I = 0{,}5\,\text{A}$ durchflossen. Im Magnetfeld dieser Spule sind

$$E_{\text{mag}} = \frac{1}{2} \cdot L \cdot I^2 = \frac{1}{2} \cdot 1\,\frac{\text{Vs}}{\text{A}} \cdot (1\,\text{A})^2 = 0{,}5\,\text{Ws} = 0{,}5\,\text{J}$$

gespeichert.

18.10 Transformator

Werden Spulen über ihr Magnetfeld gekoppelt, spricht man von einem Transformator (kurz: Trafo). In der Praxis werden dazu meist die Spulen auf einen gemeinsamen Kern aus ferromagnetischem Material aufgebracht.

Die Skizze aus Abbildung 18.28 auf der nächsten Seite und den zugehörigen Versuchsaufbau in Abbildung 18.29 kennen Sie vermutlich noch aus Ihrem Physikunterricht. In der praktischen Elektrotechnik werden diese Transformatoren wesentlich platzsparender aufgebaut und auch oft in eine Isoliermasse vergossen.

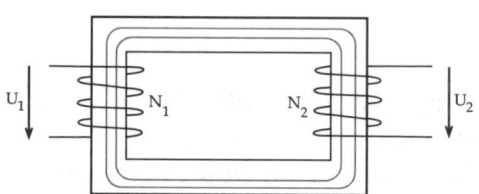

Abb. 18.28: Prinzipieller Aufbau eines Transformators

Abb. 18.29: Versuchsaufbau eines Transformators

Je nach zu übertragender Leistung sind die Abmessungen sehr unterschiedlich. Beispiele sehen Sie in den folgenden Bildern.

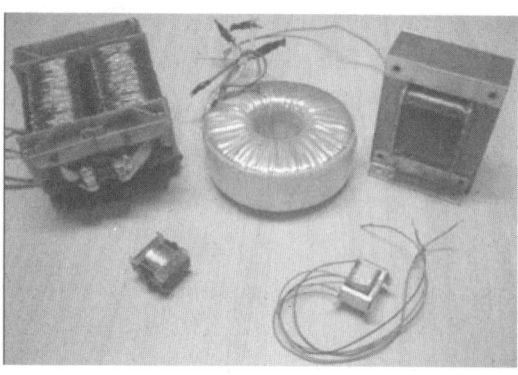

Abb. 18.30: Verschiedene Trafobauformen

Legt man an die Primärwicklung (auch: Primärseite) mit der Windungszahl N_1 eine Wechselspannung U_1, so entsteht in der Spule, und damit auch im Eisenkern, ein magnetischer Fluss Φ. Dieser Fluss ändert sich im Rhythmus der Wechselspannung. Da dieser Fluss auch die zweite Spule (Sekundärwicklung) durchsetzt, erzeugt er dort durch Induktion eine Wechselspannung U_2. Eine Induktionsspannung kann nur entstehen, wenn sich der Fluss in der Spule ändert; hieraus ergibt sich, dass ein Transformator nur mit Wechselspannung betrieben werden kann.

Beim idealen Transformator besteht zwischen den Spannungen und den Wicklungen folgender Zusammenhang:

$$\frac{U_1}{U_2} = \frac{N_1}{N_2} = \ddot{u}$$

ü ist das Übersetzungsverhältnis.

Beispiel

Beim vorliegenden Trafo sei die Primärwindungszahl $N_1 = 1000$. Auf der Sekundärseite sind zunächst $N_{2a} = 200$ Windungen und später $N_{2b} = 5000$ Windungen aufgebracht. Wie groß wird die jeweilige Sekundärspannung U_2, wenn die Primärspannung $U_1 = 230\,\text{V}$ beträgt?

$$U_{2a} = U_1 \cdot \frac{N_{2a}}{N_1} = 230\,\text{V} \cdot \frac{200}{1000} = 46\,\text{V}$$

$$U_{2b} = U_1 \cdot \frac{N_{2b}}{N_1} = 230\,\text{V} \cdot \frac{5000}{1000} = 1150\,\text{V}$$

Das Beispiel zeigt, dass mit einem Transformator Wechselspannungen herunter- oder herauftransformiert werden können. Dies nutzt man in der Elektrotechnik vielfach aus. So enthält z. B. das Ladegerät für Ihr Handy einen Trafo, um die Netzwechselspannung von 230 V auf eine wesentlich geringere Spannung herabzusetzen. Auch das sogenannte Schaltnetzteil in Ihrem PC enthält einen Trafo, da die Elektronik mit 12 V und/oder 5 V bzw. 3,3 V arbeitet. Viele weitere Beispiele ließen sich anfügen. Ein weiterer Vorteil des Transformators besteht darin, dass beide Stromkreise (Primär- und Sekundärkreis) galvanisch getrennt und nur über das Magnetfeld miteinander verbunden sind.

Übliche Schaltsymbole sehen Sie in Abbildung 18.31. Weitere technische Anwendungen finden Sie in Abbildung 19.3 auf Seite 408 sowie in der Übungsaufgabe 5 zum Abschnitt „Elektromagnetische Schwingungen und Wellen".

 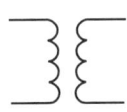 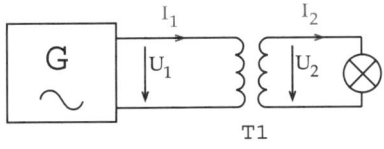

Abb. 18.31: Schaltzeichen des Transformators

Abb. 18.32: Glühlampe über Transformator betrieben

Wird z. B. eine Glühlampe über einen Transformator betrieben, so ergibt sich die Schaltung nach Abbildung 18.32. Auf der Primärseite fließt der Strom I_1 und auf der Sekundärseite der Strom mit der Stärke I_2. Beim idealen (verlustlosen) Transformator gilt dann für die Ströme:

$$\frac{I_1}{I_2} = \frac{N_2}{N_1} = \frac{1}{\ddot{u}}$$

Beispiel

Ein Trafo habe ein Übersetzungsverhältnis von $\ddot{u} = 10$. Der Ohm'sche Widerstand der Glühlampe auf der Sekundärseite beträgt zum betrachteten Zeitpunkt $R = 23\,\Omega$. Berechnen Sie U_1, I_1 und I_2, wenn $U_2 = 10\,$V ist!

$$U_1 = \ddot{u} \cdot U_2 = 10 \cdot 10\,\text{V} = 100\,\text{V}$$

$$I_2 = \frac{U_2}{R} = \frac{10\,\text{V}}{23\,\Omega} = 0,435\,\text{A}$$

$$I_1 = \frac{I_2}{\ddot{u}} = \frac{0,435\,\text{A}}{10} = 0,0435\,\text{A} = 43,5\,\text{mA}$$

In der Praxis sind die hier errechneten Werte nicht ganz einzuhalten. Hierfür sind die ohmschen Verluste des Drahtwiderstandes sowie Ummagnetisier- und Wirbelstromverluste des Eisenkerns verantwortlich.

19 Elektromagnetische Schwingungen und Wellen

19.1 Schwingkreis

Wird ein Kondensator mit der Kapazität C aufgeladen und anschließend mit einer Spule L parallel geschaltet, entsteht ein elektrischer Schwingkreis (LC-Kreis, Parallelschwingkreis).

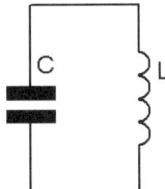

Abb. 19.1: Parallelschwingkreis

Der Kondensator wird sich über L entladen und dabei eine Induktionsspannung erzeugen. Diese lädt den Kondensator mit umgekehrter Polarität wieder auf. Der darauf folgende Entladestrom erzeugt wieder eine Induktionsspannung, diesmal mit umgekehrter Polarität. Diese Vorgänge wiederholen sich mehrfach. Die Stromstärke im Schwingkreis nimmt im Laufe der Zeit ab, da der Ohm'sche Widerstand der Leiter einen Teil der Energie in Wärme umsetzt. Der Verlauf des Schwingkreisstromes entspricht einer gedämpften Schwingung gemäß Abbildung 15.5 auf Seite 326. Die Periodendauer bzw. Frequenz der Schwingung erhält man aus der Thomson'schen Schwingungsformel.

$$T = 2\pi\sqrt{L \cdot C}$$

Mit $f = \dfrac{1}{T}$ erhält man:

$$f_0 = \frac{1}{2\pi\sqrt{L \cdot C}}$$

f_0 (auch f_{res}) wird als Resonanz- oder Eigenfrequenz des Schwingkreises bezeichnet. Diese Formel gilt genau genommen nur für einen verlustlosen Schwingkreis, d. h. der Ohm'sche Widerstand im Kreis ist null oder vernachlässigbar gering.

Ist in den Schwingkreis ein Widerstand R eingebaut oder ist der Drahtwiderstand der Spule relativ groß, gilt:

$$f_0 = \frac{1}{2\pi} \cdot \sqrt{\frac{1}{L \cdot C} - \frac{R^2}{4L^2}}$$

Beispiel

Ein Parallelschwingkreis hat eine Resonanzfrequenz von 10,7 MHz. Berechnen Sie die Induktivität L, wenn $C = 100\,\text{pF}$ ist!

$$L = \frac{1}{4\pi^2 \cdot C \cdot f^2} = \frac{1}{4\pi^2 \cdot 100 \cdot 10^{-12}\,\text{F} \cdot (10,7 \cdot 10^6\,\text{Hz})^2} = 22,1\,\mu\text{H}$$

Die im elektrischen Feld des Kondensators gespeicherte Energie E_{el} wird in der Spule in magnetische Energie E_{mag} umgewandelt. Sieht man von Ohm'schen Verlusten ab, gilt der Energieerhaltungssatz.

$$\frac{1}{2} \cdot C \cdot \hat{U}^2 = \frac{1}{2} \cdot L \cdot \hat{I}^2$$

Hierbei sind $\hat{U}$ und $\hat{I}$ die jeweiligen Spitzenwerte.

Beispiel

In Abbildung 19.2 auf der nächsten Seite wird der Schalter S zunächst nach links gelegt und somit C aufgeladen. Sobald S nach rechts umgeschaltet wird, beginnt eine harmonische Schwingung. Berechnen Sie die maximal auftretende Stromstärke!

$\frac{1}{2} \cdot C \cdot \hat{U}^2 = \frac{1}{2} \cdot L \cdot \hat{I}^2$ wird umgestellt nach $\hat{I}$:

$$\hat{I} = \sqrt{\frac{C \cdot \hat{U}^2}{L}} = \sqrt{\frac{1 \cdot 10^{-6}\,\text{F} \cdot (12\,\text{V})^2}{1 \cdot 10^{-3}\,\text{H}}} = 0,38\,\text{A}$$

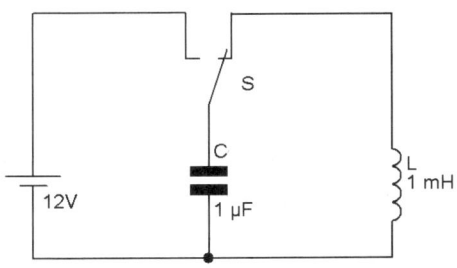

Abb. 19.2: Schaltung zum Beispiel

19.2 Resonanzwiderstand

Der Parallelschwingkreis hat im Resonanzfall für Wechselstrom seinen größten Widerstand. Dieser Widerstand wird als Resonanzwiderstand bezeichnet. Allgemein wird der Wechselstromwiderstand einer Schaltung als Scheinwiderstand oder Impedanz Z bezeichnet.

$$Z = \frac{U}{I} = \frac{\hat{U}}{\hat{I}}$$

Durch den großen Widerstand des Parallelschwingkreises bei einer Frequenz – der Resonanzfrequenz – lässt er sich als Filter in einem Frequenzgemisch einsetzen. Er wird in diesem Fall als Sperrkreis bezeichnet, da er eine Frequenz aufgrund seines hohen Widerstandes sperrt. In der Nachrichtentechnik werden Schwingkreise als frequenzabhängige Schaltungen eingesetzt. Wenn Sie an Ihrem Radio einen Sender einstellen, verändern Sie die Resonanzfrequenz eines Schwingkreises und filtern so eine Frequenz heraus.

19.3 Oszillatorschaltungen

Damit ein Schwingkreis ungedämpfte Schwingungen erzeugt, muss der Energieverlust regelmäßig ausgeglichen werden. Dafür sorgt eine elektronische Schaltung mithilfe eines Transistors. Wenn ein Fadenpendel ungedämpft schwingen soll, muss man es im richtigen Moment immer wieder anstoßen. Dieses übernimmt in der Oszillatorschaltung der Transistor. Es gibt unzählige verschiedene Oszillatorschaltungen. Viele wurden nach ihrem jeweiligen Entwickler benannt. Das Typische der vorliegenden Meißner-Schaltung (Abbildung 19.3 auf der nächsten Seite) liegt in der induktiven Rückkopplung.

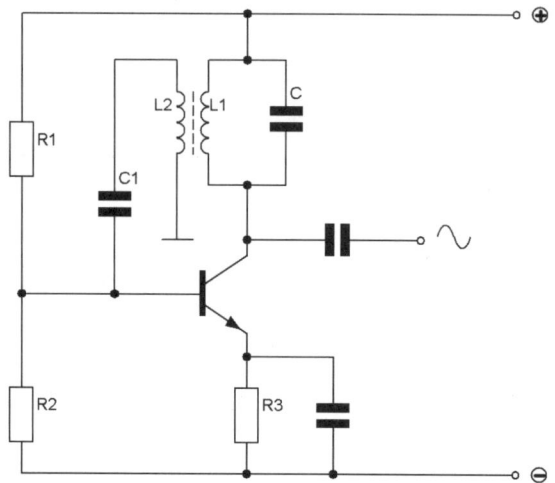

Abb. 19.3:
Oszillatorschaltung nach
Meißner

Die Spulen L_1 und L_2 bilden einen Transformator. Da L_2 weniger Windungen als L_1 hat, wird nur ein Teil der Schwingkreisspannung wieder auf den Eingang des Transistors gegeben. Dies bezeichnet man als Rückkopplung. Die Oszillatorfrequenz wird überwiegend durch C und L_1 bestimmt und lässt sich mit der Formel nach Thomson berechnen.

Ein Oszillator befindet sich auch in Ihrem PC. Mit jeder Schwingung wird ein weiterer Arbeitsschritt durchgeführt. Die Angabe der Taktfrequenz ist somit ein Maß für die Arbeitsgeschwindigkeit des Computers.

19.4 Hertzscher Dipol

Reduziert man bei einem Parallelschwingkreis die Windungszahl der Spule auf ein Minimum, so erhält man letztendlich einen Teil einer Windung – ein gerades Leiterstück. Die Platten des Kondensators werden weit auseinander gebogen und auf den Drahtquerschnitt verkleinert. Übrig bleibt ein gerades Leiterstück (Abbildung 19.4 auf der nächsten Seite rechts). Entspricht die Länge des Leiters l der halben Wellenlänge λ der erzeugten Schwingungen, spricht man von einem Hertzschen Dipol. Die Eigenfrequenz des Dipols ergibt sich somit zu:

$$f = \frac{c}{2 \cdot l}$$

Auf dem Dipol bildet sich bei der Eigenfrequenz eine stehende Welle aus. Dies ist immer möglich, wenn:

$$l = k \cdot \frac{\lambda}{2}$$

In der Regel wird $k = 1$ genommen. Es kann aber auch ein ganzzahliges Vielfaches $(k = 1, 2, 3, 4, \ldots)$ davon gewählt werden.

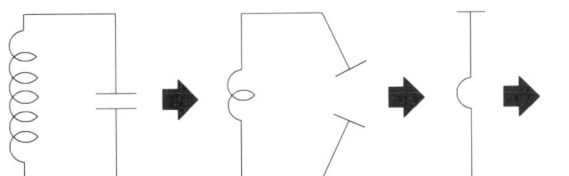

Abb. 19.4: Vom Schwingkreis zum Hertzschen Dipol

Befindet sich dieser Schwingkreis bzw. Dipol in einem Oszillator, entsteht zwischen den Kondensatorplatten ein elektrisches Feld mit wechselnder Polarität. Um den Dipol herum bilden sich durch den Stromfluss magnetische Feldlinien. Die Feldlinien stehen senkrecht zueinander. Die elektrischen Feldlinien lösen sich vom Dipol und wandern mit den magnetischen Feldlinien als elektromagnetische Welle mit Lichtgeschwindigkeit in den Raum. Da der Feldvektor senkrecht zur Ausbreitungsrichtung steht, handelt es sich um eine Transversalwelle.

Elektromagnetische Wellen können zur Nachrichtenübertragung genutzt werden. Radio- und Fernsehprogramme werden auf diese Art verbreitet. Durch Modulation werden den elektromagnetischen Wellen Informationen aufgeprägt.

Abb. 19.5: Dipolantenne

19.5 Experimente mit Mikrowellen

Elektromagnetische Wellen, deren Wellenlänge im cm-Bereich liegt, werden als Mikrowellen bezeichnet. Mikrowellen eignen sich im Labor und in der Schule besonders gut zur Untersuchung der Eigenschaften von elektromagnetischen Wellen, da die Wellenlängen bzgl. ihrer Abmessungen gut handhabbar sind.

Ein Mikrowellensender mit Dipolantenne und zwei Empfänger werden gemäß Abbildung 19.6 angeordnet. Das E-Feld schwingt nur in eine Richtung, es ist polarisiert. Ein Gitter aus Metallstäben wird zwischen dem Sender und einem Empfänger angebracht.

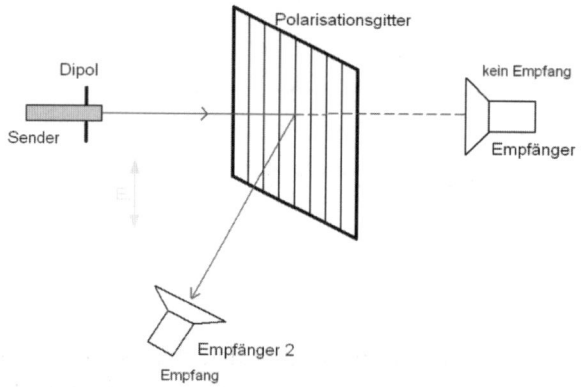

Abb. 19.6: Versuch zur Polarisation von Wellen

Man beobachtet, dass die Mikrowellen offenbar am Gitter reflektiert werden und am Empfänger 2 ankommen. Beim Empfänger 1 hinter dem Gitter wird kein Signal festgestellt. Dreht man das Gitter um 90°, empfängt der Empfänger 1 hinter dem Gitter die Mikrowellen, der vordere Empfänger 2 kann jetzt keine Mikrowellen detektieren.

Die Stäbe des Gitters werden zu Schwingungen angeregt. Da die Gitterstäbe wesentlich länger als der Sendedipol sind, ist deren Frequenz deutlich niedriger als die Sendefrequenz. Zwischen Gitter und Empfänger 2 kommt es zu konstruktiver Interferenz, und Empfänger 2 registriert ein Signal. Destruktive Interferenz zwischen Gitter und Empfänger 1 sind die Ursache dafür, dass dort kein Empfang möglich ist. Dreht man das Gitter oder den Sendedipol um 90°, werden die Gitterstäbe nicht mehr zu Schwingungen angeregt, und die Mikrowellen können das Gitter ungehindert durchdringen.

Licht lässt sich als elektromagnetische Welle ebenfalls polarisieren. Glas oder Kunststofffolien kann man mit einem feinen Gitter versehen. Legt man zwei solcher Polarisationsfolien im passenden Winkel übereinander, kann kein Licht mehr hindurchscheinen. LCD-Anzeigen funktionieren nach diesem Prinzip.

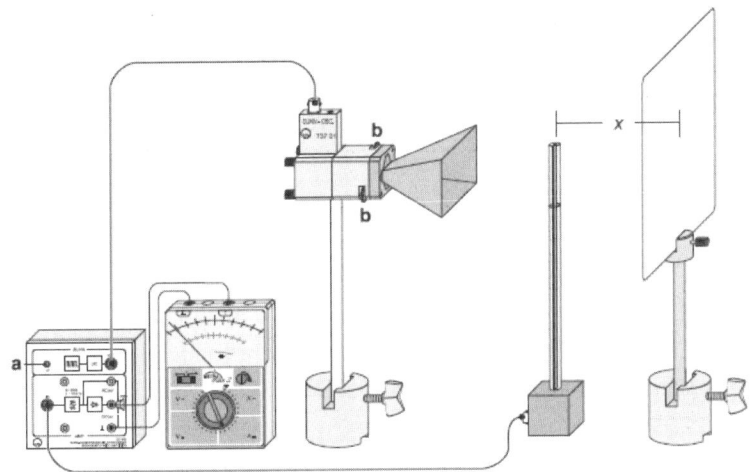

Abb. 19.7: Stehende Wellen – Versuchsaufbau (LH Didactic)

Stehende elektromagnetische Wellen (siehe auch Kapitel „Mechanische Schwingungen und Wellen" und Übungsaufgabe 15 hierzu) lassen sich mit dem Versuchsaufbau in Abbildung 19.7 nachweisen. Ein Hornstrahler sendet Mikrowellen aus. Diese werden an einer Metallplatte reflektiert. Ein verschiebbarer Empfangsdipol zwischen Hornstrahler und Metallplatte registriert die Schwingungsbäuche bzw. -knoten.

Beispiel

Der Abstand zwischen dem ersten und dem vierten Minimum beträgt 49,5 mm. Mit welcher Sendefrequenz wird gearbeitet?

Der Abstand zwischen zwei Minima entspricht der halben Wellenlänge und beträgt hier 49,5 mm : 3 = 16,5 mm. Daraus folgt:

$\lambda = 2 \cdot 16,5\,\text{mm} = 33\,\text{mm}$

$$f = \frac{c}{\lambda} = \frac{3 \cdot 10^8\,\frac{\text{m}}{\text{s}}}{33 \cdot 10^{-3}\,\text{m}} = 9,1 \cdot 10^9\,\text{Hz} = 9,1\,\text{GHz}$$

Bringt man ein Kunststoff-Prisma oder eine Sammellinse in den Weg der Mikro-wellen, so werden diese – wie Licht – gebrochen. Mikrowellen verhalten sich in vielen Situationen wie Licht.

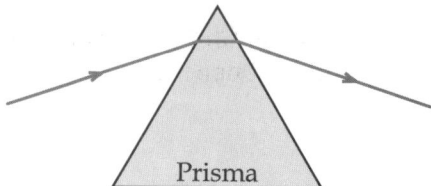

Abb. 19.8: Brechung von Mikrowellen

19.6 Interferenz am Doppelspalt

Wird ein Doppelspalt (mittlerer Spaltabstand: g) mit Licht bestrahlt, beobachtet man auf einem weit entfernten Schirm ein hell-dunkles Streifenmuster. Bestrahlt man den Doppelspalt mit punktförmigem Laserlicht, ergibt sich ein hell-dunkles Punktmuster (Abbildung 19.9).

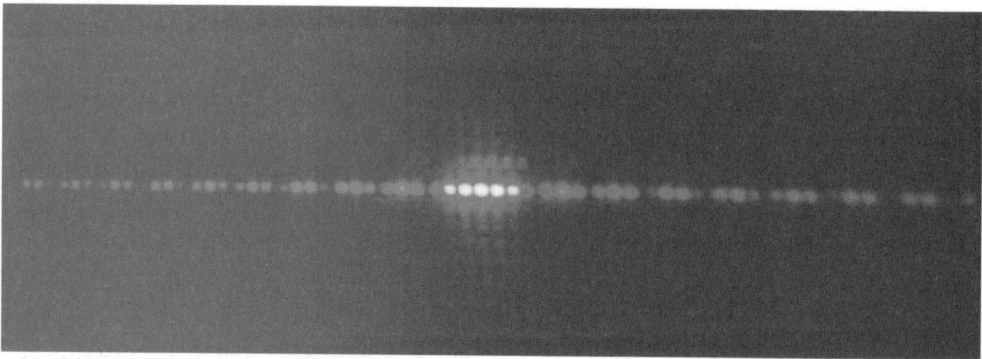

Abb. 19.9: Beugungsbild bei Laserlicht

Hinter jedem Spalt bilden sich kreisförmige Elementarwellen (Huygenssches Prin-zip). Im Gebiet hinter dem Doppelspalt tritt konstruktive und destruktive Interfe-renz auf. Hierdurch entsteht auf dem Schirm das Hell-Dunkel-Muster.

Zur quantitativen Erfassung der wesentlichen Zusammenhänge empfiehlt sich eine Darstellung entsprechend Abbildung 19.11 auf der nächsten Seite.

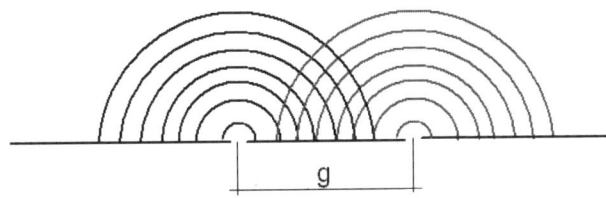

Abb. 19.10: Elementarwellen hinter Doppelspalt

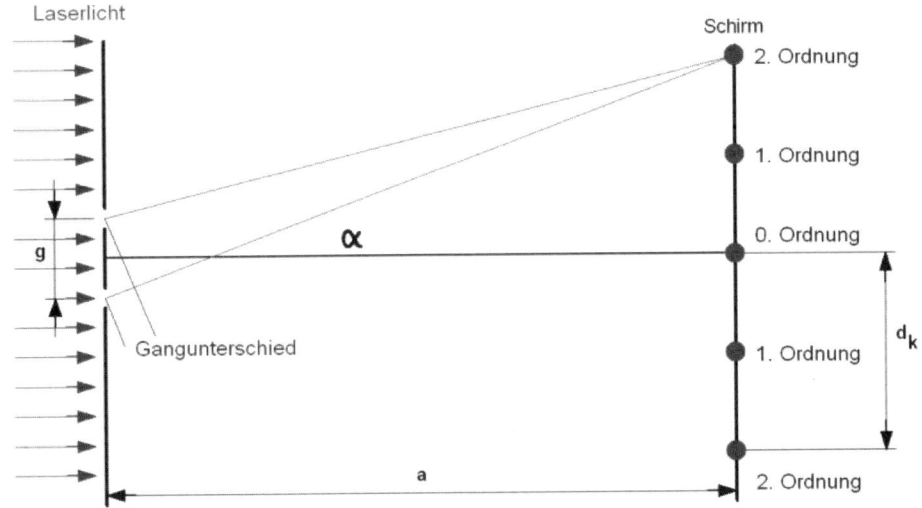

Abb. 19.11: Doppelspalt

Die beiden eingezeichneten Wellenstrahlen erreichen den Schirm auf unterschiedlich langen Wegstrecken. Die Differenz wird als Gangunterschied Δs bezeichnet. Bedingt hierdurch sind Wellenberge bzw. -täler gegeneinander zeitlich verschoben. Es kommt so an den verschiedenen Stellen des Schirmes zu konstruktiver oder destruktiver Interferenz. Im gezeichneten Fall erscheint ein Punkt des Laserlichtes auf dem Schirm; hier liegt eine konstruktive Interferenz vor. Die weiteren Maxima werden mit k. Ordnung bezeichnet. Für den Abstand d_k des k. Maximums von der Mitte (0. Ordnung) ergibt sich:

$$d_k = k\frac{a \cdot \lambda}{g} \text{ mit } k = 0, 1, 2, 3 \dots$$

Für ein Maximum ist der Gangunterschied Δs ein ganzzahliges Vielfaches k der Wellenlänge λ.

$$k \cdot \lambda = g \cdot \sin \alpha$$

Beispiel

Der Abstand der beiden 2. Maxima beträgt 16 mm. Der Spaltabstand ist $g = 6 \cdot 10^{-4}$ m. Welche Frequenz hat das Laserlicht, wenn der Schirm in 4 m Abstand aufgestellt ist?

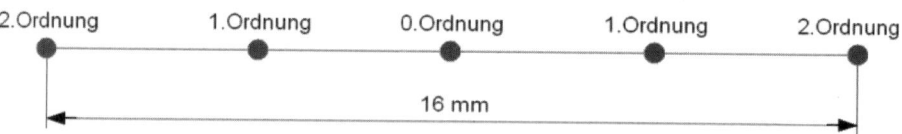

Abb. 19.12: Schirmbild zur Beispielaufgabe

Es sind $d_k = 4$ mm und $k = 1$ oder $d_k = 16$ mm und $k = 4$ einzusetzen.

$$\lambda = \frac{d_k \cdot g}{k \cdot a} = \frac{4 \cdot 10^{-3}\,\text{m} \cdot 6 \cdot 10^{-4}\,\text{m}}{4\,\text{m}} = 6 \cdot 10^{-7}\,\text{m} = 600\,\text{nm}$$

$$f = \frac{c}{\lambda} = \frac{3 \cdot 10^{8}\,\frac{\text{m}}{\text{s}}}{6 \cdot 10^{-7}\,\text{m}} = 5 \cdot 10^{14}\,\text{Hz}$$

Mit diesem Verfahren wurde 1802 zum ersten Mal von Thomas Young die Wellennatur des Lichtes nachgewiesen und die Wellenlänge gemessen.

19.7 Das optische Gitter

Benutzt man eine größere Anzahl von Spalten, spricht man von einem optischen Gitter oder Beugungsgitter. Ein solches Gitter enthält viele hundert Spalte pro Millimeter. Der Abstand der benachbarten Spalte ist die sogenannte Gitterkonstante g. Man erhält damit eine größere Helligkeit und schärfere Maxima auf dem Schirm.

Aus $k \cdot \lambda = g \cdot \sin \alpha$ ergibt sich, dass bei verschiedenen Farben bzw. Frequenzen des Lichtes unterschiedliche Ablenkwinkel auftreten. So kann man aus dem Beugungsmuster auf dem Schirm auf die Substanz schließen, die das Licht emittiert.

Mit der Spektralanalyse können somit auch Substanzen im Weltraum aufgrund ihres Lichtes bestimmt werden. Weißes Licht würde durch ein optisches Gitter zu einem regenbogenfarbigen Spektrum aufgefächert.

Tab. 19.1: Verschiedene Farben und die zugehörigen Wellenlängen

Farbe	Wellenlänge in nm
Magenta	475
Blau	484
Grün	508
Cyan	565
Gelb	578
Rot	615

19.8 Interferenz am Einzelspalt

Auch am Einzelspalt werden Lichtstrahlen gebeugt. Abbildung 19.13 auf der nächsten Seite zeigt zwei Wellenstrahlen mit einem Gangunterschied $k \cdot \lambda$. An dieser Stelle würde man zunächst ein Helligkeitsmaximum erwarten. Da jedoch eine große Anzahl von Wellen zwischen den beiden eingezeichneten Strahlen den Punkt (2. Ordnung) auf dem Schirm erreichen und diese ebenso miteinander interferieren, kommt es an dieser Stelle zu einem Helligkeitsminimum. Beim Einzelspalt ergeben sich die Minima verschiedener Ordnung nach:

$$\sin \alpha_k = \frac{k \cdot \lambda}{l}$$

Mit $k = 1, 2, 3, \ldots$.

Diese Formel ähnelt der Formel zur Berechnung der Helligkeitsmaxima beim Doppelspalt. Hier besteht die Gefahr der Verwechslung.

Die Helligkeitsmaxima sind nicht sehr stark ausgeprägt und liegen jeweils zwischen den Minima. Sie erhält man nach

$$\sin \alpha_k = \frac{2k + 1}{2l} \cdot \lambda$$

Kapitel 19

415

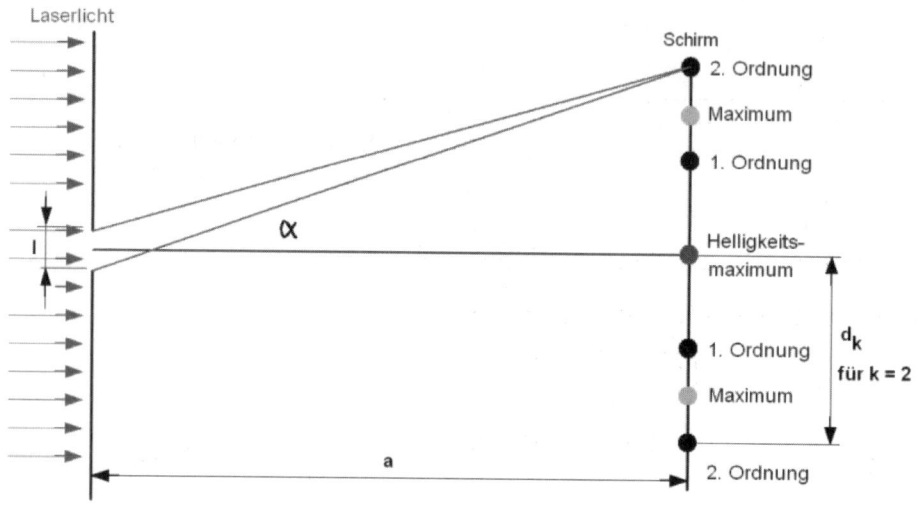

Abb. 19.13: Beugung am Einzelspalt

Rotes Laserlicht fällt auf einen Einfachspalt und erzeugt auf einem Schirm in 2 m Abstand ein Beugungsbild nach Abbildung 19.14 (idealisierte Darstellung). Die Spaltbreite beträgt 1 mm. Berechnen Sie jeweils die Wellenlänge des Lichtes über die Abstände der Helligkeitsminima und -maxima!

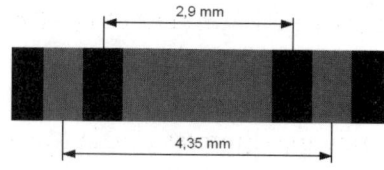

Abb. 19.14: Beugungsbild zum Beispiel (idealisiert)

Berechnung über die Helligkeitsminima:

$$\tan \alpha = \frac{1,45 \cdot 10^{-3}\,\text{m}}{2\,\text{m}}$$

Für kleine Winkel gilt: $\tan \alpha \approx \sin \alpha$

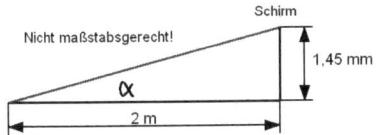

Abb. 19.15: Ermittlung von $\sin \alpha$

$$\lambda = l \cdot \sin \alpha = 1 \cdot 10^{-3}\,\text{m} \cdot \frac{1,45 \cdot 10^{-3}\,\text{m}}{2\,\text{m}} = 725\,\text{nm}$$

Berechnung über die Helligkeitsmaxima:

$$\sin \alpha \approx \tan \alpha = \frac{2,175 \cdot 10^{-3}\,\text{m}}{2\,\text{m}}$$

$$\lambda = \sin \alpha \cdot \frac{2l}{2k+1} = \frac{2,175 \cdot 10^{-3}\,\text{m}}{2\,\text{m}} \cdot \frac{2 \cdot 1 \cdot 10^{-3}\,\text{m}}{2+1} = 725\,\text{nm}$$

19.9 Elektromagnetisches Spektrum

Elektromagnetische Wellen sind in Natur und Technik von außergewöhnlicher Bedeutung. Ihre Frequenzen bzw. Wellenlängen erstrecken sich über einen weiten Bereich. Immer wenn elektrische Ladungen beschleunigt werden, entstehen elektromagnetische Wellen (Abbildung 19.16 auf der nächsten Seite).

Der Nieder- und der Hochfrequenzbereich umfasst die elektromagnetischen Wellen, die von technischen Wechselströmen ausgehen. Dazu gehören die Wellen, die in der Nachrichtentechnik (Rundfunk- und Fernsehtechnik, Mobilfunk, usw.) eingesetzt werden.

Elektromagnetische Wellen mit Wellenlängen zwischen 1 mm und etwa 10 pm bezeichnet man als Licht. Hiervon ist allerdings nur ein Teil sichtbar.

Die sehr weiche Röntgenstrahlung überschneidet sich mit dem ultravioletten Licht. Röntgenstrahlung entsteht durch negative Beschleunigung (Bremsen) an der Anode in Röntgenröhren.

Die Gammastrahlung entsteht bei der Umwandlung von Atomkernen und gehört zur radioaktiven (ionisierenden) Strahlung. Näheres hierzu finden Sie im Kapitel Atom- und Kernphysik.

Noch kürzere Wellenlängen treten bei der kosmischen Höhenstrahlung auf.

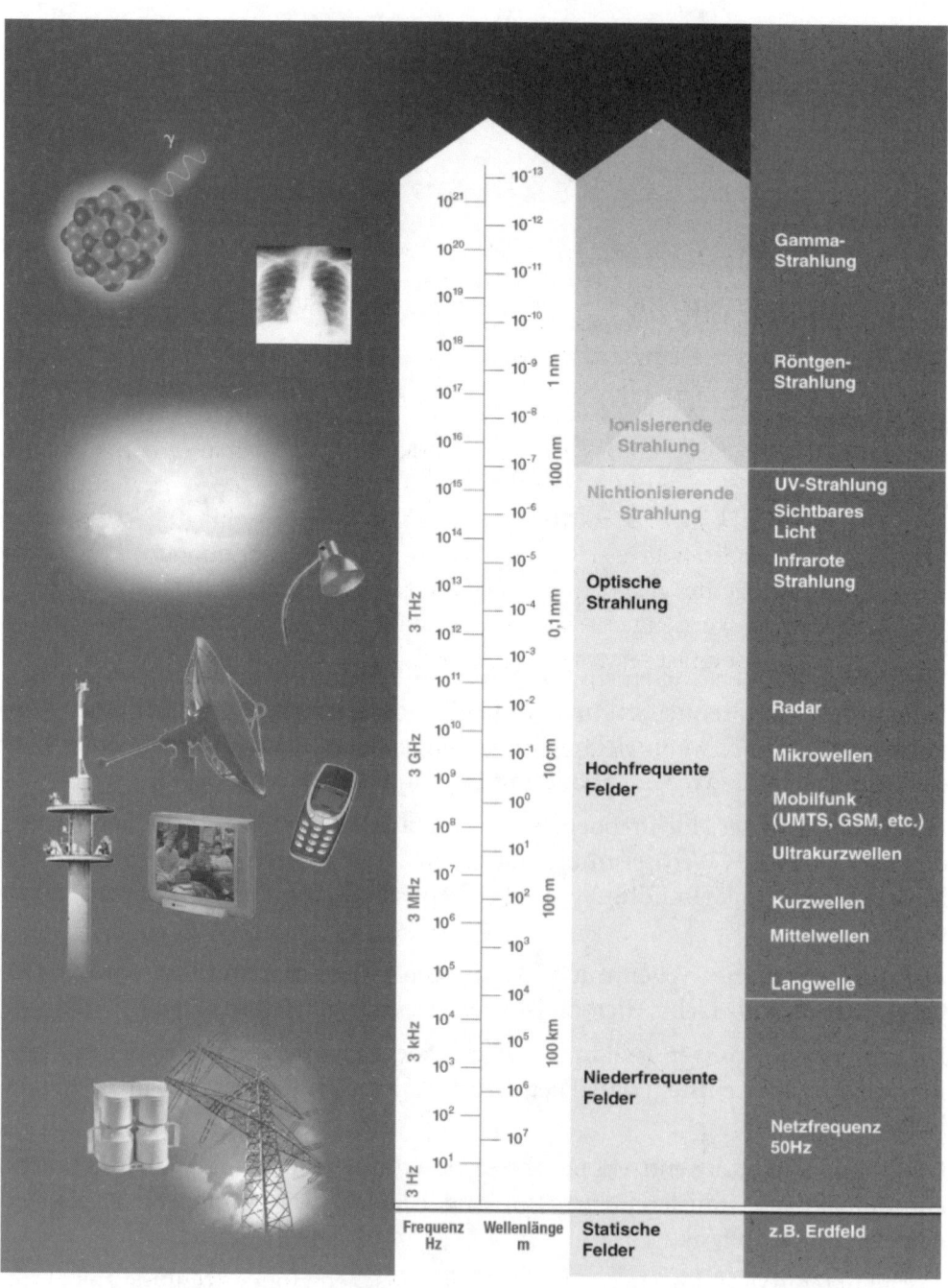

Abb. 19.16: Das elektromagnetische Spektrum (Grafik: Bundesamt für Strahlenschutz)

20 Quantenphysik

20.1 Der Fotoeffekt

Beim sogenannten äußeren Fotoeffekt wird die Kathode einer Vakuumfotozelle mit Licht bestrahlt. Dabei stellt man in einer Anordnung nach Abbildung 20.1 einen Strom fest. Dieser Fotostrom fließt jedoch nur bei Licht ausreichend hoher Frequenz (z. B. UV-Licht). Dies kann dadurch erklärt werden, dass man davon ausgeht, dass das Licht Elektronen aus der Kathode herausschlägt. Diese werden dann von der Anode angezogen – dies ist der Stromfluss. Einstein postulierte, dass die Energie des Lichtes in Portionen auf die Elektronen übertragen wird. Diese Energieportionen wurden von Einstein Photonen oder Lichtquanten genannt. Die Energie der Photonen ist proportional zur Frequenz des Lichtes.

$W_{\text{Photon}} = h \cdot f$

h ist das Plancksche Wirkungsquantum – eine Naturkonstante:

$h = 6,626 \cdot 10^{-34} \, \text{J} \cdot \text{s} = 4,14 \cdot 10^{-15} \, \text{eVs})$

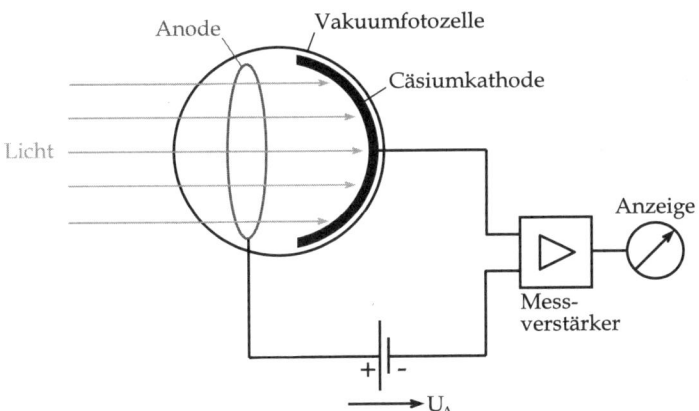

Kapitel 20

Abb. 20.1: Fotoeffekt

Die auf ein Elektron übertragene Energie wird zunächst dazu verwendet, die Elektronen aus dem Metall herauszulösen, hierzu wird die Austrittsarbeit W_A benötigt.

419

Die restliche Photonenenergie besitzt ein Elektron in Form von Bewegungsenergie W_{kin}.

$$W_{Photon} = W_A + W_{kin} = W_{max} = h \cdot f$$

Mit $E = mc^2$ ergibt sich:

$$m = \frac{E}{c^2} = \frac{W_{Photon}}{c^2} = \frac{h \cdot f}{c^2}$$

Aus dem Impuls p eines Photons

$$p = m \cdot c = \frac{h \cdot f}{c^2} \cdot c = \frac{h \cdot f}{c} = \frac{h}{\lambda}$$

ist erkennbar, dass es keine Ruheenergie und Ruhemasse hat.

Beispiel

Welche Energie hat ein Photon des Lichtes mit einer Wellenlänge von 500 nm?

$$W_{Photon} = h \cdot f = \frac{h \cdot c}{\lambda} = \frac{6,626 \cdot 10^{-34}\,\text{Js} \cdot 3 \cdot 10^8\,\frac{\text{m}}{\text{s}}}{500 \cdot 10^{-9}\,\text{m}} = 3,98 \cdot 10^{19}\,\text{J}$$

Abbildung 20.2 zeigt diese Zusammenhänge nochmals grafisch. Für verschiedene Kathodenmaterialien ergeben sich parallele Graphen. Die Steigung ist immer h. Die Austritts- oder Ablösearbeit W_A lässt sich im negativen Bereich der Hochwertachse ablesen.

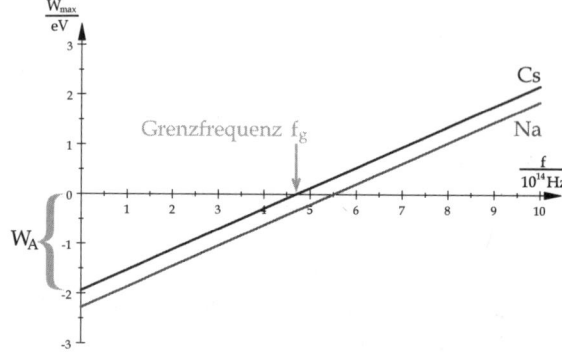

Abb. 20.2: Zum Fotoeffekt

Polt man die Spannungsquelle in Abbildung 20.1 auf der vorherigen Seite um und macht sie einstellbar, kann man mit der Gegenfeldmethode die kinetische Energie der austretenden Elektronen bestimmen. Die Spannung wird so eingestellt, dass der Strom $I = 0$ wird. Die kinetische Energie der Elektronen ist jetzt:

$$W_{kin} = e \cdot U$$

Beispiel

Licht mit einer Wellenlänge $\lambda = 400\,\text{nm}$ fällt auf eine Vakuumfotozelle. Bei einer negativen Anodenspannung (auch Gegen- oder Bremsspannung) $U_G = 1,505\,\text{V}$ wird der Fotostrom $I = 0$. Bestimmen Sie die Austrittsarbeit W_A des Kathodenmaterials.

$$W_A = h \cdot f - W_{\text{kin}} = h \cdot \frac{c}{\lambda} - W_{\text{kin}}$$

$$= 4,14 \cdot 10^{-15}\,\text{eVs} \cdot \frac{3 \cdot 10^8\,\frac{\text{m}}{\text{s}}}{400 \cdot 10^{-9}\,\text{m}} - 1,505\,\text{eV} = 1,6\,\text{eV} = 2,563 \cdot 10^{-19}\,\text{J}$$

20.2 Comptoneffekt

Elektromagnetische Wellen im Bereich von 10^{16} bis 10^{20} Hz werden als Röntgenstrahlen bezeichnet. Wenn man z. B. Graphit mit Röntgenstrahlung bestrahlt, gibt es bei der seitlichen und der rückwärtigen Streustrahlung Anteile mit kleinerer Frequenz bzw. größerer Wellenlänge. A. H. Compton erklärte dies mithilfe der Photonen. Prallt ein Photon der Röntgenstrahlung auf ein Elektron des Streumaterials, so verliert das Photon Energie und ändert seine ursprüngliche Richtung – es wird gestreut. Die ursprüngliche Energie des Photons war $W = h \cdot f$. Wenn es Energie verliert, also W kleiner wird, muss auch f kleiner werden. Quantitativ ergibt sich:

$$\Delta\lambda = \frac{h}{m_e \cdot c}(1 - \cos\vartheta) = 2,427 \cdot 10^{-12}\,\text{m}(1 - \cos\vartheta)$$

Der Wert $2,427 \cdot 10^{-12}\,\text{m}$ wird auch als Compton-Wellenlänge bezeichnet.

20.3 Doppelspalt-Experiment

Die Interferenzerscheinungen am Doppelspalt wurden bereits im Kapitel 19 auf Seite 405 dargestellt. Das entstehende Interferenzmuster kann mit der Vorstellung, dass Licht eine elektromagnetische Welle ist, erklärt werden. Geht man jedoch davon aus, dass Licht in Form von kleinen Teilchen, den Photonen, von der Lichtquelle emittiert wird, lassen sich alle Vorgänge beim Doppelspalt-Experiment nicht erklären. Licht verhält sich demnach offenbar im Moment des Entstehens und im Moment des Auftreffens wie Teilchen. Die Phänomene beim Spaltdurchgang erschließen sich uns nur mit der Wellenvorstellung. Da Licht demzufolge sowohl

Wellen- als auch Teilchencharakter hat, spricht man auch vom Dualismus des Lichtes. Objekte, die sowohl Teilchen- als auch Welleneigenschaften haben können, werden als Quantenobjekte bezeichnet. Auch Elektronen gehören dazu. 1923 schlug de Broglie vor, den Elektronen auch eine Welleneigenschaft zuzuordnen. Die De-Broglie-Wellenlänge entspricht der Formel:

$$\lambda = \frac{h}{p} = \frac{h}{m \cdot v}.$$

Beschießt man eine genügend kleine Lochblende mit Elektronen oder anderen Quantenobjekten, so werden sie gebeugt und ändern ihre Richtung (Abbildung 20.3). Nach der Heisenbergschen Unschärferelation ist es nicht möglich, den Ort und den Impuls eines Teilchens gleichzeitig exakt zu bestimmen. Für die x-Koordinaten gilt:

$$\Delta p_x \cdot \Delta x \geq \frac{h}{4\pi}$$

Das Produkt aus Ort und Impuls kann also nicht beliebig klein werden.

Da der Begriff „Unschärfe" willkürlich definiert werden kann, kann der Nenner auf der rechten Seite der Gleichung in der Literatur auch etwas anders aussehen – dies spielt aber für den Gesamtzusammenhang keine wesentliche Rolle.

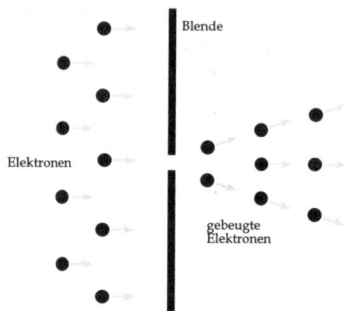

Abb. 20.3: Gebeugte Elektronen

Zitate

Von R. P. Feynman, einem weltberühmter Physiker, der 1965 den Nobelpreis erhielt, stammt das Zitat „... ich denke, ich kann davon ausgehen, dass niemand die Quantenmechanik versteht."

Der Physiker Max Born schrieb in einem Brief an Albert Einstein:
„Die Quanten sind eine hoffnungslose Schweinerei!"

21 Atom- und Kernphysik

21.1 Historisches

Der Begriff des „Atoms" als kleinster Baustein der Materie wurde schon im alten Griechenland geprägt. Der Chemiker Dalton konkretisierte die Atomvorstellung. Er hielt Atome für kugelförmig und ohne innere Struktur. J. J. Thomson entdeckte am Ende des 19. Jahrhunderts das Elektron. Schnell wurde klar, dass die Elektronen Bestandteile der Atome sind. Da ein Elektron eine negative Ladung trägt, ein Atom aber elektrisch neutral ist, musste noch eine positive Ladung im Atom sein. Die Versuche von Philip Lenard und Ernest Rutherford führten zu einem neuen Atommodell. Rutherford beschoss eine dünne Goldfolie mit α-Teilchen. Dabei durchdrangen die meisten Teilchen die Folie ungehindert. Einige wurden gestreut und manche praktisch reflektiert. Hierzu finden Sie Simulationen im Internet. Da α-Teilchen zweifach positiv geladen sind, führte Rutherford die Streuung und die Reflexion auf das Aufprallen der Teilchen auf ein positives Ladungszentrum im Atom zurück. Sein Atommodell bestand demnach aus einem positiv geladenen Atomkern mit großer Masse. Der Kern wird von Elektronen auf Bahnen mit einem Radius der Größenordnung 10^{-10} m umkreist. Der Kerndurchmesser beträgt etwa ein $\dfrac{1}{10.000}$ davon.

21.2 Das Bohrsche Atommodell

Das Rutherfordsche Atommodell wurde 1913 von Niels Bohr weiterentwickelt. Das erste Bohrsche Postulat besagt, dass die Elektronen eines Atoms sich mit konstanter Energie auf kreisförmigen Bahnen mit bestimmten Radien bewegen, ohne dabei Energie abzustrahlen. Je größer der Bahnradius – auch Energiestufe E genannt –, umso größer ist die Energie des Elektrons. Die Bahnnummer n wird auch als Hauptquantenzahl bezeichnet.

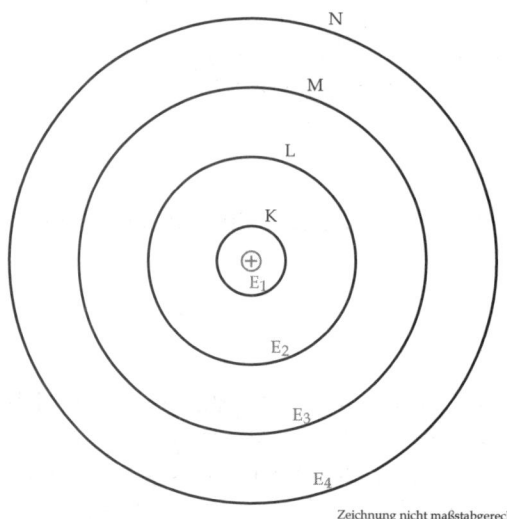

Zeichnung nicht maßstabgerecht!

Abb. 21.1: Energiestufen im Bohr-schen Atommodell

Sommerfeld benannte die zulässigen Bahnen später mit Buchstaben (K, L, M, ...). Für eine zulässige Bahn n gilt:

$$2\pi \cdot r_n \cdot m_e \cdot v_n = n \cdot h$$

Weiterhin gilt für den Bahnradius r_n bzw. die Geschwindigkeit v_n auf einer zulässigen Bahn:

$$r_n = \frac{h^2 \cdot \varepsilon_0}{\pi \cdot m_e \cdot e^2} \cdot n^2$$

$$v_n = \frac{e^2}{2 \cdot h \cdot \varepsilon_0} \cdot \frac{1}{n}$$

Beispiel

Welcher Bahnradius r_1 und welche Geschwindigkeit v_1 ergibt sich für ein Wasserstoffatom im Grundzustand?

Im Grundzustand bewegt sich das Elektron des Wasserstoffes auf der ersten Bahn mit der Energiestufe E_1.

$$r_1 = \frac{h^2 \cdot \varepsilon_0}{\pi \cdot m_e \cdot e^2} \cdot n^2 = \frac{(6,626 \cdot 10^{-34}\,\text{Js})^2 \cdot 8,859 \cdot 10^{-12}\,\frac{\text{As}}{\text{Vm}}}{\pi \cdot 9,109 \cdot 10^{-31}\,\text{kg} \cdot (1,602 \cdot 10^{-19}\,\text{As})^2} \cdot 1^2 =$$

$$= 5,3 \cdot 10^{-11}\,\text{m}$$

$$v_1 = \frac{e^2}{2 \cdot h \cdot \varepsilon_0} \cdot \frac{1}{n} = \frac{(1,602 \cdot 10^{-19}\,\text{As})^2}{2 \cdot 6,626 \cdot 10^{-34}\,\text{Js} \cdot 8,859 \cdot 10^{-12}\,\frac{\text{As}}{\text{Vm}}} \cdot \frac{1}{1} =$$

$$= 2,19 \cdot 10^6\,\frac{\text{m}}{\text{s}}$$

Das Elektron hat auf seiner Bahn kinetische und potenzielle Energie. Die Gesamt-energie E_n auf einer Bahn ergibt sich aus:

$$E_n = -\frac{e^4 \cdot m_e}{8\varepsilon_0^2 \cdot h^2} \cdot \frac{1}{n^2} \approx -13,53\,\text{eV} \cdot \frac{1}{n^2}$$

Wieso ist die Energie negativ? Befindet sich das Elektron weit vom Kern entfernt, wirkt keine Coulombsche Kraft mehr. Es wurde willkürlich festgelegt, dass ein Elektron außerhalb des Anziehungsbereiches des Kernes die Energie $E_\infty = 0$ besitzt. Gemäß dem ersten Bohrschen Postulat wird die Energie mit kleinerem Bahnradius geringer; sie muss also auf den kernnäheren Bahnen kleiner als null – also negativ – sein.

Wird einem Elektron auf einer Bahn E_n Energie zugeführt, so springt es auf eine höhere Bahn E_m. Beim Rücksprung auf die Bahn E_n wird die Energiedifferenz ΔE zwischen den Bahnen in Form von Licht abgestrahlt. Dies ist das zweite Bohrsche Postulat.

$$\Delta E = E_m - E_n = h \cdot f$$

Aus Kapitel 20 wissen Sie: h ist das Plancksche Wirkungsquantum:
$$h = 6,626 \cdot 10^{-34}\,\text{Js} = 4,14 \cdot 10^{-15}\,\text{eVs}$$

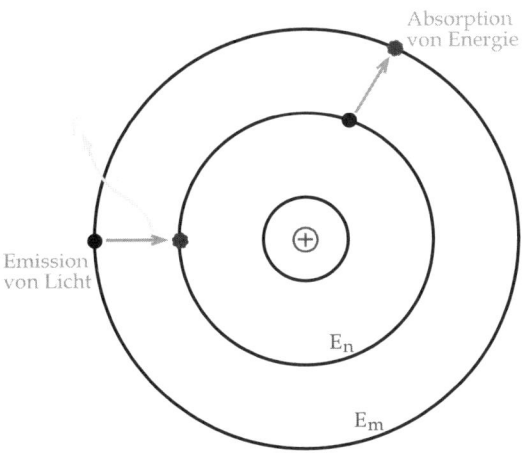

Absorption von Energie

Emission von Licht

E_n

E_m

Abb. 21.2: Zum zweiten Bohrschen Postulat

Zur quantitativen Darstellung der Zusammenhänge benutzt man häufig das Energieniveau- oder Termschema (Abbildung 21.3). Jede waagrechte Linie entspricht dem Energieniveau einer Schale.

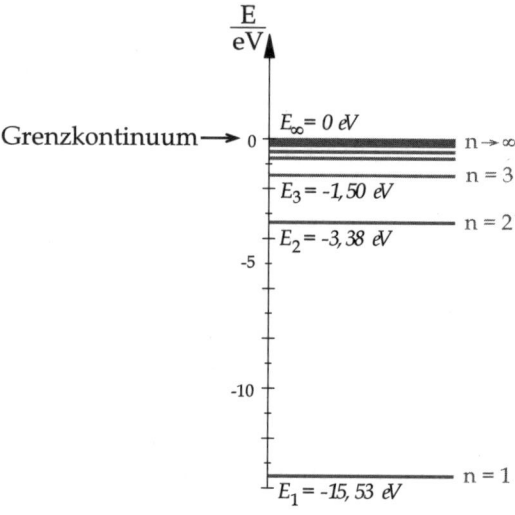

Abb. 21.3: Energieniveauschema

Beispiel

Im angeregten Wasserstoffatom geht ein Elektron von der vierten auf die erste Bahn über. Berechnen Sie die Wellenlänge des emittierten Lichtes!

$$E_4 = -13,53\,\text{eV} \cdot \frac{1}{n^2} = -13,53\,\text{eV} \cdot \frac{1}{4^2} = -0,846\,\text{eV}$$

$$E_1 = -13,53\,\text{eV}$$

$$E_4 - E_1 = h \cdot f = h \cdot \frac{c}{\lambda}$$

$$\lambda = \frac{h \cdot c}{E_4 - E_1} = \frac{4,14 \cdot 10^{-15}\,\text{eVs} \cdot 3 \cdot 10^8\,\frac{\text{m}}{\text{s}}}{-0,846\,\text{eV} - (-13,53\,\text{eV})} = 9,8 \cdot 10^{-8}\,\text{m}$$

In Abbildung 21.4 auf der nächsten Seite sind weitere mögliche Übergänge in einem Wasserstoffatom eingezeichnet. Viele dieser Übergänge werden zu Serien zusammengefasst und meist nach ihrem Entdecker benannt. Die Paschen-Serie liefert Licht im Infrarotbereich. Das UV-Licht gehört zur Lyman-Serie. Bei den ersten vier Übergängen der Balmer-Serie handelt es sich um sichtbares Licht. Die

Frequenz des jeweils abgestrahlten Lichtes lässt sich auch über die sogenannte Balmer-Formel ermitteln:

$$f = R \left(\frac{1}{n^2} - \frac{1}{m^2} \right)$$

R ist die Rydberg-Frequenz; $R = 3,29 \cdot 10^{15}$ Hz. Bei $m \to \infty$ wird die Seriengrenze erreicht.

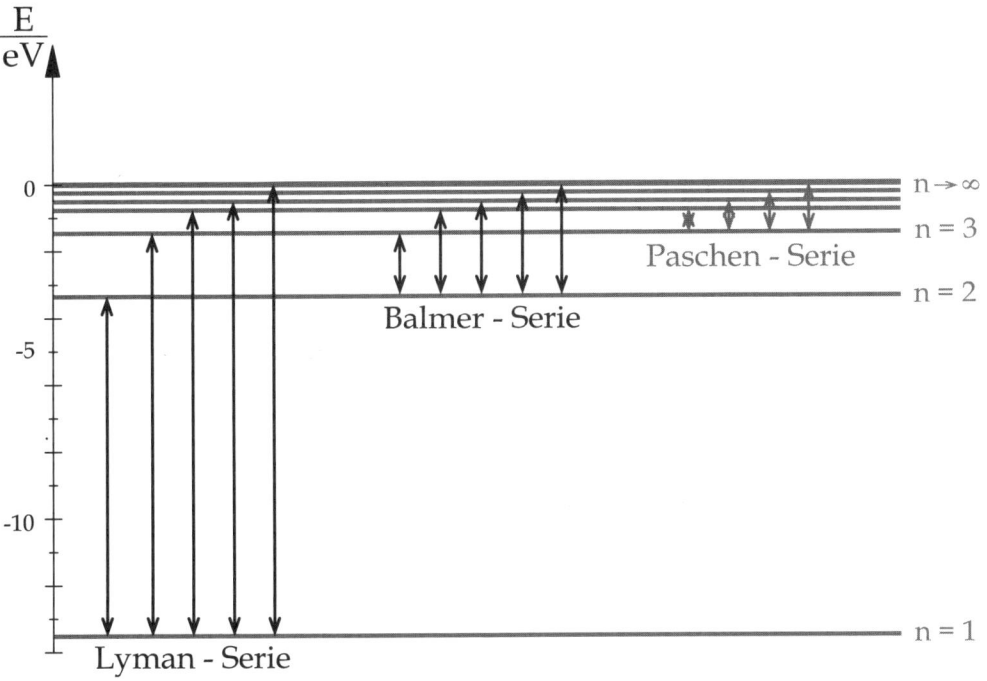

Abb. 21.4: Termschema des H-Atoms

Beispiel

Welche Frequenz f hat das emittierte Licht beim Übergang von der 6. auf die 1. Schale in einem Wasserstoffatom und welcher Serie ist es zuzuordnen?

Übergänge auf die erste Schale gehören zur Lyman-Serie.

$$f = R \left(\frac{1}{n^2} - \frac{1}{m^2} \right) = 3,29 \cdot 10^{15}\,\text{Hz} \left(\frac{1}{1^2} - \frac{1}{6^2} \right) = 3,2 \cdot 10^{15}\,\text{Hz}$$

Kapitel 21

Regt man Wasserstoff zur Lichtemission an und zerlegt man dieses Licht spektral, erhält man ein typisches Linienspektrum (Abbildung 21.5 unten).

Abb. 21.5: Linienspektrum und Fraunhofersche Linien des Wasserstoffs

Erkennbar sind die vier Frequenzen der Balmer-Serie im sichtbaren Bereich. Die fünfte Linie im UV-Bereich ist nicht sichtbar. Jedes chemische Element hat sein eigenes charakteristisches Linienspektrum. Mit der Spektralanalyse lässt sich somit die Zusammensetzung eines Stoffes bestimmen. Umgekehrt kann ein Atom auch genau diejenigen Frequenzen absorbieren, die es emittiert. Es entstehen dann die Fraunhoferschen Linien (Abbildung 21.5 oben).

Das Bohrsche Atommodell beschreibt die quantitativen Zusammenhänge beim Wasserstoffatom und anderen Ein-Elektronensystemen (z. B. ein positives Helium-ion) sehr genau. Bei anderen Atomen können die Zusammenhänge nicht angewendet werden.

21.3 Franck-Hertz-Versuch

Abbildung 21.6 auf der nächsten Seite zeigt den Versuchsaufbau. In einer Glasröhre befindet sich heißer Quecksilberdampf. Eine Glühkathode emittiert Elektronen, die sich durch die Beschleunigungsspannung U_B in Richtung Gitter bzw. Anode bewegen. Ein Teil der Elektronen dringt durch das Gitter zur Anode. Dabei werden die Elektronen durch die Gegenspannung (Bremsspannung) U_G abgebremst. Der Anodenstrom I_A ist ein Maß für die Anzahl der zur Anode gelangenden Elektronen.

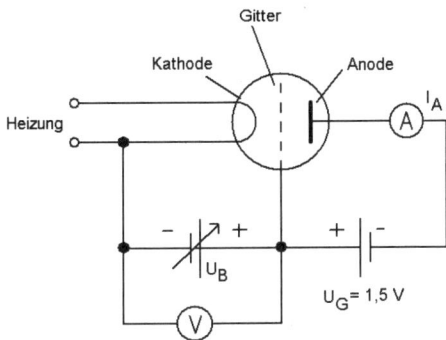

Abb. 21.6: Franck-Hertz-Versuch

Die Spannung U_B wird – bei 0 V beginnend – langsam erhöht und I_A registriert. Der Strom I_A steigt zunächst an. Bei $U_B = 4{,}9$ V fällt der Strom stark ab. Hier haben die Elektronen genug Energie (4,9 eV), um ein Quecksilberatom in einen angeregten Zustand zu versetzen (unelastischer Stoß). Die Restenergie reicht dann nicht mehr, um gegen die Bremsspannung U_G anzulaufen, und I_A fällt wieder ab. Bei $2 \cdot 4{,}9$ V ist der gleiche Effekt zu beobachten. Jetzt findet die erste Kollision schon weit vor der Anode statt; auf der restlichen Strecke beschleunigt das Elektron wieder so stark, dass bei einer weiteren Kollision wieder ein Hg-Atom die Energie 4,9 eV vom Elektron aufnimmt. Durch den Versuch wurde Bohrs Annahme untermauert, dass Atome nur bestimmte Energieportionen (hier 4,9 eV) aufnehmen können. Abbildung 21.7 zeigt den Verlauf des Stromes I_A in Abhängigkeit von U_B. ΔU ist bei Quecksilber also immer 4,9 V. Bei anderen Elementen ergeben sich entsprechend andere Werte.

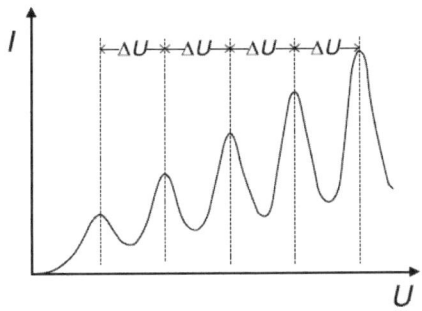

Abb. 21.7: Stromverlauf beim Franck-Hertz-Versuch

21.4 Moseley-Gesetz

Man muss relativ viel Energie aufwenden, um in einem Atom mit höherer Ordnungszahl Z, z. B. Kupfer mit $Z = 29$, ein Elektron auf der innersten K-Schale derart anzuregen, dass es auf die L-Schale wechselt. Beim Rücksprung von L nach K wird die charakteristische Röntgenstrahlung mit der Frequenz f_{K_α} abgegeben. Die Frequenz ist materialabhängig und berechnet sich beim Wechsel von K nach L mit dem Moseley-Gesetz:

$$f_{K_\alpha} = \frac{3}{4} R (Z - 1)^2$$

Beispiel

Bei Kupfer hat die Röntgenstrahlung die Frequenz:

$$f = \frac{3}{4} \cdot 3,29 \cdot 10^{15}\,\text{Hz}\,(29 - 1)^2 = 1,94 \cdot 10^{18}\,\text{Hz}$$

21.5 Der lineare Potenzialtopf

Wie schon erwähnt, lassen sich die Bohrschen Postulate nur auf Einelektronensysteme anwenden. Louis de Broglie ordnete den Elektronen auf einer Bahn eine Wellenbewegung zu. Es sind danach nur solche Bahnen möglich, auf denen sich stehende Wellen ausbilden können. Die Bahnlänge $l = 2 \cdot \pi \cdot r_n$ ist also ein ganzzahliges Vielfaches der Wellenlänge λ. Aus $l = 2 \cdot \pi \cdot r_n = n \cdot \lambda$ und $\lambda = \frac{h}{p} = \frac{h}{m_e \cdot v_n}$ ergibt sich: $2\pi \cdot r_n \cdot m_e \cdot v_n = n \cdot h$. Die Anzahl der Wellenlängen auf einer Kreisbahn entspricht dabei der Hauptquantenzahl n. Diese Zusammenhänge gelten nur für große Hauptquantenzahlen. Bei kleinen Quantenzahlen kann man nicht mehr von Bahnen sprechen. Es gibt dann Bereiche, in denen sich die Elektronen aufhalten. Orbitale sind dreidimensionale Bereiche, in denen sich die Elektronen mit einer Wahrscheinlichkeit von 90 % aufhalten.

Der lineare Potenzialtopf ist ein zweidimensionales Modell. Zwischen zwei unendlich hohen Potenzialwänden pendelt das Elektron auf dem Energieniveau E_n hin und her (Abbildung 21.9 auf der nächsten Seite). Dabei bilden sich stehende Wellen aus (Abbildung 21.10 auf Seite 432). Die Wahrscheinlichkeit, ein Elektron zur Zeit t im Bereich Δx zu finden, nennt man Antreff- oder Aufenthaltswahrscheinlichkeit

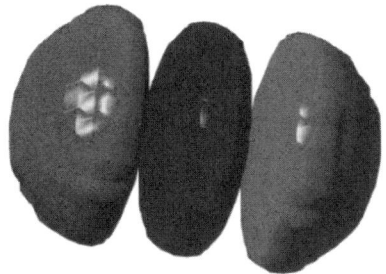

Abb. 21.8: Beispiel für ein Orbital

ψ^2. Die Energie eines Elektrons auf der Bahn n im Potenzialtopf kann nur diese Werte annehmen:

$$E_n = \frac{h^2}{8 \cdot m_e \cdot l^2} \cdot n^2$$

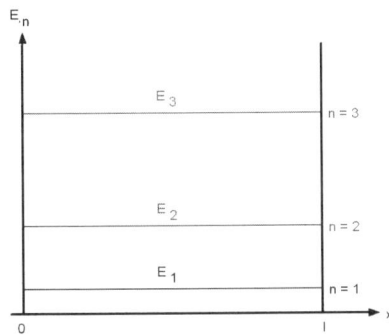

Abb. 21.9: Energieniveaus im Potenzialtopf

21.6 Atomkern

Der Atomkern besteht aus Protonen und Neutronen. Die Protonen sind positiv geladen; die Neutronen tragen keine elektrische Ladung. Protonen und Neutronen bezeichnet man zusammen als Nukleonen.

Da die Protonen je eine positive Ladung +e tragen, müssten sie sich gegenseitig abstoßen. Dass der Kern trotzdem nicht zerplatzt, liegt an der sogenannten Kernkraft. Hierbei handelt es sich um eine starke Kraft, die nur über sehr kurze Entfernungen (10^{-15} m) wirkt und wesentlich stärker als die abstoßende Coulombkraft ist.

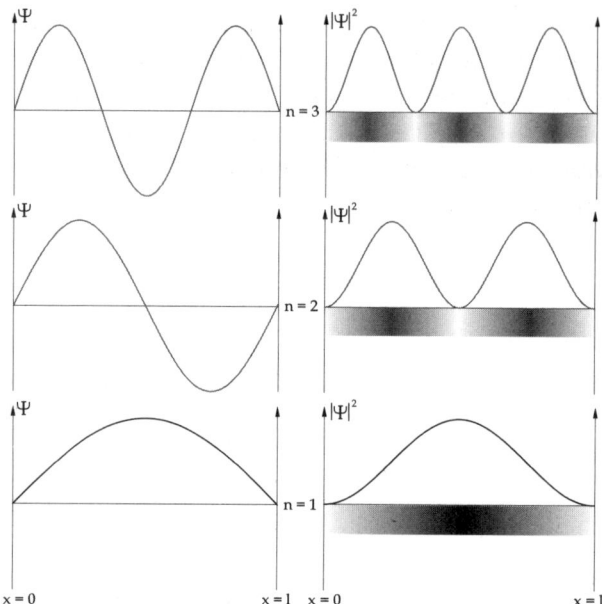

Abb. 21.10: Stehende Wellen und Wahrscheinlichkeitsdichte im Potenzialtopf

Abb. 21.11: Atomkern

Bezeichnet man die Anzahl der Protonen (auch Kernladungs- oder Ordnungszahl) mit Z, die Anzahl der Neutronen mit N und die Nukleonenzahl (auch Massenzahl) mit A, so ist $A = N + Z$.

Die Neutronenzahl N und die Protonenzahl Z werden auch häufig direkt an das Elementsymbol geschrieben (Abbildung 21.12 auf der nächsten Seite). Alternativ ist auch die Schreibweise Ni-60 üblich. Bei neutralen Atomen entspricht die Kernladungszahl der Elektronenzahl der Hülle. Die Kernladungs- bzw. Ordnungszahl wird im Periodensystem der Elemente (PSE) angegeben.

Abb. 21.12: Zahlen am Elementsymbol

Beispiel

Geben Sie an, wie viele Elektronen, Protonen, Neutronen und Nukleonen ein Atomkern des Pb-207 hat!

Protonenzahl: $Z = 82$ (aus PSE)

Elektronenzahl: 82

Neutronenzahl: $N = A - Z = 207 - 82 = 125$

Nukleonenzahl: $A = 207$

Ein Nuklid ist ein Atomkern mit einer bestimmten Anzahl von Protonen und Neutronen. Damit ist die Kernsorte festgelegt. Nuklide mit gleichem Z nennt man Isotope, die mit gleichem N heißen Isotone, und Nuklide mit der gleichen Massenzahl sind Isobare.

Zwei Isotope des Wasserstoffs haben eigene Namen: Der Kern des Deuteriums enthält im Kern neben dem Proton noch ein Neutron und wird auch als schwerer Wasserstoff bezeichnet. Beim Tritium (überschwerer Wasserstoff) befinden sich im Kern zwei Neutronen und ein Proton.

Die atomare Masseneinheit $u = 1,66054 \cdot 10^{-27}$ kg ist ein Zwölftel der Masse des Isotops C-12.

$$1\,\text{u} = \frac{1}{12} \cdot {}_{6}^{12}\text{C} = 1,66054 \cdot 10^{-27}\,\text{kg}$$

Weiterhin unterscheidet man die absolute Atommasse m_a und die relative Atommasse A_r. Bei der Angabe der Atommasse wird meist nur die Masse des Kernes angegeben, da die Masse der Elektronen vernachlässigbar klein ist.

$$A_r = \frac{m_a}{u}$$

Beispiel

Kohlenstoff besteht aus einem Isotopengemisch entsprechend der folgenden Tabelle 21.1 auf der nächsten Seite:

Isotop	$\frac{A_r}{u}$	Häufigkeit
C-12	12,000	98,9 %
C-13	13,003	1,1 %
C-14	14,003	$0,3 \cdot 10^{-10}$ %

Tab. 21.1: Isotopengemisch

Ermitteln Sie die relative Atommasse A_r des Gemisches!

$$A_r = 0,989 \cdot 12 + 0,011 \cdot 13,003 + 0,3 \cdot 10^{-12} \cdot 14,003 = 12,011$$

Diesen Wert finden Sie auch im PSE! Für die absolute Masse würde sich ergeben:

$$m_a = A_r \cdot u = 12,011 \cdot 1,6605 \cdot 10^{-27}\,\text{kg} = 1,994 \cdot 10^{-26}\,\text{kg}$$

21.7 Massendefekt und Bindungsenergie

Experimentell findet man für den Kern des Heliums eine Masse von $6,6447 \cdot 10^{-27}$ kg entsprechend $4,00151$ u. Ein Heliumkern besteht aus zwei Protonen und zwei Neutronen. Da die Protonenmasse ($m_p = 1,6726231 \cdot 10^{-27}$ kg) und die Neutronenmasse ($m_n = 1,674928681 \cdot 10^{-27}$ kg) bekannt sind, müsste sich der experimentelle Wert durch Rechnung bestätigen. Man erhält aber:

$$2 \cdot m_p + 2 \cdot m_n = 2 \cdot 1,6726231 \cdot 10^{-27}\,\text{kg} + 2 \cdot 1,674928681 \cdot 10^{-27}\,\text{kg}$$
$$= 6,6951 \cdot 10^{-27}\,\text{kg} = 4,0318826\,\text{u}$$

Dies ist ein deutlich höherer Wert. Die Differenz Δm wird Massendefekt genannt.

$$\Delta m = 6,6951 \cdot 10^{-27}\,\text{kg} - 6,6447 \cdot 10^{-27}\,\text{kg} = 5,040 \cdot 10^{-29}\,\text{kg} =$$
$$= 0,030373\,\text{u}$$

Dieses Phänomen ist nicht nur beim Helium, sondern bei allen Atomkernen zu beobachten. Die Masse eines Atomkerns ist geringer als die Summe der Massen seiner Nukleonen.

Einstein lieferte mit seiner Formel $E = mc^2$ eine Erklärung dafür. Danach sind Masse und Energie gleichwertig. Für das vorstehende Beispiel würde sich ergeben:

$$E = \Delta m \cdot c^2 = 5,040 \cdot 10^{-29}\,\text{kg} \cdot \left(3 \cdot 10^8\,\frac{\text{m}}{\text{s}}\right)^2 = 4,536 \cdot 10^{-12}\,\text{J}$$

Diese Energie müsste man aufwenden, um die vier Nukleonen des Heliums zu trennen. Man spricht auch von der Bindungsenergie $E_B = \Delta m \cdot c^2$. Würde man die vier getrennten Nukleonen wieder vereinigen, so würden sie in einen

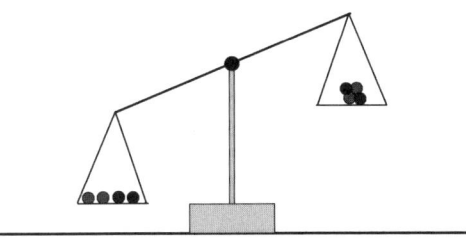

Abb. 21.13: Massendefekt

Zustand niedrigerer Energie übergehen. Dabei wird Energie freigesetzt. Oft wird die Bindungsenergie pro Nukleon angegeben. Diese beträgt für unser Beispiel:

$$\frac{E_B}{A} = \frac{4{,}536 \cdot 10^{-12}\,\text{J}}{4} = 1{,}134 \cdot 10^{-12}\,\text{J} = 7{,}079\,\text{MeV}$$

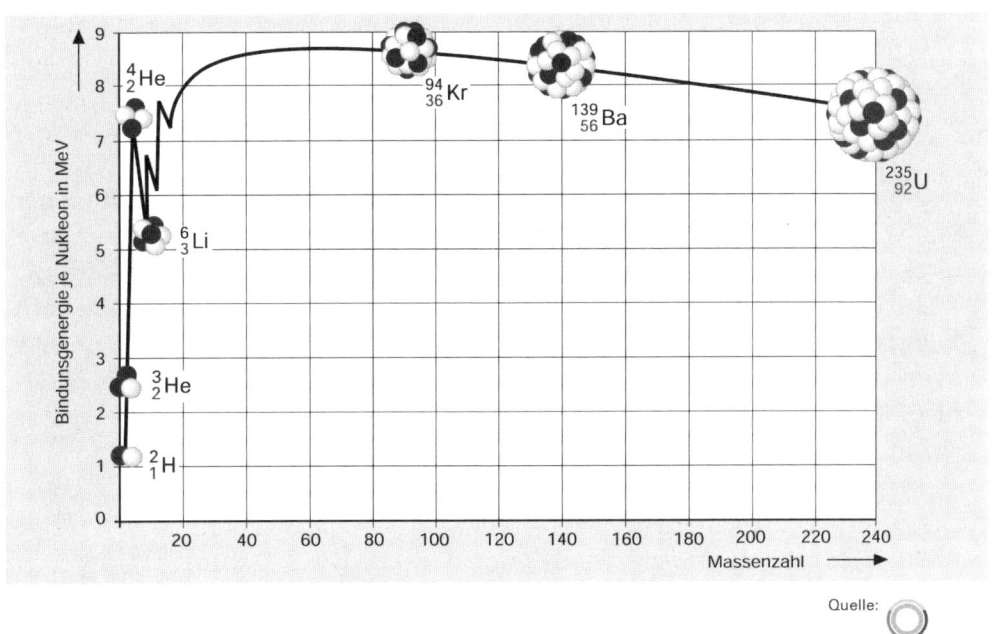

Quelle: Informationskreis KernEnergie

Abb. 21.14: Bindungsenergie/Nukleon als Funktion von A

Beispiel

Beim Wasserstoff-Isotop H-2 – Deuterium genannt – findet man messtechnisch eine Kernmasse von 2,0136 u. Berechnen Sie die Bindungsenergie pro Nukleon in MeV!

Der Kern besteht aus einem Proton mit der Masse m_p und einem Neutron der Masse m_n.

$$m_p + m_n = 1,6726231 \cdot 10^{-27}\,\text{kg} + 1,6749286 \cdot 10^{-27}\,\text{kg}$$
$$= 3,3475517 \cdot 10^{-27}\,\text{kg}$$

Gemessene Masse:

$$2,0136\,\text{u} = 2,0136 \cdot 1,66054 \cdot 10^{-27}\,\text{kg} = 3,3436 \cdot 10^{-27}\,\text{kg}$$
$$\Delta m = 3,3475517 \cdot 10^{-27}\,\text{kg} - 3,3436 \cdot 10^{-27}\,\text{kg} = 3,9517 \cdot 10^{-30}\,\text{kg}$$

$$E = \Delta m \cdot c^2 = 3,9517 \cdot 10^{-30}\,\text{kg} \cdot \left(3 \cdot 10^8\,\frac{\text{m}}{\text{s}}\right)^2 = 3,5565 \cdot 10^{-13}\,\text{J}$$

$$\frac{3,5565 \cdot 10^{-13}\,\text{J}}{1,602 \cdot 10^{-19}\,\text{As}} = 2,22\,\text{MeV}$$

Bindungsenergie pro Nukleon:

$$\frac{E_B}{A} = \frac{2,22\,\text{MeV}}{2} = 1,11\,\text{MeV}$$

Aus Abbildung 21.14 auf der vorherigen Seite ergibt sich, dass die Bindungsenergie für leichte und mittelschwere Kerne mit steigender Massenzahl A zunächst zunimmt und sich ab $A \approx 60$ wieder verringert. Gelingt es z. B. einen Kern mit $A = 240$ in zwei Kerne mit je $A = 120$ zu spalten, so wird Energie frei. Die Kernspaltung wird in Kernkraftwerken zur Energiegewinnung angewendet. Andererseits wird ebenfalls Energie frei, wenn Kerne mit $A < 60$ verschmolzen werden. Dieses wird als Kernfusion bezeichnet.

21.8 Radioaktivität

Man unterscheidet grundsätzlich drei Arten von radioaktiver Strahlung: Alpha-, Beta- und Gamma-Strahlung. Untersuchungen ergaben, dass die radioaktive Strahlung aus dem Atomkern kommt.

Die Teilchen der Alpha-Strahlung bestehen aus je zwei Protonen und zwei Neutronen. Diese Konfiguration entspricht einem Heliumkern. Die Geschwindigkeit der α-Strahlung liegt in der Größenordnung von $10^7 \, \frac{m}{s}$. Die Alpha-Strahlung lässt sich durch ein Stück Papier abschirmen. Beta-Strahlung kann Metall nicht durchdringen und ist somit auch leicht abschirmbar. Alpha-Strahlen sind etwa 20-mal so intensiv und gefährlich wie Beta- oder Gamma-Strahlen.

Die Anzahl der Protonen und der Neutronen verringert sich durch Alpha-Strahlung um je zwei. Damit ist zwangsläufig eine Elementumwandlung verbunden.

Beispiel

Radium-226 ist ein α-Strahler. Durch Aussenden eines α-Teilchens verliert der Kern zwei Protonen und zwei Neutronen. Aus Radium-226 wird Radon-222 (Abbildung 21.15).

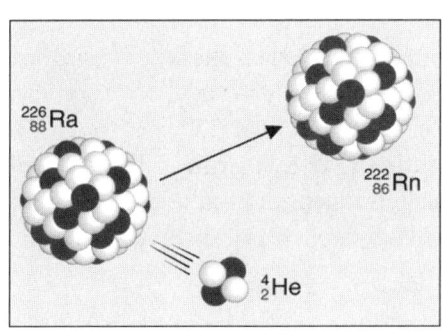

Abb. 21.15: Alpha-Zerfall
(Quelle: Informationskreis Kernenergie)

Diesen Vorgang kann man auch durch eine Reaktionsgleichung darstellen:

$^{226}_{88}\text{Ra} \rightarrow \, ^{222}_{86}\text{Rn} + \, ^{4}_{2}\text{He}$

Allgemein gilt für den α-Zerfall:

$^{A}_{Z}X \rightarrow \, ^{A-4}_{Z-2}Y + \, ^{4}_{2}\alpha$

Bei der β-Strahlung unterscheidet man zwei Arten: die β^--Strahlung und die β^+-Strahlung. Die β^--Strahlung ist dadurch gekennzeichnet, dass im Atomkern ein

Neutron n in ein Proton p und ein Elektron e^- umgewandelt wird. Dabei entsteht noch ein sogenanntes Antineutrino $\overline{\nu}$. Das Antineutrino und das Neutrino haben keine elektrische Ladung und keine Ruhemasse.

$$n \to p + e^- + \overline{\nu} \quad \text{oder} \quad {}_0^1 n \to {}_1^1 p + {}_{-1}^0 e + {}_0^0 \overline{\nu}$$

bzw.

$$_Z^A X \to_{Z+1} AY + {}_{-1}^0 e + {}_0^0 \overline{\nu}$$

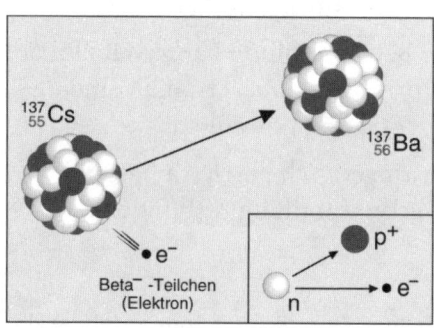

Abb. 21.16: Beta$^-$-Zerfall
(Quelle: Informationskreis Kernenergie)

Die Reaktionsgleichung der β^+-Strahlung lautet:

$$p \to n + e^+ + \nu \quad \text{oder} \quad {}_1^1 p \to {}_0^1 n + {}_1^0 e + {}_0^0 \nu$$

bzw.

$$_Z^A X \to_{Z-1}^{A} Y + {}_{+1}^0 e + \nu$$

Hier wird ein Proton in ein Neutron umgewandelt. Die Strahlung besteht aus einem Positron e^+. Positronen besitzen die gleichen Eigenschaften wie Elektronen; allerdings haben sie eine positive Ladung. Hierbei entsteht zusätzlich ein Neutrino ν. Na-22 ist z. B. ein β^+-Strahler.

Ein angeregter Atomkern kann sogenannte γ-Strahlung aussenden. Es handelt sich hierbei um hochenergetische, elektromagnetische Strahlung in Form von Gamma-Quanten bzw. Photonen. Diese Photonen bewegen sich mit Lichtgeschwindigkeit. Da keine Teilchen beim Gamma-Zerfall (es ist kein echter Zerfall) ausgesendet werden, findet auch keine Veränderung der Massen- und Ladungszahl statt.

$$_Z^A X^* \to_Z^A X + \gamma$$

Das Aussenden von Gamma-Quanten erfolgt meist unmittelbar nach einem Alpha- oder Beta-Zerfall.

Beispiel

$$^{60}_{27}\text{Co} \rightarrow ^{60}_{28}\text{Ni} + \gamma$$

21.9 Zerfallsgesetz

Radioaktive Nuklide zerfallen nicht deterministisch. Wann ein Kern zerfällt, ist nicht genau vorhersagbar, es handelt sich um einen stochastischen Vorgang. Abbildung 21.17 zeigt den Zerfall einer Pa-234-Probe. Eine Ausgleichsgerade hat annähernd den Verlauf einer e-Funktion.

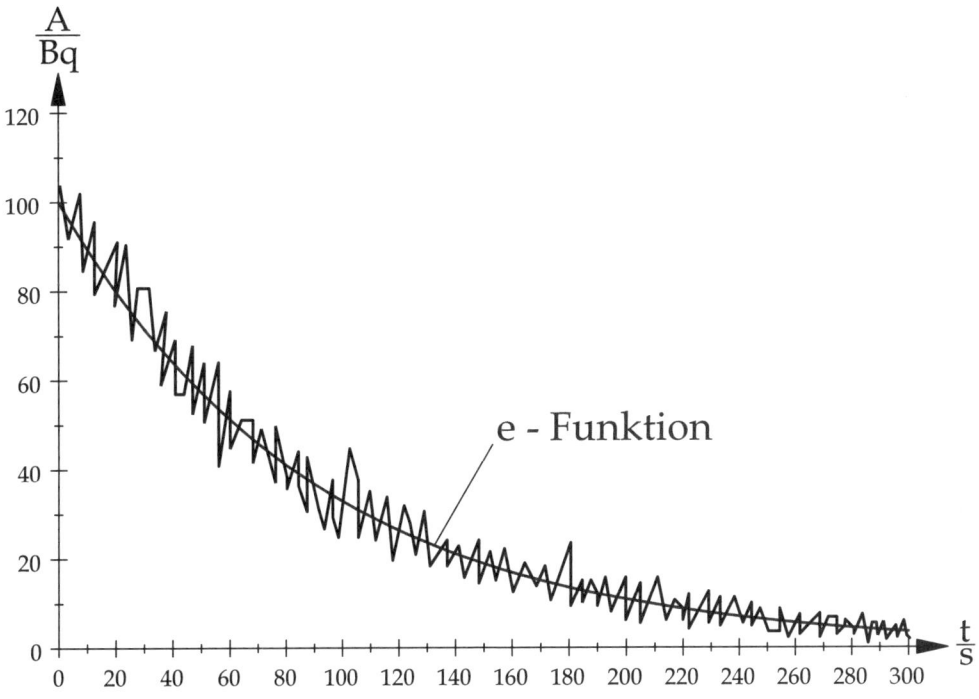

Abb. 21.17: Zerfall von Pa-234

Die Anzahl der Zerfälle N pro Zeiteinheit nennt man Aktivität A. Für einen Zerfall/Sekunde wird die Einheit Becquerel (Bq) benutzt.

$$A = \frac{\mathrm{d}N}{\mathrm{d}t}$$

Die Aktivität eines bestimmten Materials kann durch die Zerfallskonstante λ oder die mittlere Lebensdauer τ angegeben werden. Die mittlere Lebensdauer ist die Zeit, die ein radioaktiver Kern bis zu seinem Zerfall im Durchschnitt existiert.

$$\lambda = \frac{A}{N}$$

$$\tau = \frac{1}{\lambda}$$

Beispiel

Eine Probe Ra-226 enthält $2,7 \cdot 10^{18}$ Kerne. Wie groß sind die Aktivität A und die mittlere Lebensdauer τ bei einer Zerfallskonstanten von $13,8 \cdot 10^{-12}\,\text{s}^{-1}$?

$$A = \lambda \cdot N = 13,8 \cdot 10^{-12}\frac{1}{\text{s}} \cdot 2,7 \cdot 10^{18} = 3,726 \cdot 10^7\,\text{Bq}$$

$$\tau = \frac{1}{\lambda} = \frac{1}{13,8 \cdot 10^{-12}\dfrac{1}{\text{s}}} = 7,2463 \cdot 10^{10}\,\text{s}$$

Die Anzahl der noch vorhandenen Kerne beim radioaktiven Zerfall fällt nach einer e-Funktion (Abbildung 21.17 auf der vorherigen Seite) ab. Entsprechend sinkt auch die verbleibende Aktivität A.

$$N = N_0 \cdot e^{-\lambda \cdot t}$$

$$A = A_0 \cdot e^{-\lambda \cdot t}$$

N_0 bzw. A_0 sind die vorhandenen Kerne zum Zeitpunkt $t = 0$ bzw. die Anfangsaktivität.

Beispiel

Rn-222 hat eine Zerfallskonstante von $2,1 \cdot 10^{-6}\,\text{s}^{-1}$. Wie viele der $4 \cdot 10^{18}$ Kerne sind nach zwei Tagen noch übrig?

$$N = N_0 \cdot e^{-\lambda \cdot t} = 4 \cdot 10^{18} \cdot e^{-2,1 \cdot 10^{-6} \frac{1}{\text{s}} \cdot 172800\,\text{s}} = 2,7827 \cdot 10^{18}$$

Die Zeit, nach der die Hälfte aller anfangs vorhandenen Kerne zerfallen ist, nennt man Halbwertszeit $T_{1/2}$ oder t_H. Die Halbwertszeit ist charakteristisch für ein Nuklid. Pu-239 hat z. B. eine Halbwertszeit von 24.000 Jahren.

Mit $N = \dfrac{N_0}{2}$ lässt sich herleiten:

$$\frac{N_0}{2} = N_0 \cdot e^{-\lambda \cdot T_{1/2}} \quad | : N_0$$

$$\frac{1}{2} = e^{-\lambda \cdot T_{1/2}} \quad | \text{ logarithmieren}$$

$$\ln \frac{1}{2} = -\lambda \cdot T_{1/2} \quad | \cdot (-1)$$

$$-\ln \frac{1}{2} = \ln 2 = \lambda \cdot T_{1/2}$$

$$T_{1/2} = \frac{\ln 2}{\lambda}$$

Die Halbwertszeit lässt sich auch mit eingeschränkter Genauigkeit aus Abbildung 21.17 auf Seite 439 für Pa-234 ablesen. Es ergeben sich ca. 70 s.

21.10 C-14-Methode

Der Anteil an C-14 ist in lebenden Organismen fast konstant. Man misst etwa 16 Zerfälle pro Minute. Dies entspricht einer Aktivität von $A = 0,2667$ Bq. Sobald der Organismus abstirbt, wird kein C-14 mehr aufgenommen und es zerfällt mit einer Halbwertszeit $T_{1/2} = 5730$ Jahren. Hieraus ist eine relativ genaue Altersbestimmung möglich.

Beispiel

An einem alten Holzstück wird eine Restaktivität von $4 \cdot 10^{-2}$ Bq gemessen. Vor wie vielen Jahren starb der Baum ab?

$$\lambda = \frac{\ln 2}{T_{1/2}} = \frac{\ln 2}{5730\,\text{y}} = 1,21 \cdot 10^{-4}\,\frac{1}{\text{y}}$$

$A = A_0 \cdot e^{-\lambda \cdot t}$ Umstellen nach t:

$$t = \frac{\ln \dfrac{A}{A_0}}{-\lambda} = \frac{\ln \dfrac{4 \cdot 10^{-2}\,\text{Bq}}{0,2667\,\text{Bq}}}{-1,21 \cdot 10^{-4}\,\dfrac{1}{\text{y}}} = 15680\,\text{y} = 15680\,\text{Jahre}$$

Kapitel 21

21.11 Nuklidkarte und Zerfallsreihen

Für die folgenden Ausführungen sollten Sie eine Nuklidkarte (Formelsammlung oder Physikbuch) zur Hand nehmen. Die Karlsruher Nuklidkarte enthält ca. 2800 Nuklide und zurzeit 111 Elemente. In Büchern sind meist nur Ausschnitte der Nuklidkarte dargestellt. Jedes Nuklid bzw. Element wird durch ein farbiges Feld dargestellt. Die Farbe des Feldes gibt die Zerfallsart an. Die Legende des Kartenausschnittes in Ihrer Formelsammlung gibt Auskunft darüber. In der Karlsruher Karte stehen gelbe Felder für einen Alpha-Zerfall, blaue Felder für den Beta$^-$- und rote Felder für einen Beta$^+$-Zerfall. Stabile Nuklide sind durch schwarze Felder gekennzeichnet.

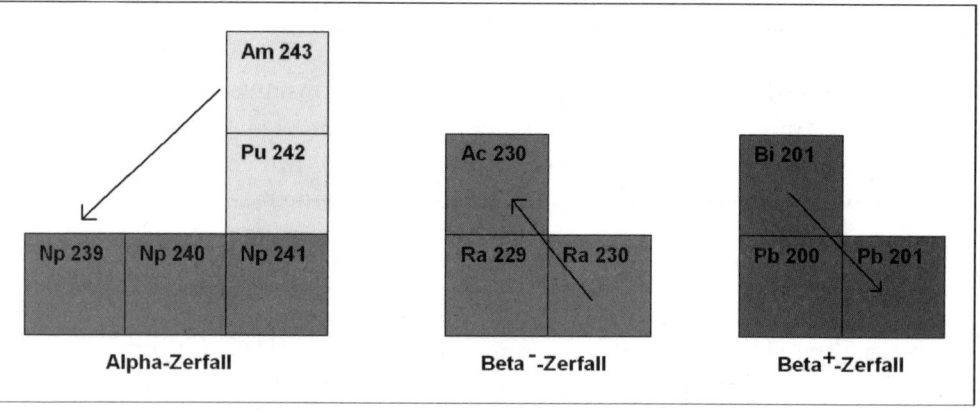

Abb. 21.18: Zerfallsarten in der Nuklidkarte

Legt man die Nuklidkarte in ein $x - y$-Koordinatenkreuz, so ist auf der x-Achse die Neutronenzahl N und auf der y-Achse die Protonenzahl Z aufgetragen. Je nach radioaktiver Strahlung werden Teilchen aus dem Atomkern ausgesendet. Hiermit ist immer eine Elementumwandlung verbunden.

Beispiel

Das Nuklid Am-243 steht in der Nuklidkarte in einem gelben Feld – es ist also ein Alpha-Strahler. Beim Aussenden eines Alpha-Teilchens verliert der Kern zwei Protonen und zwei Neutronen. Es entsteht Np-239. In der Nuklidkarte wandert man also zwei Felder nach unten (minus 2 Protonen) und zwei Felder nach links (minus 2 Neutronen).

Das Ausgangsnuklid (hier: Am-243) wird auch als Mutter und das neu entstehende Nuklid (hier Np-239) als Tochter bezeichnet.

Das neu entstandene Nuklid (Tochter) ist oft selbst wieder radioaktiv und zerfällt zu einem neuen Nuklid. So würde Np-239 als β^--Strahler (blaues Feld) zu Pu-239 zerfallen. Auch dieses Nuklid zerfällt weiter. So entsteht eine Zerfallsreihe. Die Verschiebungsmuster für die verschiedenen Zerfälle zeigt Abbildung 21.18 auf der vorherigen Seite.

Es gibt drei natürliche Zerfallsreihen. Die Ausgangsnuklide sind Th-232 (Thorium-Zerfallsreihe), U-235 (Uran-Aktinium-Zerfallsreihe) und U-238 (Uran-Radium-Zerfallsreihe). Die Neptunium-Zerfallsreihe ist in der Natur bereits abgelaufen und kann nur noch künstlich reproduziert werden. Eine vollständige Zerfallsreihe finden Sie in Zusammenhang mit der Übungsaufgabe 21.

Zerfallsreihen lassen sich auch grafisch darstellen (Abbildung 21.19).

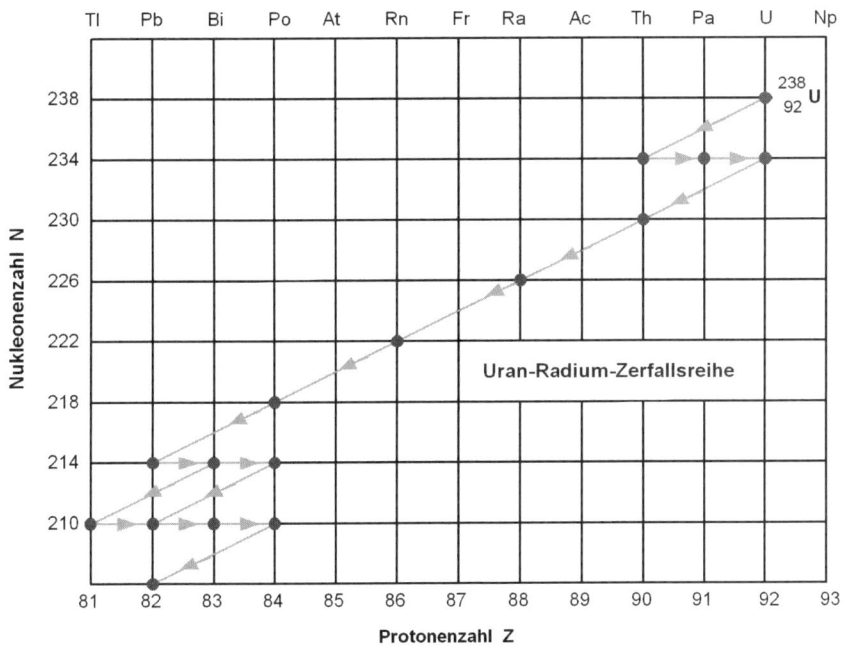

Abb. 21.19: Die Uran-Radium-Zerfallsreihe

Ausgehend vom Ausgangsmaterial (hier: U-238) verbindet man die jeweiligen Folge-Isotope mit Pfeilen. Kann ein Alpha- oder Beta-Zerfall stattfinden, werden beide Möglichkeiten dargestellt.

Beispiel

In der Uran-Radium-Zerfallsreihe kann beim Bi-214 sowohl ein Alpha- als auch ein Beta-Zerfall stattfinden. Der Alpha-Zerfall ergibt Tl-210, und nach dem Beta-Zerfall liegt Po-214 vor. Beides ist in der grafischen Darstellung eingezeichnet.

21.12 Das Geiger-Müller-Zählrohr

Da der Mensch keine Sinnesorgane zur Erfassung von radioaktiver Strahlung besitzt, kann eine Detektierung nur durch entsprechende Messgeräte erfolgen. Der deutsche Physiker Hans Geiger und sein Doktorand Walter Müller entwickelten 1928 das Geiger-Müller-Zählrohr zur Erfassung von radioaktiver Strahlung.

In einem Stahlrohr ist zentriert ein dünner Draht isoliert aufgespannt. Das Rohr ist mit einem Edelgas (meist Argon) bei einem Druck von etwa 100 hPa gefüllt. Die radioaktive Strahlung tritt stirnseitig durch eine dünne Glimmerschicht in das Rohr ein. Zwischen der Wand des Rohrs als Kathode und dem Draht als Anode liegt über einen hochohmigen Widerstand R eine Spannung von einigen Hundert Volt an. Die Spannung ist so gewählt, dass noch keine selbstständige Entladung auftritt.

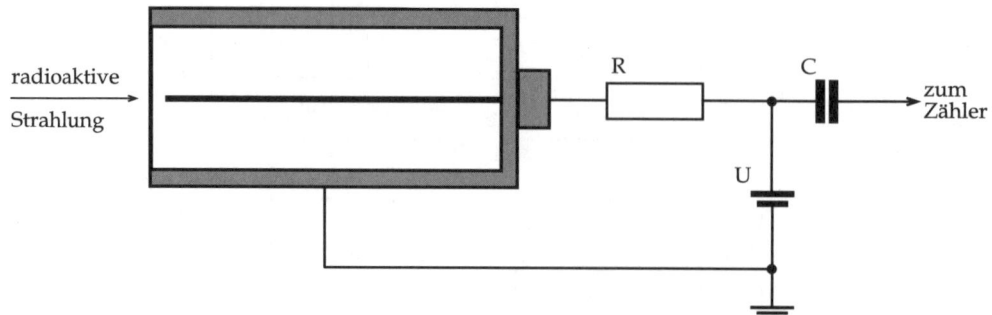

Abb. 21.20: Schematischer Aufbau eines Geiger-Müller-Zählrohrs

Einfallende radioaktive Strahlung schlägt Elektronen aus den Gasatomen heraus. Die so entstehenden Ar-Ionen bewegen sich aufgrund ihrer positiven Ladung zum negativ geladenen Rohr; die frei gewordenen Elektronen wandern zum Draht. In der Nähe des Drahts werden die Elektronen stark beschleunigt und erzeugen durch Stöße neue Ladungsträger oder regen Ar-Atome zur Emission von Photonen an, die durch Photoionisation weitere Ladungsträger bilden können. Am Widerstand R entsteht ein kurzer Spannungsabfall, der über den Kondensator C einem elektronischen Zähler zugeführt wird. Der Zähler liefert also die Anzahl Teilchen und/oder γ-Quanten, die während der Messung registriert wurden. Man definiert eine Zählrate Z:

Z = Anzahl registrierter Teilchen und/oder γ-Quanten pro Zeiteinheit. Die Maßeinheit ist $\dfrac{1}{\text{s}}$.

Oft wird der Spannungsstoß noch zusätzlich einem Verstärker mit angeschlossenem Lautsprecher zugeführt. Jeder Spannungsstoß wird dann als Knackgeräusch hörbar.

Wichtig ist sich klarzumachen, dass die Zählrate nicht unbedingt der Anzahl der pro Zeiteinheit einfallenden Teilchen ist.

Bei der Messung radioaktiver Strahlung treten – wie praktisch bei jeder Art Messung – Probleme auf. Hier soll nur der Null-Effekt angesprochen werden. Wir sind ständig von einer Hintergrundstrahlung umgeben. Diese addiert sich zur angezeigten Zählrate und würde so das Messergebnis verfälschen. Diese Hintergrundstrahlung muss also vor der Messung zunächst am Messort bestimmt und anschließend vom Messergebnis abgezogen werden.

22 Spezielle Relativitätstheorie

Die Relativitätstheorie besteht aus der speziellen und der allgemeinen Relativitätstheorie. Hier geht es im Wesentlichen um Teile der speziellen Relativitätstheorie
(SRT). Sie beschäftigt sich nur mit geradlinigen und gleichförmigen Bewegungen
und lässt die Gravitation außer Acht. In der allgemeinen Relativitätstheorie werden
Gravitation und damit auch beschleunigte Bewegungen berücksichtigt.

22.1 Inertialsysteme

Galilei beschrieb schon 1632, dass physikalische Experimente auf einem Schiff mit
geradliniger, gleichförmiger Bewegung zu gleichen Ergebnissen führen würden wie
auf einem ruhenden Schiff.

Betrachtet man als Fahrradfahrer während der Fahrt einen Punkt P (z. B. das Ventil)
auf dem Vorderrad, so beschreibt dieser Punkt eine Kreisbahn. Wird der gleiche
Punkt P von einem stehenden Beobachter betrachtet, an dem der Fahrradfahrer
vorbeifährt, dann beschreibt P eine Zykloidenbahn.

Abb. 22.1: Zykloidenbahn

Der Fahradfahrer befindet sich in einem bewegten Bezugssystem, wogegen der ruhende Beobachter zu einem ruhenden Bezugssystem (Erdbewegung vernachlässigt)

gehört. Ein Beobachter befindet sich innerhalb eines Bezugssystems gegenüber diesem Bezugssystem immer in Ruhe.

Ein Bezugssystem, in dem der Trägheitssatz (1. Newtonsches Axiom) gilt, wird als Inertialsystem bezeichnet.

Einstein formulierte 1905 in seinem ersten Postulat das Relativitätsprinzip: Die Naturgesetze nehmen in allen Inertialsystemen die gleiche Form an.

Die Erde ist genau genommen kein Inertialsystem. Sie dreht sich um die eigene Achse, um die Sonne und innerhalb der Milchstraße. Obwohl sie sich nicht geradlinig bewegt, darf man dies für die meisten Betrachtungen näherungsweise annehmen.

22.2 Konstanz der Lichtgeschwindigkeit

Bis weit in das 19. Jahrhundert hinein ging man davon aus, dass Licht als elektromagnetische Welle ein Ausbreitungsmedium benötigt. Man nannte es Äther. Michelson, und später auch Morley, versuchte mithilfe seines Interferometers den Äther nachzuweisen. Dies gelang nicht! Einstein lieferte 1905 mit seinem zweiten Postulat die Erklärung hierzu. Er ging davon aus, dass die Lichtgeschwindigkeit c im Vakuum immer gleich ist, unabhängig davon, ob das Licht von einer bewegten oder von einer ruhenden Quelle ausgeht. Heute gilt die Lichtgeschwindigkeit im Vakuum als Naturkonstante, $c_0 = 2,99792458 \cdot 10^8 \, \frac{m}{s}$.

22.3 Gleichzeitigkeit

Stellen Sie sich bitte vor, ein durchsichtiges Raumschiff umrundet mit sehr hoher Geschwindigkeit die Erde. Mitten in diesem Weltraumfahrzeug befindet sich ein Blitzlicht; an beiden Enden jeweils ein Lichtsensor. Wird ein Lichtblitz erzeugt, dann erreicht dieses Licht aus der Sicht eines mitfliegenden Astronauten beide Sensoren gleichzeitig. Beobachtet man den Vorgang von der Erde aus, so stellt man fest, dass das Licht am hinteren Ende des Raumschiffes früher eintrifft. Dies ist ganz einfach damit zu erklären, dass ja die hintere Raumschiffwand dem Licht entgegenfliegt und somit das Licht eine kürzere Strecke zurückzulegen hat (Abbildung 22.2 auf der nächsten Seite).

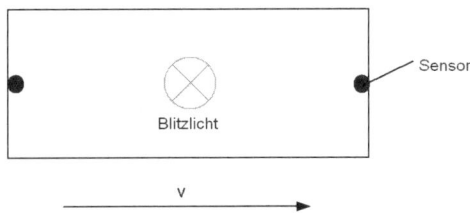

Abb. 22.2: Raumschiff

Es hängt also vom Bewegungszustand des Beobachters ab, ob Vorgänge gleichzeitig stattfinden. Finden zwei Vorgänge in einem Inertialsystem gleichzeitig statt, so finden sie in einem relativ dazu bewegten Inertialsystem zu unterschiedlichen Zeiten statt. Man spricht von der Relativität der Gleichzeitigkeit.

22.4 Zeitdilatation

Die Zeitdilatation wird meist mit der sogenannten Lichtuhr beschrieben. Hierbei handelt es sich um einen geschlossenen Zylinder, der oben und unten verspiegelt ist. Ein eingeschlossener Lichtblitz würde ständig zwischen beiden Spiegeln hin und her pendeln.

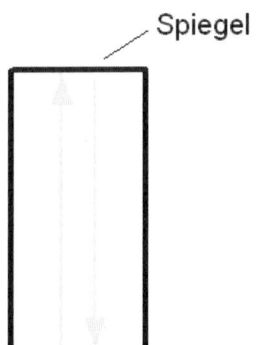

Abb. 22.3: Ruhende Lichtuhr

Würde sich diese Lichtuhr mit der Geschwindigkeit v bewegen, hätte der Lichtstrahl für einen ruhenden Beobachter eine längere Wegstrecke $c \cdot t_R$ zurückzulegen.

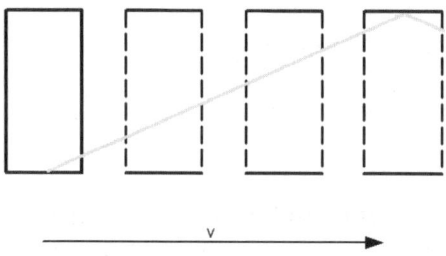

Abb. 22.4: Bewegte Lichtuhr

Rechnerisch ergibt sich mit Abbildung 22.5 und dem Satz des Pythagoras folgender Zusammenhang:

$$v^2 \cdot t_R^2 + c^2 \cdot t_0^2 = c^2 \cdot t_R^2$$

v: Geschwindigkeit der Lichtuhr

c: Lichtgeschwindigkeit im Vakuum

t_0: Zeit, die der Lichtstrahl für einen Weg (von unten nach oben) benötigt, wenn sich der Beobachter mit bewegt

t_R: Zeit, die der Lichtstrahl für einen ruhenden Beobachter benötigt

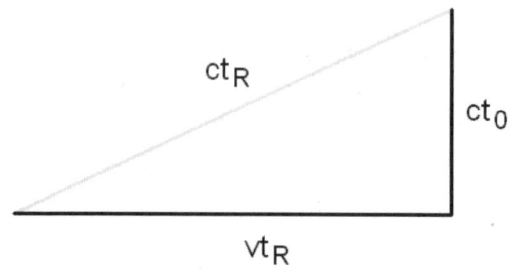

Abb. 22.5: Wegstrecken der bewegten Lichtuhr

Stellt man die vorstehende Gleichung um, erhält man:

$$t_R = \frac{t_0}{\sqrt{1 - \dfrac{v^2}{c^2}}} \quad \text{oder:} \quad \frac{t_R}{t_0} = \frac{1}{\sqrt{1 - \dfrac{v^2}{c^2}}} = y$$

Der Faktor y wird Relativitäts- oder Lorentzfaktor genannt. Er gibt an, um wie viel langsamer die Zeit in einem bewegten System gegenüber einem ruhenden System abläuft. Da $t_R > t_0$, vergeht die Zeit in einem bewegten System langsamer.

Beispiel

Ein Körper bewegt sich mit 70 % der Lichtgeschwindigkeit.

$$\frac{t_R}{t_0} = \frac{1}{\sqrt{1 - \dfrac{v^2}{c^2}}} = \frac{1}{\sqrt{1 - \dfrac{0,7^2 c^2}{c^2}}} = \frac{1}{\sqrt{1 - 0,49}} = 1,4$$

Dies bedeutet, dass bei dieser Geschwindigkeit für den Körper 1 Sekunde vergeht, während für einen ruhende Beobachter 1,4 Sekunden verstreichen. Die Zeitdilatation konnte mehrfach im Experiment nachgewiesen werden. Im Jahre 1971 wurden vier Atomuhren mit ca. $v = 800 \, \frac{\text{km}}{\text{h}}$ einmal um die Erde geflogen. Im Labor verblieben einige Vergleichsuhren. Nach der Rückkehr war festzustellen, dass für die fliegenden Uhren weniger Zeit vergangen war. Ein weiterer experimenteller Nachweis gelang mit Myonen. Näheres finden Sie in der Übungsaufgabe 2 zu diesem Kapitel.

22.5 Längenkontraktion

Die Längen- oder Lorentzkontraktion ist ein weiteres Ergebnis der speziellen Relativitätstheorie. Danach verkürzt sich ein bewegter Körper auf die Länge l, er wird gestaucht. Einstein formulierte das so:

„Ein starrer Körper, welcher in ruhendem Zustande ausgemessen die Gestalt einer Kugel hat, hat also in bewegtem Zustande – vom ruhenden System aus betrachtet – die Gestalt eines Rotationsellipsoides mit den Achsen …"

(Quelle: „Zur Elektrodynamik bewegter Körper", Albert Einsteins Originalarbeit zur Speziellen Relativitätstheorie in den Annalen der Physik, 1905)

$$l = l_0 \cdot \sqrt{1 - \frac{v^2}{c^2}}$$

Diese relativistische Längenkontraktion findet nur in der Bewegungsrichtung statt.

Beispiel

Ein Körper bewegt sich mit $v = 0,866c$ durch den Weltraum. Um das Wievielfache verkürzt sich seine Länge gegenüber einem ruhenden Beobachter?

$$\frac{l}{l_0} = \sqrt{1 - \frac{v^2}{c^2}} = \sqrt{1 - \frac{0,866^2 c^2}{c^2}} = 0,5$$

Bei dieser Geschwindigkeit $(2,598 \cdot 10^8 \frac{\mathrm{m}}{\mathrm{s}})$ erscheint der Körper also auf die Hälfte verkürzt.

22.6 Relativistische Masse

Einstein zeigte in seiner SRT, dass die Masse m_0 eines ruhenden Körpers bei hohen Geschwindigkeiten auf m ansteigt. Hierbei ist m_0 die Ruhemasse und m die relativistische oder dynamische Masse.

$$m = \frac{m_0}{\sqrt{1 - \dfrac{v^2}{c^2}}}$$

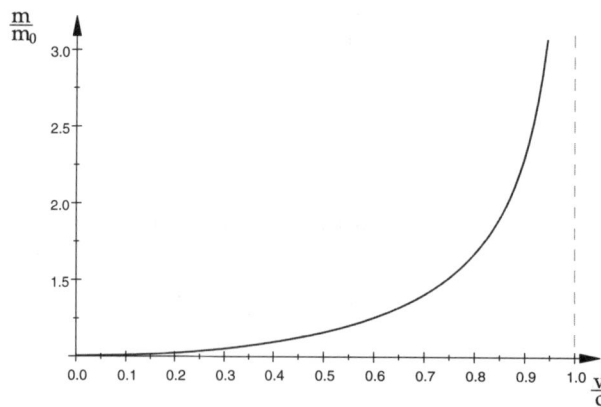

Abb. 22.6: Massenzunahme

Beispiel

Die Ruhemasse eines Elektrons ist $9,109 \cdot 10^{-31}$ kg. In einer Fernsehbildröhre wird das Elektron auf $v = 8 \cdot 10^7 \frac{\mathrm{m}}{\mathrm{s}}$ beschleunigt. Welche Masse m haben die Elektronen bei dieser Geschwindigkeit?

$$m = \frac{m_0}{\sqrt{1 - \dfrac{v^2}{c^2}}} = \frac{9,109 \cdot 10^{-31}\,\mathrm{kg}}{\sqrt{1 - \dfrac{\left(8 \cdot 10^7 \frac{\mathrm{m}}{\mathrm{s}}\right)^2}{\left(3 \cdot 10^8 \frac{\mathrm{m}}{\mathrm{s}}\right)^2}}} = 9,45 \cdot 10^{-31}\,\mathrm{kg}$$

Würde das Elektron auf das 0,999-fache der Lichtgeschwindigkeit c beschleunigt, würde seine Masse auf das über 20-fache steigen. Rechnen Sie es nach!

Mit $E = mc^2$ ergibt sich für die Energie eines Körpers mit der relativistischen Masse m:

$$E = \frac{m_0 \cdot c^2}{\sqrt{1 - \dfrac{v^2}{c^2}}}$$

Für die Ruheenergie E_0 eines in Ruhe befindlichen Körpers gilt:

$$E_0 = m_0 \cdot c^2$$

Wird der Körper beschleunigt, beträgt seine Masse $m > m_0$ und seine kinetische Energie

$$E_{\text{kin}} = (m - m_0) \cdot c^2 = \Delta m \cdot c^2$$

Beispiel

Ein Proton mit $m_p = 1,6726 \cdot 10^{-27}$ kg befindet sich in Ruhe und wird dann mit einer Spannung $U = 300 \cdot 10^3$ V beschleunigt. Wie groß wird die Geschwindigkeit v des Protons?

$$E_{\text{kin}} = (m - m_0) \cdot c^2 = \left(\frac{m_0}{\sqrt{1 - \dfrac{v^2}{c^2}}} - m_0 \right) \cdot c^2$$

$$= \left(\frac{1}{\sqrt{1 - \dfrac{v^2}{c^2}}} - 1 \right) \cdot m_0 \cdot c^2$$

Umgestellt nach v:

$$v = c \cdot \sqrt{1 - \frac{1}{\left(\dfrac{E_{\text{kin}}}{m_0 \cdot c^2} + 1 \right)^2}}$$

$$= 3 \cdot 10^8 \, \frac{m}{s} \sqrt{1 - \frac{1}{\left(\dfrac{3 \cdot 10^5 \, V \cdot 1,602 \cdot 10^{-19} \, C}{1,6726 \cdot 10^{-27} \, kg \cdot \left(3 \cdot 10^8 \, \frac{m}{s} \right)^2} + 1 \right)^2}} = 7,6 \cdot 10^6 \, \frac{m}{s}$$

22.7 Relativistischer Impuls

Aus der Mechanik kennen Sie den Impuls p eines Körpers:

$$p = m \cdot v.$$

Die Zunahme der Masse wirkt sich somit auch auf den Impuls des Körpers aus.

$$p = \frac{m_0 \cdot v}{\sqrt{1 - \dfrac{v^2}{c^2}}}$$

22.8 Lorentz-Transformation

Wir betrachten die beiden Bezugssysteme S und S'. Jedes Ereignis innerhalb einer dieser Bezugssysteme kann durch vier Angaben beschrieben werden. Die Position ergibt sich durch x, y und z bzw. x', y' und z'. Hinzu kommt eine Zeitkoordinate t bzw. t'. Zur Zeit $t = t'$ liegen die Koordinatenursprünge übereinander. Für die weiteren Betrachtungen setzen wir $y = y'$ und $z = z'$. Das Bezugssystem S' bewegt sich mit der Geschwindigkeit v auf der x-Achse nach rechts.

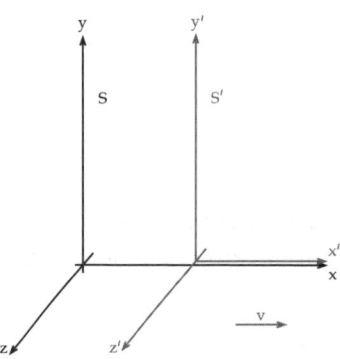

Abb. 22.7: Bezugssysteme

Findet nun ein Ereignis E statt, so kann es im System S mit x, y, z und t und im Bezugssystem S' mit x', y', z' und t' beschrieben werden.

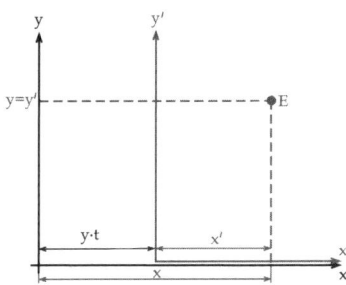

Abb. 22.8: Ereignis E in zwei Bezugssystemen

Da der Zeitbegriff in der Relativitätstheorie vom jeweiligen Bezugssystem abhängt, ergeben sich für die Umrechnung der Orts- und Zeitkoordinaten folgende Formeln (Lorentz- Transformation):

$$y' = y \qquad z' = z$$

$$x' = \frac{x - v \cdot t}{\sqrt{1 - \dfrac{v^2}{c^2}}}$$

$$t' = \frac{t - \dfrac{v \cdot x}{c^2}}{\sqrt{1 - \dfrac{v^2}{c^2}}}$$

$$x = \frac{x' + v \cdot t'}{\sqrt{1 - \dfrac{v^2}{c^2}}}$$

$$t = \frac{t' + x' \dfrac{v}{c^2}}{\sqrt{1 - \dfrac{v^2}{c^2}}}$$

Dies bedeutet, dass zwei Ereignisse, die in einem Bezugssystem an verschiedenen Orten, aber zur gleichen Zeit stattfinden, in einem anderem System nicht gleichzeitig stattfinden.

Einstein beschrieb diese Zusammenhänge mit einem Beispiel:

Auf einer Bahnstrecke schlagen zwei Blitze gleichzeitig im Abstand s ein. Eine Person befindet sich zunächst genau in der Mitte zwischen den beiden Einschlägen am Punkt P. Für diese Person sind die Einschläge gleichzeitig, da das Licht von beiden Seiten gleich lang zum Beobachter unterwegs ist. Befindet sich die Person in einem nach rechts fahrenden Zug (Bezugssystem S'), wird der Einschlag II früher wahrgenommen, weil sich der Beobachter in Richtung Einschlagpunkt II bewegt und der Lichtblitz ihn früher erreicht.

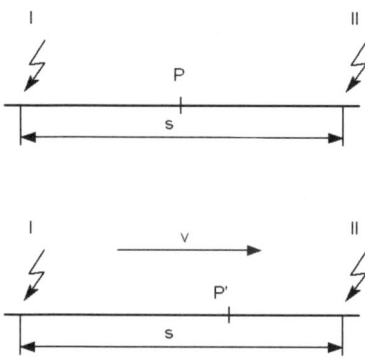

Abb. 22.9: Relativität der Gleichzeitigkeit

Beispiel

Das beschriebene S'-System bewegt sich mit $v = 0,3c$ entlang der x-Achse. Zur Zeit $t_0 = t_0' = 0$ sind beide Systeme im Koordinatenursprung deckungsgleich. Zur Zeit $t' = 30\,\text{s}$ blitzt im S'-System eine Lampe an der Position $x' = 3 \cdot 10^9\,\text{m}$ auf. An welchem Ort x und zu welcher Zeit t blitzt die Lampe im S-System auf?

$$x = \frac{x' + v \cdot t'}{\sqrt{1 - \dfrac{v^2}{c^2}}} = \frac{3 \cdot 10^9\,\text{m} + 0,3 \cdot 3 \cdot 10^8\,\dfrac{\text{m}}{\text{s}} \cdot 30\,\text{s}}{\sqrt{1 - \dfrac{0,3^2 \cdot c^2}{c^2}}} = 5,98 \cdot 10^9\,\text{m}$$

$$t = \frac{t' + x'\dfrac{v}{c^2}}{\sqrt{1 - \dfrac{v^2}{c^2}}} = \frac{30\,\text{s} + 3 \cdot 10^9\,\text{m}\dfrac{0,3c}{c^2}}{\sqrt{1 - \dfrac{0,3^2 c^2}{c^2}}} = 34,6\,\text{s}$$

22.9 Geschwindigkeitsaddition

In einem Flugzeug (Bezugssystem S') geht ein Passagier mit $u' = 3\,\dfrac{\text{km}}{\text{h}}$ vom letzten Sitzplatz in Richtung Cockpit, also in Flugrichtung. Die Geschwindigkeit des Flugzeuges beträgt $v = 750\,\dfrac{\text{km}}{\text{h}}$. Für einen ruhenden Beobachter (Bezugssystem S) ergäbe sich für den Fußgänger eine Gesamtgeschwindigkeit von $u = u' + v = 753\,\dfrac{\text{km}}{\text{h}}$. Diese Rechnung ist zulässig, da $v \ll c$.

Die relativistische Transformation der Geschwindigkeit erfolgt nach:

$$u = \frac{u' + v}{1 + \dfrac{u' \cdot v}{c^2}}$$

Diese Formel gilt nur, wenn die Geschwindigkeiten die gleiche Richtung haben.

Beispiel

Das Raumschiff Future I bewegt sich gegenüber dem Bezugssystem Erde mit $v = 0,6c$ durch den Weltraum und feuert in Flugrichtung ein Geschoss mit $0,4c$ ab. Welche Geschwindigkeit u hat das Geschoss gegenüber der Erde?

$$u = \frac{u' + v}{1 + \dfrac{u' \cdot v}{c^2}} = \frac{0,4c + 0,6c}{1 + \dfrac{0,4c \cdot 0,6c}{c^2}} = 0,807c$$

Wie groß ist die Geschwindigkeit des Lichtes einer Lichtquelle, die sich selbst mit der Geschwindigkeit v bewegt?

$$u = \frac{u' + v}{1 + \dfrac{u' \cdot v}{c^2}} = \frac{c + v}{1 + \dfrac{c \cdot v}{c^2}} = \frac{c + v}{1 + \dfrac{v}{c}} = \frac{c \cdot (c + v)}{c + v} = c$$

Dieses Ergebnis bestätigt die Konstanz der Lichtgeschwindigkeit.

Kapitel 22

23 Übungen und Musterlösungen

23.1 Mechanik

1. Auf einer Luftkissenbahn wurde ein Experimentierwagen mit konstanter Geschwindigkeit bewegt. Der zurückgelegte Weg s wurde in Abhängigkeit von der Zeit t von einem Computer erfasst. Welche Geschwindigkeit v hatte der Wagen?

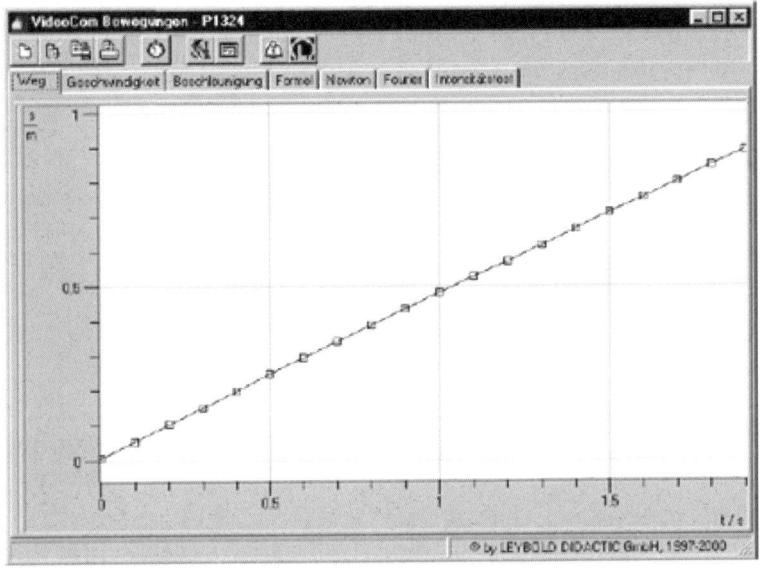

Abb. 23.1: Messung auf der Luftkissenbahn (Quelle: LD Didactic)

2. Die Beschleunigung a eines Körpers in Abhängigkeit von der Zeit t ist nachfolgend dargestellt. Zum Zeitpunkt $t = 0$ befindet sich der Körper in Ruhe. Skizzieren Sie das zugehörige Zeit-Geschwindigkeits-Diagramm!

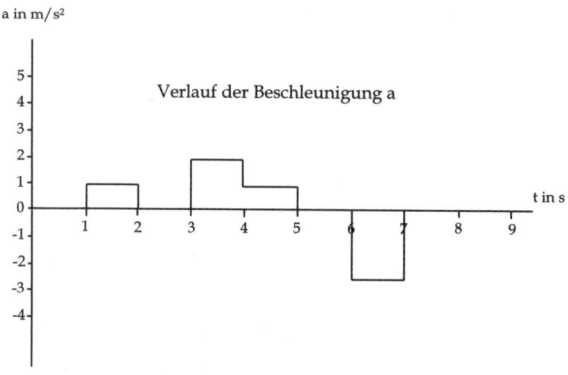

Abb. 23.2: Verlauf der Beschleunigung

3. Das Zeit-Geschwindigkeits-Diagramm einer zweistufigen Rakete zeigt Phasen mit unterschiedlichen Beschleunigungen:

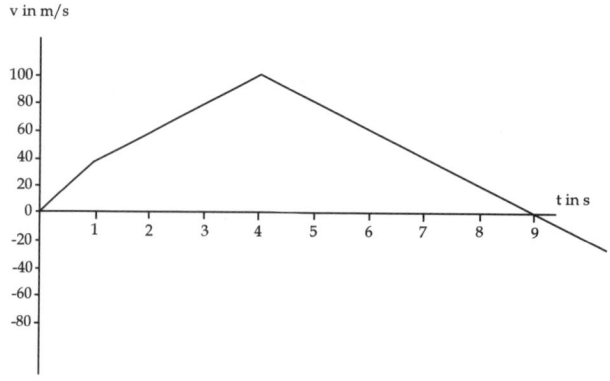

Abb. 23.3: Geschwindigkeits-Zeit-Diagramm der Rakete

Bestimmen Sie die jeweiligen Beschleunigungen $(a_1 \dots a_3)$ in den Zeiträumen $\Delta t_1 = 0 \dots 1\,\text{s}$, $\Delta t_2 = 1 \dots 4\,\text{s}$ und $\Delta t_3 = 4 \dots 12\,\text{s}$!

4. Ein Elementarteilchen bewegt sich mit $v_0 = 300\,\frac{m}{s}$. Im Punkt x wirkt eine entgegengesetzte Kraft F auf das Teilchen. Diese Kraft F erzeugt eine Beschleunigung von $a = 200\,\frac{m}{s^2}$. Nach welcher Zeit befindet sich das Teilchen 100 m von dem Punkt x entfernt? Erläutern Sie das Ergebnis!

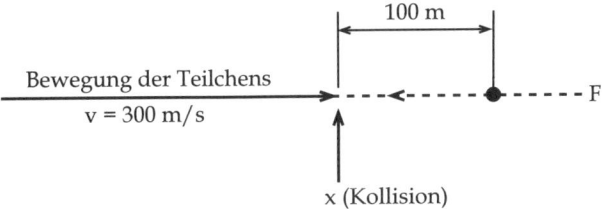

Abb. 23.4: Bewegung des Elementarteilchens

5. Ein Schwimmer möchte einen Fluss überqueren und am Punkt A ankommen. Der Fluss ist 80 m breit, und die Geschwindigkeit des Schwimmers beträgt $1,6\,\frac{m}{s}$. Die Strömung v_s treibt den Schwimmer ab, und er kommt auf der anderen Seite des Flusses im Punkt Z an.

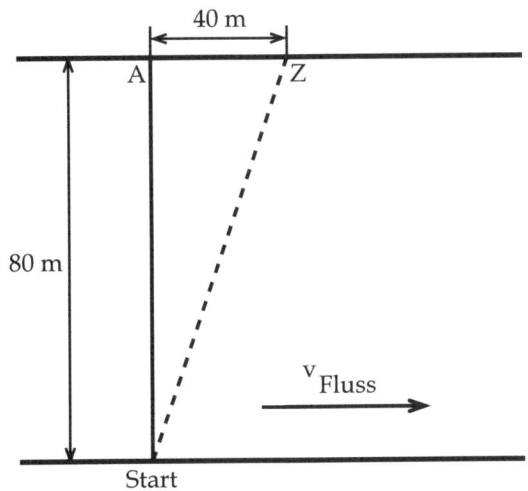

Abb. 23.5: Überquerung des Flusses

   a) Bestimmen Sie die Fließgeschwindigkeit v_{Fluss} des Wassers!
   b) Welche Gesamtgeschwindigkeit v ergibt sich für den Schwimmer?
   c) Geben Sie die Richtung (Winkel) des Schwimmers an!
   d) Welche Zeit t benötigt er, um den Fluss zu überqueren?

6. Ein Supertanker hat eine Masse $m = 150000$ t. Bei seiner Höchstgeschwindigkeit von $55\,\dfrac{\text{km}}{\text{h}}$ ergibt sich ein „Bremsweg" von 12 km. Welche Kraft F muss also aufgewendet werden, um das Schiff zum Stillstand zu bringen?

7. Im Physikunterricht an einem Gymnasium wurden drei verschiedene Massen (m_1, m_2 und m_3) durch verschiedene Kräfte jeweils beschleunigt. Die Ergebnisse sind in der folgenden Abbildung grafisch dargestellt. Bestimmen Sie die drei Massen!

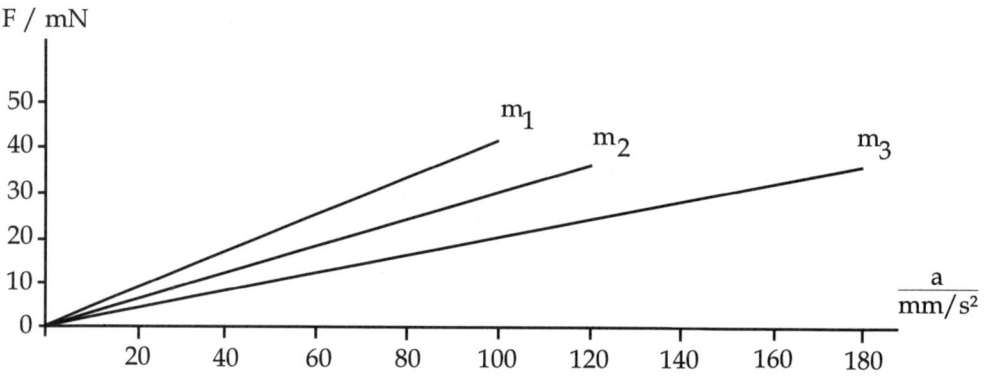

Abb. 23.6: Beschleunigungs-Kraft-Diagramm

8. Ein Körper wird mit $a = 2\,\text{m} \cdot \text{s}^{-2}$ beschleunigt. Jetzt wird die Masse des Körpers halbiert und die aufgewendete Kraft verdreifacht. Wie ändert sich die Beschleunigung a?

9. Die abgebildete Festplatte rotiere mit einer Drehzahl von $n = 10000\,\frac{\text{U}}{\text{min}}$ und habe einen Durchmesser von 3,5". Berechnen Sie die Zeit T für eine Umdrehung, die Winkelgeschwindigkeit ω, die Geschwindigkeit v und die Radialbeschleunigung a_r die ein Staubkorn auf dem äußersten Festplattenrand hätte.

   Hinweis: 1" = 1 Zoll = 1 inch = 2,54 cm.

Abb. 23.7: Festplatte

10. Bei einem Vulkanausbruch verlassen Lavateilchen den Krater mit $100\,\frac{\text{km}}{\text{h}}$. In welcher Entfernung vom Krater kommt ein Teilchen am Boden auf, das unter einem Winkel von 78° aus dem Krater kommt?

11. Ein Sonnenkollektor erzeugt warmes Wasser. Messungen ergaben folgende Werte:

Messung	Wert
Wassermenge	10 kg
Kollektorfläche	1 m^2
Anfangstemperatur	21° C
Endtemperatur	47° C
Bestrahlungsstärke	80 $\frac{\text{mW}}{\text{cm}^2}$
Bestrahlungsdauer	1 h

   Welchen Wirkungsgrad η hat der Sonnenkollektor?

12. Auf eine um 17 cm zusammengedrückte Feder mit $D = 3 \, \frac{\text{N}}{\text{cm}}$ wird eine Kugel mit $m = 100$ g gelegt. Wie hoch springt die Kugel, wenn sich die Feder plötzlich entspannt?

13. Auf einer Baustelle fällt ein Hammer aus 12 m Höhe zu Boden. Wie groß ist seine Geschwindigkeit unmittelbar vor dem Aufprall?

14. Ein Auto ($m = 800$ kg) wird aus der Geschwindigkeit $v = 30 \, \frac{\text{m}}{\text{s}}$ bis zum Stillstand abgebremst. Welche durchschnittliche Kraft F wurde von den Bremsen aufgebracht, wenn der Bremsweg 40 m beträgt?

15. Ein Elektromotor wird als verlustlos angenommen. Er zieht einen Körper mit der Masse $m = 2$ kg um die Höhe $h = 2$ m nach oben.

    Der Motor wird an $U = 24$ V betrieben und nimmt einen Strom von $I = 1,2$ A auf. Wie lange benötigt der Motor dafür?

    Zur Erinnerung: Die elektrische Leistung berechnet sich aus $P = U \cdot I$.

16. Welche Kraft F wurde auf einen Körper ausgeübt, zu dem das folgende Diagramm gehört?

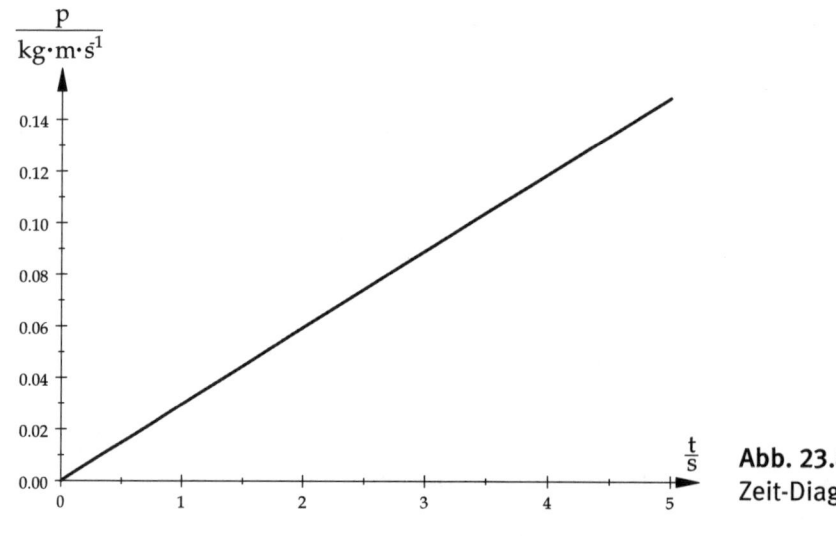

Abb. 23.8: Impuls-Zeit-Diagramm

17. Einem Arbeiter auf einem Mobilfunkmast fällt eine Zange mit der Masse $m = 600$ g aus 25 m Höhe zu Boden. Wie groß ist der Impuls beim Auftreffen?

18. Ein Truck ($m_1 = 5\,\text{t}$) fährt mit einer Geschwindigkeit von $21,6\,\dfrac{\text{km}}{\text{h}}$ auf einen stehenden LKW ($m_2 = 7\,\text{t}$) auf. Mit welcher Geschwindigkeit bewegen sich beide Fahrzeuge nach der Kollision weiter, wenn man zusätzliche Reibungskräfte vernachlässigt?

19. Ein LKW ($m = 15\,\text{t}$) fährt mit einer Geschwindigkeit von $5\,\dfrac{\text{m}}{\text{s}}$ auf einer geraden Straße und fährt an einem Stauende auf einen stehenden 30-Tonner auf. Der leichtere LKW bewegt sich nach dem Aufprall mit $0,2\,\dfrac{\text{m}}{\text{s}}$ zurück. Mit welcher Geschwindigkeit bewegt sich der schwerere LKW?

20. Bei einer elektrischen Eisenbahn stehen zwei gleiche Wagen zusammengekoppelt auf einer geraden Strecke. Zwei weitere, ebenfalls zusammengekoppelte Wagen desselben Typs rollen mit $1\,\dfrac{\text{m}}{\text{s}}$ darauf zu. Bei der Kollision rastet die Kupplung ein, und die vier Fahrzeuge rollen weiter. Wie hoch ist die Geschwindigkeit, wenn man Reibungsverluste vernachlässigt und jeder Wagen eine Masse von $180\,\text{g}$ hat?

Musterlösungen

1. $v = \dfrac{s}{t} = \dfrac{0,48\,\text{m}}{1\,\text{s}} = 0,48\,\dfrac{\text{m}}{\text{s}}$ oder $v = \dfrac{0,72\,\text{m}}{1,5\,\text{s}} = 0,48\,\dfrac{\text{m}}{\text{s}}$

2.

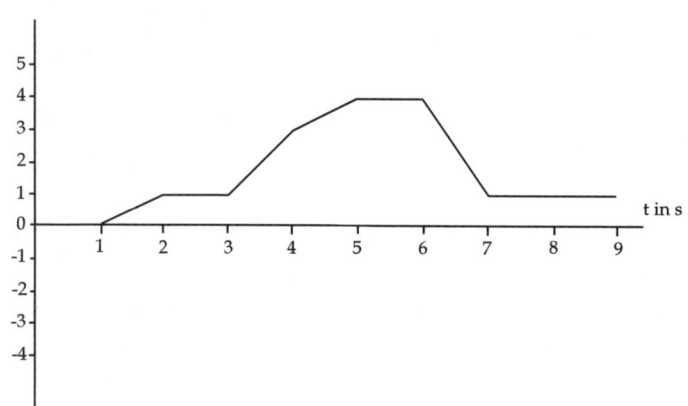

Abb. 23.9:
Geschwindigkeits-Zeit-Diagramm

3. $a_1 = \dfrac{\Delta v_1}{\Delta t_1} = \dfrac{40\,\dfrac{\text{m}}{\text{s}} - 0\,\dfrac{\text{m}}{\text{s}}}{1s} = 40\,\dfrac{\text{m}}{\text{s}^2}$

$a_2 = \dfrac{100\,\dfrac{\text{m}}{\text{s}} - 40\,\dfrac{\text{m}}{\text{s}}}{3\,\text{s}} = 20\,\dfrac{\text{m}}{\text{s}^2}$

$a_3 = \dfrac{-60\,\dfrac{\text{m}}{\text{s}} - 100\,\dfrac{\text{m}}{\text{s}}}{8\,\text{s}} = -20\,\dfrac{\text{m}}{\text{s}^2}$

4. $s = v_0 t + \dfrac{1}{2}at^2$

$100\,\text{m} = 300\,\dfrac{\text{m}}{\text{s}} \cdot t + \dfrac{1}{2}\left(-200\,\dfrac{\text{m}}{\text{s}^2}\right) \cdot t^2$

Umformen der quadratischen Gleichung in die Normalform:

$0 = -100\,\dfrac{\text{m}}{\text{s}^2} \cdot t^2 + 300\,\dfrac{\text{m}}{\text{s}} \cdot t - 100\,\text{m}$

$0 = t^2 - 3t + 1$

$t_1 = 0,38\,\text{s} \qquad t_2 = 2,62\,\text{s}$

Nach 0,38 s befindet sich das Teilchen erstmalig 100 m vom Punkt x entfernt. Das Teilchen bewegt sich aber weiterhin nach rechts und kommt irgendwann zur Ruhe ($v = 0$). Da die Kraft F aber weiterhin wirkt, bewegt sich das Elementarteilchen jetzt nach links und ist nach 2,62 s wieder 100 m vom Punkt x entfernt.

5. a) Geschwindigkeit und zurückgelegter Weg sind proportional zueinander:

$$\frac{40\,\text{m}}{80\,\text{m}} = \frac{v_{\text{Fluss}}}{1,6\,\dfrac{\text{m}}{\text{s}}} \implies v_{\text{Fluss}} = 0,8\,\frac{\text{m}}{\text{s}}$$

b) Der Vektor von „Start" zu „Z" lässt sich in zwei Geschwindigkeitsvektoren zerlegen: $v = \sqrt{\left(0,8\,\dfrac{\text{m}}{\text{s}}\right)^2 + \left(1,6\,\dfrac{\text{m}}{\text{s}}\right)^2} = 1,79\,\dfrac{\text{m}}{\text{s}}$

c) Die Richtung wird durch den Winkel α angegeben.

z. B. : $\arccos \alpha = \dfrac{1,6\,\dfrac{\text{m}}{\text{s}}}{1,79\,\dfrac{\text{m}}{\text{s}}} \Rightarrow \alpha = 26,6°$

Diese Teilaufgabe ließe sich auch grafisch lösen!

d) Mehrere Lösungswege sind denkbar. Hier wird nur einer dargestellt:

Der Schwimmer legt die Strecke s zurück: $s = \dfrac{40\,\text{m}}{\sin \alpha} = 89,3\,\text{m}$

$$t = \frac{s}{v} = \frac{89,3\,\text{m}}{1,79\,\dfrac{\text{m}}{\text{s}}} = 49,9\,\text{s}$$

6. Mit $a = \dfrac{v^2}{2s}$ und $F = m \cdot a$ ergibt sich:

$$F = 150 \cdot 10^6\,\text{kg}\,\frac{\left(\dfrac{50}{3,6}\,\dfrac{\text{m}}{\text{s}}\right)^2}{2 \cdot 12000\,\text{m}} \doteq 1,2 \cdot 10^6\,\text{N} = 1,2\,\text{MN}$$

7. Aus $F = m \cdot a$ wird $m = \dfrac{F}{a}$

$$m_1 = \frac{0,033\,\text{N}}{0,08\,\dfrac{\text{m}}{\text{s}^2}} = 413\,\text{g}$$

$$m_2 = \frac{0,03\,\text{N}}{0,1\,\dfrac{\text{m}}{\text{s}^2}} = 0,3\,\text{kg}$$

Kapitel 23

$$m_3 = \frac{0,0315\,\text{N}}{0,16\,\dfrac{\text{m}}{\text{s}^2}} = 197\,\text{g}$$

Die Ergebnisse können natürlich auch mit anderen Wertepaaren errechnet werden. Durch begrenzte Ablesegenauigkeit sind Toleranzen von $\pm 5\,\%$ tolerierbar.

8. $a = \dfrac{F}{m}$ Die Beschleunigung wird versechsfacht,

also $a = 12\,\dfrac{\text{m}}{\text{s}^2}$ da:

$$\frac{3\,\text{F}}{0,5\,\text{m}} = 6\,\frac{\text{F}}{\text{m}}$$

9. $r = 0,0445\,\text{m}, n = f = 166,7\,\dfrac{1}{\text{s}}$

$$T = \frac{1}{n} = \frac{1}{166,7\,\dfrac{1}{\text{s}}} = 6\,\text{ms}$$

$$v = \frac{2\pi r}{T} = \frac{2\pi \cdot 0,0445\,\text{m}}{6 \cdot 10^{-3}\,\text{s}} = 46,5\,\frac{\text{m}}{\text{s}}$$

$$\omega = \frac{2\pi}{T} = \frac{2\pi}{6 \cdot 10^{-3}\,\text{s}} = 1047\,\frac{1}{\text{s}}$$

$$a_r = \omega^2 \cdot r = \left(1047\,\frac{1}{\text{s}}\right)^2 \cdot 0,0445\,\text{m} = 48781\,\frac{\text{m}}{\text{s}^2}$$

10. $s_w = \dfrac{v_0^2 \cdot \sin 2\alpha}{g} = \dfrac{\left(27,8\,\dfrac{\text{m}}{\text{s}}\right)^2 \cdot \sin 156°}{9,81\,\dfrac{\text{m}}{\text{s}^2}} = 32\,\text{m}$

11. Bestrahlungsstärke:

$$80\,\frac{\text{mW}}{\text{cm}^2} = 800000\,\frac{\text{mW}}{\text{m}^2} = 800\,\frac{\text{W}}{\text{m}^2}$$

$$W_{\text{zu}} = 800\,\frac{\text{W}}{\text{m}^2} \cdot 3600\,\text{s} = 2,88 \cdot 10^6\,\text{Ws}$$

$$W_{\text{ab}} = Q = m \cdot c \cdot \Delta T = 10\,\text{kg} \cdot 4186\,\frac{\text{Ws}}{\text{kg} \cdot \text{K}} \cdot 26\,\text{K} = 1,088 \cdot 10^6\,\text{Ws}$$

$$\eta = \frac{W_{\text{ab}}}{W_{\text{zu}}} = \frac{1,088 \cdot 10^6\,\text{Ws}}{2,88 \cdot 10^6\,\text{Ws}} = 0,378 = 37,8\%$$

12. Mit $W = \dfrac{1}{2} \cdot D \cdot s^2$ und $W = m \cdot g \cdot h$

$$h = \frac{W}{g \cdot m} = \frac{\dfrac{1}{2} \cdot D \cdot s^2}{g \cdot m} = \frac{\dfrac{1}{2} \cdot 300\,\frac{\text{N}}{\text{m}} \cdot (0,17\,\text{m})^2}{9,81\,\frac{\text{m}}{\text{s}^2} \cdot 0,1\,\text{kg}} = 4,42\,\text{m}$$

13. $m \cdot g \cdot h = \dfrac{1}{2} m \cdot v^2$

Umstellen nach v ergibt:

$$v = \sqrt{2 \cdot g \cdot h} = \sqrt{2 \cdot 9,81\,\frac{\text{m}}{\text{s}^2} \cdot 12\,\text{m}} = 15,3\,\frac{\text{m}}{\text{s}}$$

14. Kinetische Energie des Autos = Arbeit (Energie) der Bremsen

$$\frac{1}{2} \cdot m \cdot v^2 = F \cdot s$$

Umstellen nach F:

$$F = \frac{m \cdot v^2}{2 \cdot s} = \frac{800\,\text{kg} \cdot \left(30\,\dfrac{\text{m}}{\text{s}}\right)^2}{2 \cdot 40\,\text{m}} = 9000\,\text{N}$$

15. $W_{\text{pot}} = m \cdot g \cdot h = P \cdot t$

Umstellen nach t:

$$t = \frac{m \cdot g \cdot h}{P} = \frac{m \cdot g \cdot h}{U \cdot I} = \frac{2\,\text{kg} \cdot 9,81\,\frac{\text{m}}{\text{s}^2} \cdot 2\,\text{m}}{24\,\text{V} \cdot 1,2\,\text{A}} = 1,36\,\text{s}$$

16. $F = \dfrac{p}{t} = \dfrac{0,119\,\dfrac{\text{kg} \cdot \text{m}}{\text{s}}}{4s} = 0,03\,\text{N}$

17. $p = mv \qquad v = \sqrt{2gh}$

$$p = m\sqrt{2 \cdot g \cdot h} = 0,6\,\text{kg}\sqrt{2 \cdot 9,81\,\frac{\text{m}}{\text{s}^2} \cdot 25\,\text{m}} = 13,3\,\text{Ns}$$

18. $u = \dfrac{m_1 \cdot v_1 + m_2 \cdot v_2}{m_1 + m_2} = \dfrac{5000\,\text{kg} \cdot 6\,\dfrac{\text{m}}{\text{s}} + 7000\,\text{kg} \cdot 0}{12000\,\text{kg}} = 2,5\,\dfrac{\text{m}}{\text{s}}$

19. $m_1 \cdot v_1 + m_2 \cdot v_2 = m_1 \cdot u_1 + m_2 \cdot u_2$

Umstellen nach u_2 ergibt:

$$u_2 = \frac{m_1 \cdot v_1 + m_2 \cdot v_2 - m_1 \cdot u_1}{m_2}$$

$$= \frac{15000\,\text{kg} \cdot 5\,\frac{\text{m}}{\text{s}} + 30000\,\text{kg} \cdot 0\,\frac{\text{m}}{\text{s}} - 15000\,\text{kg} \cdot \left(-0,2\,\frac{\text{m}}{\text{s}}\right)}{30000\,\text{kg}}$$

$$u_2 = 2,6\,\frac{\text{m}}{\text{s}}$$

20. Unelastischer Stoß

$$u = \frac{m_1 \cdot v_1}{(m_1 + m_2)} = \frac{0,36\,\text{kg} \cdot 1\,\frac{\text{m}}{\text{s}}}{0,720\,\text{kg}} = 0,5\,\frac{\text{m}}{\text{s}}$$

23.2 Schwingungen und Wellen

1. Ein mathematisches Pendel besteht aus einem dünnen Faden der Länge $l = 4,3$ m und einer Masse $m = 30$ g. Wie viele Schwingungen macht dieses Pendel innerhalb von zwei Minuten?

2. In einem Physiklabor wurden die Schwingungsdauern T verschieden langer Pendel gemessen. Die folgende Tabelle zeigt die Messwerte.

$\frac{l}{m}$	0,2	0,4	0,6	0,8	1,0	1,2	1,4	1,6
$\frac{T}{s}$	0,90	1,27	1,55	1,80	2,04	2,20	2,40	2,54

Die Messwerte sollen grafisch dargestellt werden. Wählen Sie die Achseneinteilungen so, dass sich eine Gerade ergibt.

3. Eine Masse $m = 900$ g hängt an einem Pendelfaden mit der wirksamen Länge $l = 1$ m. Die Masse wird nach links um den Winkel $\alpha = 60°$ mit der Hand aus seiner Ruhelage ausgelenkt und dort zum Zeitpunkt $t = 0$ losgelassen. Berechnen Sie die Geschwindigkeit v, mit der die Masse die Nulllage durchschwingt! Reibung und Luftwiderstand können vernachlässigt werden.

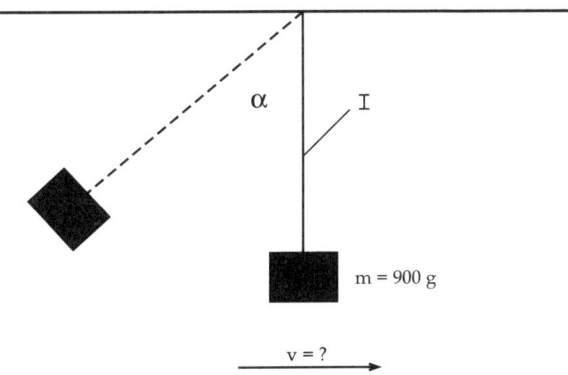

Abb. 23.10: Schwingendes Pendel

4. Welche der folgenden Aussage(n) zu einem Federpendel ist/sind falsch?

   a) Die Schwingungsdauer eines Federpendels hängt von der Amplitude ab.

   b) Die Erdbeschleunigung g hat keinen Einfluss auf die Schwingungsdauer.

   c) Die Schwingungsdauer steigt mit größer werdender Masse.

   d) Ein Federpendel vollführt harmonische Schwingungen.

Kapitel 23

5. Aus einem alten englischen Physikbuch stammt die folgende Aufgabe:

   A tennis coach paces back and forth along the sideline 10 times in 2 minutes. The frequency of her pacing is

   a) 5 Hz   b) 0,2 Hz   c) 0,12 Hz   d) 0,083 Hz

6. In einem kommunizierenden Rohrsystem mit konstantem Querschnitt können Flüssigkeiten harmonische Schwingungen ausführen. In dem abgebildeten U-Rohr haben die Flüssigkeitssäulen in den Schenkeln die gleiche Höhe. Drückt man die eine Säule um ein Stück x tiefer, so steigt die andere um den gleichen Betrag, falls die Querschnitte A in beiden Schenkeln gleich sind.

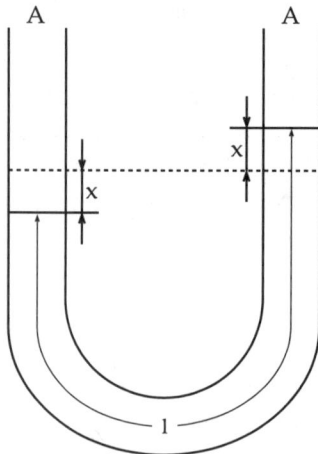

Abb. 23.11: Schwingende Wassersäule

Die Höhendifferenz beträgt dann $2x$ und der Druck ist $p = 2x\rho g$ (ρ: Dichte der Flüssigkeit). Es gilt:

$$T = 2\pi\sqrt{\frac{m}{2A\rho g}} \text{ mit } m = \rho \cdot V \text{ erhält man}$$

$$T = 2\pi\sqrt{\frac{\rho \cdot V}{2A\rho g}} \ (V\text{: Volumen})$$

ρ kürzt sich heraus. Mit $V = A \cdot l$ ergibt sich:

$$T = 2\pi\sqrt{\frac{l}{2g}}$$

Gegeben sei $A = 4\,\text{cm}^2$ und $V = 0,2\,\text{l}$. Berechnen Sie die Schwingungsdauer T!

7. An einen Wechselspannungsgenerator ist ein Lautsprecher P_1 angeschlossen. Es wird ein Ton mit $f = 4\,\text{kHz}$ erzeugt. Zwei Mikrofone (B_1 und B_2) nehmen diese Tonfrequenz auf und stellen sie auf einem Zweikanal-Oszilloskop dar. Der Abstand der Mikrofone sei s; eine gegenseitige Beeinflussung der Mikrofone sowie Reflexionen können ausgeschlossen werden. B_2 wird nun von B_1 und von P_1 so weit wegbewegt, dass beide Wechselspannungen auf dem Bildschirm des Oszilloskops um 180° gegeneinander phasenverschoben sind (destruktive Interferenz). Der Abstand der Mikrofone beträgt jetzt $s = 4,2\,\text{cm}$.

Welche Schallgeschwindigkeit ergibt sich aufgrund dieser Werte?

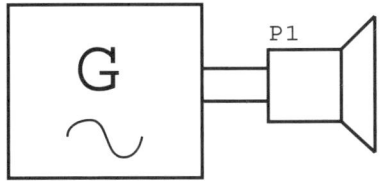

f= 4 kHz

Abb. 23.12: Messaufbau zur Aufgabe 7

8. Auf einer Straßenbrücke aus Eisen fährt ein Auto gegen einen Stahlpfeiler. In der Entfernung s steht ein Passant auf der Brücke. Er hört den Aufprall zunächst durch das Eisen und etwas später durch die Luft mit einer Zeitdifferenz von 1,1 s. Wie weit ist der Passant von der Unfallstelle entfernt? (Schallgeschwindigkeit in Eisen: $c_1 = 5200\,\dfrac{\text{m}}{\text{s}}$)

9. Eine mechanische Transversalwelle wird durch die folgende Gleichung beschrieben:

$$s = 0,04\,\text{m} \cdot \sin\left[10\,\text{s}^{-1}\left(t - \frac{x}{2\,\text{ms}^{-1}}\right)\right]$$

   a) Bestimmen Sie die Amplitude, die Frequenz, die Schwingungsdauer und die Wellenlänge!

   b) Berechnen Sie die Auslenkung eines Teilchens, das 0,6 m vom Erregungszentrum entfernt ist, 1,5 s nach Beginn der Schwingung!

Kapitel 23

473

10. Es soll ermittelt werden, zu welchem Zeitpunkt bei der Transversalwelle

    $$s = 0,2\,\text{m} \cdot \sin(100\,\text{s}^{-1} \cdot t - 20\,\text{ms}^{-1} \cdot x)$$

    erstmalig bei $x = 5$ m ein Elongationsmaximum vorliegt!

    Hinweis: Extremwerte findet man, indem man die 1. Ableitung ($\frac{\text{d}s}{\text{d}t}$) gleich null setzt!

11. Zwei harmonische Wellen gleicher Frequenz $f = 8$ Hz und gleicher Wellenlänge $\lambda = 3$ cm bereiten sich in eine positive x-Richtung aus. Die Amplituden betragen 2 cm und 4 cm. Beide Wellen haben die gleiche Phasenlage; sie beginnen beide zur Zeit $t = 0$ im Koordinatenursprung und steigen von da aus zunächst an. Die Dämpfung beträgt null.

    Beide Wellen sind für $0 \leq x \leq 6$ cm in ein Koordinatensystem zu zeichnen! Die sich durch konstruktive Interferenz ergebene resultierende Welle s_res ist ebenfalls darzustellen!

12. Eine Magnetbahn nähert sich auf einer Teststrecke mit $300\,\frac{\text{km}}{\text{h}}$ einer Messstation. Die Bahn sendet kontinuierlich einen Warnton mit $f = 1$ kHz aus. Mit welcher Frequenz hört ein Ingenieur auf dem Messstand diesen Warnton?

13. Warum wird in Schulbüchern zur Physik nicht die Polarisation bei longitudinalen Wellen betrachtet?

    Nur eine Aussage stimmt!

    a) Die Polarisation von longitudinalen Wellen ist äußerst kompliziert und mathematisch nur mit Hochschulwissen zu erfassen.

    b) Nur transversale Wellen können polarisiert sein.

    c) Die Frage ist falsch gestellt! Die Polarisation von Longitudinalwellen wird natürlich in Schulbüchern behandelt!

14. Zwei rechteckförmige Pulse bewegen sich auf einer Saite aufeinander zu. Die folgende Momentaufnahme stellt die Situation bei $t = 0$ dar.

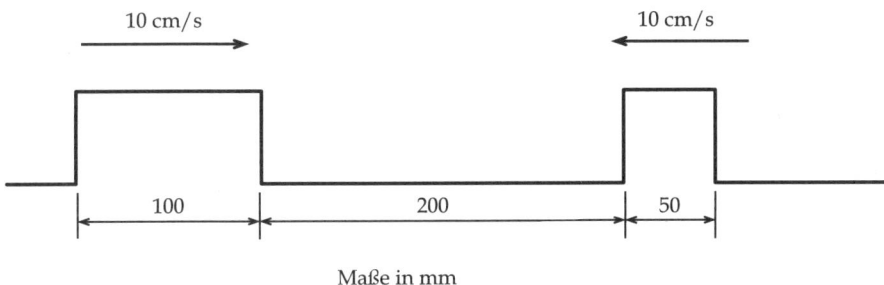

Maße in mm

Abb. 23.13: Überlagerung von Impulsen

Wenn sich die Wellenberge treffen, addieren sich die Einzelpulse. Dies nennt man Überlagerung oder Superposition. Nach der Überlagerung trennen sich die Wellen wieder, nehmen ihre ursprüngliche Form an und bewegen sich weiter.

a) Zeichnen Sie die Welle zu den Zeitpunkten $t_1 = 1\,\mathrm{s}$, $t_2 = 1,5\,\mathrm{s}$ und $t_3 = 3\,\mathrm{s}$!

b) Wiederholen Sie die Aufgabe a); der rechte Puls hat jetzt die entgegengesetzte Auslenkung.

15. Es soll die Gleichung einer stehenden Welle entwickelt werden. Zur Erinnerung:

Gleichung einer in positive x-Richtung laufenden Welle:

$$s_1 = \hat{s} \cdot \sin 2\pi \left(\frac{t}{T} - \frac{x}{\lambda} \right)$$

Die in die negative x-Richtung laufende Welle gleicher Frequenz und Amplitude hat die Gleichung:

$$s_2 = \hat{s} \cdot \sin 2\pi \left(\frac{t}{T} + \frac{x}{\lambda} \right)$$

Die Interferenz beider Wellen erhält man durch Addition der Elongationen:

$$s = s_1 + s_2$$

Vervollständigen Sie die Gleichung der stehenden Welle! Bedenken Sie, dass

$$\sin \alpha + \sin \beta = 2 \cdot \sin \frac{\alpha + \beta}{2} \cdot \cos \frac{\alpha - \beta}{2} \text{ ist.}$$

Gleichung der stehenden Welle:

$$s = 2 \cdot \quad \cdot \sin(\quad) \cdot \cos(\quad)$$

16. Eine stehende Welle sei durch die Gleichung

$$s = 10\,\text{cm} \cdot \sin\left(4\pi \cdot s^{-1} \cdot t\right) \cdot \cos\left(0{,}2\pi \cdot \text{cm}^{-1} \cdot x\right)$$

beschrieben. Welchen Abstand haben zwei benachbarte Schwingungsknoten?

17. a) Wenn eine breite Wellenfront auf ein Hindernis oder eine Öffnung trifft, bildet sich kein scharfer Schattenraum aus. Die Wellen dringen vielmehr in diesen Schattenraum ein. Dieses nennt man ...

b) Ändert eine Welle ihre Richtung infolge einer Geschwindigkeitsänderung, so nennt man dies ...

18. Das Fadenpendel aus Aufgabe 3 führt nun eine gedämpfte Schwingung aus. Die maximale Elongation beträgt zu Beginn $\hat{s} = 15\,\text{cm}$. Berechnen Sie aus den Tabellenwerten den Abklingkoeffizient (Dämpfungskonstante) δ und die Halbwertszeit t_H!

$\frac{s}{\text{cm}}$	14,7	14,4	14,13	13,85	13,57	9,1
$\frac{t}{s}$	2	4	6	8	10	50

19. In einem Hallenbad ist das Schwimmbecken stufenweise aufgebaut. Die erzeugten Wasserwellen ($f = 0{,}5\,\text{Hz}$, $\lambda = 1\,\text{m}$) treffen an einer Kante vom tiefen Wasser in einen Bereich mit geringerer Tiefe. Die einfallende Wellenfront bildet hier mit dem Lot einen Winkel von 25°. Der Ausfallswinkel beträgt nach der Brechung nur noch 16°. Mit welchen Geschwindigkeiten c_1 und c_2 breiten sich die Wasserwellen in den beiden Gebieten aus?

20. Das Foto wurde an einer Wellenwanne aufgenommen. Beschreiben Sie das physikalische Phänomen, das hier zu sehen ist!

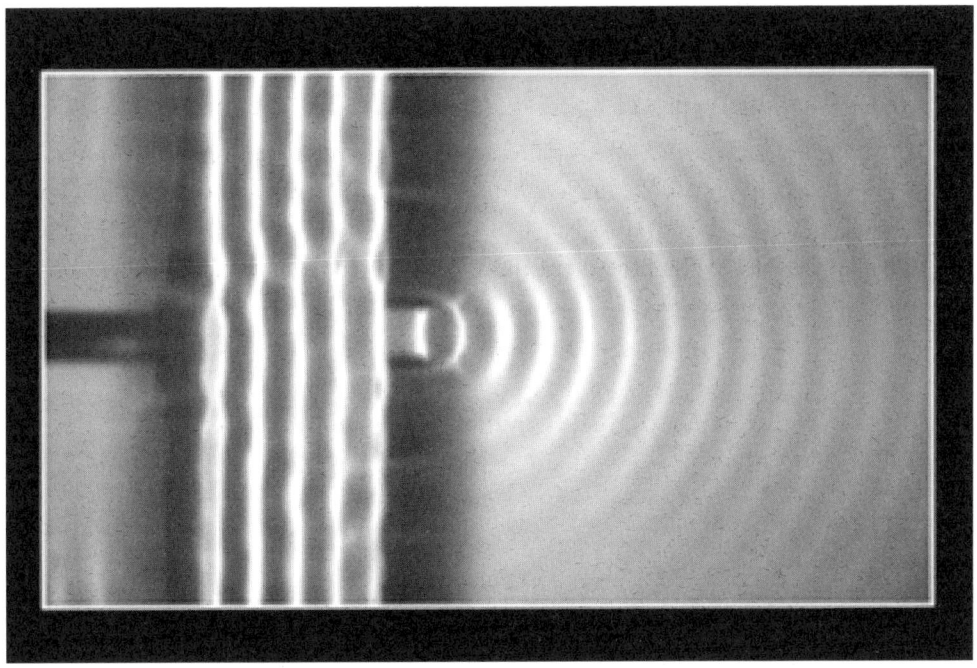

Abb. 23.14: Wellenmuster in der Wellenwanne
(Quelle: LD-Handblätter Physik, Leybold-Didactic)

Musterlösungen

1. Die Masse m spielt hier keine Rolle. Es gilt:

$$T = 2\pi\sqrt{\frac{l}{g}} = 2\pi\sqrt{\frac{4,3\,\text{m}}{9,81\,\frac{\text{m}}{\text{s}^2}}} = 4,16\text{s}$$

Während der Zeit $t = 120\,\text{s}$ ($= 2$ Minuten) schwingt das Pendel
$$\frac{120\,\text{s}}{4,16\,\text{s}} = 28,8 \text{ mal.}$$

2. Um die geforderte Gerade zu erhalten, muss T^2 über l aufgetragen werden:

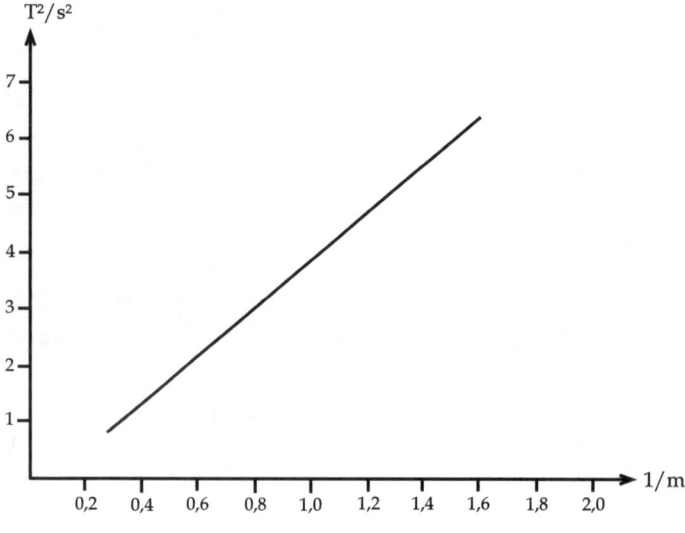

Abb. 23.15: Gesuchte Gerade

3. Es gilt der Energieerhaltungssatz:

$$m \cdot g \cdot h = \frac{1}{2} \cdot m \cdot v^2$$

Umgestellt nach v:

$$v = \sqrt{2gh}$$

Ermittlung von h:

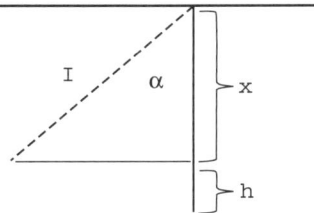

Abb. 23.16: Ermittlung von h

$$\cos \alpha = \frac{x}{l} \Rightarrow x = l \cdot \cos \alpha$$

$$x = 1\,\text{m} \cdot \cos 60° = 0,5\,\text{m}$$

Mit $l = x + h$ erhält man für $h = l - x = 1\,\text{m} - 0,5\,\text{m} = 0,5\,\text{m}$.

Für die gesuchte Geschwindigkeit v ergibt sich:

$$v = \sqrt{2 \cdot 9,81\,\frac{\text{m}}{\text{s}^2} \cdot 0,5\,\text{m}} = 3,13\,\frac{\text{m}}{\text{s}}$$

4. Aussage a ist falsch! Wie die Formel $T = 2\pi\sqrt{\dfrac{m}{D}}$ zeigt, hängt die Schwingungsdauer T nur von der Masse m und der Federkonstanten D ab.

5. $f = \dfrac{10}{120\,\text{s}} = 0,083\,\text{Hz}$

6. $T = 2\pi\sqrt{\dfrac{m}{2A\rho g}}$ mit $m = \rho \cdot V$ erhält man:

$$T = 2\pi\sqrt{\frac{V}{2Ag}} = 2\pi\sqrt{\frac{0,2 \cdot 10^{-3}\,\text{m}^3}{2 \cdot 4 \cdot 10^{-4}\,\text{m}^2 \cdot 9,81\,\frac{\text{m}}{\text{s}^2}}} = 1\,\text{s}$$

7. $\dfrac{\lambda}{2} = 4,2\,\text{cm} \Rightarrow \lambda = 8,4\,\text{cm} = 0,084\,\text{m}$

$$c = \lambda \cdot f = 0,084\,\text{m} \cdot 4000\,\frac{1}{\text{s}} = 336\,\text{m}$$

Kapitel 23

479

8. Entfernung zwischen Aufprallstelle und Passant: s

   Schalllaufzeit durch Eisen: $t_1 = \dfrac{x}{c_1}$ (mit $c_1 = 5200\,\dfrac{m}{s}$)

   Schalllaufzeit durch Luft: $t_2 = \dfrac{x}{c_2}$ (mit $c_2 = 340\,\dfrac{m}{s}$)

   $$t_2 - t_1 = 1,1\,s = \frac{x}{c_2} - \frac{x}{c_1}$$

   Auflösen nach x:

   $$x = \frac{1,1\,s}{\dfrac{1}{c_2} - \dfrac{1}{c_1}} = \frac{1,1\,s}{\dfrac{1}{340\,\dfrac{m}{s}} - \dfrac{1}{5200\,\dfrac{m}{s}}} = 400,2\,m$$

9. a) $s = 0,04\,m \cdot \sin\left[10\,s^{-1}\left(t - \dfrac{x}{2\,ms^{-1}}\right)\right]$

   Amplitude: $0,04\,m$

   $$\omega = 2\pi \qquad f = 10\,s^{-1} \Rightarrow f = 1,59\,Hz$$

   $$T = \frac{1}{f} = \frac{1}{1,59}\,Hz = 0,628\,s$$

   $$\lambda = \frac{c}{f} = \frac{2\,ms-1}{1,59\,Hz} = 1,26\,m$$

   b) $s = 0,04m \cdot \sin\left[10\,s^{-1}\left(1,5\,s - \dfrac{0,6\,m^{-1}}{2\,ms}\right)\right] = -2,15\,m$

   (d. h. Auslenkung nach unten)

10. $\dfrac{ds}{dt} = 0,2\,m \cdot \cos(100\,\dfrac{1}{s} \cdot t - 100) \cdot 100\,\dfrac{1}{s}$

    $$20\,\frac{m}{s} \cdot \cos(100\,\frac{1}{s} \cdot t - 100) = 0$$

    $$\arccos 0 = 10 \cdot t - 100$$

    $$t = 1,015\,s$$

11.

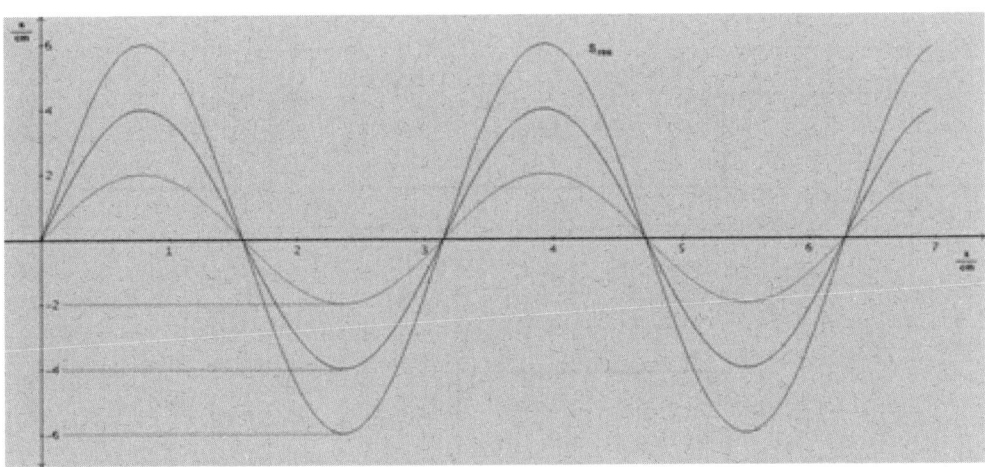

Abb. 23.17: Einzel- und Summenschwingung

Allgemeine Form der Wellengleichung:

$$s = \hat{s} \cdot \sin 2\pi\left(\frac{t}{T} - \frac{x}{\lambda}\right)$$

Mit $T = \dfrac{1}{f} = \dfrac{1}{8\,\text{Hz}} = 0,125\,\text{s}$

lautet die Gleichung für die resultierende Welle:

$$s_{\text{res}} = 6\,\text{cm} \cdot \sin 2\pi\left(\frac{t}{0,125\,\text{s}} - \frac{x}{3\,\text{cm}}\right)$$

oder

$$s_{\text{res}} = 6\,\text{cm} \cdot \sin 2\pi\left(8\,\frac{1}{\text{s}} \cdot t - \frac{x}{3\,\text{cm}}\right)$$

12. Doppler-Effekt:

$$f = \frac{f_0}{1 - \dfrac{v}{c}} = \frac{1000\,\text{Hz}}{1 - \dfrac{83,33\,\dfrac{\text{m}}{\text{s}}}{340\,\dfrac{\text{m}}{\text{s}}}} = 1325\,\text{Hz} = 1,325\,\text{kHz}$$

13. b)

Kapitel 23

481

14. a)

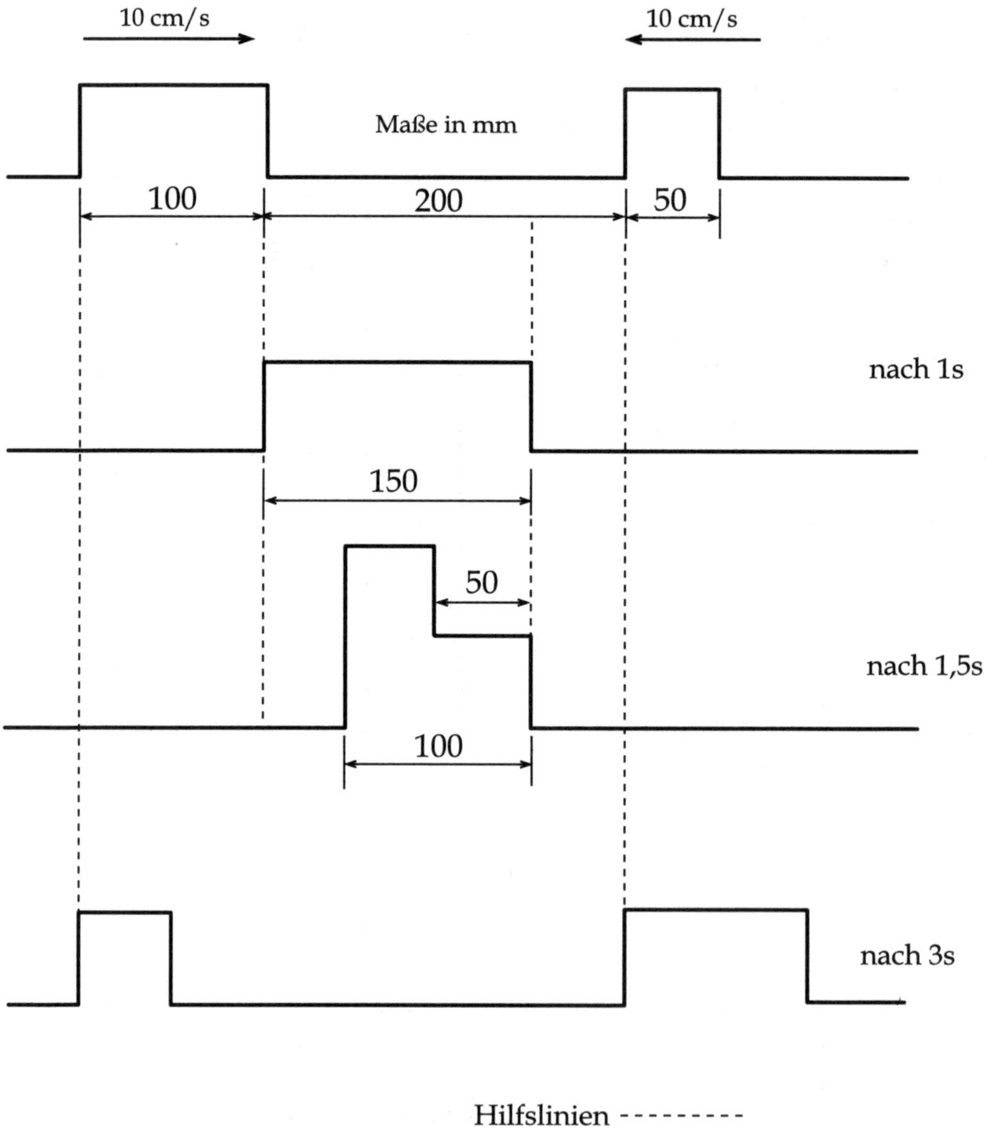

10 cm/s   10 cm/s

Maße in mm

100   200   50

nach 1s

150

50

nach 1,5s

100

nach 3s

Hilfslinien - - - - - - - - -

Abb. 23.18: Resultierende Wellenmuster zu a)

b)

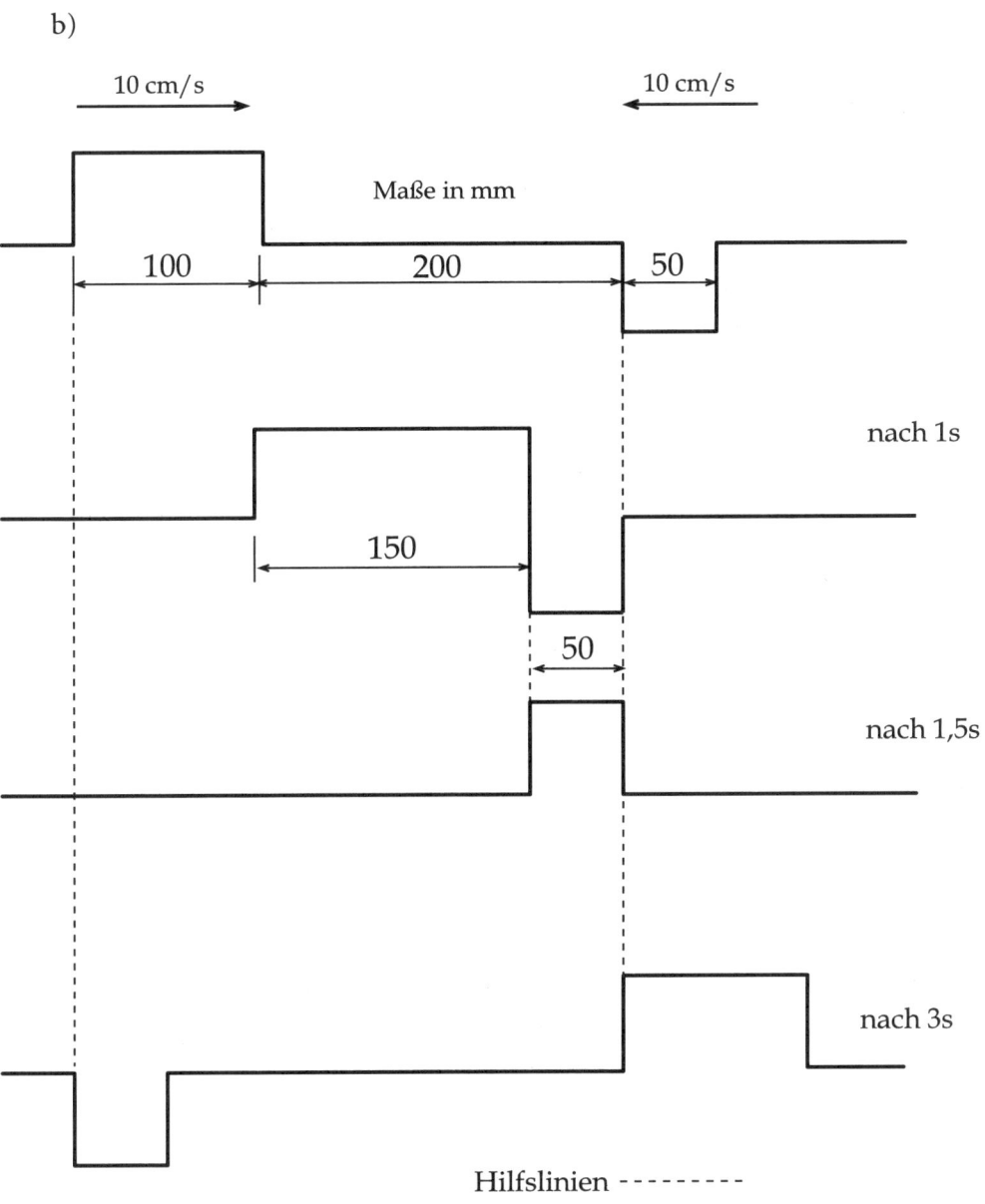

Maße in mm

10 cm/s

10 cm/s

100

200

50

nach 1s

150

50

nach 1,5s

nach 3s

Hilfslinien - - - - - - - -

Abb. 23.19: Resultierende Wellenmuster zu b)

15. $s = 2\hat{s} \cdot \sin(2\pi\frac{t}{T}) \cdot \cos(-2\pi\frac{x}{\lambda})$

    Hinweis: Da $\cos(-\alpha) = \cos\alpha$, kann das Minuszeichen auch entfallen!

16. $0,2 \cdot \pi \cdot cm^{-1} \cdot x = \pi$ aufgelöst nach x ergibt: $x = 5\,cm$

17. a) Beugung   b) Brechung

18. Zunächst muss die Schwingungsdauer T berechnet werden:

$$T = 2\pi\sqrt{\frac{l}{g}} = 2\pi\sqrt{\frac{1\,m}{9,81\,\frac{m}{s^2}}} = 2\,s$$

Für die Elongation der gedämpften Schwingung gilt:

$$s = \hat{s} \cdot e^{-\delta \cdot t}$$

Umgestellt nach δ ergibt: $\delta = \dfrac{-\ln\dfrac{s}{\hat{s}}}{t}$

Werte eingesetzt: $\delta = -\dfrac{\ln\dfrac{9,1\,cm}{15\,cm}}{50\,s} = 10 \cdot 10^{-3}\,\dfrac{1}{s}$

Halbwertszeit: $t_H = \dfrac{\ln 2}{\delta} = \dfrac{\ln 2}{10 \cdot 10^{-3}\,s} = 69,3\,s$

19. $c_1 = f \cdot \lambda = 0,5\,Hz \cdot 1\,m = 0,5\,\dfrac{m}{s}$

$\dfrac{c_1}{c_2} = \dfrac{\sin\alpha}{\sin\beta}$ umstellen nach c_2:

$c_2 = c_1\dfrac{\sin\beta}{\sin\alpha} = 0,5\,\dfrac{m}{s} \cdot \dfrac{\sin 16°}{\sin 25°} = 0,33\,\dfrac{m}{s}$

20. Von links kommend trifft eine gerade Wellenfront auf einen engen Spalt. Hinter dem Spalt bildet sich eine Elementarwelle aus. Nach Huygens kann jede Stelle einer Wellenfront als Ausgangspunkt für eine Elementarwelle angesehen werden.

23.3 Thermodynamik

1. In den USA wird überwiegend die Fahrenheit-Skala zur Temperaturmessung benutzt. Der Zusammenhang zwischen °C und °F ist linear. Zwei Wertepaare sollen bekannt sein: 77° F entsprechen 25° C und 104° F sind 40° C.

   Stellen Sie °F als Funktion von °C quantitativ grafisch dar und entwickeln Sie über die Geradengleichung eine Umrechnungsformel!

2. Welche Celsius- und Kelvin-Werte entsprechen einander?

   a) $0\,K = -273{,}16°\,C$

   b) $1°\,C = 274{,}16\,K$

   c) $+100°\,C = 373{,}16\,K$

3. Der elektrische Widerstand eines metallischen Leiters ist temperaturabhängig. Bei 0° C habe ein Leiter einen Widerstand von $R_0 = 4{,}6\,\Omega$; bei 100° C sei er $R_{100} = 6{,}8\,\Omega$. Bei Raumtemperatur beträgt der Widerstand $R = 5{,}0\,\Omega$. Wie hoch ist in diesem Fall die Raumtemperatur?

4. Ein Aluminiumwürfel hat bei 20° C eine Kantenlänge von 6 cm. Er wird auf 85° C erwärmt. Wie groß ist sein Volumen nach der Erwärmung?

5. Im Schnee fand ich im letzten Winter eine 1-EUR-Münze ($m_{EUR} = 5\,g$, $c = 220\,\dfrac{J}{kg \cdot K}$). Das Geldstück war auf 0° C abgekühlt. Als ich es aufhob, wurde es durch meine Hand auf 36° C erwärmt. Welche Wärmemenge Q wurde dabei meinem Körper entzogen?

6. Drei Liter Wasser ($T_{W1} = 100°\,C$) werden mit 15 l Wasser ($T_{W2} = 40°\,C$) gemischt. Berechnen Sie die Temperatur T der Mischung! Gehen Sie vereinfacht davon aus, dass ein Liter Wasser einem Kilogramm Masse entspricht.

7. Das Gasthermometer ist ein Ausdehnungsthermometer, bei dem die beobachtete Zustandsgröße das Volumen V eines idealen Gases ist. Die Temperaturmessung basiert auf der Messung des Drucks p.

   Im vorliegenden Fall drückt das sich ausdehnende Gas auf eine Quecksilbersäule. Bei 0° C ist die Säule 680 mm hoch und steigt bei Zimmertemperatur T_Z auf 705 mm. Berechnen Sie die Zimmertemperatur T_Z in °C und in K!

8. Die Graphen in der folgenden Abbildung stellen verschiedene Abhängigkeiten dar.

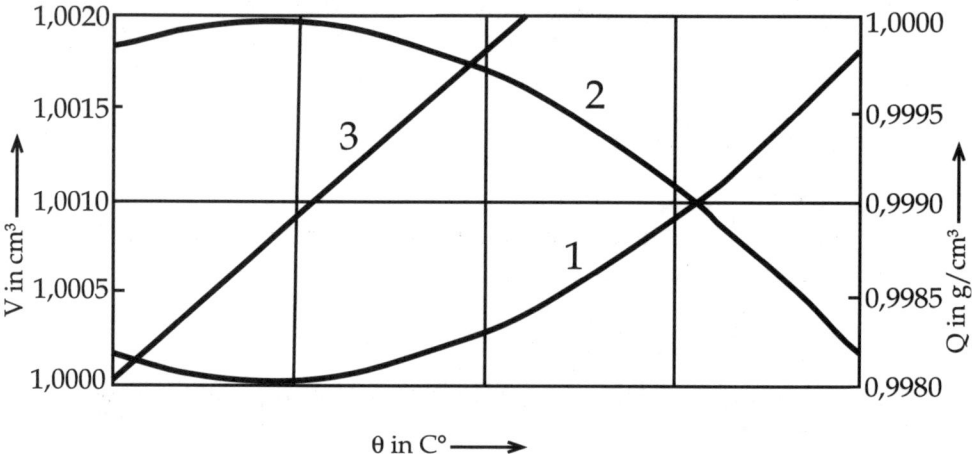

Abb. 23.20: Graphen zur Aufgabe

Tragen Sie die entsprechenden Nummern der Graphen ein!

a) ...... Volumen von 1 g Wasser bei 1010 hPa

b) ...... Volumen von Quecksilber bezogen auf $1\,cm^3$ bei $0°\,C$

c) ...... Dichte von Wasser bei 1010 hPa

9. Entscheiden Sie, ob die folgende Aussage korrekt ist!

Die einzelnen Zustandsänderungen im p-V-Diagramm verlaufen im Uhrzeigersinn.

10. Prüfen Sie, ob die folgenden Überlegungen richtig sein könnten!

Zur Beurteilung der Güte eines Kreisprozesses kann der thermodynamische Wirkungsgrad herangezogen werden:

$$\eta = \frac{W}{Q_{zu}}$$

W: mechanische Nutzarbeit

$Q_z u$: zugeführte Wärmemenge

Die Nutzarbeit W ist gleich der Differenz von zugeführter und dem Betrag der abgegebenen Wärmemenge:

$$\eta = \frac{Q_{zu} - |Q_{ab}|}{Q_{zu}} = 1 - \frac{|Q_{ab}|}{Q_{zu}}$$

Entsprechend $\Delta Q = m \cdot c \cdot \Delta T$ sind Q und T zueinander proportional. Daher gilt auch:

$$\eta = 1 - \frac{T_{ab}}{T_{zu}}$$

Musterlösungen

1.

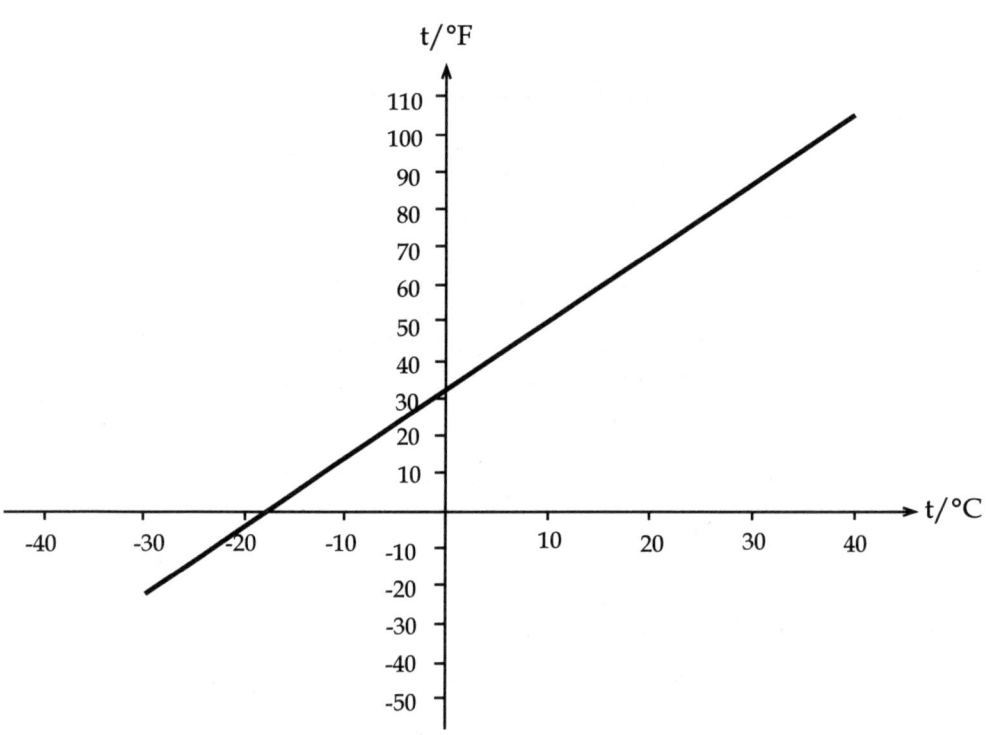

Abb. 23.21: Zusammenhang zwischen °C und °F

Allgemeine Geradengleichung: $y = mx + b$

Steigung:

$$m = \frac{\Delta y}{\Delta x} = \frac{104°\,\mathrm{F} - 77°\,\mathrm{F}}{40°\,\mathrm{C} - 25°\,\mathrm{C}} = \frac{27°\,\mathrm{F}}{15°\,\mathrm{C}} = \frac{9°\,\mathrm{F}}{5°\,\mathrm{C}}$$

Werte in die allgemeine Geradengleichung einsetzen:

$$77°\,\mathrm{F} = \frac{9°\,\mathrm{F}}{5°\,\mathrm{C}} \cdot 25°\,\mathrm{C} + b$$

Umstellen nach b ergibt $b = 32°\,\mathrm{F}$.

Gesuchte Formel: $°\mathrm{F} = \dfrac{9}{5} \cdot \dfrac{°\,\mathrm{F}}{°\,\mathrm{C}} + 32°\,\mathrm{F}$

2. Alle drei Gleichungen sind richtig.

3. $\Delta R_1 = 6,8\,\Omega - 4,6\,\Omega = 2,2\,\Omega$

   $\Delta T = 100\,\text{K}$

   $\Delta R_2 = 5\,\Omega - 4,6\,\Omega = 0,4\,\Omega$

   Mit dem Dreisatz ergibt sich eine Raumtemperatur von 18,2° C

4. $\Delta V = \gamma \cdot V_0 \cdot \Delta T = 6,9 \cdot 10^{-5}\,\dfrac{1}{\text{K}} \cdot 216\,\text{cm}^3 \cdot 65\,\text{K} = 0,969\,\text{cm}^3$

   $V = 216\,\text{cm}^3 + 0,969\,\text{cm}^3 = 216,969\,\text{cm}^3$

5. $Q = c \cdot m_{\text{EUR}} \cdot \Delta T = 220\,\dfrac{\text{J}}{\text{kg} \cdot \text{K}} \cdot 5 \cdot 10^{-3}\,\text{kg} \cdot 36\,\text{K} = 39,6\,\text{J}$

6. Die Wassermasse mit der höheren Temperatur gibt Wärme ab. Die gleiche Wärmemenge wird von den 15 l Wasser aufgenommen.

   $c \cdot m_1 \cdot \Delta T = c \cdot m_2 \cdot \Delta T$

   $3\,\text{kg} \cdot (100°\,\text{C} - T) = 15\,\text{kg} \cdot (T - 40°\,\text{C})$ (c kürzte sich heraus)

   Aufgelöst nach T ergibt:

   $T = 50°\,\text{C}$

7. $\dfrac{705\,\text{mm}}{680\,\text{mm}} \cdot 273\,\text{K} = 283\,\text{K}$ oder 10° C

8. Wasser hat seine größte Dichte, und damit das geringste Volumen, bei 4° C.

   a) 1   Volumen von 1 g Wasser bei 1010 hPa

   b) 3   Volumen von Quecksilber bezogen auf 1 cm^3 bei 0° C

   c) 2   Dichte von Wasser bei 1010 hPa

9. Die Aussage ist korrekt!

10. Die Ausführungen sind korrekt!

23.4 Elektrisches Feld

1. Drei gleiche elektrische Ladungen sind gemäß der folgenden Abbildung auf eine Strecke $s = 6$ m gleichmäßig verteilt. Berechnen Sie die jeweils resultierende Kraft F_{res}, die auf die Ladung im Punkt A und auf die mittlere Ladung wirkt!

Abb. 23.22: Anordnung der elektrischen Ladungen

2. Ermitteln Sie Größe und Richtung einer Kraft F_4, die auf eine der vier Ladungen wirkt.

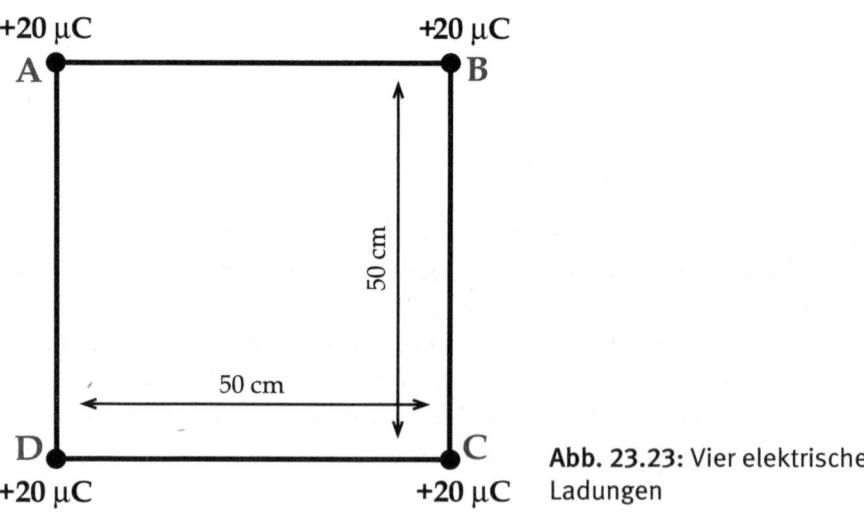

Abb. 23.23: Vier elektrische Ladungen

3. In einem Wasserstoffatom beträgt der mittlere Abstand zwischen Elektron und Proton ungefähr $5,3 \cdot 10^{-11}$ m. Berechnen Sie die Größe der elektrostatischen Anziehungskraft zwischen diesen beiden Teilchen!

4. Die Leidener Flasche gilt als älteste Bauform eines Kondensators. Grundsätzlich besteht dieser Kondensator aus einer Flasche, die innen und außen je eine „Kondensatorplatte" trägt.

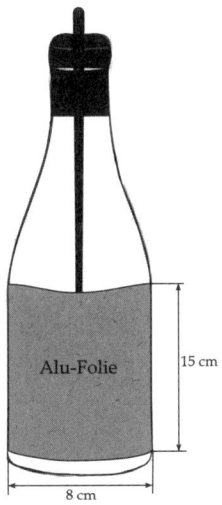

Abb. 23.24: Prinzip der Leidener Flasche

Drei identische Leidener Flaschen sind gemäß der folgenden Abbildung in Reihe geschaltet. Jede Flasche ist mit Aluminiumfolie umwickelt. Die innere Elektrode wird durch eine gesättigte Salzlösung gebildet. Der Kontakt zur Salzlösung wird durch einen Metallstab, der durch den Verschluss der Flasche geführt wurde, hergestellt. Berechnen Sie die Gesamtkapazität C_{AB} der Anordnung zwischen den Anschlüssen A und B. Gehen Sie dabei von einer Glasdicke von 3 mm und einer Permittivitätszahl $\varepsilon_r = 12$ aus.

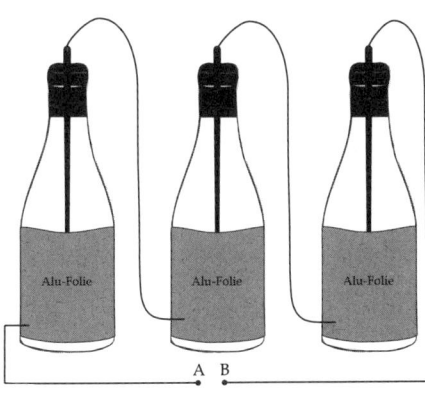

Abb. 23.25: Drei Leidener Flaschen in Reihe

5. Zwei Kondensatorplatten haben einen Abstand von $s = 4,0$ mm und liegen an einer Spannung $U = 2$ kV. Die Platten ziehen sich mit einer Kraft $F = 35 \cdot 10^{-3}$ N an. Berechnen Sie die Feldstärke E zwischen den Platten, sowie die Ladung Q auf den Platten!

6. Welche Arbeit ist erforderlich, um eine Ladung $Q = 3$ C vom Punkt X zum Punkt Y zu transportieren? X hat zum Bezugspotenzial Erde das Potenzial $+100$ V, Y das Potenzial $+118$ V.

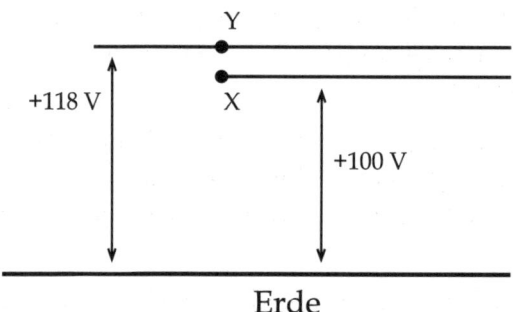

Abb. 23.26: Spannungen zum Bezugspotenzial Erde

7. Berechnen Sie die elektrische Feldstärke im Zentrum Z des abgebildeten Quadrates.

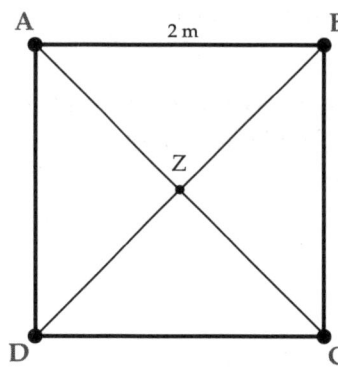

Abb. 23.27: Feldstärke im Zentrum des Quadrates

In den Punkten A, B und C befindet sich jeweils eine Ladung von 6 µC.

8. Ein Experimentierkondensator hat Luft als Dielektrikum. Er wird durch eine Batterie mit der Spannung U aufgeladen. Nun wird eine Kunststoffplatte ($\varepsilon_r = 4$) zwischen die Platten geschoben. Die Kunststoffplatte füllt den Raum zwischen den Platten vollständig aus. Der Kondensator bleibt dabei an der Spannungsquelle angeschlossen.

   Wie verändern sich durch die Kunststoffplatte Kapazität C, Ladung Q, Spannung U, Feldstärke E und der Energiegehalt des Plattenkondensators?

9. Es gibt vier Möglichkeiten, drei gleiche Kondensatoren ($C_1 = C_2 = C_3 = 1\,\mu\text{F}$) zusammenzuschalten. Die vier Schaltungen sind zu skizzieren und die jeweilige Gesamtkapazität zu berechnen!

10. Gegeben sind die drei Kondensatoren C_1, C_2 und $C_3 = 100\,\text{pF}$. Eine Parallelschaltung der drei Kondensatoren ergibt eine Gesamtkapazität von $C_{ges} = 900\,\text{pF}$. Bei einer Reihenschaltung ergibt sich eine Gesamtkapazität von $65{,}2\,\text{pF}$. Welche Kapazität haben C_1 und C_2?

11. Abgebildet ist ein Drehkondensator. Es handelt sich hierbei um einen Kondensator, beim dem die Kapazität C einstellbar ist. Dies wird dadurch erreicht, dass ein Plattenpaket in ein zweites Plattenpaket mehr oder weniger tief eintaucht. Es ändert sich also die Fläche A der sich gegenüberstehenden Platten.

    Die Kapazität C_1 des vorliegenden Drehkondensators ist von $40\,\text{pF} \ldots 500\,\text{pF}$ einstellbar.

    Welche Gesamtkapazität C_{ges} ergibt sich für die abgebildete Reihenschaltung aus C_1 und C_2 an den beiden Endanschlägen des Drehkondensators?

Abb. 23.28: Drehkondensator

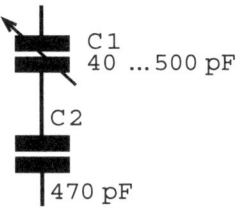

C1
40 ...500 pF

C2

470 pF

Abb. 23.29: Reihenschaltung aus C_1 und C_2

Kapitel 23

493

12. Welche Spannung u_C liegt 1 ms nach Anlegen der Spannung U am Kondensator C_2?

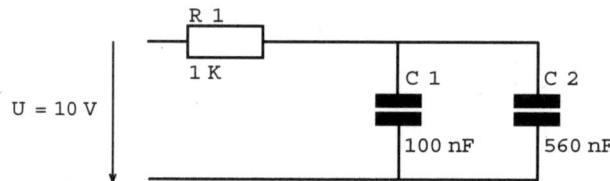

Abb. 23.30: Aufladen der Kondensatoren

13. Ein Kondensator mit der Kapazität C ist auf 30 V aufgeladen. Legt man einen Widerstand $R = 68\,\text{k}\Omega$ parallel, beträgt die Kondensatorspannung u_C nach 1,02 s noch 11,1 V. Welche Kapazität C hat der Kondensator?

14. In einem Millikan-Kondensator werden Öltröpfchen ($\rho = 0,891\,\dfrac{\text{g}}{\text{cm}^3}$; $d = 1,7\,\mu\text{m}$) zum Schweben gebracht. Wie viele Elementarladungen befinden sich in dem Öltröpfchen, wenn die eingestellte Spannung $U = 93,6\,\text{V}$ beträgt und der Plattenabstand $s = 2\,\text{mm}$ ist?

15. Rechnen Sie 1000 eV in Ws um!

16. An einem Ohm'schen Widerstand wurde die Spannung U, bei 0 V beginnend, langsam erhöht und die jeweilige Stromstärke I gemessen. Die entstandene Strom-Spannungs-Kennlinie zeigt die folgende Abbildung. Wie groß war der Widerstand R?

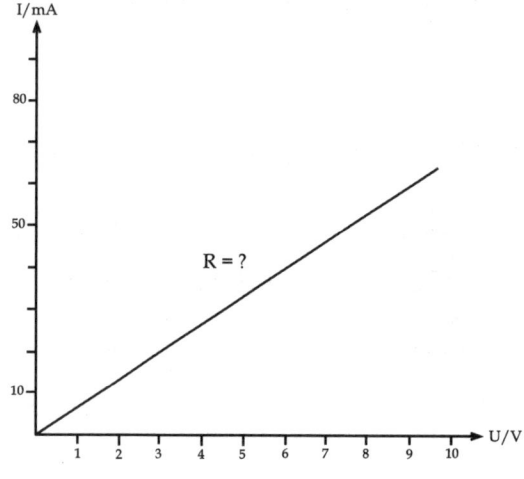

Abb. 23.31: Strom-Spannungskennlinie

17. Gegeben ist eine Reihenschaltung mit drei Widerständen. Berechnen Sie den Wert von R_2! (Hinweis: Widerstandswerte ohne Maßeinheit sind in Ohm angegeben!)

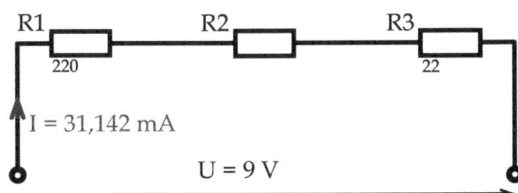

Abb. 23.32: Reihenschaltung aus drei Widerständen

18. Zwei Widerstände (R_1 und R_2) liegen in Reihe. An einer Spannung $U = 10\,\text{V}$ stellt sich eine Stromstärke $I = 0,125\,\text{A}$ ein. Überbrückt man R_1 mit einem Stück Draht, ergibt sich eine Stromstärke von $I = 0,2\,\text{A}$. Wie groß sind R_1 und R_2?

19. Zwei Widerstände ($R_1 = 15\,\Omega$, $R_2 = 33\,\Omega$) liegen parallel an $U = 18\,\text{V}$.

    a) Berechnen Sie den Gesamtwiderstand R_{ges} der Schaltung!

    b) Berechnen Sie die Teilströme I_1 und I_2 sowie den Gesamtstrom I!

    c) Welche Leistung P_1 wird in R_1 in Wärme umgesetzt?

    d) Den Gesamtwiderstand bei einer Parallelschaltung von Widerständen erhält man aus:
    $$\frac{1}{R_{\text{ges}}} = \frac{1}{R_1} + \frac{1}{R_2} + \frac{1}{R_3} + \cdots + \frac{1}{R_n}$$
    Diese Formel ist sehr unhandlich. Zeigen Sie, dass für nur zwei Widerstände (R_1 und R_2) gilt:
    $$R_{\text{ges}} = \frac{R_1 \cdot R_2}{R_1 + R_2}.$$

    e) Die Stromstärke I_1 soll gemessen werden. Skizzieren Sie die Schaltung mit einem entsprechenden Messgerät.

20. Über die Leistungen zweier verschiedener Glühlampen für $U = 230\,\text{V}$ ist bekannt: $\dfrac{P_1}{P_2} = 0,75$ und $P_1 + P_2 = 175\,\text{W}$. Berechnen Sie die einzelnen Leistungen (P_1, P_2) der Lampen, und in welchem Verhältnis $\dfrac{R_1}{R_2}$ stehen die Widerstände der Lampen zueinander?

Kapitel 23

Musterlösungen

1. Auf A wirkt B im Abstand von 3 m:

$$F_{AB} = \frac{1}{4\pi\varepsilon_0} \cdot \frac{Q_1 \cdot Q_2}{s^2} = \frac{1}{4\pi \cdot 8,854 \cdot 10^{-12} \frac{As}{Vm}} \cdot \frac{(100 \cdot 10^{-6}\,C)^2}{(3\,m)^2} =$$

$$= 9,986\,N$$

Weiterhin wirkt C auf A im Abstand $s = 6\,m$:

$$F_{AC} = \frac{1}{4\pi \cdot 8,854 \cdot 10^{-12} \frac{As}{Vm}} \cdot \frac{(100 \cdot 10^{-6}\,C)^2}{(6\,m)^2} = 2,5\,N$$

Beide errechneten Kräfte wirken in die gleiche Richtung auf die Ladung im Punkt A; sie können daher einfach addiert werden:

$$F_{res} = F_{AB} + F_{AC} = 9,986\,N + 2,5\,N = 12,49\,N$$

Die resultierende Kraft auf die Ladung B ist 0.

2.

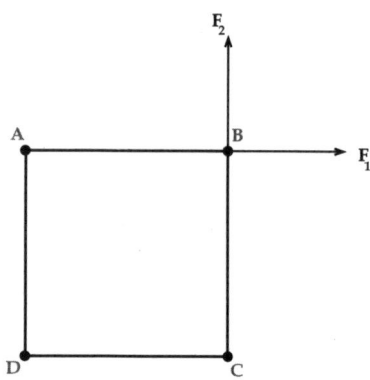

Abb. 23.33: Ladungen und wirkende Kräfte

Auf alle vier Ladungen wirkt die gleiche Kraft. Betrachten wir z. B. die Ladung B:

Auf B wirkt durch die Ladung A eine abstoßende Kraft F_1. Weiterhin wirkt eine ebenfalls abstoßende Kraft F_2, hervorgerufen durch C. D ist die Ursache für F_3. Die resultierende Kraft F_4 setzt sich nun aus der vektoriellen Addition dieser drei Teilkräfte zusammen:

$$|\vec{F_1}| = |\vec{F_2}| = 14,4\,N \qquad |\vec{F_3}| = 7,2\,N$$

F_1 und F_2 bilden einen rechten Winkel; daher ergibt sich für deren Resultierende F_{res}:

$$|\overrightarrow{F_{\text{res}}}| = \sqrt{(14,4\,\text{N})^2 + (14,4\,\text{N})^2} = 20,4\,\text{N}$$

Da F_3 und F_{res} die gleiche Richtung haben, ergibt sich für

$$|\overrightarrow{F_4}| = 20,4\,\text{N} + 7,2\,\text{N} = 27,6\text{N}$$

3. $F_{\text{AB}} = \dfrac{1}{4\,\pi\varepsilon_0} \cdot \dfrac{Q_1 \cdot Q_2}{s^2} = \dfrac{1}{4\pi \cdot 8,854 \cdot 10^{-12}\,\dfrac{\text{As}}{\text{Vm}}} \cdot \dfrac{(1,602 \cdot 10^{-19}\,\text{C})^2}{(5,3 \cdot 10^{-11}\,\text{m})^2}$

$$= 8,2 \cdot 10^{-8}\,\text{N} = 82\,\text{nN}$$

4. Kapazität einer Flasche:

$$C = \varepsilon_0\varepsilon_r \frac{A}{s} = 8,854 \cdot 10^{-12}\,\frac{\text{As}}{\text{Vm}} \cdot 12 \cdot \frac{\pi \cdot 0,08\,\text{m} \cdot 0,15\,\text{m}}{3 \cdot 10^{-3}\,\text{m}} = 1,335\,\text{nF}$$

Drei gleiche Kapazitäten in Reihe ergeben:

$$C_{\text{AB}} = \frac{1}{\dfrac{1}{C_1} + \dfrac{1}{C_2} + \dfrac{1}{C_3}} = \frac{1}{\dfrac{1}{1,335\,\text{nF}} + \dfrac{1}{1,335\,\text{nF}} + \dfrac{1}{1,335\,\text{nF}}}$$

$$= 0,445\,\text{nF} = 445\,\text{pF}$$

oder einfacher:

$$C_{\text{AB}} = \frac{1,335\,\text{nF}}{3} = 445\,\text{pF}$$

5. $E = \dfrac{U}{s} = \dfrac{2000\,\text{V}}{4 \cdot 10^{-3}\,\text{m}} = 0,5 \cdot 10^6\,\dfrac{\text{V}}{\text{m}}$

$Q = \dfrac{F}{E} = \dfrac{35 \cdot 10^{-3}\,\text{N}}{0,5 \cdot 10^6\,\dfrac{\text{V}}{\text{m}}} = 7 \cdot 10^{-8}\,\text{C}$

6. Potenzialdifferenz: 18 V

$$W = Q \cdot U = 3\,\text{C} \cdot 18\,\text{V} = 54\,\text{J}$$

Kapitel 23

497

7. Die Kräfte, die von A und C ausgehen, heben sich gegenseitig auf. Es verbleibt die Kraft F, die von der Ladung B ausgeht. Nehmen wir vereinfacht an, in Z befände sich eine Ladung von 1 C.

$$F = \frac{1}{4\pi\varepsilon_0} \cdot \frac{Q_1 \cdot Q_2}{s^2} = \frac{1}{4\pi \cdot 8{,}854 \cdot 10^{-12}\,\frac{As}{Vm}} \cdot \frac{6 \cdot 10^{-6}\,C \cdot 1\,C}{(\sqrt{2} \cdot m)^2} =$$

$$= 2{,}7 \cdot 10^4\,N$$

$$E = 2{,}7 \cdot 10^4\,\frac{N}{C}$$

8. C, Q und W vervierfachen sich; E und U bleiben unverändert.

9.

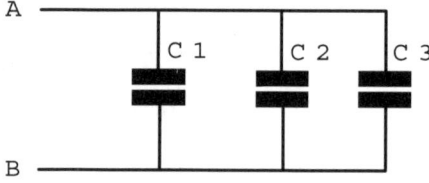

$$C_{\text{ges}} = C_1 + C_2 + C_3$$

$$C_{\text{AB}} = 1\,\mu F + 1\,\mu F + 1\,\mu F = 3\,\mu F$$

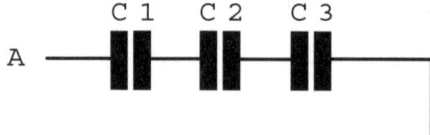

Abb. 23.34: Parallelschaltung der drei Kondensatoren

Abb. 23.35: Reihenschaltung der drei Kondensatoren

$$C_{\text{ges}} = \frac{1}{\dfrac{1}{C_1} + \dfrac{1}{C_2} + \dfrac{1}{C_3}}$$

$$C_{\text{ges}} = \frac{1}{\dfrac{1}{1\,\mu F} + \dfrac{1}{1\,\mu F} + \dfrac{1}{1\,\mu F}}$$

$$C_{\text{AB}} = 0{,}333\,\mu F$$

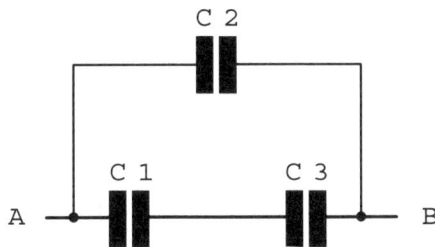

Abb. 23.36: Gemischte Schaltung I

Für die gemischte Schaltung I wird zunächst die Reihenschaltung C_1 und C_2 berechnet:

$C_{12} = 0,5\,\mu\text{F}$

C_{12} und C_3 liegen parallel:

$C_{AB} = 1,5\,\mu\text{F}$

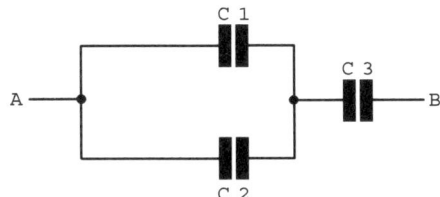

Abb. 23.37: Gemischte Schaltung II

In der gemischten Schaltung II liegen C_1 und C_2 parallel:

$C_{12} = 2\,\mu\text{F}$

C_{12} und C_3 liegen in Reihe:

$C_{AB} = 0,667\,\mu\text{F}$

10. Zur Vereinfachung wird nachfolgend die Maßeinheit pF nicht mitgeführt.

    Bei der Parallelschaltung gilt: $900 = C_1 + C_2 + 100$

    Für die Reihenschaltung ergibt sich: $C_{\text{ges}} = \dfrac{1}{\dfrac{1}{C_1} + \dfrac{1}{C_2} + \dfrac{1}{100}} = 65,2$

    Aus $900 = C_1 + C_2 + 100$ folgt durch Umstellen: $C_1 = 800 - C_2$

Dieser Ausdruck wird in die Gleichung für die Reihenschaltung für C_1 eingesetzt:

$$\frac{1}{\dfrac{1}{800 - C_2} + \dfrac{1}{C_2} + \dfrac{1}{100}} = 65,2$$

Jetzt liegt nur noch eine Unbekannte, nämlich C_2, vor. Das Auflösen der Gleichung nach C_2 ergibt eine quadratische Gleichung und ist, nicht nur deshalb, fehlerträchtig. Arbeiten Sie sorgfältig und evtl. in vielen kleinen Schritten!

Sie erhalten: $C_2 = 500\,\text{pF}$ und $C_1 = 300\,\text{pF}$

11. 1. Fall: $C_1 = 40\,\text{pF}$

$$C_{\text{ges}} = \frac{1}{\dfrac{1}{40\,\text{pF}} + \dfrac{1}{470\,\text{pF}}} = 36,9\,\text{pF}$$

2. Fall: $C_1 = 500\,\text{pF}$

$$C_{\text{ges}} = \frac{1}{\dfrac{1}{500\,\text{pF}} + \dfrac{1}{470\,\text{pF}}} = 242\,\text{pF}$$

12. $\tau = R_1 \cdot C_{\text{ges}} = 1 \cdot 10^3\,\Omega \cdot 660 \cdot 10^{-9}\,\text{F} = 660 \cdot 10^{-6}\,\text{s}$

$$u_C = U\left(1 - e^{-\frac{t}{\tau}}\right) = 10\,\text{V}\left(1 - e^{\frac{-1000\,\mu s}{660\,\mu s}}\right) = 7,8\,\text{V}$$

13. Bei der Entladung gilt: $u_C = U \cdot e^{-\frac{t}{\tau}}$

Umstellen nach τ:

$$\frac{u_C}{U} = e^{-\frac{t}{\tau}}$$

$$\ln\frac{u_C}{U} = -\frac{t}{\tau}$$

$$\tau = -\frac{t}{\ln\dfrac{u_C}{U}} = -\frac{1,02\,\text{s}}{\ln\dfrac{11,1\,\text{V}}{30\,\text{V}}} = 1,026\,\text{s}$$

$$C = \frac{\tau}{R} = \frac{1,026\,\text{s}}{68 \cdot 10^3\,\Omega} = 1,5 \cdot 10^{-5}\,\text{F} = 15\,\mu\text{F}$$

14. $Q = \dfrac{4\pi \cdot r^3 \cdot \rho \cdot g \cdot s}{3U}$

$= \dfrac{4\pi \cdot (8,5 \cdot 10^{-7}\,\mathrm{m})^3 \cdot 891\,\dfrac{\mathrm{kg}}{\mathrm{m}^3} \cdot 9,81\,\dfrac{\mathrm{m}}{\mathrm{s}^2} \cdot 2 \cdot 10^{-3}\,\mathrm{m}}{3 \cdot 93,6\,\mathrm{V}}$

$= 4,8045 \cdot 10^{-19}\,\mathrm{C}$

$N = \dfrac{4,8045 \cdot 10^{-19}\,\mathrm{C}}{1,602 \cdot 10^{-19}\,\mathrm{C}} = 3$

15. $1\,\mathrm{Ws} = 1\,\mathrm{Nm} = 1\,\mathrm{J}$

$W = 1,602 \cdot 10^{-19}\,\mathrm{C} \cdot 1000\,\mathrm{V} = 1,602 \cdot 10^{-16}\,\mathrm{Ws}$

16. Man wählt eine beliebige Spannung U und liest den zugehörigen Wert für die Stromstärke ab: z. B. $U = 12\,\mathrm{V}$, $I = 80\,\mathrm{mA}$.

$R = \dfrac{U}{I} = \dfrac{12\,\mathrm{V}}{0,08\,\mathrm{A}} = 150\,\Omega$

17. $R_{\mathrm{ges}} = \dfrac{U}{I} = \dfrac{9\,\mathrm{V}}{0,031142\,\mathrm{A}} = 289\,\Omega$

$R_2 = R_{\mathrm{ges}} - R_1 - R_3 = 289\,\Omega - 220\,\Omega - 22\,\Omega = 47\,\Omega$

18. Zunächst kann der Gesamtwiderstand der Reihenschaltung berechnet werden:

$R_{\mathrm{ges}} = \dfrac{U}{I} = \dfrac{10\,\mathrm{V}}{0,125\,\mathrm{A}} = 80\,\Omega$

Wenn R_1 überbrückt ist, liegt nur noch R_2 im Stromkreis:

$R_2 = \dfrac{U}{I} = \dfrac{10\,\mathrm{V}}{0,2\,\mathrm{A}} = 50\,\Omega$

$R_1 = R_{\mathrm{ges}} - R_2 = 80\,\Omega - 50\,\Omega = 30\,\Omega$

19. a) $R_{\mathrm{ges}} = \dfrac{1}{\dfrac{1}{R_1} + \dfrac{1}{R_2}} = \dfrac{1}{\dfrac{1}{15\,\Omega} + \dfrac{1}{33\,\Omega}} = 10,3\,\Omega$

alternativ (siehe Teilaufgabe d):

$R_{\mathrm{ges}} = \dfrac{R_1 \cdot R_2}{R_1 + R_2} = \dfrac{15\,\Omega \cdot 33\,\Omega}{15\,\Omega + 33\,\Omega} = 10,3\,\Omega$

b) $I_1 = \dfrac{U}{R_1} = \dfrac{18\,\mathrm{V}}{15\,\Omega} = 1,2\,\mathrm{A}$

$I_2 = \dfrac{U}{R_2} = \dfrac{18\,\mathrm{V}}{33\,\Omega} = 0,546\,\mathrm{A}$

$I = I_1 + I_2 = 1,2\,\mathrm{A} + 0,546\,\mathrm{A} = 1,746\,\mathrm{A}$

Kapitel 23

c) $P_1 = U \cdot I_1 = 18\,\text{V} \cdot 1,2\,\text{A} = 21,6\,\text{W}$

d) $\dfrac{1}{R_{\text{ges}}} = \dfrac{1}{R_1} + \dfrac{1}{R_2} \qquad |\cdot R_1 R_2$

$$\frac{R_1 R_2}{R_{\text{ges}}} = \frac{R_1 R_2}{R_1} + \frac{R_1 R_2}{R_2}$$

Kürzen ergibt:

$$\frac{R_1 R_2}{R_{\text{ges}}} = R_2 + R_1$$

Umstellen:

$$R_{\text{ges}} = \frac{R_1 R_2}{R_1 + R_2}$$

e)

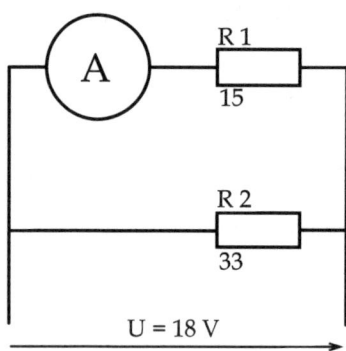

Abb. 23.38: Strommessung

20. $\dfrac{P_1}{P_2} = 0,75$ $P_1 + P_2 = 175\,\text{W}$

$\dfrac{R_1}{R_2} = ?$ $P_1 = ?$ $P_2 = ?$

Aus $\dfrac{P_1}{P_2} = 0,75$ folgt: $P_1 = 0,75 \cdot P_2$

$0,75 P_2 + P_2 = 175\,\text{W} \Rightarrow P_2 = 100\,\text{W}$

$P_1 = 175\,\text{W} - 100\,\text{W} = 75\,\text{W}$

$P_1 = \dfrac{U^2}{R_1}$ $P_2 = \dfrac{U^2}{R_2}$

$\dfrac{P_1}{P_2} = \dfrac{\dfrac{U^2}{R_1}}{\dfrac{U^2}{R_2}} \Rightarrow \dfrac{P_1}{P_2} = \dfrac{R_2}{R_1} = 0,75 \Rightarrow \dfrac{R_1}{R_2} = \dfrac{1}{0,75} = 1,333$

23.5 Magnetisches Feld

1. Welche der nachfolgenden Darstellungen ist richtig?

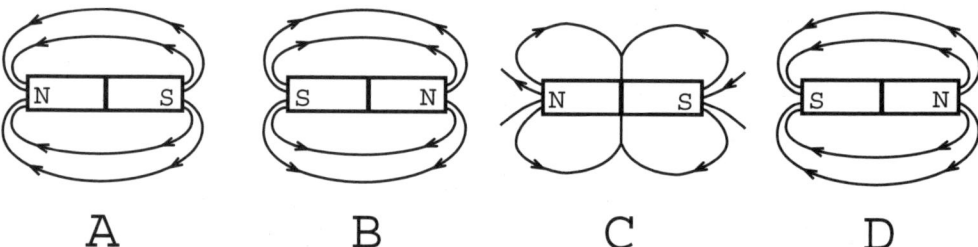

Abb. 23.39: Stabmagnete mit Feldlinien

2. Auf der Erdoberfläche beträgt die magnetische Feldstärke ca. $15 \, \frac{A}{m}$. Wie groß muss der Strom durch eine Spule mit 20 Windungen pro cm Länge sein, damit im Inneren der Spule die gleiche magnetische Feldstärke herrscht?

3. Abgebildet ist eine Ringspule. Die Spulenlänge l entspricht dem Umfang des Spulenkerns bezogen auf den mittleren Radius r.

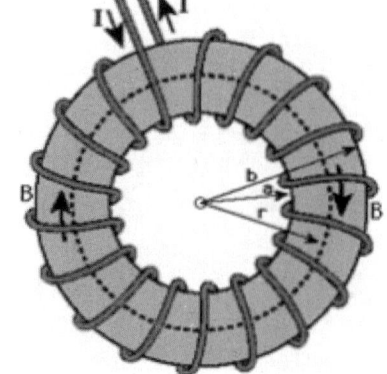

Abb. 23.40: Ringspule

Folgende Daten der Spule sind bekannt: $a = 1\,\text{cm}$, $b = 2\,\text{cm}$, $I = 35\,\text{mA}$, $N = 50$, $\mu_r = 400$. Berechnen Sie die magnetische Feldstärke und die Flussdichte!

Kapitel 23

4. Ein Leiter befindet sich in einem Magnetfeld B. Er wird vom Strom $I = 0,6\,\text{A}$ durchflossen. Mit welcher Kraft F und in welche Richtung wird er abgelenkt, wenn Feldlinien und Leiter senkrecht zueinander stehen?

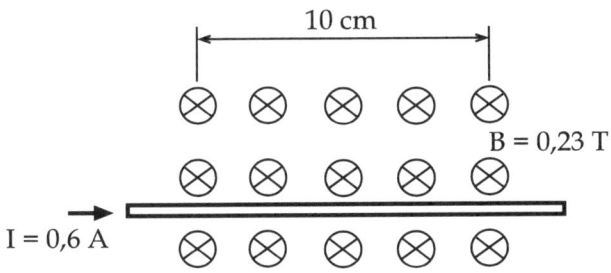

Abb. 23.41: Leiter im Magnetfeld

5. In welche Richtung und mit welcher Kraft F wird der Drahtrahmen abgestoßen? Feldlinien und Rahmen stehen senkrecht zueinander.

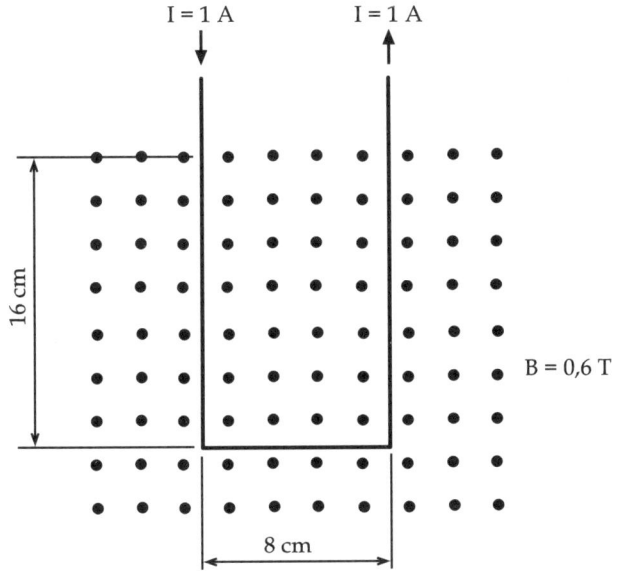

Abb. 23.42: Drahtrahmen im Magnetfeld

Zur Erinnerung: Die Darstellung des magnetischen Feldes durch Punkte bedeutet, dass die Feldlinien senkrecht aus der Zeichenebene heraustreten.

6. In einem Umspannwerk sind zwei 4 m lange Stromschienen für eine Kraft von $F = 150\,\text{N}$ berechnet. Wie groß darf ein Kurzschlussstrom durch die Schienen höchstens werden, damit die Schienen nicht aus ihrer Verankerung gerissen werden? Der Abstand der beiden Leiter beträgt 10 cm.

Kapitel 23

505

7. Zeigen Sie mithilfe der Formel

$$F = \mu_0 \frac{I_1 \cdot I_2 \cdot l}{2\pi \cdot r}$$

für die Kraft zwischen zwei stromführenden Leitern und der Definition für das Ampere, dass die magnetische Feldkonstante $\mu_0 = 4\pi \cdot 10^{-7} \frac{\text{N}}{\text{A}^2}$ ist!

Definition des Amperes:

„Die Basiseinheit 1 Ampere ist die Stärke eines zeitlich unveränderlichen elektrischen Stromes, der durch zwei im Vakuum parallel im Abstand 1 Meter voneinander angeordnete, geradlinige, unendlich lange Leiter von vernachlässigbar kleinem, kreisförmigem Querschnitt fließend, zwischen diesen Leitern je 1 Meter Leiterlänge die Kraft $2 \cdot 10^{-7}$ Newton hervorrufen würde."

8. Ein Elektron bewegt sich mit der Geschwindigkeit $\vec{v} = 3 \cdot 10^6 \frac{\text{m}}{\text{s}}$ unter einem Winkel von 30° gegenüber der Waagerechten (siehe Abbildung 23.43) durch ein Magnetfeld mit der Flussdichte B. Mit welcher Kraft und in welche Richtung wird es abgelenkt?

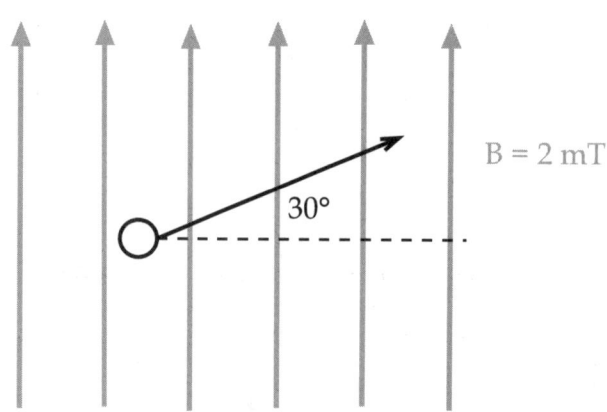

B = 2 mT

30°

Abb. 23.43: Elektron im Magnetfeld

9. Stellen Sie im vorbereiteten Koordinatenkreuz die Abhängigkeit der Hallspannung U_H von der magnetischen Flussdichte B qualitativ dar!

Abb. 23.44: Hallspannung in Abhängigkeit von der magnetischen Flussdichte

10. Wie kann mit einem Hallgenerator die Richtung eines Magnetfeldes ermittelt werden?

11. In einem Fadenstrahlrohr beschreibt ein Elektron eine Kreisbahn mit $r = 5$ cm. Das Magnetfeld hat eine Flussdichte von $B = 1$ mT. Wie groß ist die Beschleunigungsspannung U?

12. Betrachten Sie nochmals das Abbildung 18.19 auf Seite 395 und lesen Sie die zugehörige Beschreibung. Entgegen dem dortigen Gedankenexperiment soll der Leiter mit der Länge l jetzt in einer konstanten Position verbleiben. Beginnend bei $t_0 = 0\,\mathrm{s}$ wird das Magnetfeld eingeschaltet und nach drei Sekunden wieder ausgeschaltet. Beim Ein- bzw. Ausschaltvorgang dauert das Auf- bzw. Abbauen des Magnetfeldes je 50 ms.

Zeitraum	Dauer	Magnetfeld B	Induktionsspannung?
$t_0 \ldots t_1$	50 ms	wird aufgebaut	
$t_1 \ldots t_2$	3 s	ist konstant vorhanden	
$t_2 \ldots t_3$	50 ms	wird abgebaut	

Entscheiden Sie, in welchen der drei Zeiträume eine Induktionsspannung entsteht.

13. Ein negativ geladenes Teilchen bewegt sich mit der Geschwindigkeit v durch ein Magnetfeld mit der Flussdichte B. Bei den nachfolgenden Abbildungen (A ... D) verlaufen die schrägen Vektoren in die Zeichenebene hinein. Welche Darstellung(en) ist/sind richtig?

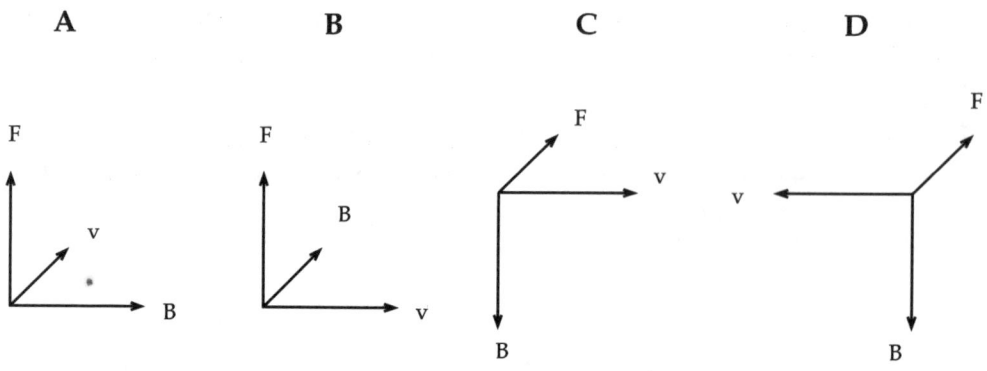

Abb. 23.45: Geladenes Teilchen im Magnetfeld

14. Neben Physik ist das Seilspringen wohl ein außerordentlich attraktives Hobby. Wenn die Seilspringerin ihr Kunststoffseil gegen eine Kupferleitung austauschen würde, könnte man dann zwischen den Leitungsenden während dieser sportlichen Aktivität eine Induktionsspannung messen?

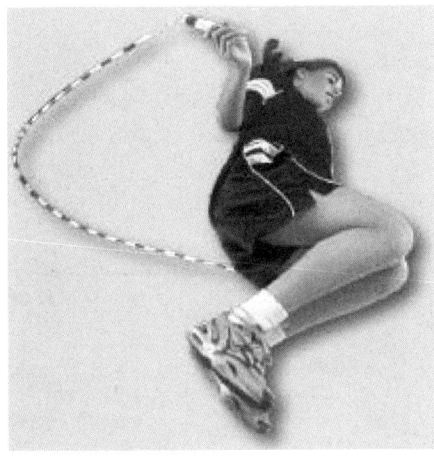

Abb. 23.46: Wird hier eine Induktionsspannung erzeugt?

15. Eine 6 m lange Dachrinne aus Kupfer fällt auf einer Baustelle vom Haken eines Kranes. Die Dachrinne fällt aus 15 m Höhe parallel zum Erdboden zu Boden. Das Erdmagnetfeld wird auf der Baustelle mit 50 µT als homogen angenommen. Welche Induktionsspannung u_i stellt sich nach der halben Fallstrecke zwischen den Enden der Dachrinne ein?

16. Berechnen Sie den an den Anschlüssen einer Spule ($N = 800$ Windungen) entstehenden Betrag der Induktionsspannung u_i, wenn sich der von der Spule umfasste magnetische Fluss innerhalb der Zeit $\Delta t = 0,4$ ms von 8 mVs auf 4 mVs ändert.

17. In einer Spule mit $N = 500$ Windungen verläuft der magnetische Fluss entsprechend der folgenden Abbildung. Zeichnen Sie den Verlauf der entstehenden Induktionsspannung u_i.

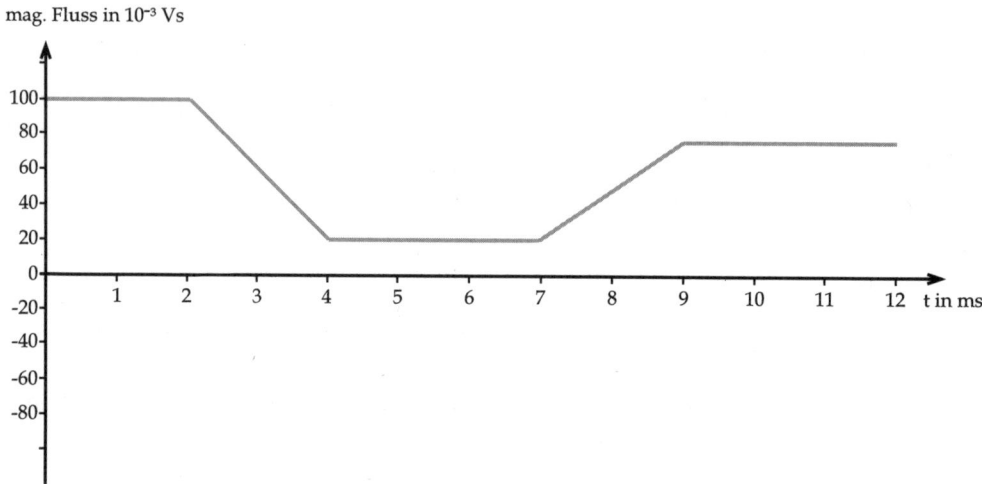

mag. Fluss in 10^{-3} Vs

Abb. 23.47: Flussänderung in der Spule

18. Die Abbildung 23.48 auf der nächsten Seite zeigt den zeitlichen Verlauf des Ablenkstromes in einer Spule der Horizontalendstufe eines Fernsehgerätes. Wie groß ist die Induktivität L der Spule, wenn die maximal auftretende Selbstinduktionsspannung 408 V beträgt?

19. Zur Verfügung stehen drei Spulen ($L_1 = L_2 = 10 \, \text{mH}$ und $L_3 = 20 \, \text{mH}$). Benötigt wird eine Induktivität von $L = 25 \, \text{mH}$. Kann diese durch Kombination der drei (oder nur zwei) Spulen hergestellt werden? Skizzieren Sie die Schaltung und begründen Sie Ihre Lösung durch Rechnung.

20. Im Magnetfeld einer stromdurchflossenen Spule ist die Energie

$E_{\text{mag}} = \dfrac{1}{2} \cdot L \cdot I^2$ gespeichert. Bezieht man E_{mag} auf das Volumen $V = A \cdot l$ der Spule, so erhält man die Energiedichte w_{mag}:

Zeigen Sie, dass $w_{\text{mag}} = \dfrac{B^2}{2\mu}$ ist!

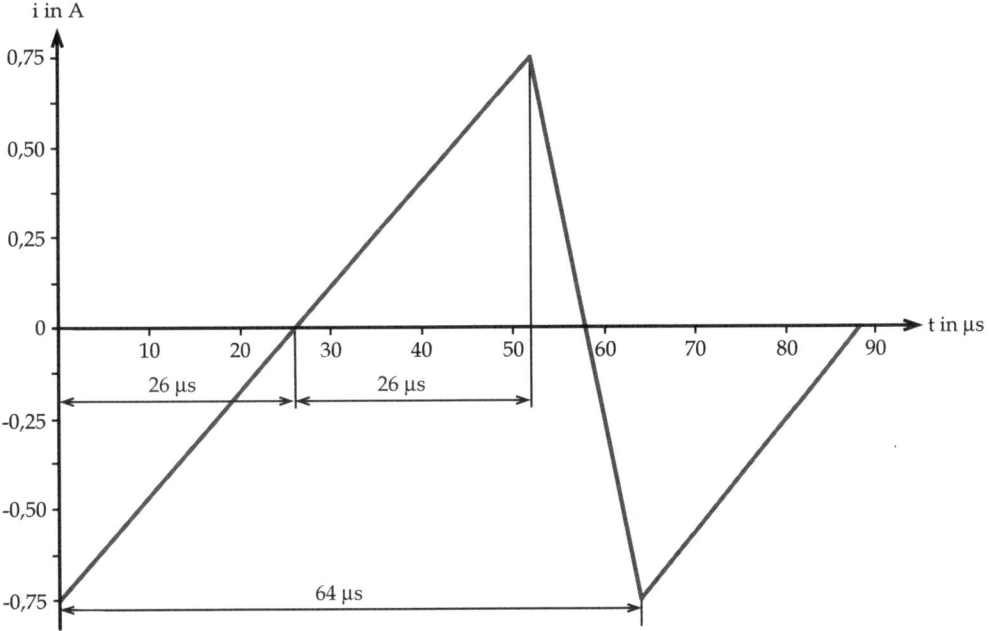

Abb. 23.48: Stromverlauf in der Ablenkspule

Musterlösungen

1. D ist korrekt.

2. $H = \dfrac{I \cdot N}{l}$ Umstellen nach I ergibt:

$$I = \frac{H \cdot l}{N} = \frac{15\,\dfrac{\text{A}}{\text{m}} \cdot 0,01\,\text{m}}{20} = 7,5 \cdot 10^{-3}\,\text{A} = 7,5\,\text{mA}$$

3. $r = 1,5\,\text{cm} \qquad l = 2\pi r = 2 \cdot \pi \cdot 1,5 \cdot 10^{-2}\,\text{m} = 9,43\,\text{cm}$

$$H = \frac{I \cdot N}{l} = \frac{0,035\,\text{A} \cdot 50}{9,43 \cdot 10^{-2}\,\text{m}} = 18,6\,\frac{\text{A}}{\text{m}}$$

$$B = \mu_0 \cdot \mu_r \cdot H = 4\pi \cdot 10^{-7}\,\frac{\text{Vs}}{\text{Am}} \cdot 400 \cdot 18,6\,\frac{\text{A}}{\text{m}} = 9,35 \cdot 10^{-4}\,\frac{\text{Vs}}{\text{m}^2} =$$
$$= 0,935\,\text{mT}$$

4. Die wirksame Leiterlänge ist $l = 10\,\text{cm}$! Der Leiter selbst ist natürlich länger.

$$F = B \cdot I \cdot l \cdot \sin \alpha = 0,23\,\text{T} \cdot 0,6\,\text{A} \cdot 0,1\,\text{m} \cdot \sin 90° = 13,8 \cdot 10^{-3}\,\text{N} =$$
$$= 13,8\,\text{mN}$$

Nach der Linke-Hand-Regel wird der Leiter nach oben abgelenkt.

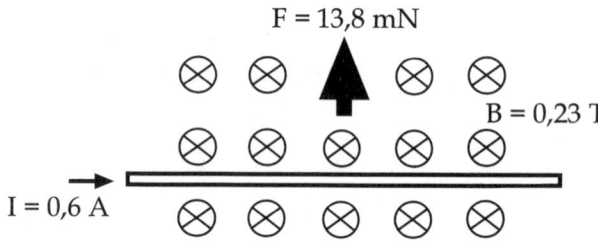

Abb. 23.49: Ablenkung des Leiters im Magnetfeld

5. Der Drahtrahmen besteht aus drei Teilstücken, die in unterschiedliche Richtungen abgelenkt werden. Das linke und das rechte längere Stück werden von der gleichen Stromstärke I durchflossen, die Längen l sind gleich und ebenso das Magnetfeld B. Der Betrag der Kraft ist auf beide Stücke also gleich. In beiden Teilstücken ist jedoch die Stromrichtung verschieden. Entsprechend der Linke-Hand-Regel wird das linke Teilstück nach links und das rechte Teilstück nach rechts abgelenkt. Da $F_1 = F_2$, heben sich diese Kräfte auf und müssen deshalb nicht berechnet werden.

Die Kraft F_3 auf das untere Teilstück zieht den Rahmen nach unten.

Zur Erinnerung: Die Darstellung des magnetischen Feldes durch Punkte bedeutet, dass die Feldlinien senkrecht aus der Zeichenebene heraustreten.

$$F_3 = B \cdot I \cdot l \cdot \sin \alpha = 0,6\,\text{T} \cdot 1\,\text{A} \cdot 8 \cdot 10^{-2}\,\text{m} \cdot \sin 90° = 4,8 \cdot 10^{-2}\,\text{N} =$$
$$= 48\,\text{mN}$$

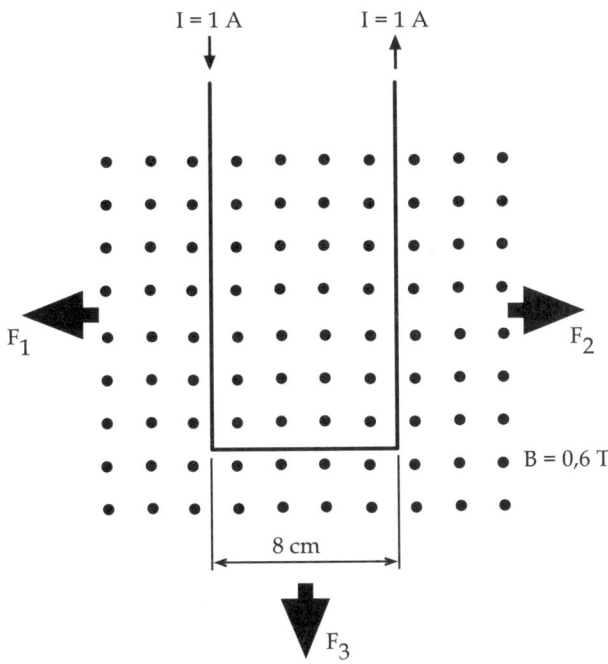

Abb. 23.50: Abgelenkter Drahtrahmen im Magnetfeld

6. Im Kurzschlussfall ist $I_1 = I_2 = I$

$$I = \sqrt{\frac{2\pi r F}{\mu_0 l}} = \sqrt{\frac{2\pi \cdot 10 \cdot 10^{-2}\,\text{m} \cdot 150\,\text{N}}{4\pi \cdot 10^{-7}\,\dfrac{\text{Vs}}{\text{Am}} \cdot 4\,\text{m}}} = 4,33 \cdot 10^3\,\text{A} = 4,33\,\text{kA}$$

7. Die Formel $F = \mu_0 \dfrac{I_1 \cdot I_2 \cdot l}{2\pi \cdot r}$ wird umgestellt nach μ_0 und die Werte aus der Definition werden eingesetzt:

$$\mu_0 = \frac{2\pi \cdot r \cdot F}{I^2 \cdot l} = \frac{2\pi \cdot 1\,\text{m} \cdot 2 \cdot 10^{-7}\text{N}}{(1\,\text{A})^2 \cdot 1\,\text{m}} = 4\pi \cdot 10^{-7}\,\frac{\text{N}}{\text{A}^2}$$

Kapitel 23

8. Der Winkel zwischen den magnetischen Feldlinien und dem Geschwindigkeitsvektor beträgt 60°!

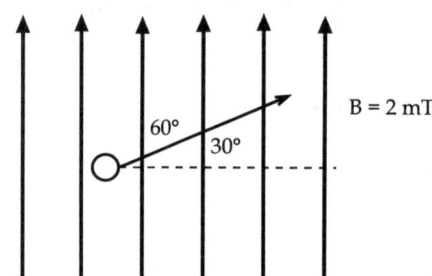

Abb. 23.51: Elektron im Magnetfeld

$$F = Q \cdot v \cdot B \cdot \sin \alpha = 1,602 \cdot 10^{-19} \, \text{As} \cdot 3 \cdot 10^6 \, \frac{\text{m}}{\text{s}} \cdot 2 \cdot 10^{-3} \, \frac{\text{Vs}}{\text{m}^2} \cdot \sin 60° =$$
$$= 8,3 \cdot 10^{-16} \, \text{N}$$

Entsprechend der Drei-Finger-Regel bewegt sich das Elektron in die Zeichenebene hinein.

9.

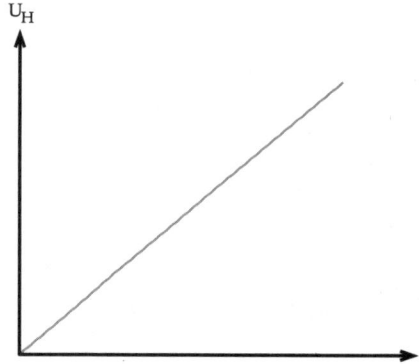

Abb. 23.52: Hallspannung in Abhängigkeit von der Flussdichte B

10. Die Polarität der Hallspannung U_H hängt von der Richtung des Magnetfeldes ab.

11. $U = \dfrac{e}{m} \cdot \dfrac{r^2 \cdot B^2}{2} =$

$$= 1,758820174 \cdot 10^{11} \, \frac{\text{C}}{\text{kg}} \cdot \frac{\left(5 \cdot 10^{-2} \, \text{m}\right)^2 \cdot \left(1 \cdot 10^{-3} \, \text{T}\right)^2}{2} = 220 \, \text{V}$$

12. Induktionsspannung entsteht nur, wenn sich das Magnetfeld oder der Leiter gegenüber dem Magnetfeld ändert.

Zeitraum	Dauer	Magnetfeld B	Induktionsspannung?
$t_0 \ldots t_1$	50 ms	wird aufgebaut	ja
$t_1 \ldots t_2$	3 s	ist konstant vorhanden	nein
$t_2 \ldots t_3$	50 ms	wird abgebaut	ja

13. A und D

14. Ja, man könnte! Versuche ergaben, dass das Erdmagnetfeld ausreicht, um mit einem 2 m langen Kabel eine Induktionsspannung im Bereich von $30 \ldots 50\,\mu V$ zu erbringen.

15. Die Dachrinne fällt beschleunigt nach unten. Es gilt:

$$s = \frac{1}{2} \cdot g \cdot t^2$$

Umstellen nach t ergibt:

$$t = \sqrt{\frac{2s}{g}}$$

Dieser Ausdruck wird für t in $v = g \cdot t$ eingesetzt:

$$v = g \cdot \sqrt{\frac{2s}{g}} = 9,81\,\frac{m}{s^2} \cdot \sqrt{\frac{2 \cdot 7,5\,m}{9,81\,\frac{m}{s^2}}} = 12,1\,\frac{m}{s}$$

Jetzt kann u_i berechnet werden:

$$u_i = B \cdot l \cdot v = 60 \cdot 10^{-6}\,\frac{Vs}{m^2} \cdot 6\,m \cdot 12,1\,\frac{m}{s} = 4,37 \cdot 10^{-3}\,V = 4,37\,mV$$

16. $u_i = N \frac{\Delta\varphi}{\Delta t} = 800 \cdot \frac{4 \cdot 10^{-3}\,Vs}{0,4 \cdot 10^{-3}\,s} = 8000\,V = 8\,kV$

Da hier nur der Betrag der Induktionsspannung gesucht wird, kann das Minuszeichen entfallen.

17. Eine Induktionsspannung entsteht nur dann, wenn sich der magnetische Fluss ändert!

Im Zeitraum 2 ms ... 4 ms:

Kapitel 23

515

$$u_i = -N\frac{\Delta\phi}{\Delta t} = -500\frac{20 \cdot 10^{-3}\,\text{Vs} - 100 \cdot 10^{-3}\,\text{Vs}}{4\,\text{ms} - 2\,\text{ms}} = 20000\,\text{V} =$$
$$= 20\,\text{kV}$$

Im Zeitraum 7 ms ... 9 ms:

$$u_i = -N\frac{\Delta\phi}{\Delta t} = -500\frac{80 \cdot 10^{-3}\,\text{Vs} - 20 \cdot 10^{-3}\,\text{Vs}}{9\,\text{ms} - 7\,\text{ms}} = -15000\,\text{V} =$$
$$= -15\,\text{kV}$$

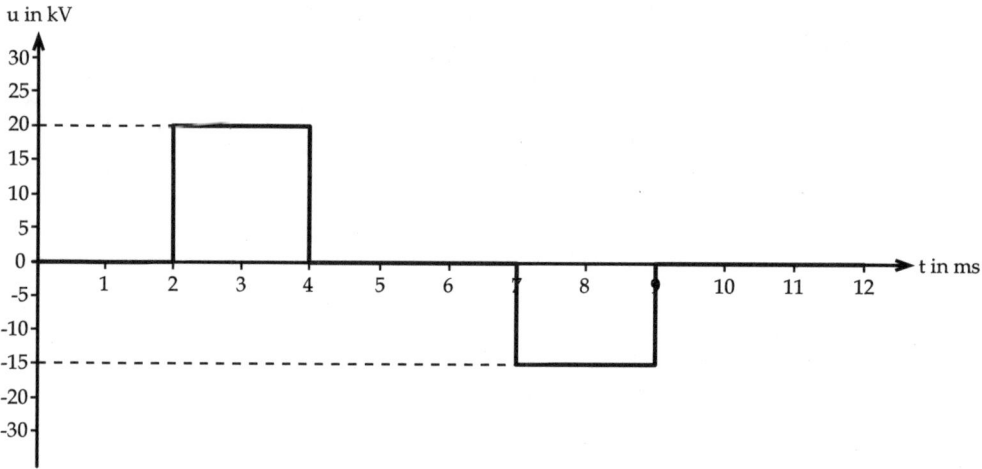

Abb. 23.53: Verlauf der Induktionsspannung

18. Die Induktionsspannung wird dann ein Maximum, wenn $\frac{\Delta i}{\Delta t}$ am größten ist. Dies ist im Zeitraum zwischen 52 µs ... 64 µs der Fall.

$$L = -u_i \cdot \frac{\Delta t}{\Delta i} = -408\,\text{V}\frac{64 \cdot 10^{-6}\,\text{s} - 52 \cdot 10^{-6}\,\text{s}}{-1,5\,\text{A}}$$
$$= 3,26 \cdot 10^{-3}\,\text{H} = 3,26\,\text{mH}$$

19.

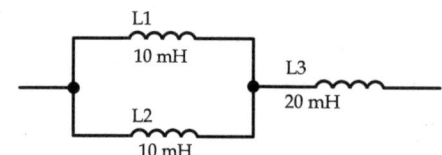

Abb. 23.54: Gesuchte Zusammenschaltung der Spulen

Für Spulen (Induktivitäten) werden auch andere Schaltzeichen alternativ benutzt; dies soll hier exemplarisch gezeigt werden. Beide Darstellungen sind gleichwertig.

Alternative Darstellung:

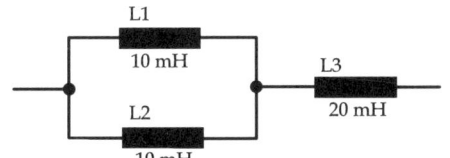

Abb. 23.55: Alternative Darstellung zu Abbildung 23.54

Berechnung der Gesamtindukitväat:

Zuerst wird die Induktivität der Parallelschaltung aus L_1 und L_2 ermittelt:

$$L_{1,2} = \frac{1}{\dfrac{1}{L_1} + \dfrac{1}{L_2}} = \frac{1}{\dfrac{1}{0,01\text{H}} + \dfrac{1}{0,01\text{H}}} = 5\text{mH}$$

Die Reihenschaltung aus $L_{1,2}\ L_3$ ergibt:

$$L_{\text{ges}} = L_{1,2} + L_3 = 5\text{mH} + 20\text{mH} = 25\text{mH}$$

20. $B = \mu_0 \cdot \mu_r \cdot H = \mu \cdot \dfrac{I \cdot N}{l}$ (mit $\mu = \mu_0 \cdot \mu_r$)

Umgestellt nach N: $N = \dfrac{B \cdot l}{\mu \cdot I}$

Dieser Ausdruck wird für N in $L = \dfrac{\mu \cdot N^2 \cdot A}{l}$ eingesetzt:

$$L = \frac{\mu \cdot \left(\dfrac{B \cdot l}{\mu \cdot l}\right)^2 \cdot A}{l} = \frac{B^2 \cdot l \cdot A}{\mu \cdot I^2}$$

Dieses wird für L eingesetzt:

$$E_{\text{mag}} = \frac{1}{2} \cdot L \cdot I^2 = \frac{1}{2} \cdot \frac{B^2 \cdot l \cdot A}{\mu \cdot I^2} \cdot I^2 = \frac{B^2 \cdot l \cdot A}{2\mu}$$

$$w_{\text{mag}} = \frac{B^2}{2\mu}$$

Kapitel 23

517

23.6 Elektromagnetische Schwingungen und Wellen

1. Die Kapazität des Drehkondensators C_1 im abgebildeten Schwingkreis lässt sich zwischen $C_A = 50\,\text{pF}$ und $C_E = 500\,\text{pF}$ einstellen.

   Zwischen welchen beiden Werten lässt sich somit die Resonanzfrequenz des Schwingkreises verändern?

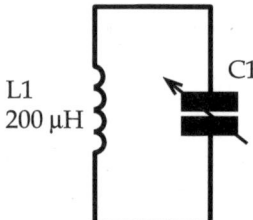

L1
200 µH   C1

Abb. 23.56: Parallelschwingkreis

2. Ein Bluetooth-Gerät arbeitet auf einer Frequenz $f = 2,47\,\text{GHz}$. Ein Schwingkreis im Endverstärker dieses Gerätes sei für diese Resonanzfrequenz aufgebaut. Berechnen Sie die Schwingkreiskapazität C, wenn die Induktivität $L = 4\,\text{nH}$ beträgt.

3. Ein Parallelschwingkreis besteht aus dem Kondensator $C = 0,47\,\mu\text{F}$ und einer 50 cm langen Spule ohne Eisenkern. Der Spulenquerschnitt beträgt $39\,\text{cm}^2$; die Windungszahl ist $N = 1600$.

   a) Berechnen Sie die Resonanzfrequenz f_0!

   b) Der Kondensator wurde zur Zeit $t = 0$ auf $U = 500\,\text{V}$ geladen. Wie groß wurde die maximale und die effektive Stromstärke im Schwingkreis?

   c) Berechnen Sie die maximale gespeicherte Energie im Kondensator und in der Spule!

4. Die Induktivität in einem Schwingkreis wird verneunfacht. Wie ändert sich die Resonanzfrequenz?

5. Gegeben sei die Anordnung in Abbildung 23.57.

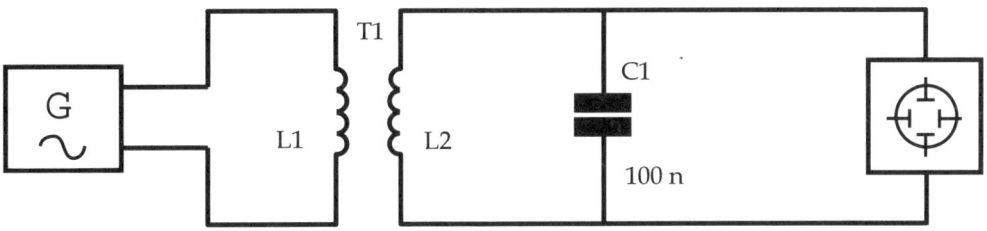

Abb. 23.57: Messaufbau

Die Bauteile sind als ideal anzusehen. Die Frequenz des Generators ist von $f_{min} = 1\,\text{kHz}$ bis $f_{max} = 10\,\text{kHz}$ einstellbar. Die Spannung an L_2 wird mit einem Oszilloskop gemessen.

a) Bei $f = 4,6\,\text{kHz}$ hat die Spannung an $C_1 = 100\,\text{nF}$ ihren höchsten Wert. Berechnen Sie die Induktivität von L_2!

b) Die Maximalspannung an C_1 beträgt 8 V. Wie groß wird dann die größte Stromstärke I_{max} im Schwingkreis?

c) C_1 wird auf $0,3\,\mu\text{F}$ geändert und die Induktivität von L_2 auf $\frac{1}{3}$ ihres ursprünglichen Wertes verringert. Auf welchen Wert ändert sich die Resonanzfrequenz des Schwingkreises?

6. Eine sinusförmige Schwingung hat eine Amplitude von 3,5 V und eine Frequenz von 500 Hz. Zum Zeitpunkt $t_0 = 0\,\text{s}$ hat sie einen Augenblickswert von $u_0 = 0\,\text{V}$. Nach t_0 strebt sie ihrem positiven Maximalwert zu. Wie groß ist u_x zum Zeitpunkt $t_x = 0,8\,\text{ms}$?

7. Eine sinusförmige Schwingung hat eine Amplitude von 300 V. Zum Zeitpunkt $t_0 = 0\,\text{s}$ hat sie einen Augenblickswert von $u_0 = 0\,\text{V}$. Nach t_0 strebt sie ihrem positiven Maximalwert zu. Zum Zeitpunkt $t_x = 0,4\,\mu\text{s}$ hat sie einen Augenblickswert von $u_x = 100\,\text{V}$. Die Frequenz der Wechselspannung ist zu ermitteln!

8. Der TV-Satellit ASTRA sendet auf einer Wellenlänge $\lambda = 26{,}439\,\text{mm}$ das Programm von 3sat aus. Auf welcher Frequenz ist also 3sat zu empfangen, und wie lange wäre ein Hertzscher Dipol für diese Frequenz?

9. Ein UMTS-Mobilfunksender arbeitet auf einer Frequenz von $f = 2000\,\text{MHz}$. Welcher Wellenlänge entspricht dies?

Kapitel 23

519

10. Schallwellen benötigen zur Ausbreitung ein materielles Medium, z. B. Luft. Welches Medium benötigen elektromagnetische Wellen zur Ausbreitung?

11. Die Ausbreitungsgeschwindigkeit der elektromagnetischen Wellen entspricht der Lichtgeschwindigkeit und ergibt sich aus der Maxwellschen Theorie zu

$$c = \sqrt{\frac{1}{\varepsilon_0 \varepsilon_r \mu_0 \mu_r}}$$

Wie hoch ist danach die Lichtgeschwindigkeit im Vakuum?

12. Zwei Mikrowellensender (TX1 und TX2) und ein Empfänger (RX) sind auf gleicher Höhe auf einen Experimentierwagen angeordnet. Abbildung 23.58 zeigt die Draufsicht. Die Sender strahlen elektromagnetische Wellen der gleichen Frequenz und gleicher Polarität ab.

   a) RX ist zunächst von beiden Sendern gleich weit entfernt. Die Empfangsfeldstärke ist null. Wie groß ist die Phasendifferenz zwischen beiden Sendersignalen?

   b) RX wird jetzt in Richtung von Punkt P verschoben. Die Empfangsfeldstärke steigt und erreicht in P ihr Maximum. Ein weiteres Verschieben über den Punkt P hinaus lässt die Feldstärke wieder abfallen. Berechnen Sie die Wellenlänge und die Frequenz der Mikrowellen.

   Abstand TX1 – P: 73 cm   Abstand TX2 – P: 70 cm

•P   **Abb. 23.58:** Messungen mit Mikrowellen

13. Mit einem Oszilloskop lässt sich der Verlauf einer Spannung zeitabhängig darstellen.

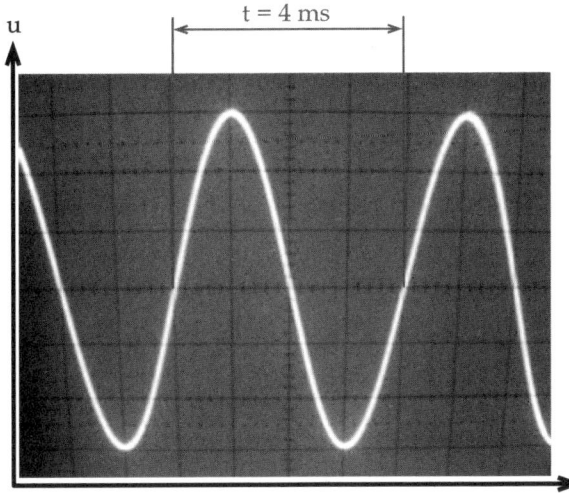

Abb. 23.59: Schirmbild des Oszilloskops

Am Oszilloskop kann eine Zeit- bzw. Spannungseinteilung pro cm (1 Kästchen) eingestellt werden.

Beispiel

Im vorliegenden Fall sind für die Zeitachse $1\,\dfrac{\text{ms}}{\text{cm}}$ (Ablenkfaktor) und für die Spannungsachse $2\,\dfrac{\text{V}}{\text{cm}}$ eingestellt. Die Frequenz f und die Amplitude $\hat{u}$ sind zu ermitteln.

Lösung

Eine Schwingung dauert vier „Kästchen"; also 4 cm.

$T = 4\,\text{cm} \cdot 1\,\dfrac{\text{ms}}{\text{cm}} = 4\,\text{ms}.$

Für die Frequenz f ergibt sich dann:

$f = \dfrac{1}{T} = \dfrac{1}{4 \cdot 10^{-3}\,\text{s}} = 250\,\text{Hz}$

Die Amplitude beträgt:

$\hat{u} = 3\,\text{cm} \cdot \dfrac{2\,\text{V}}{\text{cm}} = 6\,\text{V}$

Kapitel 23

Aufgabe:

Welche Frequenz läge vor, wenn für die Zeitachse $2\,\frac{\mu s}{cm}$ eingestellt wären? Die Amplitude sei 60 V. Welcher Ablenkfaktor ist für die Spannung eingestellt?

14. Nachfolgend ist die Schaltung eines Colpitts-Oszillators abgebildet. Markieren Sie den frequenzbestimmenden Teil der Schaltung und entwickeln Sie eine Formel zur Berechnung der Oszillatorfrequenz!

Die Oszillatorfrequenz ist anschließend zu berechnen!

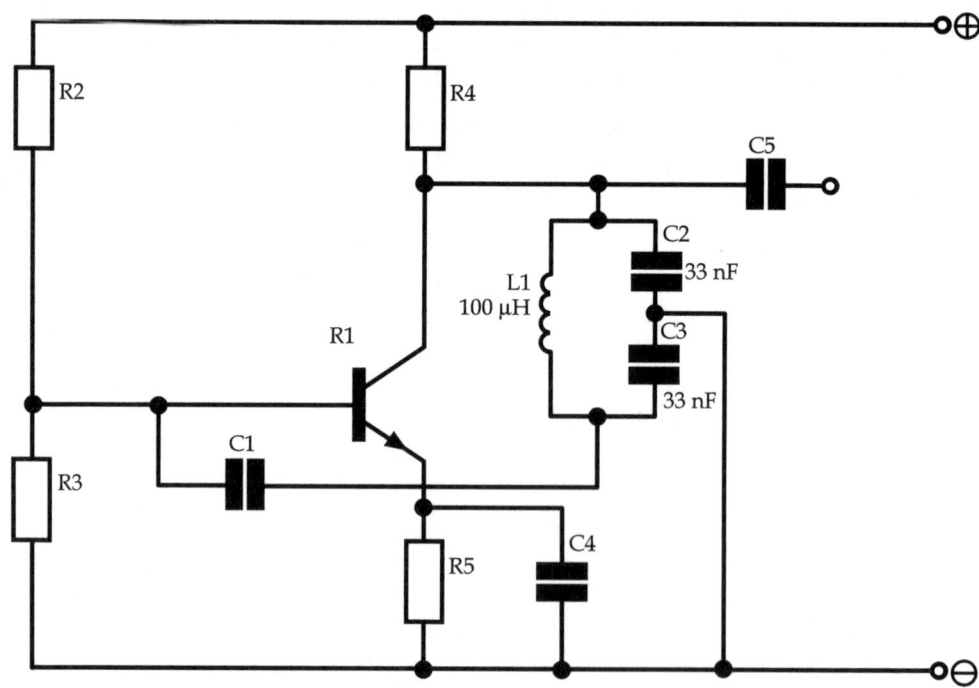

Abb. 23.60: Colpitts-Oszillator

15. Die Frequenz eines Mikrowellensenders soll bestimmt werden. Durch Reflexion an einer Metallplatte bildet sich eine stehende Welle aus. Ein verschiebbarer Empfangsdipol steht als Detektor zur Verfügung.

Skizzieren Sie den Aufbau und beschreiben Sie die Vorgehensweise mit einem Zahlenbeispiel!

16. Der Doppelspaltversuch von Young wird mit Laserlicht bei einem Spaltabstand $g_1 = 1,0$ mm durchgeführt. Auf dem Schirm sind 5 Maxima pro Zentimeter zu erkennen. Jetzt wird der Doppelspalt durch ein anderes Exemplar ausgetauscht. Nun sind 8 Maxima pro Zentimeter vorhanden. Berechnen Sie den Spaltabstand g_2 des zweiten Doppelspaltes!

17. Ein optisches Gitter hat 10.000 Striche/cm. Das Maximum 1.Ordnung erscheint unter dem Winkel $\alpha = 25°$. Ermitteln Sie die Wellenlänge und die Farbe des Lichtes!

18. Auf einen Spalt von 300 µm Breite fällt monochromatisches Licht mit der Wellenlänge λ. Die beiden dunklen Interferenzstreifen rechts und links vom Hauptmaximum haben einen Abstand von 8 mm. Der Abstand Schirm – Spalt beträgt 2,80 m. Berechnen Sie die Wellenlänge des Lichtes!

19. Die Klassifizierung der verschiedenen elektromagnetischen Wellen in Darstellungen des elektromagnetischen Spektrums erfolgt auch nach der Entstehung der Wellen.

    Vervollständigen Sie die folgende Tabelle, indem Sie folgende Begriffe eintragen: Elektronen prallen auf Metallteil, im Weltraum, Generatoren und/oder Oszillatoren, Elektronenstöße oder Wärmestrahlung

Bezeichnung	Entstehung
elektrotechnisch erzeugte Wellen	
Licht	
Röntgenstrahlung	
Höhenstrahlung	

20. Nach dem Wienschen Verschiebungsgesetz besteht folgender Zusammenhang zwischen der Temperatur T eines Körpers und der Wellenlänge λ_{max}:

    $$\lambda_{max} \cdot T = 2,898 \cdot 10^{-3} \, \text{m} \cdot \text{K}$$

    Wie hoch ist demnach die Oberflächentemperatur der Sonne, wenn die abgestrahlte Wellenlänge $\lambda_{max} = 500 \cdot 10^{-9}$ m ist?

Musterlösungen

1. $f_E = \dfrac{1}{2\pi\sqrt{C_A \cdot L_1}} = \dfrac{1}{2\pi\sqrt{50 \cdot 10^{-12}\,\text{F} \cdot 200 \cdot 10^{-6}\,\text{H}}} = 1,59\,\text{MHz}$

$f_A = \dfrac{1}{2\pi\sqrt{C_E \cdot L_1}} = \dfrac{1}{2\pi\sqrt{500 \cdot 10^{-12}\,\text{F} \cdot 200 \cdot 10^{-6}\,\text{H}}} = 503\,\text{MHz}$

2. $f = \dfrac{1}{2\pi\sqrt{LC}}$ umgestellt nach C ergibt: $C = \dfrac{1}{4\pi^2 f^2 L}$

$C = \dfrac{1}{4\pi^2 \cdot (2,47 \cdot 10^9\,\text{Hz})^2 \cdot 4 \cdot 10^{-9}\,\text{H}} = 1,04\,\text{pF}$

3. a) $Ł = \dfrac{\mu_0 \mu_r N^2 A}{l} = \dfrac{4\pi \cdot 10^{-7}\,\dfrac{\text{Vs}}{\text{Am}} \cdot 1 \cdot 1600^2 \cdot 0,0039\,\text{m}^2}{0,5\,\text{m}}$

$= 25,1 \cdot 10^{-3}\,\text{H} = 25,1\,\text{mH}$

$f_0 = \dfrac{1}{2\pi\sqrt{LC}} = \dfrac{1}{2\pi\sqrt{25,1 \cdot 10^{-3}\,\text{H} \cdot 0,47 \cdot 10^{-6}\,\text{F}}} = 1470\,\text{Hz} = 1,47\,\text{kHz}$

b) $\hat{I} = \hat{U}\sqrt{\dfrac{C}{L}} = 500\,\text{V}\sqrt{\dfrac{0,47 \cdot 10^{-6}\,\text{F}}{25,1 \cdot 10^{-3}\,\text{H}}} = 2,16\,\text{A}$

$I_{\text{eff}} = \dfrac{\hat{I}}{\sqrt{2}} = \dfrac{2,16\,\text{A}}{\sqrt{2}} = 1,53\,\text{A}$

c) $W_L = \dfrac{1}{2}C\hat{U}^2 = \dfrac{1}{2} \cdot 0,47 \cdot 10^{-6}\,\text{F} \cdot (500\,\text{V})^2 = 5,875\,\text{J}$

$W_C = \dfrac{1}{2}L\hat{I}^2 = \dfrac{1}{2} \cdot 25,1 \cdot 10^{-3}\,\text{H} \cdot (2,16\,\text{A})^2 = 5,86\,\text{J}$

4. $f = \dfrac{1}{2\pi\sqrt{LC}}$

Aus L wird $9L$: $f = \dfrac{1}{2\pi\sqrt{9LC}} = \dfrac{1}{2\pi \cdot 3\sqrt{LC}}$

Die Resonanzfrequenz beträgt nur noch $\dfrac{1}{3}$ des ursprünglichen Wertes.

5. a) Die höchste Spannung wird im Resonanzfall erreicht. Dann gilt:

$$f = \frac{1}{2\pi\sqrt{L \cdot C}}$$

Umgestellt nach L ergibt:

$$L = \frac{1}{4\pi^2 f^2 C} = \frac{1}{4\pi^2 (4,6 \cdot 10^3 \text{ Hz})^2 \cdot 100 \cdot 10^{-9} \text{ F}} = 12 \text{ mH}$$

b) Ausgehend von $\frac{1}{2}CU_{\text{max}}^2 = \frac{1}{2}LI_{\text{max}}^2$ ergibt sich durch Umstellung nach I_{max}:

$$I_{\text{max}} = \sqrt{\frac{CU_{\text{max}}^2}{L}} = \sqrt{\frac{100 \cdot 10^{-9} \text{ F} \cdot (8 \text{ V})^2}{12 \cdot 10^{-3} \text{ H}}} = 23,1 \text{ mA}$$

c) Die Resonanzfrequenz ändert sich nicht. Eine Kapazität von 0,3 µF entspricht 300 nF. Die Kapazität wird also verdreifacht. Das Produkt $L \cdot C$ wird nicht verändert.

$$f = \frac{1}{2\pi\sqrt{L \cdot C}} = \frac{1}{2\pi\sqrt{\frac{L}{3} \cdot 3C}}$$

6. Achtung, Winkel im Bogenmaß!

$$u_x = \hat{u} \cdot \sin 2 \cdot \pi \cdot f \cdot t_x = 3,5 \text{ V} \cdot \sin 2\pi \cdot 500 \frac{1}{\text{s}} \cdot 0,8 \cdot 10^{-3} \text{ s} = 2,06 \text{ V}$$

7. $u_x = \hat{u} \cdot \sin 2 \cdot \pi \cdot f \cdot t_x$ wird umgestellt nach f:

$$f = \frac{\arcsin \dfrac{u_x}{\hat{u}}}{2\pi t_x} = \frac{\arcsin \dfrac{100 \text{ V}}{300 \text{ V}}}{2\pi \cdot 0,4 \cdot 10^{-6} \text{ s}} = 135,2 \text{ kHz} \qquad \text{Bogenmaß!}$$

8. $f = \dfrac{c}{\lambda} = \dfrac{3 \cdot 10^8 \frac{\text{m}}{\text{s}}}{26,439 \cdot 10^{-3} \text{ m}} = 11,347 \text{ GHz}$

$$l = \frac{c}{2f} = \frac{3 \cdot 10^8 \frac{\text{m}}{\text{s}}}{2 \cdot 11,347 \cdot 10^9 \text{ Hz}} = 1,32 \text{ cm}$$

9. $\lambda = \dfrac{c}{f} = \dfrac{3 \cdot 10^8 \frac{\text{m}}{\text{s}}}{2 \cdot 10 \frac{1}{\text{s}}} = 0,15 \text{ m}$

10. Elektromagnetische Wellen benötigen kein Medium zur Ausbreitung.

Kapitel 23

11. Im Vakuum gilt: $\varepsilon_r = \mu_r = 1$

$$c = \sqrt{\frac{1}{\varepsilon_0 \mu_0}} = \sqrt{\frac{1}{8{,}854 \cdot 10^{-12}\,\frac{As}{Vm} \cdot 4\pi \cdot 10^{-7}\,\frac{Vs}{Am}}} = 2{,}998 \cdot 10^8\,\frac{m}{s}$$

12. a) π oder $180°$

   b) $\dfrac{\lambda}{2} = 73\,cm - 70\,cm = 3\,cm \Rightarrow \lambda = 6\,cm$

   $$f = \frac{c}{\lambda} = \frac{3 \cdot 10^8\,Hz}{6 \cdot 10^{-2}\,m} = 0{,}5 \cdot 10^{10}\,Hz = 5\,GHz$$

13. $f = \dfrac{1}{4 \cdot 10^{-6}\,s} = 250\,kHz$

   $$\frac{60\,V}{3\,cm} = 20\,\frac{V}{cm}$$

14.

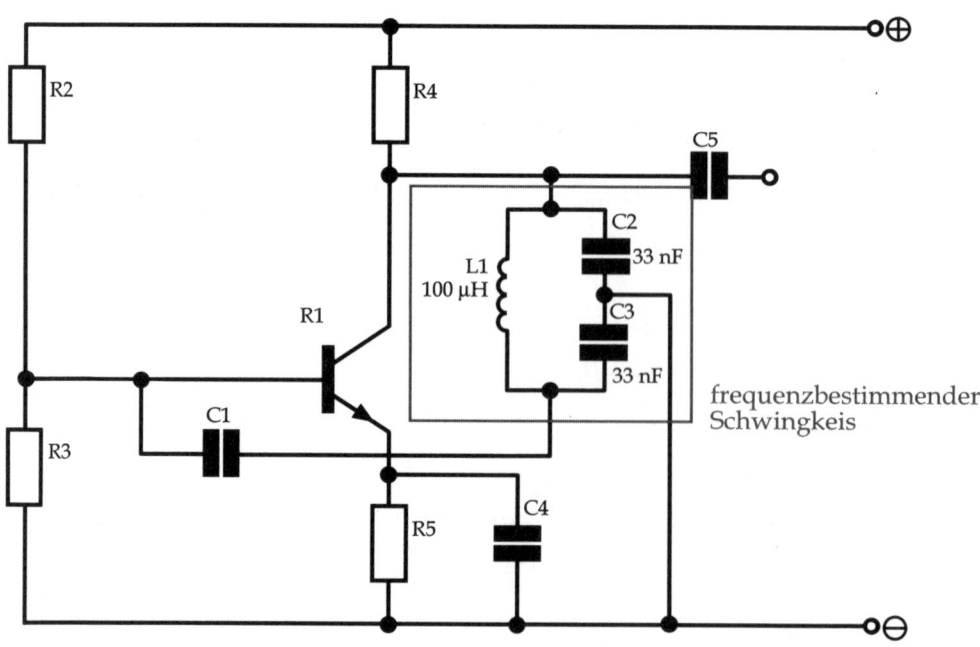

Abb. 23.61: Colpittsoszillator

Der frequenzbestimmende Schwingkreis besteht aus der Spule L_1 und der Reihenschaltung aus C_2 und C_3.

Für die Reihenschaltung für Kondensatoren gilt:

$$C_{\text{ges}} = \frac{1}{\dfrac{1}{C_2} + \dfrac{1}{C_3}} = \frac{C_2 \cdot C_3}{C_2 + C_3}$$

$$f_0 = \frac{1}{2\pi\sqrt{L \cdot \dfrac{C_2 \cdot C_3}{C_2 + C_3}}} = \frac{1}{2\pi\sqrt{100 \cdot 10^{-6}\,\text{H} \cdot \dfrac{(33 \cdot 10^{-9}\,\text{F})^2}{66 \cdot 10^{-9}\,\text{F}}}} =$$

$$= 123{,}9\,\text{kHz}$$

15. Der Mikrowellensender strahlt auf eine Metallplatte. Durch die Überlagerung der abgestrahlten Wellen mit den reflektierten Wellen bilden sich stehende Wellen aus. Durch Verschieben des Empfangsdipols senkrecht zur Metallplatte kann man Spannungs- bzw. Signalminima feststellen. Der Abstand zwischen zwei Minima entspricht der halben Wellenlänge λ.

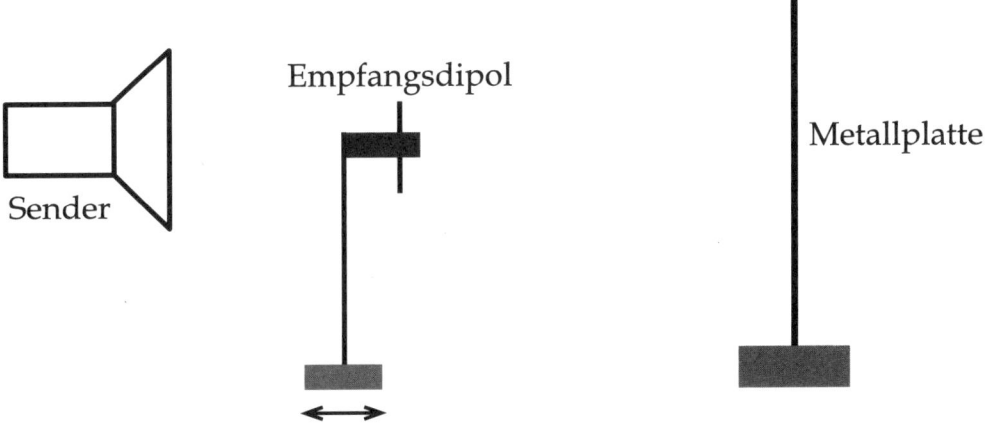

Abb. 23.62: Frequenzmessung des Mikrowellensenders

Beispiel:

Abstand zwischen zwei Minima: 1,5 cm

$$\lambda = 2 \cdot 1{,}5\,\text{cm} = 3\,\text{cm}$$

$$f = \frac{c}{\lambda} = \frac{3 \cdot 10^8\,\dfrac{\text{m}}{\text{s}}}{3 \cdot 10^{-2}\,\text{m}} = 10\,\text{GHz}$$

16. $d_1 = \dfrac{1\,\text{cm}}{4} = 0,25\,\text{cm}$ $\qquad g_1 = 1\,\text{mm}$

$d_2 = \dfrac{1\,\text{cm}}{7} = 0,14286\,\text{cm}$ $\qquad g_2 =?$

$d_1 = \dfrac{a \cdot \lambda}{g} \Rightarrow d_1 \cdot g = a \cdot \lambda$

$d_1 \cdot g = 0,25 \cdot 10^{-2}\,\text{m} \cdot 1 \cdot 10^{-3}\,\text{m} = 0,25 \cdot 10^{-5}\,\text{m}^2 = a \cdot \lambda$

$g_2 = \dfrac{a \cdot \lambda}{d_2} = \dfrac{0,25 \cdot 10^{-5}\,\text{m}^2}{0,14286 \cdot 10^{-2}\,\text{m}} = 1,75\,\text{mm}$

17. $\lambda = g \cdot \sin\alpha = \dfrac{1 \cdot 10^{-2}\,\text{m}}{9999} \cdot \sin 25° = 423\,\text{nm}$

Die Farbe des Lichtes ist blau.

18. $\lambda = \sin\alpha \cdot l = \dfrac{4 \cdot 10^{-3}\,\text{m}}{2,8\,\text{m} \cdot 300 \cdot 10^{-6}\,\text{m}} = 429\,\text{nm}$

19.

Bezeichnung	Entstehung
elektrotechnisch erzeugte Wellen	Generatoren und/oder Oszillatoren
Licht	Elektronenstöße oder Wärmestrahlung
Röntgenstrahlung	Elektronen prallen auf Metallteil
Höhenstrahlung	Im Weltraum

20. $T = \dfrac{2,898 \cdot 10^{-3}\,\text{m} \cdot \text{K}}{500 \cdot 10^{-9}\,\text{m}} = 5697\,\text{K}$

23.7 Grundlagen der Quantenphysik

1. Licht mit der Wellenlänge $\lambda = 650\,\text{nm}$ fällt auf ein Metall mit der Austrittsarbeit $W_A = 1,75\,\text{eV}$. Berechnen Sie die Energie der Photonen in eV und die Energie W_{max} der emittierten Elektronen in Joule.

2. Mit Licht welcher Frequenz muss man ein Metall mit der Austrittsarbeit 2,4 eV bestrahlen, damit Elektronen aus dem Metall heraustreten können? Welche Farbe hat dieses Licht?

3. Bei einem Versuchsaufbau zur Gegenfeldmethode wird eine Bremsspannung $U_G = 1,4\,\text{V}$ und ein maximaler Strom $I = 5\,\mu\text{A}$ festgestellt. Das Kathodenmaterial hat eine Austrittsarbeit $W_A = 2,8\,\text{eV}$.

   a) Welche Energie W wurde jedem Elektron zugeführt?

   b) Welche Frequenz f hat das monochromatische (einfarbige) Licht?

   c) Wie viele Elektronen werden pro Sekunde von der Kathode emittiert?

   d) Bestimmen Sie die Grenzfrequenz f_g!

Versuchsaufbau:

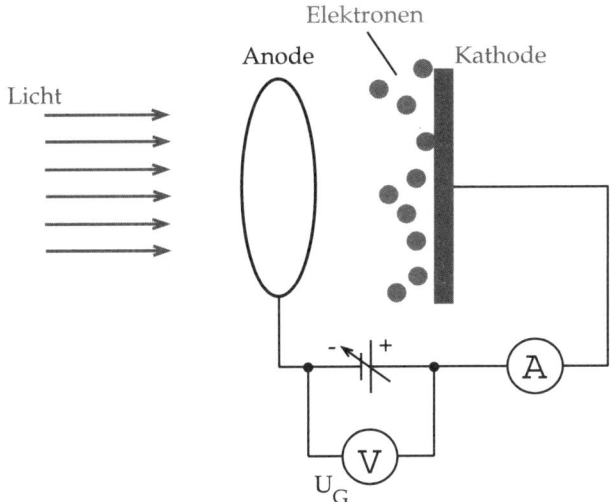

Abb. 23.63:
Gegenfeldmethode

4. Ein Metall hat eine Grenzfrequenz von $4,6154 \cdot 10^{14}\,\text{Hz}$. Wird es mit Licht der Wellenlänge $\lambda = 450\,\text{nm}$ bestrahlt, werden Elektronen emittiert. Berechnen Sie die maximale Geschwindigkeit v dieser Elektronen!

5. Der Comptoneffekt wird bei sichtbarem Licht nicht beobachtet. Erklären Sie dies mithilfe der Formel

$$\Delta\lambda = \frac{h}{m_e \cdot c}(1 - \cos\vartheta) = 2,427 \cdot 10^{-12}\,\text{m}(1 - \cos\vartheta)\,.$$

6. Welche maximale Wellenlängenänderung $\Delta\lambda$ ist durch den Comptoneffekt möglich?

7. Die Elektronen in einer Farbfernsehbildröhre werden mit 27 kV beschleunigt. Welche de-Broglie-Wellenlänge kann man den einzelnen Elektronen zuordnen?

8. Ein Proton durchläuft die Beschleunigungsspannung U. Es ergibt sich die de-Broglie-Wellenlänge $\lambda = 2 \cdot 10^{-10}$ m. Berechnen Sie U!

9. Prüfen Sie die folgende Aussage auf Richtigkeit:

Nach der Heisenbergschen Unbestimmtheitsrelation kann man nicht gleichzeitig den Ort und den Impuls eines Teilchens genau messen. Das gilt auch, wenn zwei Teilchen gleichzeitig aus einem ruhenden Teilchen hervorgehen.

10. Nachdem Sie jetzt alle Aufgaben erfolgreich bearbeitet haben, dürfen Sie über die Sinnhaftigkeit der folgenden Szene nachdenken.

Werner Heisenberg fährt im Auto über eine österreichische Autobahn. Da hält ihn ein Polizist an: „Wissen Sie eigentlich, wie schnell Sie gerade gefahren sind?", schnauzt ihn der Beamte an, als er das Fenster öffnet. „Nein", antwortet Heisenberg lächelnd „mir ist lieber, ich weiß, wo ich bin."

Abb. 23.64: Werner Heisenberg

Musterlösungen

> **Zur Erinnerung**
> $1\,\text{eV} = 1,602 \cdot 10^{-19}\,\text{J}$
> $1\,\text{J} = 1\,\text{Ws} = 1\,\text{V} \cdot \text{A} \cdot \text{s}$

1. $W = \dfrac{h \cdot c}{\lambda} = \dfrac{6,626 \cdot 10^{-34}\,\text{Js} \cdot 3 \cdot 10^{8}\,\frac{\text{m}}{\text{s}}}{650 \cdot 10^{-9}\,\text{m}} = 3,06 \cdot 10^{-19}\,\text{J}$

   $W = \dfrac{3,06 \cdot 10^{-19}\,\text{VAs}}{1,602 \cdot 10^{-19}\,\text{As}} = 1,909\,\text{eV}$

   $W_{\text{kin}} + W_A = h \cdot f$

   $W_{\text{kin}} = h \cdot f - W_A = 1,909\,\text{eV} - 1,75\,\text{eV} = 0,159\,\text{eV}$

   $W_{\text{kin}} = 0,159\,\text{eV} \cdot 1,602 \cdot 10^{-19}\,\text{As} = 2,55 \cdot 10^{-20}\,\text{Ws} = 2,55 \cdot 10^{-20}\,\text{J}$

2. Gesucht ist die Grenzfrequenz f_g ($W_{\text{kin}} = 0$):

   $W_A + W_{\text{kin}} = h \cdot f$

   $W_A = h \cdot f$

   $f_g = \dfrac{W_A}{h} = \dfrac{2,4\,\text{eV} \cdot 1,602 \cdot 10^{-19}\,\text{As}}{6,626 \cdot 10^{-34}\,\text{Js}} = 5,803 \cdot 10^{14}\,\dfrac{1}{\text{s}}$

   $= 5,803 \cdot 10^{14}\,\text{Hz}$

   Die Lichtfarbe ist grün.

3. a) $W = 1,4\,\text{eV} + 2,8\,\text{eV} = 4,2\,\text{eV} = 6,73 \cdot 10^{-19}\,\text{J}$

   b) $f = \dfrac{W}{h} = \dfrac{4,2\,\text{eV}}{4,14 \cdot 10^{-15}\,\text{eVs}} = 10,145 \cdot 10^{14}\,\text{Hz}$

   c) $Q = I \cdot t = 5 \cdot 10^{-6}\,\text{A} \cdot 1\,\text{s} = 5 \cdot 10^{-6}\,\text{As}$

   $n = \dfrac{5 \cdot 10^{-6}\,\text{As}}{1,602 \cdot 10^{-19}\,\text{As}} = 3,12 \cdot 10^{13}$

   d) $W_{\text{kin}} = 0$

   $f_g = \dfrac{W_A}{h} = \dfrac{2,8\,\text{eV}}{4,14 \cdot 10^{-15}\,\text{eVs}} = 6,76 \cdot 10^{14}\,\text{Hz}$

Kapitel 23

4. $W_A = f_g \cdot h = 4{,}6154 \cdot 10^{14}\,\text{Hz} \cdot 4{,}14 \cdot 10^{-15}\,\text{eVs} = 1{,}91\,\text{eV}$

$W_{\text{kin}} = h \cdot f - W_A = h \cdot \dfrac{c}{\lambda} - W_A =$

$= 4{,}14 \cdot 10^{-15}\,\text{eVs} \cdot \dfrac{3 \cdot 10^8\,\dfrac{\text{m}}{\text{s}}}{450 \cdot 10^{-9}\,\text{m}} - 1{,}91\,\text{eV} =$

$= 0{,}85\,\text{eV} = 1{,}3617 \cdot 10^{-19}\,\text{J}$

$W_{\text{kin}} = \dfrac{1}{2} \cdot m \cdot v^2$ umstellen nach v ergibt:

$v = \sqrt{\dfrac{2 \cdot W_{\text{kin}}}{m}} = \sqrt{\dfrac{2 \cdot 1{,}3617 \cdot 10^{-19}\,\text{J}}{9{,}109 \cdot 10^{-31}\,\text{kg}}} = 5{,}47 \cdot 10^5\,\dfrac{\text{m}}{\text{s}}$

5. Die Wellenlängen des sichtbaren Lichts liegen bei einigen Hundert Nanometern. Die Wellenlängenänderungen durch den Comptoneffekt betragen je nach Streuungswinkel nur ein Tausendstel bis Zehntausendstel davon – sie sind also prozentual zu vernachlässigen.

6. Die maximale Änderung der Wellenlänge tritt bei $\vartheta=180°$ auf. Dann ist

$\Delta\lambda = \dfrac{h}{m_e \cdot c}(1 - \cos\vartheta) = \dfrac{2h}{m_e \cdot c} = \dfrac{2 \cdot 6{,}626 \cdot 10^{-34}\,\text{Js}}{9{,}109 \cdot 10^{-31}\,\text{kg} \cdot 3 \cdot 10^8\,\dfrac{\text{m}}{\text{s}}} =$

$= 4{,}85 \cdot 10^{-12}\,\text{m}$

7. Die de-Broglie-Wellenlänge ist $\lambda = \dfrac{h}{p} = \dfrac{h}{m \cdot v}$.

Kinetische Energie der Elektronen: $W_{\text{kin}} = \dfrac{1}{2} \cdot m \cdot v^2$

Umgestellt nach v ergibt:

$v = \sqrt{\dfrac{2 \cdot W_{\text{kin}}}{m}} = \sqrt{\dfrac{2 \cdot e \cdot U}{m}}$

Einsetzen:

$\lambda = \dfrac{h}{m \cdot v} = \dfrac{h}{m \cdot \sqrt{\dfrac{2 \cdot e \cdot U}{m}}} = \dfrac{h}{\sqrt{2 \cdot e \cdot U \cdot m}}$

$= \dfrac{6{,}626 \cdot 10^{-34}\,\text{Js}}{\sqrt{2 \cdot 1{,}602 \cdot 10^{-19}\,\text{As} \cdot 27 \cdot 10^3\,\text{V} \cdot 9{,}109 \cdot 10^{-31}\,\text{kg}}}$

$= 7{,}46 \cdot 10^{-12}\,\text{m} = 7{,}5\,\text{pm}$

8. Aus $\lambda = \dfrac{h}{m_p \cdot v}$ folgt: $v = \dfrac{h}{m_p \cdot \lambda}$

Weiterhin gilt:

$$\frac{1}{2} \cdot m_p \cdot v^2 = e \cdot U$$

Für v wird $v = \dfrac{h}{m_p \cdot \lambda}$ eingesetzt und nach U umgestellt:

$$U = \frac{h^2}{2e \cdot m_p \cdot \lambda^2} =$$

$$= \frac{\left(6{,}626 \cdot 10^{-34}\,\text{Js}\right)^2}{2 \cdot 1{,}602 \cdot 10^{-19}\,\text{As} \cdot 1{,}6726 \cdot 10^{-27}\,\text{kg} \cdot \left(2 \cdot 10^{-10}\,\text{m}\right)^2}$$

$$= 0{,}0205\,\text{V} = 20{,}5\,\text{mV}$$

9. Die Aussage ist korrekt!

10. Sie haben hier doch wohl nicht im Ernst eine Musterlösung erwartet!? Denken Sie nach!

23.8 Atom- und Kernphysik

1. Nach der Vorstellung von Rutherford gilt für das einzige Elektron des Wasserstoffatoms auf seiner Bahn:

   Coulombkraft = Zentripetalkraft.

   Weiterhin gilt die Bohrsche Quantenbedingung $2\pi \cdot r_n \cdot m_e \cdot v_e = n \cdot h$

   Berechnen Sie mit diesen Informationen und mithilfe Ihrer Formelsammlung den Radius des Wasserstoffatoms!

2. Nach dem ersten Bohrschen Postulat ist die Energie der Elektronen bahnabhängig. Vervollständigen Sie die folgende Tabelle, indem Sie die fehlenden Energiewerte berechnen und die Schalenbezeichnungen einsetzen!

Schale	Energiestufe	Energie in eV
K	E1	-13,53
L	E2	
M	E3	
	E4	
	E5	
	E6	

3. Das Elektron eines Wasserstoffatoms bewegt sich auf der K-Schale (Energiestufe E_1). Es erhält dann die Energie ΔE_{auf} und bewegt sich danach auf der Energiestufe E_4. Das Elektron springt anschließend auf eine andere Bahn und emittiert dabei Licht mit der größtmöglichen Wellenlänge. Berechnen Sie das Verhältnis von aufgenommener zu abgegebener Energie.

4. Vervollständigen Sie die folgende Tabelle, indem Sie die fehlenden Werte bzw. Bezeichnungen einsetzen.

Frequenzen und Wellenlängen der sichtbaren Spektrallinien der Balmer-Serie			
Übergang von nach		$\dfrac{f}{10^{14}\,\mathrm{Hz}}$	$\dfrac{\lambda}{\mathrm{nm}}$
E_3	E_2		
E_4			
E_5			
E_6			

5. Nachfolgend sehen Sie die Abbildung 23.65 aus dem Kapitel „Atom- und Kernphysik".

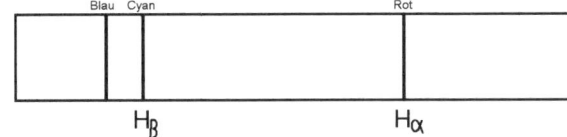

Abb. 23.65: Ausschnitt aus dem Linienspektrum des Wasserstoffs

Berechnen Sie die Wellenlängen der beiden gekennzeichneten Spektrallinien H_α und H_β!

6. Das folgende Diagramm gehört zum Franck-Hertz-Versuch mit einer Quecksilberdampfröhre.

   a) Wie groß ist ΔU?

   b) Die Beschleunigungsspannung sei 5,5 V. Welche kinetische Energie und welche Geschwindigkeit v hat ein Elektron nach einer Kollision mit einem Hg-Atom?

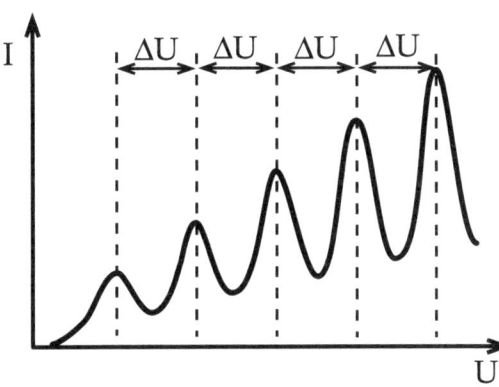

Abb. 23.66: Versuchsergebnis zum Franck-Hertz-Versuch

7. Eine Metallanode wird mit Elektronen beschossen und sendet Röntgen-Quanten mit der Wellenlänge $\lambda = 0,1445\,\text{nm}$ aus. Aus welchem Material besteht die Anode?

8. Berechnen Sie die Energie eines Elektrons auf dem Energieniveau mit der Hauptquantenzahl 2 in einem linearen Potenzialtopf der Breite $l = 0,4\,\text{nm}$!

9. Vervollständigen Sie die folgende Tabelle:

Atom	H-1	Po-216	Th-233
Symbolische Schreibweise			
A			
N			
Z			
Elektronen			

10. Für den Radius eines Atomkernes gilt:

$$r \approx 1,2 \cdot 10^{-15}\,\text{m} \cdot \sqrt[3]{A}$$

Welchen Durchmesser hat der Kern eines Heliumatoms ^4_2He?

11. Entwickeln Sie eine Formel zur Berechnung des Massendefektes Δm! In der Formel seien

m_p: Masse des Protons

m_n: Masse des Neutrons

m_k: Masse des Atomkernes

Z: Kernladungszahl

A: Nukleonenzahl; A = N + Z

12. In der Sonne verschmelzen pro Sekunde $567 \cdot 10^6$ t Wasserstoff zu $562,8 \cdot 10^6$ t Helium. Wie viel Energie wird bei dieser Kernfusion pro Sekunde frei?

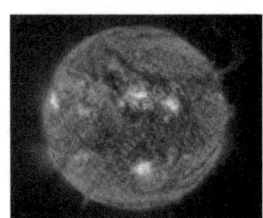

Abb. 23.67: Kernfusion in der Sonne

13. Nur jeweils eine Antwort ist richtig!

   a) Beta-Strahlung besteht aus
      i. schnellen Elektronen.
      ii. schnellen Protonen.
      iii. elektromagnetischen Strahlen.

   b) Alpha-Strahlung besteht aus
      i. 2 Neutronen und 2 Elektronen.
      ii. 2 Neutronen und 2 Protonen.
      iii. 2 Protonen und 2 Elektronen.

   c) Welche radioaktive Strahlung besteht aus hochenergetischen elektromagnetischen Strahlen?
      i. Gamma-Strahlung
      ii. Alpha-Strahlung
      iii. Beta-Strahlung

   d) Alpha-Strahlung
      i. durchdringt nahezu alle Materialien, ohne stark geschwächt zu werden.
      ii. besteht aus Helium-Atomen.
      iii. kann durch Aluminium abgeschirmt werden.

   e) Ein radioaktives Atom sendet ein Alpha-Teilchen aus. Wie ändert sich die Masse des Atoms?
      i. Die Massenzahl nimmt um 4 zu.
      ii. Die Massenzahl nimmt um 4 ab.
      iii. Die Massenzahl nimmt um 2 zu.
      iv. Die Massenzahl nimmt um 2 ab.
      v. Dies hat keinen Einfluss auf die Atommasse.

14. Abbildung 23.68 zeigt die Ablenkung von Alpha-, Beta- und Gamma-Strahlen durch einen Hufeisenmagnet.

    a) Kennzeichnen Sie Nord- und Südpol des Magneten!

    b) Kennzeichnen Sie die drei Strahlenarten!

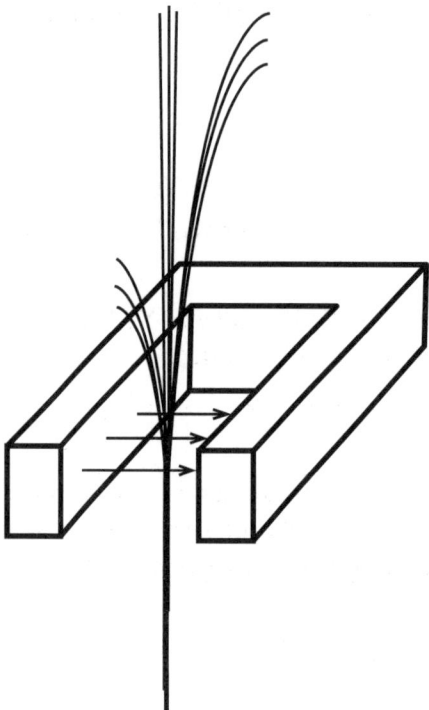

Abb. 23.68: Radioaktive Strahlung im Magnetfeld

15. Ein Mol ist die Stoffmenge, in der so viele Teilchen (Atome oder Moleküle) enthalten sind wie Atome in 12 g des Kohlenstoffnuklids C-12.

    1 Mol enthält $6{,}022014199 \cdot 10^{23}$ Teilchen.
    $N_A = 6{,}022014199 \cdot 10^{23}\,\text{mol}^{-1}$ ist die Avogadro-Zahl. So hat z. B. ein Mol Ni-60 die Masse 60 g.

    Ein junger Mann mit der Masse $m = 80\,\text{kg}$ enthält etwa 160 g Kalium, das zu 0,012 % aus dem radioaktiven K-40 besteht. Wie viel K-40-Kerne sind also im Körper dieses Menschen vorhanden?

16. Die folgenden Reaktionsgleichungen sind zu vervollständigen:

    a) $^{238}_{92}U + ^{1}_{0}n \rightarrow$

    b) $^{27}_{13}Al + ^{1}_{0}n \rightarrow ^{4}_{2}He + ?$

    c) $^{53}_{24}Cr + ^{4}_{2}He \rightarrow ^{1}_{1}H + ?$

17. Wie viele α- und β-Zerfälle haben bei den folgenden Reaktionen stattgefunden?

    a) $^{232}_{90}Th \rightarrow ^{208}_{82}Pb$

    b) $^{237}_{83}Np \rightarrow ^{209}_{83}Bi$

    c) $^{238}_{92}U \rightarrow ^{206}_{82}Pb$

18. Nach einem α-Zerfall des radioaktiven Isotops $^{x}_{y}X$ finden zwei β-Zerfälle statt. Wie lautet das resultierende Isotop $^{?}_{?}x$?

19. Eine radioaktive Quelle hat eine Aktivität von $8 \cdot 10^4$ Bq und eine Halbwertszeit von 20 Minuten. Wie groß ist die Aktivität nach einer Stunde?

20. Nach $x \cdot T_{\frac{1}{2}}$ ist die Aktivität einer Substanz auf 80 % des Anfangswertes abgefallen? Wie groß ist der Faktor x?

21. Vervollständigen Sie mithilfe einer Nuklidkarte die folgende Zerfallsreihe! Hinweis: Da Po-218 sowohl Alpha- als auch Beta-Strahlung aussendet, müssen beide Möglichkeiten dargestellt werden. Dies kommt im weiteren Verlauf der Zerfallsreihe mehrfach vor.

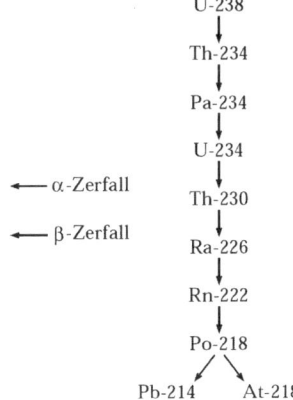

Abb. 23.69: Anfang einer Zerfallsreihe

22. Die Aktivität einer radioaktiven Substanz nimmt alle zehn Minuten um ein Viertel ab. Wie groß ist die Zerfallskonstante?

23. Die folgende Abbildung stellt einen vereinfachten Ausschnitt aus einer Nuklidkarte dar.

a) Zeichnen Sie die Linie ein, auf der die Nuklide mit der Nukleonenzahl 197
liegen!

b) Markieren Sie mithilfe Ihrer Nuklidkarte die Position des Nuklids Pb-196!

c) Markieren Sie die Position von $^{199}_{80}$Hg!

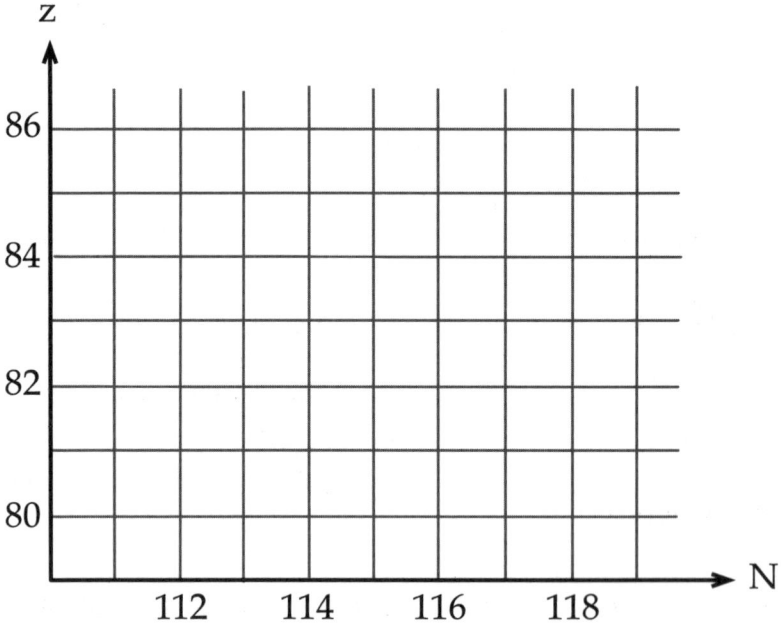

Abb. 23.70: Vereinfachter Ausschnitt aus der Nuklidkarte

24. Eine vierte „Zerfallsart" ist der Elektroneneinfang (EC-Prozess). Hierbei dringt ein Hüllenelektron in den Atomkern ein und wandelt ein Proton in ein Neutron um.

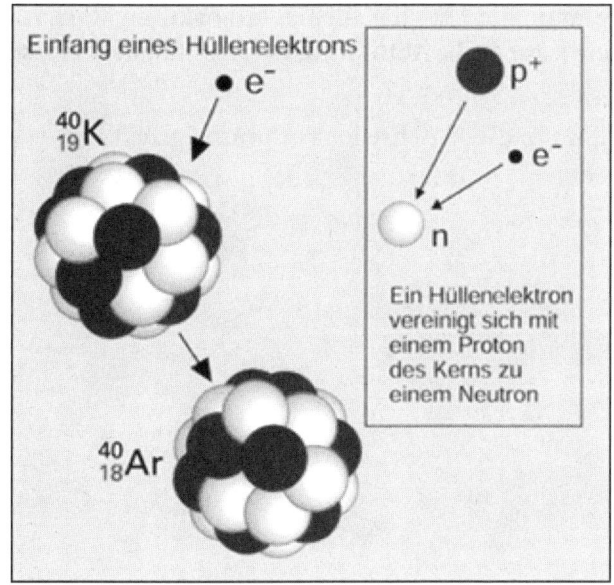

Abb. 23.71:
Elektroneneinfang
(Quelle: Informationskreis Kernenergie)

Die Reaktionsgleichung lautet:

$$^1_1\text{p} + ^{\ 0}_{-1}\text{e} \rightarrow ^1_0\text{n}$$

Vervollständigen Sie die folgende, zur vorstehenden Abbildung gehörende Reaktionsgleichung!

$$\text{K} + \text{e} \rightarrow \text{Ar}$$

25. In einem ägyptischen Grab wurde Getreide als Grabbeigabe gefunden. In 500 mg des Getreides wurden $0,91 \cdot 10^{10}$ Kerne des Isotopes C-14 festgestellt. Ein gerade gefällter Baum enthielt $3,2 \cdot 10^{10}$ C-14-Kerne/g. Bestimmen Sie das Alter des Getreides!

26. C-14 ist ein β^--Strahler. Welches Element entsteht beim Zerfall von C-14?

27. Wie viel Prozent C-14 ist in einem abgestorbenen Ast eines Baumes nach drei Halbwertszeiten?

28. Wie viele Halbwertszeiten sind vergangen, wenn nur noch ca. 3 % C-14 in dem Ast aus Aufgabe 27 vorhanden sind?

29. Welche Zerfallsart wird durch die folgende Gleichung beschrieben? Nennen Sie ein Beispiel!

$$^A_Z X \rightarrow ^A_{Z+1} Y + ^0_{-1} e + ^0_0 \overline{\nu}$$

30. Trägt man in einem A-t-Diagramm die Aktivität A eines radioaktiven Materials in Abhängigkeit von der Zeit t auf (z. B. Abbildung 21.17 auf Seite 439), so ergibt sich eine e-Funktion.

    Welche Form hat der Graph, wenn die A-Achse logarithmisch geteilt ist?

Musterlösungen

1. Coulombkraft = Zentripetalkraft

$$\frac{1}{4\pi \cdot \varepsilon_0} \cdot \frac{e^2}{r^2} = \frac{m_e \cdot v^2}{r}$$

$$\frac{e^2}{4\pi\varepsilon_0 \cdot r^2} = \frac{m_e \left(\dfrac{n \cdot h}{2\pi \cdot r \cdot m_e}\right)^2}{r}$$

Aufgelöst nach r:

$$r = \frac{n^2 \cdot h^2 \cdot \varepsilon_0}{m_e \cdot \pi \cdot e^2} = \frac{1^2 \cdot (6,626 \cdot 10^{-34}\,\text{Js})^2 \cdot 8,859 \cdot 10^{-12}\,\dfrac{\text{As}}{\text{Vm}}}{9,109 \cdot 10^{-31}\,\text{kg} \cdot \pi \cdot (1,602 \cdot 10^{-19}\,\text{As})^2} =$$
$$= 5,3 \cdot 10^{-11}\,\text{m}$$

2. $E_n = -13,53\,\text{eV} \cdot \dfrac{1}{n^2}$

Schale	Energiestufe	Energie in eV
K	E_1	-13,53
L	E_2	-3,38
M	E_3	-1,50
N	E_4	-0,846
O	E_5	-0,54
P	E_6	-0,376

3. Mit $E_n = -\dfrac{e^4 \cdot m_e}{8\varepsilon_0^2 \cdot h^2} \cdot \dfrac{1}{n^2} \approx -13,53\,\text{eV} \cdot \dfrac{1}{n^2}$ ergeben sich:

$E_4 = -0,846\,\text{eV}$

$E_3 = -1,50\,\text{eV}$ (größtmögliche Wellenlänge bedeutet kleinstmögliche Frequenz f; also Sprung von E_4 nach E_3)

$E_1 = -13,53\,\text{eV}$

Aufgenommene Energie E_{auf} beim Sprung von E_1 nach E_4:

$E_{\text{auf}} = 13,53\,\text{eV} - 0,846\,\text{eV} = 12,684\,\text{eV}$

Abgegebene Energie E_{ab} beim Sprung von E_4 nach E_3:

$E_{ab} = 1,5\,\text{eV} - 0,846\,\text{eV} = 0,654\,\text{eV}$

Das Verhältnis ist:

$$\frac{E_{auf}}{E_{ab}} = \frac{12,684\,\text{eV}}{0,654\,\text{eV}} = 19,4$$

4.

Frequenzen und Wellenlängen der sichtbaren Spektrallinien der Balmer-Serie			
Übergang von nach		$\dfrac{f}{10^{14}\,\text{Hz}}$	$\dfrac{\lambda}{\text{nm}}$
E_3	E_2	4,57	656
E_4	E_2	6,17	486
E_5	E_2	6,91	434
E_6	E_2	7,31	410
E_m	E_n	$f = R\left(\dfrac{1}{n^2} - \dfrac{1}{m^2}\right)$	$\lambda = \dfrac{c}{f}$

5. Entsprechend der vorstehenden Tabelle (Aufgabe 4):

$H_\alpha = 656\,\text{nm}$ und $H_\beta = 486\,\text{nm}$

6. a) 4,9 V

b) $E_{kin} = 5,5\,\text{eV} - 4,9\,\text{eV} = 0,6\,\text{eV}$

$$v = \sqrt{\frac{2 \cdot e \cdot U}{m}} = \sqrt{\frac{2 \cdot 1,602 \cdot 10^{-19}\,\text{As} \cdot 0,6\,\text{V}}{9,1 \cdot 10^{-31}\,\text{kg}}} = 4,6 \cdot 10^5\,\frac{\text{m}}{\text{s}}$$

7. Berechnen von f:

$$f = \frac{c}{\lambda} = \frac{3 \cdot 10^8\,\frac{\text{m}}{\text{s}}}{0,1445 \cdot 10^{-9}\,\text{m}} = 2,0752 \cdot 10^{18}\,\text{Hz}$$

Es gilt das Moseley-Gesetz:

$$f = \frac{3}{4}R\,(Z-1)^2$$

Umstellen nach Z ergibt eine quadratische Gleichung:

$f = \frac{3}{4}R\,(Z-1)^2$

$$\frac{4 \cdot f}{3 \cdot R} = (Z - 1)^2$$

$$\frac{4 \cdot f}{3 \cdot R} = Z^2 - 2Z + 1$$

$$0 = Z^2 - 2Z + 1 - 841$$

$$Z = 30 \text{ (Zink)}$$

8. $E_n = \dfrac{h^2}{8 \cdot m_e \cdot l^2} \cdot n^2 = \dfrac{(6,626 \cdot 10^{-34}\,\text{Js})^2}{8 \cdot 9,1 \cdot 10^{-31}\,\text{kg} \cdot (4 \cdot 10^{-10}\,\text{m})^2} \cdot 2^2$

$= 1,51 \cdot 10^{-18}\,\text{J}$

9.

Atom	H-1	Po-216	Th-233
Symbolische Schreibweise			$^{233}_{90}\text{Th}$
A	1	216	233
N	0	132	143
Z	1	84	90
Elektronen	1	84	90

10. $r \approx 1,2 \cdot 10^{-15}\,\text{m} \cdot \sqrt[3]{A} = 1,2 \cdot 10^{-15}\,\text{m}\,\sqrt[3]{4} = 1,9 \cdot 10^{-15}\,\text{m} = 1,9\,\text{fm}$

$d = 3,8 \cdot 10^{-15}\,\text{m}$

11. Neutronenzahl N = A - Z

$m_k + \Delta m = Z \cdot m_p + (A - Z)m_n$

Umstellen nach Δm:

$\Delta m = Z \cdot m_p + (A - Z)m_n - m_k$

12. $E = \Delta m \cdot c^2 = 4,2 \cdot 10^9\,\text{kg} \cdot (3 \cdot 10^8)^2 = 3,78 \cdot 10^{26}\,\text{J}$

Diese Energie wird in Form von Strahlung freigesetzt.

13. a) i
    b) ii
    c) i
    d) iii
    e) ii

14.

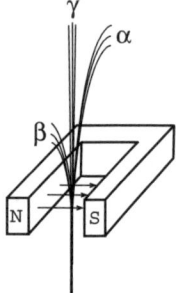

Abb. 23.72: Ablenkung der radioaktiven Strahlen im Magnetfeld

15. $\dfrac{160\,\text{g} \cdot 0,012\,\%}{40\,\dfrac{\text{g}}{\text{mol}}} \cdot 6,022045 \cdot 10^{23} = 2,89 \cdot 10^{22}$

16. a) $^{238}_{92}\text{U} + ^{1}_{0}\text{n} \rightarrow ^{239}_{92}\text{U}$

    b) $^{27}_{13}\text{Al} + ^{1}_{0}\text{n} \rightarrow ^{4}_{2}\text{He} + ^{24}_{11}\text{Na}$

    c) $^{53}_{24}\text{Cr} + ^{4}_{2}\text{He} \rightarrow ^{1}_{1}\text{H} + ^{56}_{25}\text{Mn}$

17. a) $^{232}_{90}\text{Th} \rightarrow ^{208}_{82}\text{Pb}$ 6 α- und 4 β^--Zerfälle

    b) $^{237}_{83}\text{Np} \rightarrow ^{209}_{83}\text{Bi}$ 7 α- und 4 β^--Zerfälle

    c) $^{238}_{92}\text{U} \rightarrow ^{206}_{82}\text{Pb}$ 8 α- und 6 β^--Zerfälle

18. $^{x}_{y}\text{X} \xrightarrow{\alpha} ^{x-4}_{y-2}\text{Y} \xrightarrow{\beta} ^{x-4}_{y-1}\text{Z} \xrightarrow{\beta} ^{x-4}_{y}\text{x}$

19. 1. Lösungsweg:

Berechnung der Zerfallskonstanten:

$$\lambda = \frac{\ln 2}{T_{\frac{1}{2}}} = \frac{\ln 2}{1200\,\text{s}} = 5,776 \cdot 10^{-4}\,\frac{1}{\text{s}}$$

$$A = A_0 \cdot e^{-\lambda \cdot t} = 8 \cdot 10^4\,\frac{1}{\text{s}} \cdot e^{-5,776 \cdot 10^{-4}\,\frac{1}{\text{s}} \cdot 3600\,\text{s}} = 1 \cdot 10^4\,\text{Bq}$$

2. Lösungsweg (alternativ):

1 Stunde = 3 Halbwertszeiten

$8 \cdot 10^4\,\text{Bq} : 2 = 4 \cdot 10^4\,\text{Bq}$

$4 \cdot 10^4\,\text{Bq} : 2 = 2 \cdot 10^4\,\text{Bq}$

$2 \cdot 10^4\,\text{Bq} : 2 = 1 \cdot 10^4\,\text{Bq}$

20. $x \cdot T_{\frac{1}{2}} = \dfrac{\ln \dfrac{0,8A_0}{A_0}}{-\dfrac{\ln 2}{T_{\frac{1}{2}}}} = \dfrac{T_{\frac{1}{2}} \ln 0,8}{-\ln 2} \qquad | : T_{\frac{1}{2}}$

$x = \dfrac{\ln 0,8}{-\ln 2} = 0,32$

21.

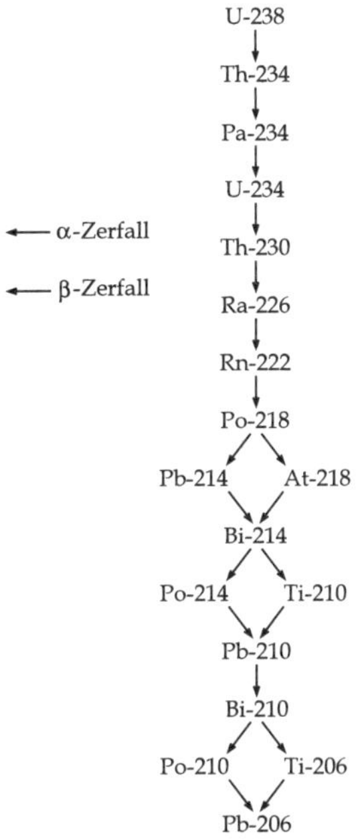

Abb. 23.73: Uran-Radium-Zerfallsreihe

22. $A = A_0 \cdot e^{-\lambda \cdot t}$

Umgestellt nach λ ergibt:

$\lambda = \dfrac{\ln \dfrac{A}{A_0}}{-t} = \dfrac{\ln \dfrac{\frac{3}{4}A_0}{A_0}}{-600\,\text{s}} = \dfrac{\ln 0,75}{-600\,\text{s}} = 4,795 \cdot 10^{-4}\,\dfrac{1}{\text{s}}$

23.

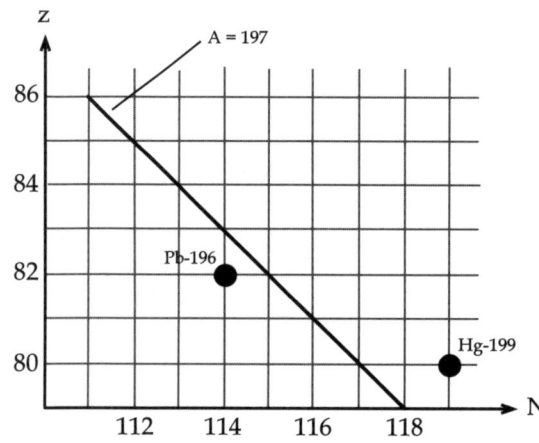

Abb. 23.74: Vereinfachter Nuklidkartenausschnitt

24. $^{40}_{19}K + ^{0}_{-1}e \rightarrow ^{40}_{18}Ar$

25. $\lambda = \dfrac{\ln 2}{T_{\frac{1}{2}}} = \dfrac{\ln 2}{5730\,y} = 1,21 \cdot 10^{-4}\,\dfrac{1}{y}$

$t = \dfrac{\ln \dfrac{N}{N_0}}{-\lambda} = \dfrac{\ln \dfrac{0,91 \cdot 10^{10}}{1,6 \cdot 10^{10}}}{-1,21 \cdot 10^{-4}\,\dfrac{1}{y}} = 4664\,y$

26. N-14

27. $\lambda = \dfrac{\ln 2}{T_{\frac{1}{2}}} = \dfrac{\ln 2}{5730\,y} = 1,21 \cdot 10^{-4}\,\dfrac{1}{y}$

$N = N_0 \cdot e^{-\lambda \cdot t} = 100 \cdot e^{-1,21 \cdot 10^{-4}\,\frac{1}{y} \cdot 3 \cdot 5730y} = 12,5$

Wenn von anfänglich 100 Kernen (N_0) nach drei Halbwertszeiten noch 12,5 übrig sind, so entspricht dies 12,5 %.

28. $N = 3$

    $N_0 = 100$

    $N = N_0 \cdot e^{-\lambda \cdot n \cdot 5730\,\text{y}}$

    Umstellen nach n:

    $$n = \frac{\ln \dfrac{N}{N_0}}{-\lambda \cdot 5730\,\text{y}}$$

    $$n = \frac{\ln \dfrac{3}{100}}{-1,21 \cdot 10^{-4}\,\dfrac{1}{\text{y}} \cdot 5730\text{y}} \approx 5$$

29. β^--Zerfall

    Beispiel (siehe Nuklidkarte): He-8 $\rightarrow$ Li-8

30. Es ergibt sich eine Gerade.

23.9 Spezielle Relativitätstheorie

1. Auf einer ruhenden Uhr vergeht eine Minute. Welche Zeit vergeht auf einer Uhr, die sich mit halber Lichtgeschwindigkeit gegenüber der ruhenden Uhr bewegt?

2. 1959 wurde im europäischen Kernforschungszentrum CERN in der Schweiz ein Experiment mit Myonen durchgeführt. Myonen sind Elementarteilchen mit einer Halbwertszeit von 1,52 µs. In einem Speicherring wurden sie auf 0,9994 c beschleunigt. Um das Wievielfache verlängerte sich dadurch die Lebensdauer bzw. die Halbwertszeit der Myonen?

Abb. 23.75: Kernforschungszentrum CERN mit eingezeichnetem Speicherring

3. In einem Science-Fantasy-Film wirft das sportliche Supergirl Birte einen kugelförmigen Gummiball mit ca. 90 % der Lichtgeschwindigkeit c in den Weltraum. Wie verändert sich dadurch seine Form?

4. Eine Brückendurchfahrt ist 50 cm zu niedrig, damit ein Doppeldeckerbus sie durchfahren kann. Wie schnell müsste der Bus theoretisch fahren, damit er aufgrund der Längenkontraktion die Durchfahrt passieren könnte?

5. Ein Raumschiff entfernt sich mit 75 % der Lichtgeschwindigkeit von der Erde. Es sendet im Abstand von 200 ms Radarimpulse aus. In welchen zeitlichen Abständen kommen die Radarsignale auf der Erde an?

6. Mit welcher theoretischen Geschwindigkeit v müsste ein wütender Fußballspieler auf einen Schiedsrichter zulaufen, damit er die ihm gezeigte Rote Karte als Gelbe Karte sieht?

   Hinweise zur Lösung: Hier tritt der relativistische Doppler-Effekt auf. Er wird am Ende des Kapitels „Mechanische Schwingungen und Wellen" erläutert. Die Wellenlängen der beiden Farben sollten Sie in der zum Abitur zugelassenen Formelsammlung bzw. Tabellenbuch finden – Ungenauigkeiten sind hier unvermeidbar.

7. Welche der folgenden Aussagen sind korrekt?

   a) Die Lichtgeschwindigkeit c im Vakuum hat einen konstanten Wert.

   b) Ob zwei Ereignisse gleichzeitig stattfinden oder auch nicht, hängt vom gewählten Bezugssystem ab.

   c) In bewegten Bezugssystemen laufen die Uhren schneller.

   d) Die Zeitdilatation und die Längenkontraktion sind für das tägliche Leben nicht von Bedeutung.

   e) In einem Bezugssystem ruht die Masse m_0. In einem Bezugssystem, in dem diese Masse die Geschwindigkeit v hat, beträgt die Masse m und es gilt:

   $$m = \frac{m_0}{\sqrt{1 - \dfrac{v^2}{c^2}}}$$

Musterlösungen

1. $t_0 = t_R \cdot \sqrt{1 - \dfrac{v^2}{c^2}} = 60\,\text{s}\sqrt{1 - \dfrac{0,5^2 c^2}{c^2}} = 51,96\,\text{s}$

2. $y = \dfrac{1}{\sqrt{1 - \dfrac{v^2}{c^2}}} = \dfrac{1}{\sqrt{1 - \dfrac{0,9994^2 c^2}{c^2}}} = 28,87$

3.

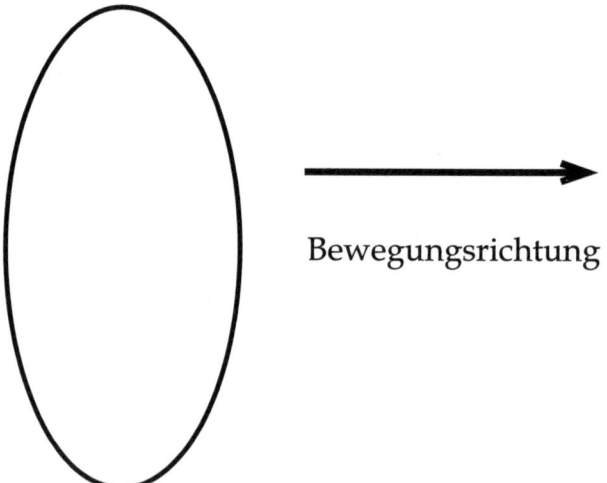

Bewegungsrichtung

Abb. 23.76:
Längenkontraktion des Balls

4. Auch bei hohen Geschwindigkeiten ändert sich die Höhe des Busses nicht. Die Längenkontraktion findet nur in Bewegungsrichtung statt.

5. $t_R = \dfrac{t_0}{\sqrt{1 - \dfrac{v^2}{c^2}}} = \dfrac{0,2\,\text{s}}{\sqrt{1 - \dfrac{0,75^2 c^2}{c^2}}} = 0,302\,\text{s}$

6. Für die Wellenlängen der Farben werden folgende Werte benutzt: $\lambda_{rot} = 670\,\text{nm}$ und $\lambda_{gelb} = 590\,\text{nm}$ (geringe Abweichungen hiervon und damit vom Endergebnis sind zulässig).

Mit

$$f' = \sqrt{\frac{c + v}{c - v}} \cdot f$$

und

$$\lambda = \frac{c}{f}$$

ergibt sich durch Umstellen und Einsetzen:

$$v = \frac{c \cdot \left(\dfrac{\lambda_{rot}}{\lambda_{gelb}}\right)^2 - 1}{2}$$

$$\frac{3 \cdot 10^8\,\dfrac{\text{m}}{\text{s}} \cdot \left(\dfrac{670\,\text{nm}}{590\,\text{nm}}\right)^2 - 1}{2} = 1,93 \cdot 10^8\,\frac{\text{m}}{\text{s}} \approx 0,65c$$

Dies bedeutet, dass der Fußballer mit ca. 65 % der Lichtgeschwindigkeit auf den Unparteiischen zulaufen müsste.

7. Nur Aussage c) ist falsch.

23.10 Übungsabitur Physik – Grundkurs

1. Abbildung 23.77 zeigt eine Oszillatorschaltung.

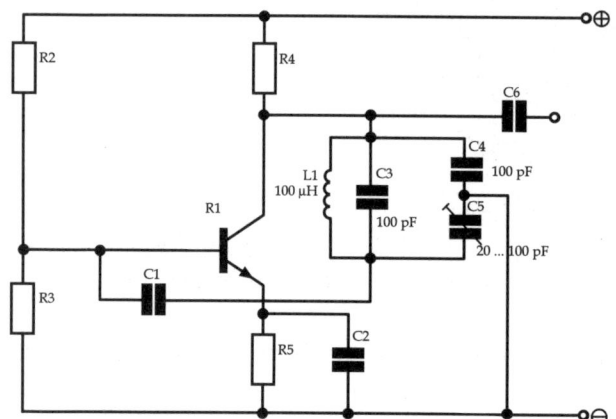

Abb. 23.77: Colpitts-Oszillator

a) Die Kapazität des Kondensators C_5 lässt sich zwischen 20 pF und 100 pF einstellen. In welchem Frequenzbereich kann der Oszillator schwingen?

b) C_5 ist nun auf 100 pF eingestellt. Die Frequenz des Oszillators soll danach verdoppelt werden. Hierzu soll die Induktivität L durch Hinzuschalten einer zweiten Induktivität L_2 verändert werden. Berechnen Sie L_2 und geben Sie an, wie L_2 zugeschaltet werden muss!

c) Die frequenzbestimmenden Bauteile des Oszillators werden nun nochmals verändert und die Ausgangsspannung des Oszillators wird mithilfe eines Oszilloskops dargestellt. Abbildung 23.78 auf der nächsten Seite zeigt das Schirmbild. Die Wellenlänge der Schwingungen beträgt 120 m. Welcher horizontale Ablenkkoeffizient in $\frac{\mu\,s}{cm}$ ist am Oszilloskop eingestellt?

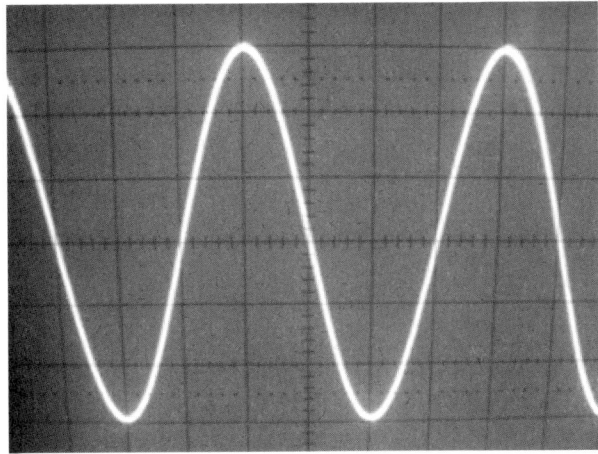

Abb. 23.78: Schirmbild der Oszillatorspannung

d) Die Oszillatorspannung aus c) soll von einer Dipolantenne abgestrahlt werden. Geben Sie eine mögliche Dipollänge an!

2. Elektronen werden mit der Geschwindigkeit $v = 2 \cdot 10^7 \frac{m}{s}$ in ein Magnetfeld mit der Flussdichte B geschossen. Sie beschreiben dabei den Teil einer Kreisbahn mit $r = 15$ cm. Anschließend gelangen sie senkrecht in die Mitte eines homogenen elektrischen Feldes $E = 8 \frac{kV}{m}$.

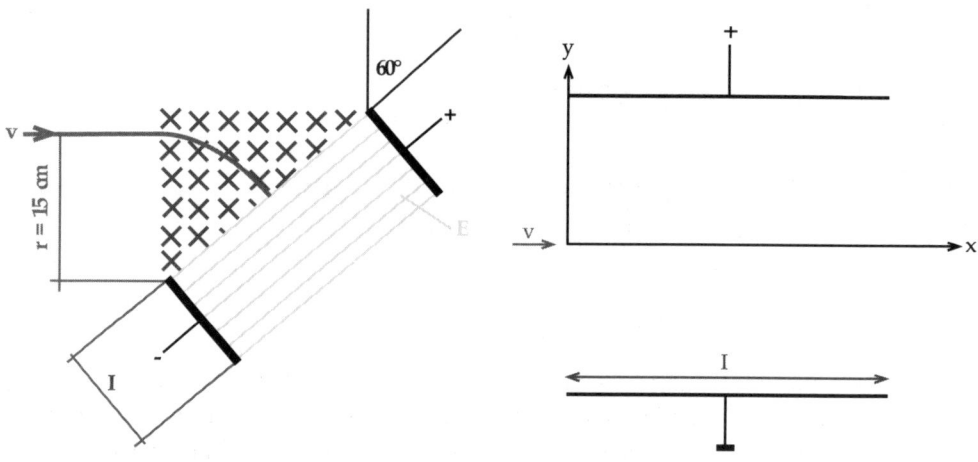

Abb. 23.79: Anordnung zur Aufgabe 2   **Abb. 23.80:** Zur Aufgabe 2 e

a) Berechnen Sie die Flussdichte B!

b) Geben Sie die Richtung der Feldlinien im Ablenkkondensator an!

c) Zeichnen Sie qualitativ den Bahnverlauf der Elektronen im elektrischen Feld ein!

d) Wie hoch ist die Spannung U zwischen den Kondensatorplatten?

e) Die Gleichung der Elektronenbahn im elektrischen Feld ist $y = k \cdot x^2$. Berechnen Sie den Faktor k!

f) Berechnen Sie die Zeit t_m, die ein Elektron zum Durchlaufen des Magnetfeldes B benötigt!

3. Mithilfe einer Vakuumphotozelle soll das Plancksche Wirkungsquantum bestimmt werden.

   a) Skizzieren Sie den Versuchsaufbau und beschreiben Sie die Vorgehensweise.

   b) Bei Messungen mit verschiedenen Frequenzen ergaben sich folgende Werte:

Farbe	$\dfrac{\lambda}{m}$	f in 10^{14} Hz	$\dfrac{U_G}{mV}$
violett	405	7,407	1020
blau	436	6,881	810
grün	546	5,495	270
gelb	578	1,190	130

   Welcher Wert ergibt sich aus den Messwerten für das Plancksche Wirkungsquantum? Geben Sie den ermittelten Wert auch in der Maßeinheit Js an und berechnen Sie die prozentuale Abweichung vom Literaturwert!

   c) Berechnen Sie die Energie eines Photons beim grünen Licht!

   d) Wie viele Elektronen werden aus der Kathode pro Minute ausgelöst, wenn 10 % der Photonen Elektronen auslösen und die Strahlungsleistung $P = 10$ mW beträgt?

Musterlösung

1. a) Die Frequenz des Oszillators wird durch den Parallelschwingkreis bestimmt. Für die Eckwerte der Gesamtkapazität des Schwingkreises ergeben sich:

   $C_5 = 20\,\text{pF}$:

   $$C_{\text{ges1}} = \frac{C_4 \cdot C_5}{C_4 + C_5} + C3 = \frac{100\,\text{pF} \cdot 20\,\text{pF}}{100\,\text{pF} + 20\,\text{pF}} + 100\,\text{pF} = 267\,\text{pF}$$

   $C_5 = 100\,\text{pF}$:

   $$C_{\text{ges2}} = \frac{100\,\text{pF} \cdot 100\,\text{pF}}{100\,\text{pF} + 100\,\text{pF}} + 100\,\text{pF} = 150\,\text{pF}$$

   Mit $f = \dfrac{1}{2\pi\sqrt{LC}}$ ergeben sich zwei Eckwerte für die Resonanzfrequenz:

   $$f_{\text{res1}} = \frac{1}{2\pi\sqrt{100 \cdot 10^{-6}\,\text{H} \cdot 267 \cdot 10^{-12}\,\text{F}}} = 974\,\text{kHz}$$

   $$f_{\text{res2}} = \frac{1}{2\pi\sqrt{100 \cdot 10^{-6}\,\text{H} \cdot 150 \cdot 10^{-12}\,\text{F}}} = 1,3\,\text{MHz}$$

   b) Da die Frequenz um den Faktor 2 steigen soll, darf die Gesamtinduktivität im Schwingkreis nur noch ein Viertel des ursprünglichen Wertes betragen (L steht unter der Wurzel).

   L_2 muss parallel zu L_1 liegen.

   Aus $\dfrac{1}{L} = \dfrac{1}{L_1} + \dfrac{1}{L_2}$ ergibt sich:

   $$L_2 = \frac{1}{\dfrac{1}{L} - \dfrac{1}{L_1}} = \frac{1}{\dfrac{1}{25\,\mu\text{H}} - \dfrac{1}{100\,\mu\text{H}}} = 33,3\,\mu\text{H}$$

   c) $$f = \frac{c}{\lambda} = \frac{3 \cdot 10^8\,\frac{\text{m}}{\text{s}}}{120\,\text{m}} = 2,5 \cdot 10^6\,\text{Hz} = 2,5\,\text{MHz}$$

   $$T = \frac{1}{f} = \frac{1}{2,5 \cdot 10^6\,\text{Hz}} = 0,4\,\mu\text{s}$$

   $$A = \frac{0,4\,\mu\text{s}}{4\,\text{cm}} = 0,1\,\frac{\mu\text{s}}{\text{cm}}$$

   d) $l = k\dfrac{\lambda}{2}$ mit $k = 1, 2, 3 \dots$

   z. B. $l = 120\,\dfrac{\text{m}}{2} = 60\,\text{m}$ (… man benötigt also einen langen Garten)

2. a) $\dfrac{m \cdot v^2}{r} = e \cdot v \cdot B$

Auflösen nach B:

$$B = \frac{m \cdot v}{r \cdot e} = \frac{9{,}1084 \cdot 10^{-31}\,\text{kg} \cdot 2 \cdot 10^7\,\dfrac{\text{m}}{\text{s}}}{15 \cdot 10^{-2}\,\text{m} \cdot 1{,}602 \cdot 10^{-19}\,\text{As}} = 758\,\mu\text{T}$$

b) Die elektrischen Feldlinien gehen von der positiv geladenen Platte zur negativ geladenen Platte.

c) $y = \dfrac{1}{2} \cdot \dfrac{e \cdot E}{m} \cdot \dfrac{x^2}{v^2}$

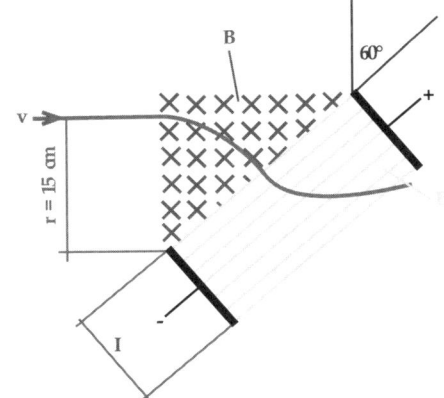

Abb. 23.81: Bahn des Elektrons

d) Plattenabstand $s = 2r = 30\,\text{cm}$

$$U = E \cdot s = 8000\,\frac{\text{V}}{\text{m}} \cdot 0{,}3\,\text{m} = 2400\,\text{V}$$

e) Es gilt:

$$y = \frac{1}{2} \cdot \frac{e \cdot E}{m} \cdot \frac{x^2}{v^2} = \frac{e \cdot E}{2 \cdot m \cdot v^2} \cdot x^2$$

$$k = \frac{e \cdot E}{2 \cdot m \cdot v^2}$$

$$k = \frac{1{,}602 \cdot 10^{-19}\,\text{As} \cdot 8000\,\dfrac{\text{V}}{\text{m}}}{2 \cdot 9{,}1084 \cdot 10^{-31}\,\text{kg} \cdot \left(2 \cdot 10^7\,\dfrac{\text{m}}{\text{s}}\right)^2} = 1{,}76\,\frac{1}{\text{m}}$$

f) $60°$ entspricht $\dfrac{1}{6}$ des Kreisumfanges.

$$s_{\text{Elektron}} = \frac{2 \cdot \pi \cdot 0{,}15\,\text{m}}{6} = 0{,}157\,\text{m}$$

$$t_m = \frac{s_{\text{Elektron}}}{v} = \frac{0,157\,\text{m}}{2 \cdot 10^7\,\frac{\text{m}}{\text{s}}} = 7,85\,\text{ns}$$

3. a)

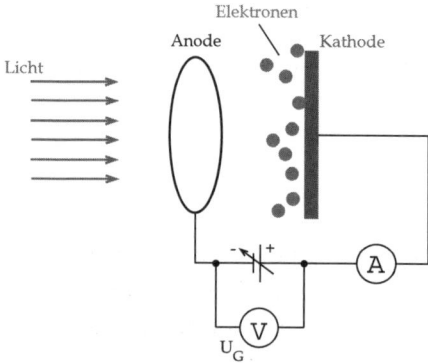

Licht
Anode
Elektronen
Kathode
A
V
U_G

Abb. 23.82: Gegenfeldmethode

Mit der Gegenfeldmethode kann die kinetische Energie der austretenden Elektronen bestimmt werden. Die Spannung U_G wird so eingestellt, dass der Strom $I = 0$ wird. Die kinetische Energie der Elektronen ist jetzt

$$W_{\text{kin}} = e \cdot U$$

Für verschiedene Lichtfrequenzen ergeben sich unterschiedliche W_{kin}. Trägt man W_{kin} über f in einem Koordinatensystem auf, erhält man eine Gerade mit der Steigung h. Die Steigung ist das Plancksche Wirkungsquantum h.

b) z. B.

$$h = \frac{\Delta W_{\text{kin}}}{\Delta f} = \frac{1,02\,\text{eV} - 0,81\,\text{eV}}{(7,407 - 6,881) \cdot 10^{14}\,\text{Hz}} = 3,9924 \cdot 10^{-15}\,\frac{\text{eV}}{\text{Hz}}$$

$$h = 3,9924 \cdot 10^{-15}\,\frac{\text{eV}}{\text{Hz}} \cdot 1,602 \cdot 10^{-19}\,\text{As} = 6,3958 \cdot 10^{-34}\,\text{Js}$$

Literaturwert: $h = 6,62606876 \cdot 10^{-34}\,\text{Js}$

Abweichung: 3,48 %

c) $W_{\text{Photon}} = h \cdot f = 6,62606876 \cdot 10^{-34}\,\text{Js} \cdot 5,495 \cdot 10^{14}\,\text{Hz} =$
$= 3,64 \cdot 10^{-19}\,\text{J}$

d) $P = 10\,\text{mW} = 0,01\,\text{W} = 0,01\,\frac{\text{J}}{\text{s}}$

Jedes Photon löst ein Elektron aus. Anzahl der Elektronen pro Sekunde:

$$n \cdot 3,64 \cdot 10^{-19}\,\text{J} = 0,001\,\text{J}$$

$$n = \frac{0,001\,\text{J}}{3,64 \cdot 10^{-19}\,\text{J}} = 2,74 \cdot 10^{15}$$

Pro Minute ergeben sich $60 \cdot 2,74 \cdot 10^{15} = 1,65 \cdot 10^{17}$ Elektronen.

23.11 Übungsabitur Physik – Leistungskurs

1. Die Geschwindigkeit v eines Wagens soll gemessen werden. Zur Verfügung stehen:

   - eine Stoppuhr
   - ein Mikrowellensender
   - ein Empfangsdipol
   - eine Zähleinrichtung

   (Hierbei handelt es sich um einen Verstärker, der die geringe Spannung des Dipols anhebt. Im nachfolgenden Schmitt-Trigger wird jede positive Sinushalbwelle dieser Spannung in einen Rechteckimpuls umgewandelt. Der nachfolgende Zähler erfasst diese Impulse.)

   Nachfolgend (Abbildung 23.83) sind die Komponenten dargestellt:

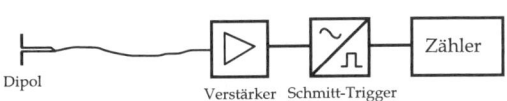

Abb. 23.83: Zur Verfügung stehende Komponenten

   Auf dem Wagen ist eine senkrecht stehende Metallplatte montiert.

a) Skizzieren und beschreiben Sie, wie mit diesen Hilfsmitteln die Geschwindigkeit des Wagens gemessen werden kann. Hierzu gehört auch die Entwicklung einer Formel zur Berechnung von v aus dem Zählerstand x und der Zeit t.

b) Der Mikrowellensender arbeitet auf einer Frequenz $f = 7,5$ GHz. Welche Geschwindigkeit v ergibt sich bei 100 Zählimpulsen in zwei Sekunden?

c) Oszillatoren zur Erzeugung elektromagnetischer Wellen mit deutlich niedriger Frequenz, als sie z. B. Mikrowellen haben, enthalten meist als frequenzbestimmenden Schaltungsteil einen Parallelschwingkreis. Erläutern Sie detailliert die Erzeugung der Schwingungen in einem solchen Schwingkreis.

d) Geben Sie je einen möglichen Wert für L und C in einem Parallelschwingkreis für $f = 100$ MHz an!

e) In einem Schwingkreis wird die Induktivität der Spule verdreifacht. Wie ändert sich die Resonanzfrequenz des Schwingkreises?

f) In dem abgebildeten Schwingkreis wurde eine maximale Stromstärke von 100 mA gemessen. Welche maximale Spannung trat auf?

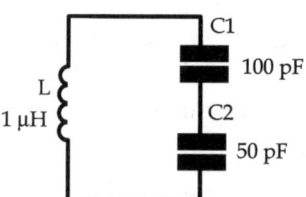

Abb. 23.84: Parallelschwingkreis zu 1f)

2. Die Abbildung 23.85 auf der nächsten Seite zeigt den Ablenkkondensator für die Vertikalablenkung in einer Kathodenstrahlröhre.

a) Zeigen Sie, dass die Bahn des Elektrons parabelförmig ist und entwickeln Sie die folgende Formel:

$$y = \frac{1}{2} \cdot \frac{e \cdot E}{m} \cdot \frac{x^2}{v^2}$$

b) An den Platten liegt eine Spannung von $U = 120$ V an. Weiterhin sind bekannt: Plattenfläche $A = 5,7 \cdot 10^{-3}$ m^2, $l = 8$ cm und der Plattenabstand $s = 1,8$ mm. Welche Ladung Q befindet sich auf den Platten?

c) Bei $x = 0$ und $y = 0$ werden Elektronen mit der Geschwindigkeit $v = 10^7 \, \frac{\text{m}}{\text{s}}$ in das elektrische Feld geschossen. Geben Sie die Koordinaten (x, y) des Ortes an, an dem der Elektronenstrahl auf die obere Platte trifft.

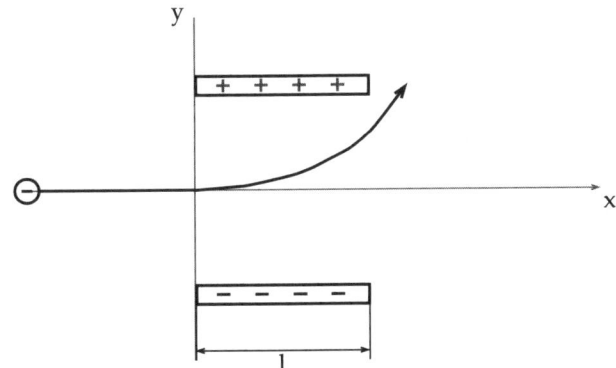

Abb. 23.85:
Vertikalablenkung in der
Kathodenstrahlröhre

3. Das Licht einer Wasserstoff-Spektrallampe fällt auf ein optisches Gitter mit der Gitterkonstanten $g = 10\,\mu m$. Auf einem Schirm in 1,2 m Abstand wird ein Streifenmuster sichtbar. Zwei Maxima 1. Ordnung haben einen Abstand von 15,8 cm.

   a) Erklären Sie, wodurch das Streifenmuster entsteht!

   b) Welche Wellenlänge λ und welche Farbe hat das verwendete Licht?

   c) Das Licht entstand durch den Wechsel von Elektronen zwischen zwei Energieniveaus. Geben Sie an, zwischen welchen beiden Schalen der Wechsel stattgefunden hat! Die Antwort ist mit einer Rechnung zu begründen!

   d) Welche Serie von Energieniveau-Übergängen erzeugt Licht im UV-Bereich?

   e) Einstein postulierte, dass Licht aus Photonen besteht. Berechnen Sie die Energie eines Photons beim vorliegenden Versuch!

   f) Welche Masse m haben die Photonen?

Musterlösung

1. a) Aufbau:

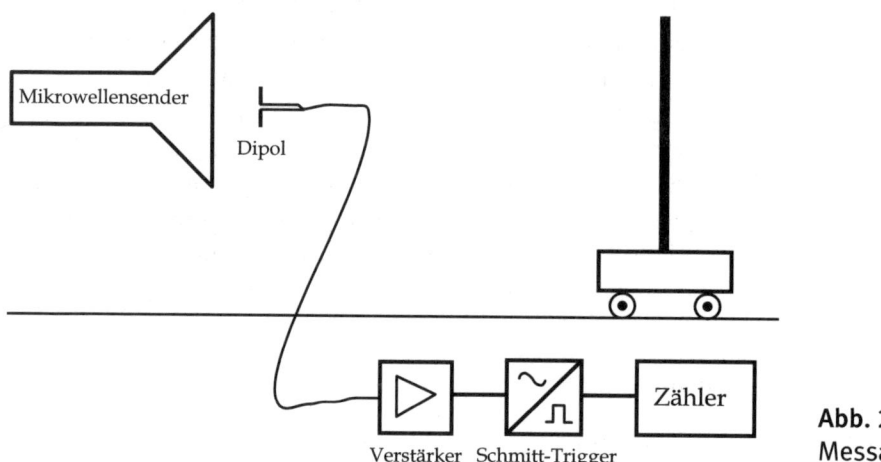

Abb. 23.86:
Messaufbau

Der Mikrowellensender wird so positioniert, dass er auf die Metallplatte des Wagens strahlt. Dort werden die Wellen reflektiert und es entsteht eine stehende Welle. Zwischen Wagen und Sender wird der Dipol aufgestellt. Zwischen zwei Wellenbergen (je Wellenberg ein Zählimpuls) besteht der Abstand $\frac{\lambda}{2}$. Hieraus ergibt sich:

$$v = \frac{s}{t} = \frac{x \cdot \frac{\lambda}{2}}{t} = \frac{x \cdot \lambda}{2t}$$

b) $\lambda = \frac{c}{f}$

$$v = \frac{x \cdot \frac{c}{f}}{2t} = \frac{x \cdot c}{2 \cdot t \cdot f} = \frac{100 \cdot 3 \cdot 10^8 \, \frac{m}{s}}{2 \cdot 2\,s \cdot 7,5 \cdot 10^9 \, Hz} = 1 \, \frac{m}{s}$$

c) Die Musterlösung entspricht der Darstellung in Kapitel 19:

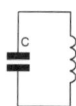

Abb. 23.87: Parallelschwingkreis

Wird ein Kondensator mit der Kapazität C aufgeladen und anschließend mit einer Spule L parallel geschaltet, entsteht ein elektrischer Schwingkreis (LC-Kreis, Parallelschwingkreis).

Der Kondensator wird sich über L entladen und dabei eine Induktionsspannung erzeugen. Diese lädt den Kondensator mit umgekehrter Polarität wieder auf. Der darauf folgende Entladestrom erzeugt wieder eine Induktionsspannung, diesmal mit umgekehrter Polarität. Diese Vorgänge wiederholen sich mehrfach. Die Stromstärke im Schwingkreis nimmt im Laufe der Zeit ab, da der ohmsche Widerstand der Leiter einen Teil der Energie in Wärme umsetzt. Der Verlauf des Schwingkreisstromes entspricht einer gedämpften Schwingung. Die Periodendauer bzw. Frequenz der Schwingung erhält man aus der thomsonschen Schwingungsformel.

$$T = 2\pi\sqrt{L \cdot C}$$

Mit $f = \dfrac{1}{T}$ erhält man: $f_0 = \dfrac{1}{2\pi\sqrt{L \cdot C}}$

d) Hier muss zunächst ein realistischer (!) Wert für L oder C festgelegt werden.

Beispiel: $C = 10\,\text{pF}$

Aus $f_0 = \dfrac{1}{2\pi\sqrt{L \cdot C}}$ erhält man:

$$L = \frac{1}{4 \cdot \pi^2 \cdot f^2 \cdot C} = \frac{1}{4 \cdot \pi^2 \cdot (100 \cdot 10^6\,\text{Hz})^2 \cdot 10 \cdot 10^{-12}\,\text{F}} =$$
$$= 253\,\text{nH}$$

e) Die Induktivität L steht im Nenner unter der Wurzel. Die Frequenz wird demzufolge um den Faktor $\sqrt{3}$ kleiner.

f) Aus $\dfrac{1}{2} \cdot C \cdot \hat{U}^2 = \dfrac{1}{2} \cdot L \cdot \hat{I}^2$ (Energieerhaltung) folgt:

$$\hat{U} = \sqrt{\frac{L \cdot \hat{I}^2}{C}} = \sqrt{\frac{1 \cdot 10^{-6}\,\text{H} \cdot (0,1\,\text{A})^2}{33,33 \cdot 10^{-12}\,\text{F}}} = 17,32\,\text{V}$$

2. a) Die Formel $y = \frac{1}{2} \cdot \frac{e \cdot E}{m} \cdot \frac{x^2}{v^2}$ beschreibt die y-Position des Elektrons bei gegebener x-Position. Da hier $y \sim x^2$ ist, ergibt sich eine parabelförmige Bahn.

Beschleunigung des Elektrons in y-Richtung:

$$a = \frac{F}{m} = \frac{e \cdot E_y}{m} = \frac{e}{m} \cdot \frac{U}{s}$$

(s: Plattenabstand)

Bewegung des Elektrons in x-Richtung: $x = v \cdot t \rightarrow t = \frac{x}{v}$

Ablenkung des Elektrons in y-Richtung: $y = \frac{1}{2} \cdot a \cdot t^2$

$$y = \frac{1}{2} \cdot \frac{e \cdot E_y}{m} \cdot \frac{x^2}{v^2}$$

Also:

$$a = \frac{e \cdot E_y}{m} \qquad t^2 = \frac{x^2}{v^2}$$

b) $C = \varepsilon_0 \varepsilon_r \frac{A}{s} = 8,859 \cdot 10^{-12} \frac{C^2}{Nm^2} \cdot 1 \cdot \frac{5,7 \cdot 10^{-3}\,m^2}{1,8 \cdot 10^{-3}\,m} = 28,05\,pF$

$Q = C \cdot U = 28,05 \cdot 10^{-12}\,F \cdot 120\,V = 3,37\,nC$

c) Vertikal wird $\frac{1}{2}s = 0,9\,mm$ zurückgelegt.

$$E = \frac{U}{s} = \frac{120\,V}{1,8 \cdot 10^{-3}\,m} = 6,667\,\frac{V}{m}$$

$$x = \sqrt{\frac{2yv^2m}{E \cdot e}} = \sqrt{\frac{2 \cdot 0,9 \cdot 10^{-3}\,m \cdot \left(1 \cdot 10^7\,\frac{m}{s}\right)^2 \cdot 9,1 \cdot 10^{-31}\,kg}{6,667 \cdot 10^4\,\frac{V}{m} \cdot 1,602 \cdot 10^{-19}\,As}} =$$

$= 3,9\,mm$

Auftreffpunkt: 3,9 mm; 0,9 mm

3. a) Das Licht erreicht den Schirm auf unterschiedlich langen Wegstrecken. Die Differenz wird als Gangunterschied Δs bezeichnet. Bedingt hierdurch sind Wellenberge bzw. -täler gegeneinander zeitlich verschoben. Es kommt so an den verschiedenen Stellen des Schirmes zu konstruktiver oder destruktiver Interferenz.

b) $\lambda = \dfrac{d \cdot g}{a} = \dfrac{\dfrac{15,8}{2} \cdot 10^{-2}\,\mathrm{m} \cdot 10 \cdot 10^{-6}\,\mathrm{m}}{1,2m} = 658,3\,\mathrm{nm}$

Farbe: rot

c) Da es sich um sichtbares Licht handelt, gehört es zur Balmer-Serie; dabei wird zur 2.Schale gesprungen.

Es gilt:

$$f = R\left(\frac{1}{n^2} - \frac{1}{m^2}\right)$$

Mit $n = 2$ und $f = \dfrac{3 \cdot 10^8\,\frac{\mathrm{m}}{\mathrm{s}}}{\lambda}$ ergibt sich:

$$m = -\sqrt{\frac{4R}{4f - R}} = -\sqrt{\frac{4R}{4 \cdot \dfrac{3 \cdot 10^8\,\frac{\mathrm{m}}{\mathrm{s}}}{\lambda} - R}} =$$

$$= -\sqrt{\frac{4 \cdot 3,29 \cdot 10^{15}\,\mathrm{Hz}}{\dfrac{12 \cdot 10^8\,\frac{\mathrm{m}}{\mathrm{s}}}{658,3 \cdot 10^{-9}\,\mathrm{m}} - 3,29 \cdot 10^{15}\,\mathrm{Hz}}} \approx 3$$

Die Elektronen wechseln von der dritten zur zweiten Schale.

d) Die Lyman-Serie

e) $W_{\mathrm{Photon}} = h \cdot f = h \cdot \dfrac{c}{\lambda} = 6,626 \cdot 10^{-34}\,\mathrm{Js} \cdot \dfrac{3 \cdot 10^8\,\frac{\mathrm{m}}{\mathrm{s}}}{658,3 \cdot 10^{-9}\,\mathrm{m}} =$

$= 3 \cdot 10^{-19}\,\mathrm{J}$

f) $E = m \cdot c^2$ und $E = \dfrac{h \cdot c}{\lambda}$

Gleichsetzen und Auflösen nach m ergibt:

$$m = \frac{h}{\lambda \cdot c} = \frac{6,626 \cdot 10^{-34}\,\mathrm{Js}}{658,3 \cdot 10^{-9}\,\mathrm{m} \cdot 3 \cdot 10^8\,\frac{\mathrm{m}}{\mathrm{s}}} = 3,355 \cdot 10^{-36}\,\mathrm{kg}$$

Index

Stichwortverzeichnis